增修互註禮部韻略

【宋】毛　晃　增註
【宋】毛居正　重增

上海古籍出版社

圖書在版編目（CIP）數據

增修互註禮部韻略 /（宋）毛晃增註；（宋）毛居正重增 .— 上海：上海古籍出版社，2025.8　　ISBN 978-7-5732-1694-6

Ⅰ .H113.6

中國國家版本館 CIP 數據核字第 2025L45N00 號

ISBN 978-7-5732-1694-6

9 787573 216946 >

增修互註禮部韻略

［宋］毛　晃　增註
　　　毛居正　重增

上海古籍出版社出版發行

（上海市閔行區號景路 159 弄 1–5 號 A 座 5F　郵政編碼 201101）

（1）網址：www.guji.com.cn

（2）E-mail：guji1@guji.com.cn

（3）易文網網址：www.ewen.co

常州市金壇古籍印刷廠有限公司印刷

開本 890×1240　1/32　印張 21　插頁 5

2025 年 8 月第 1 版　2025 年 8 月第 1 次印刷

ISBN 978-7 -5732-1694-6

H・292　定價：128.00 元

出版説明

《增修互註禮部韻略》五卷，南宋毛晃增註，毛居正重增。

毛晃，字明叔，江山（今屬浙江）人。紹興末免解進士。閉户讀書，留心字學，硯爲之穿，世稱「鐵硯先生」。著有《禹貢指南》。毛居正，晃子，字義夫（一作誼父）。寧宗時詔國子監刊正經籍，聘爲司校讎，以目疾罷歸，彙集所校正之字，作《六經正誤》。

北宋官修韻書先後有《廣韻》《集韻》，二書以存古求全爲主要目的，多生僻字、生僻讀音，而單字註釋較爲簡略，不便科舉士子使用，故朝廷又專門爲確定科舉音韻用字標準而修撰《韻略》頒行。根據文獻記載，真宗景德年間，有丘雍、戚綸所定《景德韻略》，今已不存。仁宗景祐四年（一〇三七），丁度重修，改名爲《禮部韻略》。丁度也是修撰《集韻》的負責人，《禮部韻略》係節略《集韻》而成，爲應科舉急需，問世尚早於《集韻》兩年。成書後，有宋一代屢經修訂增補，蓋科舉程式一有變動，本書即需修訂；私家講習功令，亦需再添註釋。成書於南宋的《增修互註禮部韻略》，即是其中一種修訂增補本。本書先由毛晃耗費十年寫成初稿，於高宗紹興三十二年（一一六二）進呈，没有受到重視。其子毛居正繼續修訂重增，至寧宗嘉定十六年（一二二三）首次刊行。今書中陰文標記「今圈」「今正」「增入」「重增」「晃謹案」「居正曰」等字樣，可見毛氏父子「增修互註」之跡。

此次影印出版的底本，爲上海圖書館所藏宋刻元公文紙印本，有鈔補。原書六册，板框高二八·二釐米，寬一九·二釐米。半葉十行，行十六字；小字雙行，行三十二字。左右雙邊，白口，單魚尾。避諱至寧宗止。紙背有字，根據内容可知爲元公文紙，元胡師安等纂《西湖書院重整書目》著録者即爲此本。潘祖蔭《滂喜齋藏書記》定爲元刻本，不確，實爲宋板元印（詳見上海圖書館編《上海圖書館藏宋本圖録（修訂本）》，上海古籍出版社，二〇二二年）。

此本曾經清怡府收藏，卷首《擬進增修互註禮部韻略表》及《新增修互註禮部韻略序》皆怡府鈔補。鈐有「安樂堂藏書記」「孫鳳鈞印」「佞宋齋」「伯寅藏書」「潘祖蔭藏書記」「八求精舍」「小脈望館」等印。

一九五一年七月，上海文物保管委員會購自滂喜齋後人潘丁達于，交付上海圖書館收藏。

紙背的元代文書資料，曾經王曉欣、鄭旭東、魏亦樂整理編次，以《元代湖州路户籍文書——元公文紙印本〈增修互註禮部韻略〉紙背公文資料》爲題出版（中華書局，二〇二一年）。而正面宋刻《增修互註禮部韻略》的影印出版，尚屬首次，我們希望此舉能夠推進漢語音韻學、版本目録學等相關領域的研究。

上海古籍出版社

二〇二五年五月

目録

擬進增修互註禮部韻略表

臣晃言臣聞言出諸口貫以清濁者謂之聲聲成諸文第其輕重者謂之韻聲韻之作其來久矣自有天地乃有人聲自有書契乃有文字世謂蒼頡制字孫炎作音沈約撰韻以爲椎輪之始而不知書契既造字生其閒文字既生音傳其內聲音既出韻存其中頡也炎也約也豈能外三才之理而自爲也哉嘗觀立我蒸民莫匪爾極之辭則堯之時固有聲韻也觀日月光華

洪于一人之辭則舜之時固有聲韻也不然舜命夔典樂何以曰詩言志歌永言聲依永律和聲也邪古詩三千餘篇孔子被之弦歌定爲三百十一篇其不合乎弦歌者去之則字音聲韻未出之前所以爲聲韻者固自若也擢本探先始而終之作者之謂聖述者之謂明不有作也後何以述頡也炎也約也亦可謂有功於名教矣增而修之理若有待臣晃誠惶誠懼頓首頓首恭惟

皇帝陛下以
上聖之資撫
重熙之運
出震接統
係天下之民心
乘乾有爲
主域中之大寶
繼明之初
厲精圖治
招徠俊乂

開納讜言
一日
三朝已極
尊親之至養
繼志
述事將成
卒伐之大功誠
帝王之大有爲也臣晃生
陛下淳厖之俗三十有九年矣自結髮受
在三之教始學箕裘沐浴

膏澤左右圖史力學不倦窮而益堅期於
有成以無負
聖朝涵育之意目此
光華盛旦竊思孔伋之言曰至治之世車
同軌書同文今
陛下以
聖繼
聖方將混一區宇海內喁喁咸仰
同文之治臣在草茅畎畝中苟有涓塵以
裨助

同文之萬一則臣之志願足矣故於螢窻雪案博考載籍竊見方今國子監刊行禮部韻略自元祐五年博士孫諤陳乞添收僅得一二至紹興十一年進士黃啓宗隨韻補輯所增不廣尚多闕遺音切謬誤圈註脫略如群之爲羣効之爲效（韻略不收群効二字）三復三思（三音息暫反又如字）純帛（禮純音緇）純東（詩純東音徒本反）無所收附以至饔飧之饔（於容反）終辟之辟（頻彌反）采薺之薺（才資反）唯幾之唯（夷隹反）脊令之令（盧經反）渠搜之搜（疎鳩反）摳衣之摳（驅侯反）總統之統

他總反鼓擊之鼓鍾鼓之鼓从支鼓擊之鼓从攴迨及之迨蕩亥反又徒耐反餠餌之餠必郢反仁知之知知義反會計之會古外反寀地之寀倉代反又此宰反韻略有上聲不收去聲膾軒之軒許建反孫順之孫蘇困反美目之盼匹襇反六鑿之鑿在到反表貉之貉莫駕反重繆之繆力竹反催趨之趨趨玉反鞞琫之鞞補鼎反蔡放之蔡桑葛反撤去之撤直列反足躩之躩丘縛反又驅碧反什佰之佰博白反又莫白反血脈之脈莫獲反勑天之勑恥力反諸如此類不一而足韻既不收人不敢用或此有而彼無或此圈而彼否或收一而遺二或略要而泛存或同出一韻而不圈者若痿

儒隹切痿於危切杻敕九切杻女九切之類是也或各傳兩韻而不圈者若虆班麋切虆彼義切祁翹移切祁渠希切之類是也或本有其字棄此而收彼者若銕古鐵字爲嵎峽之峽欹於宜切爲傾敧之敧歐烏侯切歐刀又姓於口切吐也爲擊歐之歐禬黃外切爲衣襘之襘古外切執銳徒外切之爲執銳是也如此類亦不一而足重以言語有五方之異呼吸有輕重之殊吳楚傷於輕浮燕冀失於重濁秦隴去聲爲入梁益平聲似去江東河北取韻尤遠魯魚一惑涇渭同流點畫偏旁尤多訛舛若乃鼇

鼇宐宜倉倉番畨鐵𢧜富畐堇堇之差俗
所常用其失未遠至如支章移切攴普卜切毋微夫切母
莫後切殳慵朱切𠬛莫勃切羙與羔同美美惡之美夲他刀切本根本之本商宮商之商啇
都敵切舀夷周切臽乎韽切少多少之少屮他達切疋山於切疋僻吉切臼巨九切𦥑
居六切玊須玉切玉魚欲切之異闔戶闢戶之爲丣古酉字卯
古卯字左戻右戻之爲丿曳又音瞥乀音弗右戻丹與丹同月與舟同月
與肉同月日月之月之不同戍屯戍之戍戊戊己之戊戌戌亥之戌戉斧戉之戉之不
類毫鼇小誤其義遂殊廣韻以武移反渺
瀰之瀰當民卑切以房脂反輔毗之毗當頻彌切以符羈
反皮革之皮當蒲糜切陸德明以武巾反旻天之

旻當彌鄰切以丁丈反長幼之長當展兩切以布內反悖禮之悖當蒲昧切以丁角反樸斲之斲當側角切至於音訓差誤未易槩舉士不精考雷同從之或遷就傅會易以佗字如禮部貢院所差試官員數挍多尚可討論郎方州小郡秋舉試官不過三四人員既不多書亦罕備至有文理優長援引深邃者或以疑似暗行黜落以謂與其取之有疑寧若黜之無罪臣每觀此爲之大息故以十年之力增修四聲之譜紬其端緒貫穿經傳貳以古今字

書諸儒音釋互加考證凡九經子史蒼雅方言中遺漏要字定其可否參入逐韻凡增入二千六百五十五字圈一千六百九十一字正四百八十五字筆畫有害於義者悉正之〔所正字畫唯傳寫經史鐫刻金石不可不正若官府文書及科舉場屋寸晷之下難以遽行釐改如俗書東爲東俞爲俞㝎爲宜州爲州羽爲羽履爲履畱爲留之類皆從其便庶使官吏士子不至疑惑諸韻內逐字下俗作某並同〕反切有礙於音者悉易之或一字數音傷韻失收者亦皆增入元不圈者悉圈之有字同義同同在通用之內其音雖異而不可雙押者或舉其重〔謂兩音各自有出處雖不可雙押亦不可去其一者皆兩存之〕或存其一〔謂同一出處不可雙押故去其一仍註二〕

音於其下有同音互用字異而元有圈者去之謂音義雖同而字不同不在當圈之例如肢與胑跗與趺之類皆去舊圈仍於字下互註音切及諸義訓辯釋疑似訂正是非庶令新學士子開卷曉然不至誤用主司考校亦無所疑

更有

聖祖名

廟諱

舊諱

御名字同音異准

式不爲礙者隨韻收入陳乞

許用伏取
進止臣之精力盡在此書剖析毫釐分別
黍絫魯魚晉豕敢祛學者之疑周鼓秦山
不失古人之意昔孫愐爲陳州司法尚能
勒成一書名曰唐韻吴鉉爲餘杭進士亦
能重定切韻親獻
臨軒以今觀之隨珠多纇虹玉仍瑕雜以
吴音加諸俗字其抵捂可知也曾謂
離明盛旦無其人邪臣所增修互註禮部
韻略總平上去入四聲共計五卷謹繕寫

新本裝成　冊隨表昧死詣登聞檢院投

進以

聞如蒙

可采乞

頒下國子監雕印施行冒瀆

邦刑仰干

天聽奏篇

稱善儻垂

乙夜之觀

教學爲先庶共

九州之貫臣黷犯
宸嚴無任惶懼戰汗激切屏營之至臣晃
誠惶誠懼頓首頓首謹言
紹興三十二年十二月　日衢州免解進士臣毛晃上表

新增修互註禮部韻略序

衢州免解進士　毛晃　撰

宋庠傳郭忠恕佩觿之言曰四聲之作始於孔子受經之譬況中則康成爲殪元凱近烟而孫炎翻語生焉自歐陽脩而下咸以忠恕之言爲精於字學以　觀之忠恕之言似矣而未盡也蓋詩歌見於唐虞流於夏商大盛於周其閒婦人女子小夫賤隸亦能爲之有後世老師宿儒所不能及今考其辭雖不諧聲調韻蓋未嘗不協也

不然孔子何以被之弦歌邪沈約撰四聲之韻創爲紐字之圖自謂靈均以來此祕未睹後人亦以約之言爲然　以爲約之言猶忠恕之言也譬之路蹊出於土鼓篆籀生於鳥跡苟得其意法從起焉謂彼有功於名教則可曰音出於炎韻出於約則不可又況斆學之初必先文字文者字之母字者文之子　聲反切又其會元雲來者也不有母子則會元雲來何從而生哉之所述不敢自比於廣韻弟取經傳子

史中遺漏要字以附益禮部之略辨正而
互註之庶有涓塵以裨
同文之萬一云紹興三十二年歲次壬午
十二月　日　晃　謹序

增修互註禮部韻略上平聲第一

衢州免解進士毛　晃　增註

男進士　居正　校勘重增

一東　獨用　二冬　與鍾通

三鍾　四江　獨用

五支　與脂之通　六脂

七之　八微　獨用

九魚　獨用　十虞　與模通

十一模　十二齊　獨用

十三佳　與皆通　十四皆

十五灰 與咍通　十六咍
十七眞 與諄臻通　十八諄
十九臻　二十文 與欣通
二十一欣　二十二元 與魂痕通
二十三䰟　二十四痕
二十五寒 與歡通　二十六歡
二十七删 與山通　二十八山

獨用
一〇東 德紅切春方也說文動也从日在木中漢志少陽者東方東動也陽氣動於時爲春又唐韻俗作東【公圖】 凍 暴雨離騷云使凍雨兮灑塵郭璞曰江東呼夏月暴雨爲凍又水名出發鳩山入河一曰瀧凍沾漬又送韻 蝀 螮蝀虹也又董送二韻 ○通 佗紅切達也徹也 侗 大貌一曰未成器之人又見下及董韻 恫 痛也說文作痌又送韻 俑 同上又偶人又腫韻【增入】 桐

漢安世房中歌桐生茂豫顔師古曰桐讀爲通言草木皆通達而生與通義同又見下【今通入】 ○同 徒紅切齊也共也合也輩也道書作仝唐有盧仝

仝 从人从工與仝不同仝音仝从入 童 奴也又目瞳子漢書舜蓋重童子又十五以下謂之童子童獨也言未有室家也又漢書注山無草木曰

童爾雅宛童說文蔦也詩注蔦即宛童寄生草也又音鍾夫童地名見公羊春秋【今圖】 僮 未冠者通作童又頑也癡也僮僕也衛青傳注僮者婢妾之總稱又

竦恭貌詩被之僮僮【是曰】凡字異義同者不可雙押如桐生之桐與通達之通未冠之僮與童兒之童之類是也若字雖相通而別有異義各自據義分押不爲重疊

如偶人之俑與恫瘝之恫宛童之童與僮僕之僮竦恭之僮之類是也餘准此 侗 倥侗亦作桐𢢾子桐子之命 曈 日出又曈曨日欲明貌又

董韻【今圖】 朣 月出又朣朧月欲明貌 瞳 目瞳子史記舜目重瞳亦作童又音充未有知皃見莊子【今圖】 銅 說文赤金 峒 崆峒

山名亦作空同司馬彪注莊子云當北斗下山也漢武踰隴登空同列子作空桐爾雅北戴斗極爲空桐一曰在梁國虞城東三十里又送韻 桐 木名又桐

子未成器之人又空桐山名又見上【今圖】 橦 木名又鍾𣵀二韻【今圖】 絧 布名又董送二韻篆文从糸今作糸俗作糸【今圖】 罿

鳥網爾雅罬謂之罿罿罬也罬謂之罦罦覆車也又鍾韻 䑶 舟名臨本作舡名誤【今圖】 筒 竹名又送韻【今圖】 筩 斷竹又腫韻

種 禾先種後熟本作穜陸德明曰說文禾邊作重是重穋禾邊作童是種蓺字今人亂之已久豳風作重穋又鍾腫用三韻 穜 同上又三

韻增入 重 同上又三韻增入 潼 水名出廣漢梓潼北界南入墊江又閬名又音衝今圖 衕 通衕又迭韻 鮦
魚名一曰鱧也大曰鰹小曰鮦又𪆀有二韻 犝 牛無角亦作童易童牛之牿 𦍙 羊無角亦作童詩俾出童羖 酮 馬酪一曰酢也又董
韻今圖 挏 引也漢有挏馬官作酒又董韻增入 氃 氋氃毛散貌 詷 共也又董迭二韻 戙 繫船杙又迭韻今圖
艟 艨艟戰船又鍾絳二韻 ○ 籠 盧紅切舉土器一曰養鳥籠又荀子東籠而退注與凍瀧同沾漬貌又鍾董二韻 櫳 養獸檻也牢也
元有圖今正 櫳 房室之疏通作櫳 穜 穧也一曰禾病也 聾 目病 嚨 喉也肮也 曨 日出貌又曈曨日欲明貌又董韻
朧 月出又曈朧月欲明貌 櫳 檮也 豅 大谷 瓏 玲瓏玉聲一曰明貌 礱 磨也又迭韻 龐 充實也詩四牡
龐龐又江韻 蘢 蘢古草名又蒙蘢蔽覆皃亂錯傳中木蒙蘢又鍾韻增入 谾 山深貌相如賦深山谾谾重增 瀧 瀧凍沾漬說文雨瀧
瀧又江韻增入 ○ 蓬 蒲紅切草名山名又盛貌詩其葉蓬蓬凡从艸者今作廾 芃 草盛貌元有圖今正 篷 編竹覆舟車 韸 韸韸鼓聲
見埤蒼亦作逢 逢 詩鼉鼓逢逢又鍾江二韻增入 髼 髼鬆髮亂 菶 菶菶茂貌又董韻 ○ 蒙 莫紅切覆也奄
也冒也又姓草名卦名山名又承也又爾雅太歲在乙曰旃蒙又欺也左傳昭元年又使圍蒙其先君又逢蒙人名荀子作蠭門又江韻 冡 覆也冒也通作

蒙 幪 覆也蓋衣也亦作幏又董韻〔增入〕 幏 同上又送韻 髳 草木叢昔貌爾雅䰕髳茀離也郭璞謂草木之蒙昔翳薈也又

侯韻〔今圈〕 濛 溟濛細雨又董韻〔今圈〕 雺 爾雅天氣下地不應曰雺亦作霿又侯宋候三韻 霿 同上又送候二韻〔增入〕

矇 日未明又董韻 朦 月將入也 朦 大也揚雄方言自關而西凡大貌謂之朦〔增入〕 艨 舟名又送韻〔今圈〕 矇 目有童子

而無見禮記昭然若發矇矣 饛 盛器滿貌詩有饛簋飧 罞 爾雅麋罟謂之罞郭璞曰冒其頭也又效韻 懵 懵懵無知貌又董送

嶝三韻 夢 爾雅夢夢亂也詩視天夢夢壽夢吳子名雲夢澤名周禮作雲瞢又登送二韻高帝僞遊雲夢韋昭曰在南郡華容師古曰讀如本字又莫紅

反〔增入〕 瞢 雲瞢澤名職方氏音忙貢反案左傳漢書夢字有二音則瞢字亦安通用又目不明也又登送嶝三韻 懞 懃也國語君使臣懞

又惛也又送嶝二韻上从丫音寡作卄誤〔今正〕 ○悤 倉紅切遽也从囪从心俗作忩怱 囪 竈突見廣韻俗借為悤遽字作匆凡从囪者皆然又

江韻〔增入〕 忩 王愔文志忩忩不暇草書晉衛常傳張伯英忩忩不暇書〔增入〕 蔥 淺青色又葷菜漢書氣佳哉鬱鬱蔥蔥然 䡯 載四車又

董韻 聰 能聽耳力也耳徹也漢書作聦俗作聰 窻 屋階中會又董韻 璁 石似玉 驄 馬青白色 ○㚇 祖紅切鳥

飛斂足亦作翪又送韻 翪 同上亦鳥飛竦翼又董送二韻〔增入〕 騣 馬鬣 鬉 髮亂 豵 六月豚爾雅豕生三曰豵周禮夏官

注一歲爲猣　猣犬生三也　檧木名　稯布八十縷爲稯又十筥曰稯又董韻〔今圈〕　緵江南呼緵罟爲百囊網詩九罭傳緵罟小魚網

也又送韻　總絲數亦作揔又與緵同又見董送二韻　揔同上又董送二韻〔增入〕　嵏九嵏山名又峯聚之山曰嵏校獵賦虎路三嵏

晉灼曰路音落嶷以竹虎落𠡠山也師古曰三嵏三峯聚之山也　嵸龍嵸山貌又董韻　[illegible]車輪　鬷釜屬又聚也詩越以鬷邁

又姓左傳鄭大夫鬷明又董韻从鬲俗作鬷〔今圈〕　艐船著沙不行又三艐國名又怪韻〔今圈〕　䑸同上書遂伐三䑸又怪韻〔增入〕　葼

細枝○叢徂紅切聚也从丵从取丵音浞草叢生貌上从四直畫兩長兩短誤从业〔今正〕　欉東方朔傳欉珍怪師古曰古叢字〔重增〕　叢

草叢生貌亦作藂誤从业〔今正〕　藂同上詩葛覃注灌木曰藂音叢後人誤作菆音子外切或本作最顏之推曰二音二字皆非也〔增入〕　䉘取魚器

潨水會又小水入大水又之中切小水入大水又冬韻〔增入〕○洪胡公切大也亦姓共工氏之後本姓共後改爲洪方言不阻河流爲洪　洚

水不遵道又江送絳二韻　紅淺赤色又姓古洪切女工也蓋本音工今假借爲青紅字〔今圈〕　葒工大　鴻大曰鴻小曰鴈又大也又董韻

〔今圈〕　虹螮蝀漢志作虹詩實虹小子與訌同又江絳送韻　訌讃也亂也詩蟊賊內訌又江韻〔今圈〕　鉷弩牙又唐有王鉷〔增入〕○

烘呼紅切烘燎火乾也又送韻〔今圈〕○空苦紅切竅也又董送二韻　悾信也包咸曰慤也又江送二韻　𢃇衣袂

㮨 器物朴又江韻[增入] 倥 無知揚子倥侗顓蒙又董送二韻[增入] 箜 箜篌樂器[增入] ○ 公 古紅切說文从八从
厶八背意也背私爲公韓非曰自營爲厶背厶爲公[晃曰]公有三公之公有王等
之公有公私之公有公家之公有家公之公列子曰家公執席謂家長也凡相呼尊
稱亦曰公賈誼曰此六七公又婦謂舅亦曰公賈誼曰與公併倨侯昱候王丹曰家
公欲與君結交則子謂父亦曰家公方言凡尊老周晉秦隴謂之公又大事曰公詩
王公伊濯又與功同詩以奏膚公又姓晉有戚公緩又諸容切爾雅婦謂夫之兄爲兄公[今增] 功 說文以勞定國曰功禮喪有大功小功謂之功者謂治布之功有精
粗也本作紅 紅 女工紡績織紝功力之謂也史記漢書大紅小紅董仲舒策又奪園夫紅女剝虐景帝紀錦繡纂組害女紅哀紀害女紅之物[增入]
工 官也事任也善巧也匠也功力也 攻 治也擊也作也伐也又冬韻[元祐新制]許二韻通押 㓚 鉦 釭 車轂中鐵又冬注三
韻 玒 王名又江韻[今增] ○ 翁 烏紅切老稱方言周晉秦隴謂父曰翁顏師古曰翁猶父也漢高祖答項羽曰吾翁即若翁又鳥頸毛又
姓俗作翁又董韻[今增] [翁頁] 頸毛本作翁爾雅鳧翁後人加頁頁音頡下从人與貝字亦同 蓊 蓊鬱草木盛貌又董韻[增入] ○ 豐
敷中切大也多也盛也登也又姓又酒器地名封名 酆 地名國名左傳畢原酆郇又曰康有酆宮之朝杜預曰在始平鄠縣東說文酆文王所都書作
豐偏旁从邑今皆作阝 灃 水出扶風 蘴 蕪菁 麷 熬麥周禮籩實荀子取其將若發麷又送韻[今增] ○ 風 方中切天地之

使也大塊之噫氣也王者之聲教也佚也告也又姓太昊之後又扶風郡名又舜風形如扆又送韻 飌 同上周禮飌師 楓 木名脂香景福殿槐楓被宸山海經其脂入地千年爲虎魄 ○ 馮 符中切姓又蒸韻 渢 水聲又凡梵二韻 芃 草盛貌 汎 浮也又梵韻增入

梵 木得風貌又梵韻增入 ○ 嵩 息中切山高又中嶽詩作崧 娀 國名有娀氏高辛妃生契 菘 菜名 崧 山大而高通作嵩 ○ 憽 蘇公切惺憽了慧增入 ○ 充 昌中切美也滿也實之也 㤝 心動 珫 瑱玉通作充詩充耳琇瑩 忡 憂也

○ 終 之中切極也窮也死也畢也春秋無終山戎國名 螽 詩注螽斯蚣蝑也陸璣疏曰蝗類也釋文云一名斯螽蘇轍曰螽斯一生八十一子或曰九十九子名阜螽又名蠜 衆 多也又姓从目从乑三人爲乑乑音吟衆立貌又送韻增入 ○ 戎 而中切兵也助也又姓又西夷名爾雅祠也郭璞曰佐助也詩烝也無戎又纘戎祖考念茲戎功毛傳大也鄭箋戎猶汝也方言宋魯陳衛之閒謂大曰戎又蒸韻 茙 茙葵厚貌又茙葵爾雅菺戎葵 襛 衣厚詩何彼襛矣韓詩作茙又鍾韻增入 駥 馬八尺 狨 禺屬毛可爲布 㧦 相助也通作戎又董韻今圖 ○

崇 鉏中切高也聚也充也就也國名古作崈 崈 春秋晉趙穿帥師侵崈 漴 水聲又絳韻今圖 ○ 中 陟隆切極也成也平也堪也任也列子得亦中亡亦中注當也又滿也漢制中二千石謂滿二千石也又中央蓋四方之中也又內也又送韻 衷 方寸所蘊也誠也善

也正也適也中也裏也折衷斷其中也又送韻忠內盡其心而不欺也○蟲持中切有足曰蟲無足曰豸俗作虫又送韻【今圖】沖深也

虛也老子大盈若沖書作冲又飛也冲同上又聲詩鑿冰冲冲从冰【增入】种稚也又姓亦通作冲爞旱灼爾雅爞爞薰也郭璞曰謂

旱熱薰人詩作蟲蟲又冬韻翀直上飛通作沖○隆良中切盛也豐也大也穹隆豐隆玉篇云高也說文作隆癃病也老也罷病也亦作㾶

㾶【增入】𪔵鼓音又冬韻窿穹窿天勢本作隆靇靊靇雷師本作豐隆楚辭淮南子相如賦皆作豐隆○融

以中切和也明也炊氣上出也方言宋衞荆吳之間謂長曰融又祝融俗作融瀜沖融水深肜祭之明日又祭名爾雅商曰肜周曰繹夏曰復胙

本从舟今作月又侵韻【今圖】雄飛曰雌雄走曰牝牡借爲英雄字熊獸似豕○弓居中切弧也躬身屈爲躬躬圭象人鞠躬

形又親也恭也說文作躳躳从身从呂呂古膂字象脊骨之形【增入】宮爾雅宮謂之室又云大山宮郭璞曰宮謂圍繞之也禮記君爲廬宮之是也又

音名漢志宮中也居中央暢四方唱始施生爲四聲綱又曰宮爲土爲信爲思爲君鼂錯傳處于法宮之中如淳曰法宮路寢正殿也上从宀宀音綿深屋也下从呂呂

脊也脊在身中故从呂○穹丘中切高也封禪書顥穹注謂天也顥言氣顥汗穹言天穹隆也芎香草說文作营左傳作鞠鞠

左傳有山鞠窮乎又屋韻【增入】○窮渠宮切極也竟也究也塞也有窮國名說文作竆竆藭芎藭葉似江蘺根曰芎藭苗曰蘪蕪

說文作䕬相如賦作窒窮 ○ 濃 奴同切濃醲襛厚貌詩零露濃濃音奴同反又如字又冬韻 重增

通用 與鍾通

二冬

冬 都宗切四時之末漢志冬終也物終藏乃可稱 零 雨貌 ○ 彤 徒宗切赤也丹飾也又姓 爞 旱熱爾雅薰也 佟 悾佟慒濃 爞 憂也 鼕 鼓聲 浵 汪浵水深也 ○ 䃧 盧宗切䃧䃧石聲 鼕 鼓音又東韻 ○

農 奴宗切炎帝神農又耕田之𤰝漢志闢土殖穀曰農又厲山氏有子曰農能殖百穀後世因名耕田𤰝為農又厚也書農用八政又種也左傳其庶人力於農穡杜預曰種曰農斂曰穡 儂 吳人謂我為儂韓愈瀧吏詩牙眼怖殺儂 增入 𩆓 露多 ○ 宗 祖冬切尊也衆也本也又姓漢書注顏師古曰祖始也始受命也宗尊也有德可宗也又流派所出為宗古有大宗小宗又法也論語亦可宗也又繼也主也 ○ 鬆 蘇宗切鬆鬆髮亂貌鍾韻思容切音雖微異而義不殊又通韻不可雙押故去之又送韻 ○ 賨 祖宗切戎稅說文南蠻賦也又云幏南郡蠻夷賨布也魏晉時邊郡夷人輸布戶一疋謂之賨 悰 樂也慮也 琮 瑞玉八寸形似車釭周禮以黃琮禮地鄭氏注琮八方象地之形 潀 水會詩鳧鷖在潀鄭箋水外之高者又東韻 今圖 慒 慮也又尤韻 今圖 淙 水聲又江絳二韻 ○ 䃔 平宗切石隕聲又宋韻 今圖 [illegible] 大風 ○ 攻 姑宗切治也擊也習也作也伐也又東韻 毛氏新制 許二韻通用 毛氏曰 凡字同義同而有兩音新制許通用者不問經史有音無音皆可通押其有一類而新制偶未盡

載者亦合准此用之 釭 燈也又東韻【增入】

三 鍾 諸容切說文當也又酒器又量名左傳釜十則鍾六斛四斗曰鍾小爾雅二缶謂之鍾注八斛也亦作鐘漢書穀糴千鍾又姓又聚也左氏傳天鍾美於是晉書情之所鍾又龍鍾老病貌

鐘 說文樂器漢志金曰鍾又律名漢志黃鐘鍾種也周禮皆作鍾詩鍾鼓亦作鐘古字通用義異者自可分押

忪 心動也驚也惶遽也元有圈【今正】 伀 征伀遽行 橦 字樣云本音同今借爲木橦字又江韻【增入】 ○ 舂 書容切擣也黃帝臣雍父作舂 摏 擣也亦作舂 惷 愚也又江用絳三韻 蹖 蹋也 ⿰馬舂 騖馬 ○ 衝 昌容切當也向也突也通道也又與幢同詩與爾臨衝本作衝

衝 突也相如賦批巖衝擁又戰車後漢伏湛傳引詩作臨衝注曰臨臨車衝衝車【重增】 罿 鳥網又東韻 憧 不絕貌易憧憧往來又絳韻【今圈】 䡴 戰車亦作衝衝又絳韻【今圈】 艟 舟名又東絳二韻 ⿰矛童 矛也 ○ 鱅 常容切魚名似鰱而頭大

慵 嬾也 ○ 茸 如容切草生貌又腫韻 ○ 淞 思容切江名 凇 凍也 ○ 樅 七容切崇牙也詩虡業維樅注隆起貌又木名爾雅樅松葉柏身尸子松柏之鼠不知堂密之有美樅說文柏葉松身又見下【今圈】 鏦 矛屬史記欲鏦加以子方言戟謂之鏦又江韻 從 從容舒緩貌書從容以和又江董用三韻【增入】 蓯 本草蓯蓉藥名又蘢蓯花名又董韻【重增】 ○ 縱 將容切直也亦作從又董用二韻

從【增入】蹤 跡也揚雄賦躡三皇之高蹤亦作從詩蒸羊注行可從迹音與蹤同 樅【增入】木名 松 祥容切木名江名說文亦作寀

訟 爭獄見廣韻一曰爭罪曰獄爭財曰訟又用韻案詩何以速我訟有兩音易訟卦音去聲【易斷】易注云反爭也言之訟公也然則訟字从言从公蓋會

意也且諧公字聲則本是平聲是以詩協從字韻易獨音去聲未爲允當合依詩音於二韻通用 ○ 從 牆容切就也順也左傳注言順曰從亦作从

○ 丰 敷容切滿也詩子之丰兮毛傳丰之爲言面貌豐滿也又丰昔美好貌方言作妦篆文作𡴀今作丰凡豐夆邦从丰與丯字不同丯从彡从丨音害說文

相遮要害也凡耕耒𡉏害皆从丯監本作丰誤【今注】夆 啎也爾雅曳也注謂牽拕 鋒 刀劒芒荀子嘗試之說鋒起注如鋒刀齊起銳而難犯也亦作鏠

鏠 漢東方朔傳變詐鏠出郊祀志泰一鏠旗【增入】烽 烽燧漢書注文穎曰邊方備寇作高土櫓櫓上作桔皋桔皋頭兜零以薪草置其中常低之有寇即

火燃舉之以相告曰烽又多積薪寇至即燃之以望其煙曰燧顏師古曰晝則燔燧夜則舉烽亦作𤇊逢 𤇊 同上相如游獵賦起𤇊燧【增入】逢

相如封禪書大漢之德逢涌原泉師古曰逢讀曰𤇊言如𤇊火之外又見下又東江二韻【重增】峯 山峯亦作峰 蠭 說文螫人飛蟲左傳蠭蠆有毒

亦作蜂蠭又與鋒同趙廣漢傳彊壯蠭氣 蜂 詩莫予荓蜂【增入】蠭 漢中山靖王傳讒言之徒蠭生師古曰蠭生言衆多也一曰與蜂同【增入】

桻 木末 ○ 重 傳容切複也疊也又禾名亦作穜種又東腫用三韻 穜 禾先種後熟詩作重又三韻 種 同上又三韻【增入】

蠬 夏蠶周禮謂之原蠶○龍 盧容切鱗蟲之長爾雅馬高八尺爲龍又通也和也詩何天之龍我龍受之毛如字鄭讀作寵左傳董父擾龍事舜賜氏曰豢龍劉累學擾龍事孔甲賜氏曰御龍句龍爲后土氏曰句龍御音迓句音鉤又江腫二韻

籠 籦籠竹車軬又籦籠竹名又東董二韻 增入

蘢 草名又東韻 今圈

攏 圭爲龍文○醲 尼容切厚酒又與濃同馬援傳明主醲於用賞

濃 厚也濃淡之對又東韻 今圈

穠 華木稠多貌

襛 衣厚貌詩何彼襛矣又東韻 今圈

○容 餘封切容儀又盛也受也包函也亦作頌

頌 漢惠帝紀有罪當盜者皆頌繫顏師古曰古者頌與容同刑法志注頌謂寬容之不桎梏也又曾徐生善爲頌蘇林曰漢舊儀有二郎爲頌貌威儀又用韻从公从頁本頌貌字取其形容盛德因借爲歌頌字 增入

溶 水貌又腫韻

蓉 芙蓉生於水者卽荷華也古詩涉江採芙蓉生於木者亦名拒霜楚辭搴芙蓉兮木末又蓯蓉藥名

庸 用也常也周禮民功曰庸爾雅庸勞也又匱也唐有租庸調用人之力歲二十日閏加二日不役者日爲絹三尺謂之庸屈原懷沙賦誹俊疑桀兮固庸態也王逸注庸廝賤之人也又城也詩以作爾庸 晃增案 禮部看詳非藩邸舊名本字不當迴避

墉 城也垣也牆也亦作庸庸墉義異者分押

鎔 銷也鑄也說文鑄器法也董仲舒傳猶金在鎔注鎔謂鑄器之模範

鄘 國名紂都朝歌東衞南鄘北邶

鏞 大鍾書笙鏞以閒詩賁鼓維鏞

䡘 車行貌

瑢 璁瑢佩玉行聲○封 方容切大也厚也又姓又聚土也垤也培也封建也國名古作𡉚說文艸木妄生也大戴禮五十里爲封又牛名漢

西域傳罽賓國出封牛大月氏國出一封槖駝師古曰脊上有一封也封言其隆高若封土也今俗呼爲封牛又緘也又用鹽二韻今圏 葑 菜名詩采葑采菲注蕞菁也又用韻 犎 牛名一曰槖駝漢順帝時疎勒王來獻犎牛及師子亦作封 ○逢 符容切遇也迎也值也太歲在甲曰閼逢關龍逢或音如逄又東江二韻 縫 衣會也紩也縫掖大衣亦作逢荀子其衣逢又曰逢衣淺帶注逢掖大衣也與縫同又用韻 摓 紩也與縫同莊子摓衣淺帶音義云本又作縫重增 ○蹱 癡容切躘蹱行貌 ⿺辶馬 馬不行又遇韻今圏 傭 均也直也齊等也詩昊天不傭注均也又餘封切係藩邸名經史內音餘封切者合當迴避其餘許依出處從一音用 ○銎 丘容切斧穿也又銎銎擊貌 蛬 車弓 ○恭 居容切祗也說文本作恭亦作共龔又姓晉申生之後 共 同上左傳不道不共杜預注貌正曰共又君令臣共正考父三命茲益共論語舜共己正南面漢書霍光輔政上共己正南面師古曰共讀曰恭又法也詩受小共大共毛音恭鄭音拱又與供同見周禮詩匪其止共孟子共爲子職而已矣谷永傳惟正之共又共工古諸侯名官名共城縣名又謚法又腫用遇三韻 供 設也給也通作共亦作龔又用韻 龔 給也說文慤也與恭同又姓 ○胷 許容切膺也亦作匈胷 匈 荀子匈中相如賦其於匈中曾不蔕芥朱邑傳匈臆約結又匈奴北夷名又匈匈喧擾之意漢高紀天下匈匈勞苦又匈匈讙議之聲荀子君子不爲小人之匈匈而易其行漢書無音荀子有平去兩音宜從通用又腫用二韻今圏 凶 不吉也禍也又腫韻今圏 洶 水勢又腫韻

兇惡暴又擾恐或作忷又腫韻　訩訟也衆語也亦作詾匈哅又腫韻今圖　詾同上又嚇也又腫韻增入　哅同上
又腫用二韻增入　跫人行聲莊子足音跫然又巨恭反又腫韻今圖　○邕於容切說文四方有水自邕成池者是也又和也　噰
鳥聲亦作嗈爾雅噰噰音聲和也通作邕詩作雝　嗈　廱和也書黎民於變時雍亦作邕晉桑虞門邕穆又雍奴縣在幽州水經四方有水曰雍
不流曰奴辟雍學名爾雅太歲在戊曰著雍案作雝又腫用二韻　雝詩雝雝喈喈又和也詩雝雝在宮有來雝雝周頌雝篇包咸注論語作雍又澤也詩
于彼西雝又雝渠鳥名又腫用二韻今圖　灉水名爾雅水自河出爲灉亦作澭邕周禮作維又用韻　維周禮職方氏兗州其浸盧維釋文盧
音雷維於恭反又脂用二韻增入　廱辟廱學名說文作廦廱爾雅廱廱和也通作雝雍天子曰辟廱詩箋辟廱者築土雝水之外圓如璧四方來觀者均辟雍
與廱邕穆與雍類雝雙押如蔡邕時雍辟廱之類不妨分押　饔熟食詩作饔又用韻　饔同上又用韻增入　壅塞也障也塲也
雝雍史也又腫韻　癰癰瘡俗作癕　甕汲水缾古作甕前漢西域傳烏弋國有大鳥卵如甕顏師古音平聲又送韻增入　𥂜見廣
韻又送韻增入　○顒魚容切顒顒君德也仰也大頭也　喁噞喁魚口上見貌司馬相如傳延頸舉踵喁喁然師古曰喁喁衆口向上也又相應
和聲莊子後者唱喁又虞厚二韻今圖　禺番禺地名今廣州縣又虞遇二韻　○蛩渠容切蛩蛩巨虛獸名一曰秦謂蟬蛻曰蛩　邛

地名又勞也病也詩維王之邛與脩邛之卭不同邛从工从邑卭从卩从節 筇 竹名 茳 莫芺實 ⓧ蛬 蛬蛬亦名蜻蛚通作蛩又腫韻

【獨用】

四○江 古雙切水出岷山廣雅江貢也風俗通曰出珍物可貢獻也釋名江共也小水流入其中所公共也禹貢有中江北江三江九江今人謂川之大者皆曰江又姓又國名春秋有江人 扛 舉也說文橫關對舉也 杠 旗干說文牀前橫木又蓋柄又橋孟子歲十一月徒杠成 ⓧ矼 石聚度水通作杠爾雅石杠謂之徛俗从石又苦江切慤實貌【今圈】 ⓧ釭 燈也冬韻姑宗切同東韻古洪切車轂中鐵【[illegible]】漢書昭陽宮壁帶爲黃金釭函藍田璧師古曰璧帶壁之橫木露出如帶於其中以金爲釭若車釭之形釭音工俗讀爲江非也監本舊注轂鐵又引班固賦金釭銜璧在此誤文選注音古雙反亦誤【今正】 ⓧ玒 王名又東韻【增入】

○腔 苦江切羊腔說文內空也廣韻亦作羫 ⓧ椌 柷也又東韻【今圈】 ⓧ悾 信也慤也誠也又東送二韻 ⓧ控 打也莊子儒以金椎控其頤又送韻【增入】 ⓧ矼 莊子德厚信矼簡文注云慤實貌又江韻【增入】

○ⓧ降 胡江切服也說文亦作夅又下也詩我心則降福祿攸降又降婁次名又絳韻 缸 罌缸亦作𦈢瓨 𦈢 同上【增入】 瓨 長頸罌受十升漢書醯醬千瓨【增入】 ⓧ洚 水不遵道又水名又東送絳三韻 ⓧ訌 讃亂一曰爭訟相陷入之言詩蟊賊內訌亦作虹詩實虹小子又東韻【增入】 ⓧ虹 同上又東送絳三韻【增入】

○邦 悲江切小曰邦大曰國从丰从邑說文云古作峀廣韻國也鄭康成注周禮曰大曰邦小曰國

○ⓧ龐 皮江切高屋又姓又東韻

逄 姓左傳齊有逄丑父亦作逄蝨逄元有圈【今正】 逄蝨 荀子羿逄蝨蒙【增入】 ⓞ逢 孟子逢蒙學射於羿揚子羿逢蒙分其弓又東韻【晁謹案】顏之推刊謬正俗曰逄姓之逄與逢遇之逢要爲別字釋訓無別又曰逢逄文別豈可畱同尋顏氏之言逄逢固異然孟子揚子傳寫作逢後人因而不改今亦收入以示傳疑【增入】

○尨 莫江切犬鬣毛者爲尨詩無使尨也吠又雜也从犬从彡俗又加犭非亦作蒙庬又講韻【今圈】 ⓞ蒙 荀子引詩爲下國駿蒙又東韻【增入】 庬 司馬相如傳湛恩庬洪【增入】 ⓞ龍 雜色與尨同考工記上公用龍陸音莫江反又鍾腫二韻【重增】 哤 語雜亂說文異言也

○雙 疎江切偶也兩隻也从右手持二隹又古右手字也監本誤从夊【今正】 艭 艕艭舟名从夊誤【今正】 ⓞ愯 懼也左傳駟氏愯又腫講二韻【增入】 ⓞ瀧 韶州樂昌縣有瀧水名昌樂俗謂水湍峻爲瀧韓愈瀧吏詩始下樂昌瀧又見下及東韻【增入】

○窗 初江切通孔也亦作窻囱俗作牎【今正】 窻 說文在牆曰牖在屋曰窻釋名窻聰也於內見外之聰明也俗作窻【今正】 ⓞ囱 舊韻在牆曰牖在屋曰囱古字象形後加偏旁作窻窻又東韻【增入】 摐 撞也相如賦摐金鼓 ⓞ鏦 矛屬方言江淮吳楚謂矛爲鏦又與摐同漢書東越使人鏦殺吳王注謂以矛戟撞之也又鍾韻

○ⓞ淙 鉏江切水聲又冬絳二韻 ⓞ從 從從高也禮記爾毋從從爾又鍾董用三韻【增入】 漎 水聲杜甫太清宮賦中漎漎以迴復【重增】

○樁 株江切樁橛

○ⓞ惷 抽江切愚也又鍾用絳三韻

○ⓞ幢 傳江切旛幢說文旗屬方言幢翳也楚曰翿關東西皆曰幢又絳韻【今□】

撞 擣也擊也又絳韻 幢 木名說文帳柱又東鍾二韻[illegible] ○ 窻 閭江切奔滿又見前【今圈】 ○ 舡 許江切舽
舡吳船名又舽舡船貌俗以爲船字誤[illegible]
集曰舽舡之舡爲舟船其順非有如此者[illegible]

【通用】與脂之通 五 支

章移切度也持也出也纖支鮮支縞也析支月支國名又姓
又支離披貌王篇藏也充也又離支自異又本支詩本支百世揚
雄傳支葉扶疎又茘支漢書南海獻荔支並作枝又四支孟子惰其四支漢書武紀
民猶支體亦作枝肢胑又支梧亦作枝梧搘又黃支木名實黃可染一名鮮支子虛
賦鮮支黃礫師古曰即今支子木也一名薝蔔薝音膽一名林蘭亦作卮梔古唯支
字通用後人加偏旁以別之支枝肢卮梔義異者不妨重押篆文作攴今作支支乃
篆文攴字从卜从又今以攴代支而以支代攴俗
多作攴誤攴音普卜反又翹移切今支縣名【今圈】 枝 枝柯左傳引詩本枝百世又四枝又荔枝枝梧通作支枝
與枝不同枝音攱 肢 肢體元有【今注】 胑 同上荀子如四胑之從心 卮 酒器亦作卮甎觶漢書注應劭曰飲酒禮器古以角
从攴攴與攴同
作受四升古字作甎師古曰飲酒圓器也今尚有之又 巵 漢紀高祖奉玉卮爲太
黃卮漢書千畝卮茜與卮字不同卮五果反木節也 上皇壽建本作卮非[illegible]
【今】 梔 杜甫有梔子詩【重增】 甎 又薺韻【增入】 觶 同上又真韻廣韻本音真今作奉觶字【增入】 氏 月氏西域國名漢王
恢傳作月支又閼氏單于后閼音
煙又子盈切𣏌氏縣名又紙韻 榰 柱砥爾雅榰柱也郭璞曰相榰柱也柱音注 搘 搘梧亦作榰枝支【增入】

褆安福又常支切又齊韻从示示音祈俗作礻[增入]祇適所以之辭詩祇自疧兮亦作祇衹衹秖又見下[增入]衹同上詩衹

攪我心又恭也又見下衹同上漢竇嬰傳衹加對師古曰字从衣[增入]衹同上司馬遷傳衹取辱耳[增入]秖同上鄒陽傳衹結怨而不見德

[增入]秖禾始熟見玉篇[增入]砥石細於礪見廣韻亦作厎又紙韻[增入]厎漢梅福傳爵祿天下之厎石師古有平去二音又紙至二

韻[增入]跂莊子踶跂爲義李云用心爲義貌崔音枝郭音綺又翹移切又紙寘陌三韻[增入]○施商移切用也加也設也戚施面柔不

能仰郭璞注爾雅戚施之人不能仰面柔之人似之亦作覘又余支切覘下又紙寘二韻覘規覘說文覘司人也司與伺同葹豆屬見離騷韓愈詩不辨

薋菉葹[重增]鍦短矛亦作鍦鉈又寘韻[今圖]鉈方言吴揚江淮南楚之五湖之間謂矛曰鉈[增入]○釃山宜切盪酒詩釃酒有藇

陸德明曰以筐盪酒馬援傳擊牛釃酒章懷太子曰釃猶濾也又疏也分也漢溝洫志釃二渠以引河亦作廝又紙寘三韻廝同上唐高士廉傳附故渠

廝引旁出又見下[重增]籭下物竹器亦作簁又霜夷切音雖微異而義同不可重押故於篩字下注云亦作籭簁字下亦作篩簁同上亦作

篩又皆紙二韻[增入]蓰五倍曰蓰孟子或相倍蓰又紙韻[增入]䙰襹䙰毛羽衣貌纚廣韻纚似布說文粗緒也俗作絁[重增]

絁隋史桑土調以絹絁唐志丁歲輸綾絁二丈[重增]○吹昌爲切噓類周禮作龡又寘韻龡春官籥章中春龡豳詩以逆暑[增入]

佽 欆也又與吹同荀子可佽而僨也 ○ 差 又叉宜切次也不齊等也又參差說文作縒又皆歌麻卦過禡六韻 縒 參縒詩作參差參相參爲參兩相參爲差【增入】 嵯 嵾嵯山不齊貌又歌韻【增入】 䡨 却車抵堂一日連車又皆韻【重增】 ○ 衰 初危切減也左傳皆有等衰杜預曰殺也又爲之等衰曰衰荀子相地而衰政又趙衰人名又脂灰歌三韻 ○ 匙 常支切匕也 翨 蟲飛貌亦作提 提 詩歸飛提提又朱提縣名見漢志又齊霽二韻 ○ 垂 是爲切自上縋下又幾也疆也說文遠邊也漢武語親省邊垂元帝紀邊垂長無兵革之事左傳虔劉我邊垂亦作陲又人名書垂共工有兩音又寘韻【今圖】 陲 同上說文危也 倕 重也又人名通作垂又寘韻垂陲倕義異者不妨重押 腄 東萊縣名主父偃傳飛芻輓粟起於黃腄師古曰黃腄二縣名郊祀志祠之罘山於腄又寘韻【重增】 ○ 兒 如支切嬰兒象形又齊韻【今圖】 唲 曲從貌又強笑語楚辭喔咿嚅唲又佳韻【今圖】 ○ 痿 儒佳切濕病又痺也一曰兩足不能相及又見下【今圖】 ○ 斯 息移切此也則也即也又語巳辭詩恩斯勤斯說文析也詩斧以斯之又魚韻【今圖】 析 同上分也相如賦葴析苞荔張揖曰析似燕麥音斯又錫韻【重增】 廝 養馬者又役也賤也或作㒋亦作厮蘇林曰廝取薪者也又見上【今圖】 厮 同上韋昭史記注析薪爲厮【增入】 澌 流水又齊寘二韻【今圖】 凘 說文水索也又寘韻【增入】 虒 似虎有角能行水中曰委虒又與貌又祁虒晉宮名 ⿱雨鮮 小雨 ⿰斯鳥 鸒⿰斯鳥鳥名亦作

斯詩弁彼鷽斯禠福也从示與褫字不同元有圈今圈○雌此移切鸙鳥雌雄又齊韻今圈○貲即移切財也亦作訾訾

史漢以訾爲郎又訾之爲言量也史中君家亦不訾所貲不貲謂無量可比也不訾之身亦謂貴重無量可比也通作貲又毀也譏也思也又姓又娵訾次名爾雅作娵

觜又見下又紙韻髭口上須說文作頾在口上曰髭在下曰鬚在頰曰髯觜觜觿宿名又紙韻鄑城名古屬青州周屬紀後入齊杜預

曰北海都昌縣西有訾城亦作訾○厜津垂切山顛說文厜㕒山貌爾雅崒者厜㕒郭璞曰謂山峯巉巖也○劑遵爲切周官聽賣儥

以質劑質人大市以質小市以劑鄭康成曰質劑謂兩書一札同而別之長曰質短曰劑今券書也又寘韻○疵才支切黑顇疾漢書吹毛求疵

又紙韻今圈呰漢元帝敘傳閻尹之呰又紙韻重增訾同上禮記非禮之訾增入玼玉病又齊紙二韻茈爾雅

芍鳧茈又將此切藐茈草名今圈骴殘骨又寘韻胔同上又寘韻增入○隨旬爲切從也亦作遺卦名又姓國名左傳漢東之國

隨爲大亦作隋遺荀子引詩莫肯下遺楊倞曰遺讀曰隨又脂至二韻增入隋隋文帝以周齊不遑寧處故去辶作隋以辶訓走故也辶音綽

又果至二韻增入知珍離切覺也喻也又寘韻今圈○腄株垂切瘢胝又寘韻今圈○摛抽知切布也舒也攡也螭

似蛟無角如龍而黃史齊世家作彲魑魑魅左傳作螭离同上又猛獸說文山神獸形又見下縭說文以絲介履也又見下增入

攡張也太元經有○馳陳知切疾驅也直騁曰馳杜池說文沼也孔安國
攡篇又見下增入 預注左傳車馬曰馳步曰走 曰停水曰池漢志
黃帝作咸池師古曰咸皆也池言其包郔考工記絲三郔篪樂器以竹爲
容浸潤也又差池舒張貌又歌薛二韻 又薺韻增入 之長尺四寸
小者尺二寸七孔禮竾月令仲夏調竽䶵褫蓐衣又曰攥竉說文奪
記作篪說文作䶵 笙竾簧增入 增入 衣也又紙寘二韻增入
趍佩觿集曰奔趍之趍爲進趨其○錘直垂切權也亦作鎚二鎚同上
順非有如此者又虞韻增入 曰八銖又紙寘二韻 又金
鎚亦作椎又好槌廣韻與椎同又掛鼇薄柱又擲也椎漢張良傳爲鐵椎百
銅半熟又灰韻 擊也揚子槌提仁義又灰寘二韻 二十斤又擊也擣也
亦作搥又椎鈍不曲撓搥擊也韓愈詩昨者州前搥大鼓雖漢書尉佗雖結
又棒椎又椎髻亦作雖 又曰作樂鼓還搥又灰韻增入 箕踞服音椎又
灰韻甀小口罌說文作○離鄰知切近曰離遠曰別說文倉庚也借爲離
增入 甀又寘韻增入 別字又流離似玉又流離鳥名又流離林離
與漓同又長離神名相如賦前長離而後矞皇纖離駿馬李斯傳乘纖離之馬爾雅
大琴謂之離又陸離參差雜亂低昂分散相違貌又光輝粲爛貌沈約詩紫燕光陸
離又江離草名高漸離人名又附著易離麗也詩離祉詩雉離于羅月離于畢莊子
附離不以膠漆又遭也屈原離騷言遭憂而作辭也王褒頌離此患也與罹同又陳
也左傳昭元年設服離衛又寘霽二韻[illegible]曰自然分離則平聲書離心離德孟子
離散之類是也彼此相離而去之則去聲中庸道不可須臾離孟子達不離道之

類是也

离 說文卦名明也亦作離又見前〔今〕

蠡 谷蠡匈奴王號一曰瓠勺又齊戈薺果四韻

劙 剺也劃也直破也廣韻分破也亦作剺棃務又薺霽二韻〔今〕

𠠫 𥝢 同上耿恭傳𥝢面流血注𥝢即剺字古通用也又黔黎與黧同又齊韻〔增入〕

剺

麗 高麗東夷國又附著書謹厥麗乃勸通作離又紙薺霽三韻

䕻 說文草木相附䕻而生通作麗又霽韻

褵 婦人之褘又衣帶也或作縭𦆽

縭 詩親結其縭緌也介也帶也又見前〔今〕

纚 緌也詩紼纚維之爾雅引詩作縭又紙寘二韻

䍦 接䍦白帽晉山簡傳作接籬爾雅注作睫攡

攡 郭璞爾雅注江東取白鷺頭翅背上長翰毛以爲睫攡名之曰白鷺縗〔增入〕

罹 遭也罟也通作離說文心憂也从四誤〔今〕

〔正〕蘺 江蘺又芎藭苗一曰蘼蕪別名亦作離據相如賦江離蘼蕪則非一物也又藩也過秦論築長城而守藩蘺

籬 竹藩亦作蘺攡

攡 同上廣韻柴攡

醨 薄酒

漓 水滲入地又淋漓相如賦作林離陸機賦作流離

璃 瑠璃似玉有十種漢西域傳相如賦魏略並作流離

灕 淋灕秋雨通作漓亦作離〔增入〕

䴡 馬深黑色又齊韻

鸝 黃鸝倉庚也鳴則蠶生說文作黃離亦作鵹鷅雞黎又齊韻

鵹〔增入〕

𪆵〔增入〕

孋 麗戎國亦作麗

䅻 說文引詩彼黍䅻䅻今詩作離長沙人禾二把曰䅻〔增入〕

𥣬 苗也又纚纚黍稷行列

矖 視也又紙韻〔增入〕

梨 果名亦作棃又齊韻

棃 方言眉棃耋鮐老也東齊曰眉燕代之北鄙曰棃郭璞曰言面色似凍棃也詩行葦傳耇凍棃

也陸有二音又齊韻[增入]藜蒺藜亦作蔾左傳引易作蔾揚雄校獵賦作梨又齊韻犂牛駮文又齊韻俗作犁黧黑黃色亦
作黎爾雅黧黃倉庚也又齊韻來至也還也及也招之也亦作倈徠又麥也亦作麳䅘詩惠然肯來音郎才切又音棃陸德明云古協韻多音棃左傳
棄甲復來楚辭山鬼篇天路險難兮獨後來皆音棃漢書康鼎來韓愈淮西碑四夷畢來亦音棃又咍代二韻倈同上又二韻[增入]徠同上又二
韻[增入]䅘麥也又咍韻[增入]釐理也說文家福也又毫氂禮記差若毫氂又與䅘同劉向傳貽我釐麰師古曰釐力之反又讀與來同又虛其
切與僖禧同又咍韻氂十毫東方朔傳失之毫氂說文氂牛尾凡言氂者毛之强曲者也又豪韻嫠婦無夫左傳嫠不恤其緯亦作釐詩傳鄰
之釐婦小爾雅寡婦曰釐犛牛名黑色亦作氂斄又爻韻斄莊子斄牛大若垂天之雲又咍韻[增入]⿱髟里⿱髟來⿱髟里髮起梩
鍫也又從士臿見六韜貍狐貍亦作狸霾又皆勿二韻[今圖]狸[增入]霾左傳叔豹季霾又皆怪二韻[增入]○羸倫爲
切瘦也病也易大壯羸其角孔穎達曰羸拘縲纏也井彖羸其瓶孔曰鉤羸而覆之也○鈹攀麋切兵器劒如刀又大針披開也分也散也
又荷衣曰披亦作被又紙寘禡三韻[今圖]被左傳襄十四年被苫蓋又紙寘二韻[重增]翍張羽㱟割肉又開肉旇旗靡○
陂班麋切孔安國曰澤障曰陂又澤也黃憲汪汪如千頃之陂亦作波又戈寘二韻波漢魏相傳弛山澤波池師古曰波音陂又戈韻[重增]

羆獸似熊黃白色蘢草名又節虛飾爾雅施謂之蘢又眞韻从艸从羆舊从羅羆誤【今正】【今圖】詖論詖又辯論也慧也佞也廣韻辯辭
又眞韻【增入】碑釋名碑者葬時所設臣子追述君父之功以書其上初學記碑悲也所以悲往事也今文墓隧宮室廟屋之碣皆謂之碑又下變碑廬權
亦謂之碑檀弓公室視豐碑又齊韻【今圖】卑下也賤也又紙至二韻庳同上下也揚子庳則儀秦鞅斯又紙韻裨補也說文
接也益也又見下錍斧屬亦作鈚又齊韻鈚同上又齊韻【增入】椑木名又齊昔二韻埤與卑同汙下也孟子
爲淵敺魚注民思明君猶水樂埤下荀子埤汙庸俗又見下又紙韻【增入】箄取魚竹器又紙齊二韻【增入】鞞牛鞞縣在蜀又齊紙迥三韻【今圖】
【增】○皮蒲麋切皮膚肌表也又狐貉之裘曰皮又姓疲勞也乏也亦作罷罷同上又倦也止也又紙蟹禡三韻郫地名一在
蜀今屬成都一在晉左傳趙孟使殺公子樂于郫○糜忙皮切粥也又爛也孟子糜爛其民賈山傳無不糜滅廣韻作糜又作靡从麻从米舊从木誤
【今正】縻䌈醾酴醾重釀酒乘醑廣韻作醾縻繫也又牛轡曰縻亦作䌕靡同上傳說晉靡荀子注刑徙之人以鐵鏁相連繫也
易吾與爾靡之漢書羈縻不絕又散也漢文帝詔爲酒醪以靡穀者多賈誼曰靡之者甚多注靡散也又爛也莊子子胥靡注溫舒傳靡獄中注靡碎也方言靡滅也又
紙至二韻【今圖】劘分也亦作磨又戈韻【今圖】磨同上又散也蘼草名月令作靡䧓乘輿金飾馬耳又紙韻蘼

蘪蕪蘄茳也根曰芎藭苗曰蘪蕪古詩山上采蘪蕪又荼蘪花[增入]○陴頻彌切城上女牆埤厚也增也附也裨偏裨又裨

冕禮記注公袞侯伯鷩子男毳總謂之裨荀子注天子六服大裘爲上其餘爲裨脾土藏蜱山足辟飾緣邊本作紕禮記素帶終辟音脾

注謂以縿采飾其側人君充朱大夫裨其紐及末士裨其末而已終末也又紙寘霽齊首五韻[增入]紕詩素絲紕之毛音無鄙反鄭音頻彌反義同又喪禮

既祥縞冠素紕以素飾冠緣也又脂止至三韻[增入]○彌民卑切益也長也滿也久也亦作弥又紙韻[今圖]罙深也冒也周行也說文作罙今

作罙詩罙入其阻與罙字不同罙音木杯从究从木罙从冂从米从木誤[今正]罙同上又罟也从木誤[今正]瀰㳽瀰大水貌本作瀰又紙薺二

韻弥方言弥縫通作彌古文作弥[增入]瓕女音皇齊人呼母爲閑瓕亦作婆彌李賀呼母阿彌又齊韻[增入]○移余支切易也徙也亦

作迻施又遺也延也說文禾相倚也漢書注文書移書白某移書迻𢼊史記衛綰傳劍人之所施易如淳曰施讀曰移師古音以豉反延也荀子充虛

之相施易也注施讀曰移又施施自得孟子施施從外來音怡又如字又音異貌又扁扁喜悅貌又紙寘二韻[增入]栘棠棣又齊韻[今圖]匜盥水

洗手器有柄可以注水似羹魁柄中有道左傳奉匜沃盥又紙韻椸一榻前几一曰衣架爾雅竿謂之椸扅扊扅門關戶扃𧰙廣韻

宋地名又紙寄二韻[重增]酏飲也周禮有酏𩛌注酏今之粥又飲也酒也內則黍酏又飲也𩛌粥稀者之清也又僊紙二韻暆日行蛇

委蛇自得亦作虵佗迤迤佗左傳侍引詩委蛇委蛇謂從者也杜預曰委蛇順貌言人臣自公門入私門無不順禮从從順也又蝼蛇澤鬼名紫衣而朱冠又歌麻二韻

虵 莊子逶虵又麻韻【增入】 佗 漢書任光邳彤賛委佗還旅章懷太子曰注佗音移行貌又歌過二韻【增入】 迤 同上又歌紙二韻【今】

【圖】迱 同上又紙韻【增入】 陀 韓愈元和聖德詩逶陀結糾注迤通用又歌韻 貤 移與爵賞又寘韻 謻 方言

涼州呼甑說文曲鉹也一曰鬵鼎又紙韻【今圖】 ⿰氵移 冰室 簃 樓閣邊小屋 ○祇 翹移切地神亦作示又安也大也易无祇悔【今】

【圈】示 同上从亍从八亍音注偏旁从示者俗作礻又至韻 祁 大也又舒遲詩被之祁祁爾雅徐也又太原縣名又與圻同又姓又微韻【今圖】

岐 山名亦作⿰支阝又路岐爾雅二達謂之岐旁郭曰岐道旁出也亦作歧又意有所知也詩克岐克嶷又州名又姓古有岐伯 ⿰支阝 漢匈奴傳秦襄公伐戎至

⿰支阝師古曰⿰支阝古岐字【增入】 歧 本音舉綺切歧道也廣韻玉篇皆作路歧字漢張堪傳麥秀兩歧謂一莖兩穗如路岐之二達也又紙韻【增入】 跂

足多指漢匈奴傳注凡有足者曰跂行亦作伎 伎 同上詩維足伎伎又舒散也又紙寘二韻【增入】 蚑 蟲行貌又長蚑蠨蛸別名又寘韻

軝 車長轂也 㤳 愛也 疧 病也亦作疷祇又薺韻【今圖】 疷 詩俾我疷兮又薺韻【增入】 祇 詩壹者之來俾我祇也【增】

【大】○隳 翾規切毀也廣韻本作隓 隓 春秋隳郈隳費賈誼傳墮名城說文作隓敗城𨸏曰隓又果過二韻【今圖】 隋 周禮大祝

隋釁𡙟注血祭曰隋釁【增入】

睢 仰目視皃漢五行志萬衆睢睢莊子而目睢睢又睢盱視皃跋扈之貌廣雅睢盱元氣也又宣隹切縣名又齊至二韻

觿 角錐銳耑可以解結又齊韻

鑴 鼎䰜一曰日旁氣周官眂祲十煇三曰鑴又齊韻

傕 仳倠醜面淮南子嫫母仳倠【增入】

○闚 缺規切門中視

窺 小視

○規 均窺切為圓器字統云丈夫識用必合規矩故字从夫又規求左傳規求無度唐書規影傜賦又子規鳥

⿰夫隹 子⿰夫隹史記作鳺

摫 摫裁制也方言梁益閒裂帛為衣曰摫

⿰且規 小見皃荀子學者之嵬⿰且規⿰且規然【重增】

○羈 居宜切馬絡頭鄒陽傳不羈之士言才識高遠不可羈係也亦作䩭又禮記內則翦髮為鬌男角女羈注夾囟曰角午達曰羈謂一直一橫也

䩭 後漢馬援傳臣謹依儀氏䩭【重增】

羇 旅寓

奇 不偶也零也亦作觭畸踦李廣數奇孟康曰奇隻不耦也師古曰言廣命頻隻不偶也易陽卦奇又凡數之零餘皆曰奇易歸奇於扐又奇袤又渠宜切異也又紙韻从大从可俗作竒

觭 漢五行志匹馬觭輪無反轂梁傳作倚音同又見下及紙韻【增入】

畸 同上又殘田

踦 太元經踦贏二贊以象閏又見下及紙韻【重增】

倚 荀子倚魁之行注引方言秦晉之閒凡物體不具謂之倚莊子南方有倚人焉注音與畸同又紙寘二韻【重增】

攲 箸取物說文持去也古作攲又見下【重增】

剞 剞劂[illegible]文紙韻

掎 掎角見廣韻罥其首曰角掎其足曰掎掎偏引也又紙韻【增入】

○犧 虛宜切牲也祭天地宗廟曰犧卜得吉曰牲色純曰犧亦曰牷又伏犧太昊氏又酒尊又

歌韻 戲 漢王莽傳黃帝建華蓋立斗獻師古音犧謂斗魁及杓末如勺之形又歌𦣱二韻 增入 羲 太昊氏又曰包犧庖犧炮犧莊子作伏戲又重黎之後曰羲和又姓羲仲之後說文气也从羲从兮 戲 同上又嗚戲嘆辭又大將之旗曰戲韓信傳可致戲下又吁爲切大將之旗又模寘二韻

曦 日光 㰅 蠡也杓也 巇 山險又罅隙揚子巇可抵乎 ○ 攲 丘奇切不正亦作㩻古作敧與欹字不同欹於宜切从欠伸之欠本作欹誤 今正

攲 亦作敧从攴非从支 觭 角一俛一仰 踦 長足蟲又紙寘二韻 今增 徛 石杠橋也亦作碕又寘韻 崎 崎嶇又微韻

碕 同上又見下及微寘二韻 踦 一足方言梁楚之閒物體不具者謂之踦雍梁之西郊罝支體不具者謂之踦

○ 奇 渠宜切異也詭也又離奇盤戾貌鄒陽傳輪囷離奇 騎 跨也又寘韻 錡 三足釜又鑿屬詩又缺我錡又紙韻

琦 玉名一曰玩也 碕 曲岸又見上 今增 ○ 漪 於宜切水文亦作猗詩河水清且漣猗 猗 同上又嘆辭亦作欹詩猗與那與又美盛貌詩綠竹猗猗又長也美也漢武紀猗與偉與詩有實其猗注長也箋猗也又猗于畝丘注加也說文犗犬也又紙哿二韻 今增 欹 嘆辭亦作猗从奇从欠欠去劒切說文凡由口出者皆从欠若吹歌欷歔歐歎之類是也與傾攲字不同 增入 禕 美也珍也又嘆辭亦作猗與禕字不同禕从示褘从衣元有圈 今正

椅 廣韻木名梓實桐皮又紙韻 今增 旖 廣韻旖旎旗舒貌又紙韻 增入 ○ 宜 魚奇切適理又肴也又祭名說

文作㝌廣韻俗作宜爾雅詩書禮記皆用宜字蓋傳寫之訛因仍至今不敢改也

宐〔增入〕**宜**〔增入〕

儀 容也義也正也法也周禮六儀謂祭祀賓客朝廷喪紀軍旅車馬之容左傳有儀可象謂之儀又匹也說文度也詩我儀圖之方言儀來也淮潁之閒曰儀書鳳皇來儀

義 鄒陽傳衰義父之後應劭曰言春秋褒邾儀父也師古曰義讀曰儀又寘韻〔增入〕

轙 車衡載轡者又紙韻

㕒 𡾊㕒山㕒嶬貌

涯 水際亦作厓又佳麻二韻

厓 同上又佳麻二韻〔今圖〕

崖 岸也又巖崖又佳韻〔增入〕

鸃 鵔鸃鷩鳥也似山雞而小漢侍中冠之周禮有鷩冕

檥 說文榦也史記烏江亭長檥舟待項羽應劭曰檥正也有兩音漢書注整船向岸曰檥又紙韻〔增入〕

議 謀議詩或出入風議陸德明曰協句音宜又寘韻〔增入〕

〔入〕○**爲** 于嬀切作造也說文母猴也又姓風俗通漢有南郡太守爲昆唐書韋承慶事繼母爲又寘韻

○**麾** 吁爲切說文依篆作麾旌旗所以指麾也今文作麾漢書作戲又手指撝左思五君詠一麾乃出守與撝同詩麾之以肱

撝 說文裂也又手指麾也亦作揮易撝謙注謂指撝皆謙

戲 項羽傳戲下注大將之旗師古曰漢史通以戲爲旌麾及指麾字

○**虧** 驅爲切缺也亦作虧韓

虧〔增入〕說文字

𧇾 考工記函人注苴無𧇾與虧同〔重增〕

○**嬀** 俱爲切姓也又水名書釐降二女于嬀汭

溈 水名通作嬀

○**逶** 於危切逶迆

委 委委行委曲也亦作倭爾雅委委佗佗美也又紙寘二韻

倭 同上詩周道倭遲又謹皃說文順貌

痿 痺濕病又見上

今圖 菨 草木枯又蔫也又賄韻 今圖 委 䅗麡 蜲 蜲蛇澤鬼大如轂長如轅紫衣朱冠惡聞雷車之聲則捧其首而立齊威公田於澤見之

增入 ○危 虞爲切險巇也疾也隤也不正也不安也又宿名山名 峗 三峗山書作危古文尚書作㟪名唐明皇易以今文古文遂湮滅矣 ⊙

蠵 悅吹切蠵蠵大龜又齊韻 今圖

六○脂 旨夷切說文戴角者脂無角者膏 ○ 隹 朱惟切鳺鴂也亦作鵻說文鳥之短羽者摠名又紙韻 今圖 鵻 同上詩翩翩者鵻亦作鶽 鶽 左傳祝鳩氏司徒也杜預曰祝鳩鵻鳩也孝故爲司徒主教民 增入 騅 馬蒼黑一曰蒼白雜毛曰騅 錐 銳也又器如鑽左傳錐刀之末史記錐之處囊其末立見 萑 草名爾雅作蓷詩傳同一名蓷說文鬱也韓詩云茺蔚也从艸从隹與萑字不同萑从艹音胡官反元有圖誤 今正

○尸 外脂切主也陳也利也又姓說文尸屋也有尸唯始死之奠及祭殤釋奠無尸又主也詩誰其尸之漢 晁曰 古者祭祀皆宣傳以拱默尸祿爲智謂不憂其職但王食祿而已又與屍同論語寢不尸易師或輿尸世言徒居位爲尸位蓄言身膺其任而無其功德與屍同 鳲 鳲鳩鴶鵴 鮑宣傳作尸鳩 屍 在牀曰屍在棺曰柩通作尸 增入 蓍 蒿屬用之以筮史記蓍千歲則一本百莖其下必有神龜守之 ⊙ 師 霜夷切衆也範也法也效也又姓官名卦名又導之教訓曰師公羊傳京師者何衆大也周禮五旅爲師二千五百人又師子狻猊 篩 竹器亦作簁簏又竹名一

名太極又皆韻今圖獅爾雅狻猊也日走五百里亦作師子漢西域傳烏弋國出師子孟康曰師子似虎正黃有顏耏尾端茸毛大如斗又犬生二子曰獅故字
从犬○增入衰所追切微也減也耗也亦作⿸疒衰又支灰歌三韻⿸疒衰同上說文減也一曰耗也廣韻病也增入榱椽也說文秦名
爲屋椽周謂之榱齊魯謂之桷○鴟處脂切鳶屬又鴟鴞鸋鴂也又角鴟一名鵂鶹一名鵋鶀一名鴿鵅音格顏師古曰鴟怪鳥也爾雅有茅鴟怪鴟郭
璞曰茅鴟今鳩鴟似鷹而白怪鴟卽鵂鴟也又曰梟鴟土梟也○推川隹切排也移也擇也奬也奉也尋繹也灰韻通回切盪也擠也進之也本作
推佩觿集曰推有尺隹他回二翻俗別爲推今蜀中从手者音他回翻从人才之
才者音尺隹翻是譌案許氏說文徐鍇韻譜廣韻从手者皆有二音今附从才
者於此下推增入蓷草名萑也又通回切今圖○誰視隹切孰也何也誰何詰問也漢有大誰卒脽尻也髖也又汾
脽巨靈所坐漢武立后土祠于汾陰脽上如淳曰脽者河之東岸特堆掘祠在汾陰
縣西汾水在脽之北師古曰脽者以其形高起如尻脽一說此臨汾水上地本名鄈
音與葵同彼鄉人呼葵音如誰故轉而爲脽字故漢舊儀云葵上○甤如隹切草木實又華垂又旨韻增入蕤同上又蕤賓律名緌
繼冠纓又旌緌綏同上周禮夏采建綏注綏讀曰緌綏以旄牛尾爲之綴於橦上詩所謂下旄者也謂凡旌旗之上皆注旄羽於竿首禮記武車綏旌音耳
隹反注綏謂垂舒之也是與垂義相近王制天子殺則下大綏讀
如綏注云緌有虞氏之旌旗也三者義異又見下又果韻增入⿰木委木名桵同上

緜詩注棫白⿰禾妥也【增入】䅗禾四把亦作⿰禾妥◯私相咨切說文禾也又不公亦作厶說文自營爲厶又曰姦衺也背公爲厶爾雅女子謂姊妹夫爲私
詩譚公維私◯綏宣隹切安也又車中靶司馬法曰將軍死綏綏者所執轡之摠也一云綏退也春秋文十二年出戰交綏杜預曰司馬法從綏不及
然則古名退軍爲綏秦晉志未能堅戰短兵未致爭而兩退故曰交綏魏書云綏謂
却有前一尺無却一寸又綏綏安泰葳蕤貌荀子綏綏兮其有文章也又匹行貌詩
有狐綏綏又見上【今圈】雖設兩辭又惟也又蟲似蜥蜴濉水名亦作睢睢同上梁國有睢陽縣又文韻【增入】荽胡荽香菜
博物志張騫使西域得胡荽亦作葰鄴中記石勒改胡荽爲香荽◯趑千咨切趑趄趨不進也亦作次次易其行次且又寘韻【增入】
◯咨津夷切嗟也謀也亦作諮左傳訪問於善爲咨諮資賴也憑也託也機也助也貨也材質也又斧質爲資易得其資斧又稟也給也
齎持也裝也送也亦作資爾雅將貪也郭璞曰謂資裝〻也又歎聲易齎咨涕洟又齊韻姿態也亦作姕姕廣韻婦人皃又妓姕態皃妓音
羈【增入】粢稷也說文作齍又祭飯詩傳黍稷曰粢在器曰盛齌【增入】齍黍稷在器周禮奉玉齍齌裳下緝說
文緶也漢朱雲攝齌升堂顏師古曰齌衣下之裳亦作齊齋齊論語攝齊升堂孔安國曰衣下曰齊禮喪服有齊衰謂裳下緝曰齊又見下又齊皆薺霽
四韻【增入】齌孟子齊疏之服趙岐曰即齊縗也音資又皆韻【增入】澬涔澬久雨又水名在常山⿰禾資積禾◯嗺遵綏

切山高皃亦作崔 崔 詩南山崔崔又灰韻[增入] ○茨 才資切茅茨又蒺藜詩牆有茨說文作薺禮記亦作薺 薺 蒺藜詩作茨又采薺逸詩篇名禮趨以采薺康成曰路外之樂節也師古曰禮經或作薺又作茨音並同亦作齊又薺霽二韻 齊 禮記玉藻趨以采齊[增入] 薋 同上[增入] 餈 稻餌廣韻飯餅也 瓷 瓦器 𩅦 大雨廣韻雨聲亦作䨞玉篇又音資亦作澬 ○追 中葵切逐也隨也逮也又戎國名詩其追其貊有兩音又灰韻 䨨 雷也 ○絺 抽遲切葛布細曰絺麤曰綌又旨韻[今圖] 瓻 盛酒器大者一石小者五斗亦作鴟漢鄒陽傳子胥鴟夷應劭曰鴟夷榼形師古曰卽今之盛酒鴟夷幐 ○墀 陳尼切塗地亦作墀禮天子有赤墀漢典職曰以丹漆地故稱丹墀 坻 小渚又山名左傳昭十二年有肉如坻又旨薺二韻 泜 水名在常山又音祗漢書斬餘泜水上蘇林音祗晉灼云問其方人音柢丁計反師古曰二說皆是古音如祗今俗呼則如柢案廣韻墀字下泜字注云水名在常山卽陳餘死處又音祗是平聲自有兩音又止霽二韻[今圖] 遲 徐行也久也緩也棲遲息也亦作遟說文亦作遅又寘韻凡事自遲緩則平聲此速而待彼以彼爲遲皆去聲 遅 詩行道遅遅又齊寘二韻[增入] 迟 揚雄賦靈遲迟兮言神久留安處而不去也遲音棲[增入] 謘 廣韻語謘謘荀子衆積謘謘乎又寘韻[重增] 菭 水衣又咍韻[今圖] 治 攻理也又水出東萊又直利切理效也凡未治而攻之者則平聲凡經史治天下左傳治絲大禹治水治玉曰琢治兵治獄之類是也爲理與

功效則去聲孝經聖人之治唐史致治之美經史稱天下治兆子天下既已治矣
書朔于予治又曰同歸于治之類是也經史釋音自可辨或無明音亦准此推之
粘粘也持執也蚳蚳子周禮蠯蚳醢貝黃白文曰餘蚳入貾餘貾貝之黃質白點者詩注作蚳○縲倫追切網絡又
黑索亦作累縲纝【增入】累孟子係累其子本作纍司馬相如傳作係絫又旨寘二韻【增入】絫同上又十黍亦作累纍又旨韻
纍同上又聯絡皃又綴得理也揚雄反離騷曰欽吊楚之湘纍李奇曰凡不罪而死曰纍又旨寘二韻【增入】蔂盛土籠本作虆亦作
⿰土累又歌韻【今圖】虆【增入】又歌韻⿰土累【增入】又歌韻樏禹山行所乘本作欙又旨韻欙【增入】又旨韻⿰牛累
求子牛亦作⿰牛纍月令作累⿰牛纍【增入】○夷延知切傷也等也滅也平也易也芟也東夷朝鮮箕子所封之地今之高麗是也說文南蠻从虫北
夷从犬西羌从羊唯東夷从大从弓俗仁而壽有君子不死之國亦作焉又鴟夷酒榼揚雄酒箴鴟夷滑稽腹如大壺吳王夫差取馬革爲鴟夷受子胥沈之江范蠡自
號鴟夷子禮記在醜夷不爭鄭康成曰醜衆也夷猶等也四皓曰陛下之等夷是也又馮夷河伯馮音凭焉周官司寇行夫焉使則介之又僊韻【重增】
𡰣古夷字本作𡰥漢書藝文志公孫𡰥子七十子弟子也假借作𡰥禮記緇衣篇公孫尼子作又女夷切仲尼又質韻【今圖】⿸尸王同上玉篇古作
𡰥【增入】𡰥漢高紀司馬𡰥將兵定楚地又陽𡰥地名又古仁字【重增】峓嵎峓東表之地【[illegible]】廣韻嵎峓山名書作嵎夷舊本作銕

誤鋏古鐵字【釋正】 **夤** 恭也又維也淮南子九州之外有八夤八夤之外有八紘說文夤賓也又緣連也又胥絡易列其夤王弼云夾脊肉又詩韻

胰 廣韻夾脊肉【重增】 **寅** 孟陬之辰漢志引達於寅爾雅太歲在寅曰攝提格又恭也又諄韻 **⿰阝夷** 隇⿰阝夷險阻 **侇** 說文行平

易也亦作夷詩岐有夷之行 **跠** 蹲踞亦作夷原壤夷俟 **恞** 悅也亦作夷詩我心則夷 **洟** 鼻液 **彝** 常也書彝倫攸敘又器也

書宗彝說文宗廟常器周禮注鬱鬯曰彝彝法也言爲尊之法詩秉彝孟子作秉夷俗作彝非 **姨** 爾雅妻之姊妹同出爲姨郭曰同出謂已嫁詩邢侯之姨

左傳息嬀過蔡蔡侯曰吾姨也 **痍** 創痍 **侇** 儕也等也經典通作夷【增入】 **荑** 芟刈周禮稻人以水殄草而芟荑之又莁荑藥名亦作夷

左傳芟夷蘊崇之又齊韻【增入】 **桋** 木名詩隰有杞桋又齊韻【增入】 ○**惟** 夷隹切謀也思也又專辭【案】惟字有是爲之惟書濟河惟兖【[illegible]】

州之類是也有思惟之惟書惟其始詩載謀載惟之類是也有惟獨之惟書惟王不邇聲色之類是也 **維** 繫也絡也方隅也又繫船維纜也車蓋維綱也

又太歲在己曰屠維【晃曰】凡策書年月必以維字發之亦取紀年繫年之義歟漢世或用惟字平帝策龔勝致仕曰惟元始二年是又有是惟之義蓋詩中維字亦有

是惟之義如其鈞維何其蔌維何之類是也又鍾用二韻【增入】 **唯** 專辭又旨韻【增入】 **遺** 失也亡也加也餘也陳迹也又支至二韻 **濰**

水在瑯邪 **壝** 土埒周禮疏墠內作壇而祭也又旨至二韻 ○**吚** 馨夷切唸吚呻也亦作屎廣韻作㕧 **屎** 詩民之方殿屎又旨韻

○伊於夷切惟也因也水名又姓又彼也洢水名書作伊咿強笑語貌楚辭喔咿嚅唲黟黑木又縣名○飢居夷切餓也又微韻【今圈】饑穀不熟詩饑饉薦臻陸音飢又音機韓詩外傳一穀不升曰歉二穀不升曰饑亦作飢漢元帝紀救民飢饉師古曰穀不熟為飢蔬不熟為饉又微韻合通用【增入】肌膚肉骪同上列子骪骨不礙【重增】龜居逵切甲蟲之長又背梁左傳宣十二年射麋麗龜杜預曰龜背之隆高當心者字象形㒄作龜又尤韻【今圈】騩馬黑色又大騩山名又微韻【今圈】佹幾欲貌列子佹佹成者俏成也又旨韻【重增】○耆渠伊切長也老也左傳強也禮記音義云至也言至老境也曲禮六十曰耆指使釋名耆指也不從力役指事使人也又旨至二韻愭恭也鰭魚脊鬐馬鬣○葵渠惟切爾雅揆也詩天子葵之說文菜也常傾葉向日左傳葵猶能衛其足蕪城賦澤葵依井注莓苔也又終葵椎也考工記大圭終葵首亦作楑楑楑楑椎也鄈地名有三一在汾陰漢祭后土處一鄈丘在河南又在陳留春秋作葵丘在汾陰者亦作葵逵通道亦作馗爾雅九達謂之逵杜預曰塗方九軌又隱也馗同上又尤韻【今圈】夔舜典樂之官又春秋魚國又獸似牛一足無角皮可面鼓又山鬼孔叢子土石之怪夔罔兩騤說文馬威儀也又馬行貌又彊不息也戣戟屬頯面顴亦作頄又肉今作夕監本从夕誤【今】【正】頄易壯于頄尤韻【增入】犪牛名山海經云出岷山肉重數千斤○紕篇夷切繒疏又見支韻⿰言坒言謬【增入】

丕 大也書嘉乃丕績亦作伾又姓左傳有丕鄭 伾 有力也衆也又見下及旨韻【[illegible]】 秠 一稃二米黑黍也又尤旨有三韻

駓 爾雅馬黃白雜毛今桃花馬也說文黃馬白毛 豾 貍也 鉟 靈姑鉟旗名亦作鈈 鉟 左傳齊侯卜使王黑以靈姑鉟率吉

廣韻刃戈韓愈會李正封聯句何當鑄鉅鉟 又音邳【重增】 怌 慢也揚子柔則怌【增入】 批 手擊唐史批逆鱗又紙齊脂三韻【重增】 狉

群走貌栩文麃豕狉狉【重增】 ○悲 逋眉切慼也惻也 ○毗 頻脂切厚也輔也說文人臍也又夸毗體柔詩無為夸毗爾雅注屈己卑身而

柔順人也 比 和也竝也地名春秋大蒐于比蒲又比部官名又紙旨至質四韻 棍 屋梠楣 膍 厚也詩福祿膍之莊子臘者之

有膍胲亦作脾周禮醢人脾析䗪醢注脾析牛百葉也是膍與脾通用紕緣之紕古亦與裨冕之裨通音又齊韻【增入】 ⿱艹毗 蒿也 ⿰身比 ⿰身夸⿰身比體柔亦作毗

貔 執夷豹屬 魮 文魮魚名狀如覆銚鳥首而翼魚尾音如磬生珠玉出山海經 鈚 犁錧別名又支齊二韻【重增】 邳 下邳地名又姓

岯 大岯山一成之名亦作伾又旨韻 伾 書至于大伾【增入】 ○眉 旻悲切目上毛方言東齊謂老曰眉郭璞曰言秀眉也詩

眉壽注豪眉是也古作𥃩亦作麋 𥃩 揚雄賦宓妃曾不得施其蛾𥃩【增入】 湄 水草之交又水際亦作麋左傳孟諸之麋杜預曰湄也

楣 棟下橫楣長恨歌傳看女却為門上楣舊云屋梠說文屋櫋皆非也 麋 鹿屬又與眉同荀子伊尹之狀面無須麋又與麛同杜甫詩晴遊鹿引麋

又水麋又姓（麢）鹿子又凡獸子初生皆曰麢韓愈猛虎行子食赤豹麢又齊韻重增　嵋山名在蜀通作山眉廣韻山形也（郿）地名
屬扶風詩王餞于郿漢董卓家郿塢又至韻重增　○（尼）女夷切孔子字仲尼又和也說文從後近也今圈（怩）忸怩心慙又質韻今圈
秜稻自生也　跜蹝跜蚪龍動貌見文選（旎）廣韻旖旎旗舒貌又紙韻重增　○胝張尼切皮厚也跰也俗作胵亦作躓（躓）
孟子注禹稷駢躓音張尼反又至韻增入

七○之眞而切適也往也至也語助也　芝說文瑞草案篆文芝與㞢同象芝草之形後世加艸以別之也一曰反止爲㞢故之往也借爲芝草
字王充論衡芝生於土土氣和故芝草生古瑞命記王者德仁則芝草生
文選煌煌靈芝一年三秀漢舊儀云芝有九莖金色綠葉朱實夜有光　○（菑）
莊持切說文田不耕爾雅田一歲曰菑亦作甾又漢武瓠子歌隤林竹兮揵石菑師
古曰石菑謂臿石立之然後以土就塡塞也菑亦臿耳又臨菑郡名又咍志二韻
甾同上又說文東楚名缶曰甾亦作甶（緇）說文黑紬色今人謂黑爲緇考工記七入爲緇亦作純紂又止韻晃曰經史義同者欲乞比附禮部看
詳厭饜歡三字例於二韻通用雖有音而義同者於理無礙亦宜通用蓋經史音釋或多脫略故也今圈（純）周禮純帛無過五兩禮記以共純服又諄寬準
混稕五韻增入　紂禮記爵弁經紂衣增入　輜庫車說文輧車　錙六銖荀子注八兩曰錙（椔）木立死亦作菑荀子身如斷菑

注菑與椔同又志韻 淄 水名臨淄郡名史記樂毅及田單傳作臨菑漢地理志作臨甾 鶅 東方雉名凡从甾者下从甶然經史多从田玉篇收菑葘等字在田部內誤矣

○詩 申之切志發於言 邿 地名 翅 不翅猶言不止是也莊子不翅於父母郭無音徐音詩空通用又翼也又寘韻 增入

○蚩 充之切蟲名又妍蚩也輕侮也又蚩蚩朴厚貌愚貌蚩尤人名星名从㞢从虫㞢古之字俗作蚩非蚩音蔵神行也 嗤 笑也 媸 醜也亦作蚩陸機文賦妍蚩好惡又淫也 增入 妛 輕侮也亦作蚩 增入 ⿰目蚩 廣韻目汁凝亦作眵 重增 眵 韓愈短檠歌兩目眵昏頭雪白玉篇云目傷眥

重增 ○時 辰之切辰也是也姓也古文作旹 旹 班固賔戲及旹君之門閭又曰旹闇而久章从㞢从日 增入 塒 雞栖垣毛傳鑿垣而棲曰塒

蒔 植立也更種也又志韻 增入 蔾 涎沫一曰水名一曰順流漢五行志卜請其蔾音丑之反又曰蔾血也一曰沫也从未監本从牙誤

今正 ○而 人之切說文頰毛又汝也書而康而色語且而與其從辟人之士也又語助詩俟我於著乎而語室是遠而已而已而左傳不其餧而顏師古注韋孟詩曰而者發端之辭又因辭抑辭學而時習之因是之辭也其爲人也孝弟而好犯上者鮮矣抑又之辭也又頰也考工記作其鱗之而 髵 獸毛貌本作而亦作髵

耏 頰旁毛本作而應劭曰輕罪不至于髡全而耏鬢故曰耏耏古而字从彡髮意也杜林以爲法度字宜皆从寸改爲耐耐音能奈如淳曰耐猶任也任其事也師古曰依應氏之說耏當音而如氏之解則音乃代反義亦兩通 晁曰 據如淳說則耏字當於之代二韻通押 洏 漣洏涕流 胹

爛也又煑也左傳宣四年宰夫胹熊蹯不熟內則皆作濡　濡　又虞獮二韻〔增入〕　聏　和也莊子宋鈃尹文以聏合驩以調海內音義聏和萬物物合則驩矣又志韻〔增入〕　陑　地名在河曲之南廣韻一曰耍險也　栭　梁上柱說文屋枅上標又木似栗而小爾雅注江淮呼小栗爲栭栗毛詩傳栵栭也　鴯　鷾也莊子鳥莫智於鷾鴯　鮞　未成魚國語魚禁鯤鮞〔增入〕○　思　新玆切念也慮也詩悠悠我思又語巳辭詩不可求思左傳于思于思杜預曰于思多鬚貌有兩音是思與䰄同又咍志二韻揚雄甘泉賦儲精垂思無音禮部看詳許平去二聲通用〔吳韻采〕詩終風且霾惠然肯來莫往莫來悠悠我思來字有兩音來讀如棃則思如字來如字則當音顋左傳于思于思棄甲復來亦然合於二韻通用　䰄　髬䰄多鬚亦作思又咍韻髬音丕又音坯〔增入〕　偲　相切責論語切切偲偲又咍韻　颸　風貌又風也文選音摛　罳　罘罳屏也漢未央宮東闕罘罳師古曰罘罳連闕曲閣也以覆重刻垣墉之處其形罘罳然一曰屏也釋名罘復也罳思也言臣將請事於此復思也字亦作罳後漢南宮內殿有罘罳監本注作罦罳誤又咍韻〔今正而圖〕　罳　又咍韻〔增入〕　緦　十五升布又謂之緆　絲　說文蠶所吐又一蠶爲忽十忽爲絲从二糸糸音覓从糸从条誤〔今正〕　司　主守也又候也亦作伺古文反后爲司言后王之道與有司相反也出納之吝謂之有司非君道也君道貴寬大又志韻〔今圖〕　伺　候伺漢灌夫傳作候司又志韻〔增入〕　覗　視也覻也○　玆　津之切此也又席也爾雅蓐謂之玆荀子琅玕龍玆注卽龍鬚席又曰玆與髭同又見下〔今圖〕　孜　處也力篤愛也勤也从子从攴

今从文同孳生息說文汲汲也與孜同孟子孳孳爲善又志韻仔任也克也詩佛時仔肩又止韻滋水名又旨也多也蓄也液也浸

也又益也亦作兹漢五行志賦斂兹重師古曰兹益也又與孜同孔叢子滋滋汲汲嵫崦嵫山日入處鼒鼎之圜掩上者詩鼐鼎及鼒說文俗作鎡

又咍韻今圖鎡同上又鎡錤鉏之別名孟子雖有鎡基增入耔壅禾根亦作秄芓又止韻合於二韻通用秄又止韻芓

周禮甸師注耨芸芓也又止韻重增○詞詳玆切言也請也說也告也說文意內而言外也通作辭籀文作𠵱辭同上又理獄爭訟又却不受也

俗作辞辤不受籀文作𤕰通作辭說文从受从辛辛宜不受也此爲辤受字經史多用辭字後人亦借爲言辤字楊脩傳絕妙好辤辝增入辞

佩觿集曰辭亂从舌其蕪累有如此者然循用既久今亦不廢增入祠祭也周禮以春祠享先王說者曰品物少文詞多之謂祠禮記春曰礿夏曰禘說者云此

言夏商時禮也周禮注求福曰禱得求曰祠栶鎌柄○慈牆之切心柔也愛也又慈石磁石可引鐵漢藝文志作慈本草山之陽產鐵者

其陰必有磁石是二物同氣也鴜鸕鷀水鳥亦作鴜廣韻亦作鷀鷀增入玆龜玆國名○癡超之切不

慧笞捶擊齝牛羊𪗎吐而噍也亦作呞齝○飴盈之切餳也頤顄也養也卦名說文作𦣞宧史籀作䪿

宧爾雅室東北隅說文養也台我也說文說也又咍韻貽遺也貺也又志韻詒贈言也遺也說文相欺詒也通作貽

詩詒厥孫謀又誒詒疑疾莊子誒詒數日注懈倦貌一云失魂䰜貌又海志代三韻

异 舉也退也巳也又欺辭堯典异哉孔氏王氏音怡又志韻〔重增〕

圯 楚謂橋爲圯从巳矣之巳與圯不同圯从人己之己元有圈〔今正〕

瓵 爾雅甌瓿謂之瓵郭璞曰瓿甊小罌長沙謂之瓵

怡 說樂亦作台息又海代三韻〔今圈〕

怠 同上又鳥名莊子東海有鳥焉其名曰意怠又二韻〔增入〕

眙 舉目貌又盱眙楚州縣今爲軍又志韻〔重增〕

○僖 虛其切樂也謚法小心畏忌曰僖僖亦作釐魯僖公漢志作釐

嬉 戲也亦作娭又美也游也又止志二韻

娭 漢安世樂神來宴娭師古曰戲也相如賦吾欲往乎南娭又曰氾濫水娭兮揚雄賦羣娭乎其中又倉頡篇云婦人賤稱〔增入〕

嘻 噫嘻有所多大之聲又歎聲

熹 炙也盛也熾也亦作熺又謚法有功安人曰熹

熺〔增入〕

禧 福也吉也亦作釐熙

釐 文帝紀祠官祝釐如淳曰福也師古曰本作禧假借用郊祀歌媪神蕃釐甘泉賦逆釐三神竝福也又與僖同魯釐公魏安釐王是也賈誼傳上方受釐宣室徐廣曰祭祀福胙也應劭曰祭餘肉也漢儀注祭天地五時皇帝不自行祠還致福釐師古曰釐福也〔元祐新制〕禧釐不許雙用〔是〕謂釐福之釐與禧字不可雙押若魯釐安釐之釐則與僖同於禧字不妨重押又支韻

熙 同上漢安世房中歌熙事備成師古曰熙與禧同又廣也和也爾雅興也說文燥也又熙熙和樂貌方言作熙云喜也

譆 痛聲

○欺 丘其切謾也詐也陵也

魌 醜也漢逐疫有魌頭亦作倛監本脫厶字〔今正〕

倛 荀子面如蒙倛注曰倛方相也其首蒙茸故曰蒙倛韓愈曰四目方相兩目爲倛〔增入〕

僛 醉舞貌詩屢舞僛僛 娸 醜也枚皐賦詆娸東方朔又自詆娸其文骫骳又志韻〔增入〕○ 姬 居之切周姓顔師古曰姬本周之姓貴於衆國之女所以婦人美號皆稱姬左傳雖有姬姜 朞 周年又復時亦作期禥从日月之月本从月誤〔今正〕 期 禮期服齊衰不杖唐明皇諱隆基改期年爲周親左傳昭二十三年叔孫旦而立期焉杜預曰從旦至旦爲期謂復時也又見下〔增入〕 禥 唐溫彥博傳我見其不逮再禥矣又見下

〔重增〕基 經也業也址也始也設也本也 棋 本也史記律書箕者言萬物根棋又見下〔重增〕 箕 宿名亦作旗又簸箕箕帚 旗 荀子國壽旗翼又見下〔增入〕 其 語辭書若之何其詩夜如何其亦作居又祝其地名卽夾谷也酈食其審食其漢人又見下又志韻 居 禮記何居又魚御二韻〔增入〕 萁 禮記梁曰薌萁又菜似蕨又草如秋而細漢五行志檿弧萁服又見下 錤 鎡錤鉏也孟子作鎡基月令注作錤樊噲贊作茲基錤基義異者重押 踑 跽也通作箕漢南越尉佗䠊結箕踞 諆 謀也說文欺也从其本从甚誤〔今正〕○ 醫 於基切療也亦作毉說文巫彭初作醫又止韻〔今正〕 毉〔增入〕 噫 恨聲噫嘻毛云歎也鄭注禮記噫不寤之聲亦作意譩懿又怪韻〔今正〕 譩 廣韻恣也又痛聲又微止二韻〔重增〕 意 詩噫嘻字又作意韓信傳意烏猝嗟又志職二韻〔增入〕 懿 詩懿厥哲婦箋懿有所傷痛之聲音於其反沈又如字又至韻〔增入〕○ 疑 魚其切不定也恐也惑也嫌也似也又登迄職三韻 儗 荀子舉統類而應之無所儗怍注儗讀爲疑又止寘

二韻【重增】嶷九嶷山名亦作疑相如賦過虞舜於九疑又職韻 鬐鬐鬐角貌又職韻【今圈】○其渠之切指物之辭 期

信也會也限也約也又八達謂之崇期 碁弈子本作棋 棋左傳不如弈棋又曰舉棋不定【增入】 旗旂常之摠名又熊虎爲旗

漢制鹵簿鑾駕旗在前屬車在後【今圈】 淇水出河內列子作綦 琪玉名 璂弁飾 璂同上周禮玉璂象邸【重增】 綦青黑

文又屨下飾又極也荀子君綦貴詩綦巾蒼白色又志韻【今圈】 鶀小鴈史記好射鶀鴈廣韻作䳢【增入】 蘄草名又地名又求也荀子跨天下而無蘄

又馬銜三都賦結駟方蘄又微欣二韻 祈同上又徐也與祁同爾雅叫也告也求也又微韻【重增】 祺祥也【今圈】 麒仁獸似麕牡曰麒牝

曰麟 騏馬青驪色 蜞彭蜞似蟹亦作蜞晉蔡謨食之殆死 蜞【增入】 萁豆莖

【獨用】八○微無非切細也少也[illegible]衰也[illegible]也賤也隱也又太微少微星名又無也論語微管仲中从彳从一从九九音人轉作微俗作微【今圈】 薇

苦益又白薇藥名薔薇花名 溦浽溦小雨浽音綏 ○霏芳微切雨雪霏霏貌 菲芳非茂貌亦芴也相如賦郁郁菲菲又葸菜韓[illegible]

區弘詩我念前人譬葑菲作平聲押又尾未二韻 馡馡馡香氣相如賦作菲菲 妃嬪御之貴者次於后又隊韻 騑說文驂旁馬又馬行

貌詩四牡騑騑 匪禮記少儀車馬之美匪匪翼翼又文尾二韻【增入】 非責也違也訾也閒也不是也案篆文析朱爲非則是古緋字借

為是非之非又與誹同㫄錯傳非誹不治注非讀曰誹誹有三音則非誹亦同又尾未三韻 今圈 誹 非議又二韻 扉 戶扇爾雅闔謂之扉

緋 絳色 裶 曳衣貌相如賦衯衯裶裶亦作裴 重增 裴 同上又漢魏郡有裴縣又灰韻 重增 餥 餱食方言陳楚之間相謁

食麥饙曰餥 飛 飛翔亦作蜚又六飛六馬也 蜚 莽子蜚秋大屋司馬相如傳蜚英聲又又尾未二韻 增入 騑 馬逸足 ○ 肥

符非切肥腯多肉也爾雅歸異出同曰肥詩我思肥泉又國名左傳晉荀吳滅肥又水名後人加水作淝 腓 脛腨易咸其腓又脩也詩小人所腓又病也詩

百卉具腓又避也詩牛羊腓字之又未韻 淝 合淝在盧江 痱 風病又賄未二韻 厞 隱也又未韻 ○

機 居希切樞機機杼又巧術也說文主發謂之機書若虞機張孔安國曰機弩牙也又與幾同漢書萬機後漢馮衍傳達萬機之變章懷太子曰事非一塗故曰

萬機引書一日二日萬機 鐖 鉤逆鋩淮南子無鐖之鉤不可以得魚 刉 刲也又未泰隊三韻 今圈 禨 祥也禁也又未韻 幾

危也尚也期也察也又庶幾近也詩式歆庶幾易唯幾見幾書萬幾惟幾皆幾微兆朕也又與譏同周禮無關門之征猶幾荀子關市幾而不征又會也左傳定元年易

幾而哭又見下又尾至未三韻 譏 誹也誚也諫也譴也問也又何察曰譏孟子關市譏而不征 饑 穀不熟又餓也亦作飢又脂韻 今圈 飢

同上漢元帝紀救民飢饉師古曰穀不熟為飢又脂韻 增入 磯 積也又感激也孟子是不可磯也 晁曰 石激水曰磯微切以激之也 鞿 楚辭注韁

在口曰鞿舊云馬絡誤 鐖 耕也 璣 珠不圓又未韻 蟣 蝨子又尾韻 增入 嘰 大人賦嘰瓊華張揖曰嘰食也 重增 ○
歸 居韋切入也還也公羊傳婦人謂嫁曰歸詩之子于歸春秋伯姬歸于紀又姓又州名國名春秋夔子國今歸州是也亦曰秭歸屈原之鄉籀文亦作𡚱俗作
婦非又歸往依投也又指趨曰歸 巋 增入 騩 馬黑色監本脫黑字又大騩山名又脂至二韻 今圖 ○ 希 香衣切止也望也少
也散也施也罕也又與晞同又旨韻 今圖 稀 疏也少也亦作希 俙 依俙仿佛也又尾韻 睎 觀也望也視也眄也慕也方言東齊
青徐之間謂眄曰睎通作希公孫弘傳希世用事注希觀相也晉虞溥傳希顏之徒 欷 歔欷漢馮衍論忠臣過故墟而歔欷又未韻 唏 韓愈
送區弘詩獨子之節可嘆唏注與欷同哀而不泣又尾未二韻 重增 晞 乾也燥也明不明之際也方言晞暴也東齊北燕海岱之郊謂之晞 鵗 北方
雉又旨韻 今圖 豨 豕也又尾韻 ○ 暉 吁韋切日光 煇 光也或作輝又混閑願三韻 輝 揮 奮也振也動也
散也指揮也亦作撝麾 徽 美也善也張琴弦大索也一曰縄也說文參糾繩又琴節曰徽从山非 今正 幑 幟也幡也亦作麾 褘 蔽膝
方言江淮之間謂之褘或謂之祓魏宋南楚之間謂之大巾關東西謂之蔽厀又后夫人祭服禮記夫人副褘又見下 今圖 翬 大飛爾雅鷹隼其飛也翬
郭璞曰鼓翅翬翬然疾也一曰雉名爾雅伊洛而南素質五采皆備成章曰翬又翬衣后服禮記作褘鄭曰讀如翬翟雉名也刻繒而畫之著於衣服以為飾因以為名

揮杙也橛也在牆曰揮一曰犁頭○衣於希切衣服上曰衣下曰裳又未韻依憑也據也附也又尾韻譩痛聲又於也又之止二韻今圈○威於非切尊嚴也有威可畏也左傳賤有等威杜預曰謂威儀有等差蝛蛜蝛一曰委黍負詩作伊威爾雅蛜蝛委黍注鼠婦別名○沂魚衣切水出泰山論語浴乎沂書淮沂其乂又音欣二韻今圈溰溰溰霜雪貌○巍語韋切高大貌亦作魏

魏莊子魏魏乎又未韻增入犩如牛而大肉數千斤郭璞曰即犪牛也又未韻○祈渠希切求也爾雅告也叫也郭璞曰祈祭者叫呼而請事也亦作蘄又徐也亦作祁从示从斤示音祈俗作ネ又之韻今正而圈蘄荀子蹙天下而無蘄又馬蘄都賦結駟方蘄又草名地名又之欲二韻增入頎長貌詩碩人其頎又很韻今圈旂周禮交龍為旂爾雅有鈴為旂畿天子寰內地亦作圻漢刑法志畿方千里又門閫詩薄送我畿韓愈詩白石為門畿圻左傳天子之地一圻書圻父詩作祈父毛傳曰圻祈畿同又諄欣痕三韻今圈祁同上又徐也又支韻

增入崎曲岸亦作埼隑碕又支韻今圈埼相如賦激堆埼張揖曰埼曲岸頭也增入隑哀二世賦臨曲江之隑州兮師古曰曲岸頭曰隑即碕字耳音鉅依反俗作隑重增碕又古宜其二韻重增肵盛心舌之俎本幾近也易月幾望孟子幾千人矣漢書幾敗乃公事文帝幾致刑措貢禹傳幾且千歲皆有兩音唐書文景化幾三王無音又雕幾禮記丹漆雕幾之美又曰車不雕幾鄭康成曰附纏為幾幾謂漆飾圻堮也增入○

韋 于非切熟曰韋生曰革从口从舛口音圍又脂韋言其軟熟如脂如韋又依韋諧和不相乖離貌漢郊祀歌依韋饗昭又姓 違 背也避也去之也又奔放曰違左傳凡諸侯之大夫違 幃 香囊又說單帳从巾从韋監本誤从心【今正】 闈 宮中桐門通小門 ◯圍 環繞也範也圍也說文守也亦作韋漢成帝紀十韋以上又周也一圍五寸古作口又未韻【今圈】 湋 水回又水名漢溝洫志關中靈軹成國湋渠如淳曰湋水出韋谷 ◯褘 爾雅婦人之褘謂之縭縭緌也郭曰即今之香纓【增入】 ○ ◯蘬 區韋切馬蓼似蓼而大又旨尾二韻 ◯巋 山貌又尾至三韻

【居正謹案】禮部韻略有獨用當併為通用者亦有一韻當析為二韻者所謂獨用當併為通用者平聲如微之與脂魚之與虞欣之與諄青之與清覃之與咸上聲如尾之與旨語之與麌隱之與軫迥之與靜感之與豏去聲如未之與志御之與遇焮之與稕徑之與勁勘之與陷入聲如迄之與術錫之與昔合之與洽是也所謂一韻當析而為二者如麻字韻自奢字以下馬字韻自寫字以下禡字韻自藉字以下皆當別為一韻但與之通用可也蓋麻馬禡等字皆喉音奢寫藉等字皆齒音以中原雅聲求之㑹然不同矣至於諸韻之當併者不可槩舉且以平聲諸韻論之則其餘可以類推如微字韻與支脂雖有輕重而音韻相協不害其為通況韻內字又多互用如祈祁蘄義皆訓求漢書以飢為饑饉之饑列子以饑為飢餓之飢是飢饑二字通用也蘄碕騩三字皆一物一音而傳於二韻麾撝與指揮同義而不相通蘬巋二字在微字韻內廣韻則收在脂字韻內其

當併也明矣魚之與虞其音實通古人墟字作虛亦作區袪與驅毆歐義亦相通廣韻序論隋以前音韻亦謂支脂魚虞共爲一韻是古人未嘗不通用也諄韻內墐瑾銀齗誾狺垠釿鄞斷等字經史通作一音與欣韻內音韻不殊說文清字从水形也从青聲也是精與菁同音如詩中青令與使令字音皆同後世俗加鳥字耳銘字从金形也从名聲也是銘與名同音陸德明亦音銘爲名今令與名在清韻內鴒與銘在青韻內不得相通此何義也苹與萍一物也萍與苹縱與樅一聲也皆別爲二韻而不通用覃與咸本同一韻故古人用包含字亦作包函今乃異韻推此則上去入諸韻皆然理宜通併以便學者或曰切韻之法其理甚微毫釐之差有所必討今若通併不幾於無別乎是不然反切之法率用二字相摩上字爲聲下字爲韻聲韻苟協則無有不通如微字無非切若作無夷切亦微字也青字倉經切若作七呈切亦青字也推此可見且國風雅頌皆三代之樂章采於大師協於音律而後薦於郊廟及孔子之删詩也又被之弦歌而去其不合者其亦審矣雖諧聲協韻蓋甚寬也若繩以後世之切韻則古聖賢皆爲不知音矣如廣韻序所謂欲廣文路自可清濁皆通若賞知音即須輕重有異此謂聲同則可以通用但呼吸有輕重如支脂魚虞者不當揔爲一韻耳臣觀故尚書謝諤作先臣增韻題跋云嘗於臨江孔氏舊書中見嘉祐以前禮部韻與今亦異今韻有併昔之獨用以爲通用者然則

先朝有司蓋嘗討論通併矣惜其未之盡爾雖然承用既久難以遽更

至於麻馬禡三韻自舍寫藉以下當析而爲二以正其音而通用之亦以施用旣久不敢改但諸韻中音義相通理宜通併者姑於逐字下互加增收以便押用仍著其外悟以俟將來通博君子講究而折衷焉

獨用

九○魚 牛居切鱗物說文水蟲也又姓宋子魚之後又馬二目白詩有驔有魚亦作䁻𩧢䑋又與漁同左傳公將如棠觀魚者又曰陳魚而觀之杜預曰大設捕魚之備而觀之蓋古字通用後別爲漁 䁻 爾雅二目白䁻注似魚目 重增 𩧢 詩釋文云字書作𩧢 重增 䑋 同上見字林凡魚字亦作㒫 重增

漁 捕魚尸子燧人氏之世天下多水故教人以漁又水名周禮作䲣又侵取禮記諸侯不下漁色漢景紀漁奪百姓師古曰漁若漁獵之爲也又微韻 今圈

䲣 亦作魰周禮音魚又音御 今圈

魰 又御韻 重增

衙 衙衙行貌又疏遠貌楚辭導飛廉之衙衙又麻語禡三韻 又增

齬 廣韻齟齬齒不相值齟音沮廣韻作䶇又模語二韻 重增

○於 衣虛切郎也居也代也語辭又姓又模韻

淤 泥澱又御韻舊本从冫誤 今正

○虛 休居切宿名又空也罄也又丘[illegible]切大丘又虞韻文从虍从丘丘與业同故俗亦作虗 今圈

驉 駏驉獸名

歔 欷歔

噓 吹也聲類出氣急曰吹緩曰噓 今增 蹙脣吐氣曰吹虛口出氣曰噓吹氣出於肺屬陰故寒噓氣出丹田屬陽故温亦作呴煦歔又御韻 今圈

呴 莊子吹呴又呴呴言語順貌東方朔傳愉愉呴呴篆文作喧麌韻況羽切同厚韻許厚切嗥也遇韻吁句切候韻古候切竝係廟諱嫌名

呴句古候二切合當迴避其餘准式許用增入

（煦）漢中山靖王傳衆煦漂山顏師古音噓又況羽切同又吁句切係廟諱嫌名合當迴避增入

（欨）同上又況羽切同又吁句切係廟諱嫌名合當迴避增入

○（墟）丘於切大丘亦作虛丘又虞韻今圈

（虛）詩升彼虛矣又休居切宿名空也又虞韻增入

（丘）又虞尤二韻增入

（⿰山虛）崎⿰山虛山路亦作嶇又虞韻今圈

（嶇）又虞韻重增

袪 袖也舉也

阹 依山谷爲牛馬圈揚雄傳以罔爲周阹李奇曰阹遮禽獸圍陳也

（胠）腋下脅又發也開也莊子胠篋探囊又去也荀子胠於沙而思水又軍右翼曰胠見左傳襄二十三年又語御洽三韻

（祛）禳却也逐也亦作歐毆又兒寬傳合祛於天地神祇李奇曰祛開散也合閉也又彊健貌詩以車祛祛又虞韻今圈

佉 去也荀子注胠與佉同重增

（敺）周官方相氏索室敺疫又曰敺方良又虞厚二韻增入

（歐）又二韻增入

（毆）又二韻增入

（呿）開也莊子口呿而不合李音祛又麻御二韻重增

（去）來去詩烏鼠攸去叶韻平聲又與驅同左傳僖十五年千乘三去有平上去三音荀子去貨市庸而戰之又虞語御三韻重增

（驅）同上又馬馳又虞尤二韻重增

○（居）斤於切止也處也卑居鵶也又之御二韻今圈

凥 古居字晉胡毋謙傳凥背東壁从几案之几與凥字不同增入

⿱宀居 貯也

（据）戟挶手病詩予手拮据又御韻

（裾）衣裾又御韻今圈

椐 木名

琚 玉名

（車）古文考曰黃帝作車引重致遠少昊時加牛禹時奚仲加馬周禮注坐乘車白安車凡婦人車皆坐乘周禮王

后安車禮記致仕乘安車續漢志諸侯使車皆朱班輪四輻赤衡軛釋名車居也又麻韻韋昭曰古唯尺遮反自漢以來始有居音

鶋 鶢鶋海鳥左傳作爰居爾雅鶢斯鴨鶋郭璞曰雅烏也小而多羣腹下白江東亦呼為鴨烏鴨音匹說文雅一名鷽一名卑居卑亦音匹秦謂之雅雅古鴉字 ○

渠 求於切大也詩夏屋渠渠又俗語謂他人為渠儂杜甫詩只有不關渠又溝渠勤渠䴈渠夫渠車渠左思吳都賦戶有犀渠注楯名又云甲也又軒渠教嬰兒學語聲俗謂之軌渠後漢方技傳軒渠笑自若又語御二韻

鸈 雝鸈鶺鴒也毛鄭詩傳箋杜預注左傳竝作雝渠

腒 鳥腊周禮注乾雉也

蕖 芙蕖荷華說文毛詩傳竝作夫渠

蚷 蟲名莊子商蚷馳河又語韻【重增】

籧 籧篨竹席又口粟又語韻【今增】

蘧 莊子蘧蘧然注有形貌又姓蘧伯玉又御韻【增入】

遽 莊子魚自遽人名又御韻【增入】

鐻 戎夷貫耳又器名又語御二韻

磲 硨磲石次玉亦作車渠

醵 合錢飲酒又御藥二韻

璩 環屬又姓與蘧遽同出 ○

胥 新於切皆也相也又姓說文蟹醢也周官庖人注青州之蟹胥又燕胥也公羊傳胥命者何相命也方言東齊謂皆曰胥又莊子蝴蝶胥也陸德明曰一名胥也周禮胥徒注胥讀曰諝謂其有才知為什長陸音思余反又追胥注胥捕盜賊也又見下又語韻

諝 有才知亦作胥又語韻

蝑 蜙蝑

糈 糧也又語韻

稰 熟穫曰稰又語韻【增入】

湑 露貌又語韻【增入】 ○

疽 千余切癰疽又語韻

雎 王雎鳥名鶚鷚之類常在江渚山邊食魚毛詩傳曰摯而有別亦作鵙爾雅鵙鳩王鵙左傳鵙鳩氏司馬也杜預曰鷙鳥而

有別故少皞以爲司馬之名主法制又水名春秋時屬楚左傳江漢雎漳楚之望也从且與雎盱字不同元有圖【今正】鴡【[illegible]】狙猿屬又伺也杜

甫詩謹勿出口他人狙又御韻趄趑趄趦趄不進貌古作且且易其行次且又語辭詩曰父母且又見下又模語馬三韻【增入】苴麻有

子者又苴杖以竹爲之又菜詩九月叔苴又履中藉又見下又模麻語馬御五韻沮水名書灉沮會同又見下又語御二韻又音諸人姓世本沮誦黃帝史官

砠土山戴石詩陟彼砠矣監本注石戴土誤【今正】○苴子余切苴裹曰苞藉曰苴孔叢子吾於木瓜見苞苴之禮行詩箋以果實相遺者必苞

苴之又曰苞苴裹魚肉或以葦或以茅終軍白麟對苴白茅於江淮與蒩同義且語辭又多貌詩籩豆有且又巴且芭蕉也見相如賦蒩茅藉

封建用之亦作租通作苴又模韻【增入】租同上見周禮音義又模韻【增入】沮沮洳漸溼之地韓愈南山詩春陽浮沮洳皆音平聲又姓沮渠

蒙遜沮渠本匈奴官名其先以官爲氏【重增】蛆蝍蛆○徐祥余切緩也安也行也說文亦作徐又州名又姓亦作邪邪詩其虛其邪謂

威儀虛徐也又見下又麻韻【增入】○蔬山於切菜總名亦作疏周禮臣妾聚歛疏材鄭康成曰疏材百草根實可食者疏不熟曰饉俗作蔬梳

櫛疏者曰梳細者曰枇以梳理髮亦曰梳杜甫詩一月不梳頭亦作疏揚雄傳頭蓬不暇疏踈稀也又菜荀子葷菜百蔬俗作踈疏同上又親

疏又姓又通也遠也窻也扶疏枝葉盛也麤也漢書音義分也又釃也禹決江疏河是也黥布傳疏爵而貴之又菜王褒頌離疏釋蹻又齊縗孟子齊疏之服又渠疏杷

也俗作疏又御韻〔今增〕練綌屬蘇扶蘇木名又模韻〔增入〕胥〔增入〕同上斯析也詩斧以斯之又支韻〔增入〕釃
下酒毛詩傳以筐漉酒曰釃又支紙寘三韻疋足也从口不合从止止音節凡疏疎楚胥字皆从疋與足字不同又語馬二韻〔增入〕○書商居
切紀也著也凡載籍通謂之書舒伸也展也緩也遲也敘也徐也國名又姓紓緩也又語韻又常恕切係廟諱嫌名合當迴避其餘不係同音照
式許用瑹美玉一曰笏也禮記諸侯瑹本亦作荼音舒荼又模韻〔今增〕鵨似鳧亦作舒爾雅舒鳧鶩○初楚居切始也舒
也从衣从刀○諸專於切之也之於也辯也衆也又疑辭又禮記內則注以諸和水釋文乾桃乾梅皆曰諸䃴礛䃴青礪蠩蜛蠩
蟲名廣韻蠦蠩一頭數尾長二三尺左右有脚狀如蠶可食又見下〔今增〕豬爾雅豕子豬俗作猪又瀦水亦作瀦書彭蠡既豬禮記洿其宮而豬焉謂池其地也
左傳襄二十五年規偃豬杜預曰偃豬下濕之地豬櫫楬櫫杙也又有所表識也見周禮注渚小洲杜甫詩江斂洲渚出作平聲用又語
韻〔今增〕菹淹菜爲菹周禮七菹又澤生草者曰菹孟子驅龍蛇而放之菹說文酢菜也亦作葅葅〔增入〕○鉏牀魚切田器說文立薅斫也亦
作鉏耡爾雅舂鉏鷺也又誅也鋤耡耕耡又民相助耕周官興耡利甿又御韻○蜍常魚切蟾蜍蝦蟆也一名蟾本作蠩俗讀蟾蜍
爲余音誤又見下〔今增〕蠩張衡靈憲論羿請不死之藥於西王母羿妻嫦娥竊之奔月宮遂託身是爲蟾蠩抱朴子蟾蠩壽三千歲者頭上有角頷下有

丹書八字[增入]○**如** 人余切似也往也又姓又與然同語申申如也易突如又御韻[今增] **茹** 相牽引貌又忞也又姓又茅根又語御二韻 **洳** 沮洳漸溼之地韓愈南山詩春陽浮沮洳音平聲又御韻[重增] **鴽** 鴾也月令田鼠化為鴽 ○**攄** 抽居切舒也摛也 **櫖** 惡木又禡韻[今增] **⿰王雩** 玉名 ○**除** 陳如切去之也階也又門屏之間曰除又拜官曰除如淳曰凡言除者除故官就新官也[愚曰]凡得代亦謂之除韓愈除官赴闕是也又御韻 **宁** 門屏間亦作著又語韻[增入] **著** 朝內列位左傳朝有著定又曰會朝之言必聞于表著之位顏師古注五行志曰朝內列位有定處所謂表著也音除又音直庶反陸德明左傳釋文音張佇反二音並通又門屏間詩俟我於著乎而有三音又語御藥三韻[增入] **儲** 副也太子謂之儲君又偫也貯也又姓 **躇** 躊躇猶豫又住足也又御韻[今增] **篨** 籧篨竹席又口柔也 **屠** 休屠匈奴王號休音朽又模韻 **滁** 水名州名戰國時楚地梁為南譙州隋改為滁州[今增] ○**臚** 陵如切皮也腹前曰臚又陳也漢郊祀歌臚所求又傳也鴻臚官名漢景紀大鴻臚奏諡策誄百官表典客更名大鴻臚應劭曰郊廟行禮讚九賓鴻聲臚傳之也並無音叔孫通傳太行設九賓臚句傳蘇林曰上傳語告下為臚下告上為句師古曰臚音廬廣韻引韋昭注百官表曰鴻大也臚陳序也欲以禮大陳序賓客也今表無此注當是顏氏刪去之唐書和逢堯傳攝鴻臚卿字作盧亦當從漢書音 **盧** 同上又黑也亦作玈黸又模韻[增入] **玈** 黑也又模韻[增入] **黸** 又模韻[增入] **閭** 里門周禮五比為閭二十

五家也又侶也居也弁閭木名見相如賦又曰奄閭軒于張揖曰奄閭蒿也子可治疾 廬 寄也舍也州名山名周禮十里有廬漢志在埜曰廬又模韻 今

圖 櫚 栟櫚椶木亦作閭 藘 茹藘蒨草 慮 思慮又縣名無慮在遼東取慮在臨淮且慮在遼西漢志竝音廬又御韻 重增 蘆

廣韻㶝蘆藥名又模韻 重增 驢 馬類 ○袽 女居切絮縕易繻有衣袽 帤 巾也幡布 挐 牽引亦作拏又麻韻 拏 同上

韓愈聖德詩獸盾騰拏又茹拏人名又麻韻 增入 ○余 羊諸切我也又姓又四月為余接余荇菜亦作予 予 同上又語韻佩觿集曰寗予之

予讀若余蓋本無余音後人讀之也 歟 疑辭又歎辭本作與說文安氣也故从欠又語御二韻 今圖 與 同上又蕃蕪貌詩我黍與與又舒泰

貌論語與與如也又二韻 今圖 譽 稱美也論語誰毀誰譽又休聲韓愈詩況望多名譽又御韻詩燕譽有平去二音 好 婕好婦官亦作倢伃

伃 增入 輿 車也衆也又主駕車者又權輿始也又堪輿天地總名又扶輿佳氣貌又美稱貌相如賦扶輿猗靡亦作轝舁又御韻 轝 同上

轝車兩手對舉又御韻 增入 舁 同上轝車也說文共舉也又御韻 增入 旟 鳥隼為旟爾雅錯革鳥曰旟 餘 殘也賸也畸也饒也

亦作余周禮委人凡其余聚以待頒賜 畬 田三歲又麻韻 璵 璠璵寶玉 雓 大雞之子爾雅雞大者蜀蜀子雓 蜍 蜘蛛 增入

鸒 爾雅鸒斯雅烏詩弁彼鸒斯說文楚烏一名鸒一名卑居秦謂之雅音鴉亦作鶋又御韻 增入 鷆 揚子頻頻之黨甚於鷆斯又御韻 重增

邪 與餘同史記歷書歸
邪於終音餘[illegible]
右魚字韻內呴字有
五音一音吁句切係
哲宗廟諱嫌名二音古候切係
欽宗廟諱嫌名三音休居切四音況羽切五音許厚切准吁句古候二音合當
迴避外其餘不係同音又呴欨二字有三音一音吁句切係
哲宗廟諱嫌名二音休居切三音況羽切准吁句切合當迴避外其餘不係同
音又絇字有五音一音常恕切係
英宗廟諱音相近二音商居切三音神與切准常恕切合當迴避外其餘不係
同音照　式許用 見諱案 禮不諱嫌名二名不偏諱鄭康成曰嫌名謂音聲
相近若雨與禹丘與區也偏謂二名不一一諱也孔子之母有二名言其一不
稱其二禮不諱嫌名不偏諱爲其難避也又曰諱者敬鬼神之名諱辟也生者
不相辟名衞侯名惡其大夫有名惡者君臣同名春秋不非陸德明亦曰漢和
帝名肇不改京兆郡魏武帝名操陳思王詩曰脩阪造雲日是不諱嫌名也臣
案漢宣帝名詢劉向校荀子改荀爲孫唐明皇名隆基改朞年爲周年太一君
基民基爲君朞民朞是嫌二亦諱也又漢唐之制生亦避名漢制邦之字曰國
秀之字曰茂唐制淵之字曰泉是生亦避名也然嫌名固當避若字同而音異
者豈可槩而不用哉況名諱條制
御名

廟諱正字不得用餘字有他音者許用之如徵爲角徵之類雖有
明文而臨文之際學者不敢用有司不敢取又案
紹興文書令諸犯
聖祖名
廟諱舊諱
御名改避餘字有他音及經傳子史有兩音者許通用正字皆避之若書籍及
傳錄舊事者爲字不成
御名易以他字准令爲字不成及易以他字者謂正字正音也其或字同音異
與嫌名有他音者臣皆全書使萬世之下有所考據又如嫌名內若莊子吹呴
孟子尚書瞑眩詩鉤援尚書㓹穀漢書蚔蛾之類皆有兩音漢書新垣平無音
若舉子用他音押入逐韻固無可疑或於散文中據音引用有司多以疑似暗
行黜落　案貢舉條式有兩音者從一音不合迴避此謂如呴字有休居切等
音即從諸音押用雖有呴句音侯切亦不合迴避又如鉤援之鉤詩平去二音
則從平聲古侯切用之雖有古侯切亦不合迴避若委無別音及正押本音如
呴字於遇字韻押鉤字於候字韻內押方爲犯諱此正
祖宗寬大仁恕之意欲使士子寸長必錄靡有遐遺近年有司往往不加詳審
例行黜落臣今各收附入逐韻內隨字申明伏乞
詩令學者依出處音釋押用苟有他音但非正押本音雖於散文中引用亦乞
照前式從一音不合迴避考校又如一字有數音而六經子史中諸儒釋文互
有異同不定拘於一家亦合各據音釋隨義押用或無音或止載一音兩音而

佗音偶失該備者但義訓相通於理無礙皆乞依元祐新制獸厭饜三字例於諸韻內通押

通用 與模通

十○虞 元俱切有也助也樂也望也度也慮也測也防也專也備也娛也安也又掌山澤之官騶虞獸名又葬而反祭曰虞又遇韻 今

圖 鸆 鸆鸆鳥名亦名媚澤有圖說 今注 虞 鮭鸆俱又虞俟韻 今圖 禺 猴屬又番禺地名又鍾遇二韻 愚 戇也荀子非是是非謂之愚

娛 樂也亦作虞詩虞樂孟子驩虞如也 澞 陵夾水 嵎 封嵎山名又嵎夷日出處列子作隅谷 隅 陬也廉稜也亦作嵎

孟子虎負嵎趙岐曰陬也 髃 髃前骨今人曰肩頭亦作腢又侯厚二韻 腢 又二韻 增入 齵 齵齵齒重生一曰齒偏齵音直

又齒相倚考工記察其菑而不齵又侯韻 重增 寓 寄也禮記大夫寓祭器於大夫音平聲又遇韻 增入 喁 聲相和莊子後者唱喁又鍾厚二韻

增入 ○于 雲俱切於也又姓又于于自足貌莊子其臥于于又行貌韓文于于然而來又見下 今圖 迂 遠也廣也大也避也回曲也亦作迃

盂 飯器方言盌謂之盂荀子盂方而水方又田獵陣名左傳宋公爲右盂東方朔傳作盂 釪 錞釪形如鍾以和鼓亦作淳于 竽 管三十六簧

雩 祈雨祭亦作雩左傳龍見而雩鄭玄康成曰雩者吁也吁嗟而請雨也讀如吁杜預曰雩之爲言遠也遠爲百穀祈膏雨也讀如字又遇韻 今圖 雩 又遇

韻 增入 玗 玉名元結自釋云逃入猗玗洞始稱猗玗子 杅 浴器禮記也杅說文飲器荀子杅杅亦富各邑注與于于同 邘 國名左傳邘晉

㦽韓○訏句于切大也又麌韻[今圈]吁歎也又疑怪聲亦作于又遇韻[今圈]于詩于嗟麟兮[增入]盱張目又病也詩

云何盱矣冔商冠名又麌韻从日誤[今正]芋大也詩君子攸芋又遇韻[增入]忓憂也玉篇痛也旴日始出易孟氏本旴豫悔

嘔慈愛之聲史記韓信傳言語嘔嘔音句于反又傒厚遇三韻[增入]○紆邕俱切曲也詘也縮也陓楊陓秦藪名盓盤盓

旋流○區虧于切萌芽屈生也分也小室也又區區小貌又區寓嶇毆亦作虛墟丘又尤侯二韻虗又魚韻[增入]墟又魚

韻[增入]丘又魚尤二韻[增入]嶇崎嶇亦作⿰山虗又魚韻[今圈]⿰山虗又魚韻[增入]驅馬馳又驅之也又逐也亦作歐

毆毆又前鋒軍曰跳驅殿前軍曰啟驅見左傳襄二十三年亦作去又魚尤遇三韻去同上又來去又魚語御三韻[重增]歐同上又禳却也

周官方相氏毆疫毆方良亦作祛又魚厚二韻[今圈]毆又二韻[增入]敺路温舒傳上下相敺以刻為明又二韻[增入]祛同上

又魚韻[增入]軀身也摳廣韻褰裳又侯韻[重增]○拘恭于切執也擁也取也又株拘又見下及侯韻[今圈]軥

檢束也荀子軥錄疾力通作拘又見下及侯韻又古候切係　廟諱嫌名合當迴避其餘三音照式許用[重增]捄盛土藥中詩捄之陾陾又尤幽宥三韻

⿰叀斗挹也酌也亦作仇从叀誤[今正]仇詩賓載手仇鄭音⿰叀斗讀挹取酒也又尤韻[增入]跔跿跔躍也廣韻手足寒也俱偕也具也

駒稚馬又五尺以上曰駒 痀曲脊莊子痀僂承蜩有平上去三音又虞遇二韻今圈 ○劬權俱切疲勞 癯爾雅脙癯
瘠也或作臞 臞司馬相如傳形容甚臞 朐脯屈中曰朐从肉从句與朐不同朐从日月之入音呴句呴玉切係廟諱嫌名此非也 鸜鸜鵒
考工記鸜鵒不踰濟又鸜鵒鳥名古作瞿莊子瞿鵒子 句地名國名左傳任宿須句又方也莊子句穫者知地形有平上二音又侯虞遇三韻又古候
切係廟諱嫌名合當迴避其餘照式許用 絇屨頭繩屨飾也又遇韻 拘莊子欄株拘重增 衢爾雅四達謂之衢列
子康衢之謡荀子楊朱哭衢塗楊倞曰秦俗以兩為衢或曰四達也 瞿鷹隼視又瞿瞿不審貌又姓又遇韻今圈 戵戟屬 軥車軛邊叉
馬頸者重增 鼩鼱鼩小鼠 ○敷芳無切散也施也布也亦作尃鋪傳从甫从方从文說文作敷敷 敷增入 敷增入 尃
增入 旉易震為旉釋文云花之總名鋪為花貌謂之敷增入 [艹敷]增入 鋪左傳引詩鋪時繹思音敷又模暮二韻增入 傅漢文
帝紀傅納以言宣帝紀傅奏其言師古曰傅讀曰敷又遇韻增入 簠盛黍稷祭器見廣韻又虞遇二韻重增 懯急速貌列子嘽咺憋懯釋
文懯亦作怤重增 怤方言憋怤急性也唐有陳怤爲李栖筠所劾又懸也悅也 荂華榮又麻韻今圈 莩草也一曰葭中白皮又小
韻今圈 殍餓死者曰殍亦作莩又小韻增入 稃穀皮 桴屋櫋又編竹木大曰筏小曰桴又擊鼓杖亦作枹又尤韻 泭

編木渡水通作桴又水上浮漚 **孚** 信也又卵化也徐鍇曰鳥之孚卵皆如其期故以爲孚信字从爪从子會意也 **俘** 取也囚也軍所獲也春秋莊

六年齊人來歸衛俘三傳皆曰衛寶杜預曰俘囚也疑經誤臣案俘取也與書俘厥寶玉同義經以所取言之傳以其物言之非經誤也 **罦** 車上網詩兔爰

注覆車也郭云今之翻車大網也亦作罘又尤韻 **罘** 子虛賦作罘注罘覆車也卽幡車網又尤韻 增入 **郛** 郭也 **膚** 皮也大也美也

傳也又膚淺喻如在皮膚不深也又碩膚碩大實也膚篤厚也又四指爲膚公羊傳膚寸而合亦作扶 **扶** 公羊傳注側手曰扶案指曰寸又曰扶寸而合

禮記投壺矢堂上七扶亦作膚又見下 **枹** 擊鼓杖亦作桴又交尤二韻 今圈 **夫** 大夫丈夫古者一夫受田百畝故謂百畝爲一夫又與玞

同董仲舒傳猶武夫之與美玉相如賦注武夫赤地白采又見下 **跗** 足背亦作趺又俞跗古良醫亦作榆柎又遇韻 重增 **趺** **秩** 稻[illegible]生廣

韻里秩 **鈇** 莝斫刀蒼頡篇斧也 **玞** 珷玞石次玉亦作碔砆 **柎** 華下萼詩箋作不亦作莩說文闌足又遇韻 **不** 詩常棣之

華鄂不韡韡鄭云當作柎萼足也古聲柎不同陸云柎亦作跗又不然也不何也又尤有宥勿四韻 **紨** 廣韻細布漢昌邑王傳嚴延年女羅紨文選作敷 重增 ○

扶 逢夫切扶持佐助也又扶疏盛貌廣韻作扶 **符** 符契符信符之爲言扶也兩相扶合而不差也一曰符者輔也所以輔信又合也驗也證

也 **苻** 草名又姓晉有蒲洪其孫堅背有艸付字遂改姓苻又模韻 今圈 **夫** 發語辭又語已辭柳宗元曰疑辭也又有所指之辭如論語夫

三王百九

二三子也孟子夫有所受之也夫人謂此人也又猶言凡人也

鳧 野鶩从鳥从几今作鳬監本作鳬誤【今正】

颫 夫風

蚨 青蚨蟲子母不相離故人謂錢爲青蚨

○**無** 微夫切有無之對篆文作橆今作無當作無亦作无亡武曼佩觿集曰寔無之字是謂驟變其逸駕有如此者案無字本是蕃橆字變林字爲四點非撇火也

无 說文通於元者虛无道也无與旡不同旡音旣監本誤作旡【今正】

亡 漢律歷志亡射列子亡所不爲相如賦亡是公竝音無又陽韻【增入】

武 禮記詔侑武方鄭曰武讀爲無集韻無亦作武又麌韻【增入】

曼 楊子聖人曼云音无又音漫又歡願換三韻【重】

【增】**毋** 禁止勿爲之辭通作無案禮記禁止字皆作毋書作無若無總于貨寶無若丹朱傲詩無貳爾心之類論語毋自辱焉毋意毋必毋固毋我漢書車千秋傳引書毋偏毋黨孔光傳引書毋曠庶官韋元成傳周公作毋逸又胡毋毋丘複姓篆文从女内有一畫象有姦之形禁止之勿令姦古言毋猶今言莫也陸德明曰毋與父母字不同俗本多亂讀者皆朱點毋字以从无音非也毋从女中有二點象兩乳形元有圈【今正】

蕪 荒也草也又草名

巫 巫覡又姓

誣 詐也蟣也誇也罔也

⿱罒無 罟也

○**須** 孫趨切意所欲也斯須也面毛也待也左傳寡君須矣荀子不待須而廢失須尊名又姓須與湏不同湏火外切爛也佩觿集曰須爛之湏爲斯須其順非有如此者史記律書東至于須女言萬物變動其所陰陽氣未相離尚相如胥故曰須女晉天文志須女四星天少府也須賤妾之稱故古人以婢僕爲餘須亦作餘胥又刪韻【今圈】

鬚 在口下曰鬚古作須莊子編虎須漢書須臾鬚同顏師古曰在頤曰須在頰曰髯吳都賦

旗魚須謂取魚之髭鬚以爲旗竿子虛賦靡魚鬚之曲旃注魚鬚竿也 ㊀需 須也又卦名說文遇雨不進而止又獼換二韻 今圈 繻 繒采色一

曰裂繒又帛邊傳符也亦作繻 緰 麢 鹿子 嬃 女字呂須漢高后妹廣韻作嬃 重增 ○ ㊀趨 遂須切走也鄭康成曰行而張足曰

趨亦作趣廣韻俗作趍又遇燭二韻 今圈 ㊀趣 又厚遇燭三韻 增入 ㊀趍 增入 又支韻 ㊀騶 禮記車驅而騶荀子騶中韶護又尤宥二

韻 增入 ㊀取 獲也收也受也又漢地里志取慮縣在臨淮郡取音趨又麌厚遇三韻 增入 ○ ㊀諏 遵須切詩周爰咨諏左傳咨事爲諏又侯

韻 娵 娵訾女名又少也 ㊀掫 擊也見廣韻又侯有二韻 重增 ○ ㊀輸 春朱切輸送俗謂勝負爲輸贏又遇韻 ㊀隃 北陵

名又見下又宵遇二韻 毹 氍毹毛席又織毛㲣亦作毹 增入 毺 三輔黃圖溫室規地以罽賔毺 重增 㡏 裂繒 增入 ○ ㊀樞 春朱

切戶樞又刺榆木詩山有樞又侯韻 姝 美好 貙 獸似貍立秋日祭獸 ○ 芻 窻窬切爾雅秆謂之芻又芟草說文刈草也又牛羊曰芻以所

食得名俗作蒭非中从屮音草 ○ ㊀朱 鍾輸切赤也說文赤心木又姓古邾子後又見下 今圈 珠 珍貝 株 木根 邾 國名

誅 責也周禮宰夫以告而誅之禮記齒路馬有誅又殺戮釋名罪及餘曰誅古作列 ㊀列 廣韻列殺又薛韻 重增 ㊀禂 爲牲祭求充肥

也又晧韻 蛛 蜘蛛爾雅作鼅鼄 跦 跦行貌左傳昭二十五年鸜鵒跦跦 重增 袾 荀子天子袾裷衣冕輿朱同又袾襦短衣 重增 ㊀祩

廣韻詛也又御韻【重增】㊀咮 廣韻譸咮多言貌又尤遇宥三韻【重增】侏 侏儒短人左傳及漢東方朔傳作朱【重增】○殊 慵朱切別

也異也斷也左傳斬其木而弗殊注殊絕也漢律殊死謂斬刑 銖 說文十黍重曰銖 ㊀殳 擊也凡字从殳者亦作殳若毆毆之類是也說文杖也又

兵器亦作杸上从几音殊鳥短羽也與几案字不同又泰韻 ㊀杸 或作殺又都外切案詩何戈與殺恐傳寫之譌以木爲示當是杸字今不敢改也【今圈】

洙 水名在魯 ⿰朱瓦 罃也 雛 鳥子生而啄者曰雛亦作鶵 鶵 莊子南方有鳥其名鵷鶵注鸞鳳之屬【增入】⿰禾芻 稷穰 媰

媰婦說文婦人妊娠 儒 司馬相如傳注有道術皆曰儒又侏儒短人 ㊀濡 沾濡又滯也又之獮二韻【今圈】襦 短衣从衣監本从示誤【今】

【正】㊀懦 駑弱亦作懦荀子偷儒憚事又獮換過三韻 嚅 囁嚅多口 ㊀臑 廣韻嬬耎皃又儸豪獮號四韻【重增】㊀醹 酒厚又麌

韻 ○廚 重株切庖屋从广从壴从寸作廚誤【今正】躕 踟躕行不進貌作蹢誤【今正】㊀裯 牀帳又禪衣又豪侯二韻 ㊀幬 幔轂

革考工記欲其幬之廉也又豪尤二韻【重增】○㊀慺 龍珠切悅也一曰慺慺恭謹貌又侯韻 ㊀膢 飲食祭冀州八月楚俗二月漢制立

秋出獵因祭宗廟曰貙膢又侯韻 ㊀婁 曳也詩弗曳弗婁又侯麌厚遇四韻 ㊀鏤 屬鏤劍名又候韻 ㊀蔞 草中翹翹者又麌韻

【今圈】㊀漊 漊漊雨貌又麌厚二韻 ○㊀俞 容朱切空中木也舟也然也荅也又姓又麌韻篆文作兪从亼亼音集从舟今作月从巜音畎非

从刀也當作俞凡从俞者皆然〔今圖〕 逾 說文越進也亦作踰隃 踰 渝 變也污也 隃 與逾同嚴助傳輿轎而隃領賈誼傳

上下相等而不相隃〔增入〕 愉 薄也一曰樂也又愉愉顔色和貌亦作愈又侯韻〔今圖〕 愈 荀子天子勢至重形至佚心至愈注愈讀爲愉又麌

韻〔重增〕 ⿰忄臾 憂也从心从臼从九今文作⿰忄臾 覦 覬覦欲得也 ⿵門俞 闚⿵門俞私視 窬 門邊小竇又穿木戶鑿垣爲空又侯候二韻

〔增〕 牏 築牆短版又侯韻〔重增〕 瑜 美玉 榆 白榆又尤韻 媮 靡也又侯韻 楰 鼠梓爾雅注楰蜀詩北山有楰

又麌韻 萸 茱萸 臾 須臾俗作㬰又腫韻〔今圖〕 腴 說文腹下肥也俗作腴 瘉 病也又麌遇二韻 揄 引也

抒也亦作舀又宵尤侯厚四韻 歈 巴歈歌也又擨歈舞手相[illegible]也亦作揄歈 歋 擨歋說文作歋歈亦作歋歈後漢王霸傳作邪揄〔增入〕 諛

諂諛 褕 襜褕一曰翟羽飾衣禮記作揄又宵韻 羭 說文夏牡羊列子音義羭牡羊左傳專之羭攘公之羭杜預曰羭美也 蝓 螔蝓蝸牛

艅 ⿰舟侖艅舟名說文作俞注空中木爲舟 ⿰俞瓦 罌也甈也又尤韻 喻 呴喻言語順貌亦作愉杜甫朝獻太清宮賦小人呴喻又遇韻〔重增〕

十一〇模 莫胡切規範說文法也亦作橅摹摸 橅 漢書韋元成傳其規橅可見 摹 說文規也通作模橅从手亦作摸漢書規

摹弘遠師古曰取喻規摹謂立制垂範〔增入〕 摸 同上又摸撫廣韻手摸也又捫也又手捉又鐸韻〔增入〕 謨 謀已定亦作謩 謩

膜 胡人膜拜長跪拜也又鏌韻 今圈 母 禮八珍有淳母又厚韻 墓 丘墓本暮韻班固敘傳陵不崇墓師古曰合韻音謨 增入

○鋪 滂模切設也陳也布也又門之鋪首所以銜環者作龜蛇之形以銅爲之故曰金鋪又虞暮二韻 痡 病也 [illegible] 馬蹀路也

鯆 魚名廣韻江豚別名天欲風卽見亦作鯆又虞韻 增入 誧 謀也諫也大也又䗂暮二韻舊在逋字下設 今正而圈 ○逋 奔謨

切逃也欠也顏師古曰欠負官物亡匿不還者皆謂之逋故又訓負 晡 日加申時 餔 食也孟子徒餔歠也離騷餔其糟又暮韻 ○租

宗蘇切田稅又魚韻 蒩 茅蒩藉封諸侯用之蒩之言藉也亦作租又魚韻 今圈 苴 同上周禮鄉師注蒩士虞禮所謂苴刌茅長五寸者是也

又魚語馬御四韻 增入 ○徂 叢租切往也亦作且 且 詩士曰既且又魚語馬三韻 增入 ○酺 薄胡切大酺飲酒作樂一曰災

害神能生蟓蝝之屬周禮族長祭酺有兩音注族長無飲酒之禮因祭酺而與其民以長幼相獻酬為漢賜酺服虔音蒲文穎音步師古曰酺之言布也王德布於天下

而合聚飲食爲酺唐無酺禁亦賜酺者蓋聚作伎樂高年賜酒麪又暮韻 蒲 草名地名亦作苻蒲漢天子臥內以青規地曰青蒲又樗蒲博戲又作蒱

莆 三輔黃圖葛莆百本又莆田縣名又莆菲又姥韻 增入 蒱 摴蒱又與蒲字同荀子柔從若蒱葦 苻 左傳昭十八年子太

叔興徒兵以攻萑苻之盜又虞韻 重增 瓿 小甖又厚韻扶同音設 今正而圈 [illegible]草本與[illegible] [illegible]也 ○都 東徒切天子所宮曰都又十邑

曰都周禮四縣爲都左傳邑有先君之主曰都又小曰邑大曰都又揔也美也盛也司馬相如傳雍容閑雅甚都又居也東方朔傳都卿相之位（闍）闉闍城上重門又麻韻

○徒同都切徒黨又步行也空也隷也又但也徒善徒法是也又空手而敵曰徒搏無舟而濟曰徒涉 途路也亦作塗涂（涂）周禮洫上有涂涂容乘車一軌又水名又麻韻

（塗）孟子塗有餓莩又泥也杇也抹也又姓又殯謂之塗又麻韻 峹嵞山古文尚書作峹說文亦作嵞書娶于塗山謂塗山氏左傳禹會諸侯於塗山又曰穆有塗山之會杜預曰在壽春界巢縣

（鍍）廣韻以金飾物通作塗又暮韻【重增】（荼）苦荼又魚麻二韻 稌禾穗 圖謀也畫也圖書文籍也又浮圖漢威帝祠浮圖老子注曰浮圖今佛也又塔也亦作浮屠唐書太宗復立浮圖今謂僧曰浮圖

（屠）殺也裂也刳也又姓又地名詩出宿于屠又魚韻 瘏病也 駼騊駼獸名一曰野馬（菟）楚人謂虎於菟說文作虝亦作檡又飛菟神馬又暮韻【今圖】

（檡）漢書班固叙傳楚人謂虎爲於檡又陌韻【重增】（捈）引也揚子捈中心之所欲又他胡切【增入】○（盧）龍都切黑也从虍从𠚕从皿𠚕音甾今作盧湛盧劍名韓盧犬名蒲盧蜾蠃鹿盧汲機頭盧首骨當盧馬首飾又與壚同又姓又魚韻【今圖】 罏罌也亦作盧甗

鑪火器左傳邾莊公廢于鑪炭又酒器又鑪冶亦作爐 爐漢尚書郎給女史二人執香爐燒薰 壚上黑而疏書下土墳壚又酒壚晉王戎傳黃公酒壚亦作盧相如令文君當盧

（玈）黑也左傳玈弓矢千書作盧又魚韻【今圖】（黸）說文引方言齊謂黑爲黸揚子彤弓黸矢人魚韻【增】

文 曥目童子 櫨柱上柎曰薄櫨又謂之楷廣韻枅也又曰柱也又木名 纑布縷 瓐碧玉本作瓐 艫船頭刺櫂處漢武南巡舳艫千里又舟名唐楊元琰與張柬之共乘艫江中 𤬫瓠𤬫亦作壺盧五代史牛蹄突厥其水曰瓠𤬫河 重增 轤轆轤汲機亦作盧枚乘傳注井鹿盧 蘆葦屬又魚

籚矛戟柄亦作蘆盧 廬考工記秦無廬輪輿弓廬鄭司農云讀為纑又國語侏儒扶盧亦與蘆同又魚韻 重增 蘆葦屬又魚韻

今圖 鱸魚名 瀘水名 顱首骨亦作盧漢武五子贊頭盧相屬於道 ○奴農都切說文奴婢皆古罪人周禮其奴男子入于皁隸女子入于舂藁今通謂僕隸為奴 孥子也亦作帑奴 帑同上又金幣所藏又鳥尾曰帑見左傳襄二十八年又蕩韻 駑下乘駑駘

砮石可為矢鏃又礪也又姥韻 笯鳥籠屈原賦鳳皇在笯兮雞雉翔舞又麻暮二韻 ○胡洪孤切何也頷須也又姓說文牛頷垂也方言東齊秦晉之間謂戟之大者曰鏝胡又鹿䍡無文理者曰曼胡禮記深衣注垂下曰胡又菰米曰彫胡又盧胡笑貌孔叢子盧胡大笑應劭傳掩口盧胡又禮器左傳哀十一年仲尼曰胡簋之事注夏曰胡周曰簋又匈奴 乎說文語之餘也亦作虖柳宗元曰疑辭也又見下 今圖 虖又見下 今圖

壺酒器又瓠也詩八月斷壺壺鶡冠子一壺千金 瓠瓠也亦作壺葫又暮韻 瑚瑚璉宗廟器禮記殷之六瑚左傳作胡又珊瑚生海底

餬饘也糜也左傳餬口寄食也 醐醍醐酥屬 弧木弓易弦木為弧禮記桑弧左傳桃弧史記檿弧 箶箶簏箭室 湖說文

大陵狐妖獸亦作⿰豸瓜⿰豸瓜爾雅貍⿰豸瓜貛貉增入鶘鵜鶘水鳥一名汙澤一名淘河腹下胡大如斯數升囊好群入澤中抒水食魚一名姻澤

糊粘也又糢糊漫貌杜甫詩驪背錦糊糢糊又曰子璋髑髏血糢糊增入臺左傳臺駘人名臺音胡駘音台又臺駘地名禮記敗於臺駘駘音苔左傳

作狐駘駘音笞又音台臺古壼字又咍韻增入○孤攻乎切負也獨也又幼而無父曰孤二十不爲孤又三少曰孤又寡德曰孤侯王稱孤凡孤恩孤負當用

孤字俗作辜非辜辠也又十一月爲辜姑爾雅父之姊妹爲姑婦稱夫之母曰姑壻稱妻之母爲外姑又蒲姑亳姑地名僕姑箭名又姑息苟安

也又且也左傳姑巳若何酤一宿酒說文買酒也亦作沽論語沽酒市脯又姥暮二韻沽同上又賣也說文作夃又二韻夃說文

秦以市買多得爲夃引詩我夃酌彼金罍又引論語沽諸作夃諸又姥韻增入觚飲器受三升說文鄉飲之爵又方也棱也史記破觚爲圜後漢杜林傳破矩爲

圓注觚亦方也又竹簡陸機文賦或操觚以率爾柧棱也亦作觚說文柧棱殿堂上最高處⿱竹觚竹簡亦作觚箛吹鞭又竹名軱

莊子軱戾大骨或云槃結骨苽彫苽亦作菰菰呱小兒啼聲詩后稷呱矣書啓呱呱而泣⿰金辜字林鏌⿰金辜會矢名左傳作僕姑

槔山榆玉篇木四布也罛魚罟亦作罛罛鴣鷓鴣蛄螻蛄蟬屬盬陳楚人謂鹽池爲盬又姥韻增入○枯

空胡切朽也槁也刳剖也判也屠也虛其中也㤉怯也又麻韻○呼荒胡切喚也歎也出息也亦作嘑虖乎戲評謼又暮韻凡

歎息招呼則平聲小爾雅烏呼吁嗟醫書一呼一吸爲一息杜甫詩呼兒問蕘魚之類是也叫號而呼則去聲詩式號式呼左傳倉葛呼之類是也 嘑 同上 說文號也又暮韻尋說文之義則號呼之呼可於平去二聲通用但歎息招呼之呼不可作去聲用 今圈 虖 顏師古注漢書烏虖歎辭說文嘑也廣韻虎吼

增入 乎 增入 戲 又支寘二韻 增入 謼 廣韻大叫賈誼傳貴大臣有罪猶未斥然正以謼之也又暮韻 增入 膴 無骨

腊又麌韻 今圈 幠 覆也一曰大也詩昊天泰幠 ○ 吾 訛胡切我也又姓㫐吾國名山名夷吾人名又音牙允吾龐西谷名允音鉛 今圈

吳 國名又姓譁也大言也亦作吳又夬禡二韻 今圈 吴 今案說文吳从口从夨夨音仄又音劣吳志云無口爲天有口爲吳乃借爲吳字 增入

鋘 錕鋘山出金色赤如火可作刀切玉亦作鋙相如賦作昆吾 鋙 列子西戎獻錕鋙之劍長尺有咫切玉如切泥 增入 珸 琨珸石次玉

梧 木名又楮梧亦作梧項籍傳莫敢枝梧如淳曰梧音吾枝猶枝扞也薛瓚曰小柱爲枝邪柱爲梧今屋斜柱是也謂諸將不敢枝梧營救也又琴也莊子惠子之據梧又暮韻 牾 搘牾又暮韻 增入 郚 地名 鼯 飛生鼠一曰五技鼠 浯 浯溪在零陵郡唐元結作中興頌磨崖刋石 增入

齬 齟齬見廣韻又魚語二韻 增入 ○ 麤 倉胡切說文行超遠也又踈也大也物不精也亦作觕粗麁 觕 公羊傳觕者曰侵精者曰伐又略也

粗 禮記其器高以粗其聲粗以厲莊子道之粗小大精粗又姥韻 增入 麁 增入 見廣韻 ○ 烏 汪胡切黑也何也亦

作惡小爾雅陽烏鴻鴈也又純黑反哺謂之烏小而頸白不反哺者謂之鴉又烏烏秦聲意烏恚怒聲 **惡** 論語惡乎成名孟子居惡在又暮鐸二韻【增入】

洿 濁水不流一曰窊下亦作汚汙又暮韻監本注作窳下誤【今正】 **汚** 又暮韻【今圈】 **汙** 又麻暮二韻【增入】 **杇** 塗鏝器故

因謂塗墁爲杇論語不可杇也說文所以涂也亦作圬 **圬** 左傳圬人以時塓館宮室【增入】 **扵** 於呼歎聲亦作嗚烏又歌聲李斯傳歌呼嗚嗚又魚

韻 **嗚** 又暮韻【今圈】 ○ **蘇** 孫租切草名木名滿也桂荏之屬也亦作穌史記韓信傳樵蘇後爨注蘇取草也莊子蘇者注蘇草也方言蘇

草芥也江淮南楚之閒曰蘇自關而西或曰草或曰芥又與甦同小爾雅死而復生謂之大蘇又流蘇盤線繪繡之毬五綵錯爲之同心而下垂者是也蘇猶鬚也又散

貌以其縈下垂故曰蘇今人謂絛頭縈爲蘇薜瓚注漢書作流遡又氣索貌易震蘇蘇又魚韻【今圈】 **穌** 同上息也舒悅也死而更生也亦作蘇書后來其蘇

集韻作甦 **甦**【增入】 **⿸广穌** 廜⿸广穌草菴 **酥** 酪屬又酴酥酒名藥名或作⿰月穌亦作蘇 ○ **稌** 他胡切稻利下濕者又姓

韻【增入】

【獨用】十二 ○ **齊** 前西切整也莊也等也好也又疾也詩仲山甫徂齊又正也詩人之齊聖鄭云中正通知之人也楊倞曰齊無偏頗也又

國名又姓又見下又脂皆薺霽四韻 **臍** 肚臍古作齎左傳後君噬齊 **蠐** 蠐螬蟲詩領如蝤蠐 ○ **西** 先齊切說文鳥在巢上日在西

方而鳥西故以爲東西之西篆作𠧧象形今作西與襾字不同西音亞漢律歷志少陰者西方西遷也陰氣遷落物於時爲秋又先韻今圈

○栖 禽鳥所宿皆謂之栖亦作棲又榻也孟子二嫂使治朕棲又宿也選詩輕露栖叢菊又栖栖猶皇皇也又霽韻今圈

棲 同上古作西又棲遲息也詩可以棲遲又棲棲簡閱貌詩六月棲棲

棲 幽棲幽居也與栖同謝靈運詩恣此永幽棲增入

嘶 馬鳴又聲破曰嘶

犀 獸名毛如豕蹏有三甲頭如馬有三角鼻上角短額上頭上角長又瓠瓣詩齒如瓠犀

屖 堅也漢馮奉世傳器不屖利亦通作犀說文屖遲也亦作棲又瓠屖亦作遲古以犀兕爲甲故謂堅爲犀增入

○遟 遟遟久安貌揚雄賦靈遟遟兮遟音栖遟音遲又脂至二韻增入

撕 提撕

○凘 解冰又支寘二韻增入

○澌 聲破與嘶同周禮內饔注沙澌也音嘶又水索也盡也又二韻重增

○妻 千西切齊也與己齊也亦作雌又霽韻

○雌 莊子猿猵狙以爲雌又支韻增入

萋 草盛又與緀同詩萋兮斐兮

淒 雲雨起貌又寒風詩淒其以風本作凄

凄 廣韻寒也重增

悽 悲痛

䨙 霽也

○緀 帛文貌又緀斐文章相錯貌說文引詩緀兮斐兮又薺韻今圈

○齎 賤西切持也付也遺也裝也送也俗作賫又歎聲易齎咨涕洟又脂韻

賫 增入

躋 登也升也亦作隮齊

隮 詩朝隮于西

○齊 記地氣上齊又見前增入

○懠 疑也又霽韻

○擠 排也推也又薺霽二韻

齏 韲也薑蒜爲之又碎也和也亂也制也亦作韲

䪡 同上又利也莊子䪡萬物而不爲義增入

○氐 都黎切宿名又

戎種又薺霽二韻 低 高低 隄 防也塘也岸也亦作堤 堤 又薺韻【晃曰】堤本上聲無平聲後人承作平聲用佩觿集曰堤滯之堤爲隄誤

其順非有如此者【增入】 詆 訶也又薺韻 柢 廣韻木根亦作氐又薺霽二韻【重增】 羝 牡羊 磾 染繒黑石又人名漢金日磾亦

作碑 碑 同上晉段匹磾又支韻【增入】 鞮 鞮鞪胄也又戎種記西方曰狄鞮通作氐又鞮鞻四夷樂說文作趧婁又銅鞮春秋時晉離宮名杜

兮切單革履【增入】 ○ 梯 天黎切說文木階也杜兮切稚也【今圈】 鷈 鷿鷈似鳧而小膏可塗刀文選注作鷿鵜 鵜 同上亦作鷈【增

入】 鷈 爾雅鷈一名須鸁注鸊鷈膏中瑩刀【重增】 ○ 題 杜兮切說文頟也記雕題交趾又書題品題題目又椽頭以玉飾曰琁題玉題一曰璧璫

又霽韻【今圈】 睼 迎視也遠視也坐見也 啼 號也泣也鳴也古作嗁亦作諦謕 嗁 漢五行志豕人立而嗁 諦 荀子哭泣諦號

注音啼引管子豕人立而諦又霽韻【重增】 謕 漢嚴助傳孤子謕號又霽韻【重增】 提 挈也舉也舉四封之內而計之曰提封又浮屠所居謂之

招提又與媞同詩好人提提又支霽二韻 媞 媞媞安也一曰美好舒緩亦作偍又紙韻 偍 荀子難進曰偍【增入】 禔 安福又支韻

褆 衣厚褆褆又紙韻 綈 厚繒 鶇 鳥名左思賦鷩鶇山棲 緹 帛丹黃色周禮注緹衣古兵服之遺色纁也漢官儀執金吾緹

騎二百人又薺韻 罤 兔網亦作蹄 蹄 足也又兔罔莊子音義兔蹄也繇其脚故曰蹄古作蹏 蹏 同上又赫蹏紙名【晃重案】趙飛燕

傳赫蹏書孟康曰蹏猶地也染紙素令赤而書之鄧展

曰赫音鬩牆之鬩應劭曰赫蹏薄小紙也亦作䗍【增入】㡗 幱㡗赤紙一曰帷也 鞮 單革履又

見上【今圈】 䬾 餹䬾餌也 䨑 霽雲 桋 女桑廣韻木之長條又脂韻【今圈】 稊 似稗布地生字亦作苐 苐 莊子在苐稗本又作

稊【重增】【增入】 梯 木稚易枯楊生梯字書多作稊誤【重增】 荑 卉木初生貌又初生茅詩手如柔荑又荑桑又脂韻【今圈】 鵜 鵜鶘水鳥

爾雅鵜鴮鸅又見上【今圈】 綈 結不解又霽韻 銻 鎕銻火齊 𧊧 陸機草木疏蝘一名蛁蟟青徐謂之螇螰楚人名之蟪蛄秦謂之蛥蚗或名之

蜓蚞郭璞曰俗呼胡蟬江南謂之螗𧊧 瑅 玉名 騠 駃騠駿馬 䳀 廣韻䳀鴂子規也亦作鶗鴂又霽韻【重增】 鶗【今圈】 又霽韻

鷤【今圈】 又霽韻 鮧 魚名 踶 廣雅小蹢謂之踶又衞趸也莊子怒則分背相踶有兩音又霽韻【增入】 折 折折安舒貌記

吉事欲其折折爾又薺韻【增入】 ○ 泥 年題切水和土又水名爾雅水潦所止曰泥丘又朽也又薺霽二韻 臡 肉醬雜骨曰臡周禮鹿臡麋臡

○ 黎 憐題切衆也黑也又國名又黎黃倉庚郭璞曰欣黎黃之音亦作䔉又支韻【今圈】 犂 耕具又耕也匈奴謂飯匙曰䣿犂亦作犁又支

韻 犁 同上又匈奴謂天爲撐犂犁撐音除庚反【增入】 瓈 玻瓈寶王亦作頗黎 𨞪 國名詩書作黎說文作𨞪 黧 黑黃色又

黧黃倉庚又支韻 藜 草似蓬亦作蔾𥠖又支韻 𥠖【增入】 又支韻 耖【增入】 又支韻 蔾 蒺蔾亦作藜𥠖耖左

傳及揚雄賦竝作蒺棃又支韻 梨 果名本作棃又支韻 棃 同上又凍棃老也見毛詩注又支韻【增入】 邌 徐緩又徐行貌史記邌明言天徐徐欲明之頃也又待其明也亦作黎【增入】 蠡 瓠瓢荀子以蠡測海又谷蠡匈奴王弟名服虔曰谷音鹿韋昭曰蠡音麗師古音落奚反又支戈薺果四韻 驪 馬深黑色周穆王八駿有盜驪又支韻 鸝 鸝黃楚雀亦作黎鷅鷔雞翟又支韻 鵹 又支韻【增入】 [illegible] 又支韻【增入】 盠 以瓢爲飲器又薺韻【增入】 ○雞 堅奚切知時畜籀文作鷄 鷄【增入】 稽 畱止也考也計校也賈誼傳反脣而相稽又卜問書卜稽曰其如台廣韻作卟亦作乩俗作䅲又薺韻上从禾禾音雞與禾字不同从禾誤【今正】 乩 卜問 𥡴 枅 屋櫨又先韻【今】

【今圈】笄 簪也禮記女子十有五年而笄 ○谿 牽奚切水注川曰谿亦作溪磎 溪 磎 馬融笛賦臨萬仞之石磎唐李磎信宗欲相之劉崇魯掠其麻而哭乃止【重增】 ○醯 馨兮切酸也廣韻俗作醯 醓 唐書來俊臣傳以醓灌鼻【重增】 ○兮 弦雞切歌辭說文語所稽也 奚 何也又姓說文大腹也又東北夷周禮注古者從坐男女沒入縣官爲奴其少才知以爲奚今之侍史官婢也或曰奚宦女也又羊奚草名又薺韻【今圈】 [illegible] 女隸通作奚 傒 東北夷名通作奚又人名春秋齊卿高傒 蹊 徑路又穿徑左傳牽牛以蹊人之田亦作徯 徯 同上後漢書鷹隼未擊矰弋不施於徯隧月令塞徯徑又注望也又薺韻【增入】 騱 驒騱野馬驒音顛見相如賦 鼷 春秋鼷鼠食郊牛角一名甘口鼠食物不痛爾雅有螫毒者 谿

反戾也莊子婦姑勃谿从奚谷音噱口上阿也與山谷字不同从谷者俗書谿讋字也【增入】谿 獸名周禮幽州其澤藪曰谿養【增入】謑 恥也莊子謑髁无任又薺齊韻【重增】嵇 山名亦姓从禾誤【今正】○鷖 煙奚切鳥鳧屬詩鳧鷖在涇 繄 青黑繒又語助也惟也是也亦作翳又霽齊韻 翳 廣韻蔽也又隱也鄣也羽葆也又惟也是也唐劉幽求傳翳幽求是賴與繄同又霽齊韻【重增】㙠 塵埃又霽齊韻 瑿 黑玉舊注美石黑色誤【今正】黳 黑也亦作鷖周禮王后安車彫面鷖總注青黑色 ○倪 研奚切端倪又姓亦作兒又弱小孟子反其旄倪又皆霽二韻【今圈】兒 同上漢有兒寬儒林傳作倪寬又老人兒齒謂齒落復生也詩黃髮兒齒又弱小又支韻【增入】齯 齯齒古作兒 𧙈 衣梳爾雅注衣縷齊人謂之攣或曰袿衣之飾又屑韻【今圈】蜺 寒蜩亦曰虹蜺又屑錫二韻 霓 同上屈虹也又爾雅疾雷爲霆霓又屑錫二韻范忠文公鎮試學士院詩用彩霓字學士以沈約郊居賦雌霓連蜷讀霓爲入聲謂鎮爲失韻司馬文正公光曰約賦但取聲律便美非霓不可讀爲平聲也當時有學者皆爲之憤鬱【居正曰】韻中此類甚多凡一字有兩音或三音而義同者皆可通用經史子集所用或諧聲或叶韻或釋文音義略舉一二而不盡載但義同者皆可通用 輗 大車轅端持衡者又霽齊韻 鯢 魚名 麑 麑子一曰狻麑亦作猊爾雅狻麑如虦貓食虎豹郭璞曰即師子也出西域又齊韻【今圈】猊 ○圭 涓畦切瑞玉亦作珪又六十四黍爲圭四圭爲撮 珪 閨 宮中門小者曰閨上圓下方如圭故曰閨門 袿 長襦婦人

上服張揖注相如賦襳離桂也顏師古曰襳桂婦人長襦也 窐 甑下孔楚辭琟璋雜於甑窐亦作圭左傳蓽門圭竇 郌 地名 ㊀蠲 蟲名又明

也潔也洗也又先韻詩吉蠲有二音【[illegible]】○ 睽 傾畦切卦名異也乖也外也說文目不相視也王篇目少精也 暌 日入王篇違也日月相違【重增】

聧 說文耳不相聽方言聾之甚者秦晉之閒謂之聧【重增】 奎 宿名 刲 刺也劃也 ○ 攜 奚圭切提攜也離也俗作攜携 雟

子雟鳥出蜀中亦曰子規聲訛也又布穀也又規也車輪轉一周為雟一周丈九尺八寸地禮記立視五雟上从屮中丑列反非从山也 ㊀鑴 日旁氣周禮眡

祲十煇三曰鑴又鼎屬廣韻云大鍾又支韻 ㊀觿 角錐銳耑可以解結又支韻 畦 田五十畝曰畦又畦畛 ㊀眭 廣韻目深惡視又支

脂二韻【重增】 鄬 邑名 蠵 觜蠵大龜亦宿名又支韻【今圈】㊂ ㊀烓 淵畦切行竈又迴寘二韻 ○ ㊀⿰扌毘 篇迷切手擊也亦作

批又屑韻【今圈】 ㊀批 左傳莊十二年批而殺之莊子批大郤唐書批逆鱗又薄削也杜甫詩竹批雙耳峻又脂紙屑三韻字林莊子皆有二音凡經史之義訓同

者可通用【今圈】 ⿰毘刂 削也亦作批 ㊀錍 箭鏃廣長者亦作鈚又支韻 ㊀鈚 又支脂二韻【今圈】 ○ 鼙 騎迷切騎上鼓亦作

鞞呂氏春秋帝嚳今人作鼓鼙之樂 ㊀鞞 又班糜切縣名又紙迥二韻 ㊀椑 圓榼漢書美酒一椑又齊人謂斧柯為椑又隋園也考工記句兵椑

又支昔二韻 ㊀膍 膍胵又脂韻 ○ 迷 緜批切惑也亂也 ㊀麛 鹿子亦作麑凡獸子初生皆曰麛曲禮士不取麛卵又脂韻【今】

圏 麑 王制不麛不卵注亦作麑音同 重增 嫛 齊人呼母爲阿嫛亦作婗又支韻 增入 ○ 篦 邊迷切竹器 陛 說文牢也所以拘非也亦作狴又薺韻 狴 又薺韻 今圏 鎞 掠器杜甫詩金鎞刮眼膜 增入 ○ 栘 成兮切常棣也又支韻 重增 ○ 睢 劉圭切睢睢視貌跂扈貌又支脂至三韻 增入

通用 與皆通

十三○佳 居鞋切美也大也好也楚辭姡佳冶之芬芳兮又麻韻 今圏 街 四通道 ○ 膎 戶佳切脯也又肉食肴 鞵 說文革生履也亦作鞋 鞋 鮭 魚名出吳志又鮭蠪神名又圭睽遐三音 今圏 ○ 厓 空佳切山邊亦作崖又水際又珠厓郡名亦作朱厓朱崖又厓眥舉目相忤貌又支麻卦三韻 崖 又支韻 今圏 涯 水際又支麻二韻 睚 目際又睚眦忤目相視貌亦作厓又卦韻 增入 顔 商顔山名史記河渠書引洛水至商顔下服虔曰顔音崖索隱又如字又刪韻 重增 倪 自然之分莊子和以天倪又端倪又齊薺霽三韻 重增 ○ 娃 於佳切美女方言娃美也吳楚衡淮之閒曰娃又館娃漢宮名又麻韻 今圏 哇 淫聲又小兒啼又麻韻 哯 哯嘔嬰兒語聲荀子哯嘔之又小兒啼又支韻 重增 ○ 媧 古蛙切古聖女或云伏羲之妹又戈麻二韻 緺 綬青紫色一曰綬衣又戈麻二韻 騧 黃馬又二韻 蝸 蝸牛又二韻 ○ 佤 空媧切不正又佤邪離絕貌亦作華𦻐又麻韻

華 周禮形方氏無有華離之地音呱又麻禡二韻 重增 華 又二韻 重增 閜 門不正又斜開門又紙韻 傀 恬解貌莊
子達生之情者傀又灰紙賄三韻 增入 ○ 蛙 烏蝸切蝦蟆屬亦作鼃䵷又麻韻 鼃 又麻韻 䵷 東方朔傳水多䵷魚又淫
聲亦作哇又麻韻 增入 洼 深也廣韻亦名又麻韻 ○ 蠯 蒲皆切蜌狹長者亦作螷又梗韻 螷 又梗韻 增入 簰
大桴 簰 標牓俗呼盾為簰 增入 ○ 釵 初佳切婦人歧笄說文本作叉 叉 同上又兩枝說文手相錯今人曰叉手又麻韻 增入 靫
鞴靫盛箭室鞴音步子虛賦注作步叉又麻韻 今圈 ○ 柴 鉏皆切薪也姓也瘦也又植貌莊子柴立其中央又柴胡廣韻作茈葫又寘夬二韻 今圈
祡 說文祡燎祭天詩書作柴
十四○皆 居諧切俱也从比从自今作皆俗作皆 偕 彊也俱也 階 級也陛也梯也砌也 堦 級也陛也砌也通作
階 荄 草根亦作核又咍韻 核 漢五行志孕毓根核師古曰核亦荄字又咍沒麥三韻 增入 [艹稭] 禾稾亦作稭 稭 湝
湝湝水流盛貌一曰寒也又見下 今圈 痎 瘧疾說文二日一發瘧 喈 和聲 楷 木名孔子冢上多此木又蟹韻 ○ 緒 丘皆切文
絲 偕 徘偕行惡 揩 摩也擦也又怪韻 增入 ○ 諧 雄皆切和也合也調也偶也 湝 水流盛貌詩淮水湝湝 增入

骸 百骸說文脛骨 ○乖 公懷切不和也異也戾也 ○懷 乎乖切思也來也服也安保也胷臆也褢藏也方言至也又抱也和也包也書懷山襄陵漢書作褢古作褱

褱【增入】褢 說文壬北方陰極陽生故曰龍戰戰者接也象人褢妊之形又袖也藏也【重增】

櫰 爾雅木大葉而黑曰櫰似槐而葉差小又灰韻 槐 木似櫰葉細而不黑花黃可染周禮面三槐三公位焉又灰韻【增入】 瑰 玫瑰火齊珠又灰韻【增入】

淮 水名出胎簪山禹貢道淮自桐柏 ○差 初皆切擇也簡也又夫差吳子名夫音扶又支歌麻卦過禡六韻 輂 卻車抵堂張衡賦輂於東階一曰連車篆作𨏩今省文又支韻【今圈】

○齋 莊皆切潔也莊也恭也六經多作齊蓋古通用後人於其下加立心以別之耳記齊之爲言齊也韓康伯曰洗心曰齋又燕居之室曰齋歐陽脩曰齋之爲言若於此而齋戒也又脂韻【今圈】 齊 又支齊薺霽四韻【增入】

○豺 牀皆切狼屬食羊月令仲秋豺祭獸 儕 等也輩也類也 ○排 步皆切推也擠也斥也又怪韻【今圈】 俳 俳優雜戲漢書談笑類俳倡又咍韻【今圈】

○埋 謨皆切瘞也亦作薶貍 薶 爾雅祭地曰瘞薶【增入】 貍 支韻鄰知切狐貍又勿韻 霾 風雨土又支怪二韻

○簁 所皆切下物竹器簁籭也古以竹爲玉柱故字从玉作簺今作簁亦作篩又支紙二韻【增入】 篩 又支韻【增入】

【通用】與咍通

十五○灰 呼回切火過爲灰 豗 相擊又喧豗鬪聲又作虺 虺 病也詩我馬虺隤又喧虺詩虺虺其

雷陸德明音毁誤又尾韻[重增]○恢枯回切大也又大之也㊣悝病也憂也悲也大也衞孔悝魏李悝又止韻詼謔也調也謿也枚皋

詼笑類俳倡㊣魁斗首四星也後漢志魁方杓曲又魁帥凡爲首者曰魁又賄韻俗作魁[今圈]○隈烏回切水曲爾雅厓內爲隩外爲隈

㊣畏古隈字考工記當弓之畏又曰長其畏而薄其敝畏讀如隈又賄未二韻[增入]㊣椳門樞又賄韻煨煨燼說文盆中火也䋿

綠五色又女容服相如賦繆繞玉緌師古曰以玉飾緌謂鄭曼姬之容服也緌即今所謂采纓垂鑷者也偎愛也倚也列子不偎不愛[增入]○㊣傀

姑回切偉也說文亦作瓌又皆紙怪賄四韻㊣瑰偉也又火齊珠又石次玉亦作瓌又音回又皆韻[今圈]瓌㊣櫰木名楚大而黑又皆

韻[增入]○㊣回胡瑰切轉也違也邪也避也返也亦作囬迴廻又低回紆衍貌揚雄傳大道低回又賄隊二韻[今圈]㊣囬漢書蓋寬饒傳制舉無

所囬避又二韻[增入]㊣迴荀子圖迴天下於掌上又二韻[增入]㊣廻史記鄒陽傳墨子廻車又二韻[增入]徊徘徊不進亦作裴回裴回又低

徊猶徘徊也亦低垂沉滯之意亦作俳佪俳徊俳徊音裴佪高后紀俳佪往來又徐佪運轉貌相如賦安翔徐佪揚雄賦俳佪招搖王篇佪佪惽也[增入]

佪息夫躬絕命辭鷹隼横厲鸞鳳俳佪[增入]洄溯洄爾雅逆流而上曰泝洄詩泝洄從之㊣槐木名又桃槐西域國名春秋說題辭槐木虛星

之精五經通義士冢種槐又瑯槐千乘郡縣名又皆韻㊣瘣病也一曰腫旁出詩小弁注壞瘣也有兩音又賄韻[重增]○毸蘇回切毰毸鳳舞貌

作䃶 萑 草木華垂 鞽 鞍帶 ○ 嵬 吾回切爾雅石戴土謂之崔嵬郭曰石山上有土者詩陟彼崔嵬又崔嵬高峻貌又賄韻 ○ 隗

隗隗高也又人名李白詩昔將燕家重郭隗作平聲用又賄韻【增入】 桅 小船檣竿 ○ 鎚 都回切治玉亦作追敦又脂韻 追 同上又戎

狄國名詩其追其貊又毋追夏冠名亦作頧毋音牟又脂韻 敦 同上詩敦琢其旅又聚也詩敦彼獨宿又丘名班固賓戲從旄敦而度高乎泰山注如

覆敦者曰敦丘音丁回反又魂歡蕭準混隊慁號八韻又都昆切係廟諱同音合當迴避其餘照式許用【增入】 槌 擲也揚子槌提仁義又脂寘二韻【重】

【增】 搥 廣韻擿也又脂韻【重增】 堆 聚土楚辭陵魁堆以蔽視說文作自班固賓戲注作𡊅亦作嵟碓 嵟 漢地里志蜀守李冰鑿離

嵟晉灼曰岸也【重增】 碓 史記河渠書蜀守冰鑿離碓晉灼曰古堆字又隊韻【重增】 頧 毋頧夏冠禮記作追又賄韻 磓 聚石亦作

䃶廣韻落也亦作塠又寘韻【重增】 ○ 焞 通回切焞焞盛也俗作焞又諄魂二韻 蓷 萑也詩中谷有蓷又脂韻 推 盪也擠也

進之也本作推又脂韻 推 又脂韻【增入】 ○ 隤 徒回切摧也下墜也亦作頹又虺隤病也崔隤蹉跎貌漢廣川王傳曰崔隤亦作僓

頹 同上又爾雅焚輪謂之頹郭曰暴風從上下也詩維風及頹廣韻亦作頽又虺頹病也郭璞曰虺頹元黃皆人馬病之通名說者便謂之馬病失其義也

僓 莊子僓然而道盡【重增】 尵 虺尵病也詩作虺隤爾雅作虺頹 魋 獸似熊而小又宋亘魋又脂韻【增入】 ○ 靁 盧回切陰

陽薄動之聲漢中山靖王傳聚蟁成靁亘譚傳略靁同之俗語注靁之發聲衆物皆應俗人無是非之心出言同者謂之靁同又無所可否同聲一律亦曰靁同亦作雷

雷 同上又姓又黔雷天上造化神之名大人賦左元冥而右黔雷又隊韻【今圖】

罍 酒器又盥器畫爲雲雷之象酒則取其陽氣發達盥則取其畱震之威以起

罍 漢梁孝王有罍尊應劭曰詩云酌彼金罍畫雲雷之象以金飾之鄭康成曰上蓋爲山雲雷之象今詩作罍【增入】敬也亦作罍櫑

櫑 說文酒尊又賄韻【增入】

轠 轚也觸也揚雄酒箴爲瓽所轠【增入】

○崔 倉回切邑名人名又姓又見下又脂韻

催 促也

縗 喪衣長六寸博四寸上曰縗下曰裳縗之言摧也言中摧痛也左傳襄十七年晏嬰麤縗斬杜預曰縗在胷前亦作衰

衰 又支脂二韻【今圖】

○摧 徂回切挫也折也抑也沮也方言至也詩先祖于摧又箇韻【今圖】

漼 雪霜貌又賄韻

嶊 山高

○杯 晡回切盬也又飯盂又酒器亦作盃桮

盃 桮 同上又厎素孟子義猶桮棬也【增入】

○肧 鋪杯切說文孕一月又器物朴

衃 凝血

坏 未燒陶瓦又見下【今圖】

醅 酒未漉

○裴 蒲枚切衣長貌又姓又裵回亦作徘俳又徽韻【今圖】

裵 史裵回【重增】

徘 【重增】

俳 又皆韻【重增】

培 益也隨也助也治也也墉也又厚[illegible]

陪 重也貳也家臣也助也益也隨也伴也

倍 莊子倍阿鮭蠪音義倍阿神名又海隊二韻【重增】

阫 [illegible]子曰中究阫又音鋪杯切【今圖】

坏 同上禮記坏牆垣莊子鑿坏而遁【增入】○

枚 謨杯切衆枚又姓毛詩傳枚曰榦幹曰枚左傳南蒯枚筮之杜預曰不指其事汎卜吉凶書枚卜功臣周禮有銜枚氏顏師古注漢書枚狀如箸橫銜之繣繫於項繣結礙也繫繞也又馬檛左傳襄十八年以枚數闔

梅 果名又姓

煤 炲煤灰集塵又煙墨

玫 玫瑰又人名唐朱玫 重增

莓 草名又莓莓田美

每 左傳原田每每亦作每又賄隊二韻

罞 鳥網又虞韻 今圈

𡴆 草盛上从屮監本从山誤 今正

禖 天子求子之祀月令仲春祠于高禖注以其爲神故从示佩觿集曰媒貴爲神其立敎有姒此者漢書枚皐傳作謀戾太子傳作謀从示从甘从木凡从某者准此俗作禖

謀 又侯韻 增入

媒 媒妁說文謀也謀合二姓也李陵傳媒孽其短孟康曰媒酒敎也蘖麴也謂釀成其罪也師古曰齊人名麴餅曰媒周禮注媒之言謀也謀合異類使和成也今齊人呼麴麩曰媒又隊韻 今圈

塺 塵也又過韻 今圈

脢 背肉一曰心上口下易咸其脢亦作脄易釋文又音灰又賄隊二韻 今圈

脄 又音灰又二韻 今圈

鋂 大也一環貫二詩盧重鋂說文子母環也

酶 酒本通作媒

十六 咍

咍 呼來切笑聲 ○

開 丘哀切闓也解也啓也條陳也亦作闓俗作開

闓 又海代二韻 今圈 ○

該 柯開切備也咸也皆也載也又軍中約也亦作晐賅

晐

賅 同上又贍也具也莊子百骸九竅六藏賅而存焉 重增

剴 切也近也

廣韻大鎌一曰摩也又代韻 重增

祴 祴夏古樂章名周禮笙師教祴樂通作陔

侅 奇侅非常又海韻 今圈

垓 八極又隄也垓下地

名在沛郡風俗通十萬曰億十億曰兆十兆曰經十經曰垓亦作畡 **畡** 國語王者舉九畡之田〔增入〕 **胲** 頰下亦作頦又足大指又備也莊子臘者

之有膍胲又海韻〔重增〕 **頦** 韓愈記夢詩我手承頦時拄座又音孩〔重增〕 **陔** 階次又隴也又重也亦作閡漢郊祀歌專精厲意逝九閡如淳曰閡

亦陔也陔重也謂九天之上也師古曰協韻音改是本音該也空從平上二聲通用 **閡** 又海代二韻〔重增〕 **峐** 山無草木 **荄** 草根方言

荄根也亦作核又皆韻 **核** 漢五行志孕毓根核又皆没麥三韻〔增入〕 **絯** 束也掛也又駭韻〔今圖〕 ○**孩** 何開切廣韻始生小兒案

孩者小兒將學語時能孩領也莊子未至乎孩而始誰是也今俗謂領下亦曰孩韓愈詩提孩巧相如 **咳** 禮記咳而名子又小兒笑貌又代韻〔增入〕 ○

哀 於開切悲哀从衣从口悲傷之見於衣服也 **埃** 細塵 **㶦** 爇也 **欸** 歎也揚子翦乎欸注言王翦助秦之惡乎欸言切齒而怒

也欸怒聲又海代二韻〔增入〕 ○**皚** 魚開切霜雪白貌 **敳** 理也又隤敳高陽才子 ○**胎** 湯來切說文婦孕三月凡孕而未生

皆曰胎古作台 **台** 三台星史記作能又天台山名又支韻 **能** 又見下〔重增〕 **邰** 國名說文周棄外家亦作斄駘 **斄**

漢郊祀志后稷封于斄又見下〔重增〕 **駘** 左傳金天氏子曰晞生允格臺駘又臺駘地名又曰魏駘芮岐畢吾西土也又見下又海韻〔增入〕 ○**臺**

堂來切四方而高曰臺又輿臺左傳僕臣臺又夫須草詩南山有臺又模韻〔今圖〕 **儓** 陪儓臣也方言農夫之賤稱南楚凡罵庸賤者謂之儓左傳作臺

薹　廣韻可以禦雨即蓑衣也古作臺詩臺笠緇撮【重增】箈　廣韻竹萌又海代二韻【重增】駘　駑馬又臺駘地名又脫也崔寔政論馬駘其銜又蹋也史記天官書兵相駘藉亦作跆

跆　蹋也又廣韻蹋跆連手唱歌【增入】炱　煤也亦作炲　炲【增入】苔　說文水衣又薢也亦作菭

菭　亦作箈又脂韻【增入】箈　周禮醢人箈菹鴈醢注箈謂水中魚衣與苔同鄭康成曰箈箭萌與箈同又海代二韻【重增】

薹　夫須草亦作臺廣韻云芸薹　鮐　魚名又音台貨殖傳鮐鮆數千斤【今圈】○能　囊來切鼈三足又熊屬足似鹿又湯來切三能又登代二韻

○來　郎才切往來及也還也至也麥也亦作麳又招之也亦作徠倈又支代二韻　麳　劉向封事貽我麳麰師古曰麳力之反又讀與來同又脂韻【重增】

徠　漢禮樂志天馬徠又徂徠山名詩徂徠之松孫諤陳乞如巳押來字即徠來義同不得雙押如徂徠山名義異者非又脂代二韻【今圈】

倈　董仲舒策綏之斯倈又二韻【增入】棶　麥也亦作來又脂韻【今圈】萊　藜草說文蔓草周禮山虞注除其草萊曰萊山田又代韻【今圈】

騋　馬七尺詩騋牝三千　犛　莊子今夫斄牛注旄牛也廣韻作犛【今圈】○䰄　桑才切髿䰄多鬚亦作思又之韻【今圈】

思　同上左傳于思于思又思慮詩悠悠我思協韻音䰄又之志二韻【今圈】罳　罘罳屛也亦作罳又之韻【重增】

毸　毰毸張羽或作毢　䚡　角中骨　顋　頷下俗作腮　○猜　倉才切測也疑也恨也青下从丹非从月也【今】

正 偲 彊力又之止二韻 ○ 𢦏 將來切始也又歎辭說文言之閒也栁宗元曰疑辭也亦作材 材 論語無所取材鄭曰一說桴材也音與才同一說材讀曰哉古文材哉同又見下 增入 災 禍害籀文作𤆎說文作灾𢦔菑巛左傳天火曰災从巛中一巛與川同川壅爲災 灾

𢦔 周禮作𢦔記怨𢦔及其身 菑 詩無菑無害又之志二韻 增入 栽 種蒔又代韻 ○ 裁 牆來切剸也製也又裁度也又代韻 才 說文艸木之初又才能也用也質也力也从土字下達又與纔同晉謝鯤傳才小富 材 說文木挺又才之成也書任官惟賢材 入圖

財 說文人所寶也貨也賄也又與裁同易后以財成天地之道荀子財萬物鼂錯傳財釋翼奉傳財察又與材同孟子有達財者鼂錯傳貧財不下五帝又與纔同揚雄傳財足以奉郊廟 纔 僅也淺也暫也又雀頭色紫黑色也亦作𦅺馬援傳裁知書又但取衣食裁足裁封數百戶又銜韻 增入 鼒 鼎圜而掩上者詩鼐鼎及鼒又之韻 重增

通用 與諄臻通

十七 ○ 眞 之人切眞僞之反又神也淳也精也正也揚雄傳注眞人正人也从匕从目从乚从八匕與化同乚音隱俗作真 鎮 安也壓也戍也廣韻亦作塡又軫震二韻案周禮天府玉鎮音珍忍切又音珍亦作瑱忍字有上去兩音則鎮字合於軫震二韻通用又音珍則三韻皆通又廣韻鎮字下云戍也則藩鎮字亦可通押 重增 瑱 同上又玉充耳又二韻 重增 塡 又見下又先銑霰線四韻案漢書塡撫字

無音安於眞震二韻通押【重增】

珍 貴也重也寶也亦作璶舊作知鄰切廣韻作陟鄰切王篇作張鄰切並與之人切同若吳音則呼如丁鄰切非

縝 石聲公羊傳聞其縝然玉篇又磌也又先韻【重增】

籈 爾雅所以鼓敔謂之籈从西非【今正】

甄 陶也又姓陳留風俗傳云舜陶河濱其後為氏又察也又僊韻甄陶字眞僊二韻可通押光武贊靈旣自甄安帝紀甄表門閭注曰明也並無音亦安通押又震韻从西誤【今正】

桭 兩楹閒又屋梠又承眞切【今圖】

侲 童子漢制儺於禁中用侲子方言燕齊之間謂養馬者曰侲字亦作娠薛綜注西京賦侲之言善也善童幼子也又震韻

娠 養馬者又妊也亦作震又見下及震韻

振 舉也救也拯也動也振作也振迅也又詩振振公子信厚也廣雅云飤馬槀楚辭振衣音眞又軫震二韻

帪 方言飤馬槖今之馬篼囊也廣雅作振

踬 動也又霽韻【今圖】

畛 廣韻田界詳在震韻【重增】

震 衛霍敘傳電擊雷震協韻之人反晉衛常字勢鷹跱鳥震又震韻【增入】

○申 升人切伸也重也容也明也闡也又姓辰名漢志申堅於申又明約束也易申命漢文紀申敕令又欠申龔奉傳欠申動於貌後漢馮衍論屈申無常古唯申字後加立人以別之从臼从丨當作申亦作申又震韻莊子熊經鳥申有兩音【今圖】

伸 舒也直也理也使直也欠伸也亦作信申伸與申信義同者不可雙押若用申酉申命與屈伸不妨重押

信 易屈信相感漢書信威北夷有兩音王褒傳僵卬詘信音伸周禮侯執信圭與身同又見下及震韻【增入】

呻 呻吟

紳 大帶語子張書諸紳搢笏於紳謂之搢紳

身 軀也親也身伸也

娠妊也○瞋稱人切怒而張目 嗔恚也叱也又先韻 重增 𤞞犬走草 縝廣韻纑也又軫韻 重增

○辰承真切時也又日也左傳日月所會是謂辰北極謂之北辰漢志振美於辰大火謂之大辰日月斗謂之三辰 晨說文早昧爽也古作旦篆作晨今作晨

晨漢律歷志晨星始見 宸帝居北辰之宮故从宀从辰 臣說文事人也又服之也又主臣惶懼也 麎牡麋 ○神乘人切精神神靈妙不測也天謂之神亦作旦

旦禮記交於旦明莊子有旦宅而無情死又與晨同又翰韻 增入 ○人而鄰切人者神也人者仁也說文最靈也奇字作儿見究允亮禿皆从儿亦作儿虎微之類从儿亦作亻

仁中庸仁者人也孟子仁人心也又果中實 ○辛斯人切金味說文秋時也又日名漢志悉新於辛爾雅太歲在辛曰重光又姓又葷味又苦辛亦取辛酸之意

新對舊之稱 信誠信愨實也不疑也漢武帝賦申以信兮班固賦苟無實其孰信寘戲匪言詞之所信張良敘傳毆致越信謂彭越韓信也述金日磾虔恭忠信協韻皆音新又韓王信本與淮陰侯同名嫌誤讀作新今敘傳韓信音新合各據出處於二韻押用韓愈作衛元之墓誌嗟惟君篤所信亦音新又震韻 增入

薪柴也漢律取薪給宗廟曰鬼薪 ○親七人切愛也近也躬也姻眷也又近之也禮記親之也者親之也又震韻古从亲亲从亲音臻省文作亲 今圖

○津資辛切水渡又水會處[illegible]篆作[illegible]與津同爾雅析木謂之津杜預曰箕斗之間有天漢故曰津又液也又津津溢貌 璡石似玉又震韻 ○秦慈鄰切禾名國名又姓 螓

蟲似蟬一名蜻蜻頭方有文詩螓首蛾眉言頟廣而方也○繽紕民切繽紛雜亂之貌說文作闠闠鬬也爭也从鬥門音鬬从門誤[今正]○

賓卑民切客也恭也迎也列也尊也服也又震韻[今圖]濵水際亦作頻瀕頻篆文作顰从涉从頁今作頻詩不云自頻毛如字厓也鄭

音濵又見下[增入]瀕賈山傳瀕海之觀師古曰謂緣海之邊也張揖字詁瀕是古濵字又見下[增入]儐恭也又導也亦作賔擯又震韻

擯導也又斥也又震韻[增入]彬文質備貌亦作份斌份說文引論語文質份份斌見廣韻亦作贇[增入]贇後唐死節

傳有程福贇[重增]攽廣韻分也廣雅減也又刪韻[重增]虨廣韻虎文又刪韻[重增]玢廣韻文采狀[重增]霦廣韻

璘霦玉光色亦作玢璸[重增]豳周始封國說文夏陽亭經史多作豳省文耳唐明皇以字如幽改作邠邠○頻毗賓切厓也亦

作瀕又頻瀕亦作顰矉又數也比也漢書比年注頻年也从步今作步音他達切从步誤[今正]顰从少誤[今正]矉莊子西施矉里注蹙頞曰矉說

文注恨張目曰矉[增入]嬪婦也書嬪于虞又九嬪婦官元有圖[今正]螾珠母亦作玭又先韻玭又先韻[今圖]薲大蓱

亦作蘋蘋瀕水厓亦作頻从少誤[今正並圖]○民彌鄰切說文衆萌也民泯也泯然無知也古作民象形泯沒也

滅也泯泯猶芒芒也又軫霰二韻珉石似玉亦作玟瑉玟禮記士佩瓀玟[增入]碈禮記君子貴玉而賤碈[增入]岷

山名在蜀江水所出亦作㟭汶㟭[增入]⊙汶考工記貉踰汶則死陸德明音問誤詳見列子釋文史記汶與㟭同謂汶江也山海經大江出汶郭云東南逕蜀郡東北逕巴東江夏至廣陵入海又問韻[重增]閩東南越旻秋曰旻天詩傳仁覆愍下忞自勉彊也旼旼旼和也

緍釣魚繳又錢貫也絲緒也本作緡誤作緍今不敢去⊙緡又軫韻[增入]⊙㬆莊子慰㬆沈屯音義慰㬆也㬆悶也又㲋軫二韻[重增]

罠兔罟亦釣也⊙痻病也詩多我遘痻又㲋韻[增入]⊙貧皮巾切無財曰貧○⊙陳池鄰切列也張也衆也布也故也久也國名又姓又敶告也玉篇云或作敶塦从阜从東東與陳同从木中申與東東二字不同今多作陳又陼除也詩胡逝我陳又震韻塵篆文說文作麤鹿行揚土也今作塵又久也

⊙塡久也詩倉兄塡兮孔塡不寧並音塵古塡塡塵通[增入]⊙⊙鄰離珍切比也近也親也古作㕵周禮五家爲鄰書臣哉鄰哉俗作隣又動也潎也考工記不潎於鑿亦作鄰又震韻[今圖]⊙粼水在石間粼粼亦作磷又震韻⊙[illegible]又震韻[重增]⊙潾廣韻水名玉篇水淸貌唐有裴潾又山震二韻[重增]⊙磷同上又石鏻韓愈北征詩萬世無緇磷作平聲押又震韻麟牡曰麒牝曰麟麐身牛尾一角角端有肉亦作麐說文麟大牝鹿也麐仁獸也麐鱗魚甲凡鱗物龍爲之長驎馬青驪色⊙燐野火說文作粦粦鬼火也兵死及牛馬之血爲粦亦作燐又軫震二韻⊙粦今作粦同又震韻[增入]疄廣韻田壟[重增]⊙轔轔轔

衆車聲又軫震二韻 璘 玉文又軫韻 瞵 視貌說文目精又班瞵文貌晉皇甫謐傳忘青紫之斑瞵又山震二韻【增入】 嶙

山貌又軫韻【重增】

十八○諄 朱倫切至也誨言重複也說文告曉孰也一曰懇誠貌或作訰肫亦作啍俗作諄凡从享者俗皆作享又稕韻 訰

又稕韻【今圈】 肫 懇誠貌禮記肫肫其仁說文面權也廣韻鳥藏【增入】 啍 莊子釋夫恬惔无爲而悅夫啍啍之意注以己誨人也一曰壯健皃

李音肫又音朱閏切郭象音都昆切又竜韻他昆徒孫二切案都昆切係廟諱嫌名其餘照式許用【增入】 惇 廣韻心實也又都昆切係 廟諱合當迴

避其朱倫切照式許用【增入】 淳 沃也盥也禮記淳敖淳毋禮淳尸考工記淳而漬之又兵車之耦左傳襄十一年淳十五乘又見下又準韻案周禮質人

壹其淳制杜子春曰讀爲純音上聲純謂幅廣制謂匹長皆當中度量鄭康成謂淳讀如淳尸盥之淳劉音章純切考工記淳漬音諄又音準左傳淳乘音諄又音醇皆

宐通用【增入】○春 樞倫切歲之始春秋說題辭春蠢也蠢興也又準韻【今圈】○純 殊倫切粹也篤也至也好也大也文也誠也不

雜也亦作醇又之竜準混稕五韻 醇 醲也厚也又與純同漢志天子不能具醇駟梅福傳一色成體謂之醇俗作醇 蒓 水葵亦作蓴 蓴

晉書千里蓴羹又蒲叢元有圈【今正】 錞 金錞以和鼓形如鍾有舌謂之錞釬亦作淳于又賄隊二韻又都昆切係 廟諱嫌名合當迴避其餘照式許用

焞 廣韻明也春秋傳焞燿天地又夾兗二韻【重增】 淳 與錞同又[illegible]沃也質也通作醇漢書黎民醇厚【今圈】 鶉 鷂鶉說文作雜字林作雜又歡韻【今圈】 脣 口脣俗作唇誤唇音之人切驚也 漘 水厓也又上酒下詩在河之漘 犉 黃牛黑脣詩九十其犉殺時犉牡爾雅牛七尺為犉又僆韻 忳 後漢王忳人名又兗韻【增入】 瞤 目動漢書眼瞤得酒肉亦作眴【增入】

○荀 須倫切草名又姓 詢 咨也詩周爰咨詢左傳咨親為詢注問親戚也 恂 信也樂也畏敬謹皃又溫恭皃亦作洵又稕韻【今圈】 洵 詩洵美且都又水名爾雅過為洵又霰韻【今圈】 郇 國名周文王子所封又姓後去邑為荀又胡關切姓 珣 玉名 峋 嶙峋山貌 旬 均也詩其下侯旬又徧也詩來旬來宣又見下【增入】

○逡 七倫切復也退也逡巡却退貌春秋外傳已復於事而逡亦作後竣 後 漢王莽傳後倫隆約師古曰後退也其字从彳【增入】 踆 止也伏也玉篇退也亦作竣又行走貌張衡西京賦大雀踆踆廣韻蹲也又兗韻【今圈】 竣 國語已事而竣又音詮【今圈】 蹲 舞貌亦作壿又兗韻 壿 詩壿壿舞我又準韻【今圈】 ⿰夋兔 狡兔又稕韻 悛 改也止也又僆韻 捘 推也擠也左傳定八年捘衛侯之手又慁韻【重增】

○遵 將倫切循也率也行也習也鄉射禮大夫席尊東謂之遵 僎 鄉飲禮輔主人者或作遵為其降席而遵法也又獮線二韻 鷷 西方雉名又兗韻【今圈】 跧 廣韻蹴也又刪僆二韻【重增】

○旬 松倫切十日為

旬又均也〔巡〕說文視行貌亦作徇又逡巡却退貌賈誼過秦論作遁巡亦作逡
徧也[今圈]　遁平當贊逡遁有恥遁音巡亦作循萬章逡循甚儺[是從案]禮部
看詳連緜字可以兩押或可倒押者許令收入如兩字一義若曈曨喔咿漣洏哇咬
之類兩字一物如駏驉鶺鴒珊瑚之類其上一字皆可別押如玲瓏古人或押瓏玲
璠璵或押璵璠駿鸃雖是一物內駿字又別有義其餘如倥侗之倥嶙峋之嶙螳蜋
之螳亦可別押今遁字音巡者可押音逡者不可倒押故收入巡字下其他如踟躕
契話契丹閼氏蝃蝀之類上字不可倒押別押亦不敢收入又僎韻[今圈]〔遁〕同上又混恩二韻[增入]〔徇〕漢高祖紀張良徇韓地蘇林音巡撫
其人民也孟康曰徇略也
師古音去聲又稕韻[增入]　循　同上又循循次序貌又善也依也順也摩也　沿也亦作紃荀子反紃察之注紃與循同〔迿〕
公羊傳定八年朋友相衛而不相迿注出表
辭猶先也不當先相擊刺也又稕韻[重增]　馴　擾也從也善也又以漸而　致曰馴致說文馬順曰馴　紃　組　紃
紡纑說文○〔屯〕株倫切物之始生屯然屈也厚也
圜采條　難也吝也卦名又屯亶又竃韻　窀　窀也廣韻窀穸　下棺左傳窀穸
之事窀厚
也穸夜也　迍　迍邅亦作屯亶易屯如邅如屯窀　迍三字合與諄豚等字合為一切○　椿　敕倫切木槿又木名　莊子大椿八千歲為
春
秋　鶞　春扈鳥　鳻鶞　櫄　木似樗　亦作杶　杶橁　木名左傳孟莊子斬　其橁以為公琴[重增]〔楯〕廣韻木名　又軫韻[□]
[增入]
輴　載柩車禮記菆塗　龍輴以椁[增入]○　倫　龍春切次序也等也比也道也理　也亦作論又伶倫漢志作泠綸〔論〕

禮記凡制五刑必卽天論注有言理也又䡅恩二韻【增入】

綸 青絲綬又山韻

掄 擇也周禮凡邦工入山林掄材而不禁又䡅韻

淪 沒也又水波爲淪韓詩順流而風曰淪又渾淪未相離貌列子氣形質具而未相離曰渾淪又䡅韻【今圈】

輪 車輪又東西曰廣南北曰輪又迴旋也

蜦 蛇類潛於神泉能興雲雨

○因 於眞切託也由也仍也就也春秋傳因重固

姻 壻家女之所因故曰姻鄭康成曰壻之父曰姻杜預曰妻父曰婚壻父曰姻白虎通婦人因人而成故曰姻字林婚婦家姻壻家亦作婣

婣 同上又姻親和也周禮睦婣任恤

禋 國語精意以享說文潔祀也从示从西从土監本从西誤【今正】

諲 恭也从西誤【今正】

氤 氤氳氣貌亦作絪烟

絪 同上又絪縕麻枲也

茵 說文車重席亦作鞇詩文茵虎皮也又褥也漢儀注皇后婕妤乘輦餘者以茵四人對舉四角輿而行

鞇

堙 塞也亦作垔陻瘞又土山也从西誤【今正】

垔 說文引書鯀垔洪水又上城具見公羊傳杜預曰土山也【增入】

陻 書鯀陻洪水从西誤【今正】

湮 左傳井湮木刊又湮鬱不育杜預曰塞也又沒也沈也从西誤【今正】

闉 城內曲重門也从西誤【今正】

駰 白馬黑陰又陰白雜毛又泥驄馬也

烟 與氤同韓康伯注易大傳精氣烟熅又先韻【增入】

㪍 莊子九方㪍善相馬秦穆公時有方㪍善相馬一名皐或作諲又先韻从西誤【今正】

○寅 翼眞切東方之辰漢志引達於寅爾雅太歲在寅曰攝提格又恭也又脂韻

夤 恭也亦作寅又緣連也又淮南子九州之外有八夤八夤之外有八紘又胥絡

易列其夤王弼曰夾脊肉當作夤上从肉亦作䐜又脂韻 䐜 夾脊肉 ○ 螾 寒蟬又螼螾【[illegible]】賈誼傳夫豈從蝦與蛭螾孟康曰螾今之蟺螾也師古曰螾與蚓同音引合韻音弋人切又羊晉切條 廟諱嫌名合當迴避其餘照式許用又軫韻【增入】 䃏 難也太元經有䃏首 ○ 匀 俞倫切徧也齊也少也均也 畇 墾田又見諄韻 ○ 鈞 規倫切三十斤又陶車賈誼賦大鈞播物音義陶者謂模下圓轉者爲鈞以其能制器爲大小比之於天也鄒陽曰獨化陶鈞之上師古曰陶家謂轉者爲鈞蓋取周回調鈞耳言聖王制馭天下亦猶陶人轉鈞也亦作均詩秉國之均漢律歷志作鈞又均平也書厥罪惟鈞左傳年鈞以德鈞均古通用若陶鈞與平均不妨分押 均 平也又成均學名左傳均服振振注曰戎事上下同服陸德明曰字書作袀又問韻【今圈】 𤲞 墾田亦作畇廣韻音巡塋也【今圈】 畇 又見上【今圈】 袀 黑衣戎服又純也裳削幅也亦作均 旬 周禮均人公旬用三日注旬均也讀如營營原隰之營易坤爲均是也禮記內則旬而見注讀爲均易坤爲均本亦作旬是旬古均字也【增入】 ○ 巾 居銀切蒙首衣釋名巾謹也二十成人士冠庶人巾當自謹脩於四教又帉也㬟幕也周禮巾車注巾猶衣被之衣 ○ 墐 渠巾切黏土又震韻上从廿非廿也【今正】 𥎊 矛柄又欣韻从廿誤【今正】 矜 漢書項籍傳鉏櫌棘矜師古曰矜與𥎊同謂矛鋋之杷也又欣喇山蒸四韻【重增】 ○ 銀 魚巾切白金又與垠同茍子守其銀又欣韻【今圈】 齗 大篪又欣韻 誾 和悅而諍又誾誾中正貌又欣韻【元祐新制】許與下韻通押

言 與誾通記二爵而言言斯又欣元二韻【重增】 訢 恭謹貌漢石奮傳僮僕訢訢師古曰讀與誾同又欣韻【重增】 嚚 左傳口不

道忠信之言爲嚚說文語聲 狺 犬聲亦作⿰犭斤又欣韻 ⿰犭斤 又欣韻【今圏】 垠 岸也崖也亦作圻沂鄞又欣韻【元祐新制】許

與下韻通押又痕韻 圻 同上又微欣痕三韻【增入】 沂 班固賓戲漢良受書於邳沂又欣微二韻【增入】 釿 器之釿鍔亦作圻垠又欣

韻【今】【圏】 珢 石似玉 鄞 地名又欣韻 齗 齗齗辯爭貌漢書齗齗焉又分辯貌地理志周道衰洙泗之閒齗齗如也徐廣以爲

爭辯齗齗索隱曰按下文云揖遜之禮則從矣是魯猶有揖遜之風當從論語誾誾音又忿疾之意劉向傳朝臣齗齗又齒根肉亦作齦又欣韻【今圏】 齦 齒根

肉又欣很二韻【重增】 听 笑貌相如賦听然而笑又欣隱二韻【重增】 ○ 筠 于倫切竹膚之堅質也 䓵 荄也又藕根之小者

緷 持綱紐又文軫二韻 ○ 囷 區倫切圓廩又輪囷屈曲盤戾貌又軫韻 蜠 貝又軫韻 箘 箘簬竹名又軫

韻【增】【入】 ○ 麇 俱倫切鹿屬亦作麏麕又縛也又文吻軫三韻 麏 又文韻 麕 詩野有死麕又文軫二韻【增入】 頵

大頵又楚成王名唐末有田頵移書勸楊行密朝【重增】 ○ 奫 紆倫切水深廣又泉水 ○ 紉 尼鄰切索之也方言楚謂擘爲紉郭璞曰

今亦以綫貫針爲紉禮記紉鍼請補綴離騷紉秋蘭以爲佩又單繩从糸从刄刄从刀兩旁有距楚良切傷也與刃字不同【今正】

十九○臻側詵切至也乃也亦作轃溱案說文从秦聲也是諧秦聲聲與眞同又先韻 轃漢書百蠻竝轃又先韻今圈

榛小栗又見下 蓁草盛貌 溱水名又至也漢書聖瑞畢溱又衆也詩室家溱溱 ⿰木莘孟子盡心篇注有表無裏

謂之柚⿰木莘柚音以究反⿰木莘音臻又疏臻切杠也重增○莘疏臻切地名又長貌詩有莘其尾又赤貌亦作⿰魚先 峷神名莊子丘有峷司馬氏

云狀如狗有角文身五采重增 姺國名左傳昭元年商有姺邳亦作㜪 侁行貌玉篇引詩侁侁征夫今詩作駪 甡衆生竝立貌詩甡甡

其鹿 駪馬衆多貌 詵致言也亦衆也詩宜爾子孫詵詵兮○榛鉏臻切木叢生

通用 與欣通 二十○文無分切文章也美也善也兆也華也斑也法也又姓考工記青與赤謂之文又持文法深刻謂之深文法刻曰

文深以文法致人於罪謂之文致左傳經緯天地曰文 紋綾也凡錦綺黼繡之文皆曰紋 聞耳受聲說文知聲也又問韻 蟁

齧人飛蟲一名白鳥一名闅闅音客漢中山靖王傳聚蟁成靁亦作蚊蚉廣韻亦作⿱文䖵 蚊 蚉莊子使蚉負山增入 雯雲成章也○

芬敷文切芬芳詩燔炙芬芬篆文作芬草初生香分布也今作芬 雰雰雰雪貌又霧氣 氛氛祲妖氣左傳楚氛甚惡又見下今

圈 帉大巾亦作紛 紛緩也雜也說文馬尾韜又拭巾內則左佩紛帨 棼亂也書泯泯棼棼又見下增入 衯衣貌

相如賦紛粉裶裶[重增]

翂　莊子翂翂翐翐羽貌[重增]

𣬛　毛落

翁　翁翁飛貌亦作翂

鳻　鳥名本作鳻假借作鳻漢張敞舍鳻雀飛集丞相府師古曰音芬鳻雀大而色青出羌中又曷韻[增入]

鳻[增入]

分　賦也施也與也亦作匪又別也判也裂也漢志一黍之廣爲一分分者自三微而成著可分別也又半也公羊傳師喪分焉荀子以齊之分奉之而不足又徧也左傳哀元年熟食者分而後敢食又吻問二韻

匪　周禮稾人以待國之匪頒注匪讀爲分太宰八曰匪頒之式鄭司農曰匪分也頒賜也又微尾二韻[增入]

饙　滫飯

餴　詩可以餴饎亦作饙[重增]

○汾　符分切水名

枌　白楡

棼　屋棟又亂也左傳治絲而棼之又文韻[今圈]

蕡　草木多實又實大貌又枲實說文雜香草周禮䴵蕡又問韻

岔　莊子隱岔之丘音義隱出岔起丘貌又吻韻[重增]

𢋺　枲實通作蕡

濆　水厓爾雅汝有濆郭璞引詩遵彼汝濆又吻韻

焚　燒也

鼖　大鼓八面周禮以鼖鼓鼓軍事亦作賁詩賁鼓維鏞

墳　方言青幽之閒凡土高而大者謂之墳又聚土曰墳水厓曰墳詩汝墳又吻韻

賁　大也一曰三足龜又魂刪吻寘問五韻

幩　馬扇汗詩朱幩鑣鑣

獖　犍豕亦作豶

豶　易豶豕之牙[增入]

羵　土之怪羊又首大貌又吻韻

朌　大首貌亦作頒又刪韻

頒　同上又衆也詩有頒其首有兩音又刪韻

[今圈]棻　香木又人名漢劉棻唐令狐德棻[增入]

○雲　于分切說文山川气易坎爲雲

芸　香草可辟書蠹說文草似目宿

又物多貌老子夫物芸芸詩芸其黃矣又與耘同孟子芸人之田 耘 除苗閒穢 員 物數又伍員人名又益也又傴問二韻本作員俗作貟

縜 持綱紐又詩軫二韻 沄 水轉流又寃韻 鄖 國名 熉 漢郊祀歌照紫幄珠熉黃師古曰言其珠色熉然而黃也音云

重增 妘 姓又女字 云 古雲字象回轉之形篆作𠄘今作云又辭也言也又云云衆語也汲黯傳武帝曰吾欲云云師古曰云云猶言如此如此

也蔡義傳何謂云云又友也旋也詩昏姻孔云又營爲也易變化云爲又姓 紜 數亂又物多貌亦作員漢郊祀歌六紛員亦作云郊祀歌紛云六幕浮大

海師古曰紛云興作貌相如傳威武紛云亦作沄揚雄賦汾沄沸渭汾音紛云上从一與去不同去音他骨切忽出也育字从去 ○ 熅 於云切鬱煙又

問韻 氳 氤氳氣貌易作絪縕說文作壹注云元气也 縕 說文紼也又寃吻問三韻 蘊 蘊積見廣韻又吻問二韻 重增

轀 戰車長揚賦砰轒轀應劭曰匈奴車音墳氳又云寃吻二韻 重增 ○ 熏 許云切煙上出又以火熏物也氣烝也詩穹窒熏鼠路温舒傳虛美

熏心 昆曰 熏烝字不从艸古人或假借用之如易厲薰心漢馬廖傳聲薰天地注薰猶蒸也唐書薰爲太平又詩公尸來止熏熏毛傳和說也篆文坐不安之意篆作𤋱

今作熏中从四四與囱同俗从田 薰 香草似蘼蕪 曛 日入 獯 獯鬻匈奴號 醺 醉也亦作醺說文引詩公尸來

止熏熏 臐 羊臛禮有鄉臐膮儀禮注羊曰臐豕曰膮皆香美之名又問韻 今圖 勳 王功曰勳亦作勛从熏从力俗作勲 勛 葷

辛臭葷屬辟凶邪禮記焄君有葷 纁 淺絳考工記三入爲纁爾雅三染謂之纁 焄 香氣 訓 誥也誨也晉衛常字勢曰洪道敷訓
協韻平聲又問韻【增入】 ○君 拘云切君者羣也羣下歸心也荀子君道能羣左傳賞慶刑威曰君 麇 鹿屬亦作麏麕又縛也又見下又諄
吻軫三韻 麏 又諄韻【增入】 麕 又諄軫二韻【增入】 軍 萬二千五百人周禮五師爲軍周制天子六軍諸侯大國三軍从勹从車
勹音包今作冖 皸 皵也唐李甘傳凍膚皸瘃音訓曰皸凍裂也 ○羣 渠云切輩也衆也聚也隊也俗作群 群 易渙其群詩群公先
正論語群居終日【增入】 裙 下裳亦作帬 帬 同上又中帬親身衣 宭 羣居 麇 左傳求諸侯而麇至又吻
軫二韻

【重增】 二十一 ○欣 許斤切喜也亦作忻訢 忻 訢 又見下及諄韻【今圈】 昕 旦明日將出禮大昕之朝元有
圈【今】【正】 炘 熱貌 ○斤 舉欣切漢志十六兩爲斤小爾雅二鍰四兩謂之斤注六兩爲鍰又斧斤亦作釿又焮韻 釿 莊子釿鋸
制焉又斲斷也又諄韻【增入】 筋 骨絡說文肉之力也从竹从肉从力竹物之多筋者俗作觔 ○勤 渠斤切孜孜也勞也盡也勤渠也又
勞來其勤曰勤詩杕杜勤歸俗作懃 廑 揚雄賦其廑至矣師古曰古勤字又震韻【增入】 瘽 病也漢文紀瘽身從事又震韻【增入】 芹

楚葵

蘄 草名爾雅薜山蘄通作芹又之微二韻[重增]

僅 略能也少也纔也餘也劣也亦作廑廑又震韻[增入]

勤 同上又震韻[增入]

[入]穫 矛柄亦作矜又諄韻

矜 漢頊籍傳鉏耰棘矜顏曰與穫同又諄刪山蒸四韻[重增]

慬 憂也又勇也見列子又震韻[今圈]

墐 黏土又震韻[增入]

○齦 牛斤切齒根肉亦作齗又諄很二韻

齗 同上又齗爭貌又分辨貌又忿疾之意又二韻[重增]

垠 岸也亦作圻沂銀鄞又諄韻[元][補新制]許上韻通押又痕韻

圻 又微諄痕三韻

沂 班固賓戲漢良受書於邳沂又微諄二韻[增入]

銀 荀子守其銀又白金又諄韻[重增]

𪛆 大篪又諄韻

信 忻忻聲亦作訢訢又諄韻

訢 [今圈]又諄韻

誾 和悅而諍又中正貌又諄韻[元][補新制]許與上韻通押

訢 石奮傳訢訢如也又諄韻[增入]

鄞 地名又諄韻

言 與誾通說文爵而言言斯又諄元二韻[重增]

听 笑貌又諄隱二韻麇穫齦等字當與諄韻通用[重增]

○殷 於斤切衆也正也大也中也盛也又山隱㶏三韻

慇 慇懃

濦 水出少室山亦作㶏溵又隱韻

㶏

溵

磤 雷聲詩作殷又隱韻

㥯 謹也又隱韻

[通用]與寃痕通

二十二○元

元 愚袁切本也善也首也一也大也始也長也氣也左傳注人君即位欲其體元以居正故不言一年一月也公羊傳元年春者何君之始年也何休曰變一言元元者氣也漢文紀元元之民師古曰元元善意也

原 本也荀子宗原應變注宗原根本也說文

作原{篆}水原本也篆作原亦作源又廣平之野曰原說文周禮作邍爾雅廣平曰原可食者曰原又再也國名又姓又推原也元氣元元之元與本原之原自可分押水原之原與源字不可雙押若高平原原筮伐原原道之類與源字可分押又願韻 今圈

源 水之本亦作原孟子原泉混混漢成紀四海淵原

邍 說文廣平之野周禮有邍師

沅 水出蜀郡由牂柯東北過臨沅縣至長沙入洞庭湖今以名州又阮韻

邧 邑名左傳文四年秦伐晉圍邧又五遠切罕用不增入上聲 增入

謜 徐語說文謜謜而來孟子作源源又願韻 增入

嫄 高辛妃姜嫄生后稷

騵 騂馬白腹

螈 重螈本作原周禮禁原蠶鄭注原再也俗从虫

蚖 蠑蚖蛇類一曰蜥蜴又歡韻

黿 似鼈而大

阮 从阜从元古原字又郡名史記五阮郡又阮韻 重增

○**袁** 于元切姓又地名俗作袁凡从袁者俗皆作表

爰 曰也於也行也為也哀也引也又緩辭詩爰方啓行爾雅爰爰緩也又田易居曰爰左傳晉作爰田說文作趄漢地里志商君制轅田張晏曰田三年一易以同美惡商鞅始割列田地開立阡陌令民各有常制孟康曰三年爰土易居古制也末世浸廢鞅㭊秦復立爰田爰自在其田不復易居食貨志自爰其處是也轅與爰同元有圈 今正

援 扳也引也廣雅牽也孟子手援天下又鉤援上城梯詩以爾鉤援又換線二韻

媛 嬋媛美女又線韻

園 所以埶果

垣 牆也又胡官切係廟諱嫌名合當迴避其于元切照式許用漢書新垣平天文志三垣詩大師維垣之類並空照新制從一音例作于元切押泊

轅 輈也方言楚衛謂之輈願韻于願切 晃諱宗 紹興

三年吏部禮部太常寺看詳史記中所載黃帝名从車从干及从車从袁二字不得連用及不得指斥援引黃帝名如用从車从干繼以后字及用从車从干冠以帝字之類合行迴避外自餘如軒冕軒輕轅轅車轅不係指斥黃帝名即不合迴避又如用天文志軒轅星亦非指斥黃帝名不合迴避

洹 水名又胡官切係廟諱嫌名合當迴避其于元切照式許用从水从二从日日與回同

楥 絡絲籰又願韻 合圖

湲 潺湲水流貌又山僊二韻

猿 禺屬似猴長臂亦作蝯俗作猨亦作爰漢李廣爰臂

蝯 爾雅猱蝯善援揚雄賦蝯貁擬而不敢下 增入

猨 ○

暄 許元切日暖也溫也亦作煖暖

煖 莊子煖然似春又音烜又曝也樂記煖之以日月亦作烜又阮緩二韻 增入

暖 同上又曝也又暖暖柔貌莊子暖暖姝姝又二韻 增入

烜 易日以烜之陸有平上二音又紙阮換三韻 重增

暖 廣韻大目韓愈陸渾山火詩電光䃶磹頳目暖又阮緩二韻 重增

諠 譁也嚻也亦作喧譁偏旁作吅

喧 又阮韻 增入

讙 霍光傳民閒讙言師古曰衆聲又歡韻 增入

嚾 喧嚻貌荀子嚾嚾然不知其所非也又歡韻 重增

諼 忘也詩終不可諼兮又詐也又阮韻

咺 列子嘽咺憋懯張湛曰咺汗緩貌殷敬順云寬綽貌亦作諠又阮韻 重增

萱 忘憂草詩作諼

塤 樂器漢律歷志土曰塤應劭曰世本暴辛公作塤燒土爲之其形銳上而平底六孔俗作壎亦作壎

壎 詩如壎如篪伯氏吹壎

狟 貉類又胡官切係廟諱嫌名合當迴避其許元切照式許用 合圖

○鴛 於袁切鴛鴦匹鳥

宛 地名大宛西域國名漢武西征大宛師古音於元反又姓左傳鄭大夫宛射犬楚大夫宛春謚有於元於阮二音唯齊大夫宛茷音于元反又阮勿二韻

輓 兵車後厭又吻韻

冤 屈也枉也曲也丙吉傳天下自以不冤亦作寃冤从冖从兔監本作寃誤【今正】

寃 于定國傳天下無寃

民【增入】

冕 胡建傳吏民稱冕从曰从兔㚒冠冕字不同冕下从兔【增入】

帵 幡也

鵷 鵷鶵鳳屬莊書遊羽鵷鷺相如賦作宛雛

眢 目無明又井無水左傳目於眢井又歎韻

蜿 蜿蜿龍貌又歎阮二韻

怨 怨讎又願韻【增入】

○言 魚軒切說文直言曰言論難曰語又我也簫也又諄韻【今圖】

䇾 大簫爾雅作言

甗 甑也考工記陶人爲甗鄭司農曰無底甑也又漢百官表注甗研善廾甗甗謂山形如甑又阮獮線三韻

○攑 丘言切舉也

○軒 虛言切車曲輈也庭際也廂也卿車曰軒軒闌板曰軒夫人車以魚皮爲飾曰魚軒又前頓曰軒後頓曰輊詩如輊如軒馬援傳居前不能令人輕居後不能令人軒注言爲人無所輕重也又願韻【今圖】

靬 犛靬西域國名張騫傳奄蔡犛軒又寒韻【重增】

掀 以手高舉

騫 飛舉貌文亦

○[木梟] 居言切[木梟]盧檡蕭采名本作梟俗又加木又蕭韻【今圖】

梟【重增】又蕭韻

鞬 盛弓矢器左傳右屬櫜鞬又云鞬弓衣櫜箭器又阮獮二韻【今圖】

犍 犗牛又犍爲郡名又鉅言切又僊韻

𩜁 鬻也亦作飦

飦【今圖】又僊韻

○揵 鉅言切舉也相如賦揵鰭掉尾又僊阮獮三韻【重增】

○

翻 孚袁切反也覆也飛也亦作飜幡反拚 飜 見廣韻 【增入】 幡 說文書兒拭觚布今人呼幡布內則所謂帉帨是也又與翻同
詩捷捷幡幡注幡幡猶翩翩也又威儀幡幡失威儀貌孟子幡然改趙注反也相如賦翩幡漢高紀建瓴水注建幡也 拚 詩拚飛維鳥與翻同又問線二
韻 【增入】 反 平反理枉幽枉也又與翻同張晏世傳反水將沸後漢書反水不收又阮潸願三韻 犿 宛轉相從貌莊子其書雖瓌瑋而連犿無
傷也 【重增】 璠 璵璠王名 旛 旗也俗作幡非 繙 繽繙風吹旗貌一曰絲亂又譯也莊子繙十二經徐又音煩又音盤又歡韻 【今圈】
番 次也重也數也遞也更也本音煩獸足也从采从田采音辨辧也象獸爪分辨之形與采字不同俗作番又見下又戈諫二韻 轓 車大箱說
文轓車之蔽也應劭曰車耳反出所以爲藩屛翳塵泥以簟爲之或用革如淳曰轓小車兩耳也師古曰言車耳反出非矣漢景帝令長吏二千石車朱兩轓千石至六
百石朱左轓亦作藩 藩 同上又車名左傳襄二十三年以藩載欒盈杜預曰車之有障蔽者又屛也樊也籬也詩价人維藩易羝羊觸藩又符袁切草
名 【今圈】 蕃 同上書以蕃王室俗作蕃又見下 【今圈】 潘 瀾米汁又歡韻 ○ 煩 符袁切不簡也悶也勞也說文熱頭痛
繁 多也又歡韻 袢 袢延熱氣詩是紲袢也又絺綌又衣無色一也 墦 冢也孟子墦間之祭 蹯 獸足本作番
番 【增入】 膰 祭餘肉孟子作燔注胙肉至炙膊者爲燔詩燔炙芬芬周禮內饔注亦作燔說文作膰案膰燔義同不得重押如用脤膰與燔柔燔

㷭不妨重押

燔 爇也炙也傳火曰燔詩載燔載烈注燔烈其肉又曰或燔或炙注燔用肉炙用肝又曰燔炙芬芬注燔炙有爇味蓋凡炙燔皆曰燔唯燔肉宁與脤膰同泛用燔炙非

笲 竹器所以盛棗栗脩又阮線二韻

薠 青薠草似蘋而大

樊 樊籠也山樊也藩籬也又姓說文不行也又歡韻〔今圈〕

蘩 白蒿

蠜 阜螽一曰阜蠜又謂之蜚亦作蕃蟠

蟠 廣韻蟠負卽阜蠜也又歡韻〔重增〕

礬 礬石

蕃 草茂亦作蕃漢武賦惜蕃華之未央班婕妤賦閔蕃華之不滋又見上〔今圈〕

二十三○䰟

胡昆切神䰟亦作魂左傳人生始化爲魄旣生魄陽曰䰟

䰟 易遊魂爲變淮南子天氣爲䰟地氣爲魄〔重增〕

渾 水流聲又濁也一曰洿下亦作溷又渾天圓貌渾然全也列子渾淪言未相離也又混韻

溷 同上又人名左傳成十六年韓厥從鄭伯其御杜溷羅又欒溷宋大夫欒祁子又慁韻〔重增〕

沄 水轉流貌又文韻

緷 [illegible]謂之緷又混韻

緄 縫也漢趙飛燕傳注緄襠袴音䰟又混韻〔重增〕

昆 昆侖天形又昆邪匈奴王號又公孫昆邪漢人名又見下又混韻〔增入〕

○昆 公渾切同也兄也并也咸也又後也書昆命于元龜又明也莊子音義云昆猶也又昆蟲昆侖山名西夷名亦作混夷

晜 兄也通作混

崐 崐崘山名周禮宗伯注崐崘亦作混淪又作昆侖崑崙

混 混夷詩混夷駾矣孟子文王事混夷皇矣注混夷卽串夷也采薇序昆夷並音平聲又混淪山又混韻〔增入〕

崑 崑崙

【增入】琨瑤琨美石蜫蟲之總名通作昆說文二虫爲蚰讀與昆同蟲總名也師古曰昆衆也鄭康成以昆蟲爲明蟲鯤大魚又魚子國語禁鯤鮞亦作卵內則濡魚卵醬注讀爲鯤魚子也鵾鳥名雞三尺褌褻衣司馬相如著犢鼻褌阮籍大人先生論如虱之處褌中韓愈陸渾山火詩炎官火屬朱冠褌【重增】○温烏昆切和也暖也又水名又姓又州名亦作温从昷音同昷仁也說文以皿食囚亦作昷凡从昷者俗皆作昷又吻問二韻【今圈】㬈日暖史記封禪書至中山曣㬈漢書揚雄傳作晏温【重增】緼亦黃閒色亦作緼記士緼韍緼組綬又文吻問三韻轀轒轀戰車又文吻二韻【重增】蕰蕰藻水草節中生葉亦作薀左傳蘋蘩薀藻之菜又吻問二韻【增入】○昏呼昆切日冥也闇也蒙昧也又氐昏姻俗作昬婚昬又軫韻【今圈】婚婦家本作昏禮娶婦以昏時婦人陰也惛心不明也又慁韻睯慰睯鬱悶又眞軫二韻【重增】殙矜也又與惛同莊子以黃金注者殙【重增】閽守門隸記閽者守門之賤者也【晃曰】門者晨昏啓閉閽亦主啓舉昏以該之論語稱晨門而不言昏可以互見也㖧喋喋言貌揚子著古昔之㖧㖧【增入】痻病也詩多我遇痻又眞韻【增入】棔合棔木名朝舒夕斂○坤枯昆切地道也卦名古作巛象坤畫六斷連則爲古川字髡鬄髮漢制髡爲城旦春淳于髡人名下从儿古人字从兀誤【今正】○奔逋昆切疾走亦作賁漢書多作犇又問恩二韻犇賁同上虎賁勇士孟賁力士又三足鼈

曰賁又文刪吻寘問五韻○歕鋪寬切吹氣也吐也噴吒也嘆也又恩韻○盆蒲奔切盎也缶也考工記盆實二鬴又姓

湓水名又問韻○門謨奔切兩戶說文合兩戶謂之門捫撫持也摸也詩莫捫朕舌璊玉赬色从玉从甘从

㒳監本从㒼誤【今正】樠木名又歡韻从㒼誤【今正】虋爾雅虋赤苗今之赤粱粟也又云蘠蘼虋冬草名今作門冬亦作穈穈

詩維穈維芑【增入】亹山絕水詩鳧鷖在亹又浩亹山名浩亹音告又尾韻○孫蘇昆切子之子爲孫女之子爲外孫又姓又恩韻【分】

【圈】蓀莒草相如賦若蓀注若杜若也蓀香草也亦作荃荃又僊韻【重增】飧夕餔也又水和飯左傳僖負羈饋晉文公盤飧

又曰飧有陪鼎注飧熟食也音孫亦作飱餐食也又吞食也从歺亦作歺並午達反爾雅粲餐也注今河北人呼食爲餐音孫又寒韻【增入】餐又寒

韻【增入】○村倉尊切聚落亦作邨邨古字又都昆切係名其倉尊切照式許用廟諱嫌【重增】○尊祖昆切尊卑又重也

高也貴也恭也又酒器說文作罇从木者後人所加樽罇鷷西方雉名又諄韻○存徂尊切在也察也省視也

恤問也蹲踞也跧也亦作踆又諄韻踆莊子帥弟子而踆窾水漢貨殖傳下有踆鴟又諄韻【重增】○暾他昆切日始出貌

啍口氣又重遲貌詩大車啍啍又音豚又諄稕二韻又都昆切申明在諄韻內【今圈】焞明也說文引春秋傳焞燿天地左傳天策焞焞柱預

曰無光耀也又夾諄二韻䵣黃色又孺子䵣魯公子見檀弓○屯徒孫切聚也漢律勒兵而守曰屯本作屯與屯字不同屯本䋁
倫切屯亶也經史多用屯爲毛聚之毛今相仍用之純詩白茅純束毛音徒本切鄭音屯又之諄準混稕五韻增入忳悶也亂也𢡆憂也又諄
韻增入軘兵車庉居也又熾盛貌爾雅風與火爲庉豚小豕又混韻今圈𧊒莊子𧊒子食於其死母亦作豚[illegible]
燉火盛貌爾雅作庉臀尻也本作臋又腿厭曰易臀無膚玉篇作𡱂亦作㞘臋考工記其臋一寸增入芚盛貌
揚子春木之芚兮玉篇菜似莧可食又渾芚不分察貌又厚貌莊子聖人愚芚增入○論盧昆切說也議也思也紬繹討論也又決罪曰論又諄恩
二韻崘崐崘山名爾雅丘三成曰崐崘亦作崑崙又作昆侖又作混淪崙同上增入侖漢郊祀歌逝昆侖又昆侖天形淪
周禮大宗伯注混淪山名又列子云氣形質具而未相離曰渾淪又諄韻增入掄擇也周禮入山林掄材不禁又諄韻𦨖舟名
二十四○痕胡恩切瘢也䩕車革前飾曰䩕郭璞曰以韋靶革軾也根吳楚俗謂䡡引前卻
爲根格格格音曷各切漢灌夫傳引繩排根排根卻退貌又見下增入○吞他根切咽也餐也舒包也又音天大姓今圈○根古痕
切柢也本也又天根氐星金根車名秦始皇作以金爲飾本商之乘根也今圈跟足踵○恩烏痕切澤也惠也愛也隱也○垠

五根切垠堮亦作圻又諄欣二韻增入 圻 又微諄欣三韻增入

通用 與歡通 二十五○寒 河干切寒暑之劉又姓又國名 韓 國名周武子所封又姓又東夷有三韓國說文井垣

也 汗 可汗戎酋之稱又翰韻 邯 趙縣又談韻 翰 羽也又天雞羽有五色又幹也詩維周之翰有平去二音凡稱書翰者謂

以羽翰爲筆以書平去二音皆通又翰韻 鶾 駭鶾蕃大馬名 幹 井欄西京賦注音寒說文作韓莊子井幹音去聲又翰韻增入 ○ 豻

俄寒切胡地野犬似狐而小又翰韻 犴 同上又翰韻增入 ○ 看 丘寒切視也又翰韻 刊 削也剟也斫也槎木也書隨山

刊木漢志作栞从干戈之干 栞 槎木也斫也說文木識也 靬 弓衣又元韻增入 ○ 干 居寒切盾也方言自關而東或謂之

蔽或謂之干關西謂之盾郭璞曰干者扞也亦作杆又荀子西方有木名曰射干王篇鶩尾射干也又瀾也詩秩秩斯干凡水畔水旁水厓曰干又閒也凡言闌干謂闌

板之閒也又與竿同詩干旄又扞也求也犯也又闌干盛貌薛令之詩苜蓿長闌干又闌干流貌白居易詩王容寂寞淚闌干又眼眶謂之闌干又若干數未定之辭猶

言幾許也又翰韻今圖 忓 極也又求也預也唐萬壽公左傳無忓時事 奸 犯也通作干又姪犯非禮也又求也漢書以奸名譽 杆

漢尹賞傳被鎧杆師古曰杆臂衣也劉敞曰杆謂盾耳重增 虷 螙侵物鮑宣傳白虹虷日重增 乾 上出也燥也又僊韻 肝 木藏

竿竹梃又旗竿古作干詩干旄謂注旄於干首左傳昭二十年作竽旄莊子竿牘音義竹簡爲書　玕琅玕　○安於寒切徐也寧也止也平也定也何也心無愧也又姓　鞍馬鞁具亦作鞌　鞌同上又地名春秋有鞌之戰[增入]　○珊相干切廣雅珊瑚珠也說文珊瑚生海中而色赤又闌珊彫散貌珊珊佩聲　散闌散又琴曲廣陵散又白居易詩闌散作平聲押又旱翰二韻[重增]　跚蹣跚跛行貌　姍詐也嫛姍行貌又僊諫二韻[增入]　○餐千安切熟食也字林水澆飯又吞食亦作餐又霓韻　餐又霓韻[增入]

○戔財干切委積貌一曰顯見貌易束帛戔戔說文賊也廣韻傷也與殘同又先韻　殘餘也說文賊也又凋傷也零落也通作戔又害也詩廢爲殘賊孟子賊義者謂之殘古作殘　○單都寒切單複之對又大也詩俾爾單厚又孤也薄也又竭也莊子單千金之家又僊旱獮線四韻俗書作单葢从與吅同船若說鈗衮沿字从口亦作厶向字从口無作勾者今俗作勾罒字从吅俗亦作单唯晋字上本从兩至字非从吅今作晋　襌衣無裏方言江淮南楚之閒謂之褋關東西謂之襌又線韻　殫竭也極盡也亦作單鄲前漢音義邯鄲縣邯山名鄲盡也邯山至此而盡城郭字皆从邑因以名焉

丹赤石又赤色又契丹北夷號契音乞又木丹梔子花　簞簞笥小筐鄭康成曰簞笥盛飲食者圓曰簞方曰笥　匰宗廟盛主器周禮司巫祭祀共匰主　鄲縣名又複姓漢有邯鄲淳　○灘他干切水灘瀨說文亦作𤅩又翰韻　攤開也按也布也

又翰韻增入　嘆　大息亦作歎又翰韻　歎　又翰韻今圈　嘽　喘息又衆也詩嘽嘽駱馬王旅嘽嘽毛傳盛也箋閑暇有

餘力貌又紆緩貌荀子嘽咺憸歎又僊獮二韻今圈　幝　敝貌詩檀車幝幝又獮韻今圈　○　壇　唐干切封土爲壇除地爲場又獮線翰三韻今

圈　檀　木名又姓　彈　糾也射也劾也抨也又鼓爪曰彈又翰韻　撣　觸也太元經撣繫其名又鼓絃通作彈又翰韻增入　聅

軍法以矢貫耳又薛韻今圈　驙　白馬黑脊又僊韻今圈　鷤　雉子又鸛鷤如鸛　但　語辭又徒也凡也任也說文作亶又旱翰

二韻增入　儃　同上又態也又僊旱翰線四韻增入　○　闌　郎干切門闌又晚也牢也希也褪也盡也衰也殘也階際木句闌也又飲酒半罷半

在曰闌又漢成紀闌入尚方掖門應劭曰無符籍妄入宮曰闌外戚傳闌入殿中薛瓚曰無符傳出入關爲闌西域傳闌出不禁　䦨　妄入宮掖亦作闌

躝　踰也　讕　詆讕誣諱也谷永傳滿讕誣天廣韻逸言也又旱翰二韻　欄　木欄桂欄亦作蘭　蘭　香草左傳蘭有國香

又林蘭梔子花木蘭木名花名又列子宋有蘭子者張湛曰凡物不知生出主謂之蘭殷敬順曰史記無符傳出入謂之闌此蘭子者以技妄遊者疑與闌同　瀾

大波又旱翰二韻　灡　潘灡米汁亦作瀾又旱翰二韻　襴　裳連衣廣韻襴衫襴裙也俗作襴監本从蘭誤今正　欄　木名又霰韻增

入　爛　燦爛光貌韓愈華燭光爛爛又翰韻增入　○　難　那干切艱也不易也重大也又木難珠名色黃生東夷曹植詩珊瑚閒木難說

文作鷜鳥名又歌翰二韻○暵許干切乾也旱也亦作熯又旱翰二韻增入○熯又旱翰獺三韻重增

二十六○歡呼官切喜也亦作懽驩上从丫丫音寬監本有圈今正○懽又換韻今圈驩廣韻玉篇馬名又同上孟子驩虞如也董仲舒傳驩然有恩以相愛王褒傳驩然交欣○貛野豕○讙譁也又元韻今圈○嚾喧譁貌荀子嚾嚾然不知其所非也又元韻重增○寬枯官切愛也裕也緩也廣也舒也不猛也从宀从萈萈胡官切與莧字不同監本从莧今正髖尻也髀也股骨也从萈誤今正○官沽歡切官也職也使也公也荀子注官司主也又謂天子爲縣官又官舍曰官賈誼傳學者所學之官也○冠冕弁總名元服也又換韻凡正指冕弁謂之冠則平聲加冕弁於首謂之冠則去聲○觀諦視又換韻○涫濤也又換韻○莞東莞地名又草似藺可以爲席詩下莞上簟亦作菅又潸韻又胡官切係廟諱嫌名合當迴避其餘照式許用○菅韓愈雪後詩豈念幽桂遺榛菅音官又刪韻重增倌主駕者詩命彼倌人○貫廣韻穿也薛仁貴傳一發洞貫又聯續也漢谷永傳以次貫行師古曰謂上所陳衆條諸事宜以次相續行之亦作毌又換諫二韻重增○剜烏歡切刻削○眢目無明一曰廢井又元韻○蜿蟠蜿龍貌又元阮三韻增入○涴泥著物又元過二韻重增○岏吾官切巑岏小山貌又銳上也高也忨貪[illegible]○抏訛盡又挫也耗也又換韻今圈刓剸也

刓角也史記漢書封爵刻印刓蘇林曰手弄角訛亦作园 园 圓也圭角泯鑠也莊子五者園而幾向方矣又音團〔重增〕 羱 野羊 蚖 榮蚖

一曰毒魚又元韻 ○潘 鋪官切姓又見下及元韻 拌 集韻引方言楚人凡揮棄物謂之拌俗作拚非〔增入〕 ○⿰番去 逋潘切輩

也部也黨也 般 旋也運也多也辟也又見下及删韻 ○槃 蒲官切盛器籀文作盤又槃礴也 盤 同上亦作柈又樂也

書多盤又盤庚商王號漢書作般庚又盤屈也 柈〔增入〕 般 樂也詩有般篇孟子般樂怠傲通作盤亦作弁卞 弁 詩有小弁篇漢

杜欽傳作小卞又線韻〔增入〕 卞〔增入〕 又線韻 胖 大也記心廣體胖又換韻 媻 媻娑往來貌又戈韻〔今圈〕 瘢 瘡痕

幋 覆衣大巾 鞶 大帶 縏 小囊 緐 馬飾大帶古作緐左傳緐纓以朝纓馬鞅記作樊又元韻 樊

記大路樊纓又元韻〔增入〕 磐 大石亦作盤漢文紀盤石之宗荀子國安于盤石 磻 溪名一曰石著惟又戈果過三韻〔今圈〕 蟠

曲也屈也伏也揚子龍蟠于泥亦作盤袁宏諸葛亮贊初九龍蟠又鼠婦名又元韻〔今圈〕 潘 列子鯢旋之潘爲淵音盤水之瀊洄曰潘亦作審〔重增〕

瀊 同上亦作盤韓愈桃源行流水盤迴山百轉 審 莊子止水之審爲淵音盤簡文云蟠聚也又寢韻〔重增〕 ○瞞 謨官切平

目又目不明 漫 水大貌又換韻上从曰曰音冒俗从日 謾 欺也又僈換諫三韻俗从日 蹣 蹣也 槾 杇也亦作

鏝墁又換韻俗从日 鏝 同上又大戟又換韻俗从日 墁 孟子毀瓦畫墁又換韻【增入】 霻 雨露濃貌 槾 木名又莊

子以爲門戶則液槾音義謂脂出槾槾然又寬韻 曼 曼曼長也遠也又虞願換三韻俗从日 縵 車名周禮巾車卿乘夏縵注夏赤也

五采畫無瑑也又換韻【增入】 鄤 鄭地左傳成三年使東鄤覆諸鄤【增入】○ 酸 蘇官切酢也 ⿱雨酸 小雨 ○ 鑽

祖官切穿也亦作鑽又換韻 攢 與鑽同內則柤棃曰攢之又見下【重增】○ 欑 徂官切積竹杖一曰木叢亦作欑又緩韻【公圖】 欑

刈禾積也亦作穳 酇 聚也周禮百家爲酇又歌緩翰三韻 菆 記菆塗龍輴菆塗謂殯也菆聚也聚木蓋欑而塗之也又尤韻 攢

蔟聚也相如賦攢戾莎韓愈詩西來騎火萬炅攢亦作攢菆【重增】○ 耑 多官切說文物初生之題也上象生形下象其根今謂物之首曰耑俗从山非

端 正也首也直也萌也緒也等也通作耑漢志感物造耑小爾雅倍丈謂之端倍端謂之兩倍兩謂之疋杜預曰二丈爲端二端爲兩所謂匹也又元端朝

服又獮韻【公圖】 剬 整飭貌揚子蘭相如剬而不傷廣韻齊也【重增】○ 湍 他官切激湍急瀨 煓 赫也又火盛漢書注高祖父太

上皇名煓 ○ 團 徒官切圜也聚也亦作园 敦 聚貌詩敦彼行葦又灰寬蕭準混恩號隊八韻申明在灰韻內 專 詩有敦瓜

苦注敦猶專專也又圜也周禮其民專而長又僊韻【增入】 慱 憂勞詩勞心慱慱兮 摶 說文圜也又摶擊又挸聚也禮毋摶飯又

控摶揣度也史記賈誼傳何足控摶又獮韻 揣 漢書賈誼服賦何足控揣如淳曰控引也揣晉灼控揣玩弄愛生之意又紙果二韻 增入 漙 漙漙

露多貌詩零露漙兮 鷒 鸛鷒鳥名爾雅鸛鷒鶝柔如鵲短尾射之銜矢射人 鷻 鵰也亦作鶉廣韻鳶鳥之別名 鶉 詩匪鶉匪鳶又

諄韻又都昆切係廟諱嫌名其餘照式許用 重增 剸 截也斷也廣韻截木又僊獮線三韻 重增 篿 說文圜竹器又僊韻 增入 ○鸞

盧官切神鳥出女牀山孫柔之瑞應圖鸞鳥者赤神之精鳳皇之佐雞身赤毛色被五彩鳴中五音人君進退有度親疏有序則至又和鸞車鈴 鑾 鈴也以金

爲鈴字亦作鸞崔豹古今注五路衡上金雀者朱鳥也口銜鈴鈴謂之鑾故謂朱鳥鑾也鸞口銜鈴故又謂之和鸞郭璞曰鸞鈴也在軌曰鸞在軾曰和漢五行志登車

有和鸞之節師古曰和鈴也以金爲之施於衡上鸞亦金爲而持衡銜鈴施於鑣上動皆有聲以爲舒疾之節杜預注左傳鸞在鑣和在衡 巒 山小而銳

欒 木似蘭又檀欒竹貌欒欒瘠貌詩棘人欒欒兮亦作臠見廣韻又姓

通用 與山通 二十七○刪 師姦切除削也定也 訕 謗也又諫韻 潸 涕淚流貌詩潸焉出涕又潸諫

二韻○ 關 姑還切城塞門也門牡也扃也閉也塞也又姓又關戾機也又要會處又聯絡也又關白王褒頌進退得關其忠爾雅關關音聲和也又閒關

崎嶇展轉貌又見下 今圈 瘝 病也書恫瘝乃身 增入 癏 同上 矜 同上漢和帝紀寤寐恫矜又與鰥同詩至于矜寡又旂蒸二韻

增入 鱞 魚名又老而無妻曰鰥亦作矜 擐 貫也見文字指歸又諫韻 重增 綸 青絲綬又諄韻 ○ 彎 烏還切持弓關矢亦作關 關 孟子關弓而射之 增入 灣 水曲 ○ 還 胡關切返也退也顧也復也迴也歸也償也又僊諫線三韻 環 圜成無端者又璧也爾雅肉好若一謂之環又迴繞也亦作還圜又諫韻 今增 圜 後漢冠帶圜橋門又先韻 增入 儇 荀子掩面儇目注與環同繞也又僊韻 重增 䴉 飛貌亦作翾揚子朱鳥䴉䴉謂鳳皇也又僊韻 重增 翾 又僊韻 重增 鐶 指鐶俗从睘 鍰 六兩曰鍰又黃鐵一曰錢也小爾雅二十四銖曰兩兩有半曰捷倍捷曰舉倍舉曰鋝鋝謂之鍰宋咸曰舉三兩鍰六兩案大小爾雅及鄭康成皆曰六兩爲鍰唯說文云六鋝也鋝十一銖二十五分銖之二十三賈逵云俗儒以鋝重六兩周官劍重九鋝俗儒近是又與環同漢五行志宮門銅鍰師古曰讀與環同 寰 天子封畿內縣又霰韻 闤 市垣 澴 漩澴波貌 鬟 總髮 患 憂也病也惡也苦也禍也難也漢書賈誼服賦又何足患顏師古曰合韻音環張華鷦鷯賦與物無患亦作平聲又諫韻 增入 轘 車裂人又諫韻 增入 ○ 跧 阻頑切蹲也屈也伏也蹴也又僊韻 ○ 姦 居顏切私也詐也婬也左傳亂在外爲姦在內爲宄揚子不姦姦而詐詐俗作姧二女爲奻音女患切又奴還切訟也三女爲姦 姧 增入 菅 草名已漚爲菅詩露彼菅茅左傳或取一編菅杜預曰菅茅也又歡韻 重增 顏 牛姦切額角曰顏方言湘江之間謂之顏

中夏謂之頟東齊謂之顙汝潁淮泗之閒謂之顏又爾顏山名當作顏凡从彥者皆然又佳韻〔合圈〕○頑 五還切癡也鈍也左傳心不則德義之經爲頑

○班 逋還切列也分也又姓爾雅賦也布與也書班瑞于群后記請班諸兄弟之貧者漢書班勞策勳注布也亦作頒肦般 頒 頟兩

旁曰頒孟子頒白注頒者班也頭半白曰頒又布也賜也一曰大首周禮匪頒注讀爲班布之班亦作班孔安國注論語歸則班賜又大首皃詩有頒其首亦作肦又文

韻 肦 从肉从分又文韻〔合圈〕 肦 賦也記名山大澤不以肦又分也从日月之月〔增入〕 般 玉篇古班字賈誼賦般紛其離

此鄆兮封禪頒般般之獸从丹青之丹〔增入〕 攽 賜也通作頒本朝有劉攽又眞韻〔重音〕 般 還也趙充國傳般師罷兵書作班公輸般人名

漢書作魯班又作斑又歡韻 斑 駮文亦作班頒又魯斑公孫弘傳注漢有魯班門亦作賁如斑白之斑與班般須不可重用若班列之班與斑文般須

白須賜之類義異皆可分押 賁 陸氏易賁卦釋文賁古斑字文章貌又文彪吻眞問五韻〔合入〕 須 記大夫以魚須文竹爲笏注用文竹

及魚斑也隱義云以魚須飾文竹之邊又虞韻〔增入〕 扳 援也引也挽也公羊傳扳隱而立又諫韻 ○攀 披班切白下援上也中从𠬞古文作

𠬞相如賦仰𠬞橑而捫天師古曰古攀字象兩手相攀今偏旁作大 眅 大也多白眼又潸韻 ○蠻 謨還切南夷山海經崇丘之山有鳥如鳧

一翼一目相得乃飛名曰蠻亦作鸞 鸞 比翼鳥又謂之鶼鶼

二十八○山 師閒切高大有石曰山山宣也產也散氣以生萬物○虥 鉏山切虎淺毛曰虥貓又潸諫二韻 孱

懦弱也史記吾王孱王也又僊韻 潺 潺湲水流聲又僊韻○斒 逋閑切色不純 虨 虎文又眞韻【今圈】○斕 離閑

切斒斕色不純又文貌亦作璘 璘 晉皇甫謐傳忘青紫之玟璘又眞韻【重增】 潾 廣韻水貌又眞震二韻【重增】○閑 何艱

切闌也散也冗也暇也習也詩旣閑且馳亦作嫺荀子多見曰閑又衛也防也易閑邪存其誠孟子閑先聖之道 閒 暇也習也空隙也俗作閑从門从日

月之月俗从日誤又見下又襉韻 憪 愉也靜也又潸韻 嫺 雅也靜也習也通作閑屈原嫺於辭令漢書相如傳雍容嫺雅 瞯 戴目

也眄也亦作瞯覵 瞯 同上又目多白又覘也孟子王使人瞯夫子又曰吾將瞯良人之所之又襉韻【增入】 覵 同上又成覵人名又襉韻【增入】

鷴 鳥名謝惠連雪賦白鷴失素亦作鷳【增入】 鷳○瓣 蒲閑切瓜中實又瓣瓣又片也又襉韻詩碩人注瓠瓣陸德明有平去二

音【增入】○慳 丘閑切固也悋也說文作掔 掔 同上爾雅固也莊子注牢也又僊換霰三韻【增入】 鬜 禿兒鬜髮又黠韻【今

圈】 顅 長脰貌周禮數目顅脰一曰髮少貌○閒 居閑切中間記有閒傳漢文紀願請閒師古曰閒容也猶今言中間也曲禮少閒頭有復

也音閑是請閒亦有兩音 艱 難也篆作囏籀文作囏 囏 周禮恤囏厄【增入】 蕳 蘭也詩方秉蕳兮○黫 烏閑切黑

色从黑从西从土監本从西誤今正

殷 赤黑色左傳左輪朱殷注血深也又欣銑隱焮四韻增入

○湲 侯頑切潺湲水流貌又元僊二韻

右上平聲二十八韻增入五百三十九字圈三百二十五字正七十八字重增三百三十八字

增修互註禮部韻略上平聲第一卷終

增修互註禮部韻略下平聲第二

衢州免解進士毛晃 增註

男進士居正 校勘重增

一先 與僊通　二僊

三蕭 與宵通　四宵

五爻 獨用　六豪 獨用

七歌 與戈通　八戈

九麻 獨用　十陽 與唐通

十一唐　十二庚 與耕清通

十三耕　十四清

十五青 獨用　十六蒸 與登通

十七登　十八尤 與侯幽通

十九侯　二十幽

二十一侵 獨用　二十二覃 與談通

二十三談　二十四鹽 與添嚴通

二十五添　二十六嚴

二十七咸 與銜凡通　二十八銜

二十九凡

一○先 與僊通用

蘇前切前也又姓又銑霰二韻 晁曰 凡在前者謂之先則平聲先王先公孝經必有先也漢書爲天下先老子象帝之先之類是也先而導前與當後而先之則去聲易先天而天弗違詩予曰有先後記先立春先雷孟子先長者老子先天地生弦高以乘韋先十二牛光武沈幾先物祖

生先吾著鞭之類是也他倣此 今圖 躚 蹁躚旋舞貌 作蹮亦作蹮躚 櫏 褊櫏木貌 硟 石次玉 ○ 西 秋方漢郊祀歌白集西師古曰

合韻音先竇融贊代北開西注合韻音先又齊韻 增入 ○ 天 他前切說文天顛也至高無上古作兲象積氣之形毛詩傳尊而稱之則稱皇天釋名曰

豫司兗冀以舌腹言之天顯也在上高顯也青徐以舌頭言之天坦也坦然而高遠也 ○ 千 倉先切十百也漢志大[illegible]千 阡 田閒道南北曰

阡東西曰陌漢志作仟佰又路也壟也 仟 同上又漢書仟佰之得注仟謂千錢佰謂百錢文字音義千人之長曰仟 增入 谸 谸谸青貌說文望山谷之

谸青 芊 芊芊茂貌又霰韻 ○ 箋 則前切表也識也書也亦作牋鄭康成衍毛氏詩傳之未盡者名曰箋 牋 古作葥 韉 鞍韉

說文云馬鞁具也从革从薦監本从廌誤 今正 濺 濺濺水淺流貌又霰 諓 巧言淺薄貌又獮線二韻 湔 滌也洗也又水名又線韻 今圖

戔 委積貌易東帛戔戔又寒韻 臻 至也乃也又臻韻 增入 轃 同上又大車簀又臻韻 增入 ○ 前 才先切前後之對先也進

也玉篇不行而進又獮韻古作歬 今圖 媊 星名甘氏星經曰女媊居南斗 ○ 邊 卑眠切岸也陲也側也旁也方也近也又姓 邉

竹豆 編 以繩聯次又婦人假紒周禮追師爲副編次又銑韻 今圖 ○ 緶 蒲眠切縷衣諓丈交枲也 胼 胼胝皮堅亦作骿趙岐注孟子禹稷

駢蹟 骿 幷脅通作駢左傳晉文公駢脅 蠙 珠母亦作玭書淮夷蠙珠又眞韻 玭 又眞韻 今圖 軿 輜軿婦人車四面屏蔽又青韻

駢 駕二車又云并駕 三馬又青韻 今圈 ○ 眠 莫堅切翕目也說文作瞑又 茂密貌陸機賦精廬芊眠 瞑 莊子晝瞑又曰 據槁梧而瞑又

青迴徑霰 四韻 增入 ○ 顛 多年切頂也顚邪也仆也倒也又顛顛專 一也見莊子廣韻亦作巔又見下 今圈 巔 唐李石傳晉君 臣以夷曠致巔

覆 重增 傎 傎倒穀梁傳以晉文公之行 事爲已傎矣通作顛 今圈 巔 山 頂 蹎 說文跋也廣韻 蹎仆通作顛 驔 馬頟白今 戴星馬

滇 滇池地名又 見下 今圈 瘨 病也詩胡寧瘨我以旱又 瘨我飢饉文銑韻 增入 ○ 田 亭年切土已耕曰田大 鼓曰田又姓又獵也又

霰韻 今圈 佃 治田又獵 也又霰韻 畋 同上又霰 韻 今圈 甸 又霰證二 韻 增入 窴 塞也亦 作填嗔 塡 同上又鼓聲 孟子塡然鼓

之又眞銑震 霰四韻 今圈 嵮 荀子嵮如 山也 重增 磌 響聲春秋傳霣石聞其磌 然又磌也又眞韻 重增 闐 盛也滿也漢書闐 門又霰韻

鈿 金華飾又陷蚌 曰螺鈿又霰韻 顛 盛氣貌王藻盛氣顛實又憂 思貌王藻色容顛顛 增入 嗔 說文盛氣也 又眞韻 重增 滇 漢郊 祀歌

沄沄滇滇從高斿晉灼音 振旅闐闐之闐盛貌 增入 ○ 年 寧田切說文越歷二十八宿宣徧陰陽曰歲穀 熟曰年爾雅周曰年取穀一熟古作季

季 上禾下千禾 義千聲 增入 ○ 蓮 靈年切 芙蓉實 苓 枚乘七發蔓草芳苓注苓古蓮字曹子建七啓 寒芳苓之巢龜又大苦詩采苓又青韻

重增 憐 哀矜也愛也俗作 怜又震韻 今圈 零 先零西羌又 青勁二韻 ○ 堅 經天切固也 勁也剛也 肩 膞上又 任也書

肰不肩好貨詩佛時仔肩又克也作也𦝫也（枅）屋櫨亦作榍又齊韻**鳽**鵁鶄鷁子一曰征鳥一曰鷹禮記注作題肩（豣）豕三歲詩獻豣于公

亦作肩周禮夏官注四歲爲肩詩並驅從兩肩兮又銑霰二韻（鈃）似鐘而頸長又人名球鈃又青韻【增入】○（牽）苦堅切引也連也又牲腥曰繫

生曰牽又霰韻**岍**山名周禮謂之吳嶽**汧**水名又水決之澤爲汧亦作**雃**說文石鳥一名雝渠一名精列亦作鳽又人名左傳襄九年秦景公使士

雃乞師于楚【重增】（开）平也兩手對舉凡刑幷枅研鈃岍汧雃等字皆从幵今作开古作幷从兩手也又罕开二姓羌之別種趙充國傳先零罕开又曰河南

大开小开天水有罕开縣因羌處之而名今有姓罕开者是合二類而言之又音堅【重增】○**賢**胡田切善也能也大也又愈也過也詩我從事獨賢

弦弓弦說文琴瑟弓弦五經文字曰琴瑟亦用此字作絃者非論語聞弦歌之聲記春誦夏弦元有圈誤【今正】（絃）八音之絲漢志絲曰絃列子絃歌誦

書通作弦又霰韻**誸**急也莊子謀稽乎誸注急而後考謀【重增】**舷**船邊元有圈【今正】（蚿）馬蚿百足莊子夔憐蚿胡涓切係聖祖名同音合

當迴避其餘照式許用【今圈】○**煙**因肩切火鬱氣亦作烟从西誤【今正】（烟）荀子烏鳶若烟海又諄韻【增入】（燕）國名說文作鄚又霰韻一

（咽）咽喉又縈年切鼓聲又霰屑二韻（歅）九方歅善相馬又諄韻【增入】（殷）赤黑色又血深左傳左輪朱殷杜預曰音近煙又山欣隱焮四韻【增入】

【入】○**妍**倪堅切好也美也淨也方言自關而西秦晉之故都謂好曰妍（研）礲也窮究也易研諸慮又霰韻○**涓**圭淵切小流又

禍也潔也亦作鋗上从口音圜下从肉俗从肙下同 鋗 史記楚世家遇其故鋗人韋昭曰卽今之中涓又見下 重增 蠲 清明貌潔也除也又蟲名又齊

韻 仝 圖 䅌 麥莖亦作蓨 鵑 杜鵑鳥名 ○ 譞 呼淵切多言 駽 青驪馬今之鐵驄又霰韻詩駜彼乘駽有平去二音 仝圖

鋗 銅銚又人名漢紀番君別將梅鋗 重增 ○ 淵 縈年切止水也水盤旋處爲淵 弲 弓限 鼘 鼘鼘鼓聲亦作[illegible] 囦

詩鼓咽咽 增入 悁 忿也憂也詩中心悁悁悁亦作⿸疒肙又霰韻 ⿸疒肙 列子心⿸疒肙體煩痛骨節疼 重增 蜎 蟲行貌詩蜎蜎者蠋又獮韻 增入

二 ○ 僊 相然切神僊亦作仙又僊僊舞貌 仙 釋名老而不死曰仙仙遷也遷入山也故从人从山又輕健貌杜甫詩行遲更覺仙

僊 見漢郊祀志說文長生僊去 增入 鮮 腥魚凡新殺曰鮮周禮作鱻老子治大國若亨小鮮謂謂小魚也又小山別大山曰鮮詩度其鮮原左傳昭三

年葬鮮者自西門杜預曰不以壽終曰鮮又鮮卑朝鮮國名鮮于姓又色麗曰鮮韓愈詩霜曉菊鮮鮮又獮願二韻 鱻 同上又獮韻 增入 蹮 蹁蹮舞貌

亦作蹮僊蹮 𨇤 同上又行貌莊子跰𨇤而鑒于井 廯 倉廩又獮韻 ⿱竹鮮 竹名又獮韻 重增 姍 姍姍行皃漢武帝詩何姍姍而來遲

相如賦便姍嫳屑又寒諫二韻 增入 ○ 遷 親然切去下之高也又徙也謫也亦作䙴 䙴 漢律歷志周人䙴其行序 增入 ○ 煎 將仙

切熟煮也熬也方言凡有汁而乾謂之煎又獮線二韻 鬋 鬢垂又獮韻 ○ 次 徐連切口液亦作涎 涎 ○ 錢

財仙切貨泉周禮注其藏曰泉其行曰布取其流行無不徧也又獮韻[今圈] ○羶尸連切羊臭羊脂王篇作羴又青韻[今圈] 膻同上列子嬗御膻惡而不可親[重增] 顫莊子鼻徹爲顫知香臭也又線韻[重增] 挻引也取也 埏和土老子埏埴以爲器又時連切八埏夷然切同又墓道又線韻 㷰熾盛又線韻[增入] ○燀稱延切炊火氣又獮韻 ○饘諸延切糜也亦作䭇餰飦酏 䭇餰荀子酒醴餰鬻亦作餐餐[重增] 餐見內則下同[重增] 餐[重增] 飦孟子飦粥之食[增入] 酏禮記小切狼臅膏與稻米爲酏注似今膏餐矣酏當作餰釋文餐又作餐益之然反又支紙二韻[增入] 旃旗曲柄或作旜漢田蚡立曲旃蘇林曰禮大夫建旃曲柄上曲也說文旃旗曲柄所以旃表士庶也又與之同左傳虞公求旃 旜同上又旗名周禮通帛爲旜 氈撚毛席周禮鬊毛爲氈亦作氊 鸇晨風鸇也 ○鋋時連切小矛方言吳楚謂矛曰鋋 蟬蜩也說文以旁鳴者又獮韻 澶澶淵地名在頓丘南又翰韻[今圈] 單單于匈奴號又寒旱獮線四韻 嬋嬋娟美態 儃說文態也又寒旱翰線四韻[重增] 禪靜也杜甫詩虛空不離禪又線韻[增入] 埏八埏地之八際 嬗賈誼服賦形氣轉續變化而嬗蘇林曰嬗相傳與也服虔曰嬗讀如蟬師古曰此即禪代字叶韻音蟬耳又爲嬗娟之嬗又線韻[增入] ○潺鋤連切水聲又山韻 孱弱也困也冀州人謂懦弱爲孱韋昭曰仁謹貌又山韻 ○然如延切燒也从肉从犬从火漢召信臣傳作難陸佐公石闕銘刑酷難炎俗作燃非又如也是也語辭[illegible]辭又燕然

山名 艱增入 艱增入 ○ 邅 張連切迍邅難行不進貌易屯如邅如亦作亶又線韻 亶 班固賦紛屯亶與蹇連又旱翰二韻

增入 驙 馬載重又白馬黑脊又寒韻 今圖 鱣 魚名詩鱣鮪發發說文鯉也又獮韻 ○ 梴 抽延切長木詩松桷有梴 嘽 紆緩貌列子嘽緩慭慭又寒獮二韻 重增

○ 纏 呈延切繞也約也又線韻 躔 踐也方言躔歷也日運為躔月運為逡郭璞曰躔猶踐也 廛 市中空地一曰居也說文一畮半一家之居也孟子願受一廛而為氓亦作𢊍从广从里从八从土谷从黑非是从廛者皆然 鄽 瀍 水名在河南

○ 連 陵延切接也合也續也還也蟬連屬綴貌亦作蟬聯匈奴鮮卑謂天為祁連西域有天山一名祁連山漢田廣明為祁連將軍祁亦作祈音時又獮翰二韻 今圖 聯 綴屬亦作連晉王恭曰與丙太語蟬連不得歸从耳从絲今作聯 漣 漣漪風動水成文又泣下貌

○ 甄 稽延切陶也察也免也董仲舒傳注甄作瓦之人又真震二韻 ○ 嘕 虛延切笑貌亦作嫣 嫣 宋玉賦嫣然一笑又見下 增入 仚 輕舉說文人在山上

○ 延 夷然切長也引也納也施及也陳也進也遠也稅也又姓又晃覆禮記王藻前後邃延又遷延淹久貌又却退貌左傳襄十四年遷延之役又線韻

莚 詩旄丘注葛之蔓莚陸德明有兩音又線韻 重增 䀽 視也 筵 竹席又鋪陳曰筵席之曰席又重曰單曰席又度堂字以為節考工記堂上度以筵

綖 冠上覆前後垂覆左傳衡紞紘綖記作延又獮線二韻 今圖 郔 鄭地左傳作廩延 蜒 蜿蜒龍貌蚰蜒蟲名相如賦注蝘蜒大獸似貍

長百尋又銑韻【增入】埏八埏地之八際又墓道亦作羨【重增】一焉尤虔切語終辭柳宗元曰決辭也左傳周之東遷晉鄭焉依又見下又脂韻

○嫣於虔切長貌又見上【今圈】蔫菸也食物餲也駹也亦作蔫又願韻【今圈】菸楚辭菸邑而無色兮【增入】鄢邑名春秋鄭伯克段于鄢又阮韻

焉疑辭何也豈也論語焉能爲有孟子焉有仁人在位又鳥黃色出江淮閒○愆起虔切過也辠也差爽也古作辛凡童妟言音辛皆从辛籀文作僁又惡疾曰愆左傳夷王愆于厥身

僁漢劉輔傳元首無失道之僁从保从言與僁字不同僁音箋从又从兄从言【增入】褰袴也又攐衣亦作褰

褰騫馬腹縶又虧少也飛也又與愆同荀子永思騫兮注騫咎也又輕儇躁進貌柳宗元乞巧文沓沓騫騫搴拔取亦作攓漢楊僕傳斬將搴旗又獮韻

攓同上方言楚謂取曰攓又獮韻【今圈】掔牽去也莊子掔好惡又山換霰三韻【重增】○乾渠焉切健也勤也純陽卦名佩觿集曰俗別爲乾又寒韻

虔恭也固也殺也又虎行貌方言秦晉之北鄙燕之北郊謂賊爲虔顏師古曰虔謂以命而堅固爲邪惡曰矯虔韋昭曰強取爲虔

犍犍爲郡又元韻揵廣韻舉也又元阮獮三韻【重增】鍵廣韻鑰也又阮獮二韻【重增】腱大筋一曰筋頭內則注餌筋腱也又獮韻【重增】

騝騝馬黃脊○鞭卑連切馬箠策鯿魚名孟浩然詩魚藏縮項鯿箯竹輿公羊傳注筍者竹箯一名編○篇紕連切簡成章也

偏頗也側也旁也半也左傳衣身之偏猵猵狙似猨而狗頭一名獦牂莊子猨猵狙以爲雌又霰韻【重增】翩疾飛又往來貌

詩揵揵翩翩 扁 小也小舟曰扁舟又人名莊子輪扁又銑獮二韻【增入】 艑 艑艖舟名唐劉崇龜傳乘艑亡去又獮韻【重增】 ○ 便 毗連

切安也習也空也又便便辯也論語便便言又肥滿貌邊韶腹便便又溲也又線韻 平 辨治也書王道平平又均也又庚映二韻 諞 巧言又獮韻

楩 木名 ○ 綿 彌連切精曰綿麄曰絮又柔弱也遠也續也纏綿綢繆也古作緜从帛从系丿 緜 詩緜緜瓜瓞 櫋 屋櫋聯亦作棉

謾 欺也貢禹傳欺謾師古音慢又音武連反吳人讀武如姥是音與綿同又歡換諫三韻【重增】 ○ 宣 息緣切布也盡也明也徧也通也緩也散

也又姓又召也 亘 求宣也又姓从二从回回音回今作亘與亙字不同亙从二从舟舟今作月凡宣垣字从亘欽宗廟諱从木从亘【[illegible]】紹興二年禮部

看詳姓氏从木从亘水名从水从亘木名从木从亘者皆定讀曰亘若晉書亘彝亘溫書西傾因亘是來之類是也【增入】 朘 縮也減也 瑄 璧大六寸漢書

有司奉瑄玉 ○ 詮 且緣切擇言也平也具也註也 銓 衡也量也次也度也亦作輇 輇 莊子輇才諷說之徒音義輇量人也又見下【重】

【增】痊 病除 佺 偓佺仙人 悛 止也改也又次也左傳哀三年外內以悛又諄韻 駩 白馬黑脣 絟 細布漢景十三王傳作荃

師古曰字本作絟蓋今南方筩布 筌 取魚器亦作荃 荃 香草又與筌同莊子得魚而忘荃又與絟同又[illegible]韻【今圈】 竣 退也又諄韻

譔 廣韻善言晉有崔譔又獮潸線三韻【重增】 縓 一染紅赤黃色記黃裏縓緣又線韻【增入】 ○ 鐫 子全切刻也斲也雕也謫也尅也

○旋 旬緣切周旋旌旗之指麾又盤旋回也斡也疾也 還 復返也轉也經史
還也又溲便左傳定三年夷射姑旋焉又霰韻 旋還通記周旋裼
襲周旋中規折還中矩鄭康成曰周還[illegible]行也宜圜 璿 美玉亦 璇 琁 漢
折還曲行也宜方詩書還字竝音旋又刪諫線三韻 作璇琁 安
帝紀據琁璣玉衡 漩 水回亦作淀 淀 又線韻 ○全 才緣切備也具
以齊七政【增入】 又線韻 【增入】 也保也又姓从
亼从土亼音襲上从 牷 牛純色周禮 泉 源水爾雅濫泉正出正出涌出也
出入之入亦作仝 祭祀之牲牷 公羊傳直出直猶正也沃泉垂出
垂出下出也氿泉穴出 ○穿 昌緣切孔也[illegible]也 川 衆流周禮萬夫有
穴出仄出也又錢別名 鑽也貫也鑿也又線韻 川注萬夫四縣之
田方三十三里少半里遂從溝横澮 ○專 朱緣切壹也擅也獨也自是也 顓
從澮横九會而川周其外偏旁作巛 純篤也亦作顓嫥又歎韻【今圖】
漢蔡義傳苟可顓制者又顓 剸 截也斷也又與專同荀子信而不見敬者好剸行
顓謹貌通作專又顓帝顓蒙 也又曰六畜禽獸一切而剸車又歡獮線三韻
甎 甓也亦作 塼 斯干詩傳瓦紡塼也陸 甎 尹賞傳注今辟 ○篿 楚人謂
塼專甎 德明曰本又作專【增入】 甗甎也【重增】 折竹卜
離騷曰索瓊茅以筳篿兮注瓊茅靈草也筳竹筭也楚人結草折竹卜曰篿蓋篿本
竹筭用之以卜故因謂卜爲篿猶今人以籌筭數畫故因謂畫爲籌謂測爲筭耳又
歡韻
【今圖】 鱄 魚名又美也成鱄晉大夫又 ○遄 市緣切往來 船 方言關西謂
姓鱄諸吳刺客又[illegible]韻【增入】 數也速也 之船關東謂

之舟又衣領曰船

○㬉 而宣切城下田亦作壖堧又緣線遍二韻監本从犬誤 今正

壖 食貨志田其宮壖地師古曰壖餘也宮壖地謂外垣之內內垣之外諸緣河壖地廟垣壖地其義皆同又三韻 增入

堧 又三韻 增入

撋 煩撋按莎見詩注亦作擩

擩 周禮擩祭注以肝肺菹擩鹽醢中以祭儀禮音取菹擩于醢祭于豆間是也

瑌 珉也石次玉亦作瓀碝又獮韻从犬誤 今正

瓀 又獮韻 今圖

碝 又獮韻 增入

輲 廣韻無輪車亦作輇 重增

蠕 微動貌荀子蠕而動又準獮二韻 重增

臑 同上荀子臣道篇臑而動又虞豪獮號四韻 重增

犉 黃牛黑脣又諄韻都昆切係廟諱嫌名合當迴避其餘照式許用

○跧 莊緣切蹲也屈也伏也蹴也又刪諄二韻

○椽 重緣切說文秦名爲屋椽周謂之榱齊魯謂之桷

傳 授也續也布也周禮訓方氏誦四方之傳道注傳道世世傳說往古之事也音平聲又線韻

○攣 閭緣切係也又線韻 今圖

○沿 余專切從流而下也循也俗作㳂左傳沿漢泝江杜預曰沿順流泝逆流亦作𨒂从水从㕣㕣音鉉

巡 記終始相巡又諄韻 增入

鉛 黑錫又循也與沿同荀子鉛之重之注謂撫循之申重之也

捐 棄也除去也損也委也又死病曰捐瘠

鳶 鷙鳥似鴟而小从弋从屮从鳥亦作鳶戴

鳶 詩鳶飛戾天

戴 漢五行志字又梅福傳戴鵲遭害則仁鳥增逝 增入

蝝 蟲名蝝子又蝗子一曰蟻子春秋宣十五年冬蝝生顏師古注五行志曰爾雅蝝蝮蜪說者以爲蝝蝗之類

緣 因也夤緣連絡也又循也孟子緣木求魚又掾線二韻 ○ 翾 馨緣切小飛又輕薄巧慧荀子喜則輕而翾睘从四从袁今作袁俗作睘 儇 慧也利也詩揖我謂我儇兮方言疾也與翾同荀子鄉曲之儇子注謂輕薄巧慧之子又删韻【今圈】 䴉 飛貌通作翾亦作翾揚子朱鳥䴉䴉又删韻【重增】 ⿰睘飛 又删韻【重增】 蠉 蟲行貌又蟲飛又獧韻 嬛 便嬛輕麗貌又見下及清韻【今圈】 懁 辯急又線韻 獧 疾也輕也又胡涓切係聖祖名同音合當迴避其餘照式許用【今圈】 ○ 娟 縈緣切嬋娟美好貌又便娟舞貌亦作嬛嬽 嬛 說文好也又身輕便貌【增入】 嬽 柔屈貌相如賦柔橈嬽嬽【重增】 ○ 員 于權切官數物數又周也幅員亦作隕俗作負凡从員者皆然又文問二韻 圓 周也方圓也圓備也亦作圜 圜 易乾爲圜說文天體也又圜法錢也又方圜漢書從諫若轉圜又正視也驚視也賈誼傳天下圜視而起亦作睘又删韻【今圈】 隕 詩幅隕既長毛傳幅廣也隕均也又軫韻【增入】 湲 潺湲水流貌又元删二韻 ○ 卷 驅圓切冠武又逵員切曲也又混獮線三韻下从㔾音節今作巳 弮 弩弓亦作絭又諫線二韻【今圈】 絭 同上又諫願獮三韻 【今圈】 棬 屈木盂亦作圈一云器似升屈木爲之 圈 記杯圈不能飲焉鄭康成曰圈屈木所爲卮匜之屬也又畜閑又阮獮願三韻【今圈】 ○ 權 逵員切稱錘又量輕重也反經合道也攝官也機權權柄權譎又姓上从艹監本从卄誤【今正】 拳 屈手又拳拳勤勤也恭也又奉持貌

又眷戀也亦作惓卷 惓 劉向傳雖在畎畝猶不忘君惓惓之義也又線韻【增入】 卷 賈捐之傳昧死竭卷卷班彪元后賛卷卷猶握一璽又曲也又好貌詩碩大且卷 顴 輔骨說文作權 捲 用力貌莊子捲捲乎后之為人又氣勢也國語予有捲勇亦作拳詩無拳無勇又彌線二韻

【增入】鬈 髮好詩其人美且鬈 婘 美貌韓詩齊風揖我謂我婘兮又線韻【增入】 ○㕙 且緣切戰國策東郭㕙天下之狡兔也韓愈毛穎傳居東郭者曰㕙【重增】

【通用】與宵通

三○蕭 先彫切香蒿又斧也又姓又屋韻【今圈】 簫 樂器其形參差以象鳳翼亦作箾 箾 左傳季札見舞箾杜預曰舜樂說文以竿擊人也又覺韻【今圈】 彇 弓弭頭曲禮作簫 瀟 瀟瀟風雨暴疾貌又雨聲水名 騷 蒲騷地名卽陽臺巫山也在今峽州左傳楚敗鄖師於蒲騷又擾也詩徐方繹騷陸音如字徐音蕭又豪皓號三韻【增入】 ○貂 丁聊切鼠屬出東北夷 鵰 大鷙鳥一名鷲黑色翎可以為箭羽左傳鶻鳩氏杜預曰鵰也亦作雕 雕 同上又刻琢亦作琱錭彫又章明貌荀子雕雕焉 琱 治玉史漢斲琱為璞注刻鏤也與雕彫同又畫也貢禹傳牆塗而不琱亦作敦 錭 荀子必將錭琢刻鏤黼黻文章以塞其目【重增】 彫 琢文漢杜林傳斲彫為樸皇后紀斲彫為朴亦作敦又畫也書峻宇彫牆左傳厚斂以彫牆又傷瘁也殘也零落也論語松柏後彫 凋 凋瘁通作彫記示民不凋又半

傷也亦作雕 晉書雕弊之迹凡雕琱鋼彫敦及彫凋義同者不可重押如用雕鵰與琱錭彫用琢琱錭琢與後彫用彫琢彫牆與凋殘凋弊皆可分押 **敦** 詩敦琢其旅與琱同又敦弓旣堅畫也與弴同如用敦琢敦弓與雕鵰後彫凋瘁不同亦可分押又灰歡䨲準混隊恩號八韻又都昆切係 廟諱嫌名合當迴避其餘照式許用 今圈 **弴** 畫弓天子弴弓又都昆切合當迴避其餘照式許用 今圈 **船** 吴船亦作舠 **舠** **刀** 古者軍有刀斗晝炊夜擊又姓俗別作刀又豪韻 **刁** 李廣傳不擊刁斗字作刁孟康曰刁斗以銅作鐎受一斗晝炊飯夜擊持行夜名曰刁斗蘇林曰形如鋗無緣師古曰鐎音譙溫器也 增入 ○ **祧** 他彫切祭法遠廟爲祧去祧爲壇左傳以先君之祧處之杜預曰諸侯以始祖之廟爲祧 **庣** 不滿之處漢志斛外旁有庣 **𣂏** 斗旁耳又田器亦作銚从斤誤 今正 **銚** 同上莊子銚鎒音義云刻削之器又宵嘯二韻 今圈 **恌** 偷薄也 **佻** 同上又宵篠二韻 今圈 **窕** 同上又輕小貌左傳楚師輕窕漢五行志小者不窕又宵篠二韻 今圈 **覜** 聚聘覜禮殷覜曰視有兩音又嘯韻 增入 **挑** 撥也取也枝荷也又往來貌詩挑兮達兮國語挑天之功又與桃同荀子其服不挑儀禮挑匕鄭康成曰挑謂之臿讀如字又音由又尢篠豪韻 今圈 **條** 枝落也詩蠶月條桑又見下 增入 **朓** 晦而月見西方从日月之月與朓字不同譌譜从肉誤劉向云朒者疾也孟康曰朓者月行疾在日前故早見 居正謹案 漢書五行志音上了反廣韻蕭字韻內朓字注月出西方是兩音同義當通用又篠韻 增入 ○ **迢** 田聊切迢

遺

跳 蹷也躍也漢書項羽圍成皋漢王跳晉灼曰跳獨出意也又嘯韻

髫 髫髦小兒髫

齠 始毀齒也

佻 獨行貌詩佻佻公子[今圈]

調 和也揉伏也又尤嘯二韻

鞗 革轡詩鞗革冲冲

條 詩傳枝曰條幹曰枚又項目也陳析也法教也[晁曰]凡言條貫者條言其項目疏析貫言體統貫穿顏師古曰凡言條者一一而疏舉之若木條然也又條達漢郊祀歌聲氣遠條經史條暢皆訓達漢書中縣木條注條脩暢也又豪尤錫三韻[今圈]

苕 草可爲帚爾雅王彗也可掃除不祥謂之蓟又菜詩邛有旨苕又水名在吳興又宵韻

蜩 大蟬

鰷 魚名

儵 魚名莊子儵魚出入又尤韻[增入]

鯈 魚名莊子食之鰌鯈又尤韻[重增]

○**聊** 蓮條切語助又且也賴也況味也本作聊

膋 腸間脂亦通作膫

膫 又嘯韻[今圈]

嘹 鳴也又嘹喨清徹之聲亦作寥又嘯韻

寥 高飛貌見廣韻又宥韻[重增]

飂 風聲廣韻作飋又宥尤二韻

僚 官僚也朋也左傳泉丘人女奔孟僖子其僚從之杜預曰鄰女為僚友亦作寮又姓左傳晉陽大夫僚安又篠韻[今圈]

寮 左傳同官爲寮爾雅寮官也元有圈[今正]

寥 空也寂也靜也亦作廫又奥嘹同晉向秀傳發聲寥亮又錫韻[今圈]

廖 同上韓愈華山女詩坐下廖落如明星又人名左傳辛伯廖漢項籍傳王廖音聊又笑韻[重增]

嵺 廣遠也見相如賦又爻韻[重增]

戮 戮力陳力也併力也書與之戮力有三音又尤宥星三韻[重增]

勠 同上又三韻[重增]

熮 廣韻火貌又笑韻[重增]

豂

空谷遼遠也又水名憀並賴通作聊又悲恨又尤韻今圖料量度也理也捋也莊子料虎頭又嘯韻敹擇也

鐐白金之美者又有孔鑪盌又紫磨金又嘯韻重增璙王名詩大田注大夫鐐琫而鏐珌鐐又作璙又嘯韻重增簝宗廟盛肉

器撩理也又攏取物又挑弄也韓愈詩猿鳥莫相撩亦作嫽廣韻相嫽戲又篠韻今圖漻清深又與寥同相如賦寂漻無聲又尤有宵三

韻今圖鷯鴟鷯蟲名剖葦食其中蟲一曰鷦鷯一曰巧婦一曰工雀一曰女匠一曰桃蟲一曰桃雀又嘯韻今圖獠宵田為獠亦作獠郭

璞曰今江東呼獵為獠或曰夜獵載鑪以照又巧皓笑三韻獠又三韻今圖繚繞也縛也詩葛屨注糾糾猶繚繚也沈音僚又篠韻重增

轑轢也轆也又楚地左傳宣四年圍伯嬴於轑陽而殺之又蓋弓又豪皓笑三韻重增橑蓋弓又椽也又皓韻重增瞭廣韻目睛

明又篠韻重增○驍堅堯切良馬又健也武猛也梟不孝鳥一名流離詩注少好而長醜爾雅作鴟鷅草木疏梟也關西謂之流離大則

食其母說文日至捕梟磔之以頭挂木上今謂挂首為梟賈誼賦鴟梟翺翔又梟盧樗蒲采名俗作梟晉謝艾曰梟邀也六博得梟者勝又元宵二韻澆沃也漑也漢書澆淳散樸亦作澆又嘯韻今圖澆莊子澆淳散朴增入

僥僞也又見下憢同上又見下今圖徼徼幸覬非望也又求也抄也要也左傳徼福亦作僥憢儌本作儌倖後人以邊徼之徼為儌倖之儌又嘯韻

儌增入憿增入○膮

聲幺切豕羹儀禮注豕曰膮又笑韻 嘵 懼聲詩予維音嘵嘵亦作憢 ㊀憢 又見上[今圖] ○幺 伊堯切小也陸機賦絃幺徽急

俗作幺 ㊀怮 憂也又幽黝效三韻[今圖] ○堯 倪幺切陶唐氏號謚法翼善傳聖曰堯說文堯行德義曰堯白虎通堯猶嶢嶢至高之貌廣雅

曰堯嶢也 嶢 山高亦作嶤 嶤 垚 土高 ㊀僥 僬僥短人

四○ ㊀宵 思邀切夜也周禮司寤氏禁宵行者注宵定昏也郭象注莊子不由明坦之塗曰宵又小也記宵雅肄三又笑韻[今圖] 消

滅也盡也衰也退也釋也殺也 ㊀肖 莊子達於知者肖注肖釋散也音消又笑韻[重增] 霄 爾雅雲霄近天氣又霰也說文雨霓為霄 逍

逍遙翺翔自適貌亦作消記消搖於門 痟 酸痟頭痛又痟渴疾 綃 生絲繒亦作宵儀禮姆纚笄宵衣鄭康成曰宵讀如素衣朱綃之綃亦作

縿繡 ㊀縿 檀弓縿幕魯也又銜韻[重增] ㊀繡 詩素衣朱繡有兩音記繡黼丹朱中衣魯詩綃綺屬繡也又宥韻[增入] 銷 鑠金

㊀哨 多言貌揚子禮義哨哨又口不正記枉矢哨壺又笑韻[今圖] ㊀蛸 桑螵蛸螳蜋子海螵蛸烏賊骨爾雅桑螵蛸一名蜱蛸注一名蟳蟭又交

韻 翛 翛翛羽敝又飛羽聲亦作儵 ㊀儵 又尤有錫三韻又音條漢表儵侯與條同[今圖] 揱 殺小貌周禮其揱爾一曰長臂

㊀捎 指除考工記以其圍之阞捎其藪又搖捎動貌又交韻[增入] ㊀梢 考工記匠人梢溝三十里而廣倍注謂水漱齧之溝音蕭又爻韻[重增]

○鍬 此遙切吹筩所以勸役急就章鍬鍬起居課後先又尤笑二韻 今圖 銚 劉削器亦作鍫俗作鍬莊子春雨日時草木怒生銚鎒於是乎

始脩音義銚削也能有所穿削也又蕭笑二韻 重增 鍫 方言畚鍫趙江淮南楚之閒謂之臿 重增 幧 斂髮謂之幧頭亦作幓 幓

又銜韻 今圖 ○焦 兹消切傷火又姓亦作爑又慈消切焦瘁 今圖 燋 漢霍光傳燋頭爛額說文所以然𤎅持火也 居正曰 焦字下

本从火今作四點與火同俗於焦傍又加火漢書皆作焦唯霍光

傳作燋此後人妄加耳今不敢改也又見下及笑藥二韻 增入 ⿱龜灬 灼龜不兆[illegible]焦本作

⿱龜灬亦作焦左傳卜戰龜焦亦作燋一又[illegible] 蕉 芭蕉亦作焦三輔黃圖甘焦[illegible]本名巴且又見下 今圖 膲 人之三膲亦作焦又[illegible] 鐎 刁斗

溫器也三尺而有柄 僬 僬僬明察貌荀子以己之僬僬受人之掝掝又僬僥短人又笑韻 增入 嶕 嶕嶢山高貌見揚雄解難亦作嶣又山顛曰嶕

亦作椒 椒 木名爾雅檓大椒亦作茮漢官儀皇后稱椒房以椒塗壁取其溫也又山巔曰椒海岷呼海中石亦曰椒通作嶕 茮 噍

聲䟒也記其聲噍以敎又笑韻 增入 鷦 鷦鵬南方神鳥似鳳又鷦鷯小鳥一曰蟲名又鷦鷯細鳥 增入 ○樵 慈消切漢書音義樵取薪也說

文木也廣韻柴也又趙充國傳漸壘木樵與譙同 譙 國名一曰樓之別稱[illegible]城上樓又姓三國有譙周又笑韻 燋 灼龜炬

顦 顦顇憂也瘁也亦作憔焦嫶癄蕉 增入 [illegible] 國語曰[illegible] 增入 焦 斑固賓戲朝爲榮華夕而焦瘁 增入 嫶 漢武

帝賦嫶妍大息晉灼曰三輔謂[illegible]嫶妍猶嫶冥也[居正曰]嫶妍謂嫶悴不妍猶古人[illegible]

癄 漢禮樂志纖微癄瘁之音作而民思憂[增入]

蕉 左傳無棄蕉萃[增入]

〇猋 [illegible]切犬走[illegible]莊子有猋氏又大風爾雅扶[illegible]之猋月令猋風暴雨晉王導贊膚猋馳相如賦注猋謂猋風自下而上俗作飆

飆 又作颷

標 [illegible]幖幟也表也又小韻

杓 斗柄藥頭日杓切杼挹之器又錫韻

幖 頭上幟與標不同立木爲表繫縿其上謂之幖俗以幖爲標誤

熛 火飛亦作票班固敘傳勝廣熛起又赤帝赤熛怒

票 亦作票古作㶾

票 又見下及笑韻[增入]

㶾 周禮草人輕㶾用犬注土地之輕脆者又笑韻[重增]

飄 爾雅回風爲飄詩匪風飄兮老子飄風不終朝又見下[增入]

髟 髮長垂貌又尤韻

贆 貝居陸者

摽 揭也標記也又麾也孟子摽使者出諸大門之外又見下又爻小笑三韻[增入]

〇漂 紕招切浮也動也漢中山靖王傳衆喣漂山又笑韻

飄 飄颻司馬相如傳飄颻有陵雲氣游天地閒意

慓 急也又小韻

彯 彯彯長組貌又笑韻

翲 翲翲飛也

剽 末也莊子有長大而無本剽者宙也又見下又小笑二韻

[重增]

摽 擊也韓愈曹成王碑摽光之北山[重增]

僄 輕也亦作嫖又笑韻

嫖 又笑韻[今圖]

縹 縹縹輕舉貌揚雄傳縹縹有陵雲之志賈誼賦鳳縹縹其高逝縹縹與飄飄不得雙押義異者非一又小韻[增入]

票 搖動也輕舉也與飄縹同漢郊祀歌票然逝[增入]

嘌無節度也詩匪車嘌兮本又作票【增入】○瓢毗招切瓠也方言蠡或謂之瓢薸萍也剽爾雅中鏞謂之剽又

小輕也亦作勡又笑韻【今圈】勡又笑韻【增入】○鑣悲驕切爾雅鑣謂之钀馬銜外鐵也一名扇汗一名排沫从金从麃與鏕不同監本

有圈誤【今正】瀌瀌瀌雨雪盛貌又尤韻麃麃麃武貌詩駟介麃麃又耘也詩緜緜其麃又肴小二韻穮耕禾閒除田草也左

傳是穮是蔉亦作𦔈藨詩作麃𦔈臕脂臕肥貌藨草名又耘也文中子是藨是蔉又小韻【今圈】儦行貌詩行人儦儦【增

入】○苗眉鑣切秧苗又夏獵爲苗稼害也又求也衆也後漢劉毅傳以贍黎苗又姓又國名从艸从田野之田貓捕鼠獸莊子謂之狸

狌亦作猫又爾雅虎竊毛謂之虥貓又爻韻猫又爻韻【增入】緢旄絲描描畫○燒尸昭切火然也焚也

又笑韻○弨蚩招切弓弛貌詩彤弓弨兮又弓也韓愈詩大弨挂壁無由彎超跳也越也遠也怊悵恨廣韻奢也○

昭之遙切明也光也著也覿也又姓又時昭切昭穆又小笑二韻鉊大鎌招呼也來之也王逸曰以手曰招以言曰召又見下【今

【圖】釗遠也見也勉也弩牙也又周康王名炤明也詩亦孔之炤禮記引詩作昭文董仲舒救日食祝曰炤炤大明又笑藥二韻【增入】

○韶時昭切舜樂繼也紹也亦作磬招左傳見舞韶濩舜韶箾是不特舜樂也故書【考正曰】古者和樂之音皆謂之韶如稱簫韶九成不單稱韶也然

亦有直稱舜樂曰韶者如記曰韶繼也語韶盡美矣子在齊聞韶之類世謂春色爲韶光亦取和暢之義

磬 周禮以大磬祀四望

招 漢禮樂志招繼堯也孟子徵招角招左傳祭公謀父作祈招之詩【增入】

佋 說文廟佋穆父爲佋子爲穆周禮作昭又小韻

昭 【晃謹案】李浩說本如字爲漢諱昭改音韶佩觿集曰案說文自有佋穆字以昭爲佋蓋借音耳決疑要錄曰父南面故曰昭昭明也子北面故曰穆穆順也或云晉文帝名昭故讀曰韶又史記管蔡世家陳司徒招索隱曰招或作苕又作招竝音時遙反【今圖】

詔 記詔侑武方鄭康成曰詔侑或爲韶圖武當爲無方猶常也告之節勸尸飮食無常若孝子之爲也又小笑二韻【增入】

苕 見本草[illegible]韻作菬又蕭韻【增入】

○饒 如招切豐也饒也益也又姓案饒字雅音與韶同吳人呼饒近堯呼如近魚故作如招切若如吳音則當與堯字同切非也從正音則當與韶字通爲一切恐俗以爲疑姑存之以俟知者又笑韻【今圖】

橈 櫂之短者吳越人呼爲橈又巧效二韻【今圖】

襓 記少儀加夫襓與劍焉注夫襓劍衣也夫音扶襓如遙反【重增】

嬈 嬌嬈杜甫詩佳人屢出董嬌嬈又篠小二韻【重增】

蕘 薪也一曰蕪菁又刈草曰芻采薪曰蕘詩詢于芻蕘

犪 牛馴伏柔謹又小韻【增入】

擾 馴也順也漢書劉累學擾龍應劭曰能順養其嗜欲也師古音饒又音上聲然則書擾而毅擾兆民左傳擾龍皆同義悉可通押又小韻【增入】

○朝 陟遙切旦也旦至食時爲終朝顏師古注孔光傳歲之朝月之朝日之朝爲三朝班固西都賦春王三朝又朝鮮國名箕子所封居東表日出之地故曰朝鮮又[illegible]與舟同

舟朝聲相近中从旦本是朝夕字借爲朝廷朝覲字周禮大宗伯注云朝猶朝也欲其來之早也亦作鼂从月誤今正 鼂 漢嚴助傳淮南王安上書鼂不及夕注鼂古朝字又見下增入 ○ 鼂 馳遙切蟲名又姓說文俗作鼂漢鼂錯司馬遷敘傳作朝今圈 晁 朝 朝廷朝晨朝也人君昕旦視政貴早聲轉爲朝也又春見曰朝春者歲之朝也國語大采朝日少采夕月經史說者春朝朝日秋夕夕月又曰朝見曰朝夕見曰夕詩莫肯朝夕是也春朝音陟遙反朝日音馳遙反詩朝夕讀如潮从月誤今正 潮 海濤噓吸隨月消長早曰潮晚曰汐从月誤今正 ○ 遙 餘招切行也遠也逍遙也古作遙亦作姚荀子功盛姚遠矣亦作隃 遙 漢郊祀志遙興輕舉重增 隃 趙充國傳兵難隃度又虞遇二韻 䚻 喜也說文作嗂

傜 使也役也通作繇亦作傜繇又招傜星名揚雄甘泉賦招傜亦作招搖方言自山而西凡物細大不純者謂之傜又曰傜衰也 繇 同上又於也由也喜也又與謠同李尋傳參人民繇俗又臯繇人名書作臯陶漢武紀作咎繇又尤韻 徭 增入 繇 漢宣紀遭輿繇役又說文徙隨也又咎繇又尤韻增入 佻 緩也荀子佻其期日重增 颻 飄颻上行風也又風動物 窯 燒瓦竈廣韻亦作窰 蘨 草盛貌篆文作蘨書厥草惟繇顏師古注漢地理志繇悅茂也又尤韻今圈 蘨 見徐鍇韻譜又尤韻增入 鰩 魚名 姚 舜姓又姚恌美好貌荀子美麗姚冶亦作窕又笑韻今圈 窕 荀子其立文飾也不至於窕冶重增 搖 撼也動也作也又消搖翱翔貌 謠 爾雅徒歌曰謠

九百八十二

亦作畨繇 䚻 軺 使者小車乘馬者 䍃 瓶也 傜 憂也悸也邪也戲也亦作摇詩中心揺揺 瑤 玉名

珧 蜃屬甲可飾物俗呼江珧廣韻云玉珧詩大田注天子玉琫而珧珌 銚 燒器又姓漢有銚期 洮 湖名風土記陽羨縣西有洮湖

義興記太湖射湖貴湖陽湖洮湖是為五湖又豪韻〔重增〕 嗂 廣韻樂也說文喜也禮記作猶〔重增〕 猶 記咏斯猶猶斯舞又尤肴二韻〔增入〕

陶 皐陶舜臣又與窯同又豪號二韻 褕 王后之服周禮褕翟禮記作褕狄又虞韻 揄 同上又虞尤侯厚四韻〔增入〕

鷂 雉名青質五采亦作揄記揄狄狄與翟同〔晃重案〕爾雅注翬揄皆雉名伊洛而南素質五色皆備成章曰鷂音遙謂刻畫此雉形以為后夫人服也又

笑韻 ○ 要 伊消切身之中也劫也約也勒也又求也孟子以要人爵又待也遮也孟子將要而殺之又使數人要於路漢文帝欲征匈奴皇太后固要文

頴曰要劫也左傳天地以要我又笑韻 腰 身中亦作䙅本作要 䙅 杜甫兵車行行人弓箭各在䙅〔重增〕 邀 遮也招也通作要

喓 蟲聲詩喓喓草蟲 葽 草名 紗 急戾 妖 巧也豔也好也祥也孽也左傳地反物為妖漢志凡草物之類謂之妖妖

猶夭胎言尚微夭亦作媄又巧韻 媄 說文衣服謌謠艸木之怪謂之媄 祆 祥也說文引左傳地反物為祆亦作祅 祅 枖

木少盛貌 夭 一夭夭和舒貌又少好貌又盛貌書厥草惟夭字本作夭經典誤以夭折之夭為夭後世相承不敢改也又小晧二韻 宎 深窔莊子

宎者咬者又篠笑二韻誤訞○翹祇堯切危也鳥尾翹也又舉也亦作招招賈誼過秦論招八州而朝同列舉也
莊子有虞氏招仁義以撓天下韓愈諫臣論招其君之過竝揭增入荍荊葵又荍麥唐高承蕭傳野有荍實劭精異之意漢書劭農蘇林音
翹師古音劭晉灼曰勸勉也又笑韻○鴞于驕切鳥名亦作梟賈誼傳鴞飛入賈生舍晉灼曰異物志山鴞體有文色土俗因形名之曰服鴟鴞詩注鶚
鵂也鶹鵂一名[illegible]鳩緑色司馬彪注莊子鴞小鳩顏師古注賈誼賦鴟鴞惡聲之鳥爾雅有茅鴟今鳩
鴟也似鷹而白怪鴟即鴟鵂也梟鴟土梟也梟皆于梟亂天下注與鴞同又蕭韻增入○囂虛嬌切喧也亦作嚻又豪韻今圈
嚻左傳湫隘嚻塵杜預曰嚻聲也塵土也又豪韻今圈枵元枵十二次名一曰木根又虛也左傳枵耗名也元枵虛中也杜預曰元枵三宿虛
星在其中位在子時爲仲冬萬物歸根復命之時也居正曰元枵亦取根義蓋其呺虛大貌莊子非不呺然大也又豪號二韻重增歊熱氣
說文氣出也亦作歊又笑屋沃鐸四韻今圈歊漢班固敘傳曲陽歊歊注氣盛貌毊大磬爾雅注形如犂錧以玉石爲之又音喬今圈
獢猲獢犬短喙亦作驕驕詩載獫猲驕又見下增入蕎香草熇炎氣亦作歊又屋沃鐸三韻○趫
丘妖切捷也說文善緣木驕壯貌詩四牡有驕增入橇泥行所乘廣韻蹻橇行亦作鞽史記作橇又祭韻今圈鞽蹻舉足

行高又企也唐陳子昂傳蹻以待陷又見下又小藥二韻重增

○驕 居妖切馬高六尺又逸也恣也撒也自矜也獸也今圈

憍 憐也恣也逸也通作驕

穚 禾秀亦作喬

喬 揚子田甫田者茅喬喬又逸恣也禮記喬而野與驕橋同爾雅句如羽喬郭璞曰木枝拳曲如鳥毛羽也又見下增入

嬌 女字塗山氏之女曰女嬌禹娶之又態也又妖嬈也

鷮 雉名說文走鳴長尾雉

撟 矯矯高舉貌漢書敘傳賈生矯矯弱冠登朝師古曰合韻音驕又小韻增入

○喬 渠嬌切高也又姓又見上今圈

僑 旅寓而居又國僑鄭子產舟之僑號大夫又高也通作喬

橋 水梁又小笑二韻今圈

轎 軥車漢嚴助傳輿轎而隃領服虔曰轎音橋梁之橋謂隘輿車也薛瓚曰今竹輿車也又笑韻增入

蟜 廣韻蠪蟜螘也蠪音龍又小韻重增

蹻 廣韻驕也慢也重增

嶠 廣韻山銳而高亦作嶠又陵絕水曰嶠列子東海五山二曰員嶠音喬又笑韻重增

○燎 力燒切庭炬詩庭燎徐邈音力燒反鄭箋在地曰燎執之曰燭又曰植之門外曰大燭於門內曰庭燎皆是照衆為明案燎字當與宵韻僚遼等同音今據徐氏音收附在此又篠笑二韻增入

嶛 [illegible]也魏都賦劒閣雖嶛憑之者蹶重增

獨用

五

○爻 何交切交也效也易卦六爻又效韻今圈

肴 [illegible]體曰肴亦作餚又葅也俎實也啖也凡非穀而食曰肴古作肴

肴 漢王丹載酒肴於田閒候勤者而勞之增入

餚

殽 詩旨酒嘉殽殽核維旅毛傳殽豆實也鄭箋豆實葅醢也凡非穀而食之

曰殽又雜也董仲舒傳賢不肖混殽陳遵傳作溷肴通作淆又效韻今增 淆 水濁也亂也雜也通作殽 崤 山名在弘農亦作殽春秋殽之

戰書敗諸殽史記殽函爲宮亦作肴王莽傳肴黽之險 筊 爾雅小簫謂之筊又竹索又巧韻 姣 婬也左傳襄九年棄位而姣又巧韻重增

○交 居肴切戾也共也也領也交加參錯也 蛟 龍屬無角似蛇細頸頸有白嬰四脚 茭 茭草乾芻又馬蘄 艽

廣韻秦艽藥名亦作芁又幽尤二韻重增 郊 邑外曰郊說文距國百里周禮五百里爲遠郊祀天地在國南北郊故曰郊祀左傳啓蟄而郊杜預曰建寅之

月祀天南郊預蓋言孟春祈穀之祀也禮記正月日至可以有事於上帝周之正月建子言冬至祀天南郊也 鮫 海魚皮有文可飾刀又鮫人居水室織綃

嵺 山聳貌杜甫朝享太廟賦元甲嵺嵺以岳峙又蕭韻重增 膠 黏膏說文昵也作之以皮考工記注膠者謂煑用其皮或用角又黏泥不通葉

子置杯焉則膠又巧韻重增 嘐 鳥鷄聲亦作膠詩鷄鳴膠膠亦作咬又見下 咬 又於交切哇咬淫樂又巧韻 教 效也使之

爲也說文作季又效韻 ○敲 丘交切叩也橫擿也亦作摮又短杖曰敲亦作毃又效韻 摮 又豪韻增入 骹 脛也又巧

效二韻 墝 土堅又墝埆瘠土荀子注薄田曰墝又效韻 磽 瘠也薄也孟子地有肥磽與墝同又石地亦作磝說文磬土又效韻 磝

又效韻增入 鄗 山名左傳晉師在敖鄗之間杜預曰敖鄗二山在滎陽縣西北又晧沃鐸三韻增入 ○虓 虛交切毛傳虎怒貌又虎吼亦

作虓唬韓愈征蜀聯句下書過雄唬 烋色烋氣健貌又尤韻[今圖] 詨叫呼 嗃叫呼聲莊子猶有嗃也音義云管聲

又效覺鐸三韻[重增] 嚆莊子焉知仁義之不為桀跖嚆矢也音義矢之鳴者嚆大呼也[重增] 謞箭去聲莊子激者謞者[重增] 哮

豕驚聲又哮喘 髇鳴鏑亦作髐嚆 髐[增入] 嘐誇語孟子其志嘐嘐然注志大言大也[增入] ○ 䫜於交切目深

咬哇咬淫聲又哀切聲莊子宎者咬者 坳地坳下不平也莊子覆杯水於坳堂之上亦作凹 ○ 聱牛交切語不入也唐元結

曰聱牙為其不相聽從也又言辭不平易貌韓愈進學解詰屈聱牙 嶅山多小石亦作磝 磝同上又磽磝戍名磝音丘交反 ○

包班交切裹也姓也含容也偏旁作勹象曲身貌莊子包苴竿牘又叢生也易繫于包桑豐茂也書草木漸包又含頴也亦作苞又見下[今圖] 苞

叢生也豐也茂也詩方苞方體又苴名經典亦以苞體為庖包之包又包桑古易作包今作苞後漢臧宮傳論作苞桑又裹曰苞藉曰苴又小韻 胞

胎衣詩小弁箋獨不處母之胞胞胎乎陸音包又見下[增入] 枹木叢生又木名又虞尤二韻 ○ 胞披交切胞胎又見上[今圖] 拋

拋擲亦作摽抱又效韻[今圖] 摽公羊傳曹子摽劍而去之又擊也左傳長木之斃無不摽也又宵小笑三韻[今圖] 抱史記褚先生傳抱

山中汪昔茅反又皓號二韻[增入] 泡水漚 ○ 庖蒲交切廚也取烹炰之義周禮庖人注庖之言苞也亦作包 胞禮記胞肉吏之

賤者與庖同〔增入〕包犧包有魚包犧氏之王天下音並與庖同又如字〔重增〕麃鹿屬又宵小二韻咆嘷也跑足跑

地也蹴也鞄柔革工又巧覺二韻〔今圖〕匏瓠也可爲笙竽炮毛炙肉爊也亦作炰又效韻〔今圖〕炰詩包鼈膾鯉

○茅謨交切草名可縮酒爲藉又國名又姓亦作茆茆周禮茆菹鹿臡鄭大夫讀爲茅茅菹茅初生或曰水草古作菲又巧韻〔重增〕

貓捕鼠獸亦作猫禮記迎貓爲其食田鼠也又宵韻猫韓文猫相乳又宵韻〔今圖〕犛髦牛尾可爲旌旄又支韻从才誤〔今正〕

罞麋罟又東韻〔今圖〕媌方言秦晉之間凡好而輕者謂之娥自關而東河濟之間謂之媌列子娥媌靡曼今閩人謂妓爲媌○

梢所交切木名又木杪也又小業淮南子曳梢肆樂又玉梢舞者所執又船舵尾今人謂舶同稍爲梢子又宵韻〔今圖〕捎取也芟也掠也蕭韻良馬

名又宵韻〔今圖〕鞘鞭也又笑韻弰弓梢旓旌旗之流揚雄甘泉賦建光耀之長旓髾髮末相如賦注髮後

垂也師古曰燕尾之屬衣假飾也筲竹器容斗二升蛸蠨蛸長蹄俗呼喜子又宵韻○䜈楚交切代人言也禮記作

勦又效韻鈔又取也略也亦作抄勦又謄寫也又效韻抄又效韻〔今圖〕勦與䜈同禮毋勦說注勦猶擥也謂取他人之說以爲

己說也又勞也又篠韻从巢从力與勦不同○罺莊交切撩罟也巢大笙○巢鋤交切說文鳥在木上曰巢在穴曰

巢爾雅大笙謂之巢然則巢與藻同音也又國名今巢縣又篠韻今圓 樔兵車若巢以望敵也 ○勦輕捷韓愈詩巢生肖勦剛重增

⿱山巢嶅巢山高 漅湖名在合肥亦作巢 ○啁陟交切啁嘐聲也又與謿同東方朔傳詼啁而已又尤韻今圓 嘲言相

調也亦作謿从月誤今正 謿揚雄解謿从月音舟从月誤今正 ○鐃尼交切如鈴無舌有秉周禮以金鐃止鼓 呶讙聲亦作

詉 譊爭也恚呼也揚子譊譊之學 撓擾也晁錯傳匈奴之眾易撓亂也又豪小巧效四韻重增 怓心亂

獨用

六○豪胡刀切豕名鬣如筆管者又俠也英也淮南子智過百人謂之豪又長毛也亦與毫同从高从豕今作豪 毫長毛

又十絲曰毫十毫曰氂說文作豪籀文作毫孟子秋豪莊子豪末漢志言利析秋豪鮑宣傳有益毫毛史漢注秋豪成毛時端極纖細故謂纖小爲秋豪晉虞預傳毫氂

之失 號大呼也大哭也亦作嗥嘷諕呺又號韻从口从丂丂音考俗从号 皐周禮大祝令皐舞注皐作嘷謂呼入之也樂師令皐舞鄭康成

曰皐之言呼告國子當舞者舞也又見下古从自从夲與夲同音滔今作皐增入 皋同上又熊虎狒貍之聲也 譹莊子叫者譹者又號韻重

呺叫呼怒聲莊子作則萬竅怒呺又宵號二韻重增 濠水名唐改豪州爲濠取水名也 壕城下池 ⿰山豪山名

○蒿呼高切蓬蕭之屬 撓擾也攪也又交小巧效四韻 薅拔去田草亦作𢬦茠 𢬦 茠又尤韻今

圈 ○高 姑勞切高下之高又號韻 俗作高凡从高者皆然

皐 气之進也澤也詩九皐注九折澤也 左傳御以如皐亦作睪又岸也漢賈山傳江皐河瀕李奇曰皐水邊淤地也又詩皐皐訿訿 毛傳皐皐頑不知道也爾雅五月爲皐又見上 今圈

睪 澤也列子望其壙睪 如也釋文音皐又陌昔二韻俗作睪 重增

滜 同上史記歷書百草奮興姊鳺先滜索隱曰 子規春氣發動則先出野澤而鳴也 重增

咎 姓古咎繇亦作皐陶書咎單作明居

櫜 車上大櫜詩載櫜弓矢杜預注 左傳櫜鞬也又曰櫜以受箭又有韻

鼛 大鼓役事車鼓也長丈二 尺詩鼓鍾伐鼛

膏 脂也說文戴角者脂無角者膏元命包曰 膏者神之液也又澤也肥也又號韻

羔 羊子亦作美

美 增入

槹 桔槹以機汲水桔音戛

篙 刺船竿

○鑣 於刀切温器从金 鏖从麃从爊誤 今正

鏖 盡死殺人漢霍去病傳鏖皐蘭下晉灼曰世俗謂盡死殺人爲鏖糟師古曰今俗謂打擊之甚者曰鏖

爊 埋物灰中熟之漢書楊惲傳注 炰毛炙也郎令所謂爊也韓愈陸渾山火詩燖炰煨爊熟飛奔 重增

○敖 牛刀切游也楚人謂未成君爲敖又莫敖楚官名又蟹 足也又與熬同荀子天下敖敖然若燒若焦又號韻 今

圈 遨 遨遊通作敖

熬 乾煎八瓊脊濃熬方言九以火而 乾五穀之類自關而東謂之熬

獒 說文犬如人心可使爾雅狗四尺爲獒

螯 蟹大足亦作螯敖蟹首上如鉞者曰敖荀子蟹六跪二敖

嗷 衆口愁 亦作嗸

嗸 增入 詩哀鳴嗸嗸

謷 大貌莊子謷乎大哉又悲泣不止亦作譈又號韻不省語 重增 譈 又號韻 重增 𢧢 戟 鏊 鼇 海中大鼇

驁 樂章名禮公出入奏驁夏又號韻 摮 擊也又交韻 增入 翺 翺翔 囂 喧也孟子人知之亦囂囂注自得無欲之

貌亦作嚻又宵韻 嚻 同上又嚻然閑暇貌又宵韻 增入 ○ 褒 袍刀切揚美亦作褎裦又衣裾博也又號韻 今圈 褎 杜預左傳序因

行事以正褎貶 增入 褒 漢武紀褒德錄賢古作褎 增入 ○ 袍 步刀切長襦爾雅襺也以絮謂之襺說文袍襺王藻纊為襺縕為袍注纊新綿縕舊

絮廣韻作袌衣前襟又今朝服垂衣又號韻 今圈 袌 增入 謈 自謈痛冤之聲漢武令倡監榜舍人舍人不勝痛呼謈師古曰今人痛甚則稱阿謈呼

音哮 增入 ○ 毛 莫袌切國名又姓本為毫毛字又老也周禮王燕則諸侯毛鄭司農曰老者二毛故曰毛佩觿集曰河朔謂無曰毛注云漢書毛音無今

不敢 圈 髦 髮也髦亂也俊也爾雅注士中之俊如毛中之髦又髦選也注俊士之選也又髮也詩髧彼兩髦王藻親沒不髦又俊韻 今圈 旄 公車

旌旄亦作髦又丘前高曰旄徐援繹疑曰乘輿黃麾羽仗斑弓前左罼右罕執罼者冠熊皮冠謂之髦頭又史記昴星曰旄頭又號韻 今圈 軞 公車亦作

旄左傳趙盾為旄車之族監本注引左傳作軞誤 今正 犛 犛牛尾又支韻 [illegible] 車翣以禦風塵 芼 草覆蔓又菜也又號韻

枆 冬桃 秏 無也盡也漢書靡有孑遺秏無有毛米在者又號韻 增入 ○ 騷 蘇曹切愁也擾也憂也屈原作離騷言遭憂也今謂

詩人爲騷人漢書騷擾俗作搔又動也詩徐方繹騷又蕭皓號三韻[今圈] 搔 手爬杜甫詩注搔頭今之抓頭也抓音莊交反 繅 繹繭爲絲亦作繰又晧韻

繰 又晧韻[今圈] 溞 溞溞淅米聲 艘 船總名又尤韻[今圈] 颾 風聲 臊 豕膏臭一曰犬膏也

鱢 魚腥 槮 橚槮木長亦作槮橚音蕭又侵寑沁三韻 橾 本从喿字訛从參也[重增] 慅 動也憂也勞也又晧韻[今圈]

○操 倉刀切持也又號韻 ○遭 則刀切逢也遇也遌也 糟 酒母 ○曹 財勞切局也輩也衆也群也同事曰曹又國名又姓

槽 酒器馬槽酒槽 嶆 嶆嶆深空貌 艚 舟名 漕 衛邑名又號韻 嘈 聲也 螬 蠐螬蟲名

○刀 都高切兵名又錢也又蕭韻 魛 魚名 忉 忉忉憂也 裯 祗裯衣袂亦汗襦方言江淮南楚之閒謂之禮自關而西或謂之祗裯祗音低又尤眞二韻

舠 小船形如刀亦作刀詩曾不容刀說文作⿰舟周 ⿰舟周 ○饕 他刀切貪也說文俗作叨

叨 同上又忝也濫也 慆 悅也慢也久也又疑也左傳昭二十七年子家子曰天命不慆久矣凡慆蹈之類从舀舀音由上从爪下从杵臼之臼陷諂閻之類从臽臽音陷上从人

謟 疑也左傳昭二十六年王子朝辭曰天道不謟从言从舀舀音由與諂諛字不同元有圈[今正] 夲 王篇往來見鏡說文進超也从大从十猶兼十人也與根本字不同[增入]

縧 編絲繩亦作縚絛 縚 同上又劒衣 絛 周禮巾車絛纓五就

又蕭尤錫三韻[增入] 韜 劒衣亦作韜又藏也寬也 ⊕綢 纏也爾雅素錦綢杠又尤韻 弢 弓衣又與韜同莊子金板六弢 滔

漫也又水流貌又慢也左傳士不濫官不滔 ⊕洮 水名又兜下又宵韻 槄 山櫝 䑬 舟名 ⊕幍 巾帽士服如弁缺四角本

魏武帝製又洽韻[增入] ⊕挑 挑達往來相見貌詩挑兮達兮亦作夲又蕭尤條三韻[增入] ○ 匋 徒刀切瓦器也通作陶 陶 同上又再

成丘也窯也又皐陶鼓木又宵號二韻 淘 澄汰也杜甫詩淘米少汲水又盪也[重增] 醄 酕醄醉貌 鞠 皐鞠鼓木周禮作陶 裪 橘

衣袖 綯 絞也糾絞繩索也詩宵爾索綯 駒 騊駼北野良馬 蜪 蝮蜪蟓也 萄 蒲萄亦作匋晉索靖傳芝草蒲萄

⊕翿 翳也舞者所執詩左執翿亦作纛纛翢又晧號二韻 ⊕纛 同上又晧號沃三韻[今圖] ⊕纛 爾雅纛翳也又三韻[增入] 翢

爾雅翢纛也又羽葆幢[增入] 濤 海中大波亦曰潮頭 ⿺風壽 大風 ⊕幬 幔轂革考工記欲其幬之廉又虞尤號三韻[重增]

⊕檮 斷木又古謂頑嚚為檮杌杜預曰頑凶無儔匹貌又楚史記取於記惡以為名又尤韻[今圖] 逃 逸去也避也亡也播也 咷 號咷

桃 果名 ⊕洮 洮頮 鞉 小鼓著柄大者謂之麻小者謂之料亦作鼗鞀 鼗 書下管鼗鼓 鞀 唐李密書禹垂

鞀聽箴規之美 ○ ⊕勞 郎刀切疲也勤也又事功曰勞又號韻 簩 篔簩竹名 ⊕澇 水名又淫雨又號韻[重增] ⊕潦

水名相如賦酆鎬潦潏師古曰潦音牢水名出鄠縣西南山潦谷北流入渭廣韻作澇又晧號二韻[重增] 轑 撓轢也轢也漢楚元王傳陽爲羹盡轑釜注以勹轢釜今爲聲也又蕭晧笑三韻 牢 牲備也圈也廩倉也狴犴也堅固也毛詩傳牛羊豕曰牲繫養曰牢 醪 醕酒一曰濁酒 ○ 猱 奴刀切猴屬亦作獶 獶 同上又古之善塗墍者師古曰墍即今之仰塗也獶挍拭也故謂塗者爲獶人揚雄解難獶人亡則匠石輟斤而不敢斲字本作懮 懮[增入] 嶩 山名在齊亦作峱嶩从山从夒夒音猱从夔誤[今正] 峱 詩遭我乎峱之閒兮 嶩 臑 臂也一曰臂節又僊麌獮號四韻[今圈] ○ 尻 苦高切脊梁盡處說文脽也禮記兔去尻从尸从九與凥字不同凥音居[增入]

與戈通[通用]

七 ○ 歌 居何切詠也人聲也亦作謌 謌 哥 聲也廣韻古歌字唐劉禹錫傳屈原作九哥 柯 枝柯又斧斤柄 荷 水名書導菏澤被孟豬亦作菏此舊注也案今書禹貢作菏疑古作荷後人轉寫作菏或曰孔氏尚書至唐方顯舊注所據恐是別本文案今孔氏書導菏澤被孟豬徐音柯又音工可反韋氏音胡阿反有三音則荷字亦當作三音通用又見下又賀哿箇二韻 菏 又音何又哿韻[今圈] 舸 方言南楚江湘船大謂之舸杜甫最能行富豪有錢駕大舸又哿韻[重增] 戨 杙也所以繫舟亦作牱 牱 同上又牂牱郡名 茄 芙蕖莖又麻韻 䮍 䮍騀 ○ 珂 丘何切石次玉亦碼磁潔白如雪者一云螺屬生海中 軻 車接軸又孟子名又哿箇二韻案史

記孟子名軻字子輿是取轗軻之義當從平聲廣韻箇韻內注云孟子居貧轗軻故名軻字子居則又音去聲今兩存之 ○**訶** 虎何切大言而怒又譴也責也 **呵** 漢志縱而弗呵又噓氣又笑聲又箇韻[今圖] ○**阿** 於何切曲也隈也近也倚也保也大陵也丘偏高也又太阿劍名史記李斯傳服太阿之劍又繒也子虛賦被阿錫漢房中歌曳阿錫如淳曰阿細繒錫細布徐廣注史記齊之東阿縣繒帛所出故曰阿縞 **綱** 縞綺亦作阿 **娿** 婀娜不決韓愈答蘇歌詞背感激徒婀娜又哿韻[重增] **妸** 廣韻女字又哿韻[重增] **痾** 病也漢五行志妖孽謂之痾痾病貌言㟏深也 ○**何** 寒歌切儋也誰也辭也問也曷也賈誼傳在大譴大何之域師古曰譴責以何問也爰盎傳曰飲亡何亡音無師古曰無何計更無餘事又未多時曰無何亦曰無幾何蘠傳居無何又漢書注無何謂無故也又哿箇二韻 **河** 水出積石山自乾位來千里一曲九曲而入海 **荷** 芙蕖葉又蘘荷草苴也根旁生笋可以爲葅漢鄘令甘傳好荷禮注細也又哿韻 **苛** 小草也繁細也虐也說文苛小草也書政令繁細故曰苛政周禮苛罰注譴責也亦作荷 ○**莪** 牛何切草似斜蒿 [illegible] 唫也 **娥** 好也秦晉謂好曰娙娥 **俄** 行頃又傾貌詩側弁之俄 **峨** 嵯峨高大貌亦作嵯峩 **峩** 同上又嵳峩山名嵳嶭在三原縣北[增入] **鵝** 爾雅舒鴈鵝一名鴚鵝亦作䳘鵞 **䳘** 孟子有饋其兄生䳘者方言鴈自關而東謂之鴚䳘南楚之外謂之䳘或謂之鶬鴚江東通呼爲鴚 **鵞** 同上左傳昭二十一年鄭翩願爲鸛其御願爲鵞杜預曰

鵞鶖皆陳名夕榮鴐鵞魯大夫成伯 重增 蛾 蠶化亦作䖸蟻又紙韻 䖸 增入 蛾 揚雄傳虙妃曾不得施其蛾眉 增入 睋 視也

○ 娑 桑何切婆娑舞者之容又馺娑殿名又哿箇二韻 今圈 毿 毛羽婆娑貌白居易詩柳條毿毿 重增 髿 鬖髿髮貌見廣韻 重增

挱 摩挱亦作沙莏挲 沙 又麻禡二韻 今圈 莎 禮記共飯不澤手鄭康成曰澤謂挼莎也又草名又木似桄榔 莏 萵草

釋文煩撋猶挼莎也 重增 蓑 雨衣草亦作莎說文作衰 衰 同上又漢五行志宋仲幾無尊天子之心而不衰城師古曰衰城謂以草覆城也音

蓑又初危反謂以差次受功賦也又支脂夾三韻 增入 梭 織梭 傞 舞不止貌詩屢舞傞傞 犧 酒尊亦作獻又支韻 獻

又支願二韻 今圈 ○ 蹉 倉何切跌也又過韻 瑳 玉色鮮白又笑貌又哿韻詩巧笑之瑳有平上二音 磋 磨治亦作瑳詩傳治

象曰瑳又過韻 差 景差人名亦作瑳又支皆麻卦過禡六韻 增入 ○ 醝 才何切白酒亦作酇周禮酒正注酇白釋文酇白即今之白醝酒也

鹺 鹹也 齹 齒本又齒不齊亦作䶨左傳昭十六年鄭六卿餞趙宣子子齹賦野有蔓草又支韻 重增 䶨 又支韻 重增 瘥

病也詩天方薦瘥杜預曰小疫曰瘥大死曰札又卦韻 鄼 沛國邑名亦作酇 酇 同上又音贊王莽改曰贊治此沛縣之酇又南陽之酇本

音贊班固曰蕭何之所封與何同韻則南陽之酇亦有平去二音又歡緩翰三韻 今圈 艖 艑艖舟名又麻韻 痤 病也又人名戰國魏有痤

十九

瘥柳宗元傳范瘥騎危【重增】○多得何切衆也重也不少也又過也檀弓又多乎哉又曰多矣乎予出祖者○佗湯何切彼也亦作他

它又見下又支過二韻他又見下又箇韻【今圈】它詩它山之石易終來有它吉又說文云上古艸居慮它故相問無它乎亦作蛇又見下又

麻韻【增入】蛇虫也亦作它即今蛇𧈧字韓愈讀東方朔雜事詩褫身絡蛟蛇是龍蛇字通用也又支麻二韻【增入】詑欺也亦作訑訑

同上又自足貌孟子訑訑之聲音顏色又之旱翰三韻【今圈】拕引也曳也亦作扡拖又哿過二韻【增入】扡又過韻【增入】拖同上

晉書鄧侯拖不留又哿過二韻【增入】○駝唐何切馲駝亦作橐佗顏師古曰言能負橐橐而馱物故曰橐佗亦作它俗作駞佗同上又負

何也行貌又委委佗佗美也詩委委佗佗亦作蛇【增入】蛇同上韓愈石鼓歌二雅褊迫無委蛇【重增】它揚雄賦敺橐它又交橫貌相如賦它它藉

藉【增入】駞同上又馬名杜甫詩駞背錦模糊【增入】馱載何也李白詩吳姬十五細馬馱俗从犬非又箇韻【增入】鮀魚名又人

名衛有祝鮀【重增】他人名戰國并公之他秦尉他亦作佗【增入】紽絲縷數詩素絲五紽本又作它他同陀陂陀不平貌亦作陁

阤岮陁同上又明州昌國海中有補陁山【增入】阤荀子宥坐篇注王肅曰陵遲陂阤也又紙哿二韻【重增】岮沱滂沱

大雨又流貌又江水別爲沱又呼沱河名又哿韻跎蹉跎亦作𧿶𧿶杜甫送敬使君詩淮海莫蹉𧿶寄高適詩且得慰蹉𧿶【增入】迆

逶迤行貌亦作佗又支紙二韻 **酡** 酒容亦作酏 **酏** **驒** 青驪白鱗文詩有驒有駱 **鼉** 水蟲似蜥蜴而長大 **䲘** 魚名皮可冒鼓亦作鼉詩鼉鼓逢逢月令注鼉皮可以冒鼓李斯傳植靈鼉之鼓又獮韻 **池** 呼池水在幷州亦作沱沲山海經大戲之山滹沱之水出焉即光武所渡處漢書作呼沱今俗猶謂危度口王霸傳作虖沱河禮記晉人將有事於河必先有事於惡池惡音呼又支薛二韻 **沲** 李光顏傳裴度築赫連城於沲口 增入

○ **羅** 郎何切鳥罟又羅綺又國名又姓女羅草名汨羅水名 **蘿** 莪也又女蘿爾雅女羅兔絲字不从艸俗加之 **籮** 竹器 增入 **𬉗** 水名通作羅

○ **那** 奴何切何也大也都也於也盡也多也詩受福不那郭璞曰左傳棄甲則那那猶今人云那那也爾雅那多也於也於音烏於乎皆語之韻絕也杜預曰那猶何也又安貌詩有那其居又哿箇二韻 **難** 時難却凶惡亦作儺又詩其葉有難注難盛貌又寒翰二韻 **儺** 論語鄉人儺又行有節詩佩玉之儺有兩音又哿韻 **捼** 捼莎說文摧也一曰兩手相切摩也詩釋文引阮孝緒字略云煩撋猶捼莎也俗作挼 增入

八○**戈** 古禾切平頭戟又戟偏距曰戈又地名在宋鄭之間寒浞子殪封於戈少康滅之 **過** 經也又姓又過所也釋名過所至關津以示之或曰傳過也移所在識以爲信又周有內史過又寒浞子澆封於過少康滅之過韻古臥切超也失也 晁曰 經過之過則從平聲詩不我過孟子三過其門

而不入之類是也超過之過則從去聲論語師也過孟子過孟賁遠矣之類是也過失之過亦從去聲語可以無大過書改過不吝易有過則改左傳過而能改之類是也又易大小過徐邈音去聲王肅音戈袁宏三國名臣贊亦作平聲用合從二韻通押 **緺** 綬文又佳麻二韻 **輠** 車盛膏器又果韻 今圈

濄 水出淮陽入淮爾雅濄爲洵 **渦** 同上又姓又見下 重增 **媧** 女媧古聖女又佳麻二韻 **騧** 黃馬黑喙詩騧驪是騧又佳韻 重增 **蝸** 蝸牛莊子有國於蝸之左角郭音戈又麻韻 重增 **鍋** 温器 重增 ○ **科** 苦禾切程也條也本也品也又坎也孟子盈科而後進又科第論語爲力不同科揚子發策決科又木中空易爲科上槁 **薖** 寬大貌又飢意詩碩人之薖又草名 **窠** 鳥巢穴小爾雅鷄雉所乳謂之窠 ○ **渦** 烏禾切水回 今圈 **窩** 藏也窩也 重增 **踒** 足跌 **倭** 犬子唐李建傳倭子勸吾食吾輠飽 重增 ○ **和** 戶戈切順也諧也不堅不柔也調也溫也適也中庸發而皆中節謂之和左傳和如和羹又鑾和鈴也又笙之小者又相應也亦作龢又軍門曰和史記楚世家注昭陽移和而攻齊又過韻 **龢** **禾** 粟苗又稼之摠名 **鉌** 車鈴通作和左傳鍚鑾和鈴 ○ **訛** 吾禾切謬也外也化也動也由舒也詩或寢或訛亦作譌僞 **譌** **僞** 周禮馮相氏注中夏辨秩南僞釋文音訛又寘韻 增入 **吪** 動也 **囮** 鳥媒說文率鳥者繫鳥以來之 **鈋** 刓方爲圓 ○ **波** 補禾切浪也爾雅洛爲波又支韻 今圈

番 番番勇貌亦作僠又見下又元諫二韻 僠 嶓 山名書嶓冢導漾 碆 石為弋鏃史記楚世家碆新繳索隱曰碆亦作磻

磻 同上玉篇音波又音播又歎果過三韻【重增】○ 頗 普禾切頭偏古文尚書無偏無頗唐明皇改作無陂又果韻 坡 陂也亦作陂

陂 爾雅陂者陂又陂陀陵遲不平貌又支寘二韻【增入】○ 媻 蒲禾切說文奢也亦作婆又歎韻 婆 同上又婆娑舞貌又老媪之稱搜神記以琵琶為聾婆

鄱 地名古作番 番【今圖】又見上 皤 白也又鬢白亦作⿰番頁 ⿰番頁 ○

摩 眉波切研也又滅也隱也迫也揩也相切也又與磨同左傳摩厲以須王出董仲舒傳摩民以誼梅福傳厲世摩鈍 磨 治石亦作礳又過韻

礳【增入】又過韻 劘 劘也切也揚雄傳劘虎牙賈山自下劘上又支韻【增入】魔 鬼魔 ⿸广盧 栝也 麼 幺麼小也亦作麿又果韻下从幺作么誤【今正】

⿸麻月 同上廣韻偏病又麻果二韻 ○ 驘 盧戈切亦作騾 騾 虆 盛土籠亦作蔂樏又脂韻

蔂 又脂韻【增入】塁 又脂韻【今圖】蠃 蚌屬亦作蠡螺蝸又果韻 蠡 又支齊薺果四韻【今】

【圖】螺 蝸 內則蝸醢而苽食音力戈反【重增】○ 鞾 許戈切鞮屬亦作靴 靴

【獨用】

九○麻 謨加切苴麻又姓爾雅大枲謂之麻从广从兩木木音匹刀切麻片也又音泒林亦音泒麻紵也从从兩木誤【今正】蟆

蝦蟆亦作蟇蟆蟇漢武帝元鼎五年蟲蝦蟇鬭【增入】蟆杜甫月詩蝦蟆動半輪【重增】○葩披巴切花也又草花白又
華貌韓文詩正而葩古作芭（芭）同上揚雄弟子侯芭本傳音葩又邦加切芭蕉【重增】舥浮梁○巴邦加切巴蜀又姓蛇名地
名又尾也豝豕二歲又婁豬牝豕又龍尾星鈀兵車○杷蒲巴切田具又枇杷果名琶琵琶胡琴風俗通長
三尺五寸象三才五行四弦象四時釋名推手前曰琵却手後曰琶取鼓時以爲名也唐書自下逆鼓曰琵自上順鼓曰琶琵音毗爬搔也韓愈進學解爬
羅剔抉或作杷【重增】○（沙）師加切疏土爾雅頹爲沙毛詩傳水旁曰沙說文水散石也又大水別小水曰沙丘邐迆曰沙又汰也嘶也禮記沙鳴貍
又歌禡二韻（髿）髟髿髮垂貌又歌韻【今圖】毟長毛貌韓愈月蝕詩旗旄衛毵毟【重增】紗絹屬一曰紡纑亦作沙周禮內司服
素沙鯊魚名○（叉）初加切丫叉又取也手相錯也今俗呼拱手曰叉手又佳韻（差）舛也擇也又景差揚子音楚佳反又
支皆歌卦過禡六韻杈丫枝杜甫鵰賦突杈枒而皆折【重增】扠挾取也通作叉韓愈詩饞扠飽活臠【重增】（艖）舟名又歌韻
（靫）鞴靫箭室又佳韻【增入】○楂莊加切果屬似梨而酸亦作柤柤莊子柤梨橘柚又木闌也煎藥滓也俗作查（奓）
張也開也舊唐書陸贄傳奓言無驗不必用奓言猶夸言也又馬禡二韻【重增】○髽莊華切髽髻○（槎）鋤加切邪斫木又桴

也亦作查粧又馬韻〔查〕博物志仙查犯牛斗杜甫詩查上見張騫又姓又見上今圈 粧 古槎字漢貨殖傳山不粧蘖蘖謂髡斬之也增入

楂 水中浮木通作槎又鳥聲韓愈詩鵲鳴聲楂楂〔苴〕水中浮草又魚模麻語馬五韻 ○ 檛 職瓜切箠也魏志檛折其腳亦作棸

撾 撾 柳宗元書撾婦翁又摻撾擊鼓也增入 ○〔秅〕除加切禾四百秉說文秅也周禮注云聘禮十斗曰斛十六斗曰藪十藪曰秉

四秉曰筥十筥曰稯十稯曰秅又暮韻〔荼〕苦菜又茶陵縣名又魚模二韻增入 ⿰木荼 本草苦⿰木荼能去脂使人不睡晚摘者曰茗一曰荈葉可爲

飲巴南人曰蔎⿰木荼俗作茶 茶 陸羽茶經盧仝茶歌从艸入从木木音匹刃切元有圈今正〔涂〕泹涂亦作塗又模韻〔塗〕同上又塗

抹又模韻今圈 ○〔拏〕女加切牽引也攫也亦作拏又魚韻〔挐〕同上又絲絮相牽又魚韻增入〔笯〕鳥籠又模暮二韻

○ 遐 何加切遠也亦作假假〔假〕揚子假言周于天地又馬禡陌三韻增入〔徦〕漢郊祀歌假狄合處又馬陌二韻增入 瑕

玉玷又玉有赤色又遠也詩不瑕有害 霞 日旁彤雲 蕸 芙蕖葉亦作葭〔葭〕又見下今圈 蝦 蝦蟇又魚名重增

騢 馬赤白雜毛 赮 赤色 鍜 錏鍜頸鎧吳鍜鍛字不同增入 ○〔呀〕虛加切張口貌又見下 谺 谽谺

谷中谽音呼含切相如賦注大開貌亦作岈 岈 鰕 魚屬〔呿〕丘加切廣韻口張貌又魚御二韻重增 ○〔嘉〕

居牙切美也善也褒也亦作佳又善也嘉禮婚禮也凡陰陽際遇謂之嘉易曰嘉會足以合禮又禡韻从壴从加 今圖 佳 說文古牙反美也又佳韻 增入

加 增也陵也施也著也 家 居也宮也又姓婦謂夫爲家大夫受邑因家又百家諸子 珈 婦人首飾詩副笄六珈 葭 葦蘆

茄 芙蕖莖又具牙切菜名又歌韻 豭 牡豕左傳盍歸吾艾豭亦作貑 猳 史記衛世家與猳從之 重增 麚 牡鹿也

鴐 鵝屬 笳 笳簫卷蘆葉吹之胡笳子作之元有圈 今正 耞 連耞打穀具亦作枷 枷 同上又項械又禡韻 今圖

迦 身毒國賢人瞿雲號曰釋迦亦曰浮圖文中子齋戒修而梁國亡非釋迦之罪也 增入 ○ 伽 具牙切胡人名唐有孫伏伽韓愈詩僧伽晚出淮泗上 增入 ○ 鴉 於加切純黑反哺者謂之烏小而不反哺者謂之鴉亦作雅說文雅楚烏也一名鸒一名卑居秦謂之雅俗作鵶鴉又馬韻 今圖

雅 又馬韻 增入 鵶 丫 物之歧頭 啞 聲也亦作亞又馬陌二韻 亞 東方朔傳伊優亞者辭未定也

又禡韻 增入 ○ 牙 牛加切牙齒又將軍之旗曰牙[illegible]帳前謂之牙帳取其爲國爪牙也世因謂軍府治所曰牙史與衙通用又與芽同東方朔傳朱草萌牙又聱牙不相聽從見元結傳又語倔強貌韓文盤誥聱牙又馬禡二韻 今圖 芽 萌芽 枒 木杈杜甫鵰賦突杈枒而皆折又見下 重增

呀 廣韻吧呀大口吧音葩韓愈月蝕詩東方青色龍牙角何呀呀 重增 齖 廣韻齟齖齒不平正元結傳獨聱齖而揮車 重增 涯

水際亦作厓又支佳二韻

厓 爾雅涘爲厓又二韻【增入】

衙 地名又唐制天子居曰衙行曰駕又早晩衙集也又魚語御三韻

○華 胡瓜切榮也中夏曰華說文千五百里曰華亦作蕐又華山西嶽本作華書禹貢至于太華音如字又戶化反又見下又佳禡二韻

華 西嶽經典通作華又禡韻案張載劍閣銘高踰嵩華作平聲用宜從平去二聲通押【增入】

蕐 班固敘傳摛藻如春蕐又與華同漢志太蕐【增入】

驊 驊騮駿馬名古作驊列子左驥騮而右綠耳注古華字然則驊華通用字也

譁 讙也俗或讀如花非案字書無花音蓋顏師古注劉向傳作火瓜反誤耳

○華 呼瓜切爾雅華荂也本作蕐俗作花

蕐【增入】

花

化 後漢馮衍論與時變化章懷太子曰叶韻音花又禡韻【增入】

○誇 枯瓜切大言亦作侉

侉 書驕淫矜侉【增入】

夸 奢也又與侉同漢揚僕傳懷銀黃夸鄉里又馬韻【今圈】

荂 華榮又虞韻【今圈】

姱 好也

恗 心自大又模韻【今圈】

跨 跨跨兩股閒廣韻吳人謂坐爲跨則爲騎跨之跨又行不進也又馬暮禡三韻【重增】

胯 廣韻兩股閒又三韻【重增】

⿰亻瓜 ⿰亻瓜邪離絕貌又不正也亦作華又佳韻【增入】

華 周禮形方氏掌正封疆無有華離之地亦作蕐【增入】

蕐【增入】

○瓜 古華切蔓生蓏也佩觽集曰俗以苽蔣之苽爲瓜果非

媧 女媧古之聖女又佳戈二韻

騧 黃馬黑喙又二韻

⿰馬瓜 宋明帝以騧字旁似禍改作⿰馬瓜【增入】

緺 綬文又佳戈二韻

蝸 蝸牛嬴屬又二

增韻二　二十三

韻○窊烏瓜切汙下也窪清水一曰窊也深也洼渥洼水名又深也又佳韻蛙水蟲似蝦蟆小而脚長亦

作䵷鼃又佳韻鼃又佳韻【今圈】䵷同上又淫聲班固曰紫色䵷聲又曰淫䵷不可聽者非韶夏之樂也義與哇同如用蛙黽淫䵷則從分押

又佳韻【增入】哇淫聲又小兒啼又吐也孟子出而哇之又佳韻娃美女方言娃美也又館娃宮名揚雄反離騷資娵娃之美髢兮音烏佳反

又佳韻【重增】汙坎地為窐禮記汙尊抔飲又窊下也孟子智足以知聖人汙湏蛙又模暮二韻○奢詩遮切張也侈也勝也俗作奓

【重增】賒遠也又不交也貰買曰賒畬火種田又魚韻赦宥也釋也韓愈詩事在不可赦作平聲用又禡韻【增入】○些

思遮切廣韻少也又霽智箇三韻【重增】○車昌遮切釋名車舍也左傳輔車相依又姓漢田千秋以年老得乘小車出入省中時人謂之車丞相

子孫因以為氏又魚韻○嗟咨邪切歎也咨也亦作𧪘髊𧪘髊罝兔罟本作罝亦作罝○衺

徐嗟切不正也姦思也圍也亦作邪耶邪又見下及魚韻【今圈】耶荀子耶枉僻回失道途又見下【重增】斜不正說文抒也又見

下蒣茅穗又蒣蒿亦作斜○遮之奢切要也斷也蔽也攔也揚雄賦前後要遮漢高紀董公遮說○闍石遮

切闍闉城上重門又模韻鉈短矛又支韻【今圈】蛇毒蟲亦作蛇它又支歌二韻虵又支韻【今圈】它又支韻【增】

入 ○釾 余遮切鏌釾劒名一曰大戟亦作鏌鋣莫邪莫耶 鋣 邪 賈誼賦莫邪爲頓兮應劭曰莫邪吳大夫也作寶劒因以冠名薛瓚曰說文莫邪大戟也又僻邪木似櫻櫚皮可爲索又疑辭亦作耶又渾邪匈奴號琅邪山名郡名俗作瑯非 耶 荀子莫耶長刃利鋒又疑辭又淳于髡傳汙耶下地說苑作汙邪又俗謂父曰耶杜甫詩見耶背面啼亦作爺杜甫詩爺孃妻子走相送唐駙馬輩謂高力士爲耶 重增 斜 秦谷口地名班固賦右界褒斜瓚曰褒斜二水名 枒 木名亦作梛椰 今圈 椰 同上吳都賦椰葉無陰注無枝條高故也

通用 與唐通 十○陽 余章切陰陽二氣又日爲太陽爾雅山東曰朝陽山西曰夕陽說文高明也又好日也清也雙也佯也山南水北也營天功明萬物謂之陽爾雅十月爲陽太歲在癸曰昭陽又炕陽張皇自大之貌又眞韻 今圈 昜 古陽字日也又與暘同廣韻飛也又曲昜縣在交趾从旦从勿與易不同昜从日 重增 暘 日出又日氣 楊 木名又赤莖柳又姓 揚 發也顯也舉也又州名又揚雄姓亦作敭又鉞也詩干戈戚揚又眉之下爲揚詩子之清揚 敭 颺 風飛物又稱也與揚同書時而颺之左傳子少不颺杜預曰顏貌不揚顯又大言而疾曰颺書皐陶拜手稽首颺言並音揚又漾韻 瘍 瘡痍 鍚 鏤鍚馬面飾亦作鐊杜預曰在馬額又兵名禮記朱干設鍚 鐊 瑒 廣韻玉名唐有申屠瑒又蕩梗漾三韻 重增 霷 十月爲霷爾雅作陽 禓 道上祭一曰道神又見下 增入 煬 融也炙也莊子抱德

煬和又漾韻【重增】

羊 柔毛畜又姓又與徉同漢武帝賦惟幼眇之相羊師古曰相羊翺翔也郊祀歌貳雙飛之常羊又曰周遊常羊思所并師古曰常羊猶逍遙也又商羊鳥名

鴹 鷸鴹鳥名家語作商羊又見下【今圖】

徉 彷徉猶徉徙倚之貌亦作羊

洋 洋洋盛大貌又𤄷也莊子望洋向若而歎爾雅思也

痒 病也詩癙憂以痒稼穡卒痒又養韻【增入】

佯 詐也漢梅福傳箕子佯狂於商亦作陽楚元王傳陽為蓑盡轑釜東方朔傳箕子被髮陽狂鄒陽傳揚襮傳武庫日出兵而陽不知亦作詳又徐羊切弱也【增入】

詳 范雎傳詳為好書韓信傳詳狂為巫又見下 ○

芳 敷房切芬芳

妨 害也礙也又漾韻【今圖】

方 四方也正也比也量也術也板也聘禮不及百名書之於方禮記文武之政布在方策又賈山傳使皆務其方以高其節注方道也左傳教之以義方論語且知方也方者義之所在也又桴也詩方之舟之又唐養二韻【今圖】

放 荀子不放舟不避風則不可涉也注放讀為方方附也編木為附附即桴也又養漾二韻

祊 祭四方也周禮致禽以祀祊又庚韻

肪 脂也

坊 邑里又見下

枋 木名可作車又桴也亦作方放又漾映二韻 ○

房 符方切室也又俎也又宿名又舍也杜預注左傳引書辰弗集于房謂日月不居其居左傳皆火房也注亦曰舍又箭室曰房左傳納諸廚子之房又阿房宮名有兩音又唐韻

防 隄也禦也亦作坊漾韻【見禮韻】月令脩利隄防音房義與去聲同如周禮稻人以防止水所人防必因地勢善防者水淫之並無二音合於平去二聲通押

坊 經解以舊坊為無所用而壞之

者必有水敗音與防同又見上今圈 魴 魚名 ○ 亡 無方切逃也失也死也不在也漢書不以在亡爲辭又樂酒無厭謂之亡又盡也無

也孟子問有餘曰亡矣又虞韻今圈 忘 不誌也忽也遺也又漾韻 芒 草耑又木正曰句芒大人賦使句芒而將行張揖曰東方青帝之佐也左

傳重爲句芒揚雄河東賦麗鉤芒與驂蓐收兮又唐蕩二韻今圈 鋩 刃耑 望 瞻望又怨望聲望詩令聞令望陸德明曰如字又協韻音芒又

表望易萬夫之望協韻平聲又弦望易月幾望又漾韻 朢 說文弦朢字經典通作望又漾韻朢與望皆从月从壬壬音珽增入 宋 宋廟梁也

又音茫又庚韻今圈 ○ 襄 息良切贊也平也除也成也駕也詩兩服上襄言爲衆車之最良也成事曰襄左傳克襄大事謚法因事有功曰襄辟土

有德曰襄又包也上也書懷山襄陵又人尚切係舊諱同音其平聲不當迴避今圈 緗 淺黃如桑初生色 纕 佩帶又棱臂 瓖

馬帶玦 相 交相又共也瞻也論文省視也又質也詩金玉其相又漾韻 廂 廡也亦作箱漢書注室有東西箱曰廟晁錯傳趨避東箱

箱 大車牝服又竹器 湘 水名出零陵又烹也詩于以湘之 驤 馬之低仰騰躍也馳駕也遠也舉也亦作襄鄒陽傳交龍襄首

奮翼 ○ 鏘 千羊切鏗鏘玉聲亦作瑲將又庚韻今圈 瑲 將 詩佩玉將將又請也詩將仲子將子將伯又嚴正也詩應門將

將犧尊將將又見下又唐漾二韻增入 嶈 山激聲西京賦激神岳之嶈嶈重增 槍 距也稍也又剡葦傷盜謂之槍又庚韻 蹌

動也詩濟濟蹌蹌鄭康成曰士大夫之威儀也又舞貌書鳥獸蹌蹌 **搶** 拒也集也突也飛掠也莊子搶揄枋又庚韻[重增] **蹡** 行貌又漾韻[今]

[圈] **斨** 方銎斧詩又缺我斨 **鶬** 聲和詩八鸞鶬鶬又鶖鶬鳥名又唐韻[增入] **牄** 說文鳥獸來食聲亦作蹌[增入] ○

將 資良切欲然也送也奉也大也即也養也扶侍也行也賫也持也隨也挾也與也偕也攜也領也蘇林曰將甫始之辭也又抑然之辭又干將古劒工因

謂劒爲干將相如賦建干將之雄戟張揖曰干將韓王劒師 **漿** 漿水从爿从夕从水當作漿 **將** 水草又養韻 **螿** 蟬屬當作

[illegible] **槳** 所以隱櫂縱曰櫓橫曰槳赤壁賦桂櫂兮蘭槳叶韻音漿當作槳又養韻[重增] ○ **詳** 徐羊切審也論也諟也語備也又見上[今]

[圈] **祥** 福也善也災異也凡吉凶之兆皆曰祥易視履考祥書龔于休祥漢志妖孽自外來謂之祥書亳有祥左傳將有大祥又喪禮期而小祥又期而大

祥皆祭名去凶從吉之義也 **庠** 有虞氏之學養老之宮也 **翔** 回飛去作鴹又行而張拱曰翔曲禮室中不翔又與詳同漢西域傳道里遠近

翔實矣 **鴹** 漢郊祀歌聲氣遠條鳳鳥鴹[增入] ○ **牆** 慈良切垣墉又門屏曰蕭牆亦作墻廧 **墻** **廧** 鄒陽

傳牽帷廧之制又廧咎如赤狄別種春秋傳作廧[增入] **檣** 颿桂 **戕** 外殺又傷也 **嬙** 嬪嬙婦官又職韻[今圈] **蘠**

草名爾雅蘠蘼虋冬又東蘠子十月熟可食相如賦東蘠彫胡亦作薔 **薔** 薔薇花名又薔蘘似蕉而小芽如筍可食又職韻[今圈] ○ **啇**

尸羊切金行之音五行之中唯商取清商傷也其氣遒勁彫落萬物律中夷則夷亦
傷也故兊之九四曰商兊正秋故也又國名又行賈也商量裁度也漢志通財鬻貨
曰商說 謫 度也荀子謫德而定位注與商同見錯傳謫及贅壻賈 傷 創也
文作賫 人从言从商與謫罰字不同謫罰字从商音的【重增】 悼也
痛也感也戕也害也 殤 未成人喪 禓 禮記郊特牲鄉人禓注禓強鬼也謂時儺
損也又漾韻【今增】 索室敺疫逐強鬼也音傷廣韻云道上祭
【重增】 觴 酒卮之摠名實曰觴虛曰觶三禮圖 醻 班婕好賦酌羽觴兮銷憂孟
云凡諸觴形皆同升數則異亦作醻 康曰羽觴爵也作生爵形有
頸尾羽 鬺 煑也漢志鬺享 湯 湯湯流貌又水盛貌 暘 浮 惕 直疾
翼【增入】 上帝古文作鬺 又水聲又唐宕二韻 壤 貌禮
記行容惕惕又音陽从心从易與怵 饟 饋也見廣韻又 ○ 商良切曰
惕字不同怵惕字從變易之易【重增】 養漾二韻【重增】 昌 光也善也
盛也顯也文昌星名又漾韻 閶 閶闔 倡 倡優女樂 菖 蓀也通作昌左
上从日下从子曰之曰【今圈】 天門 又漾韻 傳享有昌歜本
草一寸九節者名 猖 披猖縱裂 創 傷也又始造之也叔孫通欽傳禮儀是
昌蒲麄者名昌陽 貌又猖狂 創合韻音昌又見下又漾韻【增入】
滄 寒也列子滄滄涼涼釋文引周書天地之 愴 悽涼又悽愴悲 悵 悵
間有滄熱云亘譚新論作愴涼又唐韻 惻又漾韻【重增】 倀
無見貌記瞽者無相倀倀乎其何之 敞 屋無壁又 ○ 章 止良切明也采
廣韻失道貌又狂也又諍韻【重增】 養韻【增入】 也程也文也大

章堯樂又昭也表也記大章章之也武帝褒章六經考工記赤與白謂之章又大林木曰章章株也漢貨殖傳木千章又成事成文曰章孟子不成章不達莊子中道不成章詩有章句又與彰同書五服五章俊民用章老子法令滋章揚子齊人章章又周章征營貌又懼貌亦作慞又舅姑謂之尊章亦作嫜又考工記繢畫之事山以章鄭氏注云章讀爲獐非也案爾雅釋山正平謂之章章蓋山之上平者耳又姓

彰 說文章也从章从彡彡音杉毛髮貌然則說文以彰爲文章者謂鳥獸羽毛之文也如夏翟虎豹之屬亦通作章詩織文鳥章又著也明也書嘉言孔彰又著明之也書彰厥有常亦通作章漢鄭[illegible]傳引書作章

嫜 杜甫新婚別何以拜姑嫜 重增

璋 半圭曰璋周禮以赤璋禮南方注半圭象夏物半死又平璋以起軍旅

鄣 莒鄣地名見左傳又塞也禮記鯀鄣洪水又漾韻 今 圖

漳 水名

墇 隔也塞也亦作鄣障又漾韻

障 同上又擁蔽也內則注擁猶障也又障泥韃飾亦作韇又丘山頂平爾雅作章又漾韻 今 圖

樟 豫樟木名通作章

獐 麞屬亦作麞考工記注齊人謂麞爲獐非也麞大於鹿有角獐似麃而小無角 增入

麞 唐書麞頭鼠目 增入

○常 辰羊切久也經也主也又姓又旗名又八尺曰尋倍尋曰常又荀九家易兌爲常西方之神也常棣詩注棣也陸德明云常棣棣也以爲栘者非

尚 毛也漢官儀尚書又漾韻如漢官尚方尚食無音合從平去二聲通用

裳 下衣曰裳說文亦作常又越裳國名王充論衡作越甞

甞 秋祭又探味也試也曾也古作嘗

償 酬也還也當也復也報也又漾韻

鱨 魚名詩鰷鱨鰋鯉 增入

○穰 如羊切豐也禾莖也果實犀也浩穰繁多也邑名又姓又養韻 禳 祀除殃也鄭康成曰却變異曰禳禳攘也 攘 推也
攘也除也祛逐也止也卻退也揬也擾也亦作𢻱鄒陽傳攘袂而正議師古曰攘袂猶今人言捋臂耳孟子馮婦攘臂下車又耕養二韻又人尚切遜也見封禪書係與
舊諱同音其平上二音不當迴避 𢻱 古文作𢻱 𢻤 剝裂唐則天賛皺𢻤神器【重增】 勷 廣韻迫也王篇走貌韓愈征蜀聯句渾奔
肆狂勷【重增】 𨞰 邑名通作穰 瀼 瀼瀼露多貌又蕩韻【今圈】 瓤 瓜犀 ○娘 女良切少女之稱南史不畏蕭
娘與呂姥唐初有嫵媚娘曲【增入】 ○霜 師莊切凝露 驦 驌驦良馬亦作騻爽又養韻 騻 又養韻【今圈】 爽
左傳唐成公有兩肅爽馬杜預曰駿馬名陸德明音霜又肅爽神鳥亦作鷞鸘又清快也明也差也詩其德不爽壽考不忘沈括云古人詩之叶韻也音霜又養韻【增入】
鷞 鸘鷞又養韻 鸘 又養韻【今圈】 孀 嫠女列子京城氏之孀妻又曰孀妻弱子崔子王清河王誅惠於嫡孀【增入】
創 刱莊切傷也痍也禮記頭有創則沐俗作瘡又見前 瘡 南史宋武帝紀虎魄療金瘡【增入】 ○莊 側霜切嚴也六達之
路也端也矜也齊肅也莊舍也从士監本从土誤【今正】 妝 女子又飾也亦作粧 粧 裝 齎也裹也又飾也亦作䙏 䙏
見後漢杜林傳【增入】 ○牀 仕莊切臥榻俗作床 ○張 職良切弦弓曰張又宿名又譸張誑也又姓又設也夸也主張也漢材官

能脚蹋彊弩張之曰蹶張又漾韻 粻 糧也禮五十異粻詩以峙其粻 漲 汎漲廣韻水大貌又漾韻 增入 ○ 長 仲良切久也遠也常也脩也長短之對古作镸亦作镸凡从镸者與長同又養漾二韻 場 祭神道一曰收禾圃顏師古曰築土爲壇除地爲場亦作塲 塲 漢王褒頌恬淡無爲之塲 增入 腸 腹腸水穀二道 萇 萇楚又姓 ○ 良 龍張切善也首也長也又與頗同頗久曰良久或以爲良久少久也一曰良略也聲輕故轉略爲良又器工曰良亦作俍又養韻 今圈 俍 莊子工乎天而俍乎人音義云工也又盧黨切係 聖祖名同音合當迴避其餘照式許用 重增 蜋 蜣蜋一名蛣蜣能摶糞土爲圜莊子注以蜣蜋而笑蘇合又唐韻 重增 踉 莊子跳踉乎井幹之上本亦作梁又音郎 重增 梁 棟梁屋脊木曰棟負棟者曰梁又冠梁冠上橫脊又陸梁彊梁又姓又橋梁國語水涸成梁孟子十一月輿梁成韓愈答張籍詩注石絕水爲梁梁所以節水又獻梁周禮時獻爲梁又大梁地名大音泰又大梁十二次名从水从刅从木刅音楚良切與刃字不同 今正 粱 穀名 輬 顏師古曰轀輬本安車也所以臥息後因載喪飾以柳翣遂爲喪車轀者密閉輬者旁開各別一乘隨事爲名後人既專以載喪又去其一摠爲藩飾而合二名呼之孟康曰如衣車有窻牖閉之則溫開之則涼故以名也 增入 量 槩度多少也又漾韻 糧 糗粮亦作粮 粮 涼 微冷又薄也左傳作法於涼又風名爾雅北風謂之涼孟子踽踽涼涼趙岐曰有威儀如無所施之皃俗作凉又漾韻詩涼彼武王職涼善背皆有平去二音 今圈 凉

見廣韻增入 飈北風爾雅作涼 ○ 香虛良切氣芬芳亦作薌漢尚書郎懷香握蘭古文从黍从甘今作香 薌記合羶薌又穀氣

鄉萬二千五百家周禮五家之內曰鄉王畿六鄉古文作鄉从兩邑从皀皀古鄉字今文作鄉又養漾二韻作鄉誤今正 膷牛羹禮有膷膮臐

饗祭而神歆之漢郊祀歌山河饗師古曰合韻音鄉亦作享又養韻增入 享郊祀歌庶幾宴享又曰神夕掩虞蓋孔享竝音鄉古作亯又養韻增入

○ 羌驅羊切西羌又章也強也發語端也說文西戎牧人从羊从人 蜣蛣蜣郭象莊子注夫以蜘蛛蛣蜣之陋而布網轉圜不求之於工匠則萬物各有能也蛣音丘乙切重增

慶發語辭猶乃也離騷慶夭㛹而喪榮音羌亦作羌又福也詩黍稷稻粱農夫之慶沈括云古人叶韻字音羌易必有餘慶陸績音羌又庚敬二韻增入

○ 薑居良切菜名辛而不葷說文御濕之菜本草通神明去臭氣多食損智史記千畦薑與千戶侯等亦作薑

疆 畺界也亦作疆壃彊 彊又養韻今圈 壃 彊賈誼新書衞侯名辟彊周行人曰啓彊辟彊天子之號也諸侯弗得用衞侯更名燬顏師古曰辟彊言辟禦彊梁者辟音壁彊音渠良反一說辟讀曰闢彊讀曰彊言開土地也又詩鶉之彊彊箋云居有常匹飛則相隨之貌陸音姜又見下又養韻增入

僵僨也仆也莊子推而僵之亦作傹 傹荀子可炊而傹也注炊與吹同傹當爲僵言可以氣吹之而僵仆傹音姜重增

韁馬紲 橿鋤柄又枋也一名萬年木 姜姓神農之後 ○ 彊渠良切健

也暴也壯盛也弓有力也亦作強又見上 強 同上又米中蠧蟲又養韻[今圖] ○ 央 於良切中央又久也已也詩夜未央注央旦也顏師

古曰猶未半也顏說是王逸注楚辭央盡也漢武帝賦惜蕃華之未央又未央漢宮名又庚韻 殃 咎禍 袂 荀子橋泄者人之殃注殃或爲袂[重]

[增] 鉠 鉠鉠鈴聲 鴦 鴛鴦 秧 禾苗 泱 深廣貌詩維水泱泱亦作滉又宏大之聲左傳泱泱乎大風也哉又蕩韻

雵 廣韻雵霙雲貌又庚韻[重增] ○ 王 于方切帝王大也主也君也天下歸往謂之王古文作王从一从工說文一貫三爲王董仲舒

曰古之造文者三畫而連其中故謂之王三者天地人也而參通之者王也字林曰三者天地人一貫三爲王又漾韻二韻古文帝王字則作王上二畫密下一畫疎金

王字三畫皆均無點秦用隸書以其疑與帝王字無辨故加點爲王以別之而以畫均者爲帝王字又素王莊子及左傳並音于況反[易伏讀]眞宗皇帝御製褒大成

贊云昭然令德偉哉素王人倫之表帝道之綱作平聲用則二韻亦可通押 ○ 狂 渠王切狂者進取又心病韓子心不能審得失之地則謂之狂

又漾韻[今圖]

十一○唐 徒郎切國名又姓又大言也莊子荒唐廣大無域畔也又莽蕩貌爾雅廟中路謂之唐詩中唐有甓又唐棣一名栘似白楊

塘 隄岸亦作唐揚雄賦踐蘭唐謝靈運詩池塘生春草謂池之隄岸也 螗 蟬屬蛁蟟也集韻通作螳 螳 同上又螳蜋莊子螳蜋怒

其臂以當車轍〔增入〕○盪廣韻盪突亦作傏偟通作唐又蕩宕二韻〔重增〕餹飴也亦作餳○餳又清韻詩有瞽注簫編小竹管如今賣餳者所吹陸德明音唐又夕清反〔增入〕○踼跌踼行失正見廣韻又宕韻〔重增〕棠說文牡曰棠牝曰杜草木疏甘棠今棠棃又相如賦沙棠櫟櫧張揖曰沙棠狀如棠黃華赤實味似李無核堂殿也屋也正寢也堂堂盛也明顯也漢郭丹傳注太守廳事曰黃堂又明堂王者朝諸侯之宮黃帝曰合宮亦曰明庭史記黃帝接萬靈於明庭堯曰衢室舜曰總章夏曰世室商曰重屋應劭曰亦曰陽館周曰明堂魯曰太廟記太廟天子明堂秦兼四代之制呂氏月令東曰青陽南曰明堂中央曰太廟西曰總章北曰元堂蔡邕月令章句明堂與太廟異名同實公玉帶明圖制如崑崙左傳不登於明堂杜預曰祖廟也所以策功古亦作坐○碭山名又蕩宕二韻○當都郎切當猶合也理合如是也又敵也抵也承也值也丁也蔽也即也又處斷罪人曰當言使罪法相當漢霍去病傳斬首捕虜過當言不啻相等也易當位不當位與位當位不當皆平聲又宕韻襠袴襠又裲襠亦曰窮袴璫充耳之珠又相如游獵賦華榱璧璫注璧璫以玉爲椽頭當即所謂琁題者也三輔黃圖注云一曰以璧玉飾瓦之當也又丁璫玉聲亦作當東又琅璫鐸也杜甫詩風動金琅璫亦作鋃鐺○鐺鋃鐺鎖漢西域傳作琅當師古曰長鎖又鋃鐺金聲又庚韻○東丁東聲也又東韻〔增入〕簹篔簹竹名

○湯他郎切熱水又商湯又姓又蕩也詩子之湯兮又陽宕二韻鏜鍾鼓聲詩擊鼓其鏜廣韻以鐵貫物○郎

魯堂切官名又姓又地名又男子之稱婦人謂夫爲郎郎猶言良人也从㫗从邑今作郎又與廊同東方朔傳累郎臺師古曰郎堂下周室 廊 廡也

浪 滄浪水名又淋浪淋漓貌聊浪游放貌揚雄賦聊浪乎宇內又宕韻又盧黨切係聖祖嫌名合當迴避其餘照式許用下㾁筤閬硠同

狼 獸名董仲舒策秦以貪狼爲俗注狼性皆貪故以貪爲貪狼又狼戾狠藉如豺狼跡躪物縱橫雜亂貌又盧黨切【今圖】

筤 蒼筤竹易說卦音郎又車籃又盧黨切【今圖】

閬 高門又宕韻又盧黨切【增入】

硠 硠磕石聲韓愈詩乾坤擺礌硠又盧黨切【重增】

琅 琅玕又倉琅宮門鋪首銅環

稂 禾粟生而不成又草名似莠亦作蓈

榔 桄榔木名又檳榔相如賦作賓桹

桹 高木又鳴桹以敺魚【增入】

蜋 螳蜋一名蟷蠰音囊一名蝎又陽韻【今圖】

○ 囊 奴當切袋也有底曰囊無底曰橐又倉囊猶搶攘也又耕韻【今圖】

○ 滂 普郎切沛也渥也亦作霶霶沛又宕韻【今圖】

霶 雱 同上詩雨雪其雱盛貌【增入】

汸 荀子汸汸如河海【增入】

磅 石聲又庚韻【今圖】

○ 旁 蒲光切側也古作㫄凡从旁者皆然爾雅二達曰岐旁謂岐道旁出也又旁午交橫也又耕宕二韻【今圖】

傍 同上又近也又二韻【今圖】

彭 彭旁也易匪其彭又見下又庚韻【增入】

房 史記秦作阿房宮又陽韻

彷 彷徨猶徘徊征營也亦作徬徨傍偟仿偟方皇又養韻【今圖】

仿 相如賦仿偟乎海外亦作彷史記荊軻傳仿偟不能去又養韻【增入】

徬 又宕韻【增入】

方 荀子方皇

周浹於天下又陽養二韻今圈 ○ 茫 謨郎切滄茫水貌又茫茫廣大貌亦作汒芒又蕩韻今圈 汒 莊子汒若於夫子之言又諄芒音義云亦作汒並音母剛反重增 芒 詩宅商土芒芒左傳芒芒禹迹又詩洪水芒芒又光芒柳文亭芒寒色正又罷倦貌孟子芒芒然歸又見下又陽蕩二韻

增入 忙 列子忙然無以應汪失據貌重增 慌 周官考工記慌氏治湅陸德明音茫舊本作慌誤今正 忙 怖也宂也 蘉 勉也書乃是不蘉上从𠂉監本从廾誤今正

明 光明又目力也辨也著也又庚韻經史中多叶韻讀爲茫如易天下文明詩東方明矣匪東方則明韓愈詩謂我智不明皆叶韻亦作朙又耕韻重增

○ 桑 蘇郎切木名又姓扶桑日出處空桑山名伊尹生處在冀北楚辭圖[illegible]冥於空桑窮桑地名在魯北左傳遂濟窮桑杜預曰窮桑少皞之號也玉篇云俗作桒又庚桑子亢倉子亦作庚桑又見下又漾韻增入 顙 東齊謂頟爲顙魏文帝登東巡臺臨江觀兵詩鄭人懼稽顙叶韻音桑又蕩韻重增

喪 喪紀又持服曰喪記子夏喪其子孔氏不喪出母孝經喪親又襯匶記送喪不由徑又宕韻古作𠷓史記作器

○ 倉 千剛切藏穀廩又姓古有倉頡又倉氏漢文帝時倉官之後又倉庚鳥名又倉卒悤遽貌又與蒼同月令駕倉龍今圈 蒼 深青色又姓春曰蒼天詩悠悠蒼天陸云本亦作倉又蒼黃悤遽貌漢書張蒼蒼頭史蒼頡蒼卒皆亦作倉又老成也杜甫詩結交皆老蒼謂華髮蒼浪又蒼生草木蒼然生唐張說傳蒼蒼群生又蕩韻

滄 水名又滄海又滄浪水名亦作倉甘泉賦東燭倉海又陽韻今圈 鶬 鶬鶊鳥名亦作倉又陽韻增入

○臧 茲郎切善也厚也吏賄盜貨也又姓又臧獲奴婢也又見下文宕韻【今圖】 贓 吏受賄史記漢書作臧尹賞傳貪汚坐臧又盜所取物 牂 牂也从爿戈之戕與戕賊字不同 牂 母羊又詩傳牂牂盛貌爾雅太歲在午曰頓牂 將 內則炮取豚若將注將當作牂牝羊也陸音牂又陽漾二韻 葬 藏也漢楊王孫傳枯骨後何葬叶韻平聲又宕韻【增入】

○藏 徂郎切隱也又蓄也亦作臧又宕韻【重】

【曰】凡物自隱則平聲如月令虹藏不見論語舍之則藏之類是也物不自隱而我隱之與府藏之藏則去聲如易慢藏誨盜周禮典守藏中庸寶藏興焉漢食貨志山海天地之藏陳臧錢之類是也然蓋藏收藏蓄藏之藏古人亦有作平聲讀者如月令謹蓋藏音才浪反又如字是通用也至如藏帝藉之收於神倉莊子巾笥而藏之漢食貨志民亡蓋藏秋穫冬藏之類皆無音定從平去二音通用 臧 漢食貨志輕微易臧【增入】

○康 丘剛切安也和也樂也康瓠也爾雅五達謂之康所謂康莊也又曰康瓠謂之甈賈誼傳寶康瓠兮鄭氏曰康瓠瓦盆底也如淳曰大瓠也應劭曰康容也空也又古糠字古文从庚从米今作康穀皮亦作糠莊子作康 糠 漢食貨志貧者食糟糠【增入】 甈 甈瓠陶器亦作康 慷 慨慷感思也魏武帝樂府慨當以慷音康亦作忼又蕩宕二韻【增入】 忼 又二韻【增入】 亢 當也敵也趙充國傳威謀靡亢音康又高也過也御也又見下又庚蕩宕三韻【重增】

○岡 居郎切山脊曰岡从网从山俗又加山非 剛 勁也堅也彊也 綱 維紘繩又網總書若網在綱 鋼 堅鐵 犅

特牛 堈 廣韻甕也亦作瓺又人名莊子弇堈弔神農重增 亢 星名又頸也亦作肮頏吭 肮 頸也亦作亢吭頏又蕩韻今圈

吭 又蕩宕二韻今圈 頏 同上又見下又二韻增入 蚢 大貝又蕩韻增入 㽘 境也陌也又蕩韻今圈 ○

卬 五剛切我也高也舉也又與昂同詩顒顒卬卬又養漾二韻今圈 昂 舉也高也亦作卬漢食貨志萬物卬貴王章傳不自激卬亦作仰

仰 周禮保氏注軍旅之容闞闞仰仰又青帝靈威仰又養漾二韻增入 駠 駠駠馬驚怒貌又蕩韻今圈 枊 屋角 ○

杭 胡剛切方舟亦作航杭 航 揚子乘國如乘航 杭 詩一葦杭之又州名 行 列也庚耿宕敬四韻 桁 械也莊子接摺桁楊注械夾足及頸者曰桁楊舊本云足械誤又庚宕二韻 頏 鳥飛而下亦作亢 亢 增入 ○ 汪 烏光切池也左傳尸諸周氏之汪又汪洋浩瀚貌又姓 尪 曲脛也僂也弱也短小也古作尣曰象曲脛之形今作尫亦作尩尪匡 尫 禮記檀弓下吾欲暴尪而奚若注尪者面鄉天从尢从王尢與尤字不同重增 恇 荀子賤之如恇重增 匡 荀子傴巫跛匡讀曰尪又去王切係廟諱合當迴避其烏光切照式許用重增 ○

荒 呼光切蕪薉又渰荒曰荒詩大王荒之又凶荒韓詩四穀不升曰荒又果不熟曰荒爾雅觚竹北戶西王母日下謂之四荒周禮蠻夷荒服言荒忽不常也又八表曰八荒又蕩韻从巟音同水廣貌與疏流字旁不同今圈 衁 血也左傳士刲羊亦無衁也 肓

心上㒳下从亡从月月與肉同 㡃 舊注云治錬絲者誤廣韻云蒙掩謂巾冪之屬可以蒙覆者此義是也治練絲乃㡃字也 芒 莊子芒乎芴乎

增入 ○光 姑黃切燿光明耀華彩又朱光日也楚辭杲杲朱光又明光漢宮名太歲在辛曰重光 洸 水涌光也又水名又武貌詩武夫洸洸又蕩韻 今圈

僙 武貌亦作洸洸 侊 廣 爾雅馬在背闕廣 增入

○黃 胡光切中央色禮記黃者中也又姓又國名又乘黃馬名龍翼馬身詩乘乘黃亦曰翠黃又曰飛黃封禪書招翠黃乘龍於沼蒼黃失措怱遽皃又離黃倉庚也 潢 說文積水池又天河謂之銀潢又五潢星名又蕩韻 今圈 璜 周禮以玄璜禮北方注半璧象冬閉藏地上無物唯天半見也又庚韻 今圈 簧 笙中簧

皇 君也大也商皇神名餘皇舟名左傳楚敗吳師獲其乘舟餘皇鳳皇鳥名室無四壁曰皇又章皇習見之貌揚雄賦章皇周流書張皇六師張大也又黃白色詩皇駁其馬又與遑同書無皇曰今日耽樂漢書謙遜未皇夙夜不皇康寧又或也秦誓我皇多有之又蕩漾二韻 今圈 遑 暇也又急也書不遑暇食蓋遑在心暇在事事冗曰不暇心勤曰不遑亦作皇爾雅作偟 湟 名樂都水 凰 雄曰鳳雌曰凰孟子鳳凰之於飛鳥古詩鳳兮鳳兮求其凰亦作皇書鳳皇來儀 艎 艅艎舟名亦作皇劉晏爲歇艎支杜船 堭 堂堭合殿亦作皇 蝗 蝝屬 篁 竹名史記樂毅傳植於汶篁徐廣曰竹田曰篁 騜 馬黃白色監本駹白色二字誤 翌 以羽翿舞周禮翌舞今作皇又職韻 今圈 煌

焜煌光輝炫燿皃又蕩宕二韻【今圈】隍城池無水爾雅壑也徨彷徨猶徘徊也亦作傍徨彷偟偟同上相如賦彷偟乎海外又與

遑同【增入】瑝玉聲又庚韻惶惑也恐也又蒼惶亦作黃皇喤小兒聲又庚韻【增入】○搒搒旁切笞打漢

書榜笞數千亦作榜又庚敬宕三韻【增入】榜同上又庚蕩宕敬四韻【增入】彭多貌詩行人彭彭【重增】

【通用】與耕清通

十二○庚

庚古衡切更也償也檀弓請庚之又續也詩西有長庚續日爲明也亦作賡又倉庚鳥名又十幹名易先庚後庚取更變之義漢志斂更於庚爾雅歲在庚曰上章月在庚曰窒古作兂兂同上兂倉子莊子作庚又唐蕩宕三韻【重增】賡續也書乃賡載歌又償也通作庚亦作更又燭韻【今圈】更改也歷也償也通作庚賡又代也更漏也戍卒也率更也老更也史記平準書悉巴蜀租賦不足以更之韋昭曰更續也或曰償也又敬韻秔稻之不黏者周禮食醫注作稉稉揚雄長楊賦馳騁稉稻之地【增入】羹五味和羹亦作䕈爾雅肉謂之羹又肉汁不致五味曰大羹大音泰太古之羹也俗讀大小之大誤从羔从美䕈俗作䕈鶊鶬鶊亦作庚○阬丘庚切墟也塹壕也陷也亦作坑坑孔安國書傳序焚書坑儒○盲眉庚切目無童子又漾韻宲宲𢊁梁也韓愈進學解大木爲宲又陽韻蝱蟲名亦作虻虻莊子蚊虻噆膚莔貝母草療蛇毒亦作蝱詩言采其蝱○亨

虛庚切通也又彭亨腹脹皃韓文石鼎聯句豕腹脹彭亨又見下又養韻 **脝** 廣韻膨脝脹也韓愈城南聯句苦聞腹膨脝干寶易傳作彭亨【重增】 ○

行 何庚切步也適也往也去也用也路也唐韓琬傳器不行竊音義曰不勞曰行苦惡曰竊又唐耿宕敬四韻 **衡** 權衡又平也車轅曰衡眉上曰衡舉眉揚目曰盱衡又阿衡伊尹號王衡星名杜衡香草衡山南岳又維持冠者曰衡左傳衡紞紘綖从行从角从大从行者諧聲也从大者本廾字音拱今作大楅衡橫木加於牛角所以防其觝觸故从角今俗書从魚非又見下 **珩** 玉名又珮上珩下璜 **蘅** 香草狀若葵臭如蘼蕪大者曰杜若宋玉賦江離秦衡監本脫江字爾雅作衡馮衍賦列杜衡於外術 **桁** 屋橫木又唐宕二韻 ○ **橫** 胡盲切縱橫之對亦作衡又與黌同漢鮑德傳修起橫舍又敬韻 **衡** 詩衡從其畝史記合從連衡漢書音義以利合爲從以威勢相脅爲衡【居正曰】此說非也以六攻一爲從以一離六爲衡物之橫直相當亦然故從曰合衡曰連【增入】 **黌** 學舍亦作橫 **璜** 玉名半璧大公釣得璜有兩音韓愈城南聯句鵝肪截珮璜作橫音押又唐韻

【增入】 **瑝** 玉聲又唐韻 **彋** 弸彋弓聲 **喤** 喤喤泣聲又唐韻【今圖】 **鍠** 鐘聲 ○ **諻** 呼橫切音也又語聲

○ **觥** 姑橫切酒器以角爲之受七升罰失禮者亦作觵詩我姑酌彼兕觥毛傳兕觥角爵鄭箋罰爵【居正曰】據詩之義酌兕觥以勞臣下之勤勞者則觥非罰爵也然古人罰失禮用觥者以所受升數多欲示恥故用之耳 **觵** 周禮觵其不敬者 ○ **祊** 補耕切廟門傍祭先祖所以彷

徨也禮記設祭于堂爲祊乎外鄭康成曰祊祭明日之繹祭也謂之祊者於廟門之
旁因名焉亦作閍𨴾又邑名春秋隱公八年鄭伯使宛來歸祊杜預曰祊鄭祀泰山之
邑在琅邪費縣東南又陽韻 ○ 烹 普庚切煑也亦作亨俗作烹 亨 易大亨以養聖賢古作亨後人加四點又見上 今圖 磅
擊石聲又唐韻 今圖 ○ 彭 蒲庚切行也道也盛也鼓聲又姓又地名詩清人在彭注衛之河上鄭之郊也又唐韻 今圖 騯 馬盛
輣 兵車又樓車後漢紀衝輣橦城 趽 曲脛馬凡脛曲皆曰趽 棚 棧也 榜 所以輔弓弩又棰擊也漢書榜笞數千亦
作搒又唐韻本作搒 搒 又唐宕敬三韻 重增 篣 同上後漢陳龍疏斷獄者急於篣格酷烈之痛廣韻籠也 重增 ○ 瞠 抽庚
切直視莊子瞠若乎其後又諍韻 今圖 橕 衺柱音主又音注俗作樘非 鐺 釜屬有耳足唐書鐺脚刺史又唐韻 重增 ○ 棖
除庚切門兩旁木又杖也亦作朾又[illegible] 朾 同上又蟻別名爾雅螚朾蟷郭[illegible]又青韻 重增 [illegible] 距也 掁 觸也
檀也周禮作搏 橙 橘屬又嶝韻監本从登誤 今正 瞪 廣韻直視貌又蒸證二韻 重增 ○ 兵 補明切戎器五兵一弓二殳三
矛四戈五戟又刀劍曰短兵楚辭車錯轂兮短兵接[illegible]注穀梁傳五兵矛戟鉞刀楯弓矢兵本戎器後世因呼士卒爲兵謝弈目亘溫爲老兵是也 ○ 平
蒲明切正也和也坦也均也易也又姓爾雅大野曰平漢志再登曰平三登曰泰平又傳敬二韻 枰 博局又木名又敬韻 今圖 評 品論也

也訂也又敬韻 苹 萍也一曰賴蕭又青韻[今圖] ○ 明 眉兵切光也昭也顯也著也白也辨也通也曉也神靈也目力也莊子目徹爲明篆文作朙从囧从月古文作明又唐韻[今圖] 朙 同上又唐韻[增入] 眀 玉篇視也俗以爲明暗字非[重增] 盟 歃血以結信禮記泣牲曰盟又敬韻 鳴 凡出聲者皆曰鳴又映韻[今圖] 䳟 鷦䳟似鳳南方神鳥 ○ 生 師庚切生死又出也產也生生變化不窮也平生平昔也生員弟子也又語辭若何似生太瘦生是也又漢高祖謂酈食其曰以萬戶封生師古曰生猶言先生也對類曰生謂諸生也又敬勁二韻[今圖] 笙 十三簧女媧作明堂位女媧之笙簧漢律歷志匏曰笙應劭曰世本隨作笙師古曰匏瓠也列管匏中施簧管端又簟也左思賦桃笙象簟 甥 姊妹之子曰甥詩展我甥兮女之壻亦曰甥孟子帝館甥于貳室從孫甥曰彌甥左傳昭二十三年以肥之得備彌甥也 牲 牛全又已卜日曰牲毛詩傳牛羊豕曰牲又青韻[今圖] 猩 能言獸 鼪 飛生鼠 狌 猫屬莊子狸狌捕鼠[增入] ○ 鎗 楚耕切鍾聲又酒器齊竟陵王子良遺何默以徐景山酒鎗 槍 欃槍彗星又陽韻 鏘 樂聲漢藝文志頗能紀其鏗鏘鼓舞而不能言其義又陽韻[增入] ○ 京 居卿切大也爾雅丘絕高曰京廣雅四起曰京公羊傳京者大也又京京憂也方言燕之北鄙齊楚之郊凡人之大謂之京又鄭邑名見左傳 荊 木名一曰楚又州名國名又姓 驚 馬駭也惶也懼也从苟苟音棘上从艹俗从茍 麠 大鹿亦作麖 麖 ○

卿 丘京切公卿周六卿漢九卿秦漢以後君呼臣爲卿蓋期之以卿也士大夫相呼爲卿蓋貴之也隋唐以來尊之則稱公儕輩下己則稱卿故宋璟鄉呼張易之監本从夕誤【今正】 ○ 勍 渠京切彊也左傳勍敵之人 黥 墨刑亦作剠 剠 韓愈征蜀聯句敗面碎剠剠刮【重增】

擎 拓也舉也又敬韻俗从苟 鯨 海大魚亦作鱷 鱷 檠 輔正弓弩器亦作㯳擏又燈架韓愈短檠歌又檠敬二韻俗从苟

㯳 同上又梗韻【重增】 擏 荀子不得排擏則不能自正又梗韻【重增】 ○ 迎 魚京切逆也迓也逢也又敬韻凡物來而接之則平聲老子迎之不見其首莊子不將不迎之類是也物未來而往迓之使來則去聲禮親迎是也从辵卬

○ 英 於京切華也蕚也榮而不實也英俊也又姓才勝萬人曰英荀子注倍千人曰英爾雅丘再成曰英又五英樂名漢志英茂也又雲貌詩英英白雲又國名州名 韺 五韺帝嚳樂古作英後加音字 瑛 玉光 霙 雲貌一曰霰也又陽韻【今圈】 柍 說文江南橦材其實謂之柍又養韻【今圈】 央 旗旍皃詩旆旐央央又鮮皃詩白旆央央又陽韻

○ 榮 于平切華也茂也爾雅木謂之華草謂之榮又姓又屋簷廡曰榮記鄉飲酒義洗當東榮注榮屋翼也 蠑 蜥蜴城南聯句蜿垣亂蚖蠑【重增】 醟 湛酒班固敘景十三王傳曰中山淫醟合韻音榮又映韻【增入】 ○ 兄 呼榮切長也男子先生爲兄又漾韻【今圈】

十三○耕古莖切犂田亦作畊畊傖士耕切晉陽秋吳人謂中國人為傖陸機謂左思為傖父廣韻云楚
人別種城南聯句無端逐飢傖重增○鏗丘耕切鏗鏘金石聲誙言確莊子誙誙如也硜硜硜小人貌硜硜猶碌碌也蓋堅確
之意牼宋牼人名見孟子重增硻與硜同韓愈城南聯句焉能守硻硜重增○罌於耕切瓦器亦作甖甖
罃同上一曰備火長頸瓶鸎黃鸝亦作鶯鶯同上又有文章貌詩有鶯其領櫻櫻桃鸚鸚鵡能言
鳥又左傳青鳥氏司啓者也杜預曰青鳥鶬鷃也以立春鳴立夏止嚶嚶嚶鳥相命聲詩鳥鳴嚶嚶又鳥鳴相如賦鴻鴈嚶嚶○宏于萌
切大也廣也亦作閎閎揚雄賦閎言崇議韓文閎其中而肆其外又巷門爾雅衖門謂之閎又曰所以止扉謂之閎郭璞曰閎衖頭門左傳盟諸僖閎是也
又曰閎門旁長橛左傳高其閈閎閎長杙即門槷也閎雖與宏通如用宏大及門閎義異合重押紘冠卷杜預曰纓從下而上者淮南子九州之外乃有
八夤八夤之外乃有八紘翃翃翃飛貌竑一量度也考工記故竑其輻鋐鏗鋐鐘聲嶸崢嶸山峻貌亦作峵嵤
峵嵤今圈又青韻谹谷中響又大聲揚雄曰隱隱谹谹亦作谹谹相如傳崇論谹議深也摭入弘玉篇
安也說文屋響又登韻重增○泓烏宏切水深貌又地名春秋戰于泓又登韻○鍧呼宏切鏗鍧鐘聲相雜訇

訇訇大聲韓愈華山女詩訇然振動如雷霆【重增】轟羣車之聲亦作輷　輷韓愈讀東方朔雜事詩輷轅掉狂車【重增】渹水石

聲又大也○琤初耕切玉聲　錚金聲○崢儒耕切廣韻山峻皃亦作崝韓愈城南聯句高言軋霄崢【重增】○

爭甾耕切鬭也競也理也辨也又諍韻凡稱物之鬬辨則從平聲與之辨難而諫正之則從去聲　諍諫諍晉王沈釋時論闒茸勇敢於饕諍叶

韻平聲又評韻　箏樂器十三弦秦蒙恬所造　綪屈也禮齊則綪結佩又縈也史記楚世家綪繳蘭臺又霰韻監本从月誤【今正而圖】

丁中耕切伐木聲又青韻　玎玉聲又青韻○儜尼耕切弱也困也俗作儜唐劉禹錫傳鼓吹裴回其聲傖

儜音義云夷語相呼聲　獰犬惡俗作獰　薴⿱艹爭薴草亂　⿰言寧小言揚子⿰言寧言敗俗廣韻譻⿰言寧小聲【增入】　攘搶攘亂皃

搶音士耕切賈誼傳國制搶攘陽韻如羊切推也又去聲人尚切傺舊諱同音其餘不當迴避【增入】　囊莊子在宥篇𩕳卷傖囊崔氏注傖囊猶搶攘也

囊音儜又如字又唐韻【重增】○絣補耕切布名人以繩直物古作幽　伻使也書伻來以圖亦作抨拼又音怦　抨同上又見

下【念】【圖】拼繃束小兒衣漢書繈褓孟康曰綳今之小兒繃又包束也墨子葛以繃束【增】　帡幄也又蓋也揚子夏屋為帡幪在旁

曰帡在上曰幪【重增】　旁旁旁彊皃詩駟介旁旁又唐宕二韻古作㫄【增入】　傍傍傍不得已皃詩王事旁傍又二韻【增入】○怦

拚耕切心急又中直皃荓使也詩莫予荓蜂陸德明曰字又作迸音同又青韻〔增入〕迸同上又青諍二韻〔增入〕抨彈也〔今正〕

軯車馬聲砰砯砰石聲列子砰然聞之如雷霆之聲廣韻砰磅如雷之聲〔重增〕閛閛門扉聲揚子閛之閛然俗本作閶然誤

〔增入〕○弸蒲萌切弓彊皃又滿也又蒸韻○甍謨耕切屋棟上从卄監本从廿誤〔今正〕萌草芽周禮注萌竹萌

也亦作明又與甿同劉向傳民萌何以戒勉注萌與甿同無知之皃酷吏傳注萌避於吏明漢地理志廣漢郡有葭明縣師古曰明音萌今利州也又庚韻

〔重增〕氓民也亦作萌甿甿說文田民也周禮注甿猶懵懵無知皃○磷力耕切石如雷聲相如大人賦徑入雷室之砰

磷鬱律兮又真震二韻〔重增〕

十四○清七情切澈也澄也潔也司馬遷傳受命穆清又西廂清靜之處日西清相如賦象輿婉僤於西清目上日清詩清揚婉兮又靜

勁二韻从水从生从丹今作淸監本从月誤〔今正〕請廣韻受也謁也祈也又二韻〔重增〕圊圂也从月誤〔今正〕○精

子盈切眞氣也熟也細也的也專一也靈也凡物之純至者曰精古人謂玉爲精國語祀以一純二精又擇也神觀也精光英華也精鑿也目精也水精也又勁韻从月

誤〔今正〕〔[illegible]〕菁茂皃詩菁菁者莪亦作青又蕪菁蔓菜名从月誤〔今正〕青同上詩綠竹青青其葉青青又青韻〔增入〕旌析羽

置旌首亦作旍又表也書旌別淑慝
旍
晶 精光也水晶也亦作精
蜻 蜻蛚蟋蟀類又蜻蜓从月誤【今正】
鯖 鮫鯖似鼂
而腳高有毛冠辟火災亦作鶄雂相如賦作交精从月誤【今正】
雂 鶄 城南聯句浮跡侶鷗鶄【重增】
睛 目精亦作精从月誤又靜韻【今】
【正而】【圈】
○餳 徐盈切飴屬一名餦餭又唐韻【今圈】
○情 慈盈切意思也董仲舒曰人欲之謂情又理也孟子物之不齊物之情也又性情猶言情性也易利正者性情也正大而天地之情可見矣又曰是故知鬼神之情狀又情實論語上好信則民莫敢不用情从月誤【今正】
晴 雨晴雲收日出也从月誤【今正】
○幷 卑盈切兼也亦作併又合也及也州名又勁韻
併 韓愈城南聯句轂妖藤索併作平聲押如用幽幷與合併不妨重押又靜勁二韻【重增】
栟 栟櫚椶也城南聯句遠苞植蕉栟【重增】
○觪 思營切角弓皃
騂 牲赤色又馬赤黃色
垟 赤剛土亦作垶
○名 彌幷切成也大也功也號也聲稱也爾雅目上爲名注眉眼之間又勁韻【今圈】
洺 水名　州名
銘 禮記銘明旌也鄭康成曰銘之言名也陸德明音名又爾雅錐謂之銘又青韻【重增】
○聲 書征切五聲也風聲也教也單出爲聲
○征 諸成切上伐下也正也行也取也索也亦作政
政 周禮土均之政均齊天下之政又聽政役以此居鄭司農讀如去聲鄭康成曰政謂賦也音征又勁韻【增入】
正 歲之首月又射侯畫謂之正又勁韻【晃曰】歲之首月本音去聲秦始皇名政讀正如征董仲舒傳正次王顏師古亦音

去聲則平去二聲可通用䋊乘輿馬頭飾鯖麦煎魚肉亦作脡又青韻从月誤今正脡鴊題肩方言齊會謂題肩爲
鴊鳥禮記月令作征鳥鉦鐃似鈴詩鉦人伐鼓○成時征切畢也就也平也善也又姓又樂奏一終曰一成又方十里曰成左傳少康有
田一成城五雉爲城以盛民也城者成也一成而不可毀也誠無僞也眞也實也純也信也盛黍稷在器曰盛一曰容受也左傳旨
酒一盛杜預曰一器也爾雅山如防者曰盛周禮注齍盛謂黍稷稻粱之屬可盛以爲簠簋實者又勁韻郕國名見春秋增入○檉丑成
切河柳赬赤色亦作䞓竀䞓竀左傳哀十七年如魚竀尾杜預曰竀赤也魚勞則尾赤增入偵邏伺也杜預左傳注
諜者曰游偵又問也亦作遉又勁韻又陟盈切係廟諱嫌名合當迴避其餘照式許用重增遉又勁韻重增○呈馳成切示也平
也現也露也从𡈼从壬壬音珽監本从王誤又勁韻今正兩圖程品也式也限也量也銓也課也屈原賦驥將焉程兮荀子程者物之準也注程者度量之
總名又驛程道里也又漢高紀張蒼定章程注章者歷數之章術程者權衡丈尺斛斗之平法此章如歷家至朔同日謂之章十九年七閏爲一章之類是也程如衡石
程書謂律度量衡之則也文中子孝宣以章程練名實此直謂法令成章之品式爾酲病酒裎佩帶又倮裎露禮也又靜韻珵玉名
○令離呈切使也詩寺人之令廝役曰使令鄒陽傳使令於前又令令環聲又春令鳥名詩脊令在原亦作鶺鴒又青先勁三韻俗作令鴒

鶺鴒通作令又青韻如押使令令與鶺鴒義不同可以分押【重增】伶 使伶詩寺人之令韓詩作伶云使伶漢書作使令伶倫古樂師後因謂樂工爲伶亦作泠又青韻【重增】泠 泠倫顏師古曰樂官曰泠又水名出丹陽又清泠莊子泠然善也又泠泠泉聲又青韻【重增】○盈 餘輕切充也滿也盈縮史亦作贏縮過曰盈不及曰縮 楹 柱也亦作程 桯 贏 少昊氏之姓又黔贏天上造化神名一曰黔雷 瀛 大海又澤中也瀛洲山名又州名 籯 漢韋賢傳黃金滿籯如淳曰竹器受三四斗師古曰說文笭也謂箱籠屬方言陳楚宋魏之間謂筲爲籯廣韻作籝監本亦作籝【增入】籝 贏 有餘也賈獲利也又擔也荀子贏三日之糧又受也盛也左傳襄三十一年以隸人之垣贏諸侯 攍 儋也亦作贏攍 攍 ○輕 牽盈切不重又勁韻 䡖 一足行又徑韻 ○嬰 伊盈切嬰孩又加也逆也觸也賈誼傳嬰之以芒刃唐書嬰逆鱗又繞也卓茂傳論嬰城者相望又繫也縈也荀子處女嬰寶珠選詩余嬰沉痼疾 瓔 石似玉 纓 冠系又馬鞅左傳犨厲游纓杜預曰纓在馬膺前如索帬 攖 觸也迫近也孟子莫之敢攖又縈也莊子攖寧注物縈亦縈而未嘗不寧亦作嬰 ○營 胡瓊切造也度也市居也經營也縱横而度曰經回旋曰營又營營往來貌詩營營青蠅劉向傳營惑耳目營迴繞也又正營屛營惶恐不安貌正音征屛音萍又軍壘曰營諸葛亮表營中之事 謍 小聲說文引詩謍謍青蠅【增入】塋 說文墓地廣雅塋域葬地也霍光傳作墓塋 嫈 小心 瑩

石似玉詩充耳琇瑩又迴徑二韻 禜 祭名鄭康成曰禜之言營也又映韻[增入] ○傾 窺營切側也攲也寫也圮也空也亦作隫頃 隫 頃 同上王褒頌不單頃耳而聽已聰說文頭不正也諡法甄心動懼曰頃又紙靜二韻[增入] ○瓊 渠營切赤玉亦作璚瓗 璚 瓗 藑 廣韻藑茅草也韓愈城南聯句參差席香藑[增入] 煢 回疾又飛疾一曰獨也元有圈[今圈] 惸 憂也無弟兄也亦作煢嬛 睘 目驚視又僊韻 婷 同上又好也又僊韻 嬛 同上又好也又僊韻[今圈] ○縈 娟營切旋也繞也繫也收卷也 䕨 草旋繞皃

[獨用] 十五 ○青 倉經切東方木色又州名又清韻及丹青之丹今作青从月誤[今正而圈] 鯖 魚名又清韻 ○星 先青切五緯列宿之摠名又七星宿名壽星次名又星星猶點點也又屛星車蔽當又迴韻[今圈] 腥 豕肉中息肉又周禮注豕膏雞膏犍膏又生肉曰腥亦作牲又徑韻 牲 周禮掌客上公牲三十有六注牲當為腥謂腥鼎也陸音腥又庚韻[增入] 醒 醉蘇又夢覺又迴徑二韻 鯹 魚臭通作腥 篂 箳篂亦作屛星又迴韻[今圈] 惺 惺憽了慧也又悟也靜也又迴韻[增入] ○俜 普丁切伶俜行不正皃亦作竛竮伶俜 竮 俜[增入] 娉 娉婷美好皃又勁韻[增入] 甹 爾雅甹夆掣曳詩作荓說文亟詞或

曰甹俠也三輔謂輕財者爲甹【重增】拼使也詩莫予拼蜂毛傳拼蜂曳掣也有兩音陸德明云甹亦作迸音同又耕韻【重增】迸又耕諍二韻【重】

【增入】○鉼蒲丁切汲水器亦作甁　甁記尊於甁易羸其甁【增入】　屏三禮圖扆今之屏風又靜勁二韻　萍薸也

浮生水上又蘋也又青萍劍名又與苹同亦作蓱苹　蓱　苹同上一曰蘋蕭又庚韻【重增】　軿輕車重曰輜輕曰軿一曰婦人車以

其有屏蔽故曰軿又先韻　郱邑名春秋莊元年齊人遷紀郱鄑郚【重增】　洴漂濯莊子洴澼絖【重增】　⿰缶屏竹筥一曰蒲器云有圖【今】

【正】駢一駕二車又云駢駕三馬又先韻【增入】　○冥忙丁切窈也暗也幽也晝冥天也北冥海也元冥水神又迥徑錫三韻　暝

夕也亦作冥又徑韻【增入】　瞑閉目又目閉又迥徑霰三韻【增入】　覭眉目之閒　螟食苗心蟲　蓂蓂莢歷得其分度則

蓂莢生朔後日一莢生望後日一莢落又錫韻【今圖】　溟海也十州記水黑色謂之溟亦作冥又迥韻　鄍晉邑左傳伐鄍三門　銘

志也鄭康成曰銘之言名也左傳銘天子令德廣韻錐謂之銘又凊韻【今圖】　○丁當經切十幹名漢志大盛於丁爾雅歲在丁曰強圉月在丁曰

圉又云丁者當也郭璞曰億也又零丁孤苦又丁夫民年二十巳上成丁蓋人壽以百歲爲期一幹十年則丁當四十強壯之時故曰丁又耕韻　玎玉聲

又耕韻　釘鈴釘矛名又鐵釘又徑韻　㣔彾行獨行亦作伶行　○聽他經切聆也聽受也中庭曰聽事言受事察訟於是

俗作廳易禮記聖人南面而聽天下治官處通作聽漢晉皆作聽事六朝以漢宣五日一聽事又從也又徑韻

廳　來乃始加广聽與廳義異者重押

經　綏也亦作縕

縕　同上又[illegible]

綎　絲綬帶綎

汀　水際平地亦作汀又徑韻 今圈

町

鞓　帶韋亦作鞓 增入

朾　門棖又虛朾地名見春秋又庚韻 重增

○庭　唐丁切宮中又直也楊倞曰門屏之內又徑韻 今圈

廷　朝中又徑韻 新制 許通用

娗　娗娗容好貌又迥銑二韻 今圈

筳　綖絡筦又[illegible]

霆　疾雷說文雷餘聲又迴徑二韻詩如雷如霆陸亭亭徐音挺定亦今於三韻通用

蜓　蜻蜓又銑韻

莛　草莖東方朔傳以莛撞鐘又庭梁莊子舉莛與楹本或作筳又迴韻 今圈

艇　艇艘之屬

挺　直也又縣名在膠東又迴韻 重增

鼮　鼠文似豹漢光武得此鼠竇攸識之廣韻以為終軍談唐韋若虛傳辛怡諫為職方有獲異鼠者豹首虎臆大如拳怡諫以為鼮鼠而賦之若虛曰非也此說文所謂鼨鼠豹文而形小一坐驚服

亭　道路所舍說文民所安定又亭榭又亭亭山名在太山下又亭亭聳立皃又亭毒化育也列子亭之毒之

停　止也古作亭

渟　水止亦作[illegible]

[illegible]　考工記匠人凡行[illegible]水磬折以參伍讀若停又霽徑二韻 增入

婷　娉婷美好皃杜甫詩嫁如惜娉婷 增入

○靈　盧經切神也善也寵也福也巫也日曰曜靈謚法亂而不損曰靈亦作霛

霛　廣雅曰巫名說文巫以玉事神也與靈同大戴禮陽氣爲精陰氣爲靈

醽　醁酒

櫺　亦楯間

子窻隔也𧕋螟𧕋桑蟲亦作蛉蛉詩螟蛉有子，䑲舟名亦作舲舲酃縣名出美酒醽
瓦器麢大羊細角俗作羚齡記古者謂年齡齒亦齡也鴒鶺鴒雝渠飛鳴首尾相應詩脊令左傳引詩作鶺鴒令鴒通用又清
韻【今】【圖】令詩脊令在原題彼脊令又令令纓環聲詩盧令令又使也又清先勁三韻【增入】鈴似鍾而小又爲圜形半裂以出聲鑭銅珠於內
以鳴之今郵卒所帶囹獄也苓卷耳草詩采苓陸云甘草葉似地黃衞風隰有苓注苓大苦也陸云甘草也又茯苓又先韻聆
聽也伶弄也樂工也獨也莊篇使也與令同又齊後謂之使伶亦作令又樂人謂之伶官亦作冷又清韻【今圖】泠漢志黃帝使泠倫自大夏
之西崑崙之陰取竹之解谷生其竅厚均者斷兩節間吹之以爲黃鐘之宮周景王時有泠州鳩顏師古曰樂官曰泠又水名出丹陽又清泠莊子泠然善也又泠泠泉
聲又清韻怜了慧見廣韻俗以爲憐愛字非【增入】瓴甕似瓶有耳又瓴甋甓也詩傳瓴令適軨車轄間小橫木說文禮記注亦
作笭笭同上又笭箵小籠元結傳帶笭箵【增入】零餘雨也徐雨也落也亦作霝又與苓同莊子豕零也又先勁二韻翎鳥羽
蛉蜻蛉六足四翼澪水名玲玲瓏玉聲又瑚鏤皃㲆毛結不理通作泠玉篇長毛也泠泠澤吳人云冰
凌又梗韻【增入】昤昤曨日光【增入】朎朎朧月光【增入】○寧奴經切安也又休謁曰假寧女嫁歸省父母曰歸寧居喪曰寧

朞親以下不去官給式假亦曰假寧又願詞論語禮與其奢也寧儉又丁寧鉦也左傳著於丁寧又丁寧屬付諄複也漢郎顗傳丁寧再三[illegible]作叮嚀又徑韻从盜从丂丂音考當作寍經史作寧俗作寧

甯 願詞與寧同漢郊祀歌穰穰復正直往甯師古曰合韻平聲言獲福既多歸於正道克當往日所願也又安也王莽傳不以康甯又徑韻俗从冉非 增入

寍 安也通作寧

○經 堅丁切凡織縱曰經橫曰緯家語南北爲經東西爲緯亦縱橫之義又縱橫爲經回旋爲營又經綸經理又常經常理也六經聖人載道之書也大經九經綱常大本也又經界也絞也縊也直也過也徑也又徑韻

涇 水出安定涇濁渭清又水出蕪湖今宣城涇縣

○馨 醯經切香遠聞

[香亶] 同上記合[香亶]薌音馨又僊韻 增入

○形 奚經切體也容也常也現也亦作侀古作彤

侀 同上又成也記侀者成也

㓝 法也罰辠也戮也剄也說文亦作荆俗作刑

硎 砥石

邢 周公子所封國又地名在河南

鉶 羹器禮有鉶鼎周禮脯脩刑膴[illegible]刑與鉶同

型 鑄器之法亦作型

陘 連山中絕井陘在趙亦作[山巠]

[山巠] 揚子山[山巠]之蹊 重增

娙 好也

鈃 似鍾而頸長又先韻 增入

○熒 惠扃切屋下燈燭光一曰熒猶灼也又迥韻 今圈

螢 腐草所化

濙 瀅濙洄旋貌杜甫詩洪河左瀅濙 重增

滎 絕小水書溢爲滎又滎陽郡名文王子毛叔所封東遷封鄭史漢亦作滎陽

嵤 岭嵤山深貌又耕韻 今圈

○扃 涓熒切外閉之關又車上兵闌左傳楚人脫扃

又鼎鉉周禮廟門容大扃七个古作鼎[illegible]切明察也係廟諱嫌名合當迴避平聲照式許用【今圈】

鼏 从冂音同與錫韻鼏字不同鼏从冖音覓舊本於錫韻鼏字下注云木貫鼎誤【重增】

坰 林外謂之坰坰亦作冋

冋 古亦作冂又作冂象鉉形今作冋象國邑也

駉 駿馬又馬腹幹肥張貌詩駉駉牡馬

絅 急引也又[illegible]靜迥二韻

十六○蒸 【通用】與登通用

蒸 諸仍切炬也塵也又析麻中幹又麤曰薪細曰蒸詩侯薪侯蒸左傳藪之薪蒸又烝民孟子天生蒸民漢武紀靡蒸庶又進也漢書吏治蒸蒸又薰蒸史記賈誼賦雲蒸雨降並與烝同或[illegible]證韻【今圈】

烝 火氣上行一曰君也進也衆也久也薰烝也炊也殺烝也下淫上也詩烝民孟子列子作蒸書烝烝又漢書作蒸蒸漢書賈誼賦雲烝雨降史記作蒸禮記冬祭曰烝史漢亦作[illegible]字無作烝者其餘本皆作烝後世假借通用義不同者自可分押又證韻【今圈】

脀 升也以牲體實鼎亦作[illegible]

䐲 ○

承 辰陵切下載上也奉也受也繼也又與丞同左傳哀十八年使帥師而行請承杜預曰承佐馬援傳承掾之任又持陵切見下又拯證韻【今圈】

丞 四輔之一又拯韻【今圈】 翊也繼也副貳也又疑丞 ○

繩 神陵切直也索也彈治也約也戒也繩繩[illegible]又相續不斷皃又有紀皃又水名與澠同酈道元水經注水自下通爲繩引左傳有酒如繩水經繩水出臨淄縣北淮南子亦作繩又王繩星名又證韻【今圈】

澠 水名在臨淄又澠池縣在河南左傳有酒如澠湯牙辨淄澠二水又軫獮二韻澠繩義異者分

押今圖譝譽也亦作繩左傳繩息嫣憴同上又憴憴戒也乘御也駕也登也跨也憑也治也因也趁也漢書聖人乘於時資

書乘輿而來孟子不如乘勢也詩亟其乘屋古作椉又證韻戒叶韻音乘又東韻增入塍稻畦埒也畔也

亦作塍本从舟今作月从月誤今正塍○升書蒸切升降卦名又成也登也十合爲升漢志升者登合之量也又布八十縷爲一升昇

日上通作升詩如日之升又

升卦升合之升即與昇平日昇之昇不同可以分押陞登也躋也陟也通作升升陞義異者分押

勝任也舉也堪也又證韻从月誤今正○稱蚩陵切揚也舉也銓也譾也又證韻○仍如陵切因也就也重也頻

也洊艿說文舊草不芟新草又生曰艿唐書裴延齡妄言長安咸陽間得陂艿數百頃增芿王篇草芟陳者又生新者廣韻陳根草不

芟新草又生相因仍也列子趙襄子狩於中山藉芿燔林通作艿重增陾築牆聲詩捄之陾陾毛傳衆也○冰悲陵切水凍亦作仌

爾雅脂也又與掤通又見下又證韻弸又滿也又耕韻今圖掤箭房蓋又以手覆矢曰掤詩抑釋掤忌通作冰○凭

皮冰切隱几又倚也又證韻憑依也厚也託也古作凴詩作馮馮左傳馮轉而鬬漢書馮軾下齊又馬行疾故字从馬又徒涉也與淜通漢

分闕中爲三輔左馮翊取依馮輔翊之義又東韻溤同上詩有淜有翼增入淜無舟渡河○繒慈陵切帛也爾雅豕

所寢曰繒又音層又登韻下从曰今圈 鄫 姒姓國穀梁傳作繒从日誤今正 騬 犗馬後唐郭崇韜謂魏王繼岌曰騬馬亦不可乘

嶒 高貌从日誤今正 ○ 懲 持陵切戒也止也㦗也創也亦作懲承監本从山誤元有圈今正 ㊀徵 荀子凡刑人之本禁

暴惡惡且徵其未也注徵讀曰懲未謂將來易君子以懲忿窒欲陸音懲又旨韻又陟𤿳切係廟諱嫌名合當迴避其餘照式許用重增 ㊀承 左傳哀四

年諸大夫恐其又遷也承杜預曰承音懲蓋楚言重增 澄 水靜而清說文作澂又澄城縣名史記河渠書作徵監本从登誤今正 澂 从山

誤今正 憕 平也心平曰憕 ㊀瞪 廣韻直視皃又庚證二韻重增 ○ 陵 閭承切大阜也丘後高也轢也乗也犯也侮也侵也

頹靡也干也詩不能侵陵正女漢司馬相如傳飄飄有陵雲氣揚雄傳縹渺有陵雲之志馮衍論眇然有思陵雲之意獨史記用凌字揚雄賦凌堅冰唐凌煙閣用凌字

又淬也荀子兵刃不待陵而勁又嚴峻也荀子節奏欲陵生民欲寬 淩 水名出臨淮又歷也犯也又姓元有圈今正 ㊀凌 冰也詩納于凌陰周禮凌

人皆有兩音合與證韻通用亦作棱 棱 从月誤今正 蔆 芰也亦作菱蔆 菱 蔆 相如賦外發夫容蔆華應劭曰夫容

蓮花蔆芰也 綾 紋帛或謂之綺又謂之文繒 鯪 鯪鯉似獸穴居食蟻文選作陵鯉皮曰穿山甲 ㊀輘 車轢漢灌夫輘轢宗室師

古曰謂踐蹈也又登韻重增 夌 越也通作凌陵 㥄 憐也方言趙魏燕代之間謂哀曰㥄又崔㥄北齊人增入 ○ 蠅 余陵

切蒼蠅○膺 於陵切胷也又當也擊也詩戎狄是膺又馬帶詩虎韔鏤膺爾雅膺翟也

應 當也又料度之辭又國名又姓又證韻

鷹 鷙鳥一曰題肩一曰征鳥齊人謂之擊征左傳爽鳩爲司寇注爽鳩鷹也本作雁後人加鳥字

譍 以言對問又證韻 今圈 ○

凝 魚陵切冰堅也成也結也停也定也書庶績其凝古文作冰說文冰謂水凝也又證韻

冰 同上古文冰作仌凝作冰後人以冰代仌以凝代冰 增入

疑 定也詩靡所止疑又之迄職三韻 增入 ○

興 虛陵切作也起也又震證二韻

嬹 悅也又證韻 今圈 ○

兢 居陵切不自安貌又競也戒也恭也凌兢懼貌又見下 今圈

矜 矛柄一曰憫也矜持自飭也驕矜自負也又欣剛二韻 今圈 ○

兢 其冰切堅彊也詩矜矜兢兢 增入

十七 ○ 登 都騰切上車也成也升也進也衆也熟也漢志進業曰登

豋 禮器詩于豆于豋亦作甄登爾雅瓦豆謂之登如用登降三登之登即與豆登之登不同合從重押登降之登上从癶癶音撥豋豆之豋从夕从又夕偏旁肉字又偏旁手字取祭肉于豆之義監本从夕又有圈皆誤 今正

甄 唐韋縚傳盛以甄

𣯍 毾𣯍罽也

簦 徐廣曰笠有柄者謂之簦

燈 錠也說文作鐙

鐙 同上又豆下跗禮記祭統執鐙據此義當與豋甄通又嶝韻 今圈 ○

騰 徒登切傳也馳也躍也升也踊也一曰犗馬月令乃合累牛騰馬注累騰皆乘匹之名从

月誤【今正】滕水超涌又國名又姓又張口騁辭貌易滕口說也从月誤【今正】謄移書傳鈔也从月誤【今正】縢緘繩又約也纏也又
行縢纏膊腸斜幅也詩邪幅在下从月誤【今正】㊀幐囊可帶者又嶝韻从月誤【今正】藤藟也今揔呼草蔓又莚如藟者爲藤从月誤【今正】㊀膯
神蛇荀子螣蛇無足而飛又寢德二韻【增入】䲢黑虎說文作騰○棱盧登切威也柧也亦作稜楞㊀稜漢李廣傳威稜
憎乎鄭國李奇曰神靈之威曰稜憎猶動也又韓稜漢章帝時人又嶝韻【增入】楞同上又四方木㊀輘車聲韓愈讀東方朔雜事詩輷輘掉狂車
又蒸韻【重增】○㊀能奴登切才能又𦘕善也又勝任也書皋能其官本健獸名故凡稱有才力者皆曰能又哈代二韻㊀耐禮記耐以
天下爲一家與能同又二韻【增入】○㊀朋薄登切同門曰朋五貝曰朋漢志注兩貝曰朋朋直二百一十六又兩尊曰朋詩朋酒斯饗說文古鳳字
鳳飛羣鳥從以萬數故借以爲朋黨字字本作𠑹象鳳飛之形隸變作朋非月非冃非月故斜書之又焦朋鳥名見司馬相如傳【今圈】㊀鵬鴨鵬亦作朋又
古鳳字【今圈】㊀堋射埒又嶝韻○㊀瞢眉登切目不明也又東送嶝三韻从卝監本从廾誤【今正】㊀夢亂也詩視天夢
夢又東送二韻【增入】儚儚儚惛也○僧思登切沙門鬙鬅鬙髮亂貌○㊀增咨登切益也加也增
增衆也又埋幣曰增又嶝韻【今圈】㊀曾姓又則也乃也又與增同孟子曾益其所不能古作曾後人借用增字又見下中从田𡇒與囱同憎

惡也　矰弋射矢亦作⿰曾弋繒　⿰曾弋　（繒）三輔黃圖佽飛具繒繳以射鳧鴈箭有綸者曰繒繳即綸也又蒸韻【重增】　罾魚罔有機

者　橧巢類　翷翥飛　○層才登切重屋也又級也通作曾　（曾）甞也又不料之辭反辭也論語曾謂泰山不如

林放乎又見上曾與層義異者分押　嶒崚嶒山貌　○揯居登切急引亦作搄監本从亘誤【今正】　搄淮南子大弦搄則小絃絕【重增】

（絙）大索又嶝韻从糸从亙亙音居鄧切與緪字不同絙从亘亘音宣監本作絙誤【今正】　○肱古薨切臂幹亦作厷　厷王莽

傳德元厷【增入】　○（鞃）丘肱切車軾中靶詩鞟鞃淺幭又見下　○弘胡肱切寬大又大之也論語人能弘道又姓　（鞃）

車軾中靶亦作⿰車弘⿰車厷⿰革厷　⿰車弘　⿰車厷　⿰革厷　苰藤苰胡麻　（宖）玉篇安也說文屋響又耕韻从宀誤【今正】　○薨

呼肱切顛壞聲諸侯死曰薨又蟲飛薨薨又螽斯羽薨薨兮爾雅薨薨眾也上从艹監本从廾誤【今正】　⿱⿱艹罒羽⿱⿱艹罒羽⿱⿱艹罒羽飛皃亦作薨

【通用】與侯幽通

十八○尤于求切過也異也責也怨也怪也甚也最也又姓漢書殊尤絕迹亦作郵　肬瘤也亦作疣　疣

莊子附贅垂疣　郵境上行書舍一云馬傳曰置步傳曰郵又過也詩不知其郵記郵罰麗於事漢成帝詔以顯厥郵又最也與尤同列子魯之君子迷之郵

者　訧罪也過也惡也通作尤　○休虛尤切美善也慶也息也爾雅疏李之無實者名休故字从木从人木無人則不能生生故曰

休 貅 貔貅猛獸豹屬 庥 庇庥廕也亦作芘茠 茠 又豪韻增入 髹 赤黑漆漢書趙后傳作髤 髤 重增

咻 噢咻痛念聲又讙也孟子衆楚人咻之音平聲二又廣韻又吁句切係廟諱嫌名其餘不當迴避今圖 烋 熏也美也福祿也慶善也又爻韻增

又 ○丘 驅尤切阜也聚也空也大也高也又十六井曰丘非人爲曰丘爾雅注四方高中央下曰丘亦作區又姓又宣聖名又魚虞二韻今圖

區 分也又阜也又魚虞侯三韻增入 驅 馬馳詩載馳載驅又魚虞遇三韻增入 ○鳩 居尤切鳥名又聚也亦作九

九 聚也與鳩同說文作勼莊子禹親自操櫜耜而九雜天下之川又有韻增入 捄 盛土虆中又渠尤切長貌又虞幽宥三韻 龜

亦蟲之長見廣韻又龜茲國名又脂韻俗作龜重增 ○求 渠尤切覓也索也乞也又姓 裘 皮衣又姓與仇同出 毬 毛毬

古謂之鞠 觓 角貌本與斛音義同斛亦作捄捄卽觓也止緣斛字以扁旁从斗類入斛字下遂使捄字重出耳觓斛捄義同不可重押如押有捄棘匕之捄

卽與觓斛義異不妨 逑 聚斂又匹也亦作仇 俅 冠飾貌又戴也 球 美玉亦作璆說文玉磬也 銶 鑿屬 絿

急也亦作紌 紌 捄 長貌詩有捄棘匕 賕 枉法致賂 仇 匹也匡衡引詩君子好仇又讎也左傳怨耦曰仇又傲也又姓

又虞韻今圖 叴 高也 厹 三隅矛詩厹矛鋈錞又獸迹下从厶厶音私與叴不同監本厹字云三隅矛誤偏旁作内增入 艽 遠荒

詩至于芁野又癸幽二韻今圈 頄 面顴又脂韻今圈 鼽 說文寒鼻塞也月令人多鼽嚏重增 馗 爾雅中馗菌注大者名中馗廣

韻今七菌可食又脂韻重增 ○牛 魚尤切耕畜大牲也又牽牛宿名 ○憂 於尤切和行又愁也病也 優 和也饒也

優游也優劣也倡優也調戲也左傳少相狎長相優 嚘 呦嚘嘆聲韓愈赴江陵詩竚立久呦嚘重增 瀀 澤深亦作優詩既優既渥 耰

摩田器亦作櫌 櫌 稯 小爾雅把謂之秉秉四曰筥筥十曰稯宋咸曰秉猶握也筥稯乃多少之差也增入 麀 牝鹿 ○

由 夷周切從也經也用也行也因也亦作繇繇繇 繇 漢書其道亡繇又與猶同又優繇與游同班固賓戲陸子優繇元帝敘傳優繇亮直注優繇寬

容也又宵韻增入 䌛 漢宣帝紀上亦亡䌛知又宵韻增入 䌛 漢循吏傳宣帝䌛仄陋而登至尊又云及拜刺史守相輙親見觀其所䌛增入

甹 說文木生條也引書若顚木之有甹枿从马上由象枝條華菡之形又感韻增入 油 水名出武陵又油油雲行貌又脂油也緹油車飾

條 爾雅條條智也郭璞曰智思深長貌又蕭豪錫三韻增入 攸 所也亦作逌左傳湫乎攸乎杜預曰攸垂危貌說文行水也秦刻石文作汥又

與悠同又左傳哀三年鬱攸從之杜預曰鬱攸火氣也又有韻今圈 逌 同上又逌爾笑貌顏師古曰古作攸 悠 遠也遐也思也憂也又悠悠行

貌亦作攸孟子攸然而逝又渺邈無期貌詩悠悠蒼天 卣 中尊盛鬱鬯者尊有三品上曰彝中曰卣下曰罍郭璞曰卣不大不小在彝罍之閒周禮六尊

是也爾雅疏彝受三斗尊五斗罍受六斗古作卣亦作脩𠧪有韻 ○脩 周禮㸚又廟用脩鄭康成曰脩讀爲卣又見下又宵蕭錫三韻【增入】 ○鯈 魚名莊子食之鰌鯈又蕭韻【重增】 ○斿 旌旗之末垂者周禮行人建常九斿音旒【今圖】 ○游 浮行爾雅順流而下曰泝游又姓又優游自如貌又見下【今圖】

遊 遨也通作游

蝣 蜉蝣渠略也亦作蝤

○蝤 漢王褒頌蜉蝤出以陰孟康曰蜉蝤渠略也師古曰甲蟲也朝生夕死字亦作蝣爾雅疏似蛣蜣身狹而長有角叢生糞土中甲下有翅能飛又蝤蛑似蟹而大又見下【增入】

○猶 獸名善登木多疑慮又隴西俗謂犬子爲猶子人行每豫在前故謂遲疑不決爲猶豫也韋孟詩作繇豫亦作冘豫又尚也春秋猶三望猶繹猶朝于廟亦作由孟子王由足用爲善又謀猶圖也道也詩我視謀猶猶之未遠匪大猶是經又似也若也詩寔命不猶論語文莫吾猶人也又猶然舒遲貌荀子猶然而材劇志大記君子蓋猶猶爾又與游同荀子優猶知足又蕭宥二韻

冘 冘豫不定後漢馬援傳計冘豫未決[illegible]其足古與尤同與侵韻內冘字不同唐史冘豫音淫誤【重增】

猷 道也謀也巧言詩秩秩大猷

○輶 輶車又輕也詩德輶如毛又有韻【今圖】

○蕕 水邊蕕草又臭草也

○庮 久屋朽木臭周禮牛夜鳴則庮又有韻

○槱 積柴亦作楢又有宥二韻

○抌 抒臼見周禮或作舀揄抌又小感二韻【今圖】

○舀 又虞小二韻【今圖】

○揄 又虞侯宵厚四韻【今圖】

○挑 同上又挑匕又蕭豪篠三韻【增入】

○蘨 草盛貌亦作蘨又宵韻【增入】

蘨 又宵韻【增入】

○榆 白枌詩山有樞隰有榆樞音謳則榆

音由又虞韻【增入】　漻水流貌詩渠水漻漻陸德明曰本亦作潎說文作攸【增入】　潎【增入】　㼶罃也瓶也又虞韻【增入】　○

輈職流切車轅方言楚衞之間轅謂之輈　侜有廱蔽也一曰侜張與譸同詩誰侜予美　鵃鶻鵃鳥名　調

朝也詩惄如調飢又蕭嘯二韻【增入】　譸譸張誑也書譸張爲幻【增入】　咮曲喙又虞宥遇三韻【增入】　○抽丑鳩切拔也引

也　瘳疾瘉　紬緒也繅也谷永傳燕見紬繹師古音抽謂引其端緒也又見下又宥韻【增入】　妯心動也悼也詩憂心且妯又屋

韻【重】【增】　篘廣韻酒篘【增入】　○儔除留切衆也侶也等也類也誰也揚子儔克爾與疇同　疇耕治之田又衆也書亮采

惠疇又誰也書疇咨疇若予工莊子疇覺之哉顏師古曰疇誰也咨謀也言謀於衆人誰可爲事者也又發聲又等也漢宣紀疇其爵邑張晏曰漢律非始封十減二疇

者等也言不復減也祭遵傳疇等也言功臣子孫襲封與先人等杜預注左傳並畔爲疇又類也易疇離祉荀子草木疇生注疇與儔同類也九疇九類也又曩也記疇

昔之夜詩祈父注古作𠷎說文作𠷎　幬單帳又幔轂革考工記欲其幬之廉也又虞豪號三韻　籌壺矢又筭也　⿱髟壽髮多

檮剛木又檮戭人名又豪韻　⿰魚壽家語魚之大者名爲⿰魚壽吾大夫愛之王肅曰鮑魚之懷任者【重增】　裯單被又虞豪二韻

稠多也密也衆也醲也亦作綢　紬大絲繒古謂之綈　鯈魚名又蕭韻　綢纏也詩綢繆牖戶又衆也綢直如髮

又豪韻【增入】

○留 力求切住也止也駐也又姓又栗留黃鳥又宥韻本作畱从丣从田丣音酉今經史多作留唯京本舊漢書及舊本釋文作畱蓋後人傳寫訛也【今圖】

騮 赤馬黑鬣尾當作驑凡从丣者皆然亦作駵

駵 詩騋駵是中

瘤 疣也

榴 安石榴潘岳閑居賦石榴蒲桃李善曰石榴卽若榴也張騫使大夏得石榴

鶹 鳥少美長醜亦作流詩流離之子爾雅作鶹鷅草本疏云梟也大則食其母張奐曰鶹鷅食母又鵂鶹一名角鴟一名鵋一名鵋鵙又鶆鶹黃鳥詩傳作栗留

遛 逗遛不進貌又宥韻【今圖】

流 水行也演也求也覃也放也九流流輩也流離王名鳥名又銀重八兩曰流又流轉陶潛詩流觀山海圖亦作沶

沶 荀子其沶長矣【增入】

旒 旂旒廣雅天子十二旒至地諸侯九至軫大夫七至轂士三至肩爾雅謂之斿亦作游又冕旒亦作瑬案旂旒與斿義同不可重押如押冕旒與旂斿者非

游 左傳鞶厲游纓【增入】

瑬 說文垂玉廣韻美玉【重增】

裗 爾雅衣裗謂之視郭璞曰衣縷也或曰袿衣之飾也【增入】

疁 燒種

鏐 黃金美者郭璞云紫磨金

飂 高風又蕭宥二韻

劉 殺也又姓又地名又枝葉稀疏謂之𦾕劉詩捋采其劉當作劉本作鐂又有韻【今圖】

鐂 徐鍇曰說文無劉字偏旁有之疑此卽劉字也从丣从金从刀刀字屈曲傳寫誤作田爾【增入】

瀏 水清貌又有宥二韻

懰 怨也見廣韻又有韻【重增】

漻 與劉同又蕭有宥三韻

憀 悲恨又蕭韻【重增】

戮 戮力書與之戮力有兩音又蕭宥屋三韻【重增】

勠 同上見廣韻韓愈遠遊聯

句躬輦自相勠又三韻重增○脩思留切脯也禮有腵脩又長也飾也治也葺也修飭也通作脩進脩之脩與修字同不可重押如

押脯脩與修飾者非羞膳也進也薦也恥也又致滋味為羞周禮亨人疏陪鼎膷臐膮牢用羞羊用苦豕用薇調以五味盛於鉶器謂之鉶羹實之於豆謂

之庶羞月令仲秋羣鳥養羞羞羞謂所食也○秋此由切金行之時又禾穀熟也月令麥秋至又飛貌漢安世房中歌飛龍秋莊子有秋駕之法亦言

駕馬騰驤秋秋然也揚雄賦秋秋蹌蹌唐儒學傳序閒閒秋秋又魯史記曰春秋以二始舉四時編年為名鞦馬靷亦作緧又鞦韆繩戲緧

考工記必緧其牛後注故書亦作緌緌鄭司農曰緌讀為緧關東謂紂為緧增入鶖秃鶖楸梓屬又謂之杍又謂之椅亦作萩

萩漢書山居千章之萩又蕭也增入篍吹筩又宵笑二韻今圖鰍魚名亦作鰌鰌同上又淩藉也荀子鰌之

以刑罰莊子鰌我亦勝我又蹴也荀子大燕鰌吾後○啾即由切小聲湫水名又北人呼水池為湫又篠韻揫收束也斂

也聚也爾雅秋揫也亦作愁䪌愁記鄉飲酒義秋之為言愁也注愁讀為揫又見下增入䪌漢律歷志秋䪌也物䪌斂乃成孰增入

酋大酋酒官之長月令大酋監之又見下增入酋慈秋切繹酒又酋長魁帥之稱今圖遒迫也急也健也固也斂也

勁也逑也盡也書遒人宣令之官又音啾古作逎今圈逎漢地理志涿郡有逎縣師古曰古遒字重增蝤蟲名詩領如蝤蠐注蝤蠐蝎蟲也爾

下平聲第二

雅疏在土中名蠐螬在木中名蝤蠐郭云桑蠹也〔重增〕○囚 似由切拘也繫也 慒 慮也又冬韻〔增入〕 泅 泳也史吳見善泅列子習於水而勇於泅〔重增〕

○收 尸周切聚也斂也捕也杜預曰秋物摧斂而可收故金正之官曰蓐收又夏冕名史記堯黃收純衣又宥韻从丩从攴攴亦作攵〔今圈〕

○犨 蚩周切白色牛又牛息聲亦作犫 犫 春秋郤犫漢周犫〔增入〕

○讎 是周切匹也郭璞曰國語丹朱馮身儀之讎讎猶儔也廣雅輩也又仇也記父之讎不與共戴天又挍也謂兩本相對覆挍如仇讎也又售也償也用也詩無言不讎有平去二音又與酬同償也霍光傳皆讎有功謂成事如其所言也又宥韻

售 賣物去手韓愈詩貴者常難售亦作讎漢宣帝每買餅所從買家輒大讎又宥韻〔增〕

〔入〕醻 主人進酒於客曰獻客荅主人曰醻亦作酬 酬 同上又報也厚也荅也償也亦作讎 詶 譸也以言荅之曰詶又宥韻

魗 惡也棄也詩無我魗兮亦作𣪘又有韻〔今圈〕 𣪘 同上又擊也

○周 之由切國名又姓又帀也至也備也徧也密也復也又忠信爲周又比周又與賙同論語周急不繼富孟子周之則受

輈 重載又厓也考工記司弓矢常矢軒輈中謂輕重適宜也 賙 振贍通作周

啁 啁啾聲韓愈赴江陵詩辭舌紛嘲啁又爻韻〔重增〕

州 說文水中可居俗作洲周禮五黨爲州本作州从三丩字丩音鳩聚也非三刀也

洲 水中可居 舟 方言關西謂之船關東謂之舟今吳越皆謂之舩偏旁作月又載也服也詩何以舟之

○柔 而由

切柔也順也調也說文木曲直⿰田柔良田瑈玉名㊀蹂蹂黍蹴之也詩或簸或蹂又有宥二韻【增入】㊀揉調順詩揉此萬邦又二韻【重增】㊀鞣廣韻熟皮又宥韻【重增】㊀肉邊也肉倍好謂之璧又屋韻【增入】

○⿰扌叜疎鳩切索也求也聚也亦作搜騪

搜同上又魯頌束矢其搜毛傳搜衆意也鄭箋搜然勁疾也又渠搜西戎禹貢析支渠搜又朔方縣名亦作叟【增入】㊀叟同上又漸米聲詩釋之叟叟古作叜又侯有二韻【增入】

⿸广叜匿也亦作廋

廋同上孟子若是乎從者之廋也【增入】㊀蒐春獵又聚人民也亦作搜騪又求索也通作搜顏師古曰春爲陽中其行木也秋爲陰中其行金也金木兵器所資故於此時蒐獮治兵也蒐索也取不孕者獮應殺氣也以殺爲名杜預亦云公羊穀梁傳皆以爲秋蒐又有韻【今增】㊀獀同上又獿獀南越犬名又有韻【今增】

騪漢百官表騪粟都尉注如搜狩之搜搜索也又馬名亦作駿【重增】

駿廣韻騶駿蕃中大馬㊀溲便溺又濤米聲詩作叟釋文云字又作溲韓愈曰牛溲馬勃亦作⿰氵叜又篠有二韻【增入】㊀⿰酉叜廣韻白酒亦作醙又有韻【重增】

鎪廣韻馬耳飾又雕鏤亦作鎪【重增】

颼颼飀風貌亦作颼

颼【增入】㊀艘船之摠名又豪韻【重增】

⿰月肅乾魚尾周禮膴鮑魚鱐亦作鱐

鱐

○鄒側鳩切縣名趙岐曰本邾子國又姓亦作鄹郰

鄹說文孔子之鄉論語孰謂鄹人之子知禮乎

郰左傳襄十年郰人紇抉之以出門者【重增】㊀緅青赤色考工記五入爲緅論語君子不以紺緅飾孔曰一入爲

緅三年練以緅爲飾又侯韻 菆 左傳左射以菆杜預曰菆矢之善者又麻蒸一曰草叢生又歡韻 騶 廐御又騶虞仁獸賈誼新書以詩騶

虞爲騶人虞人非獸也又與菆同晁錯傳材官騶發應劭曰騶矢之善者又虞宥二韻【今圖】○ 鴀 方鳩切隹也亦作不 不 詩四牡傳鵻夫不也

陸德明曰夫方于切又作鳺不方浮切又作鴀陸機草木疏夫不名浮鳩又弗也未定之辭也說文詞之違也又姓晉書汲郡人不準又虞有宥勿四韻

紑 衣鮮潔貌詩絲衣其紑 ○ 浮 房尤切汎也又溢也禮記食浮於人表記恥名浮於行注在上曰浮又先時爲浮書鮮以不浮于天時又

氣烝皃詩烝之浮浮又盛皃詩雨雪浮浮 罦 車上網即翻車網亦作罘又虞韻 罘 同上一曰兔罟本作罘又虞韻【今圖】 烰 烝也

氣出盛也火氣也詩作浮 蜉 蚍蜉大蟻韓愈詩蚍蜉撼大木亦作蠹漢書注蠹蠹蜉蝣渠略也【重增】 芣 芣苢草名【重增】 桴 齊人

謂屋棟曰桴又擊鼓椎亦作枹又虞韻 枹 漢李尋傳猶枹鼓之相應也又虞爻二韻【增入】 涪 水名地名 棓 杖也見廣韻天棓星

名又講韻【重增】○ 彪 補尤切虎文又小虎 髟 髮長垂貌潘岳賦作髟又宵韻 ○ 滮 皮休切水流皃詩滮池北流又

蒲侯切 瀌 瀌瀌雨雪盛貌又宵韻 ○ 愁 鋤尤切憂也悲也慮也又見上【今圖】○ 繆 莫彪切枲十絜一曰絲亓

累又綢繆纏綿也又幽篠幼屋四韻 ○ 秠 秠尤切黑黍一稃二米又脂旨有三韻【增入】

十九○侯 胡鉤切候也何也美也辭也維也又射侯古作矦漢書多作矦古作矦从矢取射義射之有侯所以候中否明工拙也古者以射選賢射中者獲封爵故因謂之諸侯周人祭侯之辭曰惟若寧侯毋或若女不寧侯不屬於王所故抗而射女此蓋因物命名因名取義轉相明也儀禮大射注侯所謂射布也尊者射之以明不寧者卑者射之以求爲侯鄭司農云方十尺曰侯四尺曰鵠

矦【重增】 鍭 矢金鏃又候韻 猴 獼猴馬留

餱 乾食詩迺裹餱糧亦作糇 糇 喉 咽也 篌 箜篌樂器 翭 羽本一曰羽初生皃 ○謳 烏侯切吟也歌也亦作嘔

嘔 漢書朱買臣歌嘔道中又嬰兒聲荀子呪嘔之又虞厚遇三韻【增入】 漚 水上泡又水鳥又候韻 歐 歐刀又姓

區 量名四豆也又匿也左傳昭七年楚文王作僕區之法服氏云僕隱也區匿也爲隱亡人之法又魚尤二韻 甌 小盆今俗謂盌深者爲甌

樞 剌榆詩山有樞又虞韻 鷗 水鳥江湖畔形色似白鴿小而羣飛者是杜甫詩白鷗沒浩蕩別序作漚 ○彄 驅侯切弓弩耑弦所居魯有公子彄

摳 挈衣禮記摳衣趨隅列子以黃金摳者惛注互有所投曰摳釋文摳探也以手藏物探而取之又虞韻【增入】

○腢 魚侯切髆前骨今俗曰肩頭亦作髃又虞厚二韻【今圈】 髃 又二韻【增入】 齵 齒相偏也考工記察其菑蚤不齵則輪雖敝不枉荀子境內之事有施易齵差者矣又鯫齵齒重生一曰齒偏又虞韻【重增】

○鉤 古侯切曲也亦作拘又鉤致易鉤深致遠又釣鉤趙

廣漢善爲鉤距鮑照詩纖纖如玉鉤謂簾鉤也又劒屬鎌也文選吳鉤越棘又與鬮
同荀子探籌投鉤俗作鈎又鉤援車名有兩音古侯切係 廟諱其平聲不當迴避
㊀拘 同上荀子埤下褫拘又擁也曲禮以袂拘而退又取也曲禮則自下拘之皆有兩音又虞韻【重增】 ㊀軥 夏車名又車劒心木又虞韻又古候
切係 廟諱其餘不當迴避 ㊀句 曲也又虞麌遇三韻又古候切係 廟諱其餘四音不當迴避下韛篝字並同 ㊀韝 射臂決又古候切【公圖】
褠 單衣又衣褶 溝 水瀆周禮十夫有溝注十夫二鄰之田溝廣深各四尺爾雅水注谷曰溝 ㊀篝 燻籠亦作篝又古候切【公圖】
篝 史記龜策傳卽以篝燭此地徐廣曰篝籠也蓋然火而籠罩其上也音溝陳涉世家夜篝火【重增】 ㊀枸 木曲荀子枸木必待檃括烝矯然後
直又麌厚遇三韻【重增】 緱 刀劒頭纏絲又山名 ○裒 蒲侯切聚也又取也與捊同易裒多益寡易古易作捊从衣从臼又旁尤切 抔
引取亦作裒記汙尊而抔飲史記張釋之傳長陵一抔土亦作掊捊 掊 漢書張釋之傳一掊土師古曰謂手掬之也其字从手今學者讀掊爲桮勺之桮非
也【重增】【入】 捊 禮運注田人所捊治也【重增】 ㊀掊 掊克亦作裒又厚韻 ○ ㊀謀 莫侯切計也議也左傳咨難爲謀又交韻【公圖】
牟 牛鳴又中牟地名又過也陪也愛也進也大也麥也侵也又與謀同荀子堯舜參牟子又與侔同封禪書德牟往初又與蝨同漢景帝紀侵牟萬民李奇
曰牟食苗根蟲也侵牟食民比之牟賊也又內則敦牟敦音堆齊人呼土釜爲牟 侔 齊等 麰 大麥孟子麰麥 矛 句兵建酋矛長

二丈
鍪 釜屬又兜鍪首鎧亦作鞪又冠卷荀子冠有鍪而無縱
鞪 漢書鞮鞪 增入
雺 天氣下地不應又東宋候三韻
瞀 目不明說文低目謹視也又候韻 重增
昴 宿名詩維參與昴協韻音矛木作昴又巧韻 重增
蟊 食苗根蟲亦作蚉蛑蝥夅
蚉 漢志吏抵冒取民財則生蚉 增入
蛑 同上又蝤蛑如蟹而大
恈 㤀欲貌荀子恈恈然唯利之見 重增
髳 國名書庸蜀羌髳亦作髦又東韻 增入
髦 詩如蠻如髦毛傳髦夷髦也鄭箋髦西夷別名又豪韻 增入
○
漱 先侯切澣也禮記諸母不漱裳公羊傳臨民之所漱浣亦作涑又候韻
涑 同上又候屋燭三韻 今圈
鎪 刻雕鐵物又鐵蝕也亦作鍬又見上又候韻 今圈
鍬 又候韻 今圈
叟 尊老之稱古作変音劉琨詩誰是渭濱叟作平聲東皙傳東野遺䲷顛之叟亦平聲亦作傁 增入
傁 古作傻又厚韻 增入
瞍 目無眸子詩矇瞍奏公古作瞍又厚韻 增入
○
緅 將侯切青赤色尤韻側鳩切亦可雙押
諏 咨事也又虞韻
陬 阪隅也聚居也孟陬正月艮東北隅也
掫 擊也夜戒守有所擊刁斗之類又虞有二韻
鯫 小魚又銑厚二韻
○
兜 當侯切兜鍪首鎧又驩兜人名亦作吺 今正
吺 韓愈遠遊聯句開弓射鵰吺古文尚書驩兜作鵰吺廣韻輕出言也 重增
○
偷 他侯切薄也盜也亦作媮
媮 漢賈山傳媮合苟容又巧黠也又虞韻 增入
愉 愉愉樂也詩他人是愉又虞韻 增入
○
頭 徒侯切首

也从豆从頁頁音頡首也下从人凡从頁者皆然 投 擲也亦作揄又適也託也棄也迎合也又姓又贈也 揄 班固西都賦揄文竿出比目又

引也又虞宵尤厚四韻 重增 窬 竇也廣韻穿也又虞候二韻 重增 牏 築牆短版又廁牏又近身小汗衫又虞韻 今圈 ○

婁 盧侯切宿名降婁次名離婁人名設又空也曳也又姓又虞麌厚遇四韻 膢 漢儀注立秋貙膢蘇林曰膢祭名也貙虎屬常以立秋日祭獸

王者亦以此日出獵還祭宗廟也律歷志作貙劉又虞韻 樓 重屋爾雅陜而脩曲曰樓又栝樓果贏又聚也又姓 蔞 爾雅蔏蔞注蔞蒿也初出

可啖詩言刈其蔞陸機云葉似艾白色毛詩傳草中翹翹然陸德明音力俱反又力侯反又虞麌二韻 重增 慺 悅也一曰慺慺恭謹皃又虞韻 僂

傴僂身向前也又姓左傳僂堙齊勇士又麌遇候三韻 廔 麗廔綺窻廲音黎玉篇廔屋蠡 重增 艛 艓艛舟名 螻 螻蛄蟲名

摟 牽也擸取也孟子摟諸侯以伐諸侯 增入 髏 髑髏首曾莊子枕髑髏而臥 增入 縷 甘綫又麌韻 增入 鞻 四夷

舞者之屝周禮鞮鞻氏又遇韻 增入 窶 史記淳于髡傳甌窶滿溝裴駰注甌窶便側之地又麌御二韻 增入 漏 禮記馬黑脊而般臂漏周禮作

螻鄭司農曰螻蛄臭也又候韻 增入 ○ 䨲 奴侯切兔子又御韻 重增

二十 ○ 幽 於虯切深杳也微也隱也闇也囚也州名又謚又黝韻从𢆶从山𢆶音幽微細也 今圈 呦 鹿聲又呦呦吟聲亦

作呦

㘬 韓愈遠遊聯句巴語相咿㘬【重增】

怮 憂貌又含怒不言又蕭黝效三韻【重增】

〇樛 居虯切木枝曲垂

繆 禮記檀弓衣衰而繆絰漢孝成趙皇后傳即自繆死師古曰絞也音樛又尤篠幼屋四韻【重增】

朻 與樛同又黝韻【增入】

艽 秦艽藥名亦作芁又爻尤二韻【重增】

〇虯 渠幽切無角龍楚辭駟玉虯以乘鷖司馬相如賦駟蒼螭兮六素虯馮衍賦駟素虯而馳騁俗作虬

蟉 蚴蟉龍皃又有韻

觓 角曲皃亦作觩

捄 詩有捄其角亦作觩又虞尤宥三韻【增入】

〇棸 側鳩切木名又姚詩棸子內史【重增】

【獨用】二十一〇侵 千尋切漸進也朘削也䟈也左傳無鐘鼓曰侵公羊傳觕曰侵韓詩五穀不升曰大侵又短小曰侵漢田蚡貌侵謂貌不揚也又寑韻【今圈】

寑 同上又室也又寑韻【重增】

𡫴 室也又寑韻【重增】

駸 馬行疾詩載驟駸駸

綅 綷綫又鹽韻

梫 大桂白花

鋟 以爪刻板公羊傳鋟其板又寑韻【增入】

僭 進退之旅詩以籥不僭又沁㮨二韻【增入】

〇心 思尋切火藏身之主神明之舍也

〇祲 咨尋切精氣感祥又曰〻旁氣又沁韻

〇尋 徐心切繹理也挍求也仍也繼也左傳曰尋干戈又干戈相尋又俄也史尋復其舊又左傳將尋師焉杜預曰尋用也又六又曰尋小爾雅四尺謂之仞倍仞謂之尋倍尋謂之常方言尋長也自關而西秦晉梁

益之閒凡物長謂之尋今俗謂庸常爲尋常又姓中从工从口監本从几誤【今正】

鐔 說文與尋同韓愈送靈師詩千鐔墮幽泉如用千鐔與撏尋尋師相尋之尋不妨重押【重增】

潯 旁深又水涯亦作潭又水名从几誤【今正】

潭 揚雄解嘲或橫江潭而漁又見下又覃韻【重增】

燖 火熟物亦作燂爓爓又鹽韻

燂 又鹽韻【今圖】

⿰月閻 又鹽韻【增入】

爓 又鹽豔二韻【增入】

鄩 國氏左傳哀元年過澆殺斟灌以伐斟鄩五代劉鄩善用兵【增入】

鱏 魚名薛瓚曰無鱗口在腹下賈誼賦橫江湖之鱣鱏【增入】

鬵 鼎大上小下詩溉之釜鬵又鹽韻俗作鬵

灊 水出巴郡入江書作潛又鹽部

潛 又鹽韻【增入】

鐔 劒鼻三蒼云劒口又劒環司馬彪云劒珥又覃韻

襑 衣博大也又感韻【增入】

○深 式針切淺深之對又邃也水名又滲韻古作㴱

⿱艹深 蒲蒻之類周禮作深

○斟 諸深切勺也又國名

鍼 縫器亦作針箴廣韻作篸又砭石也又鹽沁二韻

針 同上又沁韻【今圖】

箴 同上荀子有箴賦又箴誡醫者以箴石刺病故有所諷刺而救其失者謂之箴古者以石爲箴左傳美疢不如惡石是也今人多以鐵爲之又沁韻

葴 茅茹又草名相如賦其高燥則生葴析注葴馬藍也【重增】

瑊 石次玉見廣韻又咸韻【重增】

○諶 時斟切誠諦也信也測也亦作忱

忱 忱恂

煁 烓竈

橬 小爾雅魚之所息謂之橬橬槮也謂積柴水中令魚依之止息而取之也【重增】

○壬 如深切十幹名北方陽位漢志懷任於壬爾雅

歲在壬曰元黓月在壬曰終又佞也書孔壬亦作任監本作壬誤[公正]㑥佞也書而難任人又甚也當也保也勝也又南夷樂又擔也孟子治任將歸詩

或任或輂禮記輕任并重任分又與妊同應劭注鄒陽傳紂刳任者觀其胎產又沁韻妊妊娠孕也又沁韻[增入]䋕機縷亦作紝紝又沁

韻紝又沁韻[增入]絍又沁韻[增入]鵀戴勝鳥又沁韻○森疏簪切衆木皃槮木長皃亦作蔘

又積柴水中聚魚而取之亦作罧又寑感沁三韻蔘罧爾雅槮謂之涔注亦作罧又寑感二韻參宿名亦作曑又叢立皃束

晳補亡詩參參其穡論語立則見其參於前也又曾參人名人參藥名又丑林切參差又覃談感勘四韻曑宿名亦作參[增入]滲流徙皃海

賦鶴子淋滲音森又沁韻[重增]襂衣皃海賦被羽翮之襂纚[重增]葠人葠藥名通作參○朁緇深切首笄簪又聚也疾

也易勿疑朋盍簪音側林反亦作蔘與覃韻祖含切義可通押从兩先先卽古簪字㚘音子心切俗作扶非㚘音伴○岑鋤簪切山小而高又姓

涔漬也又涔涔雨多皃涔陽地名管涔山名又牛馬跡中水曰涔又槮謂之涔韓詩涔魚池○碪知林切擣繒石亦作砧砧

同上又鈇也一名礩椹木趺周禮射甲革椹質文字指歸云俗用爲桑椹字非又寑韻○琛丑林切寶也亦作賝賝同上又賝

賮郴桂陽縣名今爲州綝繕也止也彤船行皃又東韻[增入]參參差不齊皃又三相參爲參兩相差爲差韓愈

詩袍笏光參差又孟先生詩應對多參參差【重增】

攙 史記天官書三月生天攙韋昭音參差之參又銜韻【重增】

○沈 持林切沒也溺也亦作沉湛又覃覽沁三韻从水从冘冘音淫行皃

沉 書沉潛剛克又沁韻从几與人同非从几也俗作沉【增入】

湛 同上又覃鹽賺沁陷五韻

【今圖】霃 久陰

○林 犂沉切平土有叢曰林又林林叢生皃又野外曰林又君也詩有壬有林又姓

琳 美玉亦作玪

玪 韓奕詩釋文琳亦作玪【重增】

棽 棽皃西都賦鳳蓋棽麗【重增】

霖 爾雅淫謂之霖左傳雨自三日以往為霖

淋 渶也又淋漓滲皃相如賦作林離

臨 監也涖也自上臨下也大也丘右高也又卦名又沁韻【今正】

○淫 夷斟切䢵也過也亂也溢也又與霪同左傳天作淫雨从水从巠巠同音

霪 久雨古作淫

蟫 衣書中白魚一名蛃俗呼蠹魚又呼壁魚又覃韻

婬 䢵婬通作淫【增入】

撢 廣韻探也又覃勘二韻

潭 與淫同三都賦綠芰泛濤而浸潭【重增】

○音 於禽切聲成文也說文聲生於心有節於外謂之音宮商角徵羽聲也金石絲竹匏土革木音也左傳七音音五云七者武王伐紂自午及子凡七日王因此以數合之以聲昭之故以七同其數以律和其聲加變宮變徵猶琴有五絃至周加文武二絃也又與陰同左傳鹿死不擇音杜預注所庥蔭之處有平去兩音莊子獸死不擇音氣息茀然注曔之窮地意急情盡則和聲不至是止為聲音字宜依出處用之又沁韻

瘖 瘂本口能言

喑 泣不止廣韻極啼無聲又覃感沁三韻【今圖】

陰 陰陽之對又默

也闇也水南山北也又姓又陰影也又與霒同詩以陰以雨又沁韻本作陰凡从陰者皆然【今圈】霒雲覆日亦作黔愔愔愔安和皃左傳祈
招之愔愔又深靜貌嵇康琴賦愔愔琴德○吟魚音切哦也詠也鳴也吁也亦作唫又寑沁二韻【今圈】唫漢王褒頌蟋蟀俟秋唫又
寑韻【增入】崟岑崟山皃唐有李處崟見崔光遠傳【壹增】碒磁碒猶嶔崟也吳都賦磁碒乎嶔州之境磁音欽【重增】嵒僭差又咸
韻【增入】○歆虛金切好樂也欲也羡也神饗氣也廞陳興服於庭一曰興也周禮廞衣○欽驅音切恭也漢志內曰恭
外曰欽又欽欽心動皃詩憂心欽欽衾大被篆作衾同嶔嶔嶔山不正皃又嶔崟山高皃顉曲頤皃揚雄傳顉頤折頞元有圈誤
【今】【正】○今居吟切對古之稱說文是時也急也衿衣系又見下及沁韻【今圈】禁力所勝也當也持也易禁民為非有兩
音又沁韻襟衣交衽又沁韻【今圈】金說文五金黃為之長久薶不生衣百鍊不輕从革不違西方之行生於土釋名金禁也為進退之禁
也又黃金一兩曰一金顏師古曰凡言一金與萬錢也○珡渠金切樂器神農作古作珡紟單被亦作衿禮記絞紟又沁韻【增入】
柃【增入】黔黑色又鹽韻肣歛也史記首仰足肣芩草名又鹽韻禽飛曰禽走曰獸又捉也又凡畋
獲飛走皆曰禽又鳥未孕曰禽擒捉也史漢作禽檎林檎果名○南乃林切夏方詩遠送于南沈云協句宜音女今反又

㐲字後飄風自南以雅以南同又覃韻【增入】

【通用】與談通

二十二。

○覃 徒含切長味亦作醰又及也布也深廣也尚書序研精覃思又琰感二韻 醰 同上又醇也魏都賦宅心醰粹又感韻【重增】 潭 水出武陵又水深處謂之潭揚雄潭思渾天注潭深也又侵韻【今圈】 沈 史陳勝傳夥涉之為王沈沈者注沈沈宮室深邃皃韓愈詩作潭潭廣韻作𣸣又侵寢沁三韻【重增】 譚 大也國名又姓又與談同莊子何不譚我於王晉袁宏傳由斯而譚又謝尚與袁宏譚論 蟫 衣書中白魚又侵韻 鐔 劒鼻又劒口又劒環又侵韻 驔 馬豪骭又忝韻【今圈】 藫 爾雅藫石衣 曇 雲布

○貪 他含切貪婪 探 嘗試也摸取也窺索也亦作撢勘韻他紺切案易探嘖索隱書探天之威穀梁傳已探先君之邪志中庸注探端知緒論語見不善如探湯並音貪如酈食其傳探虎穴董仲舒傳春秋深探其本太史公自序探禹穴班超傳不探虎穴之類並無音【添補新音】有獨音者依經史釋文押如無明音即許與去聲勘字韻通押 撢 周禮撢人又侵勘二韻【今圈】

○眈 都含切耳大而垂又樂也書今日眈樂 妉 樂也亦作湛媅眈 媅 同上又淫過也 湛 又侵蘸沁賺陷五韻【今圈】 眈 視遠而志近易虎視眈眈又感韻

○婪 盧含切貪也亦作惏 惏 同上方言殺人而取其財曰惏 嵐 岢嵐山近太原有遲洼池出良馬又山氣 燂 熱也又焦

色○南 那含切火方又姓律曆志太陽者南方南任也陽氣任養物於時爲夏又侵韻今圖 男 男子也任也又五等爵名
柟 爾雅梅柟子似杏而酸陸璣云柟皮似豫章葉如牛耳子青不可食柟葉大理細子赤者材堅白者難亦作楠俗作枏又鹽韻 楠 同上俗呼
石楠 諵 詀諵語聲諵諵多言又咸韻增入 喃 呢喃語不了又燕語又咸韻增入 聃 耳曼無輪又姓又國名左傳魯衞毛聃俗
作聃又祝聃人名又談韻重增○毵 蘇含切毛長皃 鬖 鬖鬖髮垂○參 倉含切間廁也造也趨承也干與也參錯
也又曾參史記云字子輿蓋取參乘之義論語音森又參伍易參伍以變三相參爲參五相伍爲伍又曰參天兩地而倚數一三五天數三也二四地數兩也三三而九
三兩而六老數也兩三一二爲八兩二一三爲七少數也皆參兩也參兩相乘伍也又以奇益耦亦謂之參記離坐離立毋往參焉又可以與天地參謂聖人與天地並
立爲三也又左傳自參以上周禮設其參皆謂三相參列者也後世參軍參謀參知政事蓋取此義又參分謂析一爲三互相比量取其均也晉書作叅又侵談感勘四
韻 叅 荀子功叅天地堯舜叅牟子揚子聖人有以擬天地而叅諸身方言叅分也齊曰叅增入 三 周禮考工記弓人有三均注讀爲參陸音
參又談闞二韻重增 驂 駕三馬禮記注騑曰驂左傳驂絓而止杜預曰騑馬也爾雅七達謂之劇驂正義曰三道交出復有歧出者也又驂乘亦作參漢文
帝召張釋之參乘昌邑王傳龔遂參乘師古曰乘車之法尊者居左御者居中又一人處右以備傾側是以戎車則曰車右餘曰驂乘驂者三也蓋取三人爲名義耳

傪 好貌 ○ 鐕 祖含切簪也又眾辶疾也易勿疑朋盍簪又侵韻 鐕 可以綴著物者亦作篸 篸 同上又與

簪同韓愈送桂州嚴大夫詩山爲碧玉篸又侵韻【今圖】 ○ 蠶 祖含切吐絲蟲荀子有蠶賦亦作蠺俗作蚕非蚕他典切寒蚓也佩觿集曰蚯蚓之

蚕爲蠶其順非有如此者 蠶 三輔黃圖繭館蠶繭之所也又蠶室行腐刑之所漢書作蠶【重增】 ○ 龕 苦含切龍貌一曰受盛也又取

也一曰與戡同揚子劉龕南陽又浮圖塔一曰塔下室上从今俗从合誤【今正】 堪 任也勝也克也可也地突也亦作戡戡 戡 漢五行志王心

弗戡孟康曰古堪字又殺也刺也【增入】 戡 書西伯戡黎謂勝也克也 嵁 莊子大山嵁巖之下與嵌同又銜添二韻【重增】 嵌 又銜

韻【重增】 ○ 弇 古含切蓋也又琰鹽二韻 淦 南越地名漢嚴助傳處之上淦又勘韻【重增】 ○ 含 胡南切銜也亦作唅

又包也容也易含弘光大亦作函又勘韻 唅 漢王襃傳蓂藜唅糗【重增】 函 容也亦作含也記席閒函丈漢書偪覆包函亦作圅又詩嘉殽脾臄

毛傳臄函也說文函舌也又云口裏肉通俗文口上曰臄口下曰函又匱也亦作椷圅又甲也又咸感二韻 圅 又二韻【增入】 椷 同上匱也

又咸韻【增入】 肣 口下亦作函又感韻【增入】 涵 水澤多又沈浸也又涵泳 鋡 鎧也通作函 ○ 諳 烏含切記

也憶也練歷也悉也 鵪 鶉屬字林作鵪列子作鶕 䤃 鐘聲微又諂韻【今圖】 喑 廣韻啼泣無聲又侵感沁三韻【重增】 庵

圜屋一曰草屋亦作菴廣韻又遏合切【今圈】菴後漢皇甫規入菴廬巡視三軍蔥悅通典周武帝攻高齊兵去之後齊人謂柏菴爲帳幕不疑軍退是則

結草木爲廬皆曰菴也漢胡建傳注區者小室之名若今菴屋之類蓋古作菴隋唐以來俗作庵區音甌廣韻菴藺草又菴羅果名又音淹【增入】淹沒也

亦作淊弇見晉志又鹽豔二韻【重增】渰又琰韻【重增】㖤喑嘿不言唐楊瑒傳大公卿㖤默唯唯【重增】

二十三○談徒甘切語也言論也戲調也又姓亦作譚郯國名孔子問官於郯子【重增】惔燔也詩憂

心如惔又燎也詩如惔如焚又鹽敢闞三韻痰液所以養筋血濇不行則痰聚於鬲上而手足弱舊云病液非也餤進也詩亂是用餤又

鹽韻錟長矛又琰韻【今圈】倓恬也安也靜也又敢感闞三韻【增入】○聃他甘切耳曼又老子名又姓又國名亦作聸俗

作聃又覃韻【今圈】耼○儋都甘切負何也又小甖又闞韻擔同上又與甔同揚子吾見擔石矣又闞韻檐同上

史記虞卿范雎傳躡蹻檐簦又鹽闞二韻【增入】甔甔石小甖漢書作儋方言甔罃也齊東北海岱之閒謂之甔郭璞曰所謂家無甔石之儲也埤蒼曰大甖

也字或作儋音丁甘切又闞韻○藍盧甘切染青草又姓又藍縷敝衣左傳篳路藍縷又浮屠所居謂之伽藍籃大篝𢅡

楚謂無緣衣【增入】襤短衣無緣又襤褸衣服左傳方言作藍縷【增入】○三蘇甘切數名亦作參古作弎又覃闞二韻凡言數則從平聲論

語三變三友禮記先雷三日書三公三孤易先甲三日之類是也再而三之則從去聲論語三省三思三復易再三瀆書至于三記朝於王季日三左傳三而竭之類是也然其閒亦有兩音如三省三思之類合從通用今圈 （參） 考工記參分其股圍漢志參分損一秦造參夷之誅莊子參日而後能外天下又覃侵感三韻

增入 ○ 慙 財甘切愧也恧也小爾雅不直失節謂之慙亦作慚 慚 增入 ○ 蚶 呼甘切蚌屬爾雅魁陸也 甜 甜聞陵谷之形杜甫太清宮賦佗神光而甜聞重增 ○ （甘） 沽三切甜也又甘心快意也樂也美也又湛嗜也書甘酒嗜音又果名杜甫詩三寸黃甘猶自青俗作柑又甝下又姓今圈 泔 米潘 （柑） 橘屬本作甘又鹽韻 ○ 酣 胡甘切酒樂也湛嗜也應劭曰洽也張晏曰中酒也亦作佄甘 佄 （甘） 同上書甘酒嗜音音如字又戶甘反又熟也莊子甘寢秉羽重增 （邯） 地名人名又寒韻

通用 與添嚴通

二十四 ○ （鹽） 余廉切鹹鹺又豔韻 （餤） 進也又談韻 （檐） 梍也亦作簷櫚又談闞二韻今圈 簷 櫚 同上相如賦步櫚周流注其下可行步卽今之步廊也 閻 里門又姓 （阽） 壁危漢文詔或阽於死亡音反坫之坫一音屋檐之檐如淳曰近邊欲墮之意又棪韻 ○ 懕 於鹽切安也郭璞曰安詳之容蓋心安之也 （猒） 飽也足也斁也荀子好善無猒又豔葉二韻 （厭） 同上左傳無厭將及我又不休也詩厭厭夜飲又安靜貌詩厭厭良人又琰豔葉狎四韻 晃謹案 左傳昭公二十八年屬厭

而巳杜預曰屬足也言小人之腹飽猶知厭足陸德明音於炎反監本引左傳作屬猒誤[今正而圖]

饜 飽凝又豔韻孟子不奪不饜有兩音則必饜酒肉而後反去聲左傳貪惏無饜平聲杜預序饜而飫之去聲[見讀案]元祐五年孫諤陳乞猒厭饜三字訓解不同如書萬年猒于乃德陸音去聲徐音平聲我惟無斁其康事注去我惟無猒其安天下事詩清廟注不見猒於人人無厭之振鷺注皆愛敬之無厭之者並音去聲已上皆有明音唯荀子求善無猒漢書賈山傳求善無饜漢章帝曰朕甚饜之類並無音有音者許於出處明無音者許於平聲去聲通使臣案此三字在平聲去聲義同經史子集雖或音平聲或音去聲或有兩音或無音義皆相通凡義同者皆合令通用義異者非[今圖]

○**銛** 思廉切利也又臿屬又竿頭施鐵鉅以擲魚爲銛从干戈之干監本从千誤[今正]

鉆 同上揚子筆不鉆而獨加諸砥又見下[重增]

韱 山韭又細也从𢦏从韭𢦏音尖剌也持也从兩人持戈俗作鑯

纖 細也微也通作纎亦作孅又見下又咸韻[今圖]

䨟 䨴䨟微雨亦作濂纖

孅 相如賦孅繳施王吉傳孅介有不具者[重增]

摻 手好貌詩摻摻女手徐音息廉切又咸豏勘三韻[重增]

襳 相如賦蜚襳垂髾師古曰衣長帶也[重增]

綅 綫也詩貝冑朱綅又白經黑緯曰綅又侵韻

憸 㤿憸詖也利口也險也㤿音淹

譣 說文譣詖姦言也又琰韻[重增]

暹 日光進也又寺廉切

○**僉** 千廉切咸也皆也

籤 驗也銳也貫也幖也

懺 字林幖懺通作籤[增入]

槧 牘也揚子叔孫通槧人也有三音又覽豔二韻[重增]

○**殲** 將廉切微盡也

滅也古文作殲亦作纖 **纖** 禮記公族刑罪纖剸俗本作纖【增入】 **瀸** 歲一見一否又漬也沒也洽也俗作瀸 **尖** 末銳杜甫詩萬

點蜀山尖韓愈苦寒詩萌芽夭句尖【重增】 **漸** 流入也漬也浸染也亦作湛通作瀸晉潘尼頌瀸漬徽猷又見下平銜琰二韻 **湛** 禮記湛熾必潔

又侵覃䤌沁陷五韻 **斬** 麥秀亦作蔪又銜琰二韻【今圈】 **蔪** 枚乘七發麥秀蔪兮雉朝飛【重增】 **熸** 火滅左傳令尹子瑕卒楚師熸

杜預曰吳楚之間謂火滅爲熸軍主喪亡故無復氣勢唐段秀實傳虜師熸音義云殲也案此則與春秋齊人殲于遂之殲同 ○ **爓** 徐廉切湯中爚

肉亦作燖燂膶禮有爓又侵韻 **燖** 同上又侵韻【今圈】 **燂** 同上又侵韻【今圈】 **膶** 同上又侵韻【增入】 ○ **灊**

慈鹽切水出巴郡書作潛又侵韻 **潛** 禹貢沱潛既道又水伏流也藏也又魚橬也詩潛有多魚又侵韻古作㶖廣韻於㶖縣在杭州今作潛下从子白之

曰从日誤【今正】 **㵐** 左傳文五年沈漸剛克今書作沉潛【重增】 **鬵** 鬻屬又侵韻俗作䰼凡从鬲者俗皆作鬲 ○ **苫** 詩廉切草

覆屋又凶服者以爲覆席又豔韻 **痁** 瘧疾左傳痁作而伏又曰齊侯疥遂痁又豔韻【今圈】 ○ **襜** 蚩占切蔽也爾雅衣蔽前郭璞曰今

蔽膝也亦作幨襝幨裧袡又豔韻 **幨** 又豔韻【今圈】 **襝** 又豔韻【增入】 **幨** 同上又車幨裳幃又絕起也考工記飭之所由幨又

豔韻 **裧** 同上又車裧又豔韻【今圈】 **袡** 方言蔽厀齊魯之郊謂之袡襦亦作袡又見下【增入】 **𧙚** 衣動貌亦作袩佔 **袩**

佔 漢匈奴傳佔佔師古曰衣裳之貌 增入 惉 惉懘音敝不和亦作怗沾 ⓞ怗 又帖韻 增入 ○詹 之廉切多言又姓一曰至也方言詹至也齊楚之會郊或曰懷推詹郭璞曰詩先祖于摧六日不詹此亦方國之語不專齊楚也又與瞻同詩魯邦所詹 瞻 仰視舊注曰臨視非 ⓞ占 測也視兆也筮也又豔韻 ⓞ噡 廣韻言語也荀子噡唯則節 重增 霑 雨淋也濕也霑也漬也亦作沾 ⓞ沾 同上又見下又添豔二韻 增入 ○ⓞ覘 癡廉切闚視記善哉覘國乎亦作沾又豔韻 ⓞ沾 記我喪也斯沾鄭康成曰沾與覘同 增入 ○棎 時占切果名似柰而酸 ⓞ蟾 蟾蠩戰國策月與象蟾兔故世因謂月彩爲蟾光廣韻以之廉切爲蟾蠩以時占切爲月彩蓋不考其所從出耳然所以有兩音者方言不同也蟾音占則蠩音諸蟾音棎則蠩音如賓一物也 今圖 䫇 頰須亦作髯从冄俗作冉下同 髯 ⓞ枏 梅枏郭璞云似杏實酸又覃韻 䶲 龜甲邊亦作䶲一曰有䶲龜 呥 噍皃荀子呥呥而噍 增入 蚦 大蚦出晉安大者二三圍長十文行往不舉頭 ⓞ袡 衣緣儀禮褕衣纁袡禮記復不以袡明非常禮也亦作衻 增入 ○廉 力鹽切陛廉也側隅也不貪也潔也察也廣韻儉也釋名廉斂也自檢斂也又飛廉風伯又鳥名館名應劭曰飛廉神禽能致風氣晉灼曰身似鹿頭如爵有角蛇尾文似豹又姓 鎌 鍥也亦作鐮 鐮 釋名鐮廉也蓋取廉隅之義又韓愈苦寒詩衣被如刀鐮又曰新月似磨鐮 重增 濂 溓也又溪名 重增 熑 火熑車輞

絕也　礛赤礪　簾箔也釋名簾廉也自障蔽爲廉恥也　匳鑑匳又盛香器亦作籢奩　籢奩漢皇后紀字後

漢書注鑑匣也〔增入〕　（獫）犬長喙見廣韻又琰豔二韻〔重增〕　（蘞）草名詩蘞蔓于野草木疏似栝樓葉盛而細子黑如燕薁不可食又嚴琰驗三

韻〔重〕〔增〕　（斂）收也聚也又地名左傳僖二十八年齊侯晉侯會于斂盂徐音廉又上聲又琰驗二韻〔重增〕　（帘）酒帘又臻韻〔今圖〕　○

（炎）于廉切熏也熱也熾也火燄也又豔韻〔今圖〕　（惔）熱也燎也詩如惔如焚韓詩作炎後漢書引詩亦作炎注炎焚言熱氣甚也又談敢闞三

韻　○　（淹）衣廉切漬也久留也滯也亦作奄又覃釅二韻　（奄）漢郊祀歌神奄留又久觀也詩奄觀銍艾又國名又琰豔二韻〔增入〕

（閹）宦人主宮門者又男無勢精閉者亦作奄　（崦）崦嵫山下有虞泉日所入又琰韻〔今圖〕　○　（噞）牛廉切噞喁魚口上

見皃又琰釅二韻　○　（黏）尼占切箸也俗作粘又釅韻〔今圖〕　（濂）考工記輪人雖有深泥亦弗之濂也鄭音粘又琰韻〔重增〕　○

箝其廉切籋也漢袁盎傳箝天下之口亦作鉗拑柑　鉗鐵有所劫束亦作鈷鍼通作鈐　拑漢鼂錯傳拑口不敢復言矣〔增入〕

（柑）以木銜馬口公羊傳柑馬而秣之漢五行志臣畏刑而柑口又談韻　（鈷）鐵鈷鉗也通作鈐〔今圖〕　鈐同上又鈐鍺大犂

（黔）黎也黑也黔首以其頭黑也又姓又侵韻　（鍼）與鉗同又人名又侵沁二韻　○　（砭）悲廉切以石刺病亦作砭又豔

韻

䂜又盬韻从巳巳音胡感反非从巳也【今圖】

二十五

○添他兼切益也亦作沾

沾又前韻【今圖】

酟和也張景陽七命酤以春梅謂和羹也【重增】

○甜徒兼切甘也亦作餂从干戈之干舊从千誤【今正】

餂又見下又忝橋二韻【今圖】

恬安也靖也莊子以智養恬从干誤【今正】

○鮎奴兼切魚名鰋也

拈𢬵也指取物也

餂鉤取也孟子以言餂之【重增】

○謙苦兼切致恭也不自滿也遜也古作嗛又見下又忝韻【今圖】

嗛莊子大嗛不嗛漢藝文志易之嗛嗛司馬相如傳嗛遜而未發又猒也荀子臭之而無嗛於鼻又忝韻【增入】

嵁山險皃莊子嵁巖有兩音又覃銜二韻【重增】

○兼古嫌切幷也又釅韻【增入】

縑幷絲繒又絹也

蒹葦屬

鶼比翼鳥

鰜比目魚

○嫌胡兼切不平於心一曰疑似也慊也亦作謙慊

謙荀子信而不與謙注謙讀爲嫌得信於上不與嫌疑使人疑其作威福也【重增】

慊趙充國傳媮得避慊之便注慊亦嫌字【重增】

二十六

○嚴魚杴切莊也毅也威重也恭謹也不寬也急也風氣淒冷也飾也又姓又戒也昏鼓曰夜嚴漢明帝諱莊相襲謂裝爲嚴故姓莊亦呼爲嚴又广韻【今圖】

巖莊子大山嵁巖之下音巖又咸韻【重增】

○杴虛嚴切臿屬方言青齊呼意所好爲杴俗作忺

黬 草味辛毒又覽琰二韻【今圈】

○醶 初咸切滷也又鹽漬魚

二十七○咸【通用】與銜凡通

咸 胡喦切卦名感也皆也同也悉也爾雅左高曰咸司馬相如傳上咸五下登三師古曰咸皆也言與五帝皆盛也

諴 和也誠也

鹹 鹽味

凾 匱也亦作凾⿰木函又覃感二韻

圅 又二韻【增入】

⿰木函 又韻

○緘 古咸切束篋縢也又索也

瑊 石次玉亦作玪又侵韻【今圈】

玪

椷 篋也杯也

○嵒 魚咸切巖也又嶄嵒山高皃从品从山與喦字不同喦音尼輒切元有圈【今正】

碞 僭差書畏于民碞又侵韻嵒碞二字即古巖字嶄嵒義與巖巖同僭碞亦取嵒石上陵之義但僭碞與巖字可以重押

○攕 師咸切好手貌亦作摻

摻 詩摻摻女手又鹽豏勘三韻【今圈】

摲 芟也禮記有摲而播者又鑑韻

纖 細也韓愈酬盧雲夫詩樓頭皎月不共宿其奈就缺行纖纖協韻所咸切又鹽韻

○讒 鉏咸切譖也荀子傷良曰讒又陷韻

毚 狡兔

饞 饕也亦作嚵

嚵 同上韓愈月蝕詩口不食八九無嚵名【重增】

儳 儖儳貌惡又立持者之稅本作總又儳巖未整陣左傳鼓儳可也又勘闞陷三韻

巉 集韻巉巗高也或作嶃嶄嶄漸杜甫詩虎之飢下巉喦【增入】

蔪 蔪蔪麥秀見集韻【增入】

瀺 瀺灂水聲相如賦瀺灂霣隊【重增】

○諵 尼咸切詀諵語聲諵諵多言又覃韻【重增】

喃 呢喃語不了又燕語

又覃韻[增入]

二十八○銜平監切馬勒口中从金从行銜行馬者也漢張敞傳利其銜策又凡口含物皆曰銜周官銜枚氏奉君命而行亦曰銜命又官吏階位曰銜

○監古銜切臨下也領也察也又鑑韻

鑑鏡也照也廣韻鑑諸以取月中水又明也亦作鑒又鑑韻

鑒同上韓愈酬盧雲夫詩怯膽變勇神明鑒叶韻音平聲周官以鑒取明水於月無音字從通用又鑑韻[重增]

○嵌丘銜切嵌巖山險貌亦作嵁

嵁莊子大山嵁巖之下又覃添二韻[重增]

○巖魚銜切險也左傳制巖邑也又峻也董仲舒傳舜游巖廊又嶄巖高貌又石窟曰巖深通曰洞亦作巗巖通作嵒喦又嚴韻[今圈]

巗同上又巉巗[增入]

壧漢房中歌壧處頃聽[增入]

○衫師銜切小襦也

縿旌旗正幅亦作幓纖又宵韻[今圈]

幓又宵韻[今圈]

襳同上又襳袿長襦俗作襳

襂玉篇火客頭進也又賊也韓愈征蜀聯句中矢纇妖襂[重增]

纔廣韻帛青色又咍韻[重增]

彡毛飾畫文又思廉切[今圈]

芟刈也亦作蔪蘄

蔪賈誼傳蔪去不義諸侯又鹽琰二韻[增入]

杉木名亦作檆爾雅作煔

○欃初銜切欃槍妖星廣韻作欃

攙同上又扶也又侵韻[重增]

劖斷也鑴也亦作鑱

鑱長鑱吳人云鐵犂杜詩長鑱長鑱白木柄又鋭也鑴也又陷韻

漸漸漸山石高峻貌詩漸漸之

之石亦作嶃又鹽琰二韻[增入]　(嶃)又謙韻[增入]

二十九○凡　符咸切最括也庸常也皆也輕也大槩也國名漢景帝凡號石奮爲萬石君謂揔計也左傳有凡例　(䀀)杯也又梵韻从巳巳音胡感反从㔾誤[今正]　(帆)舟上汎風幔亦作𦨖颿又梵韻　(𦨖)又梵韻　(颿)同上又馬疾步又梵韻　(渢)渢渢中庸之聲又東梵二韻　(氾)鄭地在襄城又姓本姓凡遭秦亂避地於氾水因改焉晉有氾毓又梵韻从㔾誤[今正]

右下平聲二十九韻共增三百八十三字圈三百三十字正七十二字重增三百二十五字

增修互註禮部韻略下平聲第二卷終

增修互註禮部韻略上聲第三

衢州免解進士毛　晃　增註

男進士　居正　校勘重增

一董　獨用　二腫　獨用

三講　獨用　四紙　與旨止通

五旨　六止

七尾　獨用　八語　獨用

九麌　與姥通　十姥

十一薺　獨用　十二蟹　與駭通

十三駭　十四賄　與海通

十五海　十六軫與準通

十七準　十八吻與隱通

十九隱　二十阮與混很通

二十一混　二十二很

二十三旱與緩通　二十四緩

二十五潸與產通　二十六產

二十七銑與獮通　二十八獮

二十九篠與小通　三十小

三十一巧獨用　三十二晧

三十三哿與果通　三十四果

三十五馬　獨用　三十六養　與蕩通
三十七蕩　三十八梗　與耿靜通
三十九耿　四十靜
四十一迥　獨用　四十二拯　與等通
四十三等　四十四有　與厚黝通
四十五厚　四十六黝
四十七寑　獨用　四十八感　與敢通
四十九敢　五十琰　與忝广通
五十一忝　五十二广
五十三豏　與檻范通　五十四檻

五十五范

獨用

一○董多動切督也正也又姓古作蕫 蕫同上又鼒蕫草似蒲而細 蝀螮蝀虹也又東送二韻 ○統他總切系也總也綱也緒也撫御也又宋韻晁曰統字諸家皆去聲唯玉篇又音桶公羊傳大一統無音合從通用增入 桶木器受六升又腫韻 侗直也一曰長大又未成器之人又東韻增入 ○動徒揔切動靜之對躁也出也作也搖也又送韻 洞洞洞恭皃又鴻洞相通皃亦作絧又送韻 絧揚雄賦鴻絧倢儱又東送二韻增入 眮瞋目顧視 詷譀詷急也又二韻 挏引也動也漢有挏馬官作酒呂氏春秋百官有挏挻又東韻今圈 曈日出又曈曨日欲明皃又東韻增入 酮酒壞又東韻增入 ○曨力董切曈曨日欲明皃又東韻 蘢箱蘢又東鍾二韻 鸗小鳥史記楚世家鄒費郯邳者羅鸗也重增 ○琫邊孔切佩刀下飾詩鞞琫容刀亦作鞛 鞛左傳藻率鞞鞛小爾雅刀室謂之鞞鞛宋咸曰鞞刀削上飾鞛下飾增入 菶草盛貌又東韻 唪多實貌詩瓜瓞唪唪又腫韻增入 玤石次玉又講韻从丰音豐作玤誤今正 ○蠓毋揔切蠛蠓小飛蟲 矇瞈矇日未明又東韻 懵心亂又東送嶝三韻 懞懞懞茂盛皃詩麻麥懞懞又覆也蓋衣也又東韻 濛鴻濛又東韻增入 ○駷息動切搖銜走馬又腫韻 ○總

作孔切聚束也統也皆也括也合也亦作摠又總布租錢也又并秸之禾書百里賦納總漢書作總俗作揔又東送二韻 縱 趨事貌記喪事欲其縱縱爾又

鍾用二韻 增入 摠 與總同又東送二韻 今圈 傯 倥傯窮困也苦也不暇給也又送韻漢書作傯俗作傯 ⿸广悤 屋階中會又東韻

⿰禾悤 禾聚束亦作稯總 稯 又東韻 今圈 猣 鳥飛竦翼又東送二韻 嵸 巃嵸山貌又東韻 蓯 華蓯草貌

又鍾韻 今圈 ⿰車悤 車輪又東韻 熜 然麻蒸也 鬷 爾雅𩰫鬷一名素華又東韻 增入 ⿱髟悤 髟悤角詩作總又髮也 增入

○ 澒 胡孔切澒大水貌亦作濛鴻杜牧罪言混澒回轉 鴻 同上又鴻濛又東韻莊子作鴻蒙音義云自然元氣一云海上氣並音如字張

喬月中桂詩與月轉鴻濛亦作平聲用然則二字二音皆可通用 增入 嗊 囉嗊歌也 汞 水銀 增入 ○ 孔 康董切穴也空也甚也亦

作空又孔子商湯後微子封宋其後孔父嘉為大夫其孫因以祖字為氏又要路曰孔道 空 穴也竉也通作孔考工記注轂空鑿空又東送二韻 增入

○ 蓊 烏孔切蓊鬱草木盛貌又東韻 今圈 滃 雲氣濃貌 塕 埲塕塵起 翁 醲貌周禮酒正注盎猶翁也成而翁翁然

又擁也莊子注磨翁而旋入又東韻 增入 ○ ⿰糹封 方孔切枲也荀子菲⿰糹封屨亦作⿱封糸又唐講二韻 增入 ⿱封糸 見王篇又二韻 增入

獨用 二 ○ 腫 之隴切脹也癰也 種 種類亦作種又種種短貌左傳昭三年余髮如此種種又種種猶物物又東鍾用三韻

種 今圈 又三韻 踵 足跟又繼也躡也一曰往來皃詩疏作蹱 ○ 湩 時宂切足腫亦作瘇 瘇 賈誼傳天下之勢方病大

瘇如淳曰腫足曰瘇 重增 ○ 宂 而隴切散也雜也剩也忙也俗作冗 茸 草生皃又闒茸猥賤又鍾韻 氄 毛氄細密說文作毴或作

毴 𡫸 傝𡫸不肖亦作闒茸 軵 推也淮南子軵車而餉漢馮奉世傳再三發軵 增入 㧤 拒也又東韻 增入 ○ 竦 息勇

切恭也又竦動也國語竦善抑惡 悚 懼也怖也或作愯 愯 同上又講韻漢刑法志愯之以行晉灼曰古悚字師古曰愯㩳也又音所項反

今圈 ⿱山雙 山聳起皃杜甫封西嶽賦風御冉以縱⿱山雙 重增 㩳 挺也杜甫畫鷹詩㩳身思狡兔注㩳猶竦也音葸勇切 重增 ⿰衤從 禪衣也

聳 高也驚也方言欲也勸也聾也 駷 搖銜走馬又董韻 ○ 捧 斂奉切兩手拱承也本作奉 奉 同上 ○ 奉

父勇切尊奉也承也事也與也獻也祿也又用韻 唪 口高皃又董韻 增入 ○ 覂 方勇切反覆逸駕亦作泛又乏也唐宋光傳公私覂竭上

从西音亞俗作覂 泛 漢武紀泛駕之馬師古曰覆也言馬有逸氣不循軌轍又梵狎二韻 今圈 ○ 冢 知隴切大也爾雅山頂曰冢說文高

墳也六典天官冢宰其職則曰太宰注進退異名也百官總焉則謂之冢列職於王則稱大蹏冢大之上一也从冂亦作冡 塚 平曰墓封曰塚高曰墳通作冢 增入

○ 寵 丑勇切恩也愛也尊榮也 龍 詩何天之龍毛傳和也平聲鄭讀作寵榮名之謂也又日見下又鍾江二韻 增入 ○ 重 直隴

切輕重之重非再重之重凡物不輕而重則上聲因其可重而重之與再重鄭重皆去聲又東鍾用三韻 鮦 魚名一曰鱧也又東有二韻 ○隴 魯勇切坂也唯在天水者最大 壟 丘壟禮記適墓不登壟壟冢也書彥傳壟畝也陳勝傳輟耕之壟上師古曰田中之高處亦作壠壠龍傳記亦或作隴 壠 方言秦晉之間冢謂之壠列子逆之壠端【增入】 龍 孟子龍斷趙岐曰市中堁斷而高者也【增入】 ○勇 余隴切銳也猛也果敢也 涌 汹涌泉上溢也亦作湧 湧 踊 跳也亦作踴又刖足者之屨左傳昭三年踴貴屨賤 踴 甬 草木華甬甬又鍾舞上為甬謂鍾鼻也又斛也月令角斗甬又巷道曰甬漢紀築甬道蒼頡篇作衝 慂 方言慫慂勸也南楚凡己不欲喜而旁人說之不欲怒而旁人怒之謂之慫慂亦作縱臾 臾 漢書衡山王傳日夜縱臾如淳曰臾讀曰勇師古曰縱音子勇反縱臾猶獎勸也又虞韻【重增】 蛹 蠶化為蛹蛹化為蛾韓愈會合聯句眇若抽獨蛹【重增】 埇 道上加土 溶 水盛又鴻溶竦踊皃相如賦紛鴻溶而上厲又鍾韻 筩 箭室又東韻 桶 斛也月令作甬又董韻 俑 送葬偶人設關而能跳踊又東韻【今圈】 ○兇 許拱切擾而恐懼又鍾韻 洶 水涌聲又鍾韻 詾 衆言也嚇也諠戾之聲也訟也亦作訩凶匈哅又鍾用二韻 跫 悚也莊子聞足音跫然而喜又喜皃又人行聲又鍾韻【重增】 ○恐 丘隴切懼也又用韻說文作恐从巩音戟今作凡非凡字【今正】 ○拱 居竦切叉手也拱翊環擁也又兩手合持曰拱孟子拱把之桐梓漢志一暮大拱本作共 共 書共生于朝論

語衆星共之古作廾象兩手合持之形今作共偏旁作廾又鍾用遇三韻【增入】拲手械一曰兩手同一械又燭韻鞏固也以皮束物也又姓方言齊謂火乾爲鞏从凡俗作鞏【今正】栱大杙又栱枓珙璧也老子作拱璧蛬蜷蛬又鍾韻○擁委勇切挾抱也衞也持也羣從也漢高紀太公擁彗亦作雍雍揚雄甘泉賦雍神休篆文作雝又與壅同武帝紀雍於上聞又鍾用二韻【增入】壅塞也障也堨也培也亦作雍雝又鍾韻雝詩維壁雝兮又鍾用二韻【增入】○湩覩勇切乳汁又送用二韻【合圈】

【獨用】三○講古項切論也謀也究也告也和解也耩耕也港分水流又水中行舟道○棒步項切杖也打也亦作棓棓天棓星名又尤韻【合圈】蚌蛤屬亦作蜯从虫从丰蜯班固荅賓戲隨侯之珠藏於蜯蛤【增入】⿰丯咅耜屬玤石次玉又地名左傳虢公爲王宮于玤又董韻○項戶講切頸後又姓缿如瓨長頸可受投書一曰受錢器趙廣漢敎吏爲缿筩○⿰糸封補講切枲屬亦作⿱封糸或曰小兒皮屨又唐董二韻【合圈】⿱封糸同上又二韻【合圈】○愯所項切𢥞也漢志愯之以行又腫韻【增入】○厖母講切厚也又江韻詩爲下國駿厖毛傳讀如平聲鄭箋叶韻音上聲【增入】

【通用】與旨止通

四○紙諸氏切楮藉不知所始後漢宦者蔡倫以魚網木皮爲紙俗以爲紙始於倫非也案前漢皐后紀已有赫蹏紙矣亦作帋

又度高曰揣亦作揣俗作揣又歡果二韻○捶 主䅗切擊也又果韻【今増】箠 馬箠又杖也漢景帝定箠令師古曰箠策也所以擊者亦作棰

棰 路溫舒傳棰楚之下何求而不得【増入】錘 鍛器莊子在鑪錘之閒又支寘二韻【重増】○菙 是棰切荆也周禮有菙氏○繠 如累切垂也聑也又佩垂皃左傳佩玉繠然服飾備也又旨韻汝水切音義並同重出誤故去其一

蘂 花心鬚亦作蘂蕊 橤 同上又草木叢生皃又聚也 甤 說文草木實甤甤又脂韻【重増】○徙 想里切遷移篆文作𨑳當作辿今轉爲徙 璽 印也一曰信也古者尊卑共之左傳

襄公在楚季武子使公冶問璽書追而與之秦漢以來唯至尊以爲信說文从爾从土今从王○此 雌氏切彼此之對又止也 佌 佌佌小也郭璞曰材

器小陋也 玼 玉色鮮又支薺二韻 泚 水清又薺韻○紫 將此切黑赤閒色 訾 不思稱意也詩翕翕訾訾又毀也譏

也亦作訿又支韻 訿 詩潝潝訿訿爾雅云莫供職也韓詩云不善之意又皐皐訿訿毛傳訿窳供事也【増入】呰 口毀通作訾說文苛也爾雅呰也

疵 荀子非毀疵也注或曰讀爲訾又支韻【重増】呰 窳也短也苟且也史記呰窳偷生又支韻 批 捽也又薺韻 跐

行貌又蹈也韓愈曹成王碑行跐汉川又音此又蟹韻○髓 息委切骨中脂亦作䯝髓古作髓 髓 揚雄賦髓伊吾注髓入伊吾水言其大破

死亡也【増入】髓 漢鄒陽傳入於骨髓【増入】髓 漢郊祀志先鸞鶴髓【重増】瀡 方言齊人謂滑曰瀡禮記滫瀡以滑之 蘳 草木華皃

皃又鐸韻今圈靃玉篇露也廣韻靃靡草木弱皃韓愈城南聯句春遊轢靃靡又鐸韻重增嶲越嶲郡名○觜卽委切鳥喙又支韻

○豸丈尒切蟲無足又解也止也左傳宣十七年庶有豸乎亦作廌又蟹韻廌解廌獸似羊能觸邪亦作豸又蟹韻阤

壞也見東方朔傳又岸際相如賦巖阤甗錡重增陊山摧亦作阤○邐力紙切邐邐行皃又迤邐連接也因循也麗相如大人賦駕

應龍象輿之蠖略委麗兮師古曰行步進止皃又曰容以骫麗兮張揖曰骫麗左右相隨並音力爾反又支薺霽三韻重增○旎乃倚切旖旎旌旗從

風皃廣韻旗舒皃亦作旖旎又脂韻今圈狔同上又旖狔猶窈窕也增入迆移爾切邪行亦作迤也又邐迆連接也又支歌二韻迤

同上又二韻增入也同上又馬韻增入崺峛崺山卑長皃峛音邐揚子觀東嶽而知衆山之峛崺也酏黍酒又支僊二韻

匜盥水沃手器又支韻衪衣緣亦作袘又寘韻今圈袘又寘韻增入訑自得語○企去弭切舉踵也

望也亦作跂又寘韻跂莊子儒墨乃始離跂攘臂乎桎梏之間又踶跂爲義用心皃荀子綦谿利跂又支寘陌三韻今圈○跬犬蘂切半步一

舉足也亦作頃蹞頃禮記頃步而弗敢忘孝也又淸靜二韻增入蹞荀子不積蹞步無以至千里增入頍弁皃又舉頭皃頯莊子

其顙頯注大朴之皃重增○綺去倚切文繒又細綾俗作綺觭角一俯一仰又支韻○掎舉綺切掎角又偏引也又支韻

只 起語辭詩樂只君子又語已辭詩母也天只又專辭又質韻佩觿集曰樂只之只本翻之介今讀若質今圈 咫 中婦人手長八寸賈逵云八寸曰咫 抵 抵掌說文側手擊也亦作抵 抵 漢朱博奮髯抵几文選抵璧於谷又至也與底同漢郊祀歌抵冬降霜又薺韻增入 砥 石細於礪又平也均也詩周道如砥又史志砥柱山名亦作底底又以砥磨物也禮記儒行砥礪廉隅又支韻今圈 底 同上孟子引詩周道如底又致也漢志曰官居卿以底曰左傳作厎又薺韻增入 厎 同上蕭望之傳厎厲鋒鍔枚乘傳磨礱底厲鄒陽傳厎節脩德梅福傳爵祿天下之厎石師古曰音紙又音脂又致也至也通作耆又支至二韻增入 坻 止也左傳物乃坻伏又脂薺二韻增入 枳 似橘有刺考工記橘踰淮化爲枳又見下

今圈 軹 轂末一曰車輪所穿爲道漢書軹子嬰於軹塗 疻 毆傷 ○ 弛 施氏切說文弓解也周禮作施 㢮 同上見廣韻增入 施 周禮施舍又支之寘三韻增入 豕 豬彘揔名爾雅豕子豬說文豕三毛叢居者名豬 阤 壞也舊注作壞誤又丈尒切又歌哿二韻 ○ 侈 尺氏切張大也奢也泰也 哆 張口又大口貌又哿馬禡三韻 姼 美女 烗 火盛 鉹 方言涼州呼甑說文曲鉹一名鬵鼎 恀 恃也 ⿸广多 廣也國語俠溝而⿸广多我亦作⿸广多唐正忠嗣傳軍⿸广多翼掩之 拸 拍也莊子介者拸畫亦作搋又拽也又支韻 搋 同上拆也拽也 褫 奪也衣絮偏也解也又支志二韻 ⿰角虒 角傾又人姓名列子⿰角虒俞師曠聽之弗聞 杝 析木觀其理詩析薪杝矣 [illegible]

會韻三 五

音不和又祭韻 衺 衣長又宋地春秋亘十五年會于衺亦作袲衺公羊作侈又支哿二韻 重增 ○是 上紙切是非之對又正也直也 諟

理也審也諦也正也亦作媞又齊韻 媞 同上一曰妍黠又江淮之閒謂母爲媞又齊韻 禔 衣服端正皃又齊韻 增入 氏 姓氏左傳

因生賜姓胙土命氏又支韻又子盈切𥝩氏縣名 跃 蹟也舊注作積誤 今正 阺 岸傍欲落者 ○舐 甚尒切舌舐亦作舓咶狧从舌舌

从干戈之干从千誤 今正 舐 从千誤 今正 ⿰舌是 从千誤 今正 咶 荀子誅㖂話夫俗作咶非咶音火怪切鼻息也 增入 狧 漢吳王濞傳狧

糠及米 增入 ○尒 忍止切尒汝又語辭俗作尔亦作爾耳从入从小監本作尒誤 今正 爾 同上亦作㒌又靡麗也近也與邇同漢儒林傳文章爾雅

注爾近也 邇 近也通作迩爾俗作迩 迩 本作迩 ○躧 所尒切徐行皃又屣不躡跟也亦作蹝屣纚又蟹寘二韻 蹝 孟子猶棄

敝蹝又蟹韻 今圈 屣 今圈 又寘韻 纚 同上又冠織亦作縰又支寘二韻 縰 同上又冠織漢制齊三服官春獻冠幘縰注縰

與纚同帥今之方目紗也又蠏寘三韻 䩥 革屣又寘韻 漇 流皃劉安招隱士漇淒淒兮漇漇 重增 ⿰革徙 與䩥同又寘韻 灑 汎也

亦作洒又所蟹切同又大𤁥又齊馬寘卦四韻 洒 同上又蟹寘卦薺銑賄六韻 重增 矖 視也又支韻 蓰 物數五倍曰蓰

孟子或相倍蓰又支韻 今圈 釃 下酒又支魚寘三韻 簁 簁箇竹器又支紙二韻 ○⿰扌徙 [illegible]切度也試也量也除也挮摩也

今圈踦塞也公羊傳相與踦閭而語謂閦一扇一人在內一人在外也又支韻剞刷也又支韻庋板爲閣以藏物內則大夫七十而有閣注板爲之庋食物也亦作庪又音詭枳爾雅枳首蛇注歧蛇也亦作歧歧又支韻增入○技巨綺切藝也巧也書斷斷猗無他技通作伎又寘韻今圈伎史記馮驩無他伎能漢亘譚傳小才伎數之人注伎謂方伎也陸機文賦程才效伎唐司空圖曰伎倆雖多性靈惡又與也侶也詩維足伎伎又支寘二韻增入妓女樂晉謝安石攜妓遊東山又寘韻又音羈態也增入蚑蟰也又長足蟲又支寘二韻增入○倚隱綺切依也側也亦作猗又支寘二韻猗同上詩猗重較兮又角而束之也詩猗彼女桑又猗狔窈窕也又支寄二韻增入輢車旁又寘韻旖旖旎又支韻重增奇離奇委曲盤戾皃鄒陽傳輪囷離奇離音力紙反又支韻增入椅廣韻椅梶絡絲柎今俗呼坐凳爲椅子又支韻重增○螘魚倚切蚍蜉小者亦作蟻蛾字从豈亦作豈俗作豈又尾韻蟻又尾韻今圈蛾學記蛾子時術之又姓左傳蛾析晉大夫又尾歌二韻今圈齮齧也艤整船向岸亦作檥檥史記烏江亭長檥舟待項羽應劭曰正也孟康曰附也漢書音蟻如淳曰整船向岸也又支韻增入礒山峻皃劉安招隱士嶔崟碕礒碕音綺重增錡三足釜一曰闌錡兵藏又支韻轙車衡載轡者又僕人嚴駕待發之意漢郊祀歌象輿轙又支韻○委於詭切委曲也頓也屬也隨也任也棄置也又端委禮衣左傳弁冕端委以治民又支寘二韻

骩 骩骫屈曲也唐鄭注傳撓骩朝法廣韻骨曲也又寘韻从骨从八九之九監本作骫誤 今正而圈 ○蔿 羽委切草名又姓亦作薳 蘤 草榮 闖 闚門國語闖門與之言又佳韻 薳 ○毀 虎委切壞也破也缺也虧也呰也又寘韻 䃣 同上列子事有破䃣而後有舞仁義者 重增 烜 取火於日又舉火也周禮有司烜氏又元阮換三韻 燬 火也又火焚也又尾韻 今圈 毇 米入斛舂取入斗也 ○詭 古委切異也詐也戾也又枉道逐物爲詭違亦作恑傀 重增 恑 莊子恢恑譎怪道通爲一 重增 傀 怪異周禮大傀烖又皆灰賄三韻 祪 毀廟之主从示从危示即古神祇之祇字監本从衣誤 今正 佹 重累又戾也左傳諸侯佹諸又脂韻 今圈 垝 毀垣詩作詭 曰 凡垣墉圮壞皆曰垝垝猶毀也圮也 居正 䤸 說文臿屬揚雄傳注鶗鴂一名買䤸春中鳴則農事興故名買䤸又名布穀蓋聞其聲則思買䤸臿以布種也舊注函屬字誤也廣韻戾鋸齒一曰瑩鐵玉篇魚鬼切云以捩鋸齒也 庋 爾雅祭山之名又庋閣所以藏食物又音掎亦作庪禮記檀弓始死之奠其餘閣也與注不容斂新閣庋藏食物釋文庋字又作庪有上去兩音唐書牟仙客傳前後錫與緘庋不敢用又至韻 增入 ○跪 渠委切拜跪聲類云跽也又足也荀子蟹六跪而二螯韓子以削爲削跪 ○俾 并弭切使也從也職也益也一曰門將軍亦作卑 卑 同上又部弭切下也又支至二韻 今圈 髀 股骨也髀上曰髖旨韻卑履切與此實同音義故去其一又薺韻 鞞 刀劒削又支齊迥三韻 箄 篵箄竹器又支霽二韻 今圈 ○庀

匹婢切具也亦作比又卑履切不可雙押故去之　比　周禮大胥比樂官鄭司農讀比爲庀謂錄具樂官也杜子春讀如毗至反謂次比樂官也鄭康成曰

比猶校也又卑履切毗也又脂至質三韻【增入】　仳　離別　批　手擊唐史批逆鱗又脂齊屑三韻【重增】　疕　頭瘍又卑履切不可雙押故去之

諀　惡言　○婢　部弭切女奴　庳　中伏舍又下也亦作卑又支至二韻　卑　考工記上欲尊而宇欲卑音婢注讀下曰宇【增入】

埤　田百畝又支脂二韻　○弭　緜婢切弓末爾雅無緣者謂之弭注今之角弓也又止也息也亦作彌辟餌　彌　周禮小祝彌裁兵漢

書彌亂謂止也李廣彌節白檀李奇曰少安皃又支韻【增入】　餌　相如賦餌節徘徊師古曰示安徐也又止志二韻【重增】　辟　禮記有由辟焉

義與弭同又支靜寘霽昔五韻【增入】　敉　撫也安也及也通作弭亦作侎　侎　玉篇引周禮小祝掌侎裁兵侎安也本作彌注作侎【增入】　瀰　水盛

皃亦作瀰又支薺二韻　濔　又薺韻【今圈】　芉　羊鳴又楚姓上从𦫳下从十監本从廿从千誤【今正】　○彼　補委切對此之稱　佊

邪也廣韻引論語子西彼哉又寘韻【增入】　○披　普靡切披靡震慴皃又開也分也散也又支寘禡三韻　○被　部靡切覃及也覆也又爲

彼所及也亦寢衣又寘韻【元祐新制】許通押　骳　骫骳屈曲又寘韻漢書枚乘傳其文骫骳音被合依被字例許於二韻通押【重增】　罷　遣因

又支蟹禡三韻　○靡　母被切披靡又靡曼奢麗也又支至二韻【今圈】　⿸麻月　乘輿金飾馬耳又支韻　○頠　魚毀切閑習容止皃又靜

也晉有裴頠

姽 好皃宋玉神女賦既姽嫿於幽靜說文閑體行姽姽也

（瓦） 屋甍莊子纍瓦結繩音危委反集韻同又馬韻 增入 ○[illegible] 羊捶切藍蓼秀也

芛 草木華初生也

五○旨 軫視切美味說文美也从匕从甘今作旨又志也意向也亦作指經典通作指俗作旨

指 同上又歸趣也孟子願聞其指董仲舒傳豈異指哉又示也斥也指點也本手指字大曰拇二曰食中曰將四五無名亦作指

指 孔光傳希指苟合貢禹傳阿意順指又麾也示也斥也賈誼傳頤指如意如淳曰但動頤指麾則所欲皆如意也貢禹傳目指氣使師古曰動目以指物出氣以使人

（耆） 左傳引詩耆定厥功陸音旨杜預曰耆致也與厎抵通又脂至二韻 今圈 ○矢 式視切箭也陳也誓也正也直也又與屎同莊子以箱盛矢亦作屎莊子道在屎溺天文有天屎星 ○視 善指切覯視文比也效也亦作眂眎又至韻 增新制 許通押俗作視 元

（眂） 今圈 又至韻

（眎） 今圈 又至韻 ○水 式軌切五行之首又姓

（準） 同上考工記輈注則利準鄭司農讀如水鄭康成如字又準薛二韻 ○死 想姊切殂也歿也終也盡也禮記死者澌也言若冰釋澌然而盡也說文作夗 ○姊 蔣兕切女兄也亦作秭袁上松曰屈原秭歸縣人既被流放忽然蹔歸其姊亦來因名其地爲秭歸秭亦姊也秭歸屬南郡古夔國今歸州

秭 同上又數郭璞曰十億爲秭 ○兕 序姊切似牛一角青色詩亦作兕 ○黹 展几切箴縷所紩亦作絺希爾雅黹紩也郭璞曰今人呼

縫紩爲黹漢晉人呼縫衣爲黹（絺）書絺繡唐書絺句繪章今刺繡之類又脂韻【增入】（希）周禮希冕謂黹繡衣而戴冕祭社稷五祀

之服又微韻【增入】（鵗）北方雉又微韻【今圈】○雉 丈几切鶅翟左傳五雉爲五工正利器用正度量夷民者也杜預曰雉有五種東方曰鶅

西曰鷷南曰翟北曰鵗伊洛之南曰翬又五版爲雉 滍 水名王篇云出魯陽縣晉杜預還襄陽引滍清水以浸田（薙）芟也又霽韻○

履 兩几切草曰扉麻曰屨皮曰履又福也祿也禮也踐也本作履从尸利也从彳从夊步行也从舟載也舟今作舟舟能載物履能載人○（柅）

女履切止輪木又絡絲柎又質韻【今圈】（抳）同上又止也王肅易繫于金抳又質韻【重增】 鑈 絡絲趺子夏易繫于金鑈【重增】○（壘）

魯水切軍壁亦作壘又賄韻【今圈】 櫐 杜甫朝享太廟賦鴻洞槍櫐雕賦摶風槍櫐木櫐也【重增】（累）增也壘也亦作絫纍又脂寘二韻

（絫）同上又十黍之重通作累从厽音同厽土爲牆壁也又脂韻【今圈】（纍）同上又與櫐同選長楊賦木擁槍纍以爲儲胥又脂韻【增入】

藟 草似葛葉似艾亦作蘽又蔓也 蘽 陸機草木疏一名巨荒似蘡薁連蔓而生幽州人謂之推蘽【重增】（礨）小穴莊子礨空

之在大澤又賄韻【重增】 𡾋 嵔𡾋山皃亦作磈礧莊子作畏壘畏音於鬼反（礧）又隊韻【今圈】（樏）禹山行所乘本作欙又器

似盤中有槅又脂韻 讄 與誄同古者卿大夫歿則君命有司累其功德爲文以哀之曰讄周禮小史掌讀誄是也論語誄曰禱爾于上下神祇蓋引古人誄

舜以明疾病有禱祈之事非以誄爲禱也鄭氏注周禮遂以讄爲禱誤監本注云禱也亦誤誄 耒 手耕曲木字林廣韻皆有兩音月令親載耒耜
古作耒又隊韻 重增 蜼 猴屬尾長雨則挂於木以尾窒鼻爾雅卬鼻長尾又至宥二韻 𤢖 飛走且乳之鳥 ○ 唯 以水切應聲又
脂韻 壝 埒也又至韻 踓 走也 ○ 癸 居誄切十幹名漢志陳揆於癸爾雅歲在癸曰昭陽月在癸曰極癸者歸也於時爲冬方
在北五行屬水五運屬火 湀 水流 ○ 揆 巨癸切度也 ○ 几 舉履切凭几器亦作机鉤挑者爲几案之几不鉤挑者爲几音殳
鳥短羽也 机 左傳設机而不倚易渙奔其机又木名 麂 麋屬亦作麐 麐 氿 水涯 ○ 跽 巨几切長跪也
○ 洧 羽軌切水名在鄭 鮪 鱣屬大曰王鮪小曰鮛周洛曰鮪蜀曰䱜鰽出鞏山穴中三月遡河上能度龍門則爲龍䱜音亘鰽毋鄧反
痏 疻痏薛宣傳注以杖手毆擊人剝其皮膚腫起青黑而無瘡瘢者律謂之疻痏疻音侈又廣韻瘡痏顏眞卿傳瘡痏未平 ○ 巋 苦軌切山
小而衆又微至二韻 蘬 馬蘬似蓤蓼而大又微尾二韻 增入 ○ 軌 居洧切車軌詩匏有苦葉注由輈以上爲軌又跡也法也則也姦軌也循
也史漢星辰軌道賈誼傳諸侯軌道注軌謂遵法制也又賈山至言軌事之大者也師古曰軌謂法度也左傳講事以度軌量謂之軌 簋 盛黍稷器內圓
外方受斗二升考工記旊人爲簋實一觳崇尺厚半寸 氿 水厓枯土又仄出泉 晷 日景又規也 宄 在外爲姦在內爲宄漢書作姦

軌 厬 泉側出亦作瀐詩作氿 匭 匣也 ○ 鄙 補靡切又邊……周禮五酇爲鄙五百家也……也陋也厭薄之也古作啚

啚 同上說文嗇也俗以爲圖字非〔重增〕 否 臧也惡也詩邦國若否卦名有韻俯九切不……否易利出否又部鄙切塞也……可又不然也〔元祐〕云案

詩未知臧否釋文音鄙如此之類全使經傳文即只許從臧否之類即許與有韻否字通押〔重增〕易師出以律……從獨音於此韻內押如散用……律否臧凶陸德明音鄙馬融

鄭康成王肅音方有反左傳師出臧否亦如之 ○ 美 陸音鄙又方九反如此類者亦可通押……莫鄙切嘉也好也甘也从羊从大俗从火誤美即羊

字佩觿集曰美羊之美爲美惡其類非有如此者 嬍 同上周禮字古作嬍俗作嬍 ○ 匕 卑履切匙也取飯以上儀禮有疏匕桃匕又箸也禮

以匕載鼎實升諸俎又匕首劍屬其頭如匕 比 竝也挍也量也詩克順克比左傳擇善而從之曰比杜預曰比方也 又脂紙至質四韻 妣

考妣妣之言媲也 秕 不成粟也書若粟之有秕漢安帝賛秕我王度注喻穢也 祉 豚祀司命 枇 所以載牲體亦作朼通作匕喪

祭用桑吉祭用棘〔重增〕 朼 同上〔重增〕 粃 莊子塵垢粃糠將猶陶鑄堯舜〔重增〕 吡 訾也莊子吡其所不爲者也〔重增〕 ○

否 部鄙切塞也隔也易天地不交否俗別爲叐非 圮 岸毀又傾覆書方命圮族从土从己與地不同圮从巳音怡監本有圖〔今正〕 岯

山一成書作伾又脂韻 伾 書至于大伾又脂韻〔重增〕 痞 氣隔不通又腹結痛 ○ 嚭 普鄙切大也 嚭 春秋

會韻三

伯犂之孫嚭爲吳太宰【增入】秠 黑黍一稃二米又秠穅亦作秠又脂尤有三韻 皉 方言器破而未離南楚之間謂之皉 ○趡 千水切走也又地名春秋會于趡

六○止 諸氏切停也至也靜也息也待也留也居也本古趾字漢志左止右止 畤 漢郊祀志云作畦畤櫟陽師古曰如種韭畦之形而畤於畦中各爲一土封也又云祠之必於高山之下畤命曰畤是則凡土高處皆曰畤也說文天地五帝所基止祭也 沚 小渚亦作洔 洔 同上又水蹔益且止未滅也 趾 足指古作止象形後人加足又與址同左傳略基趾杜預曰趾城足也 址 基也亦作阯 阯 同上又交阯郡名輿地志云其夷足大指開析兩足並立指則相交阯與趾同古字通應劭漢官儀始開北方遂交於南以爲子孫基阯也 芷 香草 ○齒 昌里切牙齒又録也年也又以年相序禮記大子大學齒冑又鑿齒獸名羿鑿齒晉人 茝 香草蘪蕪別名本草芷一名白茝荀子謂之蘭槐又海韻【[illegible]】本 紕 績苧一紕又支脂至三韻【增入】 ○始 詩止切初也志韻式吏切方始爲之也初之始則上聲詩自今以始歲其有漢書宣德自近始春秋五始天人之道何所本始易資始大始之類是也方始爲之則去聲禮記桃始華蟬始鳴之類是也【今圖】 ○市 上止切買賣之所易日中爲市又買物論語市脯凡物貨相貿易賣買皆曰市 恃 怙賴 ○耳 忍止切聽官又耳耳繼盛貌又語決辭本作耳象形今作耳俗作耳 駬

騄駬駿馬亦作綠耳　珥　耳璫又志韻　緝　緝緝咠咠盛皃詩作咠咠　餌　食也說文粉餅又紙志二韻〔重增〕○滓　壯士

切澱也　笫　牀簀又寘韻　胏　脯有骨曰胏噬乾胏古文作𦙶今作胏又食遺又諸市切同義兩出故去之　緇　黑紺色王貢敘傳涅

而不緇師古曰合韻上聲又之韻〔增入〕○史　奏士切史籍也府史也又姓周禮注史掌書者宰夫之職六曰史掌官書以贊治唐書北人謂太師

為太史古作叏又志韻〔[illegible]〕　使　令也役也又志韻　駛　馬行疾亦作駛又志韻　駛　〔增入〕又志韻○士

鉏里切漢志學以居位曰士又未娶謂之士詩以穀我士女釐爾女士又事也大事曰公小事曰士詩勿士行枚又察也理也故治獄者謂之士又士卒又漢制嘗爵為

侯而奪免者曰公士又士伍謂無爵而與士卒為伍也　仕　仕官　柹　果名　戺　砌也閾也廣韻亦作戺○俟　牀士

切大也待也又音竢万俟姓〔[illegible]〕　竢　待也通作俟司馬遷云以竢後聖君子　騃　駓騃獸行西京賦羣獸駓騃又癡也又駭韻　涘

水涯○枲　想里切麻有子曰枲無子曰苴从台从木台音怡木音匹刃切麻片也从木誤〔[illegible]〕　葸　畏懼皃亦作諰葸又薺韻〔[illegible]〕　諰

同上又思也荀子諰諰然又薺韻〔增入〕　鰓　〔增入〕又薺韻　禗　禗禗不安皃漢郊祀歌靈禗禗象輿轙〔增入〕○子　祖似切嗣

也息也孳也爵名辰名漢志孳萌於子爾雅歲在子曰困敦左傳注卿之妻曰內子卿之庶子曰餘子又男子之通稱又成德謂之君子嬰兒謂之赤子顏師古曰子者

人之嘉稱 ㊀仔 任也克也詩佛時仔肩又之韻 ○秄 壅禾根亦作秄芓又之韻 ○耔 【今增】又之韻 ○芓 周禮注芸芓又之韻

【重增】梓 木名 杍 同上又治木器 ○似 詳里切嗣也詩召公是似似續妣祖又類也象也篆作佀 ○巳 辰名漢志巳盛於巳爾雅歲在巳曰大荒落又嗣也起也又養里切語終辭止也畢也休也陽氣生於子終於巳巳者變巳也象陽氣既極回復之形故又爲終巳字今俗以有鉤挑者爲終巳之巳以無鉤挑者爲辰巳之巳是未知其意義也 祀 祭也亦作禩又年也爾雅商曰祀取四時祀事一終 禩 姒 娣姒杜預曰兄弟之妻相謂曰姒蓋妯娌相呼自以身年長少爲名年長爲姒少爲娣不以夫之長幼也俗以兄之妻爲姒弟之妻爲娣非也詳見爾雅釋親疏又姊妹共嫁一夫則妹呼姊爲姒姊呼妹爲娣亦以身長幼也又姓 耜 臿也柄曲木曰耒耑刃曰耜 汜 水名荀子至汜而汜又說文水別復入水也詩江有汜一曰窮瀆又濛汜日入處西京賦象扶桑與濛汜从水从巳與汜字不同辨在凡韻內元有圈【今正】○ ㊀徵 展里切火音爾雅徵謂之矢漢志徵祉也物盛大而繁祉也爲火爲禮爲視爲事蒸韻持陵切戒也又陟盈切係 廟諱嫌名合當迴避其上聲不當迴避今士子多以祉字代之不知祉字與此音不同殊乖義理照條式自合依音押用中从巳从一从壬巳轉作山俗作徵 ○恥 丑里切慙也辱也 祉 福也祿也 ○峙 丈里切峻峙山屹立也又供時具也 跱 跱躇不前亦作峙又與峙同晉書三國鼎跱 庤 儲置屋下亦作偫 偫 同上又待也看所望

而往也痏隱創莊子眡痏得車增入○泜水名左傳晉師次泜而軍杜預云出魯陽縣東經襄城定陵入汝又脂霽二韻重增○里良士切五鄉爲里孟子方里而井井九百畝又憂也詩云如何里又路程今以三百六十步爲一里又漢制長安有戚里人君姻戚居之後世因謂外戚爲戚里理治玉又料理又文理脈理也事之有理猶物之有脈循之則治逆之則亂物之脈理惟玉最密故字从玉偏旁作王同治王治民必循其理故皆曰理治獄亦曰理理亂曰理又膚肉之間曰腠理以其有脈理也俚聊也賴也鄙俗也又南人蠻屬裏衣裏鯉魚名有神能飛王安石曰鯉三十六鱗○悝憂也詩作里又灰韻李果名又姓又行李僕從左傳行李之往來或以爲李字訛作李李古使字亦作行理○以養里切用也與也爲也意也實也因也用人之師能左右之曰以本作㠯亦作巳荀子人之所以爲人者何已也注已與以同蓋古文同作㠯後世別而爲二㠯台能之類从㠯今偏旁皆作厶○已止也畢也休也又語終辭苡薏苡又芣苡亦作苢苢詩采采芣苢○矣于紀切語文語已辭柳宗元曰決辭○喜許里切欣也悅也亦作憙又志韻从壴从口作喜誤屬通喜怒之喜從上聲悅好之喜從去聲憙悅也見廣韻又志韻重增○嬉廣韻妹嬉桀妻唐直彥範傳桀奔南巢禍階末嬉經史亦作末喜又支志二韻重增○起墟里切興也作也立也發也屺山有草木从山从己从巳誤今正杞木名又國名又姓从巳誤今正芑白苗嘉穀从己从巳誤今正○己居里

切說文中宮也十幹戊己居中漢志理紀於己爾雅歲在己曰屠維月在己曰則又身也對物而言則爲彼己論語克己復禮謂己私也又志韻作已誤今正而圈

紀 維也大綱小紀總之爲綱周之爲紀七政終始於斗牛故曰星紀又紀極也會也事也理也編著也又國名又姓又十一年爲一紀取歲星一周天○

擬 魚紀切像也準擬揣度以待也易擬之而後言 薿 茂也又職韻 儗 僭也比也禮記儗人必於其倫又之寘二韻今圈○

醫 於擬切飲名周禮酒正辨四飲之物二曰醫注醫內則所謂或以酏爲醴凡醴濁釀酏爲之則少清矣酏今之粥酏飲粥稀者之清也又之韻增入

醷 內則水醷注梅漿又感怪職三韻重增 譩 恨也又譆也又之微二韻重增

獨用 七○尾 無匪切首尾又宿名鶉尾次名瑣尾少好貌書傳交接曰尾又姓又扈也 亹 亹亹不倦之意亦作斖又竟韻古作斖

亹 同上王莽傳亹亹翼翼增入 陫 陋也○斐 敷尾切文貌論語斐然成章亦作匪非 朏 月未盛之明又月三日生明之名書惟丙午朏六月庚午朏有三音漢律歷志古文月采篇三日曰朏又隊沒二韻从月从出从月誤今正 誹 非議亦作非又微未二韻

非 晁錯賢良策非謗不治注非讀曰誹又二韻重增 悱 悱悱欲言 棐 大也 菲 薄也又與斐同唐朱敬則傳去萋菲之牙角又菜名又二韻

篚 箱屬通作匪漢志作棐 匪 古篚字象形孟子匪厥元黃又文貌詩有匪君子又分也又非也又微文

二韻 [今圖] 棐 果名亦作榧又輔也書天畏棐忱又與篚同應劭注漢志方曰箱隋曰棐隋圜而長也又與匪同見康衡傳注 蜚 負蠜春秋莊二十九年有蜚劉歆以爲負蠜性不食穀食穀爲災介蟲之孽也又山海經獸如牛白首蛇尾又微未二韻 ○ 豨 許豈切豨豨豕走聲也又微韻 唏 笑聲方言痛也又哀而不泣楚人謂哀曰唏又微未二韻 [今圖] 俙 僾俙仿佛僾音倚又微韻 霼 雲貌又霼䨚不明貌見海賦霼音倚又未韻

○ 豈 去幾切非然之辭又樂也詩飲酒樂豈叶韻如字又海韻上从E亦作山俗作山 [今圖] [艹豈] 呂氏春秋菜之美者有雲夢之[艹豈]又隊韻

[今圖] ○ 蟣 居豨切蝨子又微韻 幾 問多少之辭未多時曰無幾未幾物無多亦曰無幾又微至未三韻 穖 禾穖 ○ 扆 隱扆切戶牖間又晝斧扆風亦作依 依 禮記斧依周禮注依其制如扆風然又喻也禮記不學博依又微韻 㕈 隱翳 偯 哭餘聲孝經哭不偯

○ 顗 語豈切謹莊也晉有荀顗 螘 蚍蜉小者亦作蟻蛾又紙韻 蟻 [今圖] 又紙韻 蛾 同上又歌紙二韻 [今增]

○ 虫 許偉切蟲一名蝮博三寸首大如擘並象作虫象形物之微細或飛行或毛甲皆以象之此古文䖵字 䖵 䖵蜥以注鳴者通作虫又灰韻 [今圖] 蘬 荀子其在中蘬之言也注中蘬與仲虺同又微旨二韻 [重增] [火尾] 火也吳楚之閒謂火曰[火尾]亦作燬佩觿集曰水爲林火爲[火尾]形聲異而物同其交相有如此者 燬 同上詩王室如燬又紙韻 [重增] 卉 草總名又未韻 芔 司馬相如賦藰莅芔歙師古曰芔古

韻會三 十三 金蕙

卉字又送韻[重增]○韙羽鬼切是也左傳犯五不韙文曰君子韙之亦作偉　愇班固幽通賦愇世業之可懷愇雖訓是亦有美之之意[重]

[增]偉奇也大也　韡草盛貌　颹大風皃江賦長風颹以增扇[增入]　葦葭屬　暐光盛貌　煒

盛赤○鬼矩偉切輿鬼宿名又人死曰鬼鬼者歸也鬼氣歸于天體魄復于地輿鬼星中輿胃星下大陵星中之星皆為積尸氣即鬼氣之所歸也○

磈於鬼切山崄貌劉安招隱士磈磈磳硊硱音跬又賄韻[分韻]

[獨用]八○語偶許切說文直言曰言論難曰語御韻牛據切告之也[晃曰]言語之語則從上聲詩于時語語論語食不語史偶語陸賈新語之

類是也言事告人則從去聲孝經吾語汝論語子語魯大師樂孟子語人曰王語暴以好樂吾語子遊之類是也　齬齟不相值又魚模二韻[分韻]

鋙鉏鋙物不相當宋玉九辯圓鑿而方枘兮吾固知鉏鋙而難入又不安貌亦作岨峿又模韻[分韻]　峿陸機文賦或岨峿而不安又模

韻[增入]圄囹圄獄也又囚也左傳宣四年圄伯嬴於轑陽而殺之又守也亦作圉　圉同上東方朔傳囹圄空虛又養馬者左傳馬有圉又

邊垂左傳聊以固吾圉又與敔同詩鞉磬柷圉又與篽同莊子其來不可圉又御韻[分韻]　篽說文禁苑也通作籞[增入]　籞漢書音義折竹以繩

挂連之使人不得往來謂之籞臣謂籞之言禦也以竹為之故从竹又池中編竹籬以養魚也　敔樂器如伏虎脊有二十七鉏鋙戞之以止樂又名曰楬亦

作國

禦　拒也止也亦作御圉又御韻

御　詩亦以御冬又御敵于竟又御禡二韻【增入】

衙　衙衙行皃又疏遠皃楚辭道飛廉之衙衙又魚麻禡三韻

○許　虛居切約與之也可也與也容也聽也又國名又姓又姥韻【今圈】

○去　丘舉切撤也除也又見下又魚虞御三韻【晁曰】撤去之去則從上聲如論語去喪去食去兵易去故周官參分去一之類是也來去之去相去之去則從去聲孟子去齊去魯去者不追賢不肖之相去之類是也

胠　腋下脅又魚御洽三韻

○舉　居許切扛也挈也稱也動也揚也拔也皆也小爾雅二十四銖曰兩兩有半曰捷倍捷曰舉又御韻【今圈】

莒　草可爲繩又國名

筥　筲也圓曰筥亦作籧小爾雅把謂之秉秉四曰筥亦作篆方言江沔之間謂之篆趙代之間謂之筥小者南楚謂之簍自關而西秦晉之閒謂之箄

籧　禮記月令具曲植籧筐又魚韻【增入】

弆　藏也亦作去

去　漢陳遵善書與人尺牘主皆藏去以爲榮法去亦臧也音舉【增入】

麮　煮麥飯荀子夏日則與之瓜麮【重增】

柜　木名

櫸　木名杜甫詩櫸柳枝弱【重增】

○虡　臼許切鍾鼓柎亦作簴鐻說文虡飾爲猛獸又飛虡天上神獸鹿頭龍身凡鍾鼓之柎飾爲此獸故謂柎爲虡爾雅木謂之虡所以持鍾磬也

簴　釋名橫曰栒縱曰簴簴虡舉也在旁舉鍾也【增入】

鐻　又魚御二韻【今圈】

拒　禦也捍也格也違也亦作距汲黯傳智足以距諫又虞韻

秬　黑黍

巨　大也又姓通作鉅又與詎同豈也漢書巨能入乎又御韻【今圈】

鉅　同上又大剛也又鉅矯皃莊子一命而

呂鉅又鉤鉅潘岳西征賦弛青鯤於網鉅 距 雞距凡刃鋒倒刺皆曰距亦作⿰角巨趙廣漢善爲鉤距晉灼曰距閑也衆莫覺所由以閑其術爲距也 [illegible] 晉說未明所謂鉤距者如釣鉤之有距吞之則順吐之則逆使人入其術中而不能出以鉤索其隱情也亦作鉅又馬援傳黠羌欲旅距注旅距不從貌又捍也孟子距楊墨距詖行距人於千里之外與拒同爾雅作距 岠 同上郭璞曰去也書傳云至也 增入 ⿰角巨 相如賦建干將之雄戟張揖曰雄戟胡中有⿰角巨者 重

炬 束蘆燒之說文作苣 苣 同上又菜名 駏 駏驉獸名亦馬名唐文粹李賀小傳從小奚奴騎距驉字誤从足當从馬

增 詎 豈也止也至也格也亦作巨渠又御韻 渠 詩庭燎注未渠央漢書渠有其人乎唐書渠老一儒哉又魚御二韻 蚷 商蚷蟲名

今增 又魚韻 ○ 胥 私呂切有材知也詩君子樂胥顏師古漢書注曰樂得有材知之人使在位也又皆也相也又魚韻 諝 同上通作胥又魚韻

稰 熟穫曰稰又魚韻 醑 酒也又釃酒亦作湑詩有酒湑我毛傳以籠盝酒曰釃以藪曰湑鄭箋湑莤也與縮酒同義 湑 同上又露貌又魚韻 今增 ○ 苴 子與切履中草又魚模麻馬御五韻 疽 癰疽又魚韻 ○ 敍 象呂切次敍又敍述也通作序从余从攴今作敘从又誤 今正

序 堂東西廡也故从广又商學名孟子殷曰序或借爲次序字如用庠序廊序則與敍字義異自可雙押同者非 緒 絲耑又基緒統系也 漵 浦漵从叙誤 今正 嶼 山在水中 鱮 魚名 藇 美也詩釃酒有藇亦作䤈又御韻 今增 䤈

㊀芧 芧栗莊子狙公賦芧亦作杼又見下今圈 杼 莊子食杼栗又見下又常恕切係廟諱嫌名其餘不當迴避重增 ○沮 在呂切止之也遏也壞也抑也又魚御二韻 咀 吹咀含味韓愈進學解含英咀華又清韻又子與切今圈 ○所 疎舉切指物之辭攸也方所也處所也又伐木聲又姓漢武近臣所忠[illegible]曰方所者指所嚮之方處所者指所在之處二者雖異其爲所則一也漢制車駕行幸所在曰行在所蔡邕獨斷天子以四海爲家故謂所居爲行在所 糈 糧也又祭神名又魚韻 ○阻 壯所切隔也憂也險阻也山巇曰險水隔曰阻若泛言則山水皆可通用亦作岨又恃險自固史秦地阻山帶河 岨 崄岨高唐賦高丘之岨又岨峿不安貌[illegible] 詛 呪也又御韻 俎 祭器似机盛牲體者又姓 齟 齒不相值曰齟齬又麻韻又莊租二音今圈 ○楚 創舉切荆也又國名又姓又木名又辛酸痛楚又楚楚鮮整貌又御韻今圈 礎 負楹石 濋 水名爾雅濟爲濋 𪓐 說文會五綵鮮貌引詩衣裳𪓐𪓐會入 憷 痛也見晉譜通作楚[illegible] ○暑 賞呂切蒸熱 鼠 蟲似獸善竊書狀夜動說文穴蟲之總名也又一前一卻曰首鼠漢灌夫傳首鼠兩端又𤸪憂也詩鼠思泣血 黍 利高燥者曰黍早熟禾也說文禾屬而黏孔子曰黍可爲酒謂糯米 癙 𤸪憂病詩癙憂以痒亦作鼠 ○鬻 掌與切烹也亦作煑 煑 陼 小洲亦作渚說文丘也爾雅丘如陼曰陼丘相如賦奄薄水陼 渚 左傳王在渚宮杜預曰小洲曰渚又水名又魚

韻今圖褚 褚也左傳取我衣冠而褚之又絮衣莊子褚小者不可以懷大漢南粵傳文帝遺陸賈遺南粵王上褚五十衣中褚三十衣下褚二十衣師古曰以綿裝衣曰褚上中下綿之厚薄多少之差也音竹呂反又姓左傳褚師段宋共公子子石食采於褚其德可師因號褚師後人因氏焉廣韻又音楮恐誤又見下重

增紵 綿絮裝衣漢劉向傳用紵絮斮陳師古曰紵絮者可以紵衣之絮也揚子法言紵絮三千廣韻亦作紵又見下重增 ○杵 敞呂切臼杵

處 居也止也制也息也定也又分別處置曰區處女未嫁曰處子士未仕曰處士又御韻 ○墅 承與切田廬又洲嶼又常恕切係廟諱嫌名上聲不當迴避

野 此正古墅字田下已从土後人以其借爲郊野字遂復加土字於其下以別之因仍重複有如此者又馬韻又常恕切係廟諱嫌名其餘不當迴避增入 ○紓 神與切緩也又魚韻又常恕切係廟諱嫌名其餘不當迴避下二字同

抒 挹也浚治也又除也左傳難必抒矣又引而泄之也班固兩都賦序抒下情又劉向傳一抒愚意王褒傳略陳愚而抒情素亦作杼又常恕切今圖

杼 劉向別錄鄒子曰杼意通旨文選兩都賦序或以杼下情而通諷諭字从木又栩也又橡也莊子食杼栗增入 ○汝 忍與切爾也本作女汝水名也出天息山後人借爲爾汝字

女 同上又尼呂切女子御韻 籹 粔籹蜜餌 茹 飲也啜也乾菜也臭也貪也雜揉也食也受也茅根也又相牽引貌又魚御二韻 ○貯 直呂切積也居也盛也亦作⿰宁者

⿰宁者

褚 綿絮裝衣曰褚唐蘇頲傳褚無長貲 佇 人立亦作竚

竚

羜 五月羔詩既有肥羜爾雅未成羊曰羜 眝 張目長眙 苧 草可織布 紵 粗紵者紵說文緝屬亦作苧【合圖】 杼 機杼機之持緯者又后杼少康子 宁 門屏之閒禮記天子當宁而立亦作著又魚韻【增入】 著 詩俟我於著乎而有三音又魚御藥三韻

坾 積塵 芧 草名廣韻草可爲繩相如賦蔣芧青薠張揖曰芧三稜也師古音丈呂反【重增】 泞 瀞也杜甫朝亨太廟賦元澤淡泞乎無極【重增】

○呂 兩舉切說文字林脊骨也象形亦作膂又陰律名呂旅也方言呂長也東齊曰弦宋魯曰呂又姓廣韻云大嶽爲禹心呂之臣故封呂侯後因爲氏太公望姓姜氏呂卽其後也秦漢以來遂以呂爲姓俗作吕 膂 脊骨篆文作膂亦作旅 旅 同上書旅力旣愆詩靡有旅力又五卒爲旅五百人也又陳也衆也行旅逆旅卦名山川祭名又俱進退曰旅又與穭同光武紀野穀旅生 祣 祭山川名經典通作旅傳寫訛耳義當从示【增入】

⿱竹旅 飯器方言南楚謂之筲趙魏之郊謂之⿱竹旅 侶 徒也伴也朋也陸機草木疏麟不侶行 儢 不勉彊貌荀子儢儢然注法言云心不力也【重增】 穭 禾不因播種而自生亦作旅稆 稆 唐馬燧爲懷州刺史稆生于境 梠 楣也廣韻云櫋端連綿【增入】

○女 尼呂切女子凡未嫁謂之女已嫁謂之婦此汎言婦女之別如詩以穀我士女之類是若父母於女子雖已嫁亦曰女婺女宿名

○且 七序切恭謹貌詩有萋有且又魚模馬三韻【增入】

○與 弋渚切黨與施與又及也許也從也與與威儀中適貌容與閑適貌漢郊祀歌澹容與相

如賦翱翔容與言自得也又待也論語歲不我與馮衍賦壽冉冉其不與又如也豈能鍺傳中國之人弗與也又魚御二韻 予 賜也通作與与又魚韻

与 說文賜也古予字隷轉作与後作與【增入】 趣 安行 歟 歎辭見魚韻又魚御二韻【重增】 ○ 楮 丑呂切穀

木又姓韻【今圈】 褚 姓宋褚師之後

【通】與姓遡 九 ○ 麌 虞矩切麌鹿聚貌亦作麌又虞韻【今圈】 噳 詩麀鹿噳噳【重增】 俁 俁俁大也 ○

傴 於武切傴僂 噢 噢咻痛念之聲亦作燠又遇韻 燠 又遇號屋四韻【增入】 嫗 禮記注以體曰嫗又老婦之稱

又遇韻 痀 脊曲莊子痀僂承蜩又虞遇二韻【增入】 詡 況羽切大言也和也普也遍也敏而有勇也 咢 商冠名又

虞韻上从曰曰音冒从曰誤【今正】 訏 大也詩川澤訏訏又虞韻【增入】 昫 日出溫又吁句切條廟諱嫌名合當迴避他音不當迴避咻歈呴

煦姁五字竝同 咻 噢咻痛念之聲又讙也又尤韻 膴 膴肉又見下又模韻 喣 吹也亦作欨呴唐魏鄭公傳護民之勞喣

之若子又呈示也又魚韻 欨 又魚韻【今圈】 呴 又魚厚二韻【增入】 煦 烝也溫也記注以氣曰煦 姁 嫗也呂氏

春秋姁姁然相樂也又漢高后字娥姁 栩 木名一名杼一名橡又栩栩然暢之貌 珝 玉名 ○ 齲 驅雨切齒腐又啓齒

貌後漢書齵齒笑

踽 疎行貌亦作偊又見下 今圈

偊 同上列子偊偊而步又見上 重增

○矩 俱雨切正方之則又法也儀也廉隅也常也亦作榘萬

榘萬 考工記可規可萬 重增

枸 木名蜀以爲醬亦作蒟顏師古曰子形如桑椹緣木而生味尤辛今宕渠有之又侯厚遇三韻 今圈

蒟 同上又蒟蒻根似芋葉似天南星而大蜀都賦其圃則有蒟蒻茱萸又遇韻 增入

句 方也莊子履句屨者知地形又虞侯遇三韻又古候切係廟諱嫌名他音許用 增入

鄅 國名後以爲姓廣韻音禹

楀 木名又氏也詩楀維師氏 重增

拒 白招拒亦作矩又陣名左傳右拒左拒昭元年偏爲前拒史記酈商傳攻其前拒又語韻

踽 踽踽有威儀如無所施之貌孟子踽踽涼涼

椇 枳椇也禮婦人之摯椇榛脯脩棗栗 增入

○窶 郡羽切貧無禮亦作窶又御韻 今圈

窶 又侯御二韻 增入

○羽 王矩切水音古作羽俗作羽漢志羽宇也物聚藏宇覆之爲水爲智爲聽爲物爾雅羽謂之柳又翼毛也羽物鳳爲長又舒也聚也 居正曰 俗以舊本上聲羽字下不註其義去聲羽字下云翼毛也遂以上聲爲宮羽字去聲爲羽毛字非也案詩蜉蝣之羽衣裳楚楚正作上聲廣韻去聲羽字下亦云羽音然則二義合於二聲通用

禹 蟲一名蠁又夏禹顏師古曰禹湯皆字三王去唐之文從高古之質故夏商之王皆以名爲號臣案書曰伯禹作司空則並乎字又曰來禹則乃若名湯曰予小子履則湯字也史記湯字天乙則湯亦非字顏說未足爲據

雨 風雨之雨水炁爲雲降爲雨於文从天下水霝變作雨昜勿坱爲雨又遇韻

霱 雨貌

宇 宇宙亦作寓又大也氣宇也尸子天地四方曰宇往古來今曰宙說文天地四方曰宇舟輿所極覆曰宙三蒼云四方上下曰宇往古來今曰宙又國四垂爲宇韓詩屋霤爲宇陸德明曰屋四垂爲宇又霤下曰宇考工記宇欲卑

寓

瑀 石似玉

偊 東方朔傳行步偊旅師古曰曲躬貌重增○

撫 斐父切安也救也摩也按也慰勉也彈也擊也古作抚亦作拊

拊 左傳拊而勉之又搏拊樂器所以節樂

捬 趙充國傳捬循和輯注古撫字重增○

甫 方矩切大也始也我也美也音章甫商冠名亦作父說文甫男子美稱篆文从父从用今作甫元有圈誤公證

父 古者以字配父造父慶父是也五十則以伯仲周之八士是也若不滿五十而死亦稱伯仲故於冠時亦或以仲叔季配字之父尚父仲父尊之稱也宋戴公之子曰皇父因命族曰皇父氏至秦徙茂陵改父爲甫又章父冠賈誼賦章父薦屨古父甫通用單父縣名狐父城父地名又見下

府 藏也又周禮注府治藏者若宰夫八職五曰府掌官契以治藏是也又聚也書惟府辜功又五藏六府又水火金木土穀亦謂之六府漢制藏錢之府天子曰少府諸侯曰私府漢武立樂府師古曰樂府之名蓋起於此一見韻釋漢制孝惠三年使樂府令夏侯寬備其簫管是前此已有樂府之名矣唐制大州曰府兵衛曰府官吏大僚所居亦曰府又與俯同荀子府然若渠匽檃栝之於己也列子王府而視之蓋古無俯字其中已从人後又加人字以別府庫之府今若用荀子府然之府列子府視之府則與俯同用五藏六府之府則與腑同皆不可重押若用府庫州府府辜府第之府卽與俯腑二字可重押元有圈今證

俯 俛也古作

府說文作俛亦作頫 俛 鼂錯傳在俛卬之閒耳東方朔傳鶴俛啄也師古曰俛卽俛字俯低也又音免又獮韻增入 頫 史記頫仰漢書賈誼

過秦論頫首係頸音俯史記作俛又嘯韻今圈 腑 臟腑心脾肝肺腎爲五臟小腸胃膽大腸膀胱命門爲六腑經典作府 脯 腊肉禮記牛脩

鹿脯東方朔曰乾肉爲脯 黼 白黑相次文周禮注斧謂之黼謂裳繡斧形以絳帛爲質白黑爲文考工記白與黑謂之黼 居正曰 白西方之色黑北方之

色西北白黑之交乾陽位焉剛健能斷故畫斧以白黑爲文 簠 盛黍稷祭器外圓內方其容受如簋又虞遇二韻今圈 斧 斧鉞

莆 萐莆瑞草堯時生於廚其葉自扇以涼飲膳又模韻今圈 俌 埤蒼云輔也 ○ 輔 扶雨切車輔兩旁夾車木也又頰顒

也形如車輔故曰輔車又毗輔也扶也弼也 父 父母說文父矩也家長率教者詩維師尚父鄭康成曰可尚可父也諸家又音甫荀子齊威公立管

仲爲仲父楊倞曰仲者夷吾之字父事之故號爲仲父 鬴 鍑屬亦作釜釜俗作鬴 釜 篆文作釜从父从金今省作釜小爾雅區四謂之釜六斗

四升也 腐 爛也朽也敗也又宮刑曰腐 秿 禾積積也 滏 水名 ○ 武 罔甫切文武威也斷也勇也剛也迹

也又姓又角力也唐人呼虎爲武蓋避諱也又冠卷曰武又武王樂名古文止戈爲武今文亦然左傳戢定禍亂曰武又虞韻今圈 舞 蹈舞以手曰舞以足

曰蹈又變弄也亦作儛 儛 莊子再命而於車上儛又山名齊景公曰吾欲觀於轉附朝儛 侮 慢也侵也輕也戲弄也亦作侮

務 侮 漢五行志慢侮之心生〔增入〕 務 詩外禦其務又遇韻〔增入〕 膴 美也詩周原膴膴又厚也詩則無膴仕 廡

堂下周廊又蕃廡豐貌與蕪同 嫵 媚也張敞傳作憮 碔 碔砆石次玉亦作珷 珷〔增入〕 甒 周魏

閒謂罌曰甒 鵡 鸚鵡能言鳥亦作䳇 䳇 又厚韻〔今圖〕 罞 雉罔又灰韻〔今圖〕 憮 愛也媚也悵也不動貌又失意

貌 橆 豐也說文引書庶草蕃橆今書作廡蕪橆廡義同不得雙押義異者非 ○ 取 此主切索也獲也收也受也擸也又

麌厚二韻〔元祐新制〕許於二韻通押又虞遇二韻義同者亦當通押 ○ 聚 慈庾切會也衆也共也廣韻邑落曰聚又遇韻〔元祐新制〕許於二韻通

押 ○ 數 所矩切計也又責也左傳昭元年乃執子南而數之又窶數蔦戴器者劉邠曰即寄生宛童也亦作藪籔又遇屋燭覺四韻 籔

十六斗曰籔又窶籔四足几也亦作藪籔又厚韻〔今圖〕 藪 周禮五藪三秅小爾雅釜二有半謂之藪藪二有半謂之缶宋咸曰一斛六斗曰藪藪一作窶

又窶藪宛童也又厚韻〔增入〕 窶 又厚韻〔增入〕 ○ 主 腫庾切君也宰也領也掌也守也當也賓之對也意所注也又廟社寓神

靈者謂之主又古者大夫稱主左傳襄二十九年事吳敢不如事主上一點本音主與一不同今俗或作主非又遇韻〔今圖〕 麈 麋屬尾能生風辟蠅蚋

炷 火炷燼所著者又遇韻 枓 斞器有柄形如北斗用以斟酌亦作斗又遇韻〔今圖〕 斗 同上周禮鬯人大澗設斗

又厚韻詩維北有斗沈音生陸音當口反酌以大斗亦兩音當於二韻通用【增入】

○乳　槃主切湩也又遇韻

○醹　酒厚又虞韻

○柱　直主切楹也又知庾切又遇韻【今圖】

○縷　隴主切茸綫又藍縷敝衣亦作褸又覼縷委曲也吳都賦嗟難得而覼縷注次序也覼音羅縷亦作謱又侯韻

褸　方言襤褸短者以布而無緣謂之襤褸敝而紩之謂之襤褸自關而西謂之裗裾小爾雅布褐而紩之謂之藍縷又衽也

僂　尩僂又疾也公羊傳夫人不可僂荀子賣之不可僂售也又俯也荀子未嘗僂指又痀僂又傴僂又侯遇候三韻【今圖】

嶁　岣嶁衡山名岣音矩又厚韻

漊　漊漊雨貌一曰習醉不醒又虞厚二韻

婁　繫馬曰維繫牛曰婁左傳牛馬維婁又虞侯厚遇四韻

蔞　考工記爲萬蔞以運輪上又虞侯二韻【重增】

○柱　知庾切掌也支也禮記柱楣爾雅楮柱也荀子强自取柱漢章帝紀支柱橋梁亦作拄【增入】

拄　同上又刺也距也漢朱雲連拄五鹿君

黈　有所絕止黈而識之謂之黈點衛常書勢黝黈點黝

○豎　臣庾切立也亦作竪侸又童僕之未冠者莊子音上聲又殊遇切與六廟諱常恕切音相近合照文書式迴避其上聲不當迴避豎裋樹竝同【今圖】

豎　又殊遇切【今圖】

侸　又殊遇切【增入】

裋　豎使布長襦又襜褕短者曰裋褕短褐亦曰裋褐荀子作豎褐又遇韻【今圖】

樹　扶樹植也又殊遇切【增入】

○庾　勇主切倉庾又姓又量名考工記庾實二𣪊𣪊受斗二升俗作庾誤

斞　量名亦作庾十六斗也

斔　莊子斔斛不敢入於四境釋文音庾六斛四斗

也重增 愈 勝也過也賢也進益也亦作俞本作愈又虞韻今圖 俞 荀子俞少俞辱又俞務俞遠注益讀作愈又虞韻增入

瘉 病瘉通作愈又虞遇二韻今正 窳 器空中又惰也惡也邪也苦窳器不中也說文汚窬也 貐 貙貐似貙虎爪食人迅走

瘐 漢宣帝詔瘐死獄中蘇林曰瘐病也囚徒病律名爲瘐如淳曰律囚以飢寒死曰瘐師古曰瘐字或作瘉其音亦同俗讀爲瘦誤

楰 鼠梓爾雅注楸屬詩北山有楰又虞韻增入

十〇 姥 莫補切女老稱又天姥山名 姆 女師鄭康成曰婦人五十無子出不復嫁以婦道教人若今時乳母也又候韻

莽 宿草又草深平曰莽漢景帝紀廣薦大莽又淺草之地曰鹵莽長楊賦拔鹵莽屈原賦草木莽莽又莊子云鹵莽種之謂輕脫也苟且也又蕩厚二韻

𨧀 鈷𨧀溫器又蕩韻今圖

〇 普 滂五切日色又博也大也徧也 浦 水濵風土記大水有小口别通曰浦 溥 大也廣也通作普从浦从寸俗作溥非

誧 廣韻大也助也又模暮二韻重增 〇 補 博古切綻衣也裨也塡也从衣 譜 籍錄

圃 種菜曰圃揚雄賦揉蕙圃又暮韻 〇 簿 裴古切籍也又領也孔子先簿正祭器荀子五官簿之而不知又車駕法從次第爲鹵簿又鐸韻今圖

部 分也又厚韻 蔀 覆曖物易豐其蔀音部又音步口反又厚韻重增 〇 祖 摠五切始也法

也本也上也又本而繼之也仲虺祖述堯舜應劭曰始取天下者爲祖高帝稱高祖是也顔師古曰祖始也始受命也又祭道神曰祖詩取羝以軷謂祖祭也應劭風俗通曰祖徂也今人謂餞行曰祖道先儒謂不敢斥其人若祭於道而飲酒爾臣謂此說非也鳥有餞人之行反以思專言之蓋取祖送始行之意也又暮韻〔今增〕

珇 珪琮之瑑乃起又美好也

組 印綬又綫也亦作駔又經綷也文選組織仁義

駔 考工記玉人駔琮五寸宗后以爲權又曰駔琮七寸鼻寸有半天子以爲權後鄭讀駔爲組謂以組繫琮因名駔琮也先鄭以爲稱錘以起量用爲權故有鼻又駔猶麤也又駿馬又蕩韻〔增入〕

○粗 坐五切略也疏也又模韻

○覩 董五切見也亦作睹

睹 莊子今我睹子之難窮也

堵 五版爲堵又姓又鍾磬編挂之二八十六枚在一簴謂之堵又音者堵陽縣名〔今增〕

楮 木名又語韻〔增入〕

暏 詰朝欲明也〔增入〕

土 圜土獄城也獄城必圜示仁也〔增入〕又見下

賭 博財

○土 他魯切土地稱地爲后土取厚載之義古后厚通又共工氏子曰句龍爲后土后者主也杜預曰土乃牧養之官故稱后

吐 出也舒也寫也歐也又暮韻

稌 沛國呼稻爲稌利下濕又見下內則折稌有兩音又模韻

○杜 徒古切木名或曰甘棠說文牡曰棠牝曰杜詩杕杜是也又姓又塞也澁也方言杜根也東齊曰杜或曰芰

𢾊 閉也塞也通作杜

土 桑根白皮詩徹彼桑土亦作杜郭璞注方言引詩作桑杜〔居正曰〕案方言杜根也是木根之皮皆曰杜桑白皮則曰桑土非土專指桑白皮也舊注誤矣杜土義異者不妨雙押〔今增〕

莊 莊蘅亦作杜衡 ⊕肚 腸肚韓愈詩腸肚鎮煎熵又音睹【增入】 ○魯 郎古切國名又姓又愚也鈍也 虜 獲也掠也服也（會）虜也亦作鹵中从毌音貫今作虜 鹵 漢高帝紀母得鹵掠汲黯傳鹵獲因與之鹵虜通用又鹺液亦作滷又與櫓同漢書血流漂鹵又鹵簿法從物數又鹵莽輕脫苟且也 ⊕滷 又昔韻【今圖】 櫓 大楯亦作樐又城上望樓曰櫓 艣 所以進舟似槳而長亦通作櫓

⿰言鹵 譇⿰言鹵言不定也 ○怒 奴古切恚也憤也又暮韻 弩 蹶張曰弩 ⊕砮 石箭又暮韻 努 用力也文選古詩少壯不努力魏文帝與吳質書少壯眞當努力【增入】 ○虎 火五切西方猛獸从虍从儿儿音人 琥 瑞玉周禮以白琥禮西方注為虎形虎猛象秋嚴 滸 水涯詩率西水滸爾雅滻為滸又曰岸上滸謂水岸也 ⊕許 怖貌詩伐木許許又語韻【增入】 ○苦 孔五切炎上之味又困悴也勤勞也厭患也陵侮也辛楚也又菜名方言苦快也自山而東或曰逞楚曰苦秦曰了宋鄭周洛韓魏之間曰苦郭璞曰苦而為快猶以臭為香治為亂反覆用之也又濫惡曰苦國語辨其功苦韋昭曰堅曰功脃曰苦西京賦鹽鹵良雜苦史記器不苦窳亦作楛又公土切麤䴠也又暮韻【今圖】 ⊕楛 濫惡也荀子注凡器物濫惡者謂之楛又見下【增入】 ○古 公土切遠代又姓又久也老也詩逝不古處 ⊕詁 詁訓通古今之言而明其故也又暮韻

鼓 革音之器說文鼓郭也春分之音萬物郭皮甲而出故謂之鼓漢律歷志皮曰鼓又量器記獻米者操量鼓篆文作𡔷从壴从支亦作鼔从屮又

支音𢻫與鼓舞之鼓不同 鼓 同上俗作鼔[增] 鼓 擊于也撫也歛也扇也動盪之也詩鼓瑟鼓琴鼓鍾于宮左傳一鼓作氣孟子塡然鼓之揚子鼓舞萬民从攴攴音扑亦作鼔凡用鼓擊鼓舞之鼓與鍾鼓之鼓不妨重押[增] 瞽 目有眹而無明曰瞽目盲則耳聰使爲樂師名之曰瞽因所掌而命名也書瞽奏鼓 股 髀幹 估 市稅又論價也 賈 行賣曰商坐販曰賈又馬禡二韻 鹽 鹽池一曰不堅固詩王事靡鹽又左傳僖二十八年楚子伏己而鹽其腦杜預曰鹽唼也又模韻 蠱 卦名事也亂也又腹中蟲左傳皿蟲爲蠱穀之飛亦爲蠱謂蛾也又師巫爲蠱杜預曰惑也又馬暮二韻 罟 網也从网𠆢與网同网古罔字亦作罟 羖 羊牡 夃 市多得曰夃又模韻[今] 沽 屠沽賣酒者尸子曰屠者割肉知牛之多少則沽者亦知酒之多少也又賣也又模暮二韻[增] 苦 周禮辨其苦良鄭司農讀苦爲鹽謂分別縑帛布紵之麤細也史記平準書鐵器苦惡索隱曰苦音古言器苦窳又如字[增]

○戶 侯古切半門爲戶又在內曰戶在外曰門易節卦初九不出戶庭九二不出門庭是也又民家聯比謂之編戶又止也左傳屈蕩戶之俗作户 下 上下詩宗室牖下陸德明曰如字協韻則音戶宋玉賦序陽臺之下亦音戶又馬禡二韻[增] 怙 恃也 祜 福也俗作祐 岵 山無草木 昈 明也文也揚雄賦昈分殊事 酤 一宿酒又模暮二韻 扈 有扈國名又姓又尾也後從曰扈又止也左傳扈民無淫又鳥名詩交交桑扈左傳九扈爲九農正爾雅山卑而大曰扈又披也離騷經扈江蘺與薜芷

注楚人名披爲扈 鄠 鄠杜右扶風縣今屬鳳翔 ⿰山扈 山卑而大爾雅作扈 楛 榛楛木名詩榛楛濟濟書惟箘簵楛又見上〔今〕

〔圏〕雇 九雇農候鳥名亦作鳸扈又暮韻〔今圏〕 鳸 嫭 好也亦作嫮漢郊祀歌衆嫭並孟康音五非也蓋北人呼五如戶故

耳又暮韻〔重增〕 嫮 又暮韻〔重增〕 ○塢 安古切小鄣也山阿也壘壁也一曰庳城服虔通俗文曰營居曰塢亦作隖 隖

古文作鴮 鄔 太原縣名隖轉爲鄔猶障之爲鄣 瑦 石似玉 ○五 阮古切中數亦作伍偏旁作乂 伍 荀子

伍伯與五同又周禮五人爲伍又參伍三相參爲參五相五爲伍又姓 午 辰名爾雅歲在午曰敦牂漢志咢布於午馬屬午故司馬謂之與午霍光

傳旁午分布也又一縱一橫曰旁午〔重正曰〕縱爲經橫爲緯南北經也東西緯也子午當中爲縱卯酉在旁爲橫曰旁午者互言之也又逆也與迕同禮記午其衆以

伐有道又暮韻〔今圏〕 迕 逆也違也禮記王肅本迕其衆以伐有道又暮韻〔重增〕 旿 明也 仵 偶也通作任

〔獨用〕十一 ○薺 在禮切菜名又脂齊二韻 鮆 刀魚飲而不食漢貨殖傳鮐鮆千斤 癠 病也又霽

韻 齊 齊齊恭慤貌禮記玉藻篇廟中齊齊又脂齊皆齊四韻 ○洗 小禮切滌也亦作洒灑又銑韻 洒 同上又肅

恭貌又紙蟹賄銑馬寘卦七韻 灑 揚子[illegible]未父灑耳又紙蟹馬卦四韻〔重增〕 葸 畏懼貌荀子作諰諰漢書作諰鰓又止韻〔增〕 諰

又止韻 [增入]

鰓 又止韻 [增入]

○泚 此禮切水清又紙韻

玼 玉色鮮又支紙二韻

批 捽也又紙韻 [增]

[入]

緀 帛文貌說文引詩緀兮斐兮又齊韻 [重增]

萋 草生皃魏都賦奇卉萋萋叶韻音泚又齊韻 [重增]

○濟 禮切水出常山詩作泲又濟濟盛貌詩濟濟多士又濟濟大夫之容又霽韻

泲 沇水東流詩出宿于泲書作濟漢地理志作泲泲與濟義同不得雙用如用濟濟者非又茜泲釃酒也如用濟水濟濟與茜泲亦不相妨泲字與沛字不同元有圈 [今正]

擠 排也推也莊子因其脩而擠之又齊霽二韻 [重增]

○陛

米 莫禮切穀實又姓

眯 物蔽目不明莊子瞇糠眯目

⿰糸米 說文繡文如聚米亦作米書粉米絺繡 [增入]

○陛 部禮切階也應劭曰陛者升堂之陛王者必有執兵陳於階陛之側羣臣與至尊言不敢指斥故呼在陛下者而告之因卑達尊之意也漢高祖五年諸侯上疏始稱陛下又尊者之陛曰納陛孟康曰納內也謂鑿殿基際爲陛不使露也顔師古曰尊者不欲露而外陛故內之於霤下也

梐 行馬亦謂之梐周禮王會同之舍設梐枑

髀 股骨髀上曰髖亦作⿰骨坒⿰月坒又紙韻

⿰骨坒 韓愈陸渾山火詩[illegible]其皮肉通⿰骨坒臀 [重增]

⿰月坒 [illegible]李甘[illegible]疽劃⿰月坒以急親病又⿰月坒胵胃脘也胵音至 [重增]

狴 狴犴牢獄所以拘非也亦作陛又齊韻 [今圈]

陛 又齊韻 [今圈]

○邸 典禮切舍也周禮四圭有邸邸舍也爲圭之舍也又本也圭四出中共一璧猶衆枝同一根柢也顔師古曰漢制郡國朝宿之舍在京師者率名邸邸至也言所歸至也今人謂逆旅爲邸蓋

出於此又至也與秖同史記河渠書西邸鄰口又觸也風賦邸華葉而振氣又支韻【今圖】**氐**宿名又至也又大氐猶大凡也與柢同又本也詩維周之氐與

柢同又齊霽二韻**柢**根柢亦作氐又二韻【元[illegible][illegible]】許上去二聲通押其平聲亦合依准通用氐字亦同**底**下也器臀也蓮滯也亦作底又

當也至也列子林類底春被裘又紙韻【今圖】**底**列子無底之谷名曰歸墟【重增】**詆**訶也許也又齊韻**觝**觸也亦作牴抵史記

李斯傳二世作觳抵優俳之觀應劭曰戰國之時稍增講武之禮以爲戲樂用相夸

示秦更名曰角抵角者角材也抵者相抵觸也漢武元封三年作角抵戲張騫傳作

角氐又支韻【今圖】**牴**　**抵**擠也觸也擲也至也大凡也亦作氐漢志大氐皆遇告師古曰大抵大歸也唐書作大底又當也杜甫詩家書抵萬

金又紙韻【今圖】**坻**隴坻又脂紙二韻**阺**揚雄解謿響若阺隤師古曰蜀人名山旁堆欲墮曰阺【重增】**弤**彫弓又都昆切

係廟諱嫌名其與禮切照式許用【今圖】**軝**車後**疷**病也亦作疧又支韻【增入】**疧**詩俾我疧兮又支韻【增入】**堤**

滯也亦作底劉兆曰緣邊也又齊韻【增入】○**體**他禮切身也又肢體孟子四端猶四體詩方苞方體鄭箋體成形也又質也詩相鼠有體王弼明爻體質

不必齊也又曰卦體不由乎爻也治體者治之體勢規模也體貌大臣者加容貌以敬之也亦作軆躰俗作体非体音蒲本反麤貌又劣也**軆**【增入】**躰**

荀子脩身篇注物躰不具謂之倚【重增】**涕**洟也詩傳自目曰涕素問涕之與泣譬人兄弟急則俱死生則俱生據此則泣爲洟涕爲鼻液也今俗亦謂鼻

涙爲涕又霽韻

醍 酒赤色又齊韻【今增】

緹 帛丹黃色周禮注緹者古兵服之遺色纁也漢官儀執金吾緹騎二百人又齊韻

○**弟** 待禮切兄弟唐人兩姨之子相謂爲外昆弟姑舅之子相謂爲內昆弟魏志楊阜傳稱外兄姜敘而皇甫謐列女敘姑子楊阜則舅子稱姑子爲外兄弟姑子稱舅子爲內兄弟左傳聲伯之母出嫁於齊管于奚生二子而寡以歸聲伯聲伯以其外弟爲大夫而嫁其外妹於施孝叔杜預曰外弟管于奚之子是同母異父亦稱外兄弟也又霽韻

娣 女弟又娣姒妯娌也又霽韻

悌 愷悌樂易也又霽韻【[illegible]】【[illegible]】許云韻通押

遞 更迭也迢遞也傳遞也俗作遆又霽韻

遆 【增入】又霽韻

○**禮** 里弟切理也說文禮履也所以事神致福也釋名禮體也得其事體也孟子禮之實節文斯二者蓋因人心之仁義而爲之品秩使各得其敘謂之禮字从示示古祇字蓋五禮莫重於祭从豊者其器也

礼 廣韻古文作礼舊注作礼字訛也

醴 甘酒一宿酒熟

鱧 鱯也俗以爲鮦

澧 水出衡山因爲州名

蠡 蚌屬彭蠡澤今南康軍湖又蠡吾縣在涿郡范蠡人名又物欲絕皃孟子以追蠡又支齊戈果四韻

盠 食簞又齊韻【[illegible]】

劙 力刺又劃也直破也又支霽二韻【[illegible]】

【增】**豊** 禮器也篆文作豊與豐盛之豐不同蔡邕以豊同豐誤【[illegible]】

欐 小舟一曰屋欐莊子求高名之麗者亦作欐又車名莊子梁麗可以衝城又支紙霽齊三韻【重增】

○**禰** 乃禮切父廟又姓

泥 泥泥露皃亦作苨又齊霽二韻

苨

濔 水流皃亦作瀰

又支紙二韻 瀰 同上又衆也詩垂轡瀰瀰又紙韻【增入】 檷 絡絲柎亦作棿鑈又紙韻 薾 華盛亦作苨【增入】 ○啓 遣禮切教也咨也開也跽也左傳分至啓閉又曰啓塞從時杜預曰立春立夏爲啓立秋立冬爲閉又曰門戸道橋謂之啓城郭墻塹謂之塞故特隨壞時而治之又軍左翼曰啓見左傳襄二十三年 启 爾雅明星謂之启明詩作啓明說文開也【增入】 稽 下拜首至地俗作稽又齊韻从禾誤【今正】 棨 棨戟兵欄前漢匈奴傳有衣之戟曰棨戟亦作棨一曰傳信過關之傳刻木爲合符 綮 戟支一曰戟衣又迴韻【增入】 綮 緻繒當作綮 ○徯 戸禮切注望也待也又齊韻【今圖】 謑 耻也莊子謑髁无任又齊韻【今圖】 奚 官女周禮有兩音又齊韻 ○【增入】挸 五禮切寄也挸也莊子終日握而手不挸又齊韻【重增】

【通用】與通

十二 ○蟹 胡買切螃蟹介蟲亦蠏蟹 解 卦名緩也散也物自散解又曉也又姓又見去聲又卦韻 澥 渤澥海別枝相如賦作勃澥 獬 獬豸似羊一角亦作解廌 嶰 山澗閒又嶰谷谷名亦作解漢律歷志黃帝使泠綸取竹之解谷孟康曰解脫也谷竹溝也取竹之脫無溝節者也一說昆侖之北谷名也【增入】 ○罷 部買切遣囚也休也止也閩人呼父爲郎罷顧況詩見餵嗔郎罷又支紙禡韻 ○解 佳買切散之也脫之也判也說也 ○擺 捕買切開也撥也排而振之也兩手擊也亦作捭

押 鬼谷子有押闔篇蘇秦學押闔揣摩又麥韻 增入 ○ 跐 阻買切行貌又蹈也又紙韻 增入 ○ 灑 所蟹切汎也亦作洒爾雅大瑟謂之灑又紙薺馬寘卦五韻 洒 又紙薺賄銑寘卦六韻 增入 躧 徐行貌又履不躡跟亦作蹝縰又紙寘二韻 蹝 又二韻 增入 縰 又二韻 增入 ○ 廌 宅買切解廌神羊亦作獬豸又紙韻 豸 同上又蟲無足者通曰豸又紙韻 ○ 買 莫蟹切市也售人之物曰買从网从貝网音罔亦作𠕀兩俗作買 ○ 夥 胡買切楚謂多曰夥見史記陳勝傳又果韻 增入 ○ 掛 置而不用曰掛易掛一以象三又合而置之曰掛易再扐而後掛陸有兩音又卦韻 重增

十三 ○ 駭 下楷切驚也亦作駴又與𧥢同詩箋云豕四蹄皆白曰駭 駴 莊子聖人駴天下賢人駴世君子駴國音義云改民之視聽也又疾雷擊鼓曰駴周禮鼓皆駴 增入 絯 掛也束也又咍韻 今圖 豥 豕四蹄皆白亦作駭 ○ 鍇 口駭切九江謂好鐵爲鍇 楷 模也式也法也說文木名又皆韻 ○ 騃 語駭切癡也又止韻 通用 與海通

十四 ○ 賄 呼罪切財也贈送也鄭康成曰金玉曰貨布帛曰賄 悔 懊也隊韻呼內切 晁重案 禮部看詳孫諤所乞悔字兩音一義如易曰亢龍有悔復卦曰无祇悔詩曰其德靡悔書曰雖悔可追論語行寡悔死而無悔竝無音許於賄隊二韻內通押 ○

瘣 戶賄切病也一曰腫旁出又灰韻〔今圈〕 壞 病也亦作瘣詩譬彼壞木又怪韻〔重增〕 匯 水回合也書東匯澤爲彭蠡說文器也又隊韻 廆 晉有慕容廆 回 環繞唐白敏中傳回繞千里又灰隊二韻〔重增〕 囬 又二韻〔重增〕 迴 又二韻〔重增〕 廻 又二韻〔重增〕 ○ 猥 烏賄切犬聲又鄙也遝也 䚏 角曲中 椳 門樞又灰韻 萎 蔫縮皃馬援傳萎腇咋舌又支寘二韻〔重增〕 ○ 隗 五罪切隗高也郭隗人名又大隗山名又灰韻 嵬 𡾊嵬山皃亦作嵔又爲狂險之行者荀子何世而無嵬又灰韻 ○ 琲 部浼切珠五百枚文選吳都賦注珠十貫爲一琲又隊韻〔今圈〕 痱 風病又微未二韻 ○ 浼 母罪切汙也又水流平皃詩河水浼浼 每 草上出又每常又屢也各也凡也又貪也班固敘傳每生作[illegible]又灰隊二韻〔今圈〕 痗 病也又隊韻〔今圈〕 脢 夾脊肉一曰心上口下易咸其脢又灰隊二韻〔重增〕 脄 內則擣珍取牛羊麋鹿麕之肉必脄又二韻〔重增〕 ○ 漼 取猥切深也又灰韻 璀 璀璨玉光 皠 [illegible]也 洒 高峻皃詩新臺有洒又見前韻〔增入〕 綷 綷縩衣聲班倢伃賦紛綷縩兮綺素聲相如作萃蔡又隊韻〔增入〕 ○ 辠 徂賄切辠也愆也又罰罪曰辠說文字音義从自从辛言辠人蹙鼻辛苦之憂賈誼傳使民日遷善遠辠 罪 秦始皇以辠字似皇乃改爲罪又罰罪曰罪書罪人以族 ○ 鐓 杜罪切矛戟趾鋭曰鐏平曰鐓亦作錞又隊韻

錞 同上又諄隊二韻又都昆切係廟諱同音申明在諄韻內 隊 羣也小陣也又至隊二韻 憝 恨也怨也亦作憞又隊韻

憞 又隊韻增入 ○ 磊 魯猥切衆石狀 壘 魁壘壯貌又畏壘山名又旨韻增入 礨 相如賦陵阜貌

丘虛堀礨亦作礧又小穴莊子礨空之在大澤又旨韻重增 櫑 櫑具劍飾又古木劒又灰韻今圖 礧 皃礨同又磈礧石貌杜甫詩水

清石礧礧又朝獻太清宮賦浩刧礧砢重增 儡 廣韻傀儡戲唐段綸使楊思齊造傀儡太宗怒削綸階傀苦猥切重增 ○ 魁

苦猥切莊子魁壘又灰韻重增 磈 同上又尾韻重增 ○ 餧 努罪切飢也亦作餒腇又魚敗亦作鮾鯘又寘韻 餒 同上

又爾雅魚謂之餒注肉爛也論語魚餒而肉敗不食魚餒自內出肉爛自外入 腇 同上漢馬援傳萎腇咋舌萎腇耎弱皃亦作腇增入

十五 ○ 海 呼改切[illegible]爾雅九夷八狄七戎六蠻謂之四海海者晦也取其荒遠冥昧之稱 醢 肉醬 ○ 愷

可亥切樂也亦作凱豈又軍勝之樂周禮奏愷樂左傳晉文公振旅愷以入于晉 凱 同上又善也元凱舜十六相又和也南風謂之凱風 豈

詩豈弟君子飲酒樂豈又尾韻文从巳亦作𢀳俗作山凡从豈者皆然增入 塏 高爽左傳更諸爽塏杜預曰爽明也塏燥也又代韻 鎧 甲也

又代韻 闓 闓也解也又哈代二韻 ○ 改 居亥切更也易也从身己之己从攴文今作改監本从巳誤今正 胲 頰下曰胲又足

大指又備也 陔 重也階次也亦作閡漢郊祀歌專精厲意逝九閡字淳曰閡亦陔也淮南子期乎九陔之上謂九天之上也顏師古曰閡合韻又咍韻【公圖】

閡 同上又咍代二韻【增入】音改又隴也又咍韻【增入】

○亥 胡改切辰名漢志該閡於亥左傳亥有二首六身爾雅歲在亥曰大淵獻淵音淵

劾 鞫也按也法有罪也又代德二韻

侅 奇侅非常文咍韻【公圖】

○霼 倚亥切雲盛皃又代韻【公圖】

靄 雲集貌又泰代曷三韻【重增】

䨠 謝惠連雪賦連氛累靄又三韻【重增】

譪 入臣盡力之美詩譪譪王多吉士亦多皃草木叢雜皃又泰代二韻【增入】

毐 說文士之無行者曰嫪毐嫪郎到反又摎毐秦始皇時人俗作嫪毐非摎音劉非嫪字也【增入】

欸 相應聲見廣韻亦作唉又咍代二韻【重增】

乃 款乃棹船相應聲黃庭堅曰湖中節歌聲亦作欸元結有款乃曲款音襖又見下又代韻【重增】

○倍 蒲亥切物相二曰倍又亥

○采 此宰切摘也取也擥也詩采芑禮記采詩亦作採又事也書亮采服采又與彩同書五采漢書想聞風采又木名韓子采椽不斷又代韻【公圖】

採 采本从爪从木後人又加手於旁

髟采 鬆髻

彩 文色也精光也本作采

棌 木名司馬遷傳採椽不斷揚雄傳唐虞棌椽亦作採采採采義不同者自從雙押又代韻【公圖】

寀 說文同地為寀又代韻爾雅寀也寀寮官也郭璞曰寀謂寀地同地為寀同官為寮音七代反顏師古注漢刑法志曰采官也因官食地故曰采地又引爾雅寀寮作采寮是寀與采然地之采同音也二韻可通押【公圖】

綵 繪繒 ○ 宰 子亥切主也制也烹也屠也又姓 縡 事也又代韻 載 年也爾雅唐虞曰載取物終更

始又泰代二韻 ○ 在 盡亥切居也所也存也察也又代韻 [元祐新制] 許通押 ○ 茝 昌亥切香草顏師古曰即今白芷或云麋蕪別

名又止韻 ○ 待 蕩亥切俟也擬也遇也又代韻 [今圈] 逮 及也亦作迨又遝也追也又代霽二韻 [元祐新制] 許於海代二韻通押案霽韻

逮字義訓一同合併許於三韻通押 迨 爾雅迨及也詩迨天之未陰雨又代韻 [增入] 殆 危也近也又將也易其殆庶幾乎詩殆及公子同歸

又與怠同左傳昭五年滋敝邑休殆又代韻 [今圈] 怠 懈也倦也又之代二韻 [重增] 詒 欺詒謾詐通作紿又之志代三韻 紿

同上又絲縈難理又代韻 [今圈] 駘 駑駘又駘蕩廣大之意又咍韻 靆 靉靆雲貌亦作霴又代韻 霴 同上又代韻 [增入]

[入] ⿱竹怠 竹萌亦作笞又咍代二韻 [今圈] 箈 周禮醓人箈菹鴈醢又二韻 [重增] ○ 乃 曩亥切辭之緩也亦作迺又汝也春

秋傳乃者難辭也王安石曰乃為繼事之辭又見上 [今圈] 迺 俗作廼非 鼐 鼎之絕大者又代韻

[通用] 與準通

十六 ○ 軫 止忍切車後橫木又宿名又動也 診 視也驗也候脈也又震韻 [今圈] 疹 脣瘍

眕 目有所限而止又安重貌左傳憾而能眕者鮮矣注不能自安自重 鬒 稠髮亦作黰廣韻作㐱 黰 左傳有仍氏生女黰

黑而甚美光可以鑑杜預
曰美髮爲鬒又黑貌【增入】
賑 富也又舉救
也又震韻
振 振之也又與袗同玉藻振絺
綌不入公門又真震二韻【重】

【增】畛 田閒道周禮十夫有溝溝上有畛注十夫二鄰之田溝廣
深各四尺畛容大車又致也禮記畛於鬼神又真韻【今圖】稹 穜穊也
相迫也

聚物也郭璞曰今人
呼物叢緻者爲稹 袗 袀服亦作袗說文袨服也又畫也孟子被袗衣月令釋
文袗輆當作袗有兩音又單也論語袗絺綌又震韻【今】

【圖】裖 同上又與縝同相如賦盤紆裖錯注裖
砂致也謂重密而累積裖砂竝之忍反 砂【重增】胗 脣瘍古文疹字風
賦中脣胃爲胗【重】

【增】縝 結也絲縷也纑也密也又鬒
也論語作袗又真韻【今圖】鎮 安也壓也周禮天府王
鎮又真震二韻【增入】紾 軍衣
又轉

也轉繩也捩也孟子紾兄之
臂而奪之食又銑韻【增入】○哂 矢忍切微笑一
云大笑亦作矧 矧 況也詞也說文作弞
又笑貌禮記笑不至

矧注齒本曰
矧大笑則見 ○蜃 時軫切大蛤說文雉入大水所化又蛇化爲蜃似蛟無足
亦作蜃蜄又時刃切廟諱嫌名合當迴避其亦上聲系

當迴避下蜃
蜄脤竝同 蜃 脤虔曰脤祭社之肉盛以蜃器故謂之脤通作蜃周禮掌蜃
注引春秋歸脤作歸蜃鬯人職凡四方山川用蜃器謂器以

蜃飾因名
焉【增入】蜄 史記天官書海旁蜄氣象樓臺莊子以蜄盛溺古
人多以蜄爲器非特盛祭肉之器也又震韻【增入】脤 春秋
定公

十四年天王使石尚來歸脤杜預
曰脤祭社之肉盛以脤器亦作祳 祳 腎 水
藏 ○忍 爾軫切安於不仁曰
忍又忍耐又嬌也荀

子行忍性情然後能脩又震韻今圖

○牝 婢忍切母畜

臏 刖刑去膝蓋骨

○盡 慈忍切空也竭也終也又見下又震韻

賮 會禮之財又送行財幣亦作贐贐又震韻增入

贐 又震韻增入

贐 又震韻增入

○引 以忍切導也延也長也久也漢志十丈爲引引者信也用竹爲之李奇曰引長十丈高一分廣六分唯竹篾柔而堅爲宜耳又羊晉切係 廟諱嫌名如禮記云弔於葬者執引之類音去聲合當迴避其上聲如易引而伸之唐書日引月長孟子引君當道之類合照孫愐誤陳乞許用

蚓 蚯蚓黃帝時有大蚓亦作螾又羊晉切係 廟諱嫌名時刃切係 廟諱嫌名谷當迴避其餘不當迴避螾靷釼濥戭竝同

螾 又諄韻又羊晉切今圖

靷 引軸一云駕車靷在胷曰靷又羊晉切

釼 爾雅錫謂之釼又羊晉切

濥 水行地中又羊晉切

戭 長槍又人名又獮韻又羊晉切重增

縯 長也又獮韻重增

○隕 羽敏切墜也落也亦作霣磒又僊韻今圖

殞 歿也通作隕

愪 憂也

霣 齊人謂雷爲霣又與隕同左傳有死無霣

磒 列子王若磒虛焉重增

縜 持綱繩又諄韻

○嶙 良忍切隱嶙山峻貌又眞韻今圖

轔 轔轔衆車聲又眞震二韻

燐 鬼火曰燐說文作粦又二韻

粦 今作粦又二韻重增

璘 王文又眞韻增入

○盡 卽忍切皆也左傳周禮盡在魯又盡之也晉獻公曰必盡敵又縱令也禮記虛坐盡後食坐盡前俗作儘增入

○囅 丑忍切笑貌又

大笑貌又齒善又亥稱人三切今圈 疢 美嗜為病又震韻 ○ 紖 直忍切牛系亦作絼禮迎牲君執紖又以忍切周禮釋文又羊晉切照式

唯去聲合遊今圈 眹 目童子又幾微萌兆謂之眹又葉韻 ○ 泯 彌盡切水貌又沒也滅也盡也泯泯猶芒芒也又眞震二韻 脗

口脣又脗合無際貌莊子亦作緡又吻韻作脗誤今圈 吻 考工記銳喙決吻有兩音又吻韻重增 黽 勉也亦作僶又黽池縣名在河南亦

作澠又黽池在陝縣東王莽傳肴黽之險又獮耿二韻 澠 又蒸獮二韻增入 僶 陸機文賦在有無而僶俛增入 愍 痛愍又恤

也憐也春秋閔公史漢作愍或作緡湣同 閔 同上又憂也傷也病也又姓 緡 與脗同又眞韻增入 湣 史記齊湣王或作暋增入

憫 憫默亦憂也恤也 敃 彊也書作暋昏 暋 書暋不畏死又眞竟二韻增入 昬 同上書不昬作勞又竟韻增入

敏 恭也疾也達也聰也捷也五音商謂之敏詩履帝武敏歆毛傳疾也鄭箋拇也足大指謂之敏 潣 水流貌亦作泯杜甫詩江流泯泯清

簢 中空類竹爾雅簢䈉中 ○ 緊 居忍切紉急 ○ 窘 巨隕切迫也亦作僒 僒 賈誼服賦僒若囚拘蘇林注謂

人肩傴僒李善注文選曰僒因拘之貌五臣注僒困也愚者繫縛俗累困如囚人拘束其字並不从人唯孫強新加字玉篇及開元文字有作僒字並音窘增入

囷 圓廩又諄韻 菌 地蕈又阮韻今圈 箘 美竹韋昭云一名聆風又諄韻 蜠 貝屬又諄韻今圈 ○

稛 苦隕切滿也國語稛載而歸从倉囷之囷與混韻內稛字不同彼从窮困之困晃有圈【今正】

麇 束縛亦作䴥左傳哀元年羅無勇麇之又諄文吻三韻【重增】

䴥 又諄文二韻【重增】

十七〇

準 之尹切平也均也度也則也擬也倣也漢志繩直生準廿六在五則爲揆平取正之器又樂器所以協律又旨薛二韻漢高祖隆準文穎音準的之準服虔音拙許負曰鼻頭曰準【今圈】

准 字林與準同莊子平中准【增入】

埻 射的周禮或作準又稕韻【今圈】

純 衣緣又之諄衮混稕五韻

淳 周禮內宰出其度量淳制注淳制故書爲敦杜子春讀敦爲純音準純謂幅廣也制謂匹長也鄭康成曰純制天子巡守禮所云制幣丈八尺純四䌰又諄韻【增入】

敦 同上又灰元寒歡蕭混隊慁號八韻內都昆切係廟諱嫌名其餘照式許用【增入】

〇蠢 尺尹切蠢動又不遜也𢡮也出也作也亦作春左傳蠢春䖸注擾動也

春 周禮梓人春以功又諄韻【重增】

䮞 駮馬

踳 雜也乖舛也亦作䮞

〇盾 乳尹切兵器干櫓之屬所以蔽目扞身亦作楯又見下又混韻

楯 同上又欄楯又諄韻

蝡 淮南子蠉飛蝡動亦作蠕又獮韻

蠕 又偄獮二韻【增入】

揗 摩也又稕韻【增入】

〇筍 聳尹切竹萌亦作箰俗作笋書敷重筍席注筍蒻竹馬云箁箬也徐云筫竹又竹䈞又稕韻【今圈】

箰 莊子羊奚比乎不箰久竹也言不復能生箰也【重增】

簨 架鼓鍾磬者橫曰簨縱曰虡釋

名簨峻也上高峻也考工記作筍亦作栒簨丨 **栒簨** 名筍从竹六六晉攝簨虡字皆从六舊从大誤[今正] **隼** 鷙鳥祝鳩也顏師古

曰卽今所謂鶻者也 ○**尹** 庾準切治也正也又姓應劭曰天子之相稱師尹薛瓚曰諸侯之卿唯楚稱令尹其餘國稱相楚邑大夫止稱尹如沈尹戌芊

尹無宇之類是也今俗呼縣令曰令尹失其義矣 **㊀允** 信也肯也又中允官名亦作盾又音鉛允吾谷名縣名[今圈] **盾** 班固敘傳數遣中盾請問

近臣顏師古曰盾讀曰允中允太子詹事之屬也[增入] **狁** 玁狁漢匈奴傳作獫允 **鈗** 兵器舊注周書一人冕執鈗誤[冕舊譌]今尚書一人冕

執鈗陸音以稅切廣韻徒外切矛也與鈗字不同[今正] **蜳** 莊子懷蜳不安定也又都昆切係廟諱嫌名舍當迴避其餘照式許用[今圈]

[通用]與隱通 **十八** ○**吻** 武粉切口脣邊曰吻亦作脗又軫韻[今圈] **脗** 同上又脗合無際貌又軫韻 **刎**

劉也禮記不至者刎其人漢書張耳陳餘爲刎頸交[增入] **抆** 揩拭也漢朱博傳抆拭用之注云摩也又問韻从手从文舊从攵誤[今正] ○**粉**

府吻切米細又燒鉛汞成粉又設采潤色謂之粉澤 **分** 爾雅律謂之分音粉郭璞曰律管可以分氣又文問二韻[增入] ○**憤** 房吻切懣

也怒也亦作賁又問韻[今圈] **賁** 怒聲禮記廣賁之音作而民剛毅又與墳同穀梁傳覆酒於地而地賁注賁沸地也又文寘刪眞問五韻[增入] **墳**

土膏脈起書厥土赤埴墳又文韻 **鼢** 地行鼠亦作蚡 **蚡** **羵** 土中怪羊又文韻 **濆** 濆湧又文韻 **坋** 塵也

亦作坌又慁韻今圖 坌 唐書坌集京師言滃然如塵之坌集又多貌又慁韻 弅 莊子隱弅之丘又文韻今圖 ○ 忿 撫吻切怒也悁也又問韻今圖 ○ 惲 委粉切謀也議也厚重也 蘊 積也蓄也奥也俗作藴亦作薀縕又問韻元祐新制許二韻通押又文韻經史無明音者亦合通押 薀 同上俗作蕰左傳蕰利生孽又水草蘋蘩薀藻之菜又寃問二韻今圖 縕 同上俗作緼易大傳乾坤其易之縕邪又枲也紼也絮也論語縕袍孔安國曰枲著也謂雜用枲麻以著袍禮記縕爲袍鄭康成曰縕舊絮也又亂麻蒯通傳束縕請火又文寃問三韻 韞 包藏也俗作韞論語韞櫝而藏諸陸機文賦石韞玉而山煇 慍 心所慍積而怒俗作愠又問韻元祐新制許二韻通押 醖 釀也俗作醞又問韻 温 同上温藉也俗作温禮記內則柔色以温之又寃問三韻 苑 屈也積也詩我心苑結禮記事大積焉而不苑又阮勿二韻增又 輓 輴輓車名亦作轀又元韻今圖 轀 又寃文二韻重增 ○ 麇 苦粉切左傳求諸侯而麇至又諄文軫三韻 ○ 攟 捃蘊切拾也取也亦作攈捃又問韻今圖 攈 增入又問韻 捃 增入又問韻 ○ 抎 云粉切聲也揚子鍾鼓不抎增入

十九 ○ 隱 於謹切度也痛也藏也蔽也匿也又憂戚貌荀子隱隱兮其恐人之不當也古作㥯又焮韻 㥯 同上廣韻

謹也又欣韻【重增】㶏水出少室山亦作濦溵又欣韻【重增】濦又欣韻【重增】溵又欣韻【重增】轗車聲亦作輙

輙 磤雷聲亦作殷又欣韻【合圖】殷詩殷其雷又殷殷盛貌漢郊祀歌靁殷殷爛揚光詩憂心殷殷然音隱又音於斤反又山先爀

三韻【增入】慇憂也詩憂心慇慇音平上二聲又欣韻【增入】檼屋脊棟㥯依也又爀韻【增入】檃檃栝見說文檃

曲者曰檃正方者曰栝亦作隱俗作檃【增入】〇螼詩謹切螼蚓吳楚謂之寒螼〇謹几隱切愼也專也重也堇上从廿从廿誤【合正】

堇草名又木名月令木堇榮一名日及一名舜華又震韻从廿从廿誤【合正誤圖】卺謹身有所承也从承从己从巴誤【合正】卺以瓢

爲酒器婚禮用之从丞从卩卩音節俗作卺槿木槿爾雅櫬椵亦作堇〇齔初謹切毀齒又震韻从齒从匕匕音化

〇近巨謹切不遠也指遠近定體又焮韻凡遠近之近上聲附近之近去聲〇听語謹切听然笑貌相如賦听然而笑

又詩欣二韻【合圖】

二十阮【通用】與混很通

〇阮五遠切姓又元韻【合圖】沅水名又元韻【增入】〇宛於阮切屈草自覆又宛然猶依然也爾雅作宛中宛丘又丘上有丘爲宛又小貌又元夗二韻惌小孔貌考工記凡察革之道眡其鑽空欲其惌也【重增】

涴 泥著物又㪇過二韻【重增】 婉 順也美也又願韻 琬 玉名周禮琬圭以治德結好又換韻【分圖】 畹 田三十畝曰畹又願韻 苑 所以養禽獸又文貌詩蒙伐有苑又吻勿二韻【分圖】 菀 茂貌詩菀柳篇有菀者柳注茂木也桑柔篇菀彼桑柔注茂貌皆有宛鬱二音小弁詩菀彼柳斯箋云柳木茂盛音鬱案二處義同亦當作兩音通用又勿韻【增入】 踠 馬足跌 蜿 蜿蜿龍升貌又元歡二韻○

遠 雲阮切遼也遙也指遠定體又願韻凡遠近之遠上聲論語可謂遠也已矣詩其人甚遠之類是也遠離之遠去聲論語敬鬼神而遠之遠之則怨易遠小人之類是也俗作遠○

晅 況遠切日氣暴也亦作暅烜煖暖从日从烜从恒誤【分圖】 暅 烜 易曰以烜之廣韻光明也又威儀容止宣著貌詩赫兮烜兮禮記引詩作咺喧又元綩換三韻 咺 同上又朝鮮謂兒哭不止曰咺方言咺痛也哀泣不止曰咺字咺人名又元韻【分圖】 喧 禮記大學赫兮喧兮又哀泣不止漢武帝賦悲愁於邑喧不可止兮又元韻【增入】 諼 詐也又元韻 煖 溫也又曝也與晅同樂記煖之以日月史記燕世家趙將龐煖又元緩二韻【增入】 暖 同上又與晅同又二韻【重增】 睻 廣韻大目也又二韻【重增】○

綣 苦遠切繾綣不分離皃左傳繾綣從公又願韻 萑 葦初生著蘆筍是也雚从卝从丫从廾誤【分圖】○

幰 許偃切車上張繒曰幰 憲 興盛貌韓愈詩冠澗尤憲憲上下文皆不押傍韻蓋用中庸引詩憲憲字合在此韻內收用又銑韻【重增】○

圈 求晚切畜

閑漢右亮圈又僊獮願三韻又去阮切圈豚行不舉足不可倒押故不增入 困 地蕈又䡅韻 ○蹇 紀偃切爾雅徒鼓磬謂之蹇

蹇 跛也又險難也卦名易王臣蹇蹇匪躬傳作謇謇又僊韻【元校正】記二韻通押 謇 吃也又止言也亦作譾又獮韻【今圈】 謇 又獮韻【增入】

楗 與蹇同考工記輈人左不楗又獮韻【重增】 建 翻水漢書建瓴水又獮願二韻 ○楗 巨偃切拒門木

揵 漢武帝塞瓠子河於淇園之竹以爲揵如淳曰植竹塞水決之口稍稍布插按植之水稍弱補令密謂之揵以草塞其裏以土塡之有石以石爲之又闕也閉也莊子外揵內揵又元僊獮三韻【增入】 健 廣韻難也舉也司馬遷傳大道之要去健羨服虔曰門戶健牡也如淳曰知雄守雌是去健也不見可欲使心不亂是去羨也師古曰二義並通健其偃反又願韻【增入】 鍵 陳楚謂戶鑰牡曰鍵又僊獮二韻 建 韜也亦作鞬樂記命之曰建櫜注讀曰鍵陸音其展反徐音其偃反【重增】

鞬 同上元稹策文皇鞬櫜干戈又轄之也崔寔政論方將柑勒鞬輈以救之又元獮二韻【重增】 ○

巘 語偃切山形似甗又獮韻 甗 甑也又與巘同又元獮線三韻【今圈】 瓛 王甗又獮韻【增入】 ○偃 於幰切偃息仆也服也靡也卧也又偃鼠又偃蹇驕敖見左傳哀六年亦作匽又願韻【今圈】 匽 漢郊祀歌輿文匽武王吉傳風寒匽溥又匿也又匽豬霤下泄又願韻【今圈】

【闕】鶠 鳳名 㫃 旌旗之旒从入从入凡旌旗之類从㫃與於字不同 鄢 地在陳留亦作傿漢地里志陳留郡傿縣應劭曰鄢

伯克段於鄢是也師古音偃又潁川有傿陵縣又僊韻 堰 壅水爲埭又願韻 鼴 鼠名一曰鼹廣韻云形大如牛好偃河而飲水通作偃又
願韻 今圈 鰋 魚名 蝘 蝘蜓 增入 ○ 反 甫遠切反覆又元潸願三韻 返 還也通作反 阪 爾雅
陂者曰阪亦作坂 坂 軬 車耳反出應劭以車輜爲軬以簟爲之或用革所以爲藩屏翳塵泥也 ○ 飯 父遠切飤也餐也又
願韻凡餐食之飯與飤之之飯皆上聲禮記飯黍文王一飯再飯范睢傳鮑宣傳一飯外戚傳强飯莊子飯牛喪禮飯含之類是也炊黍之飯去聲毋摶飯祭先飯之類
是也 笲 竹器盛棗脩者又元線二韻 ○ 晚 武遠切暮也 輓 引車亦作挽又願韻 挽 又願韻 今圈 娩
婉娩媚也順也又彌問二韻

二十一 ○ 混 胡本切水雜流一曰混沌陰陽未分亦作渾玉篇大也又混濁又二切見下注 棍 槩也揚雄解難
形之美者不可棍於世俗之目 重增 渾 荀子財貨渾渾如泉源莊子渾沌又渾天圓貌渾然無圭角也又黿韻 今圈 緷 大束亦作稛又見下
及黿 焜 焜煌光也亦作煇煌 煇 炤如封禪頌煥炳煇煌又微問願三韻 增入 顐 諢劇元結時議諢臣顐官怡愉天顏玉篇
作諢又慁韻 重增 ○ 梱 苦本切門橛亦作閫又慁韻 今圈 閫 又慁韻 今圈 壼 宮中道又居也廣韻爾雅宮中衖謂

之壼郭璞曰衖閤門道也又下壼人名 稛 紮束又成熟又捲衣从囷與輇韻內稛字不同元有圈 今正 悃 悃愊實情楚辭悃悃款款王逸

注曰志純一也亦猶實也 捆 織也孟子捆屨注捆猶叩椓也織屨欲使堅故叩之也又取也抒也纂組也 齫 齫齳齒起貌荀子齫然而齒墜

矣 重 ○袞 古本切龍章法服也亦作卷褑又袞袞袞相仍貌俗作衮 卷 禮記三公一命卷天子卷冕又僊獮線三韻 增入 裷

增 荀子天子袾裷衣冕 增入 緄 帶也詩竹閉緄縢注緄繩也王篇織成章也又緄夷西戎亦作昆混又袞冕韻 重增 昆 漢匈奴傳昆夷亦作混緄

竝音古本反又袞冕韻 增入 混 同上又袞冕韻昆混二字有兩音無明音者今從通用 增入 蓘 壅苗曰蓘左傳是穮是蓘 碮 鍾病聲周禮高

聲碮 錕 車釭 ⿰骨系 禹父名書作鯀楚辭作鮌 鯀 同上又魚名 增入 鮌 楚辭鮌悻直以亡身又魚名李善文選作鮌 增

入 槖 大束亦作緷又見上 今圈 緷 同上又百羽爾雅百羽謂之緷 增入 縳 周禮十羽爲審百羽爲摶十摶爲縳又獮線二

韻 重 ○穩 烏本切安也持穀衆也 ○本 布袞切根本又治也下也舊也說文木下曰本作夲誤 笨 竹裏 畚

增 蒲器盛種亦作畚 畚 左傳宋災陳畚輂杜預曰畚盛土器以草索爲之筥屬也方言鍫也江淮南楚之間謂之臿沅湘之間謂之畚趙魏之間

謂之桒東齊謂之梩 增入 㮥 部本切舟篷 輽 車上蓬又父遠切不可雙押故去之 ○懣 母本切煩懣又緩恩

二韻字从㒼从萠誤【今正】○損 蘇本切卦名減也傷也貶也 ○忖 趨本切思也度也 ○刌 斷也割也截也

短切也又恩韻 ○撙 祖本切裁抑也廣韻撙趨也禮記恭敬撙節亦作僔繜王吉傳馮式撙銜 ○僔 荀子恭敬而僔廣韻衆也【增入】

繜 荀子恭敬繜【增入】 噂 詩噂沓背憎箋噂猶噂噂沓猶沓沓噂噂沓沓相對談語背則相憎逐 劕 劕減見廣韻【重增】 蕁

茱蕁草叢生貌魏都賦嘉穎離合以蕁蕁 ○鱒 徂本切赤目魚又恩韻 墫 舞貌又諄韻 ○盾 徒本切趙盾晉

卿又準韻 沌 混沌 敦 渾敦不開通貌左傳天下之民謂之渾敦注云謂驩兜又入韻沌沖明見準韻【增入】 純 纏也詩白茅純束又

見準韻【增入】 遯 退也隱也又避也逃也亦作遁遂又恩韻 遁 同上又諄恩二韻【今增】 遂 漢匈奴傳贊遂逃竄伏又恩韻

【增入】囤 篅囤盛穀 豚 禮記圈豚行不舉足鄭康成曰圈轉也豚之言若有所循不舉足謂行曳踵也孔子執圭則然此徐趨也圈去阮反又蒐

韻【增入】 腯 禮記微子舍其孫腯而立衍有兩音又恩沒二韻【增入】

二十二○很 下懇切很戾廣韻俗作佷 ○懇 口很切懇惻情實也信也悃也亦作貇頎 頎 禮記

頎乎其至也考工記輈欲頎典又微韻【增入】 貇 同上劉向傳貇貇數奸死亡之誅師古曰貇貇欲誠之意【重增】 墾 耕田用力也反土也闢也

治也（齦）齧齒也又諄 ○（眼）魚懇切考工記輪人望其轂欲其（限）界也
發也 欣二韻 眼也注眼出大貌又産韻[增入] 度也
閫也考工記輪人注鄭司農曰眼讀
如限切之限音魚懇反又産韻[增入]

通用 與緩通

二十三

○（旱）侯罕切亢陽不雨又 山也詩旱麓又翰韻（悍）悍急強很 又翰韻 ○
（罕）許旱切兔網一曰畢又希少也 也篆文作罕今作罕亦作罕（罕）同上又漢書罕幵 皆氐羌種[增入]（暵）曝也乾也亦 作熯又寒翰
二韻上八 廿誤[今正]（熯）又寒翰二 韻[今圖] ○（侃）空旱切剛直又和樂 貌亦作偘又翰韻（偘）同上唐將有 高偘又薛延
老偘偘不干虛 譽又翰韻[重增]（衎）喜也和樂 也又翰韻 ○（笴）古旱切箭笴亦作 簳又䈅晧二韻（簳稈）禾 莖
亦作 秆（秆）左傳或取一秉秆 焉又翰韻[增入] ○（散）蘇旱切疏離而不聚又冗散閑散莊子 以不材之木為散木郭璞注不可用之
數故曰散木楊倞曰不自檢束 為散又音去聲又寒翰二韻（饊）熬稻又 翰韻（繖）蓋也亦作 傘又翰韻（傘）韓愈詩赫 赫炎官張
火傘又翰 韻[增入] ○（瓚）在旱切圭瓚酌鬱鬯之器周禮祼圭有瓚鄭康成 禮記注瓚形如盤容五升以大圭為柄又翰韻 ○（亶）多 旱
切誠也信也篤也大也多也亦作 單僤又見下又僊翰二韻[今圈]（單）詩俾爾單厚又寒 僊線三韻[增入]（僤）篤也詩逢天僤 怒又獮翰二韻

增入 癉 病也書彰善癉惡亦作癉又哿翰箇三韻 癚 狚 廣韻獦狚獸名莊子猨猵狚以爲雌司馬氏崔氏皆曰猵狚一名獦牂似猿

而狗頭一曰似狼而赤卽獦狚非猴也俗本作狚陸音七餘反皆誤又翰曷二韻 重增 憚 勞也詩哀我憚人又見下又哿箇翰曷四韻 重增 ○坦

他但切平夷也安也明也亦作憻憚 儃 莊子儃儃然不趨餘音見下 重增 憚 荀子是憚憚非變也注古憚與坦同 重增 ○但

徒旱切徒也凡也任也語辭亦作儃亶又偏脫衣袖亦作袒又寒翰二韻 今圈 儃 同上又儃儃舒閒貌又寒僊翰線四韻 增入 亶 揚雄

傳亶費精神於此又與袒同荀子露亶者也 增入 袒 脫衣之袖詩袒裼暴虎亦作襢但又翰襉二韻 襢 又獮翰線三韻 今圈 誕

放也詞安也欺也大也信也荀子易言曰誕亦作訑又翰韻 今圈 訑 放也與誕同莊子天知予僻陋慢訑又之歌翰三韻 重增 觛 小觶

潬 水中沙渚又獮翰二韻 蜑 南夷海種 ○嬾 魯旱切惰也亦作孏懶旁从負从頁誤 今圈 孏 見後漢王

丹傳唐書李程性嬾 增入 懶 杜甫詩失學從兒懶 增入 灡 淅灡米汁亦作瀾又寒翰二韻 瀾 又二韻 增入 讕

誣諱漢書抵讕置辭谷永傳蒲讕誣天注欺罔也又二韻 增入

二十四○緩 胡管切舒遲又縱也 澣 濯垢亦作浣 浣 捖 考工記捖摩之工音侯管反又

點韻〔重增〕

晥 晥城縣名今舒州懷寧縣馬援傳攻沒晥城又潸韻〔重增〕

睅 目皆說文大目也又元阮二韻〔重增〕

漶 漫漶不分別貌揚雄傳泰漫漶而不可知又換韻〔增入〕

○**盌** 烏管切小盂亦作椀

椀

○**款** 苦管切衷曲也誠也敬也叩也至也叀也徐也重也愛也誌也親也从土㱿从匕誤亦作欵

梡 有虞氏俎有足如案又胡官切木名係廟諱嫌名合當迴避其上聲不當迴避〔今圖〕

窾 空也莊子導大窾

○**管** 古緩切樂器又筆彄也主當也鍵也國名又姓亦作筦琯

筦 賈誼引筦子董仲舒傳鍾鼓筦絃東方朔傳以筦闚天

琯 同上又玉琯

輨 車轂耑鐵

錧 田器車具又與輨同孟子題辭五經之錧鎋

館 客舍馬援傳作錧又換韻孟子帝館甥于貳室[illegible]舍之於貳室檀弓客至無所館生於我乎館皆無音是上去二聲亦可通用凡無明音者空許通押

錧 又換韻〔增入〕

盥 以盤水沃洗手曰盥易盥而不薦禮記進盥又換韻

痯 病也又換韻

斡 運也轉也賈誼賦斡流而遷又曰斡棄周鼎而寶康瓠又末韻

悺 亶憂也亦作悹又換韻

悹 又換韻〔增入〕

○**滿** 莫旱切盈也充也足也又姓从水从㒼从蔳誤〔今正〕

懣 煩冤又混慁二韻从蔳誤〔今正〕

○**伴** 蒲滿切侶也依也陪也亦作並又換韻〔今圖〕

並 漢昭帝紀同並二十四邑古作竝又迴宕二韻〔增入〕

竝 又迴韻〔增入〕

○**算** 損管切物數也計也亦作筭撰又換韻

筭 又換韻〔增入〕

撰 周禮夏官羣吏撰車徒注撰讀曰筭謂數擇之也又潸獮線三韻 ○ 篹 作管切似組而赤黑 纘 繼也綜集也亦作篹左傳篹乃祖考 酇 百家又五鄉爲酇周禮四里爲酇五酇爲鄙又酇列亦作欑歡韻徂官切聚也百家也又歌翰二韻 欑 左傳昭元年注禜祭爲營欑又歡韻重增 穳 鋋也 鐏 矛戟柄底銳者曰鐏曲禮進戈者前其鐏又慁韻重增 ○ 短 都管切促也不長也 斷 截也前翦也又徒管切絕也換韻都玩切決也徒玩切絕也篹作斷今作斷是曰截之使斷則都管切斷金斷機斷歎之類是也自然判絕則徒管徒玩二切 ○ 疃 土緩切禽獸所踐處亦作畽 畽 詩町畽鹿場毛傳曰鹿迹也增入 ○ 斷 徒管切絕也 ○ 卵 魯管切羽蟲所生管篆作𠨸从日从今作卵俗作夘又𪓰韻今圏 ○ 煖 乃管切溫也火氣又日氣又元亦作暖㬉又元韻今圏 暖 又元阮二韻今圏 煗 班固賓戲孔席不煗 愞 弱也怯也漢武帝天漢三年匈奴入鴈門太守坐畏愞棄市如淳音如掾反師古音乃管反又獮換線過四韻重增 偄 同上又四韻重增 儒 同上又四韻又虞□韻重增 ○ 輐 五管切圓也刓去圭角也莊子椎拍輐斷亦作䲊又換韻重增 䲊 同上又魚名又換韻重增

通用 與產通

二十五 潸

潸 數版切涕下又刪諫二韻从兩木木匹刃切从林誤今正 ○ 撰 雛皖切造也則

也易以體天地之撰又撰述亦作篹饌譔又整辦也又獮綫線三韻

篹 漢司馬遷父子繼篹其職又具食也亦作饌䐪又線韻【增入】

篹 漢書班固撰篹前記又具食元后傳篹食堂名長壽宮又線韻【增入】

譔 同上又僎獮綫三韻【增入】

饌 𩜁食具通作篹篹又獮線二韻

䐪 同上見儀禮又線韻【重增】

○虥 仕版切虎竊毛曰虥貓又山諫二韻

○赧 乃版切亦作赧从赤从卩从又俗作赧

赧 小爾雅面赤愧曰赧方言秦晉之間凡愧而見上曰赧

戁 恭也悚懼也

○僩 下赧切寬大貌詩瑟兮僩兮韓詩武貌說文武猛又音簡

憪 寬大貌通作僩又不安貌漢文帝紀憪然念外人之有非又勁忿貌唐王叔文傳憪然以為天下無人又山韻【增入】

撊 勁忿貌春秋傳撊然授兵

○睅 戶版切大目左傳睅其目杜預曰出目亦作睆

睆 同上又明貌詩睆彼牽牛睍睆黃鳥又窮視貌莊子睆然在纆繳之中

皖 皖城縣名漢馬援傳攻沒皖城又緩韻【重增】

莞 小笑貌歡韻姑歡切草名又胡官切係廟諱嫌名其餘不當迴避

鋎 刀也

擐 史記賈誼賦擐如囚拘【增入】

○綰 烏版切繫也又諫韻

○版 補綰切判也爾雅版版僻也亦作板

板 詩大雅板篇上帝板板音版注板板反也反謂反側不正也又木片亦與鈑同莊子金板六弢

鈑 鉼金曰鈑

○昄 蒲版切大也又布綰切

反 順習貌詩威儀反反又元阮願三韻【增入】

○臠 毋版切視貌

○眅 普版切多白眼又膜侵睛謂之眅睛又人名左

傳襄二十年鄭游販將如晉又刪韻 增入 ○ 𤞞 則版切暴也揚子鷹隼𤞞𤞞 增入

二十六（上）產

產 所簡切生也產業也大籥也左傳屈產之乘杜預曰屈地生良馬趙岐以屈產爲地名誤本作産凡从產者皆然 簅 大籥似笛三孔而短爾雅作産 犍 畜犍畜牲也亦作産 增入 嵼 巉嵼山貌 滻 水名在京兆 汕 魚浮水上又諫韻 增入 ○ 剗 楚限切削平也亦作剷又諫韻 今圈 剷 杜牧原十六衛府兵內剷又諫韻 重增 弗 炙肉弗韓愈詩如以肉貫弗 增入 鏟 平木之器又與剗同海賦鏟臨崖之阜陸杜甫詩意欲鏟疊嶂又損削也唐史埋光鏟彩陳子昂傳鏟山輦石又諫韻 醆 阻限切盞齊酒濁而微清禮有醴醆 琖 爵屬亦作醆盞又獮韻 ⿰角戔 盞 棧 小橋爾雅鍾小者謂之棧又見下又獮諫二韻 ○ 𨏊 仕限切兵車亦作轏通作棧又諫韻 今圈 輚 又諫韻 今圈 棧 同上又竹木之車周禮士乘棧車又閣木爲路 僝 見也書旁鳩僝功說文具也又線韻 今圈 ○ 限 下簡切度也齊量也界也阻也閾也檢也又很韻 ○ 簡 古限切牒也畢也策也要也大也略也求也選也忽慢也分別也又手版古制長二尺四寸短者半之蔡邕曰漢制長二尺短者半之蓋單執一札謂之簡禮記云執簡記是也連編諸簡乃名爲策本文作冊象編簡之形杜預曰大事書之於策是也又諫也左傳成八年猶之未遠是用大簡 柬 分別

選之亦作揀荀子安燕而血氣不惰柬理也注柬與簡同擇也从束从八 揀 又霰韻今圈 暕 陰旦日明从東誤今正 襇 暈衣
又殺縫又襇韻增入 ○ 眼 五限切目也又很韻今圈
通用 與獮通 二十七 ○ 銑 蘇典切金之澤者又小鑿又鍾兩角謂之銑亦作鍌 跣 徒足履地禮喪則徒跣祭
則不跣主恭也燕有跣主歡也 毨 書鳥獸毛毨孔安國曰毨理也毛更生整理也說文毨選也毛盛可選取爲器用也 洒 肅貌禮一爵而色洒
如又滌也莊子去皮洒心亦作洗又紙薺賄馬霰卦六韻 洗 書自洗腆致用酒又姑洗律名洗馬官亦作先又薺韻 先 前漢志太子太傅少
傅屬官有先馬張晏曰先馬員十六人秩比謁者如淳曰前驅也國語曰句踐親爲夫差先馬或作洗後漢職如謁者太子出則當道者前驅導威儀也又先霰二
韻增入 ○ 扁 補典切石貌詩有扁斯石又婢典切姓又獮僊二韻 ○ 辮 婢免切交也繆也亦作編 編 漢終軍傳解編
髮廣韻編綃一曰次第也又先韻增入 艑 艑艖舟名唐劉崇龜傳乘艑匕去又僊韻今圈 扁 人姓 ○ 丏 彌殄切不見又
泰曷二韻今圈 眄 邪視又霰韻 ○ 典 多殄切主也經也常也法也文从冊从六今作典今圈 ○ 腆 它典切厚也多也至
也善也 琠 玉名 靦 面見一曰慙也又面目貌詩有靦面目亦作㥏 㥏 方言慙也荊揚青徐之閒曰㥏若梁益秦晉之閒言心內

懟矣 蚕 爾雅螼蚓蜸蚕郭云即蜿蟺也江東呼為寒蚓俗用為蠶字非重增 淟 涊淟垢濁又汨沒也唐書贊淟汨於隋光明於唐 ○

殄 徒典切絕也盡也滅也 紾 捩也孟子紾兄之臂有兩音又軫韻重增 蜓 蝘蜓又青韻 娗 列子眡娗謾諛張湛

曰眡娗不開通貌方言眡娗欺慢之語也郭璞曰以言相嗤弄也又青迥二韻重增 沴 陰陽氣亂曰沴又霽韻 典 堅淍貌考工記轂欲其典

傾典增入 瘨 病也詩瘨我飢饉又先韻增入 塡 苦也詩哀我塡寡又眞寘先霰四韻增入 ○ 涊 乃殄切淟涊枝

乘七發涊然汗出洼汗貌 撚 蹂也執也以指撚物也增入 ○ 顯 呼典切明也著也光也覿也又霰韻今圖 憲 典盛

貌中庸引詩憲憲令德音顯又如字又願阮二韻重增 韅 牛駕具在背曰韅又霰韻 ○ 繭 吉典切蠶衣又綿衣禮記纊為繭又

繭繭聲色微貌禮記色容繭繭亦作蠒 蠒 增入 襺 纊著衣春秋傳重襺衣裘亦作繭 豣 蠶絕有力曰豣又先霰二

韻 趼 胝也通作蠒謂足胝起如蠒 ○ 峴 胡典切山在襄陽又峻嶺 俔 譬也詩俔天之妹又霰韻 睍

日氣詩見睍曰消又日出好貌又霰韻从目今增兩圖 睍 明皃詩睍睆黃鳥又視皃重增 ○ 犬 苦泫切狗有垂嗁者亦通稱 ○

畎 古泫切田中溝亦作甽又小谷書岱畎羽畎 甽 漢志后稷始甽田以二耜為耦廣尺深尺曰甽亦作𤰝 𤰝 漢志一畮三𤰝

【重增】甽 周禮染人注羽甽夏狄【重增】 狷 狷者有所不爲又線韻俗作狷 羂 羂絹罟亦作罥又霰韻俗作羂【今圈】 罥
又霰韻古作罥俗作罥【今圈】 誸 詐也又胡涓切係嫌名其上聲不當迴避聖祖 ○ 泫 胡犬切露光又泫然流涕貌又胡涓
切係聖祖嫌名其上聲不當迴避 鉉 鼎耳又舉鼎爲 琄 玉貌詩鞙鞙佩璲不以其長擇女字亦作琄刺無才德而尸位佩玉也俗作琄
鞙 大車縛軛靼又鞙鞙刀削又與琄同俗作鞙 蜎 揚雄賦蜎蠖之中張晏曰刻鏤之形師古曰言屋中之深廣也蜎音一兖反蜎音
下兖反與胡犬切同俗作蜎从肙者皆然又先彌二韻【重增】

二十八○獮 息淺切秋田教治兵曰獮杜預曰獮殺也以殺爲名順秋氣也篆作𤣿今作獮 省 同上禮記玉藻
君獮裘以誓省鄭康成曰省讀爲獮又梗靜二韻【增入】 鮮 希也少也善也又小山別大山亦作魚鱻尟尠又僊願二韻 鱻 班固賦鱻生民
之腆在又僊韻【增入】 尟 說文是少也尟俱存也【增入】 尠【增入】 廯 困倉又僊韻 䉳 竹名又蔛蘚今人戶版籍也籍
音遣又僊韻【增入】 蘚 苔蘚垣衣 癬 乾瘍【增入】 燹 野火字林云逆燒字統云野火又志韻【今圈】 ○淺
七演切不深翦子少聞曰淺 鯫 鯫生小人又侯厚二韻【增入】 ○翦 子踐切羽生也一曰齊斷也又殺也字亦作剪𦨜鬋

揃棧又淺黑色亦作前爾雅前𠛱齊也郭璞曰南方人呼翦刀爲劑刀劑邎爲切禮記不翦其類鄭康成曰翦割截也周禮有翦氏掌除蠹魚蠹書劉向列女序作棧俗作翦

剪 杜甫詩焉得并州快剪刀剪取吳松半江水【增入】

劗 嚴助傳劗髮文身之民張揖曰劗古翦字【重增】

𩯁 韋孟詩𩯁茅又鬋鬋鬢也禮記不蚤鬋又僊線二韻【增入】

踐 周禮甸師注不踐其類音翦又見下【增入】

揃 史記蒙恬傳周公自揃其爪沈於河又搣也

棧 又產諫二韻【增入】

煎 煎𦣝羌屬趙充國傳先零豪封煎又僊線二韻【重增】

前 周禮木路前樊鵠纓注前讀爲緇翦之翦

淺黑也又先韻【增入】

錢 田器詩庤乃錢鎛又僊韻

戩 福祥又線韻【今圖】

譾 淺也李斯傳能薄材譾

帴 狹也考工記以博爲帴【重增】

○踐 慈演切踐也

俴 淺也詩小戎俴收

餞 送行之燕又線韻

諓 善言又巧言漢樊准疏習諓諓之辭又先線二韻

○選 須兗切擇也亦作撰又數也左傳昭元年弗去懼選又白選貨貝名亦作撰饌又線韻

撰 周禮夏官羣吏撰車徒陸音選又潸緩線三韻【增入】

饌 史記平準書白撰直三千蘇林曰撰音選擇之選劉氏音息戀反尚書大傳云夏后氏不殺不刑死罪罰二千饌馬融云饌六兩漢書作撰二字音同【今正】案漢書食貨志白撰直三千無音當依史記注於纂線二韻通押又潸韻【重增】

𦊓 網也以繯獸足

又線韻

○雋 徂兗切肥肉又鳥肥又姓漢有雋不疑又長沙有雋縣雋與㒞雋不同元有圈【今正】

吮 窋也史記吳起爲卒吮疽

○

闡 齒善切闢也開也顯也大也明也 燀 說文炊也左傳燀之以薪又然也又僊韻 幝 敝貌詩檀車幝幝又寒韻 增入

繟 寬綽又帶緩又線韻 嘽 緩聲寬綽貌禮記其聲嘽以緩又寒僊二韻 ○ 樿 旨善切木名禮記樿櫛用樿又樿杓又線韻

今圈 皽 皮寬大腹也 琖 杯也又產韻 增入 ○ 善 上演切良也大也佳也吉也从羊从言今作善俗作善或作善亦作

譱又與膳同莊子具太牢以為善又線韻凡善惡之善則上聲見善而善之則去聲孟子王如善之是也又郭公善善而不能去詩善善之功上字並去聲他倣此 今圈

譱 今圈 又線韻 膳 具食又美物俗作膳或作饍亦作饍又線韻 鐥 俗作鐥鐥又線韻 增入 墠 除也禮記去墠

為墠又線韻 壇 詩東門之墠字亦作壇左傳壇帷復命於介又寒翰線三韻 增入 䱇 魚名亦作鱣又歌韻 鱣 顏之推曰揚震

鳥銜三鱣當作鱓音善 圈 案荀子魚鱉鰌鱣孕別之時音與鱓同不煩改字又僊韻 增入 蟺 蛩蟺蚯蚓也荀子蛇蟺之穴 增入 鄯 鄯善西域

國名俗作鄯鄯又線韻 今圈 蟬 蜿蟬舞盤曲貌又僊韻 增入 單 姓又單父縣名俗書姓作單以別之非也又寒僊旱線四韻 增入

僤 蜿僤行動貌相如賦象輿婉僤於西清又寒旱二韻 增入 潬 相如賦宛潬膠盭鄭樸曰潰薄相摎也又旱翰二韻 重增 熯

乾也又㬥也又寒旱二韻从土誤 今圈 ○ 舛 尺兗切差舛錯也駁也相背也亦作僢 僢 淮南子分流僢馳 增入 喘 疾息

又微言亦作端古作嗃 端 荀子勸學篇端而言注端讀爲喘臣道篇作喘又見下又歡韻 重增 舛 晚取㯻 ⿰虫耑 蟲動莊子作喘

○ 剸 止兖切截也斷也又歡僊線三韻 膞 切肉又見下 今圖 鱄 廣韻魚名美也出洞庭湖後漢馬嚴子名鱄勸學省

中又僊韻 重增 ○ 輭 乳兖切柔也亦作需廣韻俗作軟从犬誤 今正 需 考工記弓人薄其帤則需需謂不充滿也輈人馬不契需又虞換二

韻 增入 ⿰需刂 輈人臑脂之則需注故書作⿰需刂 重增 碝 石次玉一曰珉也亦作瑌瓀礝又僊韻从犬誤 今正 瑌 又僊韻 增入

瓀 禮記士佩瓀玟又僊韻 增入 礝 相如賦礝石武夫注礝石白者如冰半赤色 重增 堧 城下田又山岸邊地亦作㬉堧史記河

渠書故盡河壖韋昭音而緣反謂緣河邊地索隱曰又音人兖反又僊線過三韻 重增 愞 選愞劣弱亦作懦便蠕濡耎又緩換線過四韻从犬誤 今正

懦 又四韻及虞韻 增入 濡 莊子以濡弱謙下爲表又虞韻 重增 耎 同上又喘耎蟲動貌說文稍前大又過韻从犬誤 今正 而圖

蝡 蝡蝡動貌亦作蠕臑又準韻从犬誤 今正 蠕 荀子勸學篇蠕而動又與愞同史記律書選蠕觀望又準韻 增入 臑 荀子臣道

篇臑而動又虞僊豪號四韻 增入 膞 鄭氏易腓膞腸也 重增 ⿱穴元 柔皮萁考工記注蒼頡篇有鞄究亦作[illegible]耎 重增 ○ 撰

雛免切整辦也禮記撰杖屨又具也造也爲也論語異乎三子者之撰又數也則也易以體天地之撰又述也亦作譔 譔 同上又專敬又僊綫線三韻

僎具也數也整也又蒔線二韻 ○褊俾緬切衣小又敝又褊小陿陋又褊急詩維是褊心亦作惼 惼爾雅急也莊子惼心

之人不怒[增入] 諞巧言又僊韻 辯別白左傳僖四年君必辯焉又見下又霰薛二韻[重增] ○緬彌兗切遠也綢繆反

覆也微絲也亦作⿰糸丏 ⿰糸丏[增入] 勔勉也方言周鄭之閒相勸勉爲勔 沔水名又與湎同漢禮樂志湛沔自若 湎溺也

沈湎飲酒齊其色韓詩飲酒閉門不出容曰湎 黽殽黽在陝縣東亦作澠又軫耿二韻 澠又蒸軫二韻[增入] ⿰歹民不明目眩

也莊子以黃金注者⿰歹民[重增] ○辨平免切判也別也亦作辯扁又牀胜足笫之閒易剝牀以辨又琰襇霰三韻 扁荀子扁善之度

又先銑二韻[增入] 辯同上孟子萬鍾則不辯禮義而受之又言辯廣韻俗作辯唐有崔知辯 變正也禮記君死社稷大夫死宗廟謂之變

又線韻[增入] ○免美辨切事不相及又罷也止也黜也脫也去也縱也又問韻[今圖] 勉懋也勤也亦作免咎繇傳閔免遁樂亦僶

俛 俛陸機文賦有無僶俛又俯也又麌韻[今圖] 冕冠有旒冕之言俛也後仰前俯主於恭也亦作絻从冃冃與冒同从曰誤[今正] 絻

荀子郊之麻絻也又問韻[重增] 端禮記士元端諸侯元端以祭天子元端而朝日於東門之外皆音冕[增入] 娩婉娩媚也順也產子也亦作免

俛又阮問二韻 ⿰子免產子又文問韻[增入] ○展之輦切誠也舒也信也開也方言荊吳淮汭之閒謂信曰展又展衣亦作襢又線韻[今圖]

丹穀衣周禮作展又線韻〔增入〕 檀 同上又旱翰線三韻〔增入〕 輾 臥不周曰輾又見下又線韻 ○蒇 丑展
切解也備也左傳寡君願以蒇事又曰以蒇陳事杜預曰勑也又去貨 ○輦 力展切人步挽車漢書注駕人以行曰輦又般運也字从扶从車扶音
伴並行也 璉 瑚璉宗廟器 摙 般運也南史何遠爲武昌太守以錢買井水不受錢者摙水還之通作輦〔重增〕 連 蹇難易往蹇來
連又傲慢不前貌荀子其窸簡連又僊翰二韻〔增入〕 ○綖 以淺切冠上覆前後垂也又僊線二韻〔增入〕 蜒 蜿蜒龍貌又僊韻〔重增〕
羨 壄羨以起度又溢也又脂線二韻 演 水長流貌又廣也又音踐宋城門名見莊子〔今圈〕 衍 廣也一曰水溢又豐也延衣也
寬也盛也饒也盈也延也又蕃衍曼衍易大衍史記封禪書沬山阪曰衍又三
蝻謂山陵間爲衍周禮注下平曰衍又線韻〔元祐新制〕許二韻通押廣韻作衍 縯 長也又軫韻 ○戭
長槍又人名古有檮戭左傳音上聲漢書韋昭注作去聲又軫韻又羊晉切係廟諱嫌名合當迴避上聲照式許用〔今圈〕
趁 尼展切蹍也亦作蹑又震韻 蹍 莊子蹍市人之足 跈 踐也又止也莊子哽而不止則跈〔重增〕 輾 轢也亦作
碾 碾 又線韻〔增入〕 齞 語露齒登徒子好色賦齞脣歷齒〔重增〕 ○轉 陟兗切輾轉又旋也自運也又線韻
○篆 柱兗切文盤曲貌古書謂之篆又與瑑同周禮巾車孤乘夏篆鄭司農曰夏赤也篆讀爲圭瑑之瑑夏篆篆轂有約也鄭康成曰夏篆五

采畫彀約也俗作篆 瑑 雕刻圭璧上起兆瑑謂有圻鄂也漢書良王不瑑賁質潤美不待刻瑑又綫韻俗作瑑 腞 同上莊子得死

於腞楯之上音義云腞楯彫俎也俗作腞【重增】 縳 白鮮色又卷也爾雅十羽謂之縳左傳縳一如瑱亦作摶又混線二韻 摶 周禮百羽為摶

又歡韻 ○ 臠 力兗切說文臞也一曰塊切肉又歡韻【公圈】 脟 相如賦脟割輪焠師古曰脟與臠同【重增】 孌 婉孌

【增入】美好貌說文慕也又線韻 ○ 遣 去演切祛也逐也發也送也縱也又線韻 ○ 蠉 馨兗切蟲行又儇韻俗作蠉 ○ 沇

以轉切水出王屋山亦作沇又流行貌漢郊祀歌沇沇四塞 沇 同上說文亦作台衮兗皆从台俗書作公與公ム之ム不同 兗 州名俗作

兖 ○ 蹇 九輦切跛也難也卦名又阮韻【元祐新制】許二韻通押 揵 與蹇同考工記左不楗又阮願二韻【重增】 謇

難也止言也吃也亦作謇又阮韻 謇 同上又謇諤直言晉王豹傳王臣謇謇又阮韻【公圈】 搴 拔取也亦作攓又僊韻 攓 又僊

韻【增入】 ○ 鍵 巨展切陳楚謂戶鑰牡曰鍵又阮韻 楗 限門木【重增】 件 名件說文分也从牛牛大故可分也

揵 關也閉也莊子內揵外揵又音蹇又元僊阮三韻【重增】 腱 大筋禮記內則注餌筋腱也王逸注楚辭腱筋頭也又僊韻【重增】

鞬 韜也元稹策文皇鞬橐弓戈又轄之也崔寔政論方將柑勒鞬輈以救之又元阮二韻【重增】 建 同上樂記命之曰建橐詳在阮韻又願韻

[重增]○巘語蹇切山形似甑又山峯又阮韻　甗甑也又與巘同又元阮線三韻俗作甗凡从鬳者俗皆作鬲　瓛玉甗又阮

韻[今圖]　讞議獄又線薛二韻[元][許新制]許三韻通押○圈臣卷切畜閑又㒎阮願三韻○卷古轉切曲卷又豢卷之也

亦作捲又㒎混線三韻　捲又㒎線二韻[增入]　菤菤耳詩作卷　韏爾雅革中辨謂之韏車上所用皮也又線韻[今圖]○

蜎狂兖切蟲名又橈也考工記廬人欲無蜎又前韻○臇子兖切小臛曹子建七啓臇漢南之鳴鶉[重增]

[通用]與小通　二十九○篠先了切小竹篆文作筱今作篠　諓誘為善也又小也禮記足以諓聞又𠉀屋二韻

[今圖]溲便溺又尤有二韻[重增]○湫子了切湫隘沮洳偪仄也又尤韻○鳥丁了切禽總名一曰常時曰鳥胎卵

曰禽又白鳥蚊也俗作鳥　蔦寄生草爾雅蔦葉曰宛童○窕徒了切深極又幽閒詩窈窕淑女王肅曰善心曰窈善容曰窕又見

下又蕭宵嘯三韻　挑弄也引調也亦作誂史漢挑戰後漢書挑妻薛瓚曰挑戰擿挑敵以求戰也左傳謂之致師又撓挑宛轉循環貌莊子撓挑無極又

蕭豪尤三韻　誂說文相誘也[重增]　掉顫也搖也又嘯覺二韻　嬥直好貌又嬥嬥往來貌韓詩嬥歌巴人歌也　佻

獨行貌詩佻佻公子又蕭宵二韻[增入]○朓土了切朓朒晦而月見西方曰朓朔而月見東方曰朒月行度贏則晦見於西縮則朔見於東二字皆从

日月之月又蕭韻　窱窈窱深也又嘯韻　趒越也又嘯韻　眺月不至也視也望也又嘯韻　窕輕窕又與窱同

荀子雲賦充盈大宇而不窕　○了盧皎切決也訖也曉解也　瞭目睛明孟子眸子瞭焉又蕭韻【今圖】　繚繞也纏也亦作

繆又蕭笑二韻【今圖】　繆相如賦繆繞玉綏又尤幽幼屋四韻【重增】　蓼辛草詩予又集于蓼又國名春秋宣八年楚人滅舒蓼注舒蓼二國

名左傳文公五年注蓼國今安豐蓼縣釋文云蓼音了字或作鄝音同又屋韻【今圖】　鄝穀梁傳楚人滅舒鄝陸音了本又作蓼【重增】　燎放火

又火炎又照也又蕭笑二韻　憭照察也慧也　僚好貌詩佼人僚兮亦作嫽廣韻官也是僚友字通用又蕭韻【增入】　嫽同上又慧

也漢西域傳楚主侍者馮嫽又蕭嘯二韻【重增】　撩挾也又蕭韻【重增】　釕飾玦謂之釕　○褭乃了切以組帶馬又騕褭

騕馬金喙赤色亦作要褭相如賦作寘褭　嫋嫋嫋長弱兒又曳皃兒亦作褭裊又樂韻【今圖】　嬈戲弄又苛擾又宵小二韻　儴便儴

舞者儴身若環也一云便儴細腰又好兒　裊漢書音義騕褭神馬赤喙黑身與飛菟同明君有德則至又籊裊漢辭名師古曰以組帶馬曰褭又曳貌杜甫

詩扁舟輕裊纜通作褭【增入】　○皛胡了切明也顯也又古迥切條廟諱嫌名亦胡了切照式許用【今圖】　㵿渺㵿水遠貌　芍

鳧茈又藥錫二韻　○杳伊鳥切冥也深也寂也寬也从日在木下　窈深遠又幽靜方言美心爲窈亦作眑　眑漢房中歌

清思眑眑又黝韻【增入】穾室東南隅又嘯韻宎同上莊子鶡生於宎亦作窔又苦叫嘯二韻【增入】窔又嘯韻【增入】

窔爾雅室東南隅謂之窔苟子奥窔之間又嘯韻【重增】窅深目又深遠皃莊子窅然喪其天下韓文窅爾神化〇曉馨杳切旦也明也了也喻也開喻也〇皎吉了切月之白又月光皦明也詩有如皦日【增入】曒玉石之白璬玉佩

繳纏也劉向別録繳紛爭言又藥韻【增入】

三十〇小

私兆切微小又小草遠志也見晉書玉篇作芣〇悄七小切爾雅悄悄慍也郭璞曰賢人愁恨也又靜也憂也又笑韻愀色變〇剿子小切絶也截也殺也亦作勦樔剿又屋韻劋又屋韻書天用勦絶其命有二音从巢从刀與勦字不同【增入】樔漢武帝賦命樔絶而不長【增入】勦勞也春秋傳安用勦民孟子題辭心勦形瘵又爻韻剿漢西域傳封郭欽爲劋胡子師古曰劋絶也音子少反字本作劋轉寫訛耳【重增】巢居巢國名通鑑魏紀居巢湖釋文祖了切巢湖在縣東南今俗呼爲焦湖聲訛耳尚書巢伯无音當與爻韻通用【重增】〇少始紹切不多又笑韻〇沼上少切清也昭明也詩其音昭昭又胥笑二韻【增入】〇糾其紹切舒遲之姿詩舒窈糾兮又笠貌詩其笠伊糾又黝韻【增入】〇紹市沼切繼也又介紹亦作

佋詔又笑韻[今圖]

佋 介行也又宵韻

詔 禮記禮有擯詔鄭康成曰詔讀爲紹又宵笑二韻[增入]

袑 袴襠漢朱博傳褒衣大袑

擾 煩也亂也亦作擾嬈又順也馴也又肯韻劉累學擾龍應劭曰能順養其嗜慾也顏師古音上聲又音饒[今圖]

橈 又爻豪巧效四韻[增入]

嬈 同上亂也苛擾也鼂錯傳除苛解嬈又見篠韻內

繞 纏也又笑韻[今圖]

遶 圍繞亦作繞又笑韻[今圖]

犪 牛柔謹馴伏又宵韻

○趙 直紹切國名又姓又刺也詩其鎛斯趙

肇 始也長也敏也亦作肈

肈 同上又戟屬[增入]

⿰扌周 刺也通作趙考工記注引詩其鎛斯⿰扌周[重增]

兆 十億曰兆又壇域塋界皆曰兆玉篇作垗龜坼曰兆說文作𠧞又京兆猶京師也歲在丙曰柔兆詩以歸肇祀鄭箋與兆同郊之神位也

旐 龜蛇四斿杜預曰廣充幅長尋曰旐

駣 馬三歲又晧韻[今圖]

絩 綺絲之數

○溔 以沼切浩溔大水兒

鷕 雌雉鳴

舀 抒臼亦作抌又虞尤二韻[重增]

抌 又尤感二韻[重增]

⿰目䍃 視兒海賦羣妖逢迕眇⿰目䍃冶夷[重增]

○夭 於兆切屈也殀也短折也又宵晧二韻

⿸鹿夭 麋子又晧韻[今圖]

殀 殀殀通作夭

○矯 舉夭切揉箭曰矯又詐也託也又強兒亢兒矯矯高舉兒亦作撟橋又宵韻[今圖]

撟 漢書撟當世反諸正周禮撟邦令又舉手也又強兒荀子撟然剛折端立而無傾側之心又屈也荀子率羣臣百吏相與強君撟君又笑韻[今圖]

橋 荀子橋飾其情性漢陳湯橋發

兵斬郅支單于史記舌橋然而不下張守節史記正義音上聲又舉也亦作撟又宵笑二韻增一 蟜 蟲也枚乘七發蚑蟜蠖蟻又相如賦夭蟜枝格

注夭蟜頻申也又姓擅弓蟜固又宵韻重增 譑 發人罪也荀子有貪利糾譑之名重增 蹻 蹻蹻憍也又舉足加高貌漢紀可蹻足待

也又宵藥二韻 敽 繫也書敽乃干亦作敿增入 ○褾 俚小切柚端又卷衣飾从衣从票从木誤今正 標 木末又高

枝莊子上如標枝又宵韻 嫖 山顛 ○縹 普沼切帛青白又宵韻 瞟 目際又一目病 醥 清酒蜀都賦觴以醥清

膘 牛脅後髀之前連膚肉 剽 末也莊子有長而無本剽者宙也又宵小笑三韻重增 皫 禽毛變色 麃 禮記內則

鳥麃色而沙鳴貍亦作皫又音茭又宵爻二韻重增 ○摽 婢小切擊也又徼腫貌詩寤擗有摽一曰拊心貌又落也詩摽有梅本作𠬪亦作莩又宵爻笑

三韻 慓 急也又宵韻 蔈 落也通作標 殍 餓死曰殍亦作莩苃又虞韻 莩 孟子塗有餓莩趙岐注引詩莩有梅

謂零落也又虞韻增入 苃 漢食貨志莩塗有餓苃增入 𠬪 玉篇物落上下相付也今作摽莩蓋𠬪一變爲孚轉寫訛耳凡餓殍莩落字从孚

者本皆作𠬪非从孚信之孚今改經史承訛既久難遽改也重增 藨 草可爲席又鹿藿又宵韻 苞 草可爲屨禮苞屨不入公門又爻韻增入

○眇 弭沼切一目小也又偏盲也微也細也末也盡也又笑韻今正 渺 水貌 淼 大水 藐 遠也小也弱也左傳以是

藐諸孤又輕視皃孟子說大人則藐之又覺韻 秒禾芒班固敘傳造計秒忽 篎小管亦作彯又笑韻 彯增入又笑韻 杪木末

○表彼小切衣之外也又標也明也牋表釋名下言於上曰表又杪也末也外也

獨用

三十一○巧

巧苦絞切技巧巧拙之反機巧又黠慧又工於命中孟子智譬則巧也莊子以瓦注者巧又效韻[illegible]

許二韻通押

○佼古巧切好也亦作姣妖又庸人之敏也交也 姣今圖又爻韻 妖增入又宵韻 狡狂也猾也疾也健也說文少狗也匈奴地有狡犬巨口黑身 攪亂之也撓也詩祇攪我心又手動也亦作捁 捁韓愈曹成王碑捁其州重

增 絞縊縛也糾也縊也又死刑絣而縛之又刺也急也論語直而無禮則絞又國名左傳楚伐絞 筊竹索又爻韻 膠動亂貌莊子膠膠擾擾乎又爻韻增入 校疾也考工記中有變焉故校又曰釋之則不校又效韻增入

○飽博巧切饜飫

○鮑部巧切饐魚又姓又覺韻今圖 鞄柔革工亦作鮑又覺韻今圖

○卯莫飽切辰名爾雅歲在卯曰單閼漢志冒卯於卯古文作丣从兩戶相背日出於丣闢戶之時也凡丣聊之類从丣與丣不同丣音酉从兩闔戶上畫連日入於丣闔戶之時也卯本音子兮切事之制也說文又音卿唯卿字从卯今經史从丣从丣者皆作卯蓋傳寫承訛已久唯舊本毛詩及陸德明釋文卯字作丣京本漢書聊字作聊留字作畱閒在一二月今與子場屋寸晷

之下難貴以古文字畫姑從今本用之 昴 宿名西陸大梁之次胃昴畢也本作丣又候韻 今圈 茆 鳧葵鄭小同云蓴菜草木疏云或名水葵即猶尊也本作茆从寅丣之丣舊又有韻力九切案力九切从艸从中丣之丣音義與柳同乃蒲茆也非鳧葵之茆諸儒音釋互用誤矣 今正 ○稍 山巧切漸也又效韻○炒 楚絞切乾熬亦作炒說文作鬻 炒○爪 側絞切說文丮也丮音戟手足甲也覆手曰爪亦作蚤古作叉今作爪象形 蚤 同上禮記不蚤鬋謂不翦剔其爪也周禮車蚤輻入牙中者也上从叉又晧韻 增入 瑵 車蓋玉瑵考工記作蚤○

橈 女巧切木曲又動亂也孟子不膚橈又宵效二韻 撓 擾亂又爻豪小效四韻 今圈○拗 於巧切手拉也折也尉繚子拗矢折矛又效屋二韻 今圈○獠 都絞切西南夷名亦作獠又蕭晧二韻 獠 又蕭晧笑三韻 今圈○齩 五巧切齧也唐獨孤及傳麥不登則易子齩骨矣韓愈荅孟郊詩從嗔我須齩張景陽七命口齩飛刃亦作咬 咬 又爻韻佩觿集曰鳥鳴之咬爲齩齧其順非有如此然俗所常用杜甫彭衙行癡女飢咬我 增入○骹 胡飽切脛也考工記參分其股圍去一以爲骹圍注骹謂輻近牙者也人脛近足者細於股謂之骹羊脛細者亦爲骹又爻效二韻 增入

獨用

三十二○晧 胡老切光也明也白也又日出貌 昊 夏曰昊天孔安國曰元氣廣大又太昊少昊亦作皡

暤 暤 太暤伏羲氏少暤金天氏通作昊亦作顥漢房中歌西顥沆碭韋昭曰西顥西方少暤也又莊子暤天不宜孟子暤暤如也暤昊顥義同者不得重用如昊天暤暤顥首義異者非又與晧同明也旰也曜也

顥 大也又天邊氣說文白貌楚辭天白顥顥又南山四顥謂白首人也今或作皓

晧 同上又見下[今圈]

鎬 溫器又地名周武王所都俗作鎬亦作鄗滈

浩 浩浩水貌又廣大貌孟子浩然之氣說文澆也又音告亦音閣水名解見馬援傳

灝 灝灝夷曠又水勢遠也

鄗 邑名在常山漢光武分鄗字爲高邑又公羊春秋威公十五年公會齊侯于鄗又與鎬同史記周紀周復都豐鄗又爻沃鐸三韻

滈 久雨又水名在京兆又與鎬同荀子議兵篇武王以滈因水爲名借用鎬字耳俗作滈又覺韻[今圈]

○

好 許晧切美也佳也相善也又號韻

○ 考 苦浩切壽考老也稽察也成也周禮作攷方言婦稱妣曰母姼稱父考曰父姼郭璞曰古者通以考妣爲生字之稱易蠱卦有子考无咎謂父也後世父母亡則稱考妣又落成也左傳考仲子之宮又擊也詩弗鼓弗考又瑕釁淮南子夏后氏之璜不能無考案老字下从匕音化考字下从丂音考反丂爲𠄎了音呵各自成文非反匕爲丂也周禮六書三曰轉注謂一字數義展轉注釋而後可通後世不得其說遂以反此作彼爲轉注衛常書勢云五曰轉注考老是也非本務齊切韻云考字左迴老字右轉其說皆非

攷 周禮官府設其攷注攷成也佐成事者又叩也稽察也周禮宰夫攷其治元有圖[今正]

稾 木枯亦作槁漢房中歌枯稾復産又古老切書草俗作稾[今圈]

槁 孟子則苗槁矣莊子形固可使如槁木俗作槁

【增入】薧 乾也周禮乾肉曰薧俗作薨

栲 木名山樗也似樗色小白葉差狹詩山有栲

○杲 古老切日出又明白也从日在木上

暠 白皃俗作暠亦作皜

皜 同上俗作皜孟子皜皜乎本亦作暠【增入】

縞 繒鮮色又繒之精白者曰縞又白也俗作縞漢高紀兵皆縞素月賦連觀霜縞又號韻【今圖】

稾 稈也亦作藁稾藁稾俗作稾

藁 說文禾莖爲藁稾去皮爲秸又文草也俗作藁屈原傳屬草稾未定

稾 同上又文草俗作稾【增入】

藁 俗作藁【增入】

稾 漢書席稾請罪禮記稾鞂之設又書草漢孔光傳輒削草服虔曰言已繕書輒削壞其稾又矢幹亦作笴馬融長笛賦特箭稾而莖立俗作稾【增入】

笴 考工記妢胡之笴注矢幹也杜子春讀爲稾謂箭稾又旱笴二韻【增入】

皓 潔白晶瑩貌詩白石皓皓【增入】○

媼 烏皓切女老稱地神曰媼俗作媪漢郊祀歌媼神蕃釐安世歌后土富媼張晏曰媼老母稱也坤爲母故稱媼又沒韻

夭 物穉曰夭禮記不殀夭月令毋殺孩蟲胎夭飛鳥又宵小二韻

襖 裘屬

麇 麇子又小韻 ○

寶 博浩切珍也瑞也符璽也重也貴也亦作珤

珤 後漢紀珍珤萬倍【增入】

葆 草盛又草叢生又葆旍野蔌實可食又合聚五采羽爲幢曰羽葆又韜藏也莊子此之謂葆光

鴇 鳥名似鴈而大無後趾又馬驪白雜毛曰鴇

保 抱也全之也安也恃也又依也守也月令四鄙入保漢書保東阿又保任也論語不保其往也漢宣帝紀阿保之功薛瓚曰阿倚也保養也大戴禮保保其身體命官曰大保范睢傳今離阿保之手又與褓同封

禪書隆於繦保篆文从人从子不孫[illegible]象[illegible]抱子形今文作保當作保凡从保者皆然緥小兒衣亦作褓褓李奇曰小兒大藉又齊人名小兒被

爲褓卽裼也詩載衣之裼是也堢𡏟障亦作堡玉篇云隄也堡𤞠矢羽○抱薄皓切持也引取也又懷抱又爻號

二韻【今圈】○掃蘇老切糞除也亦作埽騷又號韻埽又號韻【增入】騷李斯傳竈上騷除又蕭豪號三韻

燥乾也又號韻易文言火就燥雖音上聲義當與去聲通用嫂兄之妻古作㛮㛮漢馬援敬事寡嫂【增入】○草

采早切百卉又創造也文豪也又雜亂不齊貌又苟簡曰草草古作艸亦作屮偏旁作艹屮晁錯傳屮茅臣亡識知董仲舒傳朱屮生小人之德屮又敕列

切草木初生【增入】懆懆懆愁不安貌說文云愁心不申也又號韻【[illegible]】詩小雅白華篇念子懆懆陸音七感反又引說文七倒反云亦作慘慘北山詩

或慘慘劬勞陸音七感反字亦作懆蓋俗書直懆與慘更互訛舛陸氏不加辯正而互音之非也白華詩懆字當作草慥二音不當作七感反字作慘者亦非北山詩慘字

當作七感反字不當作懆又陳風月出詩勞心慘兮當作懆誤作慘【今圈】慅憂也詩勞心慅兮又豪韻【增入】○早子皓切晨也初

時也通作蚤蚤同上又齧人跳蟲亦作𧖻顏師古曰蚤古用作早晚字又巧韻𧖻抱朴子𧖻蝨攻君臥不獲安【增入】澡

洗滌璪石次玉又果韻【今圈】繅周禮典瑞繅藉五采五就注云繅有五采文所以薦玉木爲中幹韋衣而畫之就成也五就五帀也繅讀

曰藻又豪韻 藻 水草通作薻又與繅同又文辭曰藻謂藻有文而辭如之又華飾曰黼藻謂如衣裳之繡藻火黼黻也杜詩傳士卒鳬藻注和睦歡悅如

鳬之戲於水藻也禮記玉藻注以藻紃貫玉爲冕飾雜采曰藻天子五采亦作璪 藻 班固賔戲摛藻如春華【增入】 璪 玉飾如水藻文玉藻

篇注本又作璪【增入】 ㊀繅 繅曰繅又紺色又豪韻 棗 果名小爾雅棘實謂之棗又姓从兩朿朿音刺又古棘字俗作枣 ○ 皁

在早切馬閑亦作皂漢書音義曰食牛馬器以木作如禮鄒陽傳牛驥同皁方言梁宋齊燕之閒謂櫪曰皁又直馬者左傳皁隸之事又櫟實周禮山林其植物宜皁物

鄭司農曰皁物柞栗之屬柞即橡也亦作草其房可以染黑俗因謂黑色爲皁又實未堅者曰皁詩既方既皁 ㊀造 建也作也爲也始也天地之撰謂之洪造

又造舟浮橋也又號韻 ○ ㊀倒 都皓切仆也又號韻 擣 築也敲也舂也又手椎亦作搗 搗 禮記內則注糗擣熬穀也釋文

云本又作擣杜甫詩半濕搗香秔【重增】 ㊀禱 祈求又號韻 島 水中有山亦作隝 隝 相如賦阜陵別隝班固敘傳伏于海

隝【增入】 ㊀禂 馬祭又虞韻 ○ 討 土皓切治也尋也誅也詞也去也探也 ○ ㊀道 杜皓切理也路也直也三才萬物共

由者也又秦漢之制縣管蠻夷曰道無蠻夷曰縣又號韻【今增】 ㊀䆃 瑞禾一莖六穗又號韻【今增】 稻 稌也即今南方所食稻米水生而色

白者 ㊀纛 翳也舞者所執亦作纛翿又豪號沃三韻 ㊀纛 又三韻【增入】 ㊀翿 又豪號二韻【增入】 ㊀駣 馬三歲又小韻

今圖○老 魯皓切年高說文七十曰老 佬 憦佬心亂 轑 車蓋弓又蕭豪笑三韻今圖 橑 同上見廣韻又椽也楚辭蘭橑注以木蘭為橑又蕭韻今圖 䕩 邃實乾梅之屬亦作橑 潦 行潦路上流水又雨澤曲禮水潦降注雨水謂之潦月令丘隰水潦注以為大雨故世謂霪雨為潦又豪號二韻 獠 西南夷名亦作獠又蕭巧二韻 獠 又蕭巧笑三韻增入○腦 乃老切頂髓周禮作𠛬从肉从巛从囟今作腦囟音迅頂門也 𠟭 考工記角之本蹙於𠟭增入 惱 有所恨痛又事物撓心也 瑙 瑪瑙文石亦作碼碯

通與果通

三十三○哿 嘉我切可也嘉也詩哿矣富人 舸 方言南楚江湘凡船大者謂之舸小舸謂之䑨又歌韻今圖 笴 箭笴又旱皓二韻 菏 澤名書導菏澤被孟豬徐音柯又音工可反亦作荷又歌韻重增 荷 又歌箇二韻重增○可 口我切可否之對許也肯也又僅足以之辭論語子曰可也列子疏食惡肉可得而食又不可曰可反言之也書試可乃巳言試而不可乃巳之也 軻 車接軸又轗軻車行不利故人不得志謂之轗軻亦作軲軻楚辭軲軻留滯王逸曰不遇也又歌箇二韻 坷 坎坷地不平又箇韻○婀 烏可切婀娜廣韻亦作婀又歌韻重增 娿 媕娿不決又姓莊子娿何甘又歌韻重增 猗 猗儺詩猗儺其枝注

柔順也俗作猗又支紙二韻重音

○我五可切自己也　硪硪硪山高貌　騀馬搖頭

○荷下可切春秋傳弗克負荷亦作何

何詩何蓑何笠注擔也有平上二音又歌箇二韻今增

苛急也忿也又小草又歌韻

○左臧可切左右手之左指左右定位从𠂇从工𠂇音左戾也說文左手也象形[illegible]人道尚右以右爲尊故非正之術曰左道謫官曰左遷又手足便右以左爲僻故凡幽猥皆曰僻左策畫不適事宜曰左計漢武帝作左官之律音義曰人道尚右捨天子仕諸侯爲左官也左僻也自漢以來至唐亦謂去朝廷爲州縣曰左遷又姓其先齊之公族有左右公子因氏焉又證左楊惲傳左驗明白言在左右見此事者又箇韻

佐跛佐足偏廢从介古謂刖者爲介

○癉丁可切勞也亦作僤又旱翰箇三韻

僤又旱翰曷三韻增入

哆張口廣韻語聲韓愈元和聖德詩錯落侈哆又紙馬禡三韻

嚲廣也又垂下貌俗作嚲增入

○拕待可切引也揚雄傳紆青拕紫又歌韻

拖同上論語加朝服拖紳西都賦拖熊螭皆有上去二音又歌箇二韻

今增沲涾沲水貌亦作沱湤又歌韻

沱湤杜甫朝享太廟賦涾湤乎渙汗重音

柁正船木俗作柂

柂杜甫詩敧帆側柂入波濤增入

阤壞也又歌紙二韻

○橠奴可切橠橠木茂盛皃　旑荷旑旎旗貌

袲袲袲衣長好貌又支紙二韻今增

娜婀娜美也又舒遲貌亦作阿那

𨙻同上又何也俗作那又歌箇二韻增入

儺行有節詩佩玉

之儺有平上二音又柔順也又茂貌詩猗儺其枝又歌韻 ○ 砢 魯可切磊砢石貌又閜砢相扶持貌相如賦抗衡閜砢 邏 遮也巡也又箇韻 ○ 娑 素可切漢有馺娑殿邏娑吐蕃城名亦作𨒌些揚雄傳神明馺娑顏師古音平聲是有二音又箇韻 ○ 瑳 千可切玉色又笑貌詩巧笑之瑳有平上二音又歌箇二韻

三十四 ○ 果 古火切木實又勝也尅也決也殺敵為果又果然飽貌又見下又換韻 倮 蠡倮陝隘也左思魏都賦風俗以蠡倮為爐亦作解果荀子解果其冠又見下又馬韻 重增 剆 割也唐文粹劉寬夫有剆竹論 重增 裹 包也又過韻 蜾 蜾蠃細腰蜂一名蒲盧俗呼蠮螉莊子細要者化謂蒲盧也詩螟蛉有子蜾蠃負之注螟蛉桑蟲也蜾蠃蒲盧也箋蒲盧取桑蟲之子負持而去嘔嫗養之以成其子 ○ 顆 苦果切小頭又珠顆又土塊賈山傳蓬顆蔽冢亦作堁 堁 塕堁塵起貌又塺塺又隊過二韻 今增 果 果然飽貌 ○ 火 虎果切五行二曰火卦屬離水火三極之精神水為精火為神在天為日為電在地為火在人為心又大火鶉火次名左傳人火曰火天火曰災春秋書御廩災宣榭火是也又燈也文選詩朱火獨照人 ○ 禍 胡果切殃也害也災也亦作旤 旤 說文逆惡之驚詞漢五行志妖孽及六畜謂之旤言其著也賈誼傳殃旤之變顏師古曰旤古禍字 夥 楚謂多曰夥又哿韻 髁 不正貌一曰反刻也莊子謑髁無任

重增 輠 車盛膏器亦作⿰車咼又馬韻 ⿰車咼 又戈韻 增入 ○ 婐 烏果切女侍亦作果 果 孟子二女果 增入

○ 跛 補火切行不正足偏廢也亦作彼又寘韻 播 搖也又與簸同莊子鼓筴播精音義云簡米曰精又布也書播時百穀又亡逃也大誥于伐殷逋播臣又散越也晉史播遷又過韻 簸 揚米又過韻 磻 以石箸隿繳又歡戈過三韻 重增 ○ 頗 普火切不正也頭偏也又差多曰頗多良久曰頗久多有曰頗有又戈韻 叵 不可也反可爲叵 ○ 鎖 蘇果切銀鐺俗作鏁从金从小从貝从巛誤 今正

瑣 玉聲又玉骨又細也小也瑣瑣繁碎猥㞘皃易旅瑣瑣荀子爲蕞細之行白瑣亦作璅又青瑣孟康曰以青畫戶邊鏤中天子制也顏師古曰孟說是刻爲連瑣文而青塗也漢制給事黃門之職日暮入對青瑣門拜名曰夕郎宮闕簿曰青瑣門在南宮 晁曰 漢宮除青瑣門外其他門有青塗連瑣者皆謂之青瑣王根驕奢僭上赤墀青瑣晉賈謐傳作青璅又凡物刻鏤罥結交加爲連瑣文者皆曰瑣非特門鏤也吳都賦畢罕瑣結是也从巛誤 今正 璅 晉習鑿齒傳璅璅常流離騷欲少留此靈璅兮注云靈以喻君璅門鏤也又蕭韻 增入 ○ 坐 徂果切行坐之對又過韻 ○ 朶 都火切木垂朶又花朶杜甫詩白花簷外朶又張頤貌易觀我朶頤釋文云動也京房易作揣 揣 度高曰揣又凡稱量忖度皆曰揣亦作挆捶又歡紙二韻 採

捶 莊子大馬之捶鉤者注玷捶鉤之輕重玷音點捶音朶又紙韻 重增 埵 堅土又果實下垂貌荀子鹿埵隴種 崜 山形 𥝩

禾垂貌 鬌 小兒翦髮爲鬌内則注鬌所遺髮也謂翦髮爲角子者也又徒果切[今圖] ○ 妥 吐火切安也平也帖也元有圖[今正] 綏

禮記國君綏視注彌高曰綏又曰執天子之器則上衡國君則平衡大

夫則綏之注上衡上於心綏謂下於心則又爲小俯之義又脂韻[增入] 鰖 魚子巴生

从魚从隋从隨誤[今正] 橢 器圓而長說文車笭中器从隋从隨誤[今正] 媠 好也方言美也南楚之外曰媠又不嚴飾曰燕媠漢書張敞被輕媠

之名又見世[今圖] 隋 火裂肉又圜而長亦作擶又見下又支至二韻[增入] 擶 爾雅注擶狹長也史記平準書復小擶之又掠也亦作墮

[重增] 墮 杜甫朝獻太清宮賦墮旃頭謂掠過也音汀火反[重增] ○ 墮 徒果切落也墜也亦作憜墮隋又支過二韻 憜 漢高

帝紀士卒憜墮撝又曰漢王急推憜墮二子賈誼傳梁王墮馬又過韻[增入] 隋 [增入] 惰 怠也不恭也亦作媠墮憜又過韻[元祐新制]許二韻通押

媠 谷永傳媠出之具顏師古曰媠亦惰字惰出惰遊也[重增] 憜 漢韋元成詩戒供事靡憜又過韻[增入] 嶞 爾雅巒山曰嶞又山

小又山狹而長又吐火切[今圖] 埵 堂塾又射埵 ○ 蠃 魯果切亦體亦作裸躶倮果蠃 裸 躶 倮

果 周禮龜人東龜曰果屬[增入] 蠃 莊子解衣般礴蠃又果蠃括樓也齊人呼爲天瓜又蜾蠃細腰蜂亦作蠃 蠃 蜾蠃又戈

韻[今圖] 蠡 疥病左氏傳爲其不疾瘯蠡又支齊戈薺四韻 攭 无毛羽貌與倮同荀子蠶賦攭攭兮其狀屢化如神[重增] 蓏 在木

曰果在地曰蓏有核曰果无核曰蓏植生曰果蔓生曰蓏木實曰果草實曰蓏 ○ ㊀麼 忙果切幺麼小也亦作𪏰又過韻从麻从幺从么誤 [今正]

㊀𪏰 班彪王命論幺麼尚不及數子又戈麻二韻 [重增] ○ 脞 取果切小也細碎也 ○ 𡛟 五果切婐𡛟身弱好貌韓愈元和聖德詩曰君月妃煥赫婐𡛟 [重增]

三十五 ○ 馬 [獨用]

馬 莫下切乘畜生於午稟火氣而生火不能生木故有肝无膽膽木之精氣也木臟不足故食其肝者死易乾爲馬馬與蠶同氣物不兩大蠶四月死五月再生蠶盛則馬病故周官禁原蠶說文馬武也象頭髦尾四足之形又姓馬服君趙奢之後 ○ ㊀把 補下切執也持也秉也又禡韻 [今圈] ○ 鮓 側下切菹也釀魚肉爲菹也亦作鮺 鮺 ㊀苴 土苴查滓也糞草糟粕之類莊子土苴以治天下音側下反又見上又魚模琳語御五韻 ○ ㊀槎 仕下切邪斫木又麻韻 ○ ㊀灑 沙下切汛也亦作洒又紙蟹薺寘卦五韻 ○ ㊀洒 又紙薺賄銑寘卦六韻 [增入] ○ ㊀下 亥雅切上下定體又底也又禡韻 ㊀夏 大也中國謂之諸夏又姓又國名又大屋又大夏禹樂名漢志夏大承帝也又詩夏屋渠渠檀弓見若覆夏屋者矣夏屋大俎也一名大房又見下又禡韻 [異議] 周禮鍾師以鍾鼓奏九夏禮記行以肆夏左傳工歌肆夏以三並無音唯詩楚茨注肆夏音戶雅反蓋夏者大也九夏古樂章名當依楚茨音非春夏之夏也又周禮孤乘夏篆卿乘夏縵亦無音鄭司農云夏

赤也天官夏采注夏翟羽色禹貢徐州貢夏翟之羽有虞氏以爲緌後世或無故染鳥羽象而用之謂之夏采陸音戶雅反然則夏篆夏縵及染人職云秋染夏亦當從戶雅反

廈 大屋亦作夏从广从夏監本从厂誤【增】○

賈 舉下切姓又姓韻上从襾襾許下切又音亞覆也賈覈覆類皆从襾俗作賈

斝 玉爵亦作斚禮記夏后氏以醆商以斝周以爵又尊名禮斝彝又禡韻

假 大也借也非眞也亦作叚又麻禡陌三韻【元祐新制】假字如左傳惟器與名不可以假人之類無音者許於馬禡二韻通押如左傳序稱璧假許田音古雅反又云後不音者同今不音者旣許通用則此字與去聲假借之假義同亦當通用

嘏 福也大也遠也又嘏者祝爲尸致福於主人之辭禮記嘏以慈告

檟 山楸亦作榎夏

榎

夏 禮記夏楚二物又陽夏縣在亳州【增】

假 至也又麻禡陌二韻

椵 木可作几爾雅櫠椵 ○

姹 齒下切女美亦作妊又河上姹女水銀也又暮禡二韻【增】

妊 又二韻 ○

閜 許下切廣韻大裂相如賦唅呀豁閜郭璞曰澗谷之形容也杜甫太清宮賦佖神光而谽閜【重增】○

啞 倚下切瘖也又麻陌二韻 ○

雅 語下切正也又素也漢書一日之雅卜式雅行躬耕又閒雅又楚烏也亦作鴉孔叢子純黑而反哺者謂之烏小而腹下白不反哺者謂之雅烏又曰雅烏鷽也宋咸雅鴉並音五下反荀子注雅正也烏有善德者謂之雅說文音平聲又麻韻

鴉【增】又麻韻

庌 廡也漢野路候迎賓客處皆有庌舍庌者迓也又周官夏庌馬庇之廡下使涼也又禡韻

疋 詩大疋說

文尔疋字今作雅又魚語二韻 牙 考工記輪人注爪牙必正音上聲又麻禡二韻【增入】○ 踝 戶瓦切腿兩旁曰內外踝 輠 轂轉
貌又果韻 倮 赤袒又果韻【今圖】○ 跨 苦瓦切胯跨兩股閒也亦作胯袴又行不進又麻暮禡三韻 胯 史記韓信傳作袴下
漢書作跨下徐廣曰字一作胯音同又麻韻【增入】 袴 同上一曰袴衿袍小衫也亦作㡁又暮禡三韻【今圖】 㡁 小衫 骻 髀骨亦作
髁又兩股閒 髁 銙 帶銙唐柳渾傳玉工爲帝作帶誤毀一銙【增入】 夸 又麻韻【增入】○ 寡 古瓦切少也孤特也
大戴禮五十無夫曰寡凡孀嫠皆曰寡婦 ○ 瓦 五寡切屋瓦又紙韻【今圖】○ 打 都瓦切擊也北史張彝傳擊打其門杜甫有觀打魚歌又
詩云棗孰從人打皆無音又迥韻【重增】○ 寫 先野切傾也輸也舒也除也程也盡也又謄鈔又摹畫 瀉 減水考工記以澮瀉水又禡韻
【今圖】○ 且 七野切借曰之辭如論語且予與其死於臣之手也又姑且發語且夫且如之類是也又與古語載字同且戰且卻之類是也又與姑同且以
喜樂且以永日之類是也又未定之辭如俗言漫且如此且胡爲其不可以反宿之類是也又此也詩匪且有且是也又與又同詩式歌且舞多且旨是也又苟且草率
又魚模語三韻 ○ 捨 始野切釋也弃也亦作舍 舍 論語不舍晝夜荀子不可須臾舍也又止息也處也又禡昔二韻俗作舍【今圖】○
苴 才野切慢也一曰伺也荀子藍苴路作似知而非【重增】 炧 燈燭燼 ○ 者 止野切即物之辭若曰如彼者如此者又此也

凡稱此箇曰者箇俗多用這字這乃魚戰切迎也佩觿集曰迎這之這爲者回其順非有如此者俗又借用遮字亦非古丈下从自今作者俗作者赭赤色

詩藾如渥赭又赤土俗作赭○社常者切地主土神也共工氏有子曰句龍爲后土能平水土故祀以爲社杜預曰在家則主中霤在野則爲社白虎

通曰非土不立故封土立社示有土也漢建昭五年兗州刺史浩賞禁民私所自立社張晏曰民間三月九月又社號曰私社薛瓚曰舊制二十五家爲一社而民或五

家十家共爲田社是私社也薛說爲長字从示从土示古祇字俗作社○奲昌者切寬大也哆大貌廣韻脣下垂貌又紙哿禡三韻

赿距也又陌韻䰩醜也俗作䰩奓推開也莊子奓戶而入又麻禡二韻〔重增〕○野以者切郊外曰野牧外曰

野大野曰平亦作壄埜又朴野論語質勝文則野又語韻又常恕切係廟諱嫌名合當迴避其上聲照式許用〔今圈〕壄埜司馬相如傳膏

液潤埜中而不辭也〔增入〕也語已辭柳宗元曰決辭也又紙韻〔今圈〕冶鎔也銷也鑄也又鑄匠謂之冶莊子大冶必以爲不祥之金又曰以

造化爲大冶董仲舒傳惟冶者之所鑄又裝飾也易冶容誨淫蠱媚也○惹爾者切亂也引著也若乾草又浮屠所居西域謂

之蘭若謂空靜處也又藥韻〔增入〕

〔通用〕與蕩通

三十六○養以兩切育也樂也飾也又與癢同荀子骨體膚理辨寒暑疾養又養養心憂不定貌詩憂心養養又

漾韻凡生養養育與涵養皆上聲如孟子養氣與苟得其養禮記學養子而後嫁之類是也彼非自養而我養之則去聲如孝經以養父母論語是謂能養孟子以天下養養親養志之類是也

懩 心所欲也潘岳射雉賦徒心煩而技懩注有藝欲達曰技懩亦作癢杜甫詩薈蕞何技癢

瀁 滉瀁水貌又漾韻

癢 痛癢亦作痒又皮瘍

⊙痒 又陽韻

○象 似兩切大獸長鼻牙三年一乳又形象也肖似也陸德明曰精象擬象也又罔象水石怪又摹倣孟子爲其象人而用之也俗作象亦作像元有圖今正

像 形像也肖似也又摹倣易像此者也荀子像上之志經典通作象

襐 飾也未笄冠者之首飾

潒 漭潒水急貌

橡 栩實小爾雅柞實謂之橡

蟓 桑蟲

○奬 子兩切勸使又縱臾又助也崇也稱也亦作奬說文从將从犬嗾犬厲之也當作奬

奬 左氏傳奬順天法皆奬王室以奬天衷增入

⊙蔣 菰蔣又地名周公子封於蔣後遂爲姓又陽韻

⊙槳 所以隱櫂縱曰櫓橫曰槳當作槳又陽韻今圖

○⊙兩 良奬切二十四銖古作㒳說文引易參天兩地漢志兩者兩黃鍾律之重也李奇曰黃鍾之律十二銖兩十二得二十四也一曰偶也再也易參天兩地地數六二與四兩者爲六也亦曰兩三爲六也又周禮五伍爲兩又罔兩土石怪又飾也左傳宣十二年御下兩馬又漾韻从入入音兩二入也俗作兩

裲 裲襠

魎 魍魎山川精物說文作蝄蜽莊子左傳作罔兩杜預曰水神也孔叢子土石之怪夔罔兩水石之怪龍罔象今山鬼一脚卽夔罔兩非水神也亦作良

蜽 國語木石之怪夔蝄蜽又蟲名增入

⊙良

周官方相氏毆方良方音罔良音兩西京賦腦方良又陽韻[重增] 緉雙履又絞也屨兩頭也又漾韻 輛飾也春秋傳御下輛馬本作兩 ○
鞅倚兩切牛駕具在腹曰鞅說文頸組曰鞅此馬鞅也亦謂之纓又強也懟也與怏同又漾韻 怏懟也情不滿足也亦作鞅義同者不得重
押如用牛馬鞅者非又漾韻 佒莊子𦣞儞偃佒郭云偃佒不能俯執者也[重增] 詇早知 䬬飽貌 柍屋中央又木名
又庚韻[今圈] ○ 彊巨兩切勉彊力行也牽彊假合也又自是而不肯貪人曰彊又倔彊不順從也木彊不和柔貌亦作强又姓光武紀彊華奉赤伏符
又陽韻 强又陽漾二韻[今圈] 疆強槩之地月令可以美土疆又陽韻[增入] 滰乾漬米 勥迫也勉力也通作強
○ 仰魚兩切舉也反首望也又書帝名靈威仰又偃仰仰臥也亦作卬又唐韻 卬詩瞻卬昊天漢王褒傳偃卬詘信音仰又唐韻从匕節之
匕从卩卩音節[增入] ○ 想息兩切思也意之也 ○ 𤬪楚兩切除垢瓦石又見下 搶著也史記頭搶地又見下又陽韻[增入]
磢瓦石洗物韓愈元和聖德詩滌濯剗磢[重增] ⿰山爽山相摩貌柱甫封西岳賦聳山為之相⿰山爽[重增] 敞高也曠也豁也又敞怳目
不諦也相如賦聽敞怳而亡聞 氅鶖鳥毛又析鳥羽為旗衣之屬 倘倘怳止貌莊子倘然止 惝惝惘失意貌莊子客出而君惝
然亦作惝通作敞又吐蕩反[重增] ⿰忄敞⿰忄敞怳驚貌又失精神貌 廠屋無壁又陽韻 僘寬也通作敞[增入] ○ 掌

止兩切手心又主也又常主也左傳使其後掌之孟子我使掌與女秉古作𠬝覆手爲爪反爪爲𠬝今作掌○爽所兩切明也清快也差也忒也又驌爽馬名又陽韻

騻驌騻良馬亦作驦爽又陽韻　驦又陽韻增入　鷞鷫鷞神鳥亦作鸘爽又陽韻　鸘又陽韻增入

塽地高明處通作爽　漺淨也　⿰爽瓦半瓦增入○昶丑兩切通也明也舒也　鋹廣韻利也五代有劉鋹

○響許兩切應聲亦作嚮鄉向　嚮荀子應之如影嚮莊子砉然嚮然漢書天下嚮應張釋之傳猋發景嚮又與饗同漢宣紀上帝嘉嚮又兩階閒又漾韻

鄉董仲舒傳如景鄉之應形聲又陽漾二韻增入　饗鄉人飲酒又歆也詩既右饗之又大饗與享同又陽韻今圖

曏明也莊子證曏今故又少時也不久也又漾韻增入　蠁蛹中蟲一名禹知聲者又肸蠁布貌相如賦肸蠁布寫注云盛作也又漾韻今

享獻也祭也臨也向也歆也孔安國曰奉上之謂享又享禮論語享禮有容色左傳成十二年享以訓共儉宴以示慈惠杜預曰享有體貌設几而不倚爵盈而不飲肴乾而不食所以訓共儉宴則折俎相與共食亦作亯饗又陽韻俗作亨今圖

亨古享字易公用亨于天子王用亨于岐山聖人亨上帝王用亨于帝利用亨祀皆作亨並音香兩反俗本有作享者後人妄加目相如傳稽首來享俗作亨又庚韻增入

向古嚮字左傳晉大夫羊舌肸字叔向音香兩反漢刑法志作叔鄉顏師古音許兩反蓋古字作向後有嚮字名肸字向是取肸向嚮布之義也又漾韻增入

○繈舉兩切絲有纇又錢貫漢

壬二十五

志萬室之邑藏繦千萬兒寬傳繦屬不絕師古曰繦索也言若繩索之相屬也

繈 負兒衣論語繈負其子博物志曰織縷爲之廣八寸長二尺以約小兒於背上李奇曰絡也以繒布爲之絡負小兒孟康曰帥令之小兒繃䋎師古曰孟說是 ○

丈 直兩切十尺

杖 殳類又几杖又漾韻凡殳杖几杖上聲扶持之杖去聲禮記賜之以几杖五十杖於鄉漢書繡衣杖斧音無音唯書王左杖黃鉞徐音去聲舊本韻略上聲杖字下注曰持也誤几杖之杖本無去聲音然經史既無獨音姑從二聲通用唯扶持之杖不可作上聲用如杖鉞杖斧之類是也它倣此〔今正〕

仗 兵器又漾韻凡兵仗器仗之仗可以通用憑仗之仗無上聲音舊本上聲仗字注一曰憑也誤〔今正〕 ○

壤 汝兩切柔土無塊又境壤冀壤鄒陽傳壤子王梁代師古曰梁益之閒所愛謂其肥盛曰壤

穰 豐也又陽韻

攘 擾也浩攘繁冗也又陽耕二韻

𦢊 盛肥曰𦢊亦作壤 ○

賞 始兩切褒賜酬功也嘉也賞爵國之二柄

餉 饋也糧也饁也亦作饟又漾韻〔增入〕

饟 又陽漾二韻〔增入〕 ○

髣 妃兩切髣髴猶依俙也見不審貌亦作彷佛彷佛昉佛

仿 又唐韻〔今圈〕

彷 又唐韻〔增入〕

昉 玉篇云古昉佛見似不諦又睎倣與倣同袁楚客規魏元忠書非昉桀歟〔[illegible]〕

紡 網絲又紡績

昉 旦初明也又始也

倣 倣也依也亦作放元有圈〔今刪〕

放 禮記有放而文漢貢禹傳亦相放效論語放於利而行又陽漾二韻〔今圈〕

瓬 埏埴之工考工記瓬人爲簋 ○

罔 扶紡切罔罟易作結繩而爲罔罟詩天之降罔史漢禁罔疏闊

亦作網又誣也無也又羅致也孟子是罔民也又罔兩若有若无又土石之怪又罔
象水怪亦作方又罔罔昏蒙无知貌論語學而不思則罔少儀衣服在身而不知其
名曰罔篆作网今作罔偏旁作罒冈
网凡罝罘罟羅皆从网无有圜【今正】 網 罔網義同者不得重押如押欺罔及網罟者非 ㊉方 方良又陽唐二
【增】韻【重】 誷 誣也通作罔 惘 惘然失志貌 輞 車輞又川名 ○ 枉 嫗往切曲也抑屈也 ○ 往
羽枉切之也去也行也至也 ㊉暀 德也是也光也美也又漾韻 ○ 怳 詡往切狂貌又怳惚懺怳亦作茪 茪 漢武帝賦寥遑
敞茪 ○ 【增入】 ㊉搶 七兩切爭取也突也又【今圏】 ○ ㊉長 展兩切孟也凡齒高位尊皆曰長周禮都鄙建其長注謂公卿大夫王子弟食采邑
者今曰令長又長民詩克長克君左傳敎誨不倦曰長又生長長養董仲舒傳
陽常居大夏而以生育養長爲事又夷狄酋領唐書蠻夷君長又陽漾二韻 ○
㊉上 是掌切登也自下而上易澤上於地澤上於天禮上堂上階莊子上青天又進也漢書上三千牘集上書囊爲殿帷又漾韻 ○ ㊉迋 具往
切欺也怨也又漾韻又去王切係廟諱嫌名合當迴避其餘照式許用 俇 俇俇劇也又遑遽貌見楚辭注
三十七 ○ ㊉蕩 徒黨切大也廣遠也又動蕩又蕩除又蕩蕩法度廢壞之貌又放蕩無檢束貌又宕韻【今圏】 ㊉盪 滌器
又推盪易八卦相盪左傳震盪播越又唐宕二韻 璗 玉名說文美金與玉同色者曰璗禮諸侯佩刀璗琫璆珌亦作瑒 ㊉瑒 詩鞶璗琫釋文

會韻三 五十三

字又作瑒音同又陽梗漾三韻【重增】惕強忎貌荀子加惕悍而不順注惕與蕩同字从心邊昜与易音陽與怵惕字不同又宕韻【重增】簜大竹

書瑒琨篠簜碭山名又文石又唐宕二韻【今圈】○黨多曩切五百家又朋也偏也長也輩也美也庇也又頻也荀子怪星之黨見又見下

【今圈】讜善言直言又宕韻○儻他曩切倜儻卓異又或然之辭亦作黨又宕韻黨董仲舒傳黨可得見乎揚雄傳黨鬼神可

也京房傳黨焦延壽獨得處士之說【增入】帑金幣所藏又模韻曭日無光⿰月黨月無光【增入】○曩乃黨切曏

也久也昔也灢漢書塡於反灢又水名亦作瀼瀼杜甫有歸瀼西田詩元結後家瀼濱又陽韻【今圈】○榜補曩切木片又

標榜亦作牓又庚唐宕敬四韻牓○莽母黨切草可以毒魚又南昌謂逐兔於草中爲莽又草平貌草深貌左傳哀元年暴骨如莽杜預

注草生廣野莽莽然故曰草莽又與⿰山莽同杜甫詩莽莽萬重山又鹵莽苟且貌又姥厚二韻⿰山莽嵣⿰山莽山貌⿰日莽⿰月黨⿰日莽不明漭流漭

水大蟒大蛇⿰金莽鈷⿰金莽溫器又姥韻【增入】茫相如賦鴻濛沆茫注廣大貌音莽又唐韻【重增】○顙寫曩切東

齊謂頟爲顙又唐韻【今圈】磉柱礎○蒼采莽切蒼莽莊子音義近野也一曰草野之色又唐韻○駔子黨切駿馬又牡馬

又牙儈也會兩家之買賣如今度市也呂氏春秋曰段干木晉之大駔也又姥韻【今圈】⿰骨莽骯⿰骨莽體盤○奘在黨切駔大方言秦晉閒人大

謂之奘或謂之壯又宕韻【今圈】○沆下黨切漭沆大水皃又沆瀣北方夜半氣又宕韻　吭聲也又頸也亦作肮頏又唐宕二韻　肮又唐韻【增入】　頏同上又頡頏鳥飛而下又唐韻　亢同上又唐宕二韻【增入】　魧大貝亦作蚢　蚢又唐韻【增入】

○忼口黨切竭誠又忼慨感傷之意又倜儻也亦作慷又唐宕二韻【今圈】　慷又唐韻【今圈】○坱於黨切塵也楚辭坱兮軋兮王逸曰坱霧昧皃說文塵埃也又坱圠無限齊皃賈誼賦坱圠無垠又宕韻　泱水皃又陽韻　岟山皃　醠濁酒又宕韻

盎盆也又盛皃孟子盎於背亦作㼜又宕韻　㼜莊子甕㼜大癭又宕韻【重增】○⿰田亢烏盎切境也陌也又唐韻　⿰鹵亢鹽澤○⿰馬卬語吭切馬驚怒皃又唐韻【今圈】○晃戶廣切暉也明也光也照也燿也又寬明皃亦作晄爌又漾韻　晄又漾韻【增入】

爌揚雄傳北爌幽都又見下又漾韻【增入】　皇光皃禮記朝廷之美齊齊皇皇音上聲又云祭祀之容濟濟皇皇音去聲雖所從言不同其爲光美之義則一而已當於上去二韻通用又唐宕二韻【增入】　煌焜煌炫燿皃詩注皇皇猶煌煌也煌音皇又音晃又漾韻【重增】　櫎帷屏之屬亦作榥【增入】

榥同上又讀書牀元有圈【今正】　幌帷幔元有圈【今正】　滉滉瀁水皃亦作洸又陽韻　洸荀子其洸洸乎不涵盡似道又唐韻【重增】　瀇水大至皃荀子瀇然兼覆之相如賦灝溔瀇瀁郭璞曰水無涯際皃又唐韻【重增】　皝氣容皃又人名

晉有慕容㿠元有圈〔今正〕○慌 虎廣切慌慌昏也又慌惚不分明亦作怳荒芒 怳 老子惚兮怳〔增入〕 荒 賈誼賦忽荒相如賦軋沕荒忽又唐韻〔增入〕 芒 芒芴又陽唐二韻〔增入〕 㬻 旱熱 爌 寬明貌〔今圈〕 𦢈 朦𦢈月不明貌 ○懬 苦廣切大也又宕韻〔今圈〕 壙 窐壙也穴也又宕韻 ○廣 古晃切大也闊也闢也擴也又唐宕二韻〔今圈〕

〔通用〕與耿靜通

三十八○梗 古杏切木名又直也孔叢子馬回梗梗亮直亦作鯁又桔梗藥名戰國策求柴葫桔梗於沮澤則累世不得一焉又塞也梗也害也病也詩至今為梗方言梗略也郭璞曰梗概大略也廣韻作挭又枝梗 挭 見廣韻此當為挭撓之挭〔重增〕 鯁 魚骨又骨不下咽世謂謇諤為骨鯁謂直言難受如骨之哽咽也 綆 汲索亦作絙方言自關而東周洛韓魏之間謂之綆或謂之絡關西謂之繘又箄也考工記眂其綆又靜韻〔今圈〕 [糸亢] 枚乘傳單極之綆斷幹〔增入〕 哽 語為舌所介礙又咽塞也後漢書祝哽在前祝噎在後注老人食多哽咽故置人於前後祝之也一曰與鯁同前漢賈山傳作祝鯁又哽咽悲塞也莊子哽而不止則跈注哽塞也與梗同 骾 骨留咽中通作鯁 ○杏 何梗切果名 荇 詩參差荇菜毛傳接余也爾雅作莕 莕 ○卝 胡猛切金玉未成器周禮有卝人又古猛切與礦同 ○礦 古猛切銅鐵朴石亦作卝 𪍿 麥也舊作𪌭誤〔今正〕 懭 懭悍也 獷 犬獷獷不可附又犬也 ○

猛 母梗切健犬又勇也嚴也悍也威也暴也 艋 舴艋小船舴𦨣格切 蜢 蚱蜢似蠡而小胡蜢蝦蟆 ○ 䗂 蒲猛切蚌僑為𧊅圓為蟜亦作䗂又佳韻【增入】 䗂 又佳韻 ○ 冷 魯杏切清甚也寒也又青韻【今增】 ○ 瑒 杖梗切珪尺有二寸有瓚以祀宗廟又陽漾蕩三韻 ○ 丙 補永切十幹名爾雅歲在丙曰柔兆月在丙曰修漢志明炳於丙丙丁火行丙陽火丁陰火又姓 炳 明也亦作昞 昞 怲 怲怲憂也又敬韻 邴 邑名又姓漢丙吉宣帝紀作邴吉 蛃 白蟫魚 秉 禾秉又把也執也又姓又十六斗曰籔十籔曰秉小爾雅二鍾謂之秉秉十六斛又曰把謂之秉左傳或取一秉秆又敬韻【今增】 棅 持也通作秉 寎 爾雅三月為寎月 ○ 皿 眉永切食器盤盂之屬 ○ 省 所景切視也漢以禁中為省中顏師古曰省察也言入此中者皆當察視不可妄也又簡少也荀子省官職又靜獮二韻 眚 過也目病生翳又赦也春秋肆大眚又疵過左傳不以一眚掩大德又妖病曰眚李奇曰內祆曰眚外祆曰祥 ⿸疒省 瘦也 ○ 影 於丙切形影本作景葛洪加彡 景 莊子飛鳥之景罔兩問景漢書項羽贊贏糧景從張釋之傳下之化上疾於景嚮董仲舒傳如景嚮之應形聲吳都賦形償景僵【增入】 ○ 景 居影切光也明也炤也周禮日至之景又大也像也慕也仰也又謚又姓又見上【今增】 境 界也亦作竟 竟 又敬韻【今增】 儆 儆戒又敬韻【今增】 警 言之戒也寤也巡警也 ⿰木敬 所以正弓亦作檠又庚韻【今增】

檠　周禮弓人注内之檠中又注弓曰檠漢蘇武能檠弓弩亦作擏又庚敬二韻【增入】

擏　正弓弩也揚子擏之而已矣又與檠同又庚韻【增入】

○永　于憬切長也遠也引也遐也方言凡施於衆長謂之永本歌永字借爲永久反永爲血脈字又敬韻【今圖】

○憬　居永切覺悟詩憬彼淮夷又遠也又古迴切係　廟諱嫌名其居永切不當迴避【今圖】

頲　光也詩不出于頲音景古頃反與居永切同又音古迴反係　廟諱嫌名當迴避其景音照式許用【重增】

璟　玉光

囧　䆗牖開明又伯囧周太僕正

三十九○耿　古幸切介也光也憂也又姓又古迴切係　廟諱嫌名其古幸切照式許用【今圖】

○幸　下耿切非所當得而得與不可免而免皆曰幸荀子朝無幸位民無幸生論語罔之生也幸而免又徼幸覬非所當得也袁盎傳聖王不徼幸又冀望也御也愛也寵也好也又巡幸蔡邕云天子車駕所至見令長三老官屬親臨軒作樂賜以食帛佩帶之屬民爵有級或賜田租之半故因謂之幸晉灼曰凡言幸者漢儀注民臣被其德以爲僥倖也顏師古曰幸者吉而免凶可慶幸也故福喜之事皆稱爲幸漢高祖紀以幸天下

行　覽察巡視也月令巡行縣鄙又唐庚宕敬四韻

倖　徼倖佞倖通作幸

○黽　母耿切蛙屬又黽池縣名史記楚世家作鄳徐廣曰或以爲冥是當與迴字韻内冥字通用又獮韻

鼆　冥也

四十○靜　疾郢切寂也定也和也息也瀞也澄也無爲也亦作靚又勁韻

靖　安也詩靖共爾位又安之也書嘉靖殷邦

詩曰靖四方又謀也書自靖又理也審也方言靖思也東齊海岱之閒謂思曰靖靜與靖義異自當分稱又勁韻 埩 公羊傳惟諓諓善埩言何休曰埩猶撰也

重增 清 潔也又凊勁二韻 靚 女容徐靚祁祁貌又與靜同賈誼賦澹乎若深淵之靚班婕妤賦袂䀲䀲兮密靚處又勁韻 婧

廣韻女正潔又竦正貌又勁韻 重增 穽 陷穽亦作阱又勁韻 阱 分圈 又勁韻 ○ 省 息井切察也視也 渻

水出丘前曰渻丘又姓又人名莊子紀渻爾雅音所景切 箵 笭箵小籠唐元結傳帶笭箵 增入 ○ 請 七靜切謁也祈也抑也又請綘又清

勁二韻 睛 眳睛不悅目貌又清韻 重增 ○ 井 子郢切田九百畝曰井象九區之形市井邑居爲市野廬爲井又井泉易井卦東井

宿名井井良易貌又經畫端整貌荀子井井兮其有條理也又往來連屬貌易往來井井又姓古作丼象幹韀之形 ○ 整 之郢切齊也正也飭也

○ 逞 丑郢切矜而自呈也通也快也疾也免也盡也又不檢謂之不逞中从壬壬音頲 騁 馳騖从馬从由从丂 裎 裎也曲單

衣謂之裎又清韻 ○ 領 里郢切項之背又管領又受也又統理也禮記領父子君臣之節又凡衣要襘著項領處皆曰領漢書音義所謂頸下施衿領

正方學者之服此又深衣與古青衿是也又文選劉公幹詩沈迷簿領書注領錄也又山道嚴助傳輿轎而隃領又首領將帥及酋長如人身之有頭項也 嶺

山道古作領 衿 下裳曰衿 ○ 頸 居郢切頭莖 ○ 郢 以井切地名在楚从王俗作郢 梬 棗似柹而小 ○

潁 庾頃切水名潁川郡名从水俗作頴非 穎 禾末詩禾穎穟穟又穗也書異畝同穎詩實穎實栗小爾雅禾穗謂之穎截穎曰銍又銍史

記穎脫而出又筆頭韓愈有毛穎傳从匕从禾从頁俗作頴非 ○ 緶 悱穎切考工記眡其緶欲其蚤之正也鄭司農云輪箄也又曰緶三寸之二謂之輪

之周注輪箄則車行不掉陸音匕穎反匕當作悱又梗韻 重增 ○ 頃 丘潁切田百畝黃憲傳汪汪若千頃之陂又清紙二韻 今圈 檾 枲屬

又迥韻下从兩木朩朩匹刃切非从林也 今圈 褧 禪縠說文檾也詩衣錦褧衣亦作絅俗作褧又迥韻 絅 禮記衣錦尚絅又青迥二韻 增入

○ 䴵 必郢切麪餈亦作餅 餅 魏志畫餅不可食晉何晏傳湯餅束晳有餅賦 增入 鉼 金鈑曰鉼 屏 蕃蔽又蕭牆鄭

康成曰天子外屏諸侯內屏大夫以簾士以帷又屏風廣雅罘罳謂之屏又除也斥也詩作之屏之書屏棄典刑禮記屏之遠方論語屏四惡亦作𢌬偋摒又青勁

二韻 幷 莊子至貴國爵幷焉注幷弃除也俗作并又清勁二韻 增入 偋 荀子恭儉者偋五兵也又敬韻 增入 辟 莊子至信辟金又支

紙賔眞霽昔五韻 箳 箳篂車蔽當車上竹席障塵者前曰藩後曰箳旁曰翰總曰茀亦作屏星孔悄為別駕車舊有屏星如刺史車是刺史本有之非特

別駕也 併 兼也合也和也又青迥勁三韻 增入 ○ 癭 於郢切頸瘤 廮 安止也

獨用 四十一 ○ 迥 戶頂切寥遠 洞 遠也詩有洞酌篇音迥俗以遠字代洞非也雖別有古迥切係廟諱嫌名其洞酌

泂字照式許用下炯字同【今圈】炯光也明也又古迥切【今圈】○詗火迥切告言又明悟了知也又勁韻○褧口迥切襌縠亦作絅又靜韻絅又青靜二韻【今圈】檾枲屬又靜韻【增入】烓行竈見廣韻又齊宣𥮻二韻【重增】○濙烏迥切濙濙小水貌瑩聽瑩惑也莊子是黃帝之所聽瑩謂聞之而惑也又清徑二韻○悻下頂切很也恚貌孟子悻悻然見於其面楚辭鮌悻直以亡身婞涬溟涬自然氣又大水又溟涬混茫貌涬寒也脛腳脛亦作踁又徑韻踁又徑韻【增入】○謦棄挺切謦欬綮肯綮筋肉結處又齊韻【今圈】○剄古頂切刎頭○鞞補鼎切刀劍削亦作鞸又支齊紙三韻鞞詩鞞琫有珌釋文云字亦作琕【增入】琕【增入】○竝部迥切併也皆也亦作並倂又敬緩宕三韻並同上又叢貌相扶傍也史記過秦論竝起而亡秦族亦作併又三韻【今圈】倂又敬韻【重增】併相竝也競也賈誼治安策高皇帝與諸公併起又曰與公併倨謂對敵而相拒也又見前韻【重增】○茗莫迥切茶晚取者亦作榠榠冥昏蔽也詩維塵冥冥又青徑錫三韻瞑閉目又青先徑霰四韻【重增】溟溟涬江賦電往杳溟又青韻【重增】○醒先挺切醉寤又青徑二韻惺字林悟也又青韻【重增】箵箳箵筭箳音餅則箵亦上聲箳音瓶則箵亦平聲亦作屛星又青韻【重增】星又青韻【重增】○頂都挺

切頭顚 鼎 法象寶器易鼎卦彖曰鼎象也序卦曰革物者莫若鼎雜卦曰鼎取新也又方也賈誼傳天子春秋鼎盛又當也康衡傳康鼎來言康且來也

酊 酩酊甚醉貌亦作茗艼 艼 晉山簡傳茗艼無所知【增入】 打 擊也穀梁傳宣公十八年注捝謂揰打也陸音頂又馬韻【重增】

○挺 待鼎切超拔也直也又寬也月令挺重囚又見下【今圈】 梃 孟子可使制梃以撻秦楚之堅甲利兵趙岐曰梃杖也漢書陳吳奮其白梃【增入】

鋌 箭鋌考工記冶氏爲殺矢刃長寸圍寸鋌十之注鋌箭足入稾中者也又金銀鋌又見下【重增】 霆 疾雷又青徑二韻詩如雷如霆陸音亭徐音挺定

艇 船小而長 訂 平議又徑韻【冠林】【新制】許二韻通押 ○脡 他鼎切脯胸又直也禮記鮮魚曰脡祭舊待鼎切誤【今正】

侹 徑侹直也代也敬也舊待鼎切誤又徑韻【今正部圈】 珽 王名說文大圭長三尺抒上終葵首左傳哀冕黻珽禮記玉藻天子搢珽方正於天下也注珽之言珽然無所屈也相玉書曰珽玉六寸明自炤俗誤作珽唐有姚珽

頲 狹頭又直也 圢 平也 町 田區畔埒又徒頂切【今圈】 挺 正直也左傳襄五年周道挺挺【重增】 鋌 疾走貌左傳鋌而走險【重增】 莛 廣韻草莛又青韻【重增】

娗 廣韻長好貌又青銑二韻【重增】 ○濘 乃挺切泥濘又勁韻 顁 頂也

【通用】與等通

四十二 ○拯 之庱切上舉也援也救也助也左傳宣十二年注出溺爲拯古作丞承亦作抍撜拯 丞 同上

晉譙王丞亦作承丞又蒸證二韻重增拼唐楊於陵傳丹拼贍貧民重增撜重增掤易不掤其隨陸音拯本亦作拯重增⿱丞車

輊車後登从丞从車作軬誤今正○庱丑拯切吳興亭名孫權射虎處又丑陵切今圈○殑色拯切殑殑欲死貌洸凉洸

寒貌洸其拯切

四十三○等多肯切齊也類也比也輩也等級也候待也稱輕重也○肯苦等切筋肉會處曰

肯莊子技經肯綮之未嘗又可也說文作肎骨閒肉也一曰骨無肉漢書作肻肎說文引詩惠然肎來增入肻漢西域傳桀黠不肻給增入

通與厚用黝通四十四○有云九切對無之稱篆作肴从又从肉今文作有又宥韻今圈右左右手之右人道尚

右以右爲尊故尊文曰右文尊武曰右武莫能尚者亦曰無出其右東方朔傳以奢靡爲右又宥韻友同志爲友友有相佐佑之義又與人相善曰友善又

善兄弟爲友○朽許久切木腐○糗去九切熬米麥又宥韻○九舉有切老陽數九者究也又尤韻今圈久

長久玖黑石次玉灸灼體療病又宥韻增入韭韮菜名說文一種而久故謂之韭○臼巨九切舂臼象形

舅母之兄弟妻之父皆曰舅婦謂夫之父亦曰舅古作䑕亦作咎荀子晉之咎犯注咎與舅同咎同上又愆也惡也過也从人从各各有相

達也又豪韻

麔 牝麋

舊 對新之稱班固敘傳曷惟其舊師古曰合韻音臼又肴韻〔增入〕

○懮 於九切舒遲貌

○酉 以九切辰名爾雅歲在酉曰作噩漢志留孰於酉又飽也老也就也首也古作丣篆作酉本音卣象形借爲申酉之酉

丣 闔戶爲丣日入時也今通作酉

〔重增〕牖 穿壁以木爲窻又道也向也開明也詩天之牖民

卣 中尊亦作脩又尤韻

脩 周禮鬯人廟用脩鄭康成曰脩讀爲卣又宵尤錫三韻〔增入〕

槱 積柴以燎亦作栖又尤有二韻

栖 又尤韻〔今圖〕

庮 久屋朽木臭周禮牛夜鳴則庮又尤韻

琇 玉名又宥韻

莠 禾下生莠又草也蕿也詩莠言自口

誘 導也教也引也進也說文相訹呼也

羑 羑里文王所囚處又道也書誕受羑若

輶 輕也詩德輶如毛又尤韻〔增入〕

攸 垂危貌左氏傳湫乎攸乎又尤韻〔增入〕

○缶 俯九切瓦器盎屬亦作缻

缻 史記廉藺傳秦王擊缻李斯傳擊瓮彈箏風俗通缶者瓦器所以盛酒秦人鼓之以節歌〔增入〕

否 不然也臧否也經史亦作不又旨韻〔元祐〕

不 同上又虞尤宥勿四韻義同者合於四韻通押

〔新制〕如詩未知臧否之類即音補靡切用如散押臧否即許二韻通押

○婦 房缶切說文服也从女持帚洒埽也禮記士妻曰婦人又子之妻曰婦又好貌荀子琴婦好又曰其容婦又遇韻〔重增〕

負 背荷物又恃也又受貸不償曰負背恩忘德曰負又丘背有丘曰負如淳曰俗謂老大母爲阿負顏師古曰古語謂老母爲負漢高祖從武負貰酒又遇韻〔今圖〕

阜 爾雅大陸曰阜廣雅山無石曰

阜又厚也通也盛也

蕢 王蕢草名又遇韻【今圈】

偩 禮記禮樂偩天地之情偩猶任載也注云偩猶依象非也又遇韻【今圈】

○**滫** 息有切說文久泔也秦人謂溲曰滫溲所九反禮記滫瀡以滑之又溺也荀子其漸之滫亦作糔

糔 內則爲稻粉糔溲之以爲酏【重增】

○**酒** 子酉切儀狄杜康所作又元酒明水也

○**首** 始九切元也俗呼爲頭又始也先也君爲元首易乾爲首又魁帥也又宥韻

手 手足又貪縱爲非曰放手後漢書殘吏放手又失棄本業曰游手

守 主守攻守洪範有爲有守莊子守而勿失之類是也又宥韻

狩 冬獵班固賓戲孔終篇於西狩顏師古曰協韻音守又宥韻【重增】

○**帚** 止酉切拚帚箕也

○**醜** 齒九切類也衆也穀也惡也穢也亦作䰷

魗 又尤韻

○**受** 是酉切承也稟也繼也咎也納也取也領也盛也从受从冂俗或作受非受音胡到反下从丈元有圈【今正】

綬 組綬又宥韻禮記組綬天子元公侯朱大夫純世子綦士緼此佩玉之組也應劭漢官儀曰綬長一丈二尺法十二月廣三尺法天地人此佩印之紐也

授 付也說文作上聲又宥韻【增入】

壽 老年壽之爲言久也又年齒皆曰壽左傳人壽幾何賈誼憂壽不長是也又宥韻【元祐新制】許二韻通押

○**蹂** 忍九切蹂踐也獸足蹂地又尤宥二韻

禸 說文獸足蹂地爾雅狐貍貛貉醜其足蹞其跡厹又尤韻【增入】

揉 矯揉曲直之也又尤宥二韻

輮 車輞又踐也漢李陵傳深輮戎馬之地又宥韻

糅 雜也謝惠連雪賦紛糅而遂多又宥韻【重增】

○**溲** 所九切沃也水調粉

麪也又尤篠二韻今圈 醙 白湮亦作酸又尤韻今圈 獀 春獮曰獀亦作蒐又尤韻今圈 蒐 又尤韻增入 ○ 㩉

側九切擊也行夜持更者左傳陪臣干㩉又曰賓將㩉即今擊柝也又虞侯二韻 ○ 肘 陟柳切臂節 ○ 丑 敕九切辰名爾雅歲在丑

曰赤奮若漢志細牙於丑 杻 手械又女九切木名二字不圈今圈 ○ 紂 丈九切馬緧又商辛號 鮦 魚名一曰鱧也又東腫二

韻增入 ○ 柳 力九切木名古亦作桺又宿名爾雅咮謂之柳又曰柳鶉火也服虔曰東郡謂廣轍車爲柳李奇曰大牛車爲柳鄧展曰喪車爲柳本作

桺 茆 蒲茆舊作茆注梟葵誤元有圈今正 罶 魚笱爾雅嫠婦之笱謂之罶郭璞引詩傳曰曲梁也謂以薄爲魚笱詩魚麗于罶俗作罶

瀏 水清貌亦作漻又尤宥二韻本亦作瀏 漻 又蕭尤宥三韻增入 蟉 蚴蟉龍貌又幽韻 飀 緒風曰飀本作飀

懰 好也詩佼人懰兮陸德明曰字亦作劉埤蒼作嬼妖也本作懰又尤韻今圈 劉 本作劉又尤韻增入 嬼 本作嬼增入 ○

紐 女九切結會 忸 愧也又慣習也玩也狎也荀子忸之以慶賞注忸與狃同又屋韻今圈 鈕 印鼻鏡鼻弩鼻又姓 狃

犬性驕又狎也習也又宥韻 杻 木名檍也葉似杏而尖白色皮正赤其理多曲少直材可爲弓弩幹又有韻今圈 ○ 秠 匹九切黑黍一

稃二米又脂尤紙三韻从禾从丕監本从否誤今正

四十五○厚胡口切厚薄之對又重也廣也醲也又候韻亦作垕 垕【重增】 后君也又姓又與後同
禮記皆作然后又后土亦取厚載之義又妃后又胡豆切【元祐新制】許三韻通押 詬賈誼傳集詁亡節師古曰无志分也又見下又候韻又古候切係廟諱
嫌名合當迴避其餘照式許用 郈魯邑又候韻二韻不圈【今圈】 後遲後本在後也前後之後然後之後皆定體字也禮記漢書亦作后顏師
古曰后與後同古通用字如用君后妃后與前後之後者非又候韻○吼許厚切虓聲一曰牛鳴亦作呴吽又候韻 呴又魚麌二韻又吁句
切係廟諱嫌名古候切亦係廟諱嫌名合當迴避其餘三音照式許用【今圈】 吽又魚侯切犬爭聲【今圈】 㖃厚怒聲【重增】○口苦厚
切易兌爲口 叩先相叩可又問也亦作⿰言口又擊也叩頭稽顙也廣韻與扣同又候韻 ⿰言口又候韻【今圈】 扣擊也亦作叩敂又候
韻【今圈】 敂又候韻【今圈】 釦金飾器口又謹動也春秋外傳三軍皆譁釦以振旅○耇舉后切耇老也詩注耇凍棃也爾雅耇壽
也一曰老人面若垢曰耇 玽石次玉 苟苟且草率也又姓又誠也又繞也論語苟美矣又果也孟子苟得其養左傳苟有明信又與若同中
庸苟無其德苟無其位又但也揚子非苟知之上从艸與敬旁苟字不同 枸枸櫞又侯麌遇三韻 笱竹器承梁之空以在魚者也 狗
犬也爾雅犬未成毫曰狗 𤞤同上荀子曾不如相雞𤞤之可以爲名也【重增】 垢塵垢滓汙所集 詬恥也路溫舒傳國君含詬【重增】

○歐 於口切吐也亦作嘔舊注云搥擊誤歐吐字从欠使之欠歐擊字从殳攴之攴亦作攴文又候韻〔今正〕

嘔 又侯虞遇三韻〔今圖〕

毆 搥擊也亦作毆毆又魚虞二韻〔增入〕

毆 又二韻〔增入〕

歐 又二韻〔增入〕

○偶 語口切伉儷也合也匹也兩也對也諧也凡數雙曰偶隻曰奇亦作耦又適然也俑也像也木像曰木偶土像曰土偶耦與偶義同者不得雙用如用耦耕與偶然土木偶者非又候韻〔今圖〕

耦 易陽卦奇陰卦耦左傳嘉耦曰妃又曰齊大非吾耦也又耒廣五寸為伐二伐為耦漢志后稷始甽田以二耜為耦注併兩耜而耕也又二人為耦左傳射者三耦周官射人王六耦諸侯四耦大夫士三耦

髃 髆前骨今人曰肩頭亦作髃又虞侯二韻〔今圖〕

腢 又二韻〔今圖〕

藕 芙蕖根亦作藕

藕

喁 相和聲莊子後者唱喁又虞鍾二韻〔增入〕

○掊 被口切擊也又普厚切同又與剖同又侯韻〔今圖〕

○剖 普厚切判也破也亦作部

部 同上荀子名聲部發於天地之閒又蒲口切部曲又姥韻〔增入〕

掊 擊也莊子自掊擊於世俗又與剖同莊子吾為其無用而掊之〔重增〕

○部 蒲口切部曲

培 培塿小阜也又灰韻〔今圖〕

蔀 覆曖物易豐其蔀又牘也又菜名又姥韻〔今圖〕

瓿 甂也甂即罌也又模韻

○母 莫厚切父母母者乳也慕也嬰兒所慕也易坤為母从女字中兩點蒼頡篇云其中有兩點象人之乳其中直通者音無曲禮毋不敬是也與父母字不同又牝也孟子五母雞二母彘又模韻

拇 大指

畝 司馬法六尺為步步百為畝秦孝公之制

二百四十步爲畝爾雅丘如畝曰畝丘亦作畮俗作畝

畮

○鵡 鸚鵡能言鳥又麌韻今圈

某 某甫代名凡未知主名與不敢斥其名者以此代之从甘从木俗作某

牡 畜父飛曰雌雄走曰牝牡又門關鍵又鑰

莽 鹵莽又姥蕩二韻

茂 豐盛貌班固敘傳迷王子候表云支葉碩茂顏師古曰合韻莫口反又候韻增入

○叟 蘇后切尊老之稱古作叜亦作傁又侯尤二韻今圈

傁 左傳傳傁語大夫又侯韻今圈

瞍 目無眸子又侯韻今圈

藪 大澤亦作棷漢武帝紀麟鳳在郊藪又十六斗曰藪亦作籔簍又麌韻今圈

籔 十六斗又炊籅漉米器又麌韻今圈

簍 又麌厚二韻增入

棷 禮記麟鳳在郊棷注聚草也與藪同不得重押如押斗藪者非俗作棷又泰韻今圈

嗾 使犬聲又候韻

蔌 菜謂之蔌又屋韻

○趣 此苟切促也趣馬官名主駕又虞遇燭三韻俗作趣

取 獲也取予之對又虞麌遇三韻元祐新制許麌厚二韻通押平去二聲義同者亦當通押

鯫 鯫生小人一曰白魚又侯銑二韻

○走 子口切趨走也指趨走之體而言之也又候韻

○斗 當口切量名十升爲斗漢志斗者聚升之量也又宿名南北二斗象皆如斗又科斗蛙雛又斗絕崖壁峭絕也又與也亦作枓豆又斞器又麌韻

枓 同上又椇枓又麌韻增入

豆 考工記梓人一獻而三酬則一豆矣注豆當作斗釋文音斗居正音豆自是古斗字如豆區釜鍾之類後人誤作俎豆之豆讀之今俗書斗斛之斗爲㪷蓋訛并耳杜預注左傳四升爲豆四豆爲區無音又候韻增入

蚪

蝌蚪亦作科斗 陡 峻也頓也通作斗 增入 ○ 黈 他口切黃色又冕旁纊曰黈纊東方朔傳黈纊充耳所以塞聰顏師古曰以黃緜爲圜用
組挂之於冕垂兩耳旁示不外聽也 姓 好貌又人名左傳昭公二十一年華姓居于新里 重增 ○ 鈄 徒口切酒器 揄 引也又虞侯尤宵四
韻 ○ 塿 郎斗切培塿小阜亦作部婁 婁 左傳部婁無松柏又虞侯麌遇四韻 甊 瓿甊甖也 嶁 山顚又麌韻 今圈
圈 䴢 䴢䴢餜餠干寶司徒儀祭夏用䴢䴢 簍 籠也又見前 今圈 漊 通水溝又虞麌二韻 ○ 㝅 乃后切乳子亦
作榖又古候切係 廟諱嫌名合當迴避其乃后切照式許用 今圈 榖 左傳楚人謂乳爲榖又屋沃二韻又古候切係 廟諱嫌名合當迴避其餘照
式許用

增入

四十六 ○ 黝 於糾切青黑色亦作幽 幽 禮記一命縕韍幽衡再命赤韍幽衡又幽韻 增入 眑 幽靜
又深遠又篠韻 今圈 岰 山曲貌 怮 憂也又蕭幽效三韻 今圈 泑 澤名在崑崙山下 ○ 糾 吉黝切繩三合又絞
也督也彈也急也戾也亦作糺又舒遲之姿詩舒窈糾兮又笠貌詩其笠伊糾又繚戾貌詩糾糾葛屨又小韻 今圈 糺 魏都賦[illegible]勍敵糺紛 重增 赳
輕武有才力貌爾雅勇也 朻 木名又幽韻

獨用 四十七

○寢 七稔切堂室也古者正朝曰路寢次曰燕寢又次曰小寢爾雅室有東西廂曰廟無曰寢又凡居室皆曰寢禮記庶人祭於寢是也亦作寑又臥也息也又貌不揚曰寢亦作侵又侵韻 寑 漢車千秋爲高寑郎注云高廟衛寑之郎又侵韻 侵 漢田蚡傳貌侵師古曰短小曰侵又侵韻【重增】 鋟 爪刻也公羊傳鋟甘六板今雕印曰鋟板又侵韻

○寖 子衽切縣名在汝南漢地理志注應劭曰叔敖子所邑之寖丘是也世祖更名固始師古曰寖音子衽反又濫也【重增】

○審 式荏切悉也詳也熟究也从宀从采从田采蒲莧反說文作宷與案字不同俗作審又𠷣韻【重增】 諗 謀也告也相思念也又沁韻 沈 國名臺駘之後又姓又見下又侵覃沁三韻 瞫 竊視又丑甚切人名【今圈】 淰 魚駭貌禮記以龍爲畜故魚鮪不淰淰之言閃也又琰忝二韻

○瀋 昌枕切汁也左傳猶拾瀋也亦作沈 沈 禮記檀弓爲揄沈故設撥【重增】

○枕 章荏切臥薦首者又沁韻【見曰】衾枕之枕上聲詩角枕粲兮之類是也以首枕物去聲論語曲肱而枕之易險且枕之類是也

○甚 食枕切劇過也尤也陸賈名聲藉甚音義曰言狠藉甚盛又沁韻【元祐新制】許二韻通押俗作甚 葚 詩無食桑葚亦作椹 椹 又侵韻【今圈】 黮 泮水詩食我桑黮又感勘二韻【增入】

○飪 忍甚切熟食亦作餁 餁 稔 穀熟古人謂一年爲一稔取穀一熟也 腍 熟也郊特牲腥肆爓腍祭【重增】 恁 思也念也 衽 衣襟又臥蓆亦作袵

又沁韻　䄒 臥褥【增入】　荏 方言關之東西或謂之蘇或謂之荏又柔弱也論語色厲而內荏詩荏染柔木又荏染猶侵尋也 ○ 瘁
所錦切洛澤謂之瘁瘆又寒病也　槮 聚柴水中以取魚亦作罧槑又桑錦切又侵感沁三韻【增入】 ○ 墋 楚錦切不清澄貌陸機漢高祖功臣
贊茫茫宇宙上墋下黷注墋垢也黷濁也又土也 ○ 稟 筆錦切賜穀也又與也供也給也受也前漢西域傳諸國稟食得以自贍後漢書稟給如律又
受命曰稟左傳稟命則不威文中子奚適而無稟今俗从白事爲稟古无此義俗作禀又見下【今圖】 ○ 品 丕錦切官品等列也法也衆庶也品量也物件
也 ○ 踸 丑錦切行無常貌亦作趻　趻 莊子吾以一足趻踔而行【重增】　瞫 左傳狠瞫君子也【增入】 ○ 朕 直稔
切蔡邕曰古者上下共稱咎繇與帝舜言稱朕屈原曰朕皇考曰伯庸伊尹曰惟朕以懌周公曰朕復子明辟是也至秦始皇二十六年始專爲天子自稱漢因之不改
篆作𦨖从舟从火从廾今作朕俗作朕　螣 神蛇又登德二韻【增入】 ○ 廩 力錦切倉有屋曰廩古作㐭後世加广以別之又危懼也與懍同賈
誼書直爲此廩廩从广从㐭从禾俗作廪　稟 禮記中庸既稟稱士音彼錦反又力錦反古者給人以食取之於倉稟故因稱稟給如漢書稟食後漢書稟
給字無音亦合依禮記釋文通用俗作禀【重增】　懍 危懼也亦作懔義同者不得重押如押倉廩者非俗作懔　凜 寒也俗作凛 ○ 錦
居飲切織文 ○ 噤 渠飲切寒而口閉 ○ 唫 說文口急也又侵韻【重增】　凚 寒凚玉篇云寒極韓愈鬭雞聯句磔毛各凚瘁又沁

韻【重】○飲 於錦切歠也飲食也凡可飲者亦謂之飲周禮四飲左傳下取飲注云飲謂酒也又沁韻【增】○糝 桑錦切米粒和羹周禮糝食亦作糂又感韻【增入】○糂 俗作糂又感韻【增入】○吟 魚錦切揚雄解嘲蔡澤雖噤吟而笑唐舉師古曰噤吟頷頤貌俗作吟又侵沁二韻

【重增】

四十八【通用】與敢通

○感 古禫切感應格也動也觸也又見下又勘韻【公囨】○䃭 石篋也封禪所用○灨 水名在豫章南康章貢二水合流即其處立縣因以爲名亦作贑贛又送勘二韻○贑 又三韻【增入】○贛 又二韻【增入】○[illegible] 又器蓋又送韻○禫 徒感切除服祭荀子禫注神禫猶沖澹也俗作禫○髧 髮垂貌詩髧彼兩髦○扰 刺也擊也又尤小二韻【重】【增】○倓 蠻夷贖罪貨又安也又談敢闞三韻【公囨】○黮 黑也束晳補亡詩黮黮重雲又寢勘二韻【增入】○窞 坎傍入一曰坎底易入于坎窞亦作欿○欿 同上又坎欿周地見左傳僖公二十四年又見下【重增】○啿 豐厚貌漢郊祀歌羣生啿啿又賺韻【重增】○菡 芙蓉未發爲菡萏又菡華鐙注甫朝昱子太廟賦雲菡萏以張蓋唐張說華山銘菡萏森爽○醰 長味李作覃又覃韻【公囨】○覃 又覃琰二韻【重增】

○嘾 含深也莊子太甘而嘾○頷 戶感切顧頷漢班超虎頭燕頷又說文曰面黃也又離騷云長顑頷兮何傷注不飽貌又見下

撼搖動　憾恨也亦作感又勘韻　感同上又動也詩無感我帨今有兩音又左傳惟蔡㤪感案憾字有兩音此亦當丞上去二聲通用增入

菡草木華未發今作菡亦作㔫菡增入　萏增入　圅同上又口下也今作圅木作胘又覃咸二韻增入

圅增入又二韻　胘增入又覃韻　○坎苦感切卦名險也陷也小阱也又小罍形似壺亦作埳臽又坎坎擊鼓聲詩坎其擊鼓又坎坎鼓我

埳莊子埳井之蛙與坎同又埳坷轗阻不遇貌增入　臽增入又陷韻　惂憂困　欿不足貌孟子如其自視欿然則過人遠矣增入

轗轗軻車行不利也又勘韻增入　○晻鄔感切不明又勘琰二韻今圈　馣馣馤香也

菴菴藹翳薈也文選蜀都賦芃芃區而菴藹焉又覃勘二韻今增　揞藏也手覆也今作　闇晦也中庸君子之道闇然而日章有兩音又勘韻增入

喑泣不止又喑噫聚氣貌又侵覃沁三韻重增　黔黑色又卒至貌荀子黔然而雷擊之又謙韻重增

匼奄媚迎合也唐蕭復傳盧杞諂諛阿匼又合韻重增　○頷五感切低頭左傳逆於門者頷之而已杜預曰頷搖其頭也舊韻作頷誤

今正○糝桑感切米粒和羹亦作糂又雜也亦作參又寑韻今圈　糂俗作糂又寑韻今圈　參周禮司裘注大射大侯九十參七十干五十陸德明釋文參音七糸感反與桑感切同又鄉射記注大侯九十弓參侯七十弓豻侯五十弓大射禮注一云參讀曰糝糝雜也又侵覃談勘四韻增

入 槮 小爾雅橬槮聚柴水中以取魚也亦作罧詩傳及爾雅作罧郭景純從小爾雅改罧爲槮又侵寑沁三韻 ○ 慘 七感切慍也酷毒也慽戚也愁恨也亦作憯 憯 痛也通作慘元有圈今正 𤻲 病而痛也通作憯元有圈今正 黲 淺青黑色 ○ 歜 徂感切昌蒲菹左傳享有昌歜又燭韻 ○ 寁 子感切速也詩不寁故也又葉韻 ○ 紞 都感切杜預曰冠之垂者又擊鼓聲晉書紞如打五鼓 黕 滓垢又黑貌潘岳藉田賦翠幕黕以雲布俗作黮 眈 虎視又覃韻 ○ 襑 他感切衣博大也又侵韻 醓 血醓肉醬 醷 莊子音醷物也音義云聚氣貌又止怪職三韻重增 嗿 衆聲詩有嗿其饁 ○ 壈 盧感切坎壈屯蹇不得志也俗作壈 轗 轁轗車不進一曰車不平

四十九 ○ 敢 古覽切果敢勇敢忍爲也籀作𣪠古作𠭥 澉 澉𩟗食韓愈納涼聯句淡澉甘瓜濯重增 ○ 覽 魯敢切視也又闞韻从監从見俗作覧今圈 攬 手取亦作擥擥上从監俗作攬 擥 俗作擥 擥 光武紀總擥權綱 欖 橄欖 ○ 檻 胡覽切泉正出詩觱沸檻泉有兩音亦作濫又車聲詩大車檻檻音胡覽反亦作轞䡴又欄也櫳也又檻韻重增 濫 爾雅字又檻闞陷三韻重增 轞 車聲通作檻又檻韻重增 䡴 蜀都賦出車䡴轞又檻韻重增 艦 戰船又檻韻重增 ○ 闞

虎覽切怒聲詩闞如虓虎又䧌檻闞三韻 㮑 堅土又檻韻 今圈 㖌 譀聲揚手欱牙能㖌又䧌韻 增入 顑 顑頷不飽貌離騷長

顑頷兮何傷韓愈送無本詩舉室長顑頷 重增 䜕 谷開也江賦䜕如地裂 重增 ○ 槧 在敢切斷木為槧削版牘也又鹽豔二韻 ○

膽 覩敢切肝膽 ○ 啖 徒覽切噍也食也餌之也亦作啗噉又闞韻 啗 又闞韻 增入 噉 韓愈答張籍詩初味

猶噉蔗又姓前秦錄有將軍噉鐵又闞韻 重增 澹 水貌又澹泊又闞豔二韻 淡 薄味又琰闞三韻 憺 恬憺安靜也亦作惔淡又

動也魏鄭公傳威憺殊俗又闞韻 惔 又談鹽闞三韻 今圈 ○ 菼 吐敢切荻之初生毛詩碩人傳菼薍也郭璞云薍似葦而小陸機云

薍或謂之荻 緂 帛青黃色又衣采色鮮 毯 毛席 𦆘 毹衣說文帛騅色引詩毳衣如緂騅倉白色也今詩作菼 增入 倓

安也安然不疑也荀子倓然見管仲之能足以託國也又恬也靜也餘見感韻 重增

通用 與忝广通 五十○琰 以冉切璧上美色又琰圭九寸 剡 銳利賈誼傳剡手以衝仇人之匈又削也易剡木為

楫又斬也荀子安欲剡其頸亦作覃錟又見下 覃 詩以我覃耜注覃利也又覃感二韻 錟 史記過秦論非錟於句戟長鎩又談韻 重增

掞 削也易剡木為楫釋文作掞音以冉反亦作剡又豔韻 重增 淡 廣韻澹淡水貌相如賦隨風澹淡郭璞曰鳥任風波自縱漂貌又敢

闞二韻 [重增] 燄 火行微燄燄也又豔韻 灩 瀲灩水滿貌本作灎又豔韻 灎 又豔韻 [晁謹案] 上聲灩字从艷注云瀲灩去聲灎字从豔注云瀲灎廣韻灎字下注云俗作艷而字書有灎字無灩字必當時書吏用俗字傳寫之誤後人不復改正耳 [增入] ○ 黶 於琰切中黑俗作黶又嗛韻 檿 山桑有點文者書厥篚檿絲詩其檿其柘 魘 廣韻睡中魘蓋氣窒心懼而神亂則魘韓愈遊湘西寺詩怵惕夢成魘又葉韻

[重增] ○ 漸 疾染切稍也次也進也事之由來也又漸江今之浙江也又卦名又鹽銜二韻 蔪 草木蔪苞書作漸又鹽韻 [今圖] 閃 失冉切闚頭門中又彈避廣韻出門貌又豔韻 覢 暫見 睒 晶熒貌廣韻暫見韓愈詩大白睒睒吳都賦忘其所以睒暘 [重增] 淰 閃也魚驚貌禮運魚鮪不淰又寢忝二韻 [重增] 陜 地名弘農陜也从𨸏从夾今作陜夾有式剔閃三音从二入與陜隘字不同陜从夾輔之夾夾从二人作陜誤 [今正]

○ 剡 時染切縣名 ○ 冉 而琰切毛冉冉又冉冉行貌楚辭老冉冉其將至今作冄亦作冉 苒 荏苒柔弱貌又荏苒猶侵尋也亦作染冉義不同者可分押 染 染色又柔也詩荏染柔木又豔韻从八九之九俗从丸非 ○ 諂 丑琰切諂諛亦作讇 讇 漢五行志爲佞讇之計劉輔傳朝廷無讇諛之士 ○ 斂 力冉切收也聚也曆法春夏曰發秋冬曰斂又鹽豔二韻 羷 羊角三觠爲羷 瀲 瀲灩水滿又豔韻 蘞 草名詩蘞蔓于野又鹽嚴豔三韻 [增入] 溓 黏也考工記輪人雖有深泥亦弗之溓也

又監韻 重增 ○險 虛檢切巇險也深陷不可測也危也阻難也易坎險也夫險不可升也地險山川丘陵也王公設險以守其國凡不可犯者皆險也

亦作嶮 嶮 譣 譣詖姦言通作險又監韻 合圖 玁 玁狁北夷俗作玁亦作獫 獫 同上又長喙犬又監豔二韻

○檢 居奄切書檢印窠封題也又校也柅也檢柙防範也三蒼解詁云檢法度也爾雅檢等也釋云檢模範也郭璞云模範同等說文云書署也著程式

也今俗謂方書橐爲檢子是也漢武帝紀注封禪有金策石函金泥玉檢謂以玉爲檢束也 撿 拘撿又巡察也摟也校也捉也舉也漢書法令撿式注撿

局也謂防束也 增入 瞼 目上下瞼 增入 臉 面臉 增入 ○儉 巨險切約也少也歲歉也 芡 雞頭一名鴘頭莊子謂之

雞壅方言南楚謂之雞頭北燕謂之葰青徐淮泗謂之芡 ○奄 衣檢切覆也蓋也大有餘也忽也止也藏也取也遽也同也又東夷國名書昔朕來自奄

又曰遂踐奄又曰王歸自奄孟子誅紂伐奄並无音當作上聲用又監豔二韻 掩 遮也蓋也閉也斂也閉取也自上曰掩乘其不備而覆之曰掩爾雅

矜憐撫掩之也郭璞曰撫掩猶撫指謂慰恤也亦作揜 揜 禮記誠之不可揜顯者不可揜又取也關東謂取爲揜 罨 網揜取物蜀都賦罨

翡翠俗作罨又合韻 重增 崦 崦嵫山日入處又監韻 合圖 閹 寺人亦作奄周禮奄音於檢反注云精氣閉藏者後世謂之宦人奄閹義異者

可重用又監韻 晻 日無光又感勘二韻 合圖 渰 雲雨貌詩有渰淒淒注雲興貌釋文云本亦作弇漢書作黭又覃韻 重增 黤 又檻

韻【重】【增】

弇 蓋也又鍾形中寬周禮弇聲鬱又覃黶二韻

厭 禳也笮也伏也服也又惡也論語天厭之有兩音左傳將以厭衆謂欲厭衆也禮記大學厭然揜其不善而著其善注厭讀爲黶厭閉藏貌是義與奄藏之奄同音與黶同又鹽黶葉狎四韻【增入】

○隒 魚檢切山形如重甑爾雅重甗曰隒

噞 噞喁魚口上見貌又鹽釅二韻

○貶 悲檢切謫也損也抑也

辨 禮記玉藻立容辨注辨讀爲貶自卑貶謂罄折也又獮襉霰三韻【重增】

○颭 職琰切風蕩激也

五十一

○忝 他點切玷辱也累也又㮇韻

餂 鉤取也孟子以言餂之又添㮇二韻【增入】

○點 多忝切點注又更點俗作點

蒧 草名人名孔子弟子公西蒧奚容蒧【增入】

玷 玉病又缺也又㮇韻

○簟 徒點切竹席方言宋魏之閒謂之笙或謂之籧篨自關而西謂之簟或謂之䈀其粗者謂之籧篨左思賦桃笙象簟荀子不下簟席之上

驔 馬豪骭廣韻驔馬黃脊詩有驔有魚又覃韻【增入】

扂 廣韻閉戶玉篇同韓愈進學解椳闑扂楔注扂門也【重增】

○淰 乃點切濁也又寑琰二韻

姌 纖細貌本作姌

○歉 苦簟切食不滿穀梁傳一穀不升曰歉又不足貌亦作嗛又㮇韻

慊 恨也又饜也亦作嗛又添帖二韻【分圈】

嗛 猿猴藏食又與歉同荀子謹畏而嗛又與歉同荀子臭之而無嗛於鼻注嗛與慊同義不同者可分押又添韻【分圈】

謙 禮記大學此之謂自謙注謙讀爲慊慊之

言厭也釋文謙音苦簟反自謙謂誠意自足也又添韻【重增】

五十二〇广 魚掩切因巖爲屋棟頭曰广凡屋之類如廳廂廊廡庠序等字皆从广 ○儼 恭也昂頭也一日好貌亦作嚴曮

〇嚴 書嚴恭寅畏天命有兩音荀子嚴嚴兮其能敬己也注嚴有威重之貌漢康衡傳正躬嚴恪臨衆之儀也又嚴韻【增入】

曮 日曮又矜莊貌詩碩大且儼陸德明云本又作曮 〇埯 於广切土覆物

【通用】與檻范通

五十三〇豏 下斬切豆半生 獫 犬吠不止 喊 聲也揚子易牙能喊又敢韻【重】

【增】〇闞 火斬切虎怒聲又敢闞鑑三韻 〇減 古斬切損也減耗也又姓 鹻 鹹也鹵也 〇黯 乙減切深黑又人名漢有汲黯俗作黵

黶 黑痕又人名春秋晉欒黶又琰韻俗作黡 黬 痕也一云釜底黑莊子黬有生黬也俗作黬【重增】

黭 黑色又卒至貌荀子黭然而雷擊之俗作黭【重增】 〇摻 所斬切執也詩摻執子之袪兮毛傳摻擥也又鹽咸勘三韻 𢫬 次也截取也

㺑 犬容頭進 〇斬 側減切斷首又盡也禮斬衰謂裳下不緝正割如斬然 〇湛 丈減切湛湛露貌又澄也澹也又侵覃鹽陷沁五韻

啿 豐厚貌漢郊祀歌羣生啿啿又感韻【增入】 〇嶄 士減切高峻貌又銜韻

五十四○檻戶黤切欄也櫳也軒檻也谷永傳檻塞大異注檻猶閑也又檻檻車聲又泉正出曰檻泉亦作濫又敢韻
艦戰船也四方施版以禦矢又敢韻今圈轞轞轞車聲亦作轞通作檻轞轞檻義同者不得重押義異者非又敢韻今圈䡾蜀都
賦出車䡾䡾又敢韻重增濫爾雅濫泉正出正出涌出也又敢闞鑑三韻壏堅土又敢韻今圈○黤倚檻切青黑色
又琰韻俗作黤今圈○巉仕檻切巉巗嶮高峻貌又銜韻

五十五○范防鋄切草名又逢蠭也禮記范則冠而蟬有緌又以模鑄金禮記范金合土亦作範又姓下本从㔾㔾音領今作
范今蝊逢蠭也通作范笵法也禮記作范通作範範法也式也防範隄防模範也又軷也軓車軾前曰軓荅
正轒頭也詳見軓有苦葉詩釋文亦作軓軓周禮立當前軓增入犯觸也干也侵也僭也篆作犯从犬从㔾今作犯○鋄忙范
切馬首飾西京賦金鋄鏤錫

右上聲五十五韻增入四百九十字圈三百五
十八字正八十二字重增三百三十二字

增修互註禮部韻略上聲第三卷終

增修互註禮部韻略去聲第四

衢州免解進士毛晃　增註
男進士　居正　校勘重增

一送 獨用　二宋 與用通
三用　四絳 獨用
五寘 與至志通　六至
七志　八未 獨用
九御 獨用　十遇 與祭通
十一暮　十二霽 與祭通
十三祭　十四泰 獨用

十五卦 與怪夬通　十六怪

十七夬　十八隊 與代廢通

十九代　二十廢

二十一震 與稕通　二十二稕

二十三問 與焮通　二十四焮

二十五願 與慁恨通　二十六慁

二十七恨　二十八翰 與換通

二十九換　三十諫 與襉通

三十一襉　三十二霰 與線通

三十三線　三十四嘯 與笑通

三十五笑　三十六效獨用
三十七號獨用　三十八箇與過通
三十九過　四十禡獨用
四十一漾與宕通　四十二宕
四十三敬與諍勁通　四十四諍
四十五勁　四十六徑獨用
四十七證與嶝通　四十八嶝
四十九宥與候幼通　五十候
五十一幼　五十二沁獨用
五十三勘與闞通　五十四闞

五十五豔 與桥釅通 五十六桥

五十七釅 五十八陷 與鑑梵通

五十九鑑 六十梵

獨用

一○送 蘇弄切餞也遣也將也隨也贈行曰送漢陸賈傳他送亦千金蘇林曰非橐中物故曰他送 鬆 鬆鬆髮貌又冬韻 增入

○鳳 馮貢切瑞鷙羽蟲之長一名鶠麟前鹿後蛇頸魚尾龍文龜背燕頷雞喙膺若鸞翼若干出於東方君子之國見則天下大安寧王者德盛則鳳至爾雅鶠鳳其雌皇孔演圖曰鳳為火精生於丹穴非梧桐不棲非竹實不食非醴泉不飲身備五色鳴中五音有道則見在天為朱雀古文作𪂆朋 鵬 古文又登韻

朋 篆作𠥓象形鳳飛羣鳥從之以萬數故借為朋黨字又登韻 增入 ○謥 千弄切謥詷言急俗作謥 憁 憁恫不得志俗作憁

○糉 作弄切角黍亦作粽 粽 偬 倥偬苦也不暇也窮困也亦作揔俗作傯又董韻 揔 同上俗作揔又東董二韻 今圈

稯 魚網江東呼為百囊罟亦作緫又東韻 緫 同上又絲數魏都賦縑緫清河又見東董二韻 今圈 翪 鳥飛斂足亦作㚇又東董二韻

㚇 又東韻 今圈 ○凍 多貢切冰凍又音東 今圈 涷 暴雨江東呼夏月暴雨為涷又東韻 湩 乳汁又腫用二

韻棟屋欐 ○蝀 螮蝀虹也又東董二韻 ○痛 他貢切隱也傷也楚也疼也 ○洞 徒弄切空也恭也又幽壑又董韻

峒 山一穴又東韻 絧 鴻絧相通貌亦作洞又東董二韻[增入] 衕 通街又東韻 詷 譀詷言急又東董二韻

恫 慟恫不得志又痛也又東韻 筒 通簫亦作洞簫漢王褒有洞簫賦又東韻 動 動之也又董韻凡物自動則上聲彼不動

而我動之則去聲今經史中動字皆無音[增正]伏覩秘書省校書式諸書本字下

雖無音而九經子史別有音訓可引援者亦皆點發案漢書揚雄傳清靜字合作上

聲顔師古叶韻音去聲則動靜之動亦可作去聲合依[元祐新制]許令上去二聲通押[重增] 慟 哀過動心元有圈[今正] ○弄 盧貢切玩也戲也侮

也 哢 鳥吟聲 礱 磨也又東韻[增入] ○哄 胡貢切衆聲唱聲又騶哄呵喝聲 鬨 鬭聲从門从共門音鬭兩士相對兵

仗在後象鬬之形緣孟子鄒與魯鬨揚子一鬨之市皆有兩音後人傳寫誤从門是以廣韻注云凡从門者今與門戶字同其實非也今場屋中用孟子揚子及經史中

假借字姑从門其餘室依本文又絳韻[重入] 閧 又絳韻 洚 洪水水不遵道又東江絳三韻 ○烘 呼貢切烘爎火乾也又東

韻[增入] ○控 苦貢切引也告也詩控于大邦集傳控持而告之也又操制也詩抑磬控忌注止馬曰控謂勒止也又江韻 鞚 馬勒通作控元

有圈[今正] 悾 信也慤也又東江二韻 空 缺也又空乏也選詩潭影空人心又東董二韻 ○貢 古送切獻也薦也周禮八則五曰賦

貢以駁其用注貢功也九職之功所稅也又姓又夏后氏稅名書禹貢釋文云字或作贛 贛 賜也又與貢同又水名在豫章亦作灨贑湏又感勘二韻

灨 又二韻 贑 又二韻〔增入〕 湏 贑 小杯又感韻 矼 至也甘泉賦登椽欒而矼天門俗作矼 虹

縣名在沛又東江絳三韻〔增入〕○瓮 烏貢切罌也又汲瓶亦作甕罋 罋 說文甕汲瓶也〔增入〕 甕 易井卦九二甕敝漏又鍾韻〔今圈〕

幪 蒙弄切蓋衣又東韻从巾从冡舊加卄誤〔今正〕 濛 微雨 霿 天氣下地不應曰霿又東候二韻〔今圈〕 艨 艨艟戰船又東

韻〔增入〕○夢 莫鳳切神交為夢亦作㝱又不明也亦作𡬺又雲夢澤名周禮作瞢又東登二韻俗作夢〔今圈〕 㝱〔增入〕 𡬺〔增入〕 瞢

目不明又雲瞢澤名又東登嶝三韻 懜 惛也亦作懵又東嶝二韻〔增入〕 懵 同上又東董嶝三韻〔增入〕○賵 撫鳳切贈死物應劭注漢

書曰車馬曰賵衣服曰襚杜預注左傳曰賵助喪之物公羊傳曰賵者以乘馬束帛車馬曰賵貨財曰賻衣被曰襚注賵猶覆也賻猶助也襚猶遺也知生者賵賻知死

者贈襚 麷 熬麥又東韻〔增入〕○諷 方鳳切誦也託音曰諷又微刺也亦作風 風 因風感物曰風又東韻〔今圈〕○衆

之仲切三人為衆又多也又姓又東韻篆从目从三人當作衆今作衆○中 陟仲切注的也當也詩周室中興左傳序紹開中興並音陟仲反凡經史

中興字無音者並準此俗作平聲用誤又要也周禮天官凡官府都鄉州及都鄙之治中受而藏之鄭司農曰治中謂其治職簿書之要也陸德明音丁仲反〔晁〕案中

字實與衆字同音合作陟仲反陸氏以吳音呼之故誤也又當其中而黈之曰中莊子老聃中其說曰太謾又著其中曰中莊子中身當心則爲病中風中惡中讒是也又與衷同漢貢禹傳微哀子之言則已所折中注折斷也非孔子之言則無以爲中也又半也上林賦酒中樂酣注謂飲酒半醉半醒也直衆切與仲同又東韻

衷 折衷衷當中也平也當也亦作中中衷義同者不得重押如用治中及中的中與中著之中中半之中與折衷者非又東韻

○仲 直衆切中也次也周人冠而字五十乃加伯仲仲亦作中

中 同上又中篇月令律中中呂又姓

蟲 蟲食物又東韻增入

通與用二通

○宋 蘇統切國名又姓

○綜 子宋切機縷

○統 他綜切系也總也綱也緒也總御也又董韻經史無明音者合於二韻通押今圖

○霿 莫綜切天氣下地不應又東侯候三韻今圖

三○用 余頌切以也使也庸也通也財貨也運用也器用也

○俸 房用切秩祿亦作奉

奉 漢書帝紀奉祿公孫弘傳奉祿甚多奉者養也子之祿以養之也又腫韻今圖

縫 衣會又鍾韻

○葑 芳用切葑田又菰根又鍾韻

封 大也厚也又以上封物曰封又鍾韻增入

○縱 足用切緩也舍也放也肆也亦作從又鍾韻

從 論語從之純如也又才用切隨行又鍾江董三韻增入

○頌 似用切稱述也詩美盛德之形容以其成功告於神明者曰頌又鍾韻今圖

誦 諷詠又公言之

訟 爭獄又云爭罪曰獄爭財曰訟

又鍾韻[今圖] ○ 訩 許用切讙譏聲亦作詾訩凶荀子君子不爲小人訩訩也而輟行又鍾腫二韻[重增] 詾 荀子掩耳而聽者漢以爲

詾詾又二韻[重增] ○ 從 才用切隨行論語從我者其由與從我於陳蔡者又從天子鸞曰法從侍從漢時謂隨使出疆者爲少從摠言其少年而從使

也亦曰傔從傔兼也音欠 ○ 種 朱用切埶也本作種又東鍾腫三韻 穜[增入] ○ 惷 丑用切愚也又鍾江絳三韻

○ 重 儲用切再也難也厚也遲也滯也輜重也威尊也又東鍾腫三韻 ○ 恐 欺用切疑也慮也億度也又腫韻上从巩舊从凡誤[今圖]

○ 供 居用切陳設又具也通作共又鍾韻 ○ 共 漢文帝詔共養于高廟漢書共養長信宮又見下又鍾腫遇三韻[增入] 共

渠用切同也皆也合也公也 ○ 雍 於用切蔽也擁也滯也又姓文王子雍伯之後左傳郜雍曹滕杜預曰雍國在河内山陽縣西又州名禹貢黑水西

河惟雍州本作雝又鍾腫二韻 雝[增入] 又二韻 灉 水名爾雅水自河出爲灉又曰灉反入書灉沮會同亦作維灉又鍾韻 維

職方氏其浸盧維注當作雷雍釋文盧音雷維音於恭反案禹貢雍作灉釋文有平去二音則維字亦當有兩音又鍾腫二韻[重增] 灉 同上唐有劉灉音紆

用反又鍾韻[重增] 壅 加培 饔 熟食又朝食曰饔夕食曰飧亦作饔又鍾韻 饔[增入] 又鍾韻 ○ 湩 竹用切乳汁亦

作重又腫送二韻[增入] 重 漢匈奴傳不如重酪之便美[增入]

獨用 四○絳 古巷切大赤色又地名 降 下也貶也又江韻 洚 水不遵道孟子洚水警予洚水者洪水也又曰水逆行謂之洚水趙岐曰水逆行洚洞无涯故曰洚水洪者大也尚書作降水古字通用又東送二韻 虹 螮蝀又縣名在沛又東江送三韻 ○巷 胡降切里中巷直曰街曲曰巷宮中長廡相通曰永巷天子公侯通稱唐郭子儀永巷家人三千亦作衖 衖 閧 鬬聲又與衖同揚子一閧之市又送韻 增入 閧 又送韻 ○ 𡔖 楚降切不耕而種亦作㩳又東江二韻 ○ 惷 陟降切愚也亦作戇又用韻 戇 ○ 艟 直降切艨艟短船又東鍾二韻 增入 𨍏 衝城車又鍾韻 撞 擣也擊也又鍾韻 憧 戇憧凶頑貌又冬韻 增入 幢 后妃車幰又江韻 增入 ○ 漴 士降切水所衝泆又東韻 增入 ○ 淙 色降切水出貌又冬江二韻 增入

通用 與至志通 五○寘 支義切置之也納之也猶言安著也又止也廢也 忮 很也莊子大勇不忮又懻忮傷害詩不忮不求又勁很也亦作伎 伎 同上廣韻引詩鞠人伎忒又奇寄切又支紙二韻 增入 ○ 觶 酒器實曰觴虛曰觶禮記尊者舉觶卑者舉角孔穎達曰觶者適也飲當自適受三升角觸也不能自適觸罪過也受四升又支韻 今增 ○ 翅 施智切翼也亦作𦐃翨又與啻同孟子奚翅食重俗作翅又之韻 今增 𦐃 史記楚世家三國布𦐃俗作翄 翨 周禮有翨氏掌攻猛鳥以時獻其羽翮俗作翨 增入 啻 不啻不止如是也通作翅義異者可分押 施

布也散也與也又見下又支之紙三韻案論語博施於民孟子施澤於民易乾卦雲
行雨施德施普也禮記上酌民言則下天上施並音去聲始豉反尚書以五采彰施
于五色祭法法施於民論語勿施於人中庸施諸己而不願亦勿施於人並無音當
從平聲皆無可疑唯中庸所求乎朋友先施之漢刑法志文之所加者深德之所施
者博並無音朋友先施之施兼有加施施與之義文加德施固為加施之施若
以易乾卦德施普也之音觀之亦有施與之義如此類者合於平去二聲通押　鍦
短矛又支韻〔增入〕○豉是義切鹽豉从豆从支　攱說文豉亦作攱蓋尗古菽字豆一名尗故字亦从尗○惴之瑞切憂懼
錘鍛器莊子在鑪錘之間又見下又支韻　諈爾雅諈諉累也郭璞曰以言相屬累也列子注煩重貌〔重增〕○吹尺僞切噓之也
風也又鼓吹凡吹笛籥成音者皆謂之吹月令入學習吹爾雅徒吹謂之和又支韻○瑞殊僞切以玉為信曰瑞周禮春官以王作六瑞以等邦國王執鎮圭
公執植圭侯執信圭伯執躬圭子執穀璧男執蒲璧又典瑞掌玉瑞王器之藏注人執以見曰瑞禮神曰器瑞符信也又嘉祥符應曰瑞　倕唐虞共工名書
作垂又支韻　垂書垂共工陲德明音如字又音睡又支韻〔重增〕　睡坐寐今睡眠通稱○⿰革徙所寄切革履亦作⿰革麗又紙韻
⿰革麗又紙韻〔今圈〕　屣履不躡跟一曰履無跟亦作躧蹝纚縰又紙韻　躧又紙蟹二韻〔今圈〕　蹝又二韻〔增入〕
纚又支紙二韻〔增入〕　縰又紙蟹二韻〔增入〕　灑汛也亦作洒又紙蟹馬卦四韻　洒又紙薺賄蟹銑卦六韻〔今〕

〔園〕曬 暴也又曬也漢中山靖王傳白日曬光幽隱皆照又卦韻 釃 以筵盝酒又支魚紙三韻 ⿰麗見 視也吳都賦⿰麗見海陵之倉則紅粟流衍 ○ 〔重增〕笫 爭義切牀簀又止韻 ○ 積 子智切聚也儲蓄也周禮遺人掌委積左傳居則具一日之積杜預曰芻米菜薪昔韻資昔切聚之也累也疊也案周禮牛人注積所以給賓客之用司徒注少曰委多曰積陸音子賜反凡指所聚之物曰積則去聲取物而積疊之則入聲 柴 積也亦謂所積之物也薪芻之積皆曰柴詩助我舉柴謂積禽也說文作上 〔增入〕⿱此手 〔增入〕○ ⿱此手薪柴委積義同不可重押舉柴與委積義異可分押又佳夬二韻 澌 水索盡也亦作澌又支齊二韻

賜 斯義切錫也上予下曰賜下獻上曰貢子貢名賜互取義也又貝从易亦作陽 陽 爾雅陽子也 〔增入〕

〔谷園〕澌 水上流冰又支韻 〔增入〕漡 泄水門一曰障水 杫 俎机 ○ 刺 七賜切諷刺譏切也又訊也周官司刺掌三刺一訊羣吏二訊羣臣三訊萬民注刺殺也訊而有罪則殺之又直傷也爾雅殺也公羊傳刺之者殺之也又書姓名於奏白曰刺後漢書漫刺覆刺又棘芒本作朿又以針黹物也又昔韻 諫 數諫謂數其過而諫之如變雅正諫之類詩作刺 〔增入〕庛 耒面也考工記車人爲耒庛鄭康成讀作刺 〔增入〕○ 漬 疾智切漚也浸也又與胔同周禮蜡氏注漬死人骨也亦作殨凡言漸漬皆當如本音今俗讀漸如尖漬如𢸁詩有兩音 骴 殘骨亦作胔又支韻 〔谷園〕胔 月令掩骼埋胔注骨枯曰骼肉腐曰胔釋文露骨曰骼有肉曰胔字亦作骴又支韻 〔谷園〕眥 目際又厓眥舉目相忤貌又衣交衽處曰眥爾雅衣眥謂之襟

謂衽交處如人眼脣眥頭也又霽卦二韻○**智**知義切心有所知也亦作知智（知）論語知者知及之焉得知何如其知其知可及樊遲問知可謂

知矣一言以爲知易繫知者見之中庸知者過之知仁勇好學近乎知舜其大知荀子是是非非謂之知言要則知並音智又姓又支韻【增入】**智**○

詈力智切罵詈正斥曰罵旁及曰詈（離）相去也漸相遠離又肉不附骨也又支霽二韻○**縋**馳僞切以繩垂物（鎚）錘謂

之權卽秤鎚也又支紙二韻**硾**鎮也呂氏春秋硾之以石亦作磓又揣量物輕重也亦作䃮（磓）又灰韻【重增】**䃍**（甀）小口

罍又支韻【合圈】（槌）架蠶薄柱又支灰二韻**膇**重膇下腫（腄）東萊縣名漢郊祀志立祠之罘山於腄主父偃傳飛芻輓粟起於黃腄又

支韻【重增】○（累）力僞切罣也縈也玷也緣坐也婁累也古作纍亦作𦆔又脂旨二韻（纍）又二韻【增入】（絫）又二韻【增入】○

諉女恚切爾雅諈諉累也郭璞曰以言相屬累曰諈諉又賈誼傳尚有可諉蔡謨曰諉記也○（易）以豉切難易之對易不難也平夷也簡易樂易

和易禮記易直子諒之心論語喪與其易也寧戚易繫辭易簡而天下之理得矣亦作傷又芟除也禮記易墓非古又治也詩禾易長畝孟子深耕易耨易其田疇以百

畝之不易爲己憂又輕易也忽也慢易也欺謾之語也亦作施又昔韻**傷**揚子藺相如剸而不傷**敡**廣韻輕簡爲敡通作易與敭字不同【重增】

（施）及也詩施于孫子又延也詩施于中谷又孟子施從良人之所之趙岐曰施者邪施而行又與貤同漢衛綰傳曰劒人之所施易顏師古曰施讀如貤

貤移與也貤易猶貿易也又凡物一重爲一貤又延也相如賦貤丘陵顏師古曰貤猶延也一曰重物次第也又支韻　袘衣緣亦作袘又紙韻

公圈　袉同上又相如賦揚袉戌削注袉衣袖也又紙韻　增入　○企去智切舉踵而望也亦作跂又紙韻　跂同上又垂足坐舉足望也

莊子楊墨乃始離跂自以爲得方言云登也梁益之閒曰跂又支紙陌三韻　蚑蟲行皃又支韻　○縊於賜切絞也自經也又霽韻

○恚於避切怒恨也　娃行竈又齊韻　○觖窺睡切怨望又屑韻　○戲香義切嬉也弄也謔也歇也說文三軍之

偏也一曰兵也又支模二韻　○寄居義切附也寓也託也俗作寄　徛石矼亦作碕俗作徛又支韻　碕俗作碕又支微二韻　增入

○芰奇寄切蔆也　騎馬軍曰騎俗作騎又支韻　蟡長足蟲俗作蟡又支紙二韻　增入　伎技倆能解也巧也藝也陸機文

賦辭程才以效伎音忌又紙韻揚子通天地而不通人曰伎無音合於二韻通押亦作技　重增　技又紙韻禮記執技以事上書斷斷猗無他技莊

子技蓋至此乎進乎技矣皆音上聲漢書中國長技五又曰百工技巧咸精其能荀子梧鼠五技而窮皆無音有音無音義同皆當通押　重增　妓女樂又紙

韻　重增　○義宜寄切宜也理也節行也由仁而行得其宜曰義亦作誼誼又支韻　公圈　誼同上又與議同本作諠今作誼經史轉寫作誼　瀻白藥

誼董仲舒傳摩民以誼藥招禮誼仁誼禮智信五常之道又賈誼人名唐明皇詔尚書遵王之誼改作義又與議同董仲舒傳論誼考問　增入

馬名列子有騳赤驥而左白䮝注古義字【重增】

議 謀也評也語也擇也議也又紙韻【今增】

擬 佁擬固滯貌漢書大人賦仡以佁儗今注佁儗不前也佁音蟻又之止二韻【重增】○

爲 于僞切所以也緣也助也被也護也與也又支韻○

餧 於僞切飤也又賄韻【今增】

委 蓄也周禮宰夫掌牢禮委積注委積謂牢米薪芻給賓客詳在積字下又末流也學記或源也或委也注源泉所出也委流所聚也陸音於僞反又支止二韻【今增】

骫 骫骳屈曲貌又於詭切案漢書枚乘傳其文骫骳骫音委骳音被委被二字皆有兩音舊收骫字入上聲骳字入去聲兩有未盡今皆作兩音收入仍合依被字例許令通押【重增】

萎 說文飤牛也凡以草飤畜曰萎又支賄二韻【重增】○

僞 危睡切非眞又詭也又戈韻【今增】○

譬 匹智切諭也亦作辟

辟 孟子辟若掘井大學人之其所親愛而辟焉釋文音譬又見下又支紙靜霽昔五韻【增入】○

臂 卑義切肱腕

嬖 便幸左右近習者也亦作辟又霽韻【今增】

辟 荀子事其便辟注謂左右親信者【增入】○

避 毗義切違也迴也亦作辟

辟 論語辟世辟地辟色辟言趨而辟之孟子伯夷太公辟紂【增入】○

賁 彼義切卦名飾也又文竄刪吻問五韻

詖 論詖陰險不平之言又辯論也慧也佞也又支韻

陂 傾也衺也不平曰險不正曰陂又支歌二韻

跛 偏任爲跛依物爲倚禮記有司跛倚以臨祭偏任者一足仄立也又果韻

纛 翼旄飾爾雅旄謂之纛又旄牛尾舞者所執又支韻

佊 邪也廣韻引論語子西佊哉又哀也又紙韻【增入】

披 持棺者禮

上執披又支紙禡三韻【增入】○一

被

平義切覆也覃及也又爲彼所及也又寢衣也婦人首飾也又蒙被也又一具也周亞夫傳甲楯五百被被披也甲楯人所披帶故以一具爲一被又姓漢王褒傳九江被公又紙韻【元祐[illegible]詔】許二韻通押唯首飾之被與姓被之被不可作上聲用其餘義同者皆可通用臣寀元祐五年太學博士孫諤狀內字同義同而有兩音者內被字上聲紙字韻部靡切去聲寘字韻平義切皆曰及也亦曰寢衣後二字應如此類者欲乞許隨本韻通押其經傳內有獨音者只從本音如主司所出詩題賦題韻脚內有如此兩音者欲乞隨題曰告示指從一處令舉人押用今案尚書光被四表西被于流沙毛詩文王之道被于南國被文王之化天下純被文王之化皆一音去聲唯諸子中被字或有兩音或無音諸史多無音如漢宣帝紀光被四表亦無音若如孫諤所乞則舉人或押光被字有司必以爲疑兼從前詞賦中選刊行者押光被純被漸被字作上去二聲通用者多今乞仍從通押唯主司出賦題韻脚內有此等字者須隨題告示指從一音押用又支韻

髲

髲鬄也亦作被詩被之僮僮首飾也之被與髲義同不得重押義異者非

骳

骫骳屈曲貌又紙韻【今增】

鞁

馬駕具鞍上被也又能止馬使徐行者國語吾兩鞁將絕【增入】○

毀

况偽切隳之也又小兒去齒男八歲女七歲又紙韻凡成毀之毀上聲賀莊子其成也毀也之類是也非自壞而隳毀之則去聲孟子毀其宗廟之類是也惡聲令聞之毀譽則毀上聲譽去聲孟子有不虞之譽有求全之毀之類是也忌其人而毀之媢其人而譽之則毀去聲譽平聲論語誰毀誰譽之類是也然論語譽字有音毀字無音六經子史中成毀之毀與隳毀之毀皆無音姑從通用唯讀書點校者不可不知【增入】一○

帔

披義

切褰屬○輢於義切車旁俗作輢又紙韻　倚依物爲倚禮記矢伸跛倚又支紙二韻【增入】

六○至脂利切到也極也說文鳥飛从高下至地也故篆文作𡔛象其形也　摯握持又姓又與贄同周禮以玉作六摯禮記凡摯天子鬯諸侯

圭又與鷙同禮記前有摯獸則載貔貅詩傳雎鳩摯而有別　鷙猛擊鳥鷹鸇之類廣雅鷙執也取其能服執衆鳥漢杜詩傳湯武善御衆故無忿鷙之師

注鷙擊也凡鳥之勇獸之猛者皆曰鷙亦作鷙鷙　鷙月令鷹隼蚤鷙　贄執贄本作摯亦作質書五玉三帛二生一死贄　質孟子一不傳

質爲臣又物相贅當也左傳周鄭交質又質韻　礩柱礩又質韻【重增】○嗜時利切欲也好也亦作耆　耆孟子耆秦人之炙又脂旨

二韻　視瞻也比也效也俗作視亦作眎眡說文作眂曲禮幼子常視毋誑注視古示字漢視視項羽無東意師古曰漢書多以視爲示古字通用鹿鳴詩視民

不恌注古示字孔氏詩解曰古字以目視物以物示人同作視後世目視物爲示旁

見示人物作單示字然則示人物之用只作示若引經史常視毋誑視民不恌視項

羽無東意之類則可通用仍不作上聲用唯視聽之視有上去二音【元[illegible]】許

旨至二韻通押臣案論語孟子視字並無音毛詩視聽字亦無音禮記前後皆無音

唯曲禮視瞻毋回有上去二音尚書前後皆無音唯洪範三曰視音上聲同此字義

自相抵捂如此若如孫諤所請有獨音者只從獨音押用却成拘攣故凡字同義同

者不問有音無音一音二音三音四音並合通用臣己於遂字下箋釋及於去聲被

字下申明又於上平聲九魚韻後令項陳乞許令通用今又明載釋文抵捂於此庶

使有司考挍不至疑惑 眎 同上又與示同趙充國傳遭穀至臨羌以眎羌虜又旨韻 眡 又旨韻〔今增〕 示 垂示也呈也又

支韻 謚 誄行立號以易名也謚法自周公始亦作諡 諡 漢書賜之令謚〔增入〕 ○二 而至切地數之始古作弍 弍 貳 副也重也

疑也敵也不一也攜貳離心也古亦借用二字左傳侍臣無二心周禮官府立其貳謂小宰小司徒之類小宰掌邦之六典八法八則之貳注貳副也謂副本也鄉大夫獻

賢能之書內史貳之注內史副寫其書酒正大祭三貳注三貳三益副之也左傳大叔命西鄙北鄙貳於己注貳兩屬又副車曰貳車亦作貣貸 貣 貸

差貣月令宿離不貣毋或差貣並音二又音慝又代德二韻〔重增〕 樲 棗屬孟子養其樲棘注樲棘小棘所謂酸棗也 ○ 帥 所類切主也率也統

也領也將帥師帥亦作率文字指歸曰佩巾也郎帨也故字从巾借爲將帥又帥字又質韻 率 同上又捕鳥網帥率義同者不得雙押義異者非又見下

又質術二韻 ○四 息利切倍二爲四說文陰數也从口从八口音圍象四方也八者別也口中八象四分之形古文作亖 肆 陳也次也緩也

放也列也遂也恣也踞也量也又市廛之舍也又編挂鍾磬各一堵謂之肆又縱也韓文汪洋大肆又有罪既刑陳其尸曰肆論語肆諸市朝古作隸今作肆又見下又

錫韻〔增入〕 駟 一乘四馬又天駟房星又四人共車左傳文十一年富父終生駟乘又質韻〔今增〕 泗 水名受泲水東入淮又夜魚鼻曰泗文中子

禮樂篇仲尼之宅四濱作四 柶 匕也 ○ 次 七四切次第又行師再宿爲信過信爲次又位次周禮大次小次若今更衣處也又婦人首飾周禮

追師掌爲副編次注次者次第髮長短爲之所謂髮髢也 佽 便利詩決拾既佽又
士昏禮女次鄭康成曰次首飾今之髮也又脂韻 合圖 助也詩胡不佽焉又
代也遞也及也又佽飛古劒 佽 荀子注云荆有佽飛 髮 婦人首飾 緌 繢所未
士漢取爲軍名亦作佽 得寶劒於干越 重增 亦作次 緝者又
周禮廛人掌斂市絘布鄭司 ○恣 資四切 ○自 疾二切所從來也由 ○邃 雖遂
農曰絘布列肆之稅布也 縱肆也 也率也躬親也用也
切深遠也从穴从 粹 不雜賈誼傳粹於羣下蘇林曰粹 睟 清和潤澤貌孟子
遂俗作邃省文 純也言是埶悉在羣下又隊韻 睟然見於面
誶 誚也告也訊 祟 神禍 ○翠 七醉切鳥名赤羽曰翡青羽曰翠翠小如燕
也又隊韻 鬼厲 毛青黑色翎深青有光彩飛水上食魚翡大
如鵁毛紫赤翎點點青不深無光彩林棲不食魚今俗呼翠亦曰翡翠杜甫詩以翡
翠對鷃雞是也又翡翠碧玉能膏金韓愈詩以翡翠對琉璃是也又尾肉曰翠內則
舒鳧 ○醉 將遂切爲酒所酣曰醉說文醉 ○遂 徐醉切成也就也因也繼也從
翠 卒也各卒其度量不至於亂也 也又周禮五縣爲遂鄭司農曰
百里外曰六遂遂人主之左傳僖四年遂伐楚杜預曰遂兩事之辭又因 術 禮
循也荀子小事殆乎遂亦作術又擅成事也公羊傳大夫無遂事易无攸遂 記
審端經術經音徑術音遂此與夬閼有遂之遂同又學記術有序音遂此與六 鐩
遂之遂同若此類則不可雙押如用徑術黨術與成遂之遂自可重押又術韻
火鑑亦作 燧 同上又火燧古有燧人氏論語鑽燧改火注鑽火各異木是以鑽燧
燧又作鑒 爲鑽木出火也或曰燧取火之木也又燧燧晝燔燧夜舉燧以警寇

也又塞亭上守熢燧者亦作𤇶**燧**相如游獵賦皐燧燧**鐆**與鐩同**(隧)**墓道亦作墱左傳隧而相見注隧若今延道延道即墓道

也又徑路曰隧詩大風有隧注隧道也又見下[今圖]**𡑞****襚**贈終衣**旞**全羽繫旌上周禮全羽為旞**璲**佩玉**繸**綬也所以連繫

佩王者从糸从㒸監本从遂誤[今正]**檖**陽檖木名一名赤羅詩作檖監本作橼誤[今正]**澻**田間溝亦作遂周禮夫間有遂注一夫百晦之田遂廣深各二

尺**穗**禾穎亦作穟廣韻作采**穟****(篲)**竹埽帚本作彗又祭韻[今圖]**(彗)**同上又彗星形如彗除舊布新之象又祭韻[今圖]○

(萃)秦醉切卦名聚也亦作崒又與悴同左傳無棄蕉萃荀子勞苦頓萃又隊韻[今圖]**顇**顦顇憂瘁也亦作萃悴瘁**悴**同上國語日以憔悴

又憂也**瘁**同上班固賓戲朝為榮華夕而焦瘁又病也**(崪)**聚集也亦作崒賈誼服賦異物來崪相如賦萬端鱗崪師古曰與萃同史記作萃又

術韻[增入]**(踤)**太元經鷺踤于林又術韻[今圖]○**地**徒二切土地古作墬坔**墬**班固賓戲天墬之方[增入]**坔**見戰國策又趙充國

傳排折羌虜令不得歸肥饒之坔[增入]○**(致)**陟利切極也送至也使之至也趣也亦作底又見下从至从夊夊音綏俗作致**(底)**書震澤底

定史記音致又支紙二韻**(疐)**礙不行又頓也跲也亦作躓又霽韻**𨇨****(躓)**跲也與𨇨通又脂韻**輊**車前重漢馬援傳居前不能令

人輕**騺**馬重从鳥誤[今正]**懫**忿也恨也怒也止也亦作懥**懥**大學心有所忿懥則不得其正○**緻**直利切密也亦作致

俗作緻 ㊀致 禮記必工致爲上考工記輪人注幎均致貌鄭司農注地官曰膏物謂楊柳之屬理致且白如膏【增入】 稺 幼禾亦作稚今人物幼小

皆曰稚 ㊀治 理效也之韻陳尼切攻理也辯在其下治字本是平聲脩治字从水从台台音怡諧聲也借爲去聲[illegible]亂經典釋文治字平聲者

皆旡音假借作治道平治字皆音直吏反唯孟子治人不治反其智音義治人音直之切此恐治人之治不治之治相亂故特音也他可類推 ㊀遲 待也又欲

速而以彼爲緩曰遲使彼徐行以待此亦曰遲亦作遟又脂韻 ㊀遟 荀子遟彼止而待我漢高祖遟明圍宛顏師古曰此言圍城事畢然後天明明遟於事故

曰遟明變爲去聲音丈二反漢書諸遟某事者義皆類此又脂齊二韻【增】 ㊀謘 語諄謘荀子衆積謘謘乎又脂韻【重增】 ○利 力至切宊也通

也銛也利澤也順易也財用也功用也 ㊀莅 臨也亦作蒞涖又音類【合圈】 ㊀蒞 又音類【增入】 ㊀涖 詩公劉序成王將涖政音利又

音類又水聲【合圈】 ○膩 女利切肥膩 ○㊀轛 追萃切車橫軨又隊韻【合圈】 ○墜 直類切隕落亦作隊隧 ㊀隊 詩爲

國之基隊矣左傳俾隊其師罔敵失隊並音墜又賄隊二韻【增入】 ㊀隧 班固賓戲厥宗亦隧王莽傳不隧如髮萻子武王伐紂至共頭而山隧【增入】

㊀懟 怨懟亦作譈又隊韻 ㊀譈 又隊韻【合圈】 隊 與墜同唐書高銖傳隊舊典【重增】 ○類 力遂切善也法也等也種類也肖似

也說文種類相似唯犬爲甚故从犬 ㊀率 等也揔率也亦作類易王弼略例率相比而无應音類又如字【重增】 ㊀淚 目液又霽韻【合圈】 纇

師祭爾雅是禷是禡師祭也亦作類以事類祭天神也○肄羊至切習也勞也又嫩脩也斬而復生曰肄亦作𦘔肄又祭韻[今圖]𨽿[增入]肄

左傳注講肄音與肄同[增入]勩勞也亦作肄又祭韻[今圖]廙恭也又職韻○侐火季切靜也詩閟宮有侐又職韻[增入]

○弃磬致切捐也遺也背也亦作棄棄俗作棄○遺以醉切餽也贈也周禮遺人注遺謂以物有所贈遺也詩木瓜序遺之車馬器

服又支脂二韻墤土埒又脂旨二韻瞶廣韻目瘓又未隊二韻聵聾也又怪隊二韻[重增]蜼猴屬又旨

宥二韻○睢香萃切恣睢暴戾矜放貌又支脂齊三韻○悸其季切心動又帶下垂貌詩垂帶悸兮○季居悸切少也小稱左

傳亦唯伯仲叔季圖之凡時之末月稱季世之末曰季世又姓○齂虛器切臥息咥笑聲詩咥其笑矣又質屑二韻[增入]屭贔屭

作力貌魏都賦巨靈贔屭廣韻作屓屓同上韓愈月蝕詩寒氣屭奰頑無風吳都賦巨鼇贔屓[重增]豷豕息又寒浞少子澆之弟也封於戈少康使其

子后杼誘而殺之見左傳史記从豕从壹監本从豸誤[今正]燹野火又獮韻[增入]○隋許恚切周禮守祧既祭則藏其隋鄭司農曰隋

神前沃灌器名康成謂尸所祭肺脊黍稷之屬藏之以依神又支果二韻[增入]○器去冀切說文皿也亦作器噐[增入]○冀几利切州名說文北

方也又欲也望也亦作兾幾兾書禹貢兾州[增入]幾左傳庸可幾乎漢郊祀志幾遇其真又微尾未三韻[增入]覬覬覦希幸也俗作覬

亦作𢘅懻 懻 懻忮很也又彊力漢地里志趙俗懻忮薛瓚曰今北土謂彊直爲懻中亦作𢜤 洎 廣韻肉汁又浂也史記封禪書水而洎之徐廣曰灌

釜中曰洎音冀此古漑字當與未韻通用又見下【重增】 漑 同上又未代二韻【重增】 穊 稠也 驥 千里馬亦作𩦯 驥 論語驥不稱其

力【增入】 ○臮 巨至切众詞與也說文引虞書臮臯陶今書作暨从自从水今作臮 洎 及也與臮同又潤也【今圈】 暨 同上又日頗見

也又未韻【今圈】 垍 堅土 墍 仰涂亦作墍又未韻 塈 同上又未韻【增入】 𧮥 至也左傳善鄭以勸來者猶懼不𧮥【增入】

○懿 乙兾切專久而美也溫柔聖克也大也又之韻【今圈】 撎 拜舉手左傳注若今之揖也 饐 飯敗傷溼又食不下也亦作餲又脣韻【今圈】

饐 漢賈山傳祝饐在前顏師古曰饐古饐字又脣韻【增入】 ○劓 魚器切刑截其鼻又祭韻 ○位 于累切易聖人之大寶曰位位

者正也列也涖也凡所當立者皆曰位中庭之左右謂之位郭璞曰羣臣之列位也 ○喟 丘媿切歎息聲亦作嘳又怪韻 嘳 屈原賦永歎嘳

兮又怪韻【增入】 𨁝 山貌又微旨二韻 䙡 衣系又泰韻【增入】 ○愧 几位切慙也亦作媿 媿 騩 馬淺黑色又脂

微二韻 勩 𢾈也力乏也魏蔣濟傳彫勩之民不爲國用釋文無音案唐書多用彫勩勞勩竇苹音訓云學者多讀爲愧【增入】 庪 爾雅祭山之名

又食閣亦作庋又紙韻【重增】 庋 又紙韻【重增】 ○匱 求位切乏也竭也匣也元有圈今正 鐀 匣也司馬遷紬石室金鐀之書亦作匱

蕢 草器又怪韻 簣 書功虧一簣漢書一簣障江河論語未成一簣雖覆一簣左簣土籠也 增入 饋 進食以餉也饁也亦作餽 餽 同上又貽也孟子餽兼金 畀 必至切付與也又濞至切从田从丌从廾誤 今正 庇 蔭也亦作芘屋宇作庀草木作芘俗通用 芘 蔭也又毗至切草名又脂韻 今圈 比 及也論語比及三年禮記比御而不入孟子比其反也且比化者又見下又脂紙旨質四韻 增入 ○鼻 毗至切面之中部易艮為鼻鼻者始也人之胚胎鼻先受形故謂始祖為鼻祖說文引氣自畀也从自从畀从廾誤 今正 比 卦名易彖比吉也比輔也又近也黨也密也又協也並也揔也親近也頻也禮記比年入學注每歲也晉毗志反漢書比年猶頻年也無音合依禮記音用周禮地官五家為比取其相聯比而居也小司徒三年則大比注大比謂使天下更簡閱民數及其財物也又鄭司農云五家為比故以比為名今時八月案比是也 庳 國名亦作庳卑 庳 孟子封之有庳又支紙二韻 增入 畁 鄒陽傳舜封象於有畁又支紙二韻 增入 ○祕 兵媚切隱也密也神也視也藏也勞也从示从必監本从禾誤 今正 毖 謹也告也遠也 閟 閉也深也幽也 泌 水俠流又質韻 鄪 邑名亦作費 費 又未韻 今圈 轡 馬轡一日靶亦作鞁 䩛 柲 戈戟柄又質韻 ○濞 匹備切水暴至聲又人名漢吳王濞又霽韻 淠 水名在汝南又霽韻 重增 備 平祕切具也足也成也咸也副也預辦也防也俗作備 葡 具也古作葡 重增 犕 玉篇服也以鞍裝馬也亦作鞴犕漢書作被當與被字通用一

曰牛八歲又屋韻重增 𨏈 同上廣韻車欲也字亦作轔又暮屋二韻重增 𡗜 不醉而怒一曰怒也詩內𡗜于中國 糒 糗糧乾飯也又

怪韻今圖 贔 贔屓作力貌 紕 飾也詩素絲紕之又支脂止三韻 ○媚 明祕切嫵媚又蠱也又愛也詩媚于天子 魅 精怪亦作

鬽从鬼从未俗作魅 鬽 俗作魅 寐 寢也臥也息也寐者昧也目閉神藏莊子其寐也魂交 篃 竹名一尺數節 郿 地名屬扶風詩

王餞于郿董卓家郿塢又指韻重增 娼 妬嫉廣韻夫妬婦又號德二韻重增 靡 揚雄賦聖風雲靡顏師古曰協韻音去聲又支紙二韻重增

入 ○出 尺類切出之也又吐也進也現也寫也斥也遠也凡物自出則入聲使之出則去聲詩匪舌是出音尺類反亦有作兩音者易出涕沱若利出

否皆有兩音又術韻

七○志 職吏切詩序在心爲志謂意志也論語志於道謂心之所主也又骨鏃不翦羽爲志又記也與誌同漢書十志又旗也史記沛公以周昌爲職

志篆文作𢗏从之从心心之所之謂之𢗏今作志 誌 記也亦作志識又吳楚俗謂黑子爲誌中國通呼爲黶黑子 識 書序識其政事又見下又

職韻今圖 織 織文錦綺屬亦作誌書禹貢厥篚織文無音當於去入二聲通用又見下又質韻 ○試 式吏切用也嘗也探也較也 識

旌識謂以旌旗爲表也左傳宣十二年注楚以茅爲旌識音申志反又音志又表識謂有所標表令異日可識知也漢劉向傳不可不識也師古曰墓須表識音式志反

【重增】始 方始爲之月令桃始華蟬始鳴音式志反又止韻【增入】 室 房也晉東晳傳心存無營之室叶韻去聲又刀削又質韻【增入】 失 過也縱也逸也晉應吉甫宴射詩過則有失叶韻音試又質韻【增入】 ○熾 昌志切火盛 饎 說文云酒食方言云熟食亦作糦饎 糦 饎 周禮有饎人 幟 旗也廣雅幡也亦作織 織 漢志旗織加其上音幟【增入】 埴 黏土俗作埴又職韻 ○侍 時吏切進也徒也承也亦作寺 寺 同上又寺人奄宦亦作⿵門寺又見下 ⿵門寺 蒔 植立也更種也又之韻 ○餌 仍吏切食也說文粉餅也又釣啗魚者莊子以五十犗爲餌賈誼傳五餌又紙止二韻【今圈】 珥 瑱也一名耳璫俗作珥又止韻 鉺 玉篇鉤也韓愈城南聯句脩簡鳥金鉺【重增】 聏 和也莊子以聏合驩音義云聏和萬物也又之韻【重增】 刵 斷耳 毦 氅毦飾又罽也 咡 口旁曰咡 衈 開刑書殺雞血祭名周禮注割牲耳血及毛祭以爲刉衈 ○胾 側吏切大臠肉禮左殽右胾注骨體曰殽切肉曰胾 剚 插刀又置也李奇曰東方人以物插地皆爲剚 事 廣韻事刃亦作剚又見下【重增】 傳 立事曰傳周禮大宰事典以任百官注任猶傳也陸德明云傳猶立也【重增】 椔 木立死亦作菑又之韻 菑 詩其菑其翳又輻本入轂中者曰菑考工記察其菑又之咍二韻【增入】 ○駛 疏吏切馬行疾亦作駛又止韻【今圈】 駛 又止韻 使 將命者東觀記馬援祖父賓宣帝時以郎持節號使君又遣人聘問曰使論語蘧伯玉使人於孔子又止韻 史

史君通作使又止韻【增入】○廁初吏切間也雜也攻也圂也居高臨垂邊曰廁高岸夾水曰廁亦作廁厠【增入】○事任吏切世務大

曰政小曰事紀綱法度曰政動作云爲曰事三公之任周禮事六卿之任曰六事又奉也營也治也職也采也載也【今圖】○笥相吏切竹器圓曰簞方曰笥

思意也慮也情緒也揚雄甘泉賦䰀精華思陸機文賦罄澄心以凝思尚書序研精覃思又悲也詩鼠思哀以思又之咍二韻伺奄闚也偵

候也亦作司又之韻【今圖】司同上又官司也主也康衡敘傳因于二司魏都賦藥劑有司皆協韻去聲又之韻【增入】僿無悃誠又細碎也又

代韻○寺祥吏切司也廷也官舍有法度者官吏之所止也又寺人閹官也又浮屠所居謂之寺亦以官府得名也嗣繼也飤以食食人

亦作食飼食同上詩飲之食之孟子食志食功又餅也又飯也糧也論語孟子簞食周禮廩人賙賜稍食並音飤又職韻【今圖】飼○字

疾置切飾也乳也愛也撫也文字也字者孳也相生无窮也孳生育乳化曰孳通作字又之韻牸牝牛凡獸育子曰牸亮與作孳○置

竹吏切驛傳也馬遞曰置步遞曰郵漢書烏孫傳有便宜因騎置以聞師古曰即今驛馬也黃霸傳郵亭鄉官師古曰行書舍傳送文書所止處如今驛館矣孟子德之

流行速於置郵而傳命又設也安也赦也建也措也弃也又見下俗作置【今圖】○眙丑吏切直視一曰注視又之韻【今圖】○値直吏切遇也當

也亦作直又持也詩値其鷺羽俗作値直月令注宿直謂値某星也漢張敞與朱邑書直敞遠守劇郡寗成傳無直寗成之怒並與値同孟子直不百步

月亦音值俗作直又職韻【增入】植種也一曰將也又左傳華元爲植又立也周禮大宗伯注植壁賈誼賦方正倒植又蠶器月令具曲植注植槌也俗作植又職韻置貫而立也詩置我鞉鼓俗作置【增入】褫解也脫也荀子極禮而褫又奪也又支紙二韻【重增】彘邑名在汾上左傳厲王居于彘又豕也又祭韻布傳音直吏反詩韓奕注音直例反二音合通用【增入】○吏良志切所使者受命於天謂之天吏受命於君謂之官吏府史之屬亦曰吏○異羊吏切奇也分也怪也違也异舉也退也已也又與異同列子重囚纍梏何以异哉張湛曰异古異字又之韻【今圈】詒遺也貺也亦作貽又之海代三韻貽又之韻【今圈】○憙許記切好也悅也亦作熹又止韻【今圈】喜又止韻【今圈】嬉可嬉美姿顏也又之止二韻○亟去吏切數也遽也又職韻娸醜也班固述張禹傳安昌貨殖朱雲作娸又之韻【增入】○記居吏切誌也又書疏其語已辭亦作忌己又之韻忌又見下【今圈】已又止韻【今圈】○忌渠記切畏也憚也止也嫉也又忌諱亦作諅从己身之己俗从己誤綦春秋衛宗伯憂父弗忌禮記作弗綦又兩足不能相過也穀梁傳注齊謂之綦楚謂之踂衛謂之輒又綥飾內則綦屨音忌又之韻【增入】諅說文引周書不諅于凶德今書作忌誋誡也告也信也【增入】惎教也謀也毒也又間惎亦作惎惎异舉也又之韻【重增】○意於記切志意心所嚮也又之職二韻【今圈】薏蓮的中又薏苡草名子可服又職韻【今圈】

獨用 八○未 無沸切辰名爾雅歲在未曰協洽漢志昧薆於未又猶未也 味 五味物之精液隨性所成水鹹火苦木酸金辛土甘 ○

費 芳未切散也耗也縻也又見下又至韻 髴 髣髴閒見不審貌亦作𩭹又勿韻 怫 漢郊祀歌相放怫顔師古曰放音昉怫音沸 增入

又 沸 觱沸泉涌出貌又渲也亦作濆又泰勿二韻 濆 渲也亦通作沸俗作濆 增入 誹 非議亦作非又微尾二韻 非 晁錯

賢良策非謗不治注非讀曰誹又微韻 重增 芾 蔽芾小木盛貌亦作茀又勿韻 今圈 茀 又隊廢勿沒二韻 今圈 ○ 屝 父沸切屨

也喪禮謂之菅屨以草爲之周謂之屨夏謂之屝左傳僖四年共其資糧屝屨注屝草屨亦作菲 菲 禮記不杖不菲方言薄也又菜名又微尾二韻 增入

䠊 刖足亦作剕 剕 厞 隱也又微韻 疿 風病亦作腓又微賄二韻 腓 同上又避也亦作萉又微韻 今圈

萉 班固幽通賦安慆慆而不萉兮 重增 翡 赤羽雀賈山至言飾以翡翠應劭曰雄曰翡雌曰翠薛瓚曰異物志翡色赤而大於翠顔曰鳥名別類非雌雄

異名也俗作翡 狒 狒狒獸名如人被髮迅走食人亦作𤝞 𤝞 吳都賦𤝞𤝞笑而被格 重增 昲 方言物乾列子肴未昲 重增 𥢑 稻紫

莖 黂 枲實 費 邑名史記魯世家作鄪亦姓漢有費直 蜚 蟲名負蠜亦名盤蠜即蝗子也又獸名又微尾二韻 ○ 欷

許既切泣餘聲亦作唏又微韻 唏 漢史丹噓唏而起廣韻唏也又尾韻 增入 餼 小饋客生食及芻米詩傳牲腥曰餼亦作氣既氣有圈 今圈 氣

春秋傳齊人來氣諸侯又見下〔增入〕既 禮記中庸既廩稱事又見下〔重增〕黖 物生貌吴都賦萬物蠢生芒芒黖黖 愾 大息詩愾我寤

歎又至也禮記愾乎天下矣又代迄二韻 熂 芟草燒之 ⿰雲氣 雲貌又尾韻 摡 取也一曰拭也又代韻 塈 仰塗書惟其塗

塈茨亦作墍又取也詩頃筐塈之又息也詩伊余來塈民之攸塈塈有依附之義下之附上若仰塗然又至韻 墍 又至韻〔增入〕○ 氣 丘旣

切元氣也息也亦作炁气 炁 气 同上說文雲气也又與人物亦作乞又迄韻 乞 與人物亦作气又迄韻 ○

既 居氣切巳也盡也又見上 漑 灌也亦作洎又至代二韻 洎 同上又至韻 暨 諸暨邑名又見下又至韻

〔增入〕○ 禨 其既切福祥又沐而飲也禮記王藻進禨注云飲作樂也沐必進飲盈氣也故沐而飲謂之禨又微韻 璣 珠不圓者又微韻

暨 及也〔今增〕刉 封也又微泰隊三韻 幾 未巳也又將及也列子齊威公破之降北國幾克舉又微尾至三韻〔增入〕○ 衣

於既切著衣也又微韻 ○ 毅 魚既切剛毅有立也左傳致果爲毅 藙 煎茱萸禮記三牲用藙漢律會稽獻藙 ○ 胃 于貴切穀府亦作膭

胃字下从月偏旁肉字也又加月於其旁此後人妄添耳篆作[illegible] 謂 與之言也告也報也事有可稱曰有謂失於事空不可名言曰亡謂非與之言而稱其人

亦曰謂論語子謂子賤子謂子產子謂仲弓是也指事而言亦曰謂詩謂天蓋高之類是也稱其言亦曰謂論語此之謂也其斯之謂與是也 ⿰忄胃 怫⿰忄胃不安怫音

未

渭 水出隴西涇濁渭清 彙 類也茂也又蟲名又與蝟同爾雅彙毛刺俗作彙 蝟 蟲似豪豬而小賈誼傳如蝟毛而起 緯 縱曰經橫曰緯家語南北爲經東西爲緯又天象定者爲經動者爲緯 圍 繞也又微韻〔增入〕○諱 許貴切避忌也隱也又護短曰諱 卉 草總名又尾韻古作芔 芔 同上漢書相如上林賦芔然與道而遷義師古曰芔然猶焱然也文選音忽誤又尾韻〔重增〕○貴 居胃切尊也位高也貴賤之反 𧶠 漢書食貨志鹽鐵器苦惡賈𧶠又曰商者少物𧶠〔重增〕 瞶 極視見廣韻又至隊二韻〔重增〕○尉 紆胃切候也安也又火斗尉器篆文作㷉从𡰥从火从又又偏旁手字持火所以申繒也今文作尉又勿韻俗加火作熨〔今圖〕 慰 安之也有以慰其情也通作尉漢車千秋傳尉安黎庶顏師古曰尉安之字本無心尉與慰義同者不得重押義異者非 畏 忌也怖也心服也又灰韻又烏賄切畏壘山名〔今圖〕 罻 捕鳥網又勿韻 蔚 牡蒿又茂也又文深密貌易其文蔚也有兩音又勿韻 霨 雲起貌○魏 虞貴切國名又姓又象魏觀闕也象者法象也魏者高巍也魯人因謂敎令之書爲象魏左傳哀三年命藏象魏又微韻 犩 如牛而大肉數千斤又微韻

〔獨用〕九○御 牛據切侍也撫也統也進也使也幸也用也御馬也亦作馭又步挽輦車詩徒御不驚又止也扞也亦作禦圉又勸侑曰御禮記御食於君又凡衣服被於體飲食適於口嬪妾接於寢器物用於手皆曰御又天子所止謂之御前曰御前書曰御書服曰御服皆取統御四海之義又語禡二韻

馭 周官大宰以八柄詔王馭羣臣以八統詔王馭萬民大馭掌馭玉路戎僕掌馭戎車道僕掌馭象路田僕掌馭田路馭夫掌馭貳車保氏四曰五馭大司徒作御詩書皆作御御與馭義同者不得重押義異者非

禦 止也扞也拒也亦作御又語韻

圉 禦也止也扞也陲也賈誼敘傳以强守圉協韻去聲又語韻〔增入〕

語 以言告人也又語韻

漁 佃漁揚雄解嘲或橫江潭而漁叶韻音去聲又魚韻〔重增〕

䱷 周禮䱷人釋文音魚又音御亦作魰又魚韻〔重增〕

魰 又魚二韻〔重增〕

○**飫** 依據切燕食亦作䬵說文飽也亦作饇从食从夭舊从夭誤〔今正〕

䬵

饇 同上詩如食宜饇有兩音又私燕飲也又遇韻〔增入〕

淤 澱滓方言水中可居為洲三輔謂之淤上林賦行乎洲淤之浦又魚韻

瘀 氣血壅病宋玉九辯形銷鑠而瘀傷〔重增〕

棜 陳饌蔫尊器又無足尊也

○**去** 丘據切來去離去相去去就之去又魚虞語二韻

呿 口開也莊子口呿而不合又魚麻二韻〔重增〕

胠 脅也又魚語洽三韻

欸 欠欸終風詩釋文毛訓嚏作欸今俗云欠欠欸欸是也人體倦則伸志倦則欸音丘據反玉篇去欸欠張口也〔重增〕

○**絮** 摛據切調羹禮記毋絮羹注絮猶調也又見下

○**據** 居御切依據也引援也按也拒守也亦作据

鐻 樂器似夾鍾莊子梓慶削鐻又魚語二韻

倨 倨傲亦作裾又箕倨夷倨也亦作踞

裾 漢趙禹為人廉裾又魚韻〔增入〕

踞 蹲踞獸直前足坐也又箕踞人傲坐形如箕也亦作倨史記張耳傳高祖箕倨又據物而坐曰踞汲黯傳上踞廁視之

据 戟挶手病詩予手拮据又魚韻

舉　揚也挈起也揚雄解謝蔡澤雖噤吟而咲唐舉師古曰協韻居御反崔駰達旨辭或堂色行斯舉亦音據又語韻【重增】

鋸　刀鋸

居　止也詩日月其居又處也詩維鳩居之王肅音去聲又之魚二韻【增入】

○遽　其據切傳也窘也急猝也戰慄也亦作渠又魚韻【今圖】

渠　同上詩庭燎注未渠央釋文渠其據反義與遽同言未便至夜分也又豈也亦作詎又魚語二韻【增入】

詎　同上亦作巨又語韻【今圖】

巨　漢書巨能入乎又語韻【重增】

蘧　蘧蘧有形貌莊子蘧蘧然周也音渠又音其據反又魚韻【增入】

懅　懼也慙也後漢書王霸慙懅而退

勴　勸務又懼也疾也唐有王勴【重增】

醵　合錢飲酒又魚藥二韻

○絮　息據切敝緜一曰絲餘爲絮不緜爲緜

○覷　七慮切伺視

狙　同上又猴也又魚韻

蜡　周禮蜡氏掌除骴注骨肉腐臭蠅蟲所蜡音狙伺之狙又禡韻【增入】

○怚　將豫切驕也

沮　漸沮浸溼之地詩汾沮洳又魚語二韻

苴　茅苴藉封終軍白麟對苴白茅於江淮音租又音子豫反又魚模語馬四韻【重增】

○疏　所據切條陳又記注也又魚韻俗作䟽

○詛　莊助切呪詛亦作作詸又語韻

作　同上詩侯作侯祝又暮箇鐸三韻【增入】

詸　見廣韻又虞韻【重增】

○助　牀據切佐也益也勴也

耡　商之稅名孟子作助又民相勸也周禮以興耡利甿音助又音鉏注謂起人民令相佐助也助與耡義同者不得重押如用扶助與貢耡興耡者非又魚韻

○恕　商豫切以己體人曰恕論語子貢問曰有一言而可以終身行之者乎子曰其恕乎

己所不欲勿施於人

庶 衆也侈也冀也近也又章庶掌與二切周禮庶氏古作庻【合圖】○處 昌據切所也又語韻○翥 章庶切飛舉也○茹 如倨切飲也菜也茅根也食也受也詩柔亦不茹莊子不茹葷又測度也詩玁狁匪茹不可以茹又相牽引貌又魚語二韻○洳 沮洳漸溼之地又魚韻【合圖】

如 似也往也見廣韻蘇軾和陶淵明詩乃比藺相如作去聲押又魚韻【重增】○著 陟慮切明也章也紀述也亦作箸又朝內列位曰表著又見下又魚語藥三韻○箸 又見下又藥韻【合圖】○噓 許御切吹噓見廣韻韓愈元和聖德詩柴䉶噓呵音去聲又魚韻○𡡉 慈預切怨嗟貌嵇康琴賦或怨𡡉而躊躇【重增】○筯 遲據切梜也亦作箸○箸 又見上【合圖】

除 減也去也詩日月其除風雨攸除又開出也詩何福不除又魚韻○著 朝內列位又門屛之間齊風有著詩顏師古曰著地名卽濟南郡著縣一曰門屛之間【增入】○躇 躊躇住足也漢武帝賦哀裵回以躊躇音去聲又魚藥二韻【增入】○慮 良據切謀思也憂也疑也又總計曰亡慮猶言多少如是無疑也又魚韻【合圖】○鑢 錯銅 𨯿 同上考工記注磨鑢之器【重增】勴 助也贊勉也 爈 爈爈 濾 漉去滓也 䜢 詐也

錄 史錄囚亦作慮囚俗作錄又屋燭二韻【增入】○窶 貧無禮也亦作寠詩正月箋小人富而窶陋將貴也窶上聲又音慮又侯麌二韻【增入】

寠 又麌韻【增入】○女 尼據切以女妻人又語韻 䨲 兔子韓愈毛穎傳明眎八世孫䨲又侯韻【重增】○楚 創據

切木名又楚利又辛痛又語韻【增入】○豫羊茹切卦名逸也遊也悅也安也猒也樂也怠也猶豫也早也先也通作預與豫本獸名象屬故字從象預先也安也廣韻樂也佚也怠也猒也通作豫又及也參預也下也通作與與及也參與也干也通作預豫史記猶與未決漢書猛虎猶與又方與縣名又歎辭疑辭亦作歟三字義不同者可分押如用豫卦豫州逸豫與杜預參預猶與之類是也又魚語二韻歟廣韻歎也又魚韻【重增】悆喜也

譽聲譽孟子令聞廣譽又叔譽晉叔向也又魚韻轝兩手對舉之車又江南謂轎爲肩轝亦作輿與舁又魚韻【今圈】輿同上又平輿汝南地名又魚韻【今圈】舁又魚韻【增入】礜藥石蠶食之肥鼠食之死穥黍稷美也蕷山藥亦作萸藇又語韻

澦灩澦堆在瞿唐峽口鸒雅烏也一名卑居亦作鷽又魚韻【今圈】

【通用】與暮通

十○遇元具切爾雅遇偶也不期而會也又冬朝之名又待也寓寄也託也又虞韻【今圈】禺母猴屬又鍾虞二韻虞娛樂揚雄賦反五帝之虞協韻去聲又虞韻【增入】○嫗威遇切母也又老婦之稱又體嫗之也又麌韻嘔噓也又嘔喻和悅貌漢王褒傳嘔喻受之又虞侯厚三韻燠燠咻痛念之聲亦作噢又麌號屋三韻噢又麌韻【今圈】饇飽也又私燕飲亦作飫又御韻【今圈】○驅區遇切馬馳又虞魚尤三韻○僂俱遇切傴屬鞻同上周禮鞮鞻氏注鞮鞻四夷舞者所扉

也又音屢又侯韻【公圖】絇絲數又虞韻句句絕文詞止處曰句又方也莊子屨句屨者知地形又虞侯屨三韻又古候切絛廟諱嫌名

合當迴避其餘照式許用瞿鷹隼視又瞿然失守貌亦作懼又虞韻懼漢東方朔傳懼然易容東漢署剛傳懼然自刻又見下【重增】

蒟木實可為醬亦作枸又虞韻【公圖】枸又侯麌厚三韻【公圖】○懼衢遇切怖也又見下【公圖】颶海中大風韓愈赴江陵詩颶起最可畏注嶺南錄異云嶺嶠夏秋雄風曰颶音具房千里投荒雜錄云南方諸郡皆有颶風以其四面風俱至也蘇軾颶風賦颶風者具四方之風也永嘉人謂之風癡【增入】

具備也辦也器具也从目从廾今作具共周禮內饔掌共羞脩刑膴胖骨鱐以待共膳注掌共共當為具釋文音具又鍾腫用三韻

【增入】⿰食具寒⿰食具餅屬通作具○芋王遇切草根可食大者曰蹲鴟亦作芌芋東方朔曰關中土宜薑芋顏師古曰芋葉似藕荷而長不圓其根正白可食亦有紫者杜甫詩紫收岷嶺芋又虞韻【增入】

吁歎也虞韻疑怪辭又虞韻【重增】羽翼毛又羽音栩作羽又麌韻雨自上而下之曰雨詩雨雪其雱雨我公田春秋大雨雪之類又麌韻雩郭璞爾雅注江東呼美人虹為雩音遇反古作雩又虞韻【重增】

○裕俞戍切饒也寬也一曰衣物寬饒也从衣从谷欲情欲潘岳西征賦泊恬靜以無欲叶韻音喻又燭韻【重增】諭告也譬也曉也亦作喻喻當作諭【公圖】

喻同上又姓又虞韻當作喻【公圖】瘉病也詩父祖為瘉瘉當作瘉又虞韻【重增】籲呼也籥和也○赴芳遇切奔也至也趨就也

仆 頓也偃也亦作踣又宥德二韻
踣 莊子申徒狄因以踣河又德韻 重增
訃 至也又告喪
付 畀也授也又見下 今圈
傅 相也又姓又官名傅之德義曰傅又見下又虞韻
薄 華葉布也
簠 簠簋見廣韻周禮舍人凡賓客共其簠簋之實無音合於平上去三聲通用又虞麌二韻 重增
賦 貢賦稅賦禹貢厥賦惟上上錯注賦謂土地所生以供天子九州皆有賦貢與賦不同周禮大宰八則五曰賦貢注賦口率出泉也貢功也九職之功所稅也漢刑法志畿方千里有稅有賦稅以足食賦以足兵戎馬車徒干戈素具故後亦謂兵師爲賦左傳悉索敝賦是也又詩六義一曰賦鄭氏周禮注賦之言鋪直鋪陳善惡漢書不歌而頌曰賦賦者古詩之流也又貢士曰賦鼂錯策以臣充賦猶民歸賦於縣官故曰上以正取謂之賦又發施也詩賦政于外又給與也分界也責取也稟受也 ○
束 詩注切結約也周禮司約注約言語之約束釋文約於妙反束詩注反並一音如字據此則漢書要束字亦當有兩音又束縛也縛字有兩音束字亦當兩音又燭韻 重增 ○
附 符遇切寄也依也麗也又益也亦作坿又轉附山名又肺附心膂田蚡以肺附爲相劉向得託肺附衞青傳注肺附謂親戚也若身之於心膂也亦作胕附麗字亦作傅
傅 同上麗著也左傳毛將安傅又牽合曰傅會 增入
胕 肺胕心膂亦作附晉書作肺腑誤 增入
坿 白坿相如賦雌黃白坿蘇林曰白坿白石英也說文益也與附同 重增
祔 合食於先祖又合葬亦作付元有圈 今益
付 周禮大祝付練祥掌國事注付當爲祔祭先王以祔後死者釋文付音附 增入
賻 助也贈終者布帛公羊傳貨財曰賻
駙 副馬
鮒

魚名〔柎〕榆柎木名又醫人名又虞韻〔跗〕廣韻俞跗古醫名見史記又漢書揚雄傳臾跗音敷字從通用又虞韻【重增】〔婦〕妻也

子妻亦曰婦婦之言服也服事於夫也妻父曰婦翁女子已嫁曰婦人又好

貌荀子槀婦好又曰其容婦並無音白居易琵琶行作附音用又有韻【增入】〔負〕

擔也背何也孤負也从人从貝俗作負又有韻【增入】〔蕡〕王蕡草名俗作蕡又有韻【增入】〔偩〕偩抱俗作偩又有韻【增入】○〔務〕亡遇

切事務也專力於事也强也遽也趣也又麌韻【今圈】婺婺女星名〔瞀〕目不明又侯韻【今圈】〔鶩〕舒鳧鴨也野者能高飛又屋韻霧

地氣上天不應騖漢書音義直騁曰騖亂馳曰騖○娶逡遇切取婦詩禮記作取〔取〕同上又索也詩如酌孔取箋云孔取謂度所勝

多少又獲也收也受也又虞麌厚三韻【增入】〔趣〕疾也向也亦作趨又指意也又虞厚燭三韻〔趨〕又虞燭三韻【今圈】○〔足〕

子遇切益也又足恭便僻貌又足其不足曰足見周禮地官注釋文又燭韻○〔聚〕從遇切會也萃也斂也又邑落曰聚漢平帝立學官聚曰序顏師古

曰聚小於鄉音才喻反又聚之也辦在麌韻內【元祐新制】許二韻通押埾積土○戍春遇切守邊又過也舍也从人从戈人荷戈所以戍也

〔輸〕委輸漢有三輔委輸官掌委輸者也凡以物送之曰輸則音平聲指所送之物曰輸則音去聲委輸之委亦音去聲當作輸又虞韻【今正】〔隃〕

西隃鴈門地名當作隃又虞宵二韻【今正】○〔注〕朱戍切灌注水流射也亦作主又與註同又眷注意所主也又注措謂指嚮措置也又蟲喙考工記以注

鳴者又宥韻今圏 主 荀子主晝必平似法音訓與注同又麌韻重增 霔 時雨亦作注又霖霔 註 訓釋也通作注 咮 鳥觜

又喙也亦作注又虞尤宥三韻重增 鑄 鎔金入範 𧹞 戎服蔽厀一曰皮袴亦作注左傳有韎韋之跗注杜預曰韎赤色跗注戎服若袴而屬於跗與袴連

炷 火炷燼所著者又麌韻 馵 馬後左足白 屬 甲札之數禮犀甲七屬又著也又燭韻又殊遇切係廟諱嫌名合當迴避其餘照

式許用 紸 著也荀子紸纊聽息之時楊倞曰紸讀為注注纊卽屬纊也重增 燭 照也明也漢武帝紀光集于靈壇一夜三燭音注亦作炷

增入 又燭韻 爥 文選東都賦散皇明以爥幽又重增 矚 照也文粹沈亞之上冢官書戎鏡包陽當日而矚之則能延燧與火又燭韻重增

祝 周禮瘍醫掌祝藥注云祝讀如注病之注謂附著藥也又宥屋二韻增入 柱 掌也楮也又麌韻增入 駐 止馬 [illegible] 馬不

行又鍾韻增入 住 停手見廣韻又見下增入 ○住 廚遇切止也 ○屢 龍遇切頻數也疾也亦作婁 婁 又虞侯麌

增入 厚四韻 僂 尫僂又傴僂又莊子痀僂承蜩有兩音又侯麌侯三韻重增

十一○暮 莫故切日晚又冥也本作莫 莫 又鐸陌二韻今圏 慕 習也思也系戀也 墓 墟墓鄭康

成曰冢塋之地孝子所思慕之處檀弓古也墓而不墳

注墓謂兆域今之封塋也土之高者曰墳又模韻今圏 募 廣求又招也 ○怖 普故切惶懼也

亦作悑悑 誧 玉篇謀也又模姥二韻 重增 抪 布散也漢中山靖王傳塵埃抪散又見下 重增 鋪 設也陳也胥肆也又

虞模二韻 增入 ○布 博故切陳也鋪也又錢別名漢志布於布謂錢之流布廣於布帛也又布帛小爾雅麻紵葛曰布篆文从父从巾今俗作布 抪

擊也又見上 今圈 圃 種菜曰圃又圃田鄭地列子居鄭圃又姥韻 步 蒲故切徐行又一舉足曰步爾雅堂下謂之步步布也禮所謂堂下布武

是也又曰徒鼓瑟謂之步又輦行曰步武成王朝步自周召誥王朝步自周則至于

豐畢命王朝步自宗周至于豐皆輦行也後世稱輦車曰步輦謂人荷而行不駕馬

也又水際渡頭曰步又司馬法六尺爲步又𢾺又災害馬之神周禮校人

冬祭馬步从止从少反止爲少音他達反蹈也今文作少从少誤 今正 捕 擒捉也亦

作搏 搏 又鎛韻 今圈 哺 食在口又口飲韓愈詩雞來哺其兒 䊇 餔餌亦作餔 餔 同上又食也孟子徒餔啜也有兩音又模

韻 酺 會飲食一曰災害之神馬病蝗螟害稼皆祭之周禮族師春秋祭酺注云酺者爲人物裁害之神也故書酺或爲步又樸子春云當爲酺又模韻

鞴 鞴韍箭室亦作韛俗作鞴亦作步又一名箙又至屋二韻 重增 ○素 蘇故切質素又情素又白也徒也又故舊平常曰雅素常所踐履曰素履

又徒行曰素行又與愫同中庸曰素其位而行謂安其常分而行也又霍光傳注素

食無肉曰素食鄭康成解喪服素食曰平常之食失之矣又白練曰素又衣物無飾

曰素禮喪物尚素又器皿

栖棬之朴曰素从生从糸 訴 告也訟也亦作愬或作謝 愬 又麥韻 今圈 愫 眞情通作素 傃 向也又循

其常分曰傃中庸傃其位而行注傃皆讀曰素今本作素愫傃二字與索同者不可重押義異者非 泝 逆流而上曰泝洄順流而下曰泝游又尾遡流而上皆曰

濟亦作泝遡 泝 左傳沿漢泝江杜預曰沿順流泝逆流 遡 同上又逆也向也揚子其遡於乎 塐 埏土象物亦作塑 塑 嗉

鳥吭 ○ 措 倉故切處置也安著也施布也又委置也亦作厝通作錯 ㊀厝 又鐸韻 重圈 ㊀錯 同上又金塗謂之錯又姓又鐸韻

㊀醋 苦酒又酸也亦作酢又鐸韻 ㊀酢 又鐸韻 分圈 ○ 祚 存故切位也祿福也說文作胙 胙 建置社稷曰胙左傳胙之

土而命之氏又守社稷曰胙左傳無克胙國又福之使社稷久長曰胙揚子天胙光德 阼 主階 葄 藉也唐李揆傳葄枕圖史 重圈 ○ 妒 都故

切爭色詩作妬鄒陽傳女無美惡入宮見妬元有圈 分正 妬 ㊀[illegible] 祭奠酒爵亦作□又禡韻 分圈 ㊀咤 書王三宿三祭三咤許叔重馬融並

作乳又禡韻 增入 ㊀姹 美女又訶去姹女水銀也又馬禡二韻 增入 ㊀奼 又馬韻 增入 ㊀斁 敗也又昔韻 蠹 食木蟲古

作蠧蛀蟲皆曰蠧 ㊀秅 禾四百秉又麻韻 ○ 兔 土故切獸名亦作菟 ㊀菟 [illegible]延年傳韓盧取菟又模韻二韻不圈 分圈 ㊀吐

寫也出也舒也歐也又姥韻 ○ ㊀度 徒故切過也則也分寸丈尺引曰五度又與渡同賈誼曰度江河亡維楫又鐸韻 渡 濟也古作度俗作渡

㊀鍍 塗金飾物又模韻 分圈 ○ ㊀路 魯故切一達謂之道路、大也車也又姓又羸瘠也勞弊也孟子是率天下而路也又頹圮貌荀子田疇

穢都邑路注路謂無城郭牆垣寺此二義皆謂露現古露字也又鐸韻[今圖]

輅 王車也周禮作路左傳篳路杜預曰柴車也釋名謂之輅者言行於道路也路輅義同不得重押義異者非又禡麥二韻[今圖]

賂 遺也贈也

璐 玉名

露 夜氣著物爲露說文潤澤也蔡邕月令陰之液也又現也又羸也左傳昭元年勿使有所壅閉湫底以露其體蓋人羸則體露列子形甚露

潞 水名冀州之浸又國名州名

簬 竹名亦作簵

簵

鷺 白鷺一名舂鋤頭有細毛如絲者名鷺鷥

○怒 奴故切恚也憤也又姥韻中庸喜怒哀樂之未發謂之中詩大雅王赫斯怒孟子文王一怒而安天下之民並無音唯衛風逢彼之怒釋文云怒協韻乃故反是正音上聲又音去聲合於二韻通用

笯 鳥籠又模麻二韻

○祖 子祚切祖餞送行祭也禮記檀弓主人既祖填池注祖謂移柩車去載處爲行始也又姥韻周禮視注祖謂將葬祖於庭象生時出則祖也釋文無音漢書疏廣傳設祖道亦無音合於上去二聲通押[今圖]

○護 胡故切擁全之也救視也又與濩同荀子武象起而韶護廢上从丫非从廾也俗作護

濩 布濩流散也又湯樂名漢志言救民也又鐸陌二韻俗作濩

頀 大頀湯樂名亦作護濩二字義同者不得重押義異者非俗作頀

嫮 美容貌亦作嫭又姥韻[今圖]

嫭 揚雄傳知衆嫭之嫉妬兮顏師古音火故反誤當從此音又姥韻[今圖]

瓠 匏也又模韻[今圖]

穫 焦穫周地名詩整居焦穫[增入]又鐸韻

互 差互周禮鼈人掌取互物鄭司農曰互物謂有甲者滿胡龜鼈之屬

冱 寒凝

枑 梐枑行馬

涸 水竭又與冱同謝惠

連𩃬賦焦溪淢又鐸韻 ○謼 荒故切號謼亦作呼嘑又模韻 呼 又模韻【今增】 嘑 孟子嘑爾而與之趙岐曰咄啐之貌又模韻【□】【文】 ○庫 苦故切貯物舍 絝 脛衣亦作袴漢外戚傳窮絝注今之緄襠袴 袴 又馬禡二韻【今增】 胯 髀胯兩股間亦作跨又麻馬禡三韻【今增】 跨 又三韻【今增】 苦 困也又姥韻【增入】 ○顧 古慕切迴也又眷也又姓亦作頋又與雇同漢平帝紀女子犯罪出顧山錢𡊮錯傳斂民財以顧其功顏師古曰顧讎也若今言雇賃也又思念也漢志贊顧古爲之有數又賈誼傳足反居上首顧居下顏師古曰顧亦反也言如人反顧然唐書顧不諒哉又韋顧二國名 雇 傭也亦作僱又姥韻【今增】 詁 訓詁通古今之言也亦作故又姥韻 故 固爲之也舊也事因也物故死也大故喪事也又與詁同賈誼爲左氏傳訓故漢藝文志亦作訓故顏師古曰故者通其指義也今俗本毛詩故訓傳爲詁字失眞耳【□】訓者釋所言之理故者明所載事物之故也 固 堅也牢也執滯也又本然之辭孟子固所願也 錮 鑄塞之也禁錮重繫也又與痼同賈誼傳必爲錮疾 痼 久固之疾 酤 賣也亦作沽漢武帝天漢三年初榷酒酤又模姥二韻案詩小雅伐木篇無酒酤我毛傳云酤一宿酒也箋云酤買也無酒酤買之陸德明云毛音戶鄭音故又音沽是酤買之酤亦有平去二音合於模暮二韻通押 沽 又二韻【□】尸子屠沽沽字雖音上聲其義正謂賣酒與平去二音義同合從通用【今增】 涸 寒凝閉也西京賦涸陰沍寒 蠱 事也惑也亂也又腹中蟲又巫蠱易蠱卦釋文云一音故又姥馬二韻【□】

○汙烏故切穢也染也亦作汚洿又模麻二韻　汚又模韻增入　洿又模韻今圈　惡憎也又模禡鐸三韻

嗚歎聲後漢袁安傳噫嗚流涕音一故反又模韻重增　[illegible]貪也通作汚　堊涂也周禮注素車以白土堊車藻車以蒼土堊車又鐸韻

增入　臒丹臒顏延年赭白馬賦兼飾丹臒叶韻音汚又鐸韻重增　○作臧祚切造爲也後漢廉范傳廉叔度來何暮不禁火民安作平生無

襦今五袴又御箇鐸三韻增入　○誤五故切謬也亦作悞又惑也荀子誤於亂說　悞同上揚子陳平悞之無悞又欺也　悟覺悟亦作寤

寤項羽賁尚不寤覺寤又寐覺　晤明也爽也詩可與晤語毛傳遇也鄭箋對也又以言曉人　捂相抵觸也逆也忤也斜拄也搘捂也司馬遷贊

抵捂謂枝柱不安也又模韻今圈　梧同上又魁梧壯大貌又模韻今圈　遻遇也逢也見也驚也逆也亦作遻迕午俉班固賦乘高而遻神

又鐸韻今圈　遻莊子遻物而不慴音義云本亦作遻重增　迕同上又違也禮記王肅本迕其衆以伐有道又姥韻今圈　午同上荀子

午其軍又逆也禮記午其衆以伐有道音五故反又如字又違背也劉向傳朝臣舛午又姥韻增入　俉史記天官書其人逢俉化言重增　忤逆也違戾

也亦作午啎　牾同上又逢也屈原懷沙賦重華不可牾兮王逸曰牾逢也　逜干也爾雅逜寤也郭璞曰相干寤　愕錯愕倉卒驚遽貌錯

音措又鐸韻增入　蘁逆也莊子使人乃以心服而不敢蘁立又鐸韻重增

通用 與祭通 十二○霽 子計切雨止漢魏相霽威嚴唐太宗霽威義… 濟 渡也通也又相濟易既濟未濟卦名

方言過度謂之涉濟顏師古曰以舟船曰濟又止也詩不能旋濟又逌也左傳以水濟水又事遂也賙救也又齎韻 擠 排也推也漢薛宣傳擠排宗室莊子

因其脩以擠之又齊虀二韻 ○細 思計切小也微也密也 壻 女夫俗妻謂夫亦曰壻亦作婿 婿 棲 禽鳥所宿見廣韻又齊韻

重增 ○切 七計切衆也一切大凡也又屑韻 砌 階甃亦作城 城 三輔黃圖未央前殿右城左平音砌又錫韻 重增 際

視貌嵇康琴賦明嫿際惠顏延年詩聆龍睬九淵並音砌 重增 妻 以女嫁人又齊韻 ○劑 才詣切分劑亦作齊又支韻 齊

同上周禮食醫注食有和齊藥之類也又和也又酒以度量節作者謂之齊周禮五齊三酒亦作齋又火齊珠名又脂齊皆齋四韻 齋 同上又炊餔炊也

嚌 嘗也飲至齒也 醫 醬也醎也通作齊 懠 怒也又齊韻 穧 刈禾把數詩釋文穧也案詩大田篇彼有不穧穧此有不斂穧

則穧非穧明矣朱氏曰穧束也謂此有不斂之穧束也廣韻又音祭 今圈 薺 甘菜名又脂薺二韻 瘠 病也又薺韻 眥 目際亦作

眦又衣襟交領曰眥又眞卦二韻 眦 今圈 又卦韻 ○媲 匹詣切配也偶也 睥 睥睨傍視也亦作睤碑俾下从丌丌音基从廾誤

今正 睤 增入 碑 漢灌夫傳碑睨兩宮閒又支紙靜寘昔五韻 俾 同上杜預注左傳曰陴城上俾倪也亦作埤堄又昔韻 增入

堺[增入] 濞 水暴至聲又寘韻从廾誤[今正] 淠 舟行貌詩淠彼涇舟又渒渒衆也又寘韻[增入] ○閉 必計切掩也塞也闔也又屑韻

嬖 幸也愛也左右近習者又寘韻[今正] 箅 甑蔽說文蔽也亦作箄从廾誤[今正] 箄 蔽也考工記注輪箄則車行不掉又支紙二韻[重增] ○薜 蒲細切薜荔香草說文似蒲而小根可爲𦽏 鷿 鳥冏 ○帝 丁計切帝王君也諦也上帝天之神也 諦 審也古作䚦亦作諟又齊韻[今正] 䚦 又齊韻[重增] 諟 又紙韻[今正] 嚔 悟解氣噴鼻也關通則嚔謂𪖐言則嚔舊音竹利反非亦作嚏

疐 本也又與蔕同禮記棗李疐之削瓜士疐之亦作疐又至韻 柢 根柢亦作氐又齊薺二韻[元][毛氏韻增]許於薺霽二韻通押其都黎切亦合通用周禮泉府買者各從其抵字从手傳寫誤也當从太 氐 本詞也又宿名又二韻 泜 水名在常山漢書斬餘泜水上又脂止二韻[重增] 蔕 根蔕果蓏綴當也亦通作柢又泰夬二韻 締 結不解又齊韻 ○替 他計切代也廢也臧也委靡也又屑韻

鬄 鬄前髮亦作剃大人曰髡小兒曰鬀盡及身毛曰鬄鬄音剔 剃 楴 整髮釵从木从帝 涕 目湇又鼻液又薺韻 樀 褅也亦作裼 裼 同上又與鬄同少牢禮云主婦被裼蓋借用字也又錫韻[今正] [illegible] 莫也又旨韻 殢 極困又呼計切[增入]

○第 大計切第宅孟康曰有甲乙次第故曰第也亦作弟又次第亦作弟又但也鄭食其傳第言之亦作弟本从竹从弟今省作第 弟 孝弟孟子

堯舜之道孝弟而已矣又豈弟樂易也通作悌又室宅與第同霍去病傳上爲治第又次弟說文云弟韋束之次弟也又但也陳勝傳弟令毋斬爰盎傳君弟去相如傳弟俱如臨邛外戚傳弟一見我又薺韻 ⦿悌 愷悌又孝悌亦作弟又薺韻【三】【新增】許二韻通押 ⦿娣 女娣又娣姒亦曰先後又曰妯娌又薺韻

鬄 髲也亦作髢 髢 睇 小視 珶 佩玉洛神賦抗瓊珶以和予兮【重增】 ⦿遞 更迭又迢遞遠也文傳遞俗作遆通作遰又薺韻 ⦿遆 又薺韻【增入】 ⦿遰 迢遰又去也海也又祭韻【今增】 ⦿逮 及也又海代二韻申明在海韻內

禘 祭名禮五年一禘禘其祖之所自出以其祖配之審諦昭穆而祭於太祖也禘所以異於祫者毀廟之主陳於太祖廟與祫同未毀廟之主則各就其廟以祭此其異也春秋吉禘于莊公左傳晉人曰寡君之未禘祀杜預曰禘祀三年喪畢之吉祭也僖八年禘于太廟杜預曰三年大祭之名[illegible]二者不同禮有禘有大禘 ⦿締 結不解又丁計切同雖不可雙押然漢書賈誼過秦論亦從締交音禘當各依出處用之又齊韻【三】【增】 ⦿釱 以鎖加足說文鐵鉗也在頸曰鉗在足曰釱又泰韻 ⦿軑 車轄又泰韻 ⦿棣 車下木又常棣棣也[illegible]唐棣移也相如賦注棣郎今之山櫻桃朱氏曰子如櫻桃可食郭璞[illegible]曰移白移似白楊江東呼夫移又代韻

杕 木獨生又孤高貌詩有杕之杜又木盛貌从木从大監本从犬誤【今增】 ⦿踶 蹋也躛也漢武帝詔馬或奔踶而致千里又齊韻【增入】 ⦿鶗 鶗鴂子規也廣韻作鶗又齊韻【重增】 ⦿鶗 同上又齊韻【重增】 ⦿鷤 同上揚雄傳鷤鴂先鳴注鵜亦作鴂又齊韻【重增】 ⦿提 擲也揚子

榹提仁義又齊韻[增入] 題 睇視詩題彼脊令又齊韻[增入]○ 麗 郎計切旅行又美也著也附也施也華也光明也又小舟一曰屋榣莊子
求高明之麗者斬之亦作欐又車名莊子梁麗可以衝城薺韻里弟切小舟又屋榣又車名又支紙二韻上从丽丽音戾本也又鹿皮也俗从兩日非 欐 列子
餘音繞梁欐三日不絕又曰居則連欐殿敬順曰欐卓棟也[重增] 蘼 說文草木相附蘼而生通作麗又支韻 儷 偶也左氏傳己不能庇其伉儷
亦通作離 離 同上禮記月令命太史守典奉法司天日月星辰之行宿離不貸注離讀如儷偶之儷宿儷謂其屬馮相氏保章氏掌天文者相與宿偶當審
候伺不得過差也徐氏云宿音秀謂列宿躔次所離著不可差忒陸德明釋文依注音儷又附著也漢書附離莊子附離不以膠漆又與荔同子虛賦荅遝離支又支寘
二韻[增入] 攦 折也擲也莊子攦工倕之指而天下始人有其巧矣又脅韻[重增] 隸 附屬也亦作隸又僕隸也俗作隸 隷 戾
斜也曲也乖也違也罪也很也又定也詩靡所止戾方言至也詩魯侯戾止鳶飛戾天書無遠用戾漢書注古作盭又脣韻[今增] 盭 同上又一也亦作盭
又染綠草也綬名也漢書諸侯王金璽盭綬盭音戾草名也似艾可染綠因以名綬也又脣韻[今增] 〓 綟 同上晉書綠綟綬通作盭 劙 力剌
又割也直破也荀子劙盤盂又支齊二韻[重增] 悷 慄悷悲貌 颲 颲颲風聲 攭 分判也亦作劙荀子雲賦攭兮其相逐而反也[重增] 沴
陰陽氣亂又水不利一曰妖氣唐宋務光傳注王崇曰五行志氣相傷謂之沴沴猶臨莅不和意也又銑韻 珕 刀飾說文蠡屬 荔 草名又荔支果名亦

作離颾風貌江賦廣莫颾而氣整重增唳鶴鳴又嘹唳鴈聲㊀淚漢武帝賦秋氣憯以淒淚注寒涼之貌至韻力遂切涕淚增入○

泥乃計切泥濘也執不通也又齊薺二韻○系胡計切緒也繼也聯屬也亦作繫係繫周禮瞽矇奠世繫杜史掌奠世繫辨昭穆

注世繫謂帝繫諸侯卿大夫世本之屬又攣繫聯絡也亦作係又見下係同上又聯絡也挈束也統屬也賈誼賦使騏驥不可係羈兮賈誼傳係單于頸

而制其命蘇武傳鴈足有係帛書孟子係累其子弟又吉詣切結也縛也盻恨視貌一曰下視佩觿集曰流俗以盻恨之盻為盼睞之盼莫以為非廣韻作

研計切說文胡計切恨視也孟子使民盻盻然陸德明引說文音五禮反亦誤又音匹莧反今依佩觿集增收於此其襉韻匹襉切亦存之二韻可以通押重增

禊祓禊除惡祭名三月上巳臨水祓除不祥妎苛也心不了也說文妬也又泰韻合圈○契詰計切券也要約也合也刻也又憂

苦也詩契契寤歎又屑韻又音乞契丹國名从丰从刀从大丰音害栔刻也亦作契鍥契又屑韻合圈鍥又屑韻合圈剌晉虞溥傳

剌而舍之金石不知剌而不舍金石可虧又屑韻增入挈絕也揭如賦挈三神之歡又屑韻重增甈周禮牧人注甈毀也又見下合圈

○計吉詣切籌策又筭也會計也又姓又最簿漢制郡國歲時上計師古曰計若今諸州之計帳也繫結也縛也亦作係係同上

易遯卦係遯有疾厲音古詣反增入繼續也紹也本作㡭𢇍反㡭為繼古絕字重增髻綰髮亦作紒結又屑韻合圈紒

又脣韻 [今圖] 結 漢書陸賈傳椎結又脣韻 [增入] 鄭 地名亦作薊 薊 同上又姓又草名又术也 轚 車牽也櫂相轚按周禮舟

車轚互注轚互謂迫隘處劉兆注轂梁傳云轚繼也又錫韻 [增入] 〇 医 壹計切藏弓弩矢器 翳 隱也蔽也薪也羽葆也又齊脣二韻 [今圖]

繄 語助又發語辭又是也依也又齊韻 蘙 蘙薈草盛貌 嫕 婉嫕柔順貌亦作瘱 瘱 同上說文靜也漢外戚傳婉瘱有節操 [增]

[入] 殪 殺也死也又仆也 曀 陰而風詩終風且曀 壇 天陰塵說文引詩壇壇其陰亦作壂今詩作曀 𡏳 又齊脣韻 [今圖] 縊

絞也經也又寘韻 瞖 目疾 〇 詣 研計切至也造也 栺 枍栺木名漢有枍栺宮以木而名也枍音翳西都賦洞枍栺以與天梁 羿

古射師名說文曰帝嚳射官一曰后羿有窮國君少康所滅者論語羿善射注羿有窮國之君是有窮后羿亦善射也从羽从廾廾音拱兩手持也羽箭也羿以工射爲

義古善射者以名其官子孫世其業皆以爲名至少康而滅耳字亦作羿 羿 揚雄賦羿氏控弦說文羽之羿風一曰古諸侯一曰射師羿羿風謂箭乘風而疾也

射師以官而爲諸侯 睨 睥睨衺視 垷 埤垷城上女牆亦作僻倪又作睥睨杜甫詩睥睨登衺析蓋女牆闢箭眼以窺覘望城亦因以爲名 倪

同上左傳守陴者皆哭杜預曰陴城上僻倪也又天倪自然之分又齊佳二韻 [增入] 輗 大車轅耑持衡者又齊韻 [增入] 甈 破也揚子剛則甈 [增]

[入] 寱 玉篇寱言唐元結有寱論譏諫官不言事見文粹 [重增] 帠 法也莊子汝又何帠以治天下感子之心爲 [增入] 〇 慧 胡桂切性通解

也了也曉也妍黠也亦作恵元有圈【合圖】惠同上又恩也賜也順也又姓从叀省文作惠慧惠義異者可分押憓愛也譓多謀智也㊀轊

車軸頭本作軎相如賦轊騊駼師古曰車軸頭衝殺之也【重增】蕙似蘭而香郁一莖數十花楚辭又植蕙之百畝○嘒呼惠切小聲詩鳴蜩嘒嘒又與

嘒同暳小星貌詩作嘒㊀噦鸞聲有節詩庭燎呼惠反又泰發月鸞聲噦噦徐音諱四韻【互注】○桂涓惠切木名又姓筀竹名

㊀鴂鷤鴂鳥名亦作鳺鴃揚雄傳注一名買鵤一名子規一名杜鵑常以立夏鳴鳴則衆芳皆歇而農事興音桂又音訣離騷經恐鷤鴂之先鳴兮使夫百草

爲之不芳又胥韻【合圖】㊀鴂又支胥錫三韻【合圖】㊀鴃又胥錫二韻【[illegible]】

十三○祭㊀祭子例切祭祀至也察也又径韻从肉从右手今作奴非从癶也際邊也畔也會也方也交也合也極也穄粟名

麋也○歲須銳切年歲說文曰木星也从步从戌越歷二十八宿宣徧陰陽十二月一次釋名歲越也越故限也楚辭獻歲發春獻進也爾雅春爲發生言新

歲進而發生也後漢馮衍顯志賦開歲發春章懷太子曰開發皆始也爾雅夏曰歲郭璞曰取歲星行一次也【居正曰】木星謂之歲星與年謂之歲義實相因以其一

年行一次十二次而周天故曰歲星此星行一次而四時之功畢故年謂之歲从步者躔度之行可推步也从戌者木星之精生於亥自亥而行至戌而周天戌與歲亦

諧聲俗作歲㊀繐疏布一曰布縷細也又胡桂旋芮二切同義○脃此芮切物易斷也亦作脆膬从色非㊀毳廣韻細毛又與脃同

荀子事小敵毳漢丙吉傳數毳奉甘毳食物又見下 重增 膬 枚乘七發甘膬腥膿 ○ 篲 旋芮切埽竹又埽也又至韻 彗 漢高帝紀太公擁彗光武賛高鋒彗雲又彗星又至韻 今圈 ○ 蕝 子芮切束茅表位也漢叔孫通爲綿蕝之儀春秋傳置茅蕝也亦作蕞又秦薛二韻 增入

蕞 史記禮書作綿蕞徐廣曰表位標準如淳曰置設綿索爲習肄處謂以茅翦樹地爲纂位又秦薛二韻綿絕綿蕞皆有三音可通用 增入 ○

世 始制切三十年爲一世又一代爲一世孟子夏后殷周之世論語百世可知是也又當時天下爲世孟子生斯世也爲斯世也漢書聖王制世御俗是也又父子相代爲一世禮大宗百世不遷小宗五世則遷是也亦作丗 增入 丗 貰 貸也賒也俗作貰又禡韻 勢 勢力權勢形勢又氣餘也陽氣也又外腎爲勢亦作埶𢤱 埶 同上又見下 今圈 𢤱 情態與慹字不同慹字从執从心音躡此从埶 增入 ○ 掣 尺制切掣曳易其牛掣王弼云滯隔不進也又與觢同鄭康成作㸷牛角皆踊也㸷音逝又薛韻 觢 說文牛一角俯一角仰引易其牛觢本作之世反 今圈 懘 怗懘音敗不和懘貌又紙韻 揥 摘也象揥所以摘髮詩象之揥也又魏風佩其象揥注象揥所以爲飾 增入 傺 侘傺也宋玉九辯坎傺而沈藏謂冬時物陷上潛藏也 重增 袲 衣長好貌又哿韻 增入 ○ 制 征例切節也裁也斷也正也御也檢也法禁也造也顏師古注漢書曰天子之言一曰制書二曰詔書制書者謂爲制度之命也文中子續書有制曰帝者之制其有大制制天下而不割者乎又薛韻 今圈 製 裁也通作制又表也左傳衣狸製孔德璋北山

移文㸒芰製衣而裂荷衣　晣明也亦作晣晢又薛韻　晣又薛韻今圈　晢同上又星光詩明星晢晢又薛韻增入　淛

水名又薛韻　折斷之也班固西都賦秦成力折叶韻音制又齊薛二韻重增　鱭魚名　○誓時制切約信曰誓　噬齧也

又詩噬肯適我毛傳云噬逮也釋文云韓詩作逝逝及也蘇氏曰噬逝通宋氏曰噬發語辭　筮揲蓍以占周禮作簭　簭增入　逝往也去也

行也亡也亦作遰　遰賈誼賦鳳漂漂其高遰又刀鞞也禮記內則管遰又霽韻　㤺習也又泰韻从心从大監本从犬誤今正　澨埤增

水遰土人所止者左傳則決睢澨杜預曰水涯也又水名禹貢過三澨注三澨水名入漢　遾爾雅遏遾逮也郭璞曰東齊曰遏北燕曰遾皆相逮及也增入

○稅輸芮切征稅租也又稅駕脫軼憩息也班固敘傳稅介免胄謂脫甲胄也又以物遺人曰稅檀弓未仕者不稅人如稅人則以父兄之命注稅謂遺

予人又曰月巳過乃聞喪而服曰稅檀弓小功不稅又音娧又換末二韻今圈　說詩說于農郊與稅駕同又說誘以言諭人使從己也又他括切與脫同又

薛韻稅說義不同者自從分押　裞贈終者衣被又禮注曰月巳過乃聞喪而服曰裞禮記作稅同　帨帉帨佩巾　䬽小餟　涚溫水又清也洗

也禮有涚齊郊特牲明水涚齊貴新也注五齊濁泲之使清謂之涚齊　蛻蛇蟬解也又泰韻亦作蛻凡从兌者皆然　○毳充芮切細毛今

圈　竁穿壙又線韻　橇禹泥行所乘亦作毳又宵韻今圈　喙口喙又廢宥二韻增入　○贅朱芮切以物質

錢說文贅肬也莊子附贅垂肬肬㾕猶也贅黑痣也又男附女家謂之贅壻漢書家貧子壯則出贅又屬也詩具贅卒荒𠅘子餘食贅行注云行之無當曰贅又會也漢武帝紀毋贅聚又項椎骨也莊子句贅指天○汭儒稅切水相入也孔安國注禹貢曰水北曰汭杜預注左傳曰水之隈曲曰汭又曰水曲流爲汭亦作芮

芮水厓詩芮鞫之卽毛傳芮水厓也鄭箋水內曰芮水外曰鞫又國名又姓又草生狀

枘木耑所以入鑿宋玉九辯圜枘而方鑿兮吾固知鉏鋙而難入

內同上考工記注調其鑿內而合之又隊合二韻【重音】

蜹醯雞一名蠛蠓荀子醯酸而蜹聚焉

○滯直例切凝滯泥也淹也留也廢也亦作蹛

蹛史記平準書留蹛無所食韋昭音滯謂積也案古今字誥蹛與滯同又白或蹛則役貧注云漢書音義曰停也一曰貯也玉篇蹍也廣韻蹛林又秦韻【重】【今音】

彘豕也又地名又至韻【今音】

○例力制切凡例事比也皆也左傳序其發凡而起例

厲嚴正論語聽其言也厲又危也易厲无咎又褰衣涉水由帶以上曰厲詩深則厲又勉也漢書厲精求治韓延壽厲善所居移風循吏傳璽書勉厲勉厲之厲有修飭振起之意又磨也左傳秣馬厲兵摩厲以須王出荀子鈍金必待礱厲然後利梅福傳厲世摩鈍鄒陽傳底厲名號又祀政爲惡曰厲見周禮司厲注又鬼無所依出而爲厲又大帶之垂者曰厲左傳鞶厲游纓又謚法殺戮不辜曰厲又岸危處曰厲詩在彼淇厲又醜惡也莊子厲與西施又曰厲之人夜半生子又鞶厲繒囊也亦作裂又嚴也莊子厲風濟則衆竅爲虛又秦韓二韻【[illegible]】厲礪勵三字義異並令分押卽字異義同者不得雙押【今音】

裂禮記內則注鞶裂囊盛帨巾者用韋今用繒有飾緣則是鞶裂詩

云垂帶而厲紀子帛名裂繻釋文裂音列或音厲【居正曰】厲與裂皆合於二韻通用【重增】礪 礲也砥石也通作厲 勵 勉也通作厲 禲 妖鬼通作厲 濿 褰衣渡水通作厲【增入】 ○癘 疾疫亦作痢又泰韻【今圈】 痢 公羊傳莊二十一年大災者何痢也【重增】 ○蠣 蚌蠣附石而生一名蠔山又泰韻 ○⿰禾厲 禾穰又泰韻 ○糲 粡也米十六斗爲米一斛又泰韻【今圈】 ○迾 遮也又薛韻【今圈】 ○栵 栭也詩其灌其栵爾雅注江淮之閒呼小栗爲栭又薛韻【今增入】

○ ○綴 株衛切聯也又薛韻 ○餟 祭酹酒一曰連祭亦作醊又薛韻【今圈】 ○醊 史記封禪書爲醊食羣臣從者又薛韻【今圈】 ○畷 井田閒道左思賦畷畛無數又薛韻 錣 羊車箠[illegible]耑亦謂之錣

○ ○曳 以制切曳曳䘵也引也亦作拽抴又薛韻从申从丿丿音曳至也監本上有點誤【今正四圈】 ○拽 又薛韻【增入】 ○抴 同上俗作抴又薛韻【今圈】 跇 踰也 袣 衣長亦作⿰衤世加點誤【今正】 ⿰衤世 同上又裹也相如賦曳獨繭之褕袣 裔 末也邊也胄也說文衣裾也又容裔縱肆也苗裔種族也又裔裔羣行貌相如賦淫乎裔裔 ○勩 勞也亦作肄又至韻俗作勚 ○肄 詩既詒我肄有兩音又至韻【重增】 呭 呭呭多言也亦作詍詍 ⿰言曳 詍 荀子辨利非以言是則謂之詍注云辨說利口而飾非以言亂是則謂之詍引詩無然詍詍【重增】 ○枻 楫也亦作栧又薛韻【今圈】 栧 ○洩 洩洩舒散貌亦作泄又薛韻加點誤【今正】 ○泄 同上又泄泄多人貌詩行者泄泄兮又無然泄泄孟子曰泄泄猶沓沓

沓也事君無義進退無禮言則非先王之道者猶沓沓也此義與荀子飾非亂是之詍同俗作泄又薛韻[全圖]濇溶濇水貌亦作容濇渫蒸蒽禮記作渫

渫曲禮蒽渫處末[增入]○叡俞芮切深明通達亦作睿㕙睿㕙漢五行志思之不容[增入]鋭利也芒也通進也又細小

也左傳昭十六年以王賈罪不亦鋭乎又泰韻兌荀子仁人之兵兌則若莫耶之利鋒當之者潰新序作鋭是兌與鋭同史記天官書天棓長四尺末兌天

槍長數丈兩頭兌並與鋭同蓋古作兌後人加金以別之耳俗作兊又隊泰薛三韻○藝倪祭切才藝伎也度也業也常也準也種也亦作蓺埶左傳布常無

藝杜預曰藝法制也子產曰若大國令而共無藝注藝法也又曰陳之藝極注藝準也極中也周禮六藝謂禮樂射御書數又六經謂之六藝孟子題辭論語者六藝之

喉衿也書蒙羽其藝謂種植也埶史記李斯傳六埶漢書埶文六埶相如傳作春秋一埶又云游乎六埶之圃詩埶麻如之何我埶黍稷並作埶埶

同上見說文[增入]囈列子啽囈呻呼釋文衆言也啽音嵒[重增]槸木相磨也褹複襦襼袂也唐劉文靜傳奮襼大呼[重增]艾

息也絶也左傳昭元年國未艾也陸音魚計反與藝音同又割也芟也俊乂也亦作乂又過半也詩夜未艾又治也安也亦作⿱辟乂又泰廢二韻乂治也俊艾

也又割也通作艾又廢韻[重增]刈割也通作艾乂又廢韻[重增]⿱辟乂安也治也通作艾又廢韻⿱乂心創⿱乂心懲也亦作艾乂又泰廢二

韻[重][增]○劓牛例切刑鼻又至韻○蔽必袂切小草又奄也障也亦作徶又斷也書官占惟先蔽志丕蔽要囚亦作弊又蔽猶蓋也論

語詩三百一言以蔽之又勿韻【今圈】⿰亻敝 東方朔傳主自執宰敝滕顔師古曰爲賤者之服是敝與蔽同又見下【重增】⿰亻弊 周禮大宰官計以弊

邦治音必世反鄭音蒲計反小宰以聽官府之六計弊群吏之治大司寇凡庶民之獄訟以邦成弊之並注云弊斷也與蔽同鄭音蒲計反又見下【增入】鷩

亦雉又薛韻〇潎 匹曳切水中擊絮又潎也又脣韻【重增】撇 擊也略也引也韓愈曹成王碑撇嶄水又脣韻【增入】撆 同上

又脣韻【重增】〇⿰亻敝 毗祭切敗衣又帗也左傳敝邑與弊同【今圈】⿰亻弊 同上又敗也惡也通作敝又仆也周禮獸人弊田注弊仆也仆而田

止又婺歎也又薛韻【今圈】獘 頓仆也困也惡也通作弊又死也亦作斃下从犬 斃 幣 束帛又錢也〇袂 彌蔽切袖也〇

衛 于歲切國名又姓又捍也護也防也又薛韻【今圈】璏 劍鼻玉 轊 車軸耑因單傳轊折車敗本作軎 軎 轂末軸頭

也考工記注軹軎也又音彗亦作轊【重增】槥 小棺漢高帝紀士卒從軍死者爲槥【重增】熭 火乾又日曬也亦作熭 熭 又月韻【今圈】〇

猘 居例切狂犬宋書張收嘗爲猘犬所傷食蝦蟆膾而愈亦作狾又漢五行志宋國逐狾狗音征例反【今圈】狾 又征例切【今圈】罽 魚網

⿰糸罽 西胡毳布織毛爲之若今氍毹及氍毹之類漢高紀作罽俗作罽 瀱 井一有水一無水說文从穴从罽監本作瀱誤【今正】瘈 狂也左傳

哀十二年國狗之瘈又胡計切瘈瘲【重增】〇偈 其例切武貌又薛韻【今圈】嵑 方石爲碑圓石爲碣章懷太子注燕然山銘曰嵑亦碣也叶韻

去聲又月薛二韻【增入】 碣 又二韻【增入】 ○劌 姑衛切傷也割也又曹劌魯人俗作劌 欕 夏俎名亦作巘又月韻【合圖】

嶡 禮記夏后氏以嶡注嶡之言蹷也又山𡾊起貌【重增】 揻 揭衣禮記內則不涉不揻【重增】 劂 剞劂曲刀亦作剧又勿月二韻 劂 又勿韻【合圖】

蹶 動也嘉也僵也亦作蹷又月韻 蹷 荀子蹷蹷然惡之動也又月韻【增入】 鱖 魚名 ○憩 去例切息也亦作愒

愒 詩召伯所憩 爾雅同【增入】 愒 同上詩不尚愒焉汔可小愒並息也說文同又泰曷二韻【合圖】 揭 高舉又褰裳渡水由膝以下曰揭又月曷薛三韻 ○瘞 於罽切幽薶 餲 食敗又夬曷二韻

【獨用】十四 ○泰 他蓋切卦名通也寬也安也大也過也甚也極也修也爾雅丘右陵曰泰西風謂之泰詩作大風 太 大也過也甚也通作泰顏師古曰太上居尊上之位者古作大又他達切太末縣名 大 易保合大和繫辭易有大極詩大叔于田大原大王大伯大師禮記大上貴德猶言最上也鄭康成曰大上帝皇之世也荀子無敢犯大上之禁注大上至尊之號又六大大羹大牢國語大采朝日莊子在大極之先大清大倉大古康衡傳大上者民之父母漢書大子大師大傅大中大夫大守並音泰古字無點後人加點以別之又見下又箇過二韻【增入】 汰 沙汰又曷韻【合圖】 忕 奢也修也亦作溙又祭韻 ○帶 當蓋切紳也又鞶帶凡衣物結束皆有帶又蛇別名莊子蝍蛆甘帶說文男子鞶革婦人鞶絲象繫佩之形帶監本从太誤【合正】

有巾故从巾 **蹛** 踶也又匈奴地有蹛林服虔曰匈奴秋社八月中會祭處曰蹛林顏師古曰蹛者繞林木而祭也臣聞鮮卑之俗自古相傳秋天之祭無林木者尚植柳枝衆騎馳遶三周迺止顏說是也又祭韻 〔增〕 **戴** 佩也又鳥名禮記戴勝降于桑本亦作戴又代韻 **戴** 禮記月令載以弓韣又海代二韻 〔增入〕 **蔕** 根蔕又霽夬二韻 ○ **大** 徒蓋切小大之對 **汏** 濤汏也又澌瀨也又曷韻 **軑** 車輪漢地理志有軑縣又霽韻 **鈦** 鍊鉗械足者又霽韻 ○ **賴** 落蓋切恃也國名又姓方言讎也南楚之外曰賴秦晉曰讎又利也無利入於家曰亡賴又顏藉也孟子富歲子弟多賴漢書張釋之傳尉亡賴張晏曰才無可恃賴此說非也蓋文帝以嗇夫善對因言凡為吏者豈不當如此嗇夫耶尉由是窘已聊賴自以不當上意故耳 **襰** 袾襰祝詛 **瀨** 湍也吳楚謂之瀨中國謂之磧說文水流沙上也 **籟** 三孔籥又凡孔竅機括皆曰籟莊子人籟則比竹是已地籟則衆竅是已天籟則人心之自動者是 **癩** 疥也疕也 **藾** 藾蕭苹也詩食野之苹鄭箋藾蕭也 〔增入〕 **賚** 賜也又代韻 〔元祐新添〕 詩二韻通押 **糲** 粗也又祭曷二韻 **癘** 惡疾又與癩同莊子物不疵癘又祭韻 **厲** 惡也莊子厲之人夜半生子有兩音又祭韻 〔重增〕 **蠣** 蚌屬附石而生又祭韻 ○ **柰** 乃帶切果名徐鍇韻譜云俗別作奈非又代韻 **奈** 如也遇也那也能如之何曰奈何又問如之何曰奈何無如之何亦曰奈何又曰爭奈又箇代二韻 〔增入〕 ○ **貝** 博蓋切海介蟲居陸名贆在水名蜬又織貝又姓从目从八 **伂** 顛伂

仆也通作沛 沛 同上又郡名地名沛郡豐沛是也又水名出遼東又澤名左傳齊侯田于沛又見下 狽 狼屬 ○ 娧 吐外切娧娧舒遲貌詩作脫俗作娧 脫 詩舒而脫脫兮又末韻俗作脫【增入】 蜕 蛇蟬解又祭韻 稅 禮記檀弓小功不稅注曰月已過乃聞喪而服曰稅陸無音徐音他外反又祭換末三韻 駾 馬行疾貌詩昆夷駾矣又入隊韻【□□】詩大雅緜篇混夷駾矣釋文音徒對反無別音監本收在此不知何所據姑存之用者當依詩釋文音爲正【今圖】 兌 成蹊也詩行道兌矣有兩音又徒外切同又卦名又祭隊薛三韻【增入】 ○ 祋 都外切殳也詩何戈與祋俗作祋亦作殳又杸又虞術二韻从示从殳監本从衣誤【今正誤】 殳 同上說文杖也擊也又虞韻【增入】 杸 又虞韻【增入】 ○ 兌 徒外切卦名悅也通也穴也直也詩松柏斯兌又成蹊也从㕣从儿㕣音沿儿與人同象兌卦又象人笑貌亦作兊凡从兊者皆然【今圖】 [兌+刂] 削也 奪 地名徑也禮記檀弓齊莊公襲莒于奪又末韻【重增】 [革+兌] 補也 銳 矛也書一人冕執銳說文音兌陸德明音睿又祭韻【增入】 ○ 酹 魯外切醱祭以酒沃地又隊韻 ○ 霈 普蓋切雱霈雨貌水流貌說文作沛 沛 同上孟子沛然下雨又曰民之歸仁也猶水之就下沛然誰能禦之吳都賦包暘谷之滂沛【增入】 肺 茂貌詩其葉肺肺又廢韻【今圖】 浿 水在樂浪唐書李勣爲浿江道大揔管又怪韻 沸 波湧貌相如賦波鴻沸又未韻【重增】 ○ 旆 蒲蓋切旗也繼旐曰旆亦作沛茷又左傳哀二年以兵車之旆與罕駟車先陳杜預曰旆先驅車也

沛 易豐其沛注幡幔也又草棘曰沛漸如曰沛孟子沛澤多而禽獸至注沛草木所生也【增入】
茷 陸德明曰繼旐曰茷左傳蒨茷是也一曰旆㫋茷古今字殊又茷茷有法度也詩其旆茷茷又廢韻
軷 祭道神見廣韻又末韻【重增】○
眛 莫貝切目不明又隊韻从目从午未之未
沫 微晦易曰中見沫子夏易傳云沫小星也亦作昧又巳也江文通詩服義方無沫又水名又隊韻
昧 微晦字林斗杓後星也又怪隊二韻【重增】○
蔡 七蓋切國名又姓又法也草芥又草際也漢志元龜爲蔡論語臧文仲居蔡古文作𡙁又曷韻【今圖】
縩 䌨縩綺素聲亦作𦁊相如賦作萃蔡
縩 班婕妤賦紛䌨縩兮綺素聲又代韻【今圖】○
最 祖外切犯而取之也一曰凡也尤也又𣪌最也儁也上也藏也漢書音義上功曰最後漢書注最凡要之首言課居先也从冃从取監本从日誤【今正】
蕞 束茅表位史記漢書作蕞有兩音左傳作蕝又見下又祭薛二韻【增入】
蕝 同上左傳置茅蕝也又二韻【增入】
樶 禮記麒麟在郊樶徐音最澤也又厚韻【重增】
稡 聚也郭璞爾雅序會稡舊說唐書稡其行事又沒韻【增入】○
蕞 徂外切小貌从日誤【今正而圖】○
襊 千外切衣游縫【今增入】
竅 玉篇塞也陸贄關中事狀黨有賊臣蹈竅廣韻作竅云塞外道也唐史建本作寂誤【重增】○
害 下蓋切傷也嫉也𡿪也妨也不利也又曷韻中从丰丰音害【今圖】
妎 妬也通作害又霽韻【今圖】○
磕 丘蓋切石聲亦作礚又盍韻
礚 相如賦硍硍礚礚又盍韻【重增】
愒 貪也左傳昭元年主民翫歲而愒日注翫愒皆貪也又祭

薛二韻 嘅 漢聲又代韻 ○ 蓋 居太切覆也掩也苫也車蓋也張帛也又大率也發語端也俗作盖又合盍二韻【今圖】 匃 乞也亦作匄丐又曷韻【今圖】 匄 漢陳湯匄貸無節西域傳乞匄無所得春秋士匄晉卿又乞與也漢西域傳我匄若馬又曷韻陳湯傳無音凡無音者合通用【增入】 丏 又銑曷二韻【今圖】 ○ 藹 於蓋切人臣盡力之美詩藹藹王多吉士毛傳藹藹猶濟濟也箋云王之朝多善士藹藹然陸音於害反又叢蕞雜貌又海代二韻【今圖】 靄 雲集貌又海代曷三韻 靄 文選謝惠連雪賦連氛累靄又三韻【重增】 謁 同上陰晦也韓愈秋雨聯句朦變景明謁一本作藹義同又月韻【重增】 馤 香也城南聯句遲蘭銷晚馤【重增】 壒 塵也 [illegible] 日色 ○ 艾 牛蓋切草名可灸又老也熟也曲禮五十曰艾詩或肅或艾爾雅艾歷也郭璞曰長者多更歷也又云頣艾育養也方言汝潁梁宋之閒謂養為艾又曰東齊魯衞之閒凡尊老謂之傁或謂之艾屈原九歌竦長劒兮擁幼艾注艾長也幼艾猶言少長也又美好也孟子知好色則慕少艾又過半也詩夜未艾又息也左傳方興未艾又養也安也詩保艾爾後又懲創也魏相傳無所懲艾又艾豭牡豬亦作豭又祭廢二韻 忞 創忞懲也亦作艾乂義同者不得重押義異者非又二韻 乂 又二韻【今圖】 ○ 會 黃外切總也要也聚也合也周禮時見曰會又畫又與繪同又見下又隊韻从亼从囧从曰亼音集囧音聰曰音越从曽誤【今正】 繪 五采繡小爾雅絲曰繪亦作繢又畫文又隊韻从曽誤【今正圖】 繢 考工記畫繢之事雜五采又隊韻【增入】 禬 又至韻【今】

[圖]禬 除殃祭又古外切从罒誤[今正] ◯譮 呼聚也魏都賦襲偏褻以譮刮又隊韻[重增] ○◯䅣 苦會切麤糠又過韻从罒誤[今正]

○儈 古外切會合市人牙儈也从罒誤[今正] 襘 領之交會左傳昭公十一年衣有襘帶有結視不過結襘之間其字从衣與禬字不同說文以襘為帶結非也舊韻从示亦非又黃外切从罒誤[今正] ◯劊 斷也亦作刽又隊韻从罒誤[今正] ◯刽 又微未隊三韻[重增] 鱠 魚鱠亦作膾从罒誤[今正]

膾 細切肉牛羊魚之腥聶而切之為膾論語膾不厭細內則牛膾魚膾又曰大夫燕食有膾無脯有脯無膾又曰肉腥細者為膾大者為軒[增入]

廥 芻稾之藏从罒誤[今正] ◯獪 狡也又夬韻从罒誤[今正][重圖] 鄶 國名在滎陽左傳自鄶以下無譏焉詩作檜从罒誤[今正] ◯檜 同上又木名松葉柏身又與禬同又末韻从罒誤[今正] ◯澮 水汜溝周禮千夫有澮注澮廣二尋深二仞偏旁作巜凡鄰侖等字皆从巜又決韻从罒誤[今正]

旝 旃也左傳旝動而鼓杜預曰旃也通帛為之蓋今大將之麾也又機石置木石上發以搥擊也廣韻木礨石投敵也亦作檜从罒誤[今正] 䯤 骨擿可會髮又五采束髮一曰冠縫說文引詩䯤弁如星亦作會从罒誤[今正] ◯會 詩會弁如星又計也周禮有司會歲有會膳夫歲終則會唯王及后世子之膳不會孟子會計當而已矣又總之也合之也又髻也莊子會最指天[增入] ◯鬠 髻也亦作會又括髮也荀子沐浴鬠體又末韻[重增] 璯 玉飾冠縫亦作䯤會从罒誤[今正]

○薈 烏外切草多貌詩薈兮蔚兮从罒誤[今正] 懀 心惡也凡从會者俗皆作會 ◯濊 汪濊深廣洋溢貌又廢末二韻

○䜚 呼外切衆聲詩有䜚其聲又廢韻 今圈 翽 飛聲詩翽翽其羽又廢夬二韻 今圈 噦 鑾聲詩泮水鸞聲噦噦亦作鐬又鳥聲又霽廢月薛四韻 今圈 鐬 又廢韻 今圈 ○外 五會切表也遠也又疏斥也霍先傳盡外我家从夕从卜俗作外

通與怪夬通用

十五○卦 古賣切易卦筮而畫之三變而成畫六畫而成卦周禮大卜掌三易之法一曰連山二曰歸藏三曰周易其經卦皆八其別皆六十有四孔穎達曰卦之爲言挂也挂萬象於其上也 挂 挂物亦作掛又剛挂弩矢鏃名潘岳射雉賦出剛挂以潛擬 掛 同上又置而不用曰掛易掛一以象二謂揭而置之也又曰再扐而後掛謂合而置之也又駭韻 今圈 詿 誤也 絓 罣也亦作罣班固敘傳不絓聖人之網又胡界切 今圈 ○畫 胡界切界也繪也爾雅形也郭璞曰畫爲形象俗作畫漢武帝紀唐虞畫象而民不犯並音胡界反唯公羊傳襄公二十九年注五帝畫象世順機音獲然則當與入聲通用又麥韻 畫 漢書公孫弘賢良制曰上古至治畫衣冠異章服而民不犯 罣 罣礙罥也从网从圭又古賣切作罫誤 今正 ○絓 同上又絲結 重增 繣 徽也 ○懈 居隘切懶也怠也亦作解 解 詩夙夜匪解又除也發也又見下又蟹韻 廨 官舍 繲 故衣又浣衣 ○邂 下懈切邂逅不期而會也 解 散也物自散解又考工記弓人凡葵解注接中也又賈誼傳所排擊剝割皆衆理解也顏師古曰解支節也音胡懈反 ○隘 烏懈切陋也阨也險也亦作阨阸又麥韻 今圈 阸 又麥韻 今圈 阨

史記律書擁兵阻阸又麥韻重增 搤 持也握也捉也捘也又麥韻今圈 ○ 睚 牛解切怒視又目際亦作厓又佳韻 厓 漢書

孔光傳厓眥莫不誅傷音崖又去聲重增 ○ 派 普卦切水分流古作𠂢俗作泒或作派非泒音孤水名 ○ 粺 旁卦切糳也又精米 稗 稻也又草

似穀又細也漢志小說謂之稗說唐陸贄傳筭稗販之緡稗謂細民也俗本作稗誤 ○ 賣 莫懈切鬻物中从四與网同 ○ 曬 所賣切暴也又

寘韻 灑 汛也亦作洒又紙薺蟹馬四韻 洒 又紙薺蟹賄銑馬寘卦韻 ○ 瘥 楚懈切病瘳亦作差又歌韻 差 同上

又較也左傳宣十二年注拔旆投衡上不帆風差輕音初邁反又支皆歌麻過禡六韻 汊 水浦亦作汊 ○ 債 側賣切負也亦作責又麥韻

責 同上又誚也左傳西鄰責言又麥韻 ○ 眦 士懈切睚眦舉目相忤貌亦作眥范睢睚眦之怨必報杜欽傳睚眦必報注睚舉眼也眦即眥

字謂目際也言舉目相忤必報之也又霽韻 眥 孔光傳厓眥莫不誅傷顏師古曰眥疾智反又士懈反後漢左雄疏髡鉗之戮生於睚眥又霽韻增入

十六○怪 古瞶切異也奇也楊倞曰非常之事曰怪亦作恠 恠 壞 毀之也廣韻亦作敷又見下又賄韻凡物不自敗而

毀之則古瞶切魯恭王壞孔子宅書無壞我高祖寡命孟子壞宮室以爲汚池之類是也物自敗則胡怪切春秋傳魯城門壞之類是也 ○ 蒯 苦怪切草名亦

作蔽蕢周禮注蒯桴葦籥三輔黃圖上林苑中蒯池生蒯草以織席 蔽 左傳無棄菅蔽爾雅息也又草中爲索增入 蕢 禮記蕢桴土土鼓又杜蕢

蕢聵人名亦作屠蒯蒯聵又塊土亦作塊凷又至韻

塊 土塊又賄隊二韻［增入］

凷 又隊韻［增入］

喟 大息亦作嘳又至韻

嘳 同上又義人也又至韻［今增］

○壞 胡怪切物自敗

○聵 五怪切耳病又人名又至隊二韻［今增］

○戒 居拜切敕也警也謹也備也具也防患曰戒亦作誡

誡 易小懲而大誡荀子受諫而能誡賈誼傳前車覆後車誡並與戒同又警敕之辭曰誡文中子續詩四曰歎以陳誨立誡於家也續書有訓有誡義同者不可雙押如用立誡訓誡與齊戒之戒不妨分押

悈 飭也急也

介 大也助也副也閱也佐佑也耿介也繫也甲也閒廁也古者主有擯客有介孔叢子士無介不見魯仲連傳注相佑助曰紹介又因也左傳介人之寵又曰敢介大國又細故曰纖介賓[illegible]傳長無纖介郭子儀無纖介自嫌亦作芥又幾微也易介于石又所守之節介然堅正不移貌易憂悔吝者存乎介王弼曰當其憂悔吝之時其介不可慢也孟子柳下惠不以三公易其介又側畔也楚辭悲江介之遺風三都賦兒注介之湫濕又微閒貌孟子山徑之蹊閒介然又一夫曰一介左傳一介之使書曰如有一介臣又與芥同左傳介其雞杜預曰擣芥子播其羽又黠韻［增入］

价 善也節也詩价人維藩荀子作介人又紹价與介同

界 境也垂也分畫也限也亦作畍又離閒也揚雄解嘲范睢界涇陽注界閒其兄弟使疏涇陽秦昭王弟貴用事也

畍 田

⿱髟介 簪髻

⿰巾介 幘也亦作介

犗 犍牛凡畜健强者皆曰犗

疥 瘙疥

玠 大圭詩書作介

魪 比目魚

芥 辛菜又小草

屆 至也舍也極也當也說文行不便也籒文作屆从土凷之凷今書作届古作艐屆

艐 方言艐至也郭璞曰古届字又東韻[illegible] 艐 同上又著也相如大人賦跮以艐路又東韻[illegible] ○ 椷 下戒切器具又桱桰三蒼云椷揔名也說文云無所盛曰椷 齘 齒齘齒上下相抵處考工記函人凡甲衣之欲其無齘也注齘謂如齒齘廣韻類齘切齒怒貌類于禁切[illegible] [illegible] 俠也楚辭何文肆揚雄傳何文肆而質[illegible]應劭曰而質[illegible]亦作[illegible] [illegible] [illegible]狹也又葷菜葉似韭亦作薤 䪥 同上山上有薤者下有金韓愈詩金薤垂琳琅

瀣 沆瀣北方夜半氣也楚辭餐六氣而飲沆瀣又代韻 ○ 噫 乙界切飽食息內則不敢噦噫莊子大塊噫氣又之韻 醷 莊子噫醷物也音義云聚氣貌又止感職三韻[illegible] [illegible] 不平聲亦作呃 ○ 拜 布怪切拜手手至地禮記拜服也稽首服之甚也从兩手从丅丅古下字篆文作𢷎今作拜鄭康成曰拜而後稽顙曰吉拜稽顙而後拜曰凶拜婦人吉事肅拜凶事手拜荀子平衡曰拜下衡曰稽首至地曰稽顙注平衡謂磬折首與要平又拔也詩勿翦勿拜亦作扒 𢷎 周禮大祝辨九𢷎从手从𡴘从丅本音滔[illegible] ○ [illegible] 口戒切鼓名亦作揩 揩 又皆韻[今圖] ○ 湃 [illegible]拜切滂湃水聲 湏 水在樂浪李勣爲湏江道揔管又泰韻 憊 步拜切病也憝也亦作𢤱 韛 韋囊所以吹火亦作排 排 漢杜詩造作水排鑄農器揚琁以排囊盛石灰於車上南史韋孝寬傳以皮排吹之又皆韻[illegible] 糒 乾糒又至韻[重增] ○ 韎 莫拜切赤韋又隊夬二韻[今圖] 霾 風而雨土又支皆二韻 ○ 鎩 所介切鎩有鐔一曰長矛又鎩翮摧翼也又黠薛二韻 殺 削也滅也衰小也疾

也猛也害也亦作煞周禮作閷又志曷屑黠四韻从乂从朩从殳監本从木誤〔今正〕煞〔今圈〕又黠韻 閷 考工記凡爲防方其閷又黠韻〔增入〕

○瘵 側介切病也 祭 國名又姓又祭韻

十七○夬 古邁切卦名決也 [犭夬] 狡也亦作獪 獪〔今圈〕又泰韻 澮 水注溝又泰韻从冒誤〔今正〕

○快 苦夬切稱意又爽快又急疾也 噲 咽也又子噲樊噲人名又噲噲與快同斯干詩噲噲其正鄭箋噲噲猶快快也从冒誤〔今正〕 翽 羽聲卷阿詩翽翽其羽釋文引字林云飛聲也音口外反又泰廢二韻〔重增〕

○話 戶快切合會善言言也又語話 吴 譁也大言也詩不吴不傲說文作吴又模禡二韻〔增入〕 躛 過也左傳哀二十四年是躛言也釋文過謬之言服云僞不信言也音戶怪反又音于例反〔重增〕

○嘎 於邁切氣逆老子終日號而嗌不嘎又禡韻 餲 食敗又祭曷二韻 喝 嘶聲司馬相如賦聲流喝韓愈雨中寄孟刑部詩縢口甚蟬喝又曷韻〔增入〕

敗 北邁切敗之也又見下凡物不自敗而敗之則北邁切詩勿翦勿敗春秋敗某師之類是也物自敗壞則薄邁切春秋書敗績論語魚餒肉敗之類是也

○敗 薄邁切敗壞敗北頹也毀也破也彫也肉臭壞也又虛贏也荀子曰孟子惡敗而出妻義與憊相近 唄 梵音唐書王縉佐代宗作內道場晝夜梵唄〔增入〕

○邁 莫敗切行進也往也過也老也又與勱同左傳引書皐陶邁種德杜預曰邁勉也 勱 勉也 佅 東夷樂名禮記作昧

周禮作韎 昧 禮記明堂位昧東夷之樂也又泰隊二韻○砦 士邁切木柵又壘也亦作寨柴 寨 同上又羊栖宿處又德韻 今圖

柴 莊子柴柵又佳寘二韻 增入 ○嘬 楚邁切一舉盡臠禮記毋嘬炙又齧也孟子蠅蚋姑嘬之○蠆 丑邁切長尾爲蠆短尾爲

蠍孝經緯曰蜂蠆垂芒爲其毒在後 慸 慸芥刺鯁也亦作帶慸 蔕 司馬相如賦曾不蔕芥賈誼曰細故蔕芥顏師古曰小鯁也又霽泰二韻

慸 史記賈誼賦細故慸薊韋昭音蔕 增入

通用 與代廢通 十八○隊 徒對切羣也又賄至二韻 兌 荀子仁人之兵兌則若莫耶之利鋒注兌猶聚也與隊同新序作銳

則亦音銳又馳易也通也究也又易兌爲澤澤者水之鍾聚也如楊倞之說則卦名亦有隊音又泰祭薛三韻 重增 駾 詩大雅緜篇混夷駾矣毛傳駾突也

箋混夷惶怖驚走奔突入此柞棫之中而逃也釋文駾徒對反又泰韻 重增 䨴 霮䨴雲貌 薱 草盛貌 懟 怨也恨也惡也亦作憞懟譈又

賄韻俗作憝 憞 又賄韻俗作懟 增入 懟 又至韻 今圖 譈 又至韻 增入 錞 矛鐏平者又諄賄二韻俗作鐓又都

昆切係 廟諱嫌名申明在諄字韻內 鐓 禮記進矛戟者前其鐓注平底曰鐓取其鐓地俗作鐓又諄賄韻 增入 ○對 都內切遂也荅也當也配

也應也古作對漢文帝以爲言多非誠故去其口从土从丵从寸今作對又沒韻 今圖 碓 舂具廣雅磓碓也通俗文水碓曰轓車孔融論水碓之巧勝於

聖人之斷木搖地晉杜預　敦　器名周禮珠槃玉敦注敦槃類珠玉以爲飾古者
作連機碓又灰韻今圖　以槃盛血以敦盛食鄭司農云玉敦歃血玉器又
九嬪凡祭祀贊玉齍注玉齍玉敦受黍稷器禮記明堂位有虞氏之兩敦注黍稷器並
音對又灰歡蕭準混慁號七韻俗作敦又都昆切條　廟諱合當迴避其餘照式許
用　轛　車橫軨又立曰轛橫曰軓考工
記去一以爲轛圍又至韻增入　○退　吐內切卻也亦作退　○纇　盧對切絲節也
治條疏纇又戾也　耒　手耕曲木月令親載　酹　餟祭以酒沃　礧　轉石相
左傳忿纇無期　耒耜又旨韻今圖　地又泰韻　如賦礧
石相擊亦作礌擂廣韻礧　雷　鼂錯傳具藺石如淳曰城上雷石　擂　廣韻擂鼓
磙重也磙音隊又音韻　也雷來內反俗作檑又灰韻重增　又轉石唐
李光弼傳作擂石車　○內　奴對切中也裏也入也又房室曰內鼂錯傳有一堂
俗本作檑誤重增　二內又天子宮禁謂之內漢制天子內中曰行內行
內猶禁中也唐有三內皇城在長安西北隅曰西內東內曰大明宮在西內之東　○
南內曰興慶宮在東內之南又寢室曰臥內蜀志延入臥內又祭合二韻今圖
背　補妹切身北曰背又堂　輩　軍發車百兩又等也　○配　滂佩切偫也對也
北曰背又負也又見下　班也比也輩行也　合也匹也又品配
又流刑　妃　匹也偶也亦　朏　月三日明生之名又廣韻云向　○佩　蒲昧切
隷也　作配又微韻　曉色又尾沒二韻从日月之月　玉佩亦
作珮又服之也說文大帶佩也从人从　珮　同上陸德明曰依字从人或王傍作者
凡从巾佩必有巾禮凡帶必有佩玉　非然循襲既久不敢去也荀子珮寶玉

琲 珠五百枚 又賄韻 背 違也棄也孤負也 反面也亦作偝倍 偝 禮記母偝 立 增入 倍 孟子師死而遂 倍之禮記倍畔

倍死忘生又鄙倍惡戾 之言又灰海二韻 增入 誖 亂也乖也亦 作悖又沒韻 悖 又沒韻陸德明釋文顏師古注 漢書廣韻並音布內反皆誤蓋

吳人呼布為步不知非正音也 唯韻略作蒲昧切是 今圈 㫲 暗 也 孛 色𢡱說文引論語色孛如也今 本作㪍一曰彗星也又沒韻 勃

又沒韻 增入 茀 史記天官書星茀于河音佩郎 孛星也又末勿沒三韻 重增 焙 煏 也 邶 國名一曰商邑鄭康成 曰邶鄘衞者殷紂畿內

地名屬古冀州自紂城而北曰邶南曰鄘東 曰衛衞在汲郡朝歌縣紂之所都亦作鄁 北 分異也書分北 三苗又德韻 拔 枝葉生 詩松柏

斯拔又曰柞棫拔矣 又末黠二韻 增入 ○妹 莫佩切女娣又與沬同又邑 名水名書明大命于妹邦 韎 茅蒐染赤韋又怪 夬二韻 今圈

昧 昧爽旦微明又冒暗又叶昒 後星易曰中見昧又夬韻 眛 目不明 又夬韻 痗 病也又 賄韻 每 田美左 傳原田

每每又灰賄 二韻 重增 脢 夾脊肉一曰口下心上 亦作胲又二韻 重增 胲 內則取牛羊麋鹿麕之肉必胲 有上去二音又二韻 重增

瑁 瑇瑁龜屬亦作毒冒 蝳蝐又音墨又號韻 冒 相如賦毒冒鼊龜冒 增 又號德二韻 今圈 蝐 入 沬 水名在衛詩 沬之鄉矣書

作妹妹與沬義異者分押又微晦也亦作媒又小星易曰中見沬王注微 明也子夏易沬小星也又巳也江文通詩服義方□沬又見下又泰韻 媒 莊子

媒媒晦晦又灰韻、【增入】○碎蘇對切細碎也　粹荀子舍粹折無適也注粹讀爲碎又至韻【重增】　誶誚也告也詬也離騷下章辭曰

誶誶告也又至術二韻　○倅取內切副車周禮戎僕掌王倅車之政亦作萃又夏官諸子遊倅使脩德學道注遊倅倅之未仕者又沒韻【今圈】

萃周禮車僕掌戎路廣車闕車苹車輕車之萃注萃猶副也音七內反又至韻、【增入】　淬滅火器又染也犯也寒也　焠堅劍刃史記天官書

火與水合爲焠漢書王褒傳清水淬其鋒顏師古曰焠謂燒而內水中以堅之也　啐嘗入口也咄啐嚖也又術韻　○晬祖對切子生一歲晬

時者周時也元有圈【今圈】　祽月祭名俗作䘹　綷會五采繒又音倅綷縩綺素聲【今圈】　○潰胡對切逃散也亂也左傳民逃其上曰潰

杜預曰衆散流移若積水之潰又遂也詩是用不潰于成又曰草不潰茂　讀覺悟說文中止也司馬法師多則民讀讀止也又泰韻【今圈】　聵

聾也又怪至二韻、【重增】　瞶同聵又至未二韻【重增】　繢織餘又畫亦作繪會又泰韻【今圈】　繪論語繪事後素音胡對反又泰

韻【重增】　會書作會音胡對反又泰韻、【重增】　闠市外門　滙水回合又賄韻　荳呂氏春秋菜之美者有雲夢之荳又尾韻

【今圈】　回繞也避也又畏避不盡情漢書溫舒傳即有避回注避回謂不盡意捕擊盜賊又迂曲趙充國傳回遠千里亦作囬廻迴又灰賄二韻、【增入】

囬【增入】　廻【增入】　迴【增入】　○誨呼內切曉教也　悔懊恨也悛改也又賄韻【元祐新制】許二韻通押　晦

不明也月盡也爾雅霧謂之晦 鋂 易卦上體書洪範作悔 靧 洗面亦作頮沬 頮 沬 漢武帝賦弟子增欷洿沬悵兮音灼音水沬面之沬言涕洟洿集覆面而下也 增入

○塊 苦潰切土塊亦作凷蕢塊又賄怪二韻 今圖 凷 又怪韻 今圖 蕢 又至怪二韻 今圖

堁 同上又塵起貌又塵也又果過二韻 ○憒 古對切心亂 慖 恨也 刉 斷也亦作劊又微未泰三韻 今圖

劊 增入 又泰韻 幗 婦人喪冠又麥韻 增入 ○磑 五對切䃺也世本公輸般作磑俗作磑又灰韻 今圖

十九○代 徒耐切世也更也替也國名郡名 岱 岱宗東岳泰山為衆山之宗 黛 畫墨又青黛似空青而色深韓文盤谷序粉白黛緑 袋 囊也 逮 及也追也遝也亦作迨又海霽二韻申明在海韻內 迨 及也詩迨其謂之迨天之未陰雨與逮同逮字既有去聲音則迨字亦合有兩音又海韻 重增

待 俟也擬也遇也又海韻周官大宰以典待邦國之治論語以季孟之閒待之我待賈者也易有待而行待時而動並無音合從通用 重增

殆 危也近也將也又與怠同左傳昭五年敝敝邑休殆七月詩注殆始也又海韻 重增 怠 懈也倦也又之海二韻 重增

⿱竹怠 竹萌亦作箈又哈海二韻 重增 箈 周禮箈菹鴈醢音迨同有兩音則箈字亦有去聲音又二韻已上六字並合依逮字例通用 重增

曃 曖曃不明貌王篇廣韻又音他代切 埭 壅水為堰亦作⿰石隶 ⿰石隶 棣 棣棣閑習貌詩威儀棣棣又霽韻 重增 瑇

瑇瑁亦作毒蝳俗作玳又徒沃切

毒 又沃韻[今圖]

䨴 䨴䨴雲貌亦作靆又海韻

靆 又海韻[增入] ○

貸 他代切施予又借也又志德二韻

態 意恣縱也又姿態

詒 疑疾莊子詼詒數日注懈倦貌一云失魂魄也詼音愛又欺也亦作紿又之志海三韻[重]

[增]紿 欺也又絲勞難理又海韻[重增] ○

戴 丁代切國名又姓又項荷也亦作載又泰韻[重增]

載 禮記載青旂載青精詩載弁俅俅又見下又海泰二韻[今圖] ○

徠 洛代切勞徠也苦其勤曰勞撫其至曰徠又慰勉而招之也亦作勑來倈又咍韻

勑 又職韻[今圖]

來 同上又至也相如封禪頌今視其來協韻去聲文選上林賦馳騖往來亦音去聲又脂咍二韻往來與勞徠義異自可分押[今圖]

倈 漢原涉傳勞倈慰勉又咍韻[增入]

萊 荳萊廣韻香也又咍韻

賚 賜也又泰韻[illegible]制許通用[元]

睞 眄睞傍視 ○

耐 乃代切罪不至髡漢高祖紀耐以上請之如淳曰耐猶任也任其事也言任罪不至髡之事也後漢注耐輕刑之名漢書音義曰一歲刑為罰作二歲刑已上為耐耐音乃代反亦作耏又耐事耐久亦作能又登韻[今圖]

耏 廣韻頰也案漢書注顏師古曰依應氏之說耏當音而如氏之說則音乃代反義亦兩通又之韻

能 同上鼂錯傳能暑能寒又技能也又姓又咍登二韻[增入]

柰 果名又泰韻[重增]

奈 如也那也遇也又泰箇二韻[重增]

鼐 鼎之絕大者又海韻 ○

塞 先代切隔也邊界也又德韻

簺 行棊相塞曰簺莊子作博塞塞簺義異者分押又德韻

僿 細碎又志韻 賽 報也 ○再 作代切兩也重也 載 承也勝也易大車以載詩載淢載孚案爾雅唐虞曰載無音書朕在位七十載五載一巡狩三載考績亦無音廣韻上去二聲皆曰年也謂之載者以年運而往爲義又事也書熙帝之載又則也詩載號載呶又盟書曰載書見左傳孟子又國語太史司載糾虔天刑韋昭曰載天文也註上天之載謂洪造也音再又典籍曰載籍取記載之義又始也孟子自葛載 縡 事也又海韻 ○

菜 倉代切蔬也亦作采菜采義異者分押 采 周禮大胥春入學舍采合舞鄭司農曰舍采謂舞者皆持芬香之采或曰古者士見於師以菜爲贄或曰學者皆人君卿大夫之子衣服采飾舍采者減損解釋盛服以下其師鄭康成曰舍即釋也采讀爲菜始入學必舍菜禮先師也菜蘋蘩之屬詩簡兮注舍采亦與菜同又王子諸侯卿大夫食邑書百里采無音亦作寀埰顏師古注漢志曰采官也因官食地故曰采地又海韻 寀 爾雅尸寀也寀寮官也郭璞曰寀地同地爲寀同官爲寮寀音去聲又海韻 增入 埰 棌 木名亦作採采又海韻 增入 縩 綷縩衣鮮又泰韻 今圖 ○在 昨代切所也存也察也又海韻 元祐新制許二韻通押 裁 騺別又制也公羊辨而裁又咍韻 栽 築牆長版左傳水昏正而栽又咍韻 酨 酢漿 載 舟車所載之物詩不輸爾載又運也 ○劾 戶槩切覈也按也又海德二韻 ○瀣 下代切沆瀣北方夜半氣又怪韻 今

圖 ○慨 口溉切忼慨竭誠貌太史公曰婢妾賤人感慨而自殺者非能勇也徐廣曰或作槩音同 槩 同上又居代切平斗斛者 增入 愾

同上晉段灼傳私懷忼愾陸機傳議論忼愾又怒也左傳諸侯敵王所愾而獻其功又未迄二韻 ㊀嘅 嘆也又泰韻一 ㊀欬 逆氣又謦欬亦作咳又怪韻一

㊀咳 禮記咳而名之又小兒笑貌又咍韻【重增】 ㊀鎧 甲也又海韻古作鎧俗作鎧 ㊀闓 闢也又咍海二韻 ㊀塏 爽塏明燥也又海韻古作塏俗作塏【增入】

○㊀漑 居代切灌漑又沆漑水流聲又至未二韻 ㊀摡 滌也說文引詩摡之釜鬵今詩作漑周禮世婦率女宮而濯摡注摡拭也又未韻

㊀扢 磨也 ㊀槩 平斗斛者亦作概又節槩操介也大槩大率也感槩感觸經心也莊子豈能無槩然於心 ㊀概 同上又節概吳都賦俗有節概之風【增入】 ㊀剴 切也近也又咍韻【今圖】

○㊀愛 於代切慕也憐也恩也寵也好樂也說文行貌 ㊀僾 仿佛也說文引詩僾而不見今詩作愛禮記祭義祭之日入室僾然必有見乎其位釋文云微見貌 ㊀薆 隱也蔽也又晻薆香氣相如賦晻薆咇茀 ㊀靉 靉靆雲貌又海韻【今圖】

㊀靄 雲集貌亦作靄又泰海曷三韻【重增】 ㊀靄 謝惠連雪賦連氛累靄又三韻【重增】 ㊀藹 藂雜貌又盡力貌又泰海二韻【重增】 ㊀曖 晻曖不明 ㊀欸 應聲又夾海二韻【重增】 ㊀乃 欵乃棹船相應聲黃庭堅曰湖中節歌聲元結集作欸乃誤柳宗元詩欵乃一聲山水淥本或作欸乃誤欸與乃同音當作款欸亦作款乃款音襖又音懊又海韻【重增】

○㊀礙 牛代切止也距也妨也阻也限也亦作硋玉篇亦作㝵 ㊀硋 列子雲霧不硋其視 ㊀閡 外閉又與礙同文選隔閡又咍海二韻【今圖】

二十○廢 放吠切弛也不舉也替也圮也放也大也說文屋頓也爾雅捨也又止也隋也左傳廢于鑪炭又月韻監本从㕡誤今正

癈 固疾不復可用者亦作廢禮記孤獨癈疾从㕡誤今正 祓 祓禊除惡祭又福也亦作茀又勿韻 茀 福也詩茀祿爾康矣鄭音廢又未隊勿沒四韻

芆 艸也史記河渠書瓠子歌搴長芆兮沈美玉索隱曰芆一作茇音廢又音紼又勿曷二韻 胏 金藏又削木札見漢書劉向田蚡傳注又泰韻

柹 說文削木札詩伐木許許毛傳許許柹貌亦作胏 ○吠 房廢切犬鳴 茷 草葉盛貌 ○乂 魚肺切芟也書俊乂在官馬融曰千人曰俊百人曰乂孔安國曰俊德治能之士並在官亦作艾又治也書淮沂其乂惟民其康乂從作乂又治之也理也書乃其乂民天其以予乂民用康乂民又政治治道治功也洪範乂用明注君臣無易則政治明君牙昭乃辟之有乂注明汝君之有治功亦作⿱辟乂艾又祭泰二韻

⿱辟乂 又祭韻

刈 割也鄭康成曰芟末曰刈亦作艾又祭韻 艾 詩奄觀銍艾又與乂同漢書俊艾曰隆又治也孟子自怨自艾於桐又懲創也漢魏相傳無所懲艾又平治漢書艾安與乂同又能治也詩或肅或艾曲禮五十曰艾有兩音又過半也詩夜未艾又息也巳也左傳方興未艾又養也安也詩保艾爾後亦作乂又盡也絕也息也左傳國未艾也又祭泰二韻

忈 懲創亦作艾又二韻又⿱辟乂刈艾忈義同者不得重押義異者非 ○穢 烏廢切惡也汚也又荒也蕪也亦作薉濊俗从歲下同

薉 荀子涂薉則塞 濊 汪濊深廣洋溢貌又與穢同李詩傳濊濊濁濊又泰末二韻 獩 獩貊國名 ○喙

許穢切口喙漢志喙爲鳥星又祭宥二韻 **顪** 頤下毛莊子擘其顪亦作𡾰 **噦** 同上又鑾聲又鳥聲亦作鐬又泰霽月薛四韻 **鐬** 又泰韻 **翽** 飛羽聲又泰夬二韻 **譿** 衆聲又泰韻

通用 與稕通

二十一震

震 之刃切卦名易震爲雷謂雷震之所爲也繇曰震來虩虩又直謂雷爲震也震動也威也懼也起也妊娠也詩載震載夙亦作娠娠又眞韻 **振** 舉救也整也奮也裂也動也又眞軫二韻 **賑** 富也贍也又軫韻 **侲** 童子漢制僻於禁中用侲子又燕齊閒謂養馬者爲侲亦作娠又眞韻 **娠** 妊也又養馬者又眞韻 **蜄** 史記歷書辰者言萬物之蜄也音振索隱曰或作娠同音又軫韻又時刃切係 廟諱嫌名合當迴避其餘照式許用 重增 **䟴** 動也見玉篇又眞韻 重增 **袗** 畫也月令釋文袗輅當作袗有兩音孟子袗衣注袗畫也義與月令袗輅之袗同月令有兩音孟子亦當有兩音又軫韻 重增 **挋** 拭也給也潔清也 **甄** 掉也周禮薄聲甄又眞僊二韻 增入

○**刃** 而振切鋒刃又與韌同刃加鋒爲刃象形俗作刄 **韌** 堅柔難斷周禮山虞注作刃詩箋作忍 **忍** 大雅抑箋柔忍之木荏染然釋文忍音刃字亦作仞又安忍隱忍又軫韻 重增 **仞** 八尺曰仞小爾雅四尺謂之仞包咸鄭康成皆謂七尺曰仞應劭注漢書五尺六寸曰仞顏師古曰非也八尺曰仞取人申臂之一尋也師古以八尺爲仞是也而以仞爲申臂一尋則非也一尋止六尺爾孔安國曰八尺曰仞又度深曰仞左傳昭三十二年仞溝洫又與認同列

子仞而有之 **訒** 難也論語其言也訒 **認** 辨識又與訒同荀子外是者謂之認注認難也 **軔** 礙車止輪木又與仞同孟子掘井九軔 **牣**

充滿詩於牣魚躍 ○ **儐** 必刃切導也通作擯古者諸侯自相爲賓之禮各有副賓副曰介生副曰擯又陳也詩儐爾籩豆又真韻 **擯** 同上

論語君召使擯又斥也又真韻 今圖 **賓** 禮記大夫有所往必與公士爲賓注賓謂作介也莊子賓者以告列子音義云賓通客之人音儐又去聲惠𨒫以賓

寡人與擯斥之擯同又曰退仁義賓禮樂儐擯賓義同者不得重押義異者非又真韻 增 **鬢** 額旁髮 **殯** 斂塗禮記殯於客位又送葬歌曲曰

虞殯左傳公孫夏命其徒歌虞殯 ○ **信** 思晉切誠信慤實也不疑也不差爽也於文人言爲信又左傳再宿爲信孟子有諸己之謂信又真韻 今圖

訊 問也告也亦作訙 **訙** 荀子雲賦行遠疾速而不可託訊者與從言从丮丸音汎从九誤 今正 **迅** 疾也又奮迅皋翼欲飛貌亦作奞

阠 陵名爾雅東陵阠 **汛** 灑也 **申** 伸也荀子熊經鳥申郭音信又真韻 增入 ○ **晉** 即刃切卦名進也書也國名又姓又與搢同周

官田僕凡田王提馬而走諸侯晉大夫馳注晉謂抑也抑之止奔也 **縉** 赤白色又與搢同漢志縉紳者弗道李奇曰縉插也插笏於紳顏師古曰李云縉插

是也字本作搢插笏於大帶革帶之閒耳非插於大帶也又線韻 今圖 **搢** 插也亦作晉周禮王晉大圭莊子搢紳先生亦作縉又線韻 **瑨** 美石

亦作璡 **璡** 今圖 又真韻 **進** 登也升也行前也善也效也薦也亦作薦又徐刃切與贐同 今圖 **薦** 同上見廣雅列子王薦而

問之亦音進又與搢同史記薦紳先生難言之徐廣曰薦紳即搢紳也古字假借又震韻[重增]

○燼 徐刃切火餘燭餘又遺民曰燼左傳靡自有鬲氏收二國之燼以滅浞而立少康

盡 竭也又盡之也又軫韻[增入]

賮 會禮之財又贈行財又琛賮珍貨也亦作贐賮進又軫韻[今圈]

贐 又軫韻[今圈]

贐 又軫韻[增入]

進 同上漢高紀蕭何主進又賭博之財曰進漢陳遵與宣帝博數負進唐書厚進蓋今人謂博勝得財曰得進得多曰厚進[增入]

藎 進也詩王之藎臣朱氏曰藎進也言其忠愛之篤進進無已也又餘也

○藽 初覲切木槿亦作櫬

櫬 同上又梧也又椑棺謂之櫬

襯 近身衣也

齔 毀齒又隱韻

○鎮 陟刃切寶鎮亦作瑱又藩鎮山鎮眥取安重鎮壓之義又眞軫二韻

填 定也撫也漢書鎮撫字多作填又鎮星土星也晉天文志作填星又壓也又眞先銑霰四韻

瑱 王充耳又王瑱與鎮同唐將來瑱又眞霰二韻

○疢 丑刃切病也亦作疹又軫韻

疹

趁 踐也逐也亦作趂陸機文賦舞者趁節以拔袂又獮韻

趂

○親 七遴切左傳庶人工商各有分親注以親疏爲分別釋文有平去兩音今世謂姻家爲親家又眞韻[增入]

○陣 直刃切行列經典作陳揚子音義云古作敶佩觿集曰軍陳爲陣始於王羲之小學章

陳 又眞韻俗作陣[今圈]

診 視也驗也廣韻候脈也莊子匠石覺而診其夢司馬向云診占夢也[重增]

格 木名汁可作酒亦作桭

○吝 良刃切悔吝又鄙吝易屯六三往吝謂不知幾冒險而往以自取窮可鄙賤也又羞吝常卦九三或承之羞正吝家

人九三婦子嘻嘻終吝皆謂可羞吝易坤爲吝論語出內之吝謂之有司皆謂靳惜也又恨也噬嗑六三小吝无咎謂小有悔恨也亦作吝格悋 吝 俗作𠫟

悋 鄙也慳也惜也亦作恡𢤦通作吝 悋 文中子問易篇改過不悋俗作恡 ㊀憐 荀子無邑憐之心又先韻【重增】 ㊀瞵 視不明又眞山二韻

遴 行難又謹選亦作僯 僯 蹸 轢也踐也亦作轔躪轥 ㊀轔 又眞軫二韻【公圈】 閵 相如賦徒車之所閵轢【重增】

轥 見廣韻【重增】 躙 同上俗加艸非【重增】 膦 胍膦見廣韻【重增】 ㊀䉮 竹類爾雅䉮堅中亦作䉮又眞韻 䉮 ㊀磷 薄石又石轢又眞耕二韻

㊀粦 野火又鬼火兵死及牛馬之血爲粦又眞軫二韻 ㊀燐 同上又螢火亦作蟒又二韻 蟒 藺 莞屬可爲席又姓

㊀甐 動也敝也考工記不甐於鑿亦作鄰又眞韻【增入】 ㊀鄰 又眞韻【重增】 ㊀潾 王篇水清貌又眞山二韻【增入】

○㊀菣 去刃切香蒿亦作𦾢又霰韻 ㊀𦾢 又霰韻【公圈】

○印 於刃切刻文合信也小爾雅璽謂之印漢官儀諸王侯黃金印槖鈕文曰王列侯黃金印龜鈕文曰章御史大夫金印紫綬文曰章中二千石銀印龜鈕文曰章千石至四百石皆銅印文曰印

○釁 許刃切血祭亦作衅興牲血塗器曰釁釁血者幽陰之物釁用血蓋所以厭變怪禦妖釁也禦妖釁而謂之釁猶治亂曰亂也周禮天府上春釁寶鎮及寶器注釁謂殺牲以血血之太祝隋釁注隋釁謂薦血也凡血祭曰釁又鏬隙曰釁或謂器成必有釁隙殺牲取血塗其釁隙以厭除不祥因謂之釁又爭端曰釁謂瑕隙也亦作舋又賈誼傳釁面吞炭鄭曰釁漆

面以易貌顏曰釁熏也以毒熏入之也 䘏 （興）禮記□既興器用幣又故□諸二韻［增入］ 釁 隙罅通作□ ○ （僅）渠吝切□也略

也纔也劣也亦作廑勤僅又欣韻［今圈］ （廑）董仲舒曰□果廑能勿失耳說傳其次廑得舍人顏曰廑與僅同劣也又欣韻［增入］ （勤）禮記勤有存者

注少也又欣韻［增入］ （慬）公羊傳定公八年□僅然後得免音與僅同又欣韻［重增］ （瘽）病也漢文帝紀瘽身從事又欣韻［今圈］ （堇）

草名詩堇荼如飴又隱韻［增入］ 覲 周官大宗伯秋見曰覲注覲之言勤也欲其勤王之事禮記曲禮天子當依而立諸侯北面而見天子曰覲 （墐）

塗也詩塞向墐戶又欣韻 瑾 美玉楚辭懷瑾握瑜 饉 蔡宋不熟曰饉韓詩三穀不升曰饉 殣 瘞尸詩尚或殣之又餓殍為殣左傳道殣相望 ○

憖 魚僅切問也恭謹也強也傷也且也閑也詩不憖遺一老注強也方言傷也楚潁之間謂之憖又發語音左傳憖使吾君聞以為快又缺也左傳文十二年兩

軍之士皆未憖也 （垽）滓也又欣韻［增入］

二十二 ○ 稕 朱閏切束稈 （純）爾雅緣謂之純郭璞曰衣緣飾也又之諄魂混準五韻 （諄）至也告曉熟也

亦作哼又諄韻 （哼）莊子釋夫悟惔無為而悅夫哼哼之意郭云以己誨人也李音稕又諄魂二韻又都昆切係　廟諱嫌名申明在諄韻內［重增］ （埻）

射的又準韻 （訰）訰訰亂也又諄韻 ○ 舜 輸閏切有虞氏號張晏曰仁聖盛明曰舜舜之言充也說文艸也楚謂之葍秦謂之藑 蕣

木槿詩作舜　**瞬** 目開闔搖亦作瞚眣眴　**瞚** 莊子終日視而目不瞚【增入】　**眣** 見公羊傳【增入】　**眴** 項籍傳眴目視之又諄霰二韻

【重增】**鬊** 鬊髮又毛貌禮記注亂髮也　○**順** 食閏切不逆也和也從也詩克順克比左傳慈惠徧服曰順　**揗** 摩也又準韻　○

閏 儒順切餘分附月也周禮注於文王在門謂之閏是以禮閏月詔王居門　**潤** 濕潤又澤也滋也浸漬也饒益也監本从王誤【今正】　○**峻**

須閏切高也險峭也嚴急也速也亦作陖駿又見下【今圈】　**埈**　**駿** 詩駿極于天又駿發爾私毛傳大也箋疾也又駿奔走在廟毛傳長也鄭箋大也此

二訓皆誤亦取敏疾之義書駿奔走逐音峻亦作逡若訓大則又音俊又見下【增入】　**逡** 禮記大傳執豆籩逡奔走又諄韻【重增】　**恂** 嚴謹貌禮

記大學恂慄也有兩音又信也樂也溫恭貌又諄韻【重增】　**筍** 竹輿公羊傳文十五年筍將而來也音峻又準韻【重增】　**迿** 公羊傳定四年朋友

相衛而不相迿注迿出表辭猶先也稅當先相擊刺音峻又音巡又諄韻【重增】　**濬** 深通川也疏瀹也又深也濬哲文明是也又深之也隨山濬川是也　**浚**

深也瀹也淘也通作濬又水名在衛今浚儀縣　**鵕** 鵕鸃鷩鳥也漢初侍中服鵕鸃冠　○**俊** 祖峻切智過千人曰俊楚辭注千人才爲俊北史蘇綽傳萬人

之秀曰俊又大而敏也亦作儁畯　**儁** 同上又偉也絕異也又勝也左傳得儁曰克　**峻** 禮記大學克明峻德音俊又如字【重增】　**畯** 農田夫

詩傳田大夫也箋云司嗇也今之嗇夫見甫田詩注周禮籥章龡豳雅擊土鼓以樂田畯鄭司農云畯古之先教田者禮記郊特牲注司嗇后稷是也　**餕** 所食

之餘禮記餕餘不祭又食人之餘曰餕　晙　明也早也　駿　馬良逸又大也詩駿命不易音峻又音俊【今圈】　㕙　狡兔又諄韻　○殉　從閏切偶人送死亂世以人從葬檀弓不殆於用殉乎哉又從也孟子以身殉道以道殉身又營也求也　徇　行示書遒人以木鐸徇于路又自衒名行薛瓚注史記以身從物曰[illegible]徇與殉同亦作侚又諄韻【今圈】與焌通【通用】

二十三○問

問　文運切訊也聘也又問遺論語問人於他邦謂因問遺物又聲問康衡傳淑問揚乎疆外與聞同　聞　名達曰聞詩令聞令望亦作問又聲徹曰聞詩聲聞于天聲聞于外又文韻　璺　璺罅本作璺方言秦晉器破而未離謂之璺　紊　絲亂又文韻【今圈】　抆　拭也又吻韻　汶　水出琅邪又真韻【今圈】　娩　生子亦作挽免又獮韻【增入】　挽　又獮韻【增入】　免　同上又喪禮去冠括髮也袒免服輕於緦亦作絻又獮韻【增入】　絻　左傳季氏不絻杜預曰絻喪冠也又晉趙鞅納衛大子于戚使大子絻杜預曰絻者始發喪之服又獮韻【增入】　○糞　方問切穢也又治也培也孟子糞其田又埽除也與叁拚同左傳糞除宗祧糞除先人之敝廬　叁　埽除亦作拚　拚　禮記埽席前曰拚又元線二韻【今圈】　僨　偃也亦作賁　賁　禮記賁軍之將陸音奮覆敗也又文寬剛吻寘真五韻【增入】　奔　詩行葦注奔軍之將陸音奮又寬恩二韻【增入】　忿　怒也悁也廣韻有兩音又吻韻【重增】　奮　揚也又鳥張毛羽奮奞也奞音迅

○訓 吁運切教誡爾雅訓道也道說文義又文韻〔今圖〕○攈 居運切拾也取也亦作擽攈又吻韻〔今圖〕擽 又吻韻〔今圖〕

攟 又吻韻〔今圖〕○郡 具運切杜預曰周書作雒篇曰周制天子地方千里分爲四縣縣有四郡故春秋傳上大夫受縣下大夫受郡秦初天下

置三十六郡以監天下之縣釋名郡羣也人所羣聚也韋昭曰秦漢之制中國爲內郡緣邊障塞者爲外郡 ○醞 於問切釀也又醖藉含蓄也亦作温

又吻韻 溫 漢義縱少温藉詩飲酒温克鄭箋中正通知之人飲酒雖醉猶能温藉自持以勝陸音去聲禮器温之至也注皆爲温藉重禮內則柔色以温

之又蒕吻二韻〔增入〕 慍 心所緼積而怒又吻韻〔元祐新制〕許二韻通押 熅 以火伸物亦作温又文韻 蘊 積也亦作薀又吻韻〔元

祐新制〕許二韻通押又文韻 蒕 同上又水草又蒕吻二韻〔今圖〕 縕 枲也紼也絮也奥也易乾坤其易之縕耶又亂麻制通縛束縕請火又吻

韻〔元祐新制〕許二韻通押又文蒕二韻 ○憤 房問切懣也論語不憤不啓發憤怒食字書有兩音又吻韻〔增入〕 蕡 雜香草周禮籩人朝

事之籩其實麷蕡注蕡枲實也鄭司農云熬麥曰麷麻曰蕡徐音蒲悶反誤當作房問反又文韻〔重增〕 ○運 禹慍切行也轉也動也用也又五運五行氣化

流轉之名又天造曰運韓愈詩君子法天運又運祚漢高祖績漢承堯運謂曆數也又國語廣運百里東西爲廣南北爲運 暈 日月氣亦作煇 煇

周禮眡祲掌十煇之法鄭司農曰煇日光炁也又微混願三韻〔今圖〕 餫 野饋 鄆 地名屬古兖州魯昭公出居之地今有鄆州 韻 和也音諧也又

風度也亦作韵均俗作韻 韻 均 同上又同也平也左傳僖五年均服振振戎服也陸音如字當有兩音亦作袀又諄韻【增入】 袀 又諄韻【增入】 員 伍員人名後人慕之以爲姓唐有員半千又文僊二韻 韗 攻皮之工考工記韗人爲皐陶禮記作煇又願韻【增入】 韗 又願韻【增入】 ○ 分 扶問切名分也分劑也禮記分毋求多荀子分分兮其有終始也又文吻二韻

二十四○焮 許靳切炙也春秋傳行火所焮 靳 居焮切固也吝也又姓又戲而相愧曰靳左傳莊十一年宋公靳之 斤 斤斤察也周頌斤斤其明毛傳斤斤明察也又欣韻 㨷 式也 ○ 近 巨靳切附也親也近之也又隱韻 ○ 㒚 於靳切依人也亦作隱又隱韻 隱 同上孟子隱几而臥又築也漢賈山傳隱以金椎又隱韻 殷 中也莊子其不殷非天之罪又欣山先隱四韻【增入】 ○ 垽 語靳切澱也滓也又震韻

【通用】與慁恨通

二十五○願 虞怨切大頭也欲也思也覬望也 愿 謹也慤也善也書愿而恭注慤愿而恭恪亦作原 原 荀子原慤注原讀作愿論語鄉原德之賊也孟子其惟鄉原乎朱氏曰原與愿同又元韻【增入】 謜 徐語說文引孟子謜謜而來又元韻【會圖】 ○ 遠 于願切離也遠之也又阮韻 轅 轅也又轘轅地名見左傳釋文又元韻【重增】 ○ 楦 吁願切履法亦作楥 楥

又元韻 今圖 韗 攻皮之工亦作韗煇又問韻 增入 韗 又問韻 增入 煇 禮記煇甲吏之賤者又微混問三韻 增入 ○

券 區願切約也契也史記平原君傳事成操右券以責下从刀與劵字不同劵古倦字下从力監本作券誤 今正 絭 臂繩又線諫燭三韻 綣

繾綣不分離貌又阮韻 勸 勉也獎也助也教也從也雚上从廾監本从廾誤 今正 ○ 圈 與願切畜閑又倦阮獮三韻 ○ 怨

紆願切仇也讎也恨也又元韻 畹 田二十畝曰畹又阮韻 婉 順也美也又阮韻 增入 ○ 獻 許建切進也羞也呈也賢也又

讞亦作鮮禮記犬曰羹獻又支歌二韻 今圖 鮮 月令鮮羔開冰又僊獮二韻 增入 軒 肉塊切者內則細者爲膾大者爲軒又元韻 增入

憲 法也又興盛貌中庸引詩憲憲令德又原憲孔子弟子又獮阮二韻 今圖 ○ 建 居憲切立也植也至也又阮獮二韻 ○ 健

渠建切伉也強也有力也不倦也又阮韻 今圖 楗 限門木又阮獮二韻 增入 ○ 堰 於建切壅水爲埭亦作偃又阮韻 偃 周禮

獻人注梁水偃也音去聲又與鼴同莊子偃鼠飲河音去聲又阮韻 增入 鼴 莊子偃鼠音義云水亦作鼴又阮韻 重增 匽 周禮宮人爲其

井匽鄭司農曰匽路廁也鄭康成曰匽豬謂霤下池受畜水而流之者又阮韻 增入 郾 地名漢地理志潁川有郾縣唐有催郾 蔫 菸也物不鮮也

黤也又臭草又僊韻 增入 ○ 販 方願切買賤賣貴亦作反 反 荀子積反貨而爲商賈又元阮潸三韻 重增 畈 田畈平疇也見廣韻 重增

汳玉篇水名出浚儀縣北又線韻重增○娩芳萬切生子齊也又兔子爾雅兔子娩○飯扶萬切炊穀熟亦作餅又阮韻餅

○萬無敗切十千亦作万左傳萬盈數也漢志衍於萬又萬舞又蟲名又姓曼引也無也又與萬舞之萬同荀子曼而饋又姓又虞歡換三韻

从曰曰音冒監本从日誤今正輓引車亦作挽又阮韻挽又阮韻增入蔓葛屬又蔓莚也左傳無使滋蔓蔓難圖也从日誤今正

二十六○慁胡困切憂也擾也悶亂也又汚辱也禮記儒有不慁君王范雎傳天以寡人慁先生漢陸賈傳無久慁公爲也唐元結傳

一第慁子耳義與溷同溷濁也亦作圂又廁也晉左思作賦門庭藩溷皆著紙筆亦作圂又慁韻今圖⿰犭圂漢王褒傳延袤百丈而不⿰犭圂增

入顐諸劇元結時議諸臣顐官怡愉天顔又混韻重增○惛呼困切不憭又慁韻○困苦悶切卦名窮也悴也又病甚又倦

劇力乇也古文作朱閫門梱亦作梱又混韻梱又混韻增入○噴普悶切鼓鼻昇也嚏也噀也又慁韻○坌蒲悶

切塵坌也並也亦作坋相如賦坌入曾宮之差峩又吻韻今圖坋又吻韻重增湓水聲又慁韻○悶莫困切煩悶心鬱也亦作

懣懣又混緩二韻今圖○巽蘇困切卦名入也順也柔也[illegible]也亦作巺俗作巽潠含水噴亦作噀潠噀後漢欒巴噀酒

俗作噀增入⿰口孫遜遁也亦作孫又順也辭避也謙恭也亦作愻孫巽孫春秋夫人孫于齊公孫于郲杜預曰內諱奔故謂之孫又順也

謙也論語孫以出之又寬韻【增入】 愻 ○寸 村困切[illegible]粟爲分十分爲寸十寸爲尺家語布指知寸[illegible]漢志寸者忖也有法度可忖凡法度字皆从寸 刌 斷也切也刌也截也度也又混韻【增入】 ○焌 祖寸切然火周禮遂歙其焌又術韻【今圖】 捘 推也又擠也掐也左傳定八年捘衛侯之手陸音子對反誤當作祖寸反又諄韻【今圖】 ○鐏 祖悶切秘底銳者又存困切又緩韻 鱒 魚名又魚入泥也又混韻 ○頓 都困切下首又貯也次也杜甫詩頓頓食黃魚謂食一次也又壞也左傳襄公四年甲兵不頓昭元年師徒不頓又姓[illegible]頓丘詩至于頓丘又從頓遽也又見下又沒韻【今圖】 敦 竪也又太歲在子曰困敦又丘一成曰敦丘詩作頓丘班固賓戲欲從庬敦而度高乎泰山韶丁回反誤又灰歡蕭準號五韻又寬韻都昆切係廟諱合當迴避其餘照式許用 ○鈍 徒困切不利亦作頓 頓 史記賈誼賦莫邪爲頓兮漢書作刃不頓又不頓一戟瞿方進遲頓不及事【增入】 遯 卦名退也隱也避也遯也逃也亦作遁遂又混韻 遁 又混諄二韻【今圖】 遂 易遯卦釋文云字又作遂遁漢匈奴贊遂逃竄伏又混韻【增入】 腯 肥也又人名檀弓仲子舍其孫腯而立衍有上去二音又混沒二韻【重增】 ○論 盧困切論議又諄寬二韻 ○嫩 奴困切弱也又少好貌俗作嫰【增入】 ○奔 逋悶切奔走湊集也又寬悶二韻【增入】 ○褪 吐困切卸衣又花謝也【增入】

二十七○恨 下艮切怨恨 ○艮 古恨切卦名堅也止也限也很也

通用 與換通

二十八

○翰 侯旰切鳥羽又筆也書詞也高飛也天雞五色羽也又榦也詩維周之翰王后維翰之屏之翰召公維翰有平去二音又寒韻 駻 馬突亦作馯一曰馬高六尺 馯 同上又姓孔子弟子馯臂 旱 亢陽不雨又旱韻 悍 性勇急又旱韻 汗 人液又寒韻 瀚 北海漢霍去病傳作翰海又浩瀚廣大貌 捍 衛也忮也抵也亦作扞干 扞 干 詩公侯干城左傳天下有道則公侯能爲民干城並音去聲又見下又寒韻 增入 皯 射鞲以皮皯臂 銲 臂鎧也亦作釬 釬 同上又急也莊子有縵而釬 增入

閈 閭也里門曰閈玉篇云居也垣也 垾 小隄 ○漢 虛汗切天河詩維天有漢又水名又地名漢中在南鄭沛公封漢王因爲國號 暵 乾也亦作熯又寒旱二韻 熯 又寒旱獮三韻 今圖 ○看 墟旰切視也又寒韻 侃 剛直又和樂貌亦偘又旱韻 偘 見廣韻又旱韻 重增

衎 喜也樂也又旱韻 ○旰 古旦切日晚也晏也 盰 目多白一曰張目也 幹 事之能易乾文言正者事之幹也言事以正立猶垣牆有版幹也又匾幹本之身也又骨幹人脊股之骨也又築牆版也亦作榦又井欄也又寒韻 今圖 榦 同上又柄也又柘木 澣 滮滮澣澣水流疾貌中从目从旰說 今正 秆 禾莖稾也左傳或取一秉秆焉又旱韻 增入 骭 骹骨即脛骨也甯戚歌短布單衣適至骭亦作幹左傳唯是楄柎所以藉幹又諫韻 今圖

○按 於旰切抑也止也據也荀子是按曰是非按曰非又撫也平原君傳毛遂按劍而前鄒陽傳按劍相眄又控也

漢文帝按轡徐行又劾也

案 几屬亦作桉又察行也考驗也舉也據也與按同荀子案飾其辭董仲舒策謹案春秋

桉 漢書賈誼傳桉之當今之務鄒陽傳桉劒而怒桉劒相眄字皆从木史記从扌桉案按三字義同音不得重押義異者非〔增入〕

〇岸 魚旰切崖也廣韻水涯高者玉篇魁岸雄傑也高也又露頟曰岸漢光武岸幘見馬援又獄也詩宜岸宜獄

䮗 馬行貌又馬頟白至脣

豻 胡地野犬似狐而小又野獄曰豻亦作犴又豻侯射的亦作干又寒韻

犴 同上玉篇狴犴獸名又獄也揚子狴犴使人多禮平本作狴岸古人假借用又寒韻〔今圖〕

干 同上周禮司裘注大射干五十大射禮注干讀曰豻胡犬也鄉射記作豻侯又古岸字〔增入〕

矸 山石貌甯戚謌曰南山矸白石爛廣韻古案切石淨侯旰切碰也二音罕用故不收入〔今圖〕

諺 畔諺剛猛也書乃逸乃諺見說文今書作諺音彥注云叛諺不恭亦作喭又線韻

喭 論語由也喭亦作喭又弔失容也又線韻〔增入〕

〇粲 倉按切爾雅餐也飯也又鮮好貌又優也察也明也又三女爲粲詩作粲漢律婦人坐使擇米使正白爲白粲又笑貌見齒粲然元有圈〔今正〕粲縕衣詩還予授子之粲兮注粲餐也綢繆詩見此粲者注三女爲粲大夫一妻二妾釋文云字林作妿〔增入〕

璨 玉光

燦 明也通作粲

妿 三女爲妿亦作粲粲

〇贊 則旰切參也相也佐也助也出也見也頌也篆文作賛後漢書作贊賛

〇讚 稱美也史作贊亦作囋

囋 荀子問一而告二謂之囋楊倞曰囋即讚字謂以言强贊助之又曷韻〔增入〕

酇 地名在南陽襄鄧蕭何所封邑又音才河反又歌歎緩三韻

〇瓚

才賛切祼器受五升亦作瓚又旱韻漢書注臣瓚不言姓臣案水經注引薛瓚注漢書是姓薛也 ○ 炭 他案切燒木未灰 歎 大息亦作嘆人慨歎則息大而長故曰長大息大息後人作太息誤又寒韻 嘆 莊子慮嘆變慹又寒韻【增入】 灘 太歲在申曰涒灘又寒韻 ○ 難

徒案切忌難也畏也又旱笴箇曷四韻【今增】 僤 疾也周禮句兵欲無僤又旱獮二韻【今增】 彈 激圜也又寒韻 撣 觸也又寒韻【增】

【今增】 潬 水中沙堆又旱獮二韻【增入】 但 任從也徒也又語辭亦作儃亶又脫衣袒亦作袒襢亶又寒旱二韻【增入】 儃 又寒僊旱線四韻【增入】

袒 孟子袒裼晉但廣韻但字有上去二音則袒字亦然當從通用又旱襉二韻【重增】 襢 詩襢裼暴虎音但又旱獮線三韻【重增】

亶 與但同賈誼傳非亶倒垂而已又與袒同荀子露亶者也又僊旱二韻【重增】 澶 縱逸也淫衍也莊子澶漫爲樂又僊韻【重增】

壇 相如賦案衍壇曼師古曰寬廣貌又寒獮線三韻【重增】 訑 放[illegible]訑又之歌旱三韻【重增】 誕 同上又大也安也古作訕又旱韻【重增】 ○ 爛 郎旰切爤爛光貌方言自河以北趙魏之間火熟曰爛又寒韻从柬誤【今正】 糷 淖糜相著从東誤【今正】

瓓 玉采舊从東又有圖皆誤【今正】 讕 謾讕誣言又寒旱二韻从東誤【今正】 灡 潘灡米汁亦作瀾又二韻从東誤【今正】 瀾

同上又瀾漫淋漓貌俗作爛熳非又波也見廣韻又釋也亦作漣瀾又二韻从東誤【今正四圖】 連 禮記內則連以湯注連猶釋也古作湅傳寫誤作連又轉

爲連又僊彇二韻重增 湅 又霰韻重增 ○難 乃旦切阻也患也阨也寇也憂也禮記臨難毋苟免又寒歌二韻 攤 按也

又寒韻 ○旦 得案切昧旦早也明也詩信誓旦旦毛傳信誓旦旦然此謂誓言明白有如皦日之意箋云我其以信誓旦旦耳言其懇惻款誠又旱韻

怛 款誠也說文引詩信誓怛怛 狚 獦狚獸似狼而赤一名猵狚莊子猨猵狚以爲雌崔云猵狚一名獦牂似猿而狗頭以猨爲雌獦音葛廣韻作

獦狚誤從犬莊子作猵狚陸德明音七余反亦誤又旱曷二韻重增 鴠 鶡鴠求旦鳥似雞晝夜常鳴又名倒挂禮記作曷旦亦作鶡旦又作渴旦文選䳚音渴

癉 病也書畢命彰善癉惡注明其爲善病其爲惡釋文癉丁但反但有上去二音則癉音亦然又漢書嚴助傳近夏癉熱注黃病也廣韻作疸又旱笴箇三

韻重增 ○散 先旰切離析之也分離也布也說文離肉也又飲器禮記賤者獻以散鄭康成曰五升曰散孔穎達曰散者訕也飲不自節爲人謗訕也又旱

增 寒二韻 饊 熬稻又旱韻增入 繖 蓋也亦作傘又旱韻 傘 韓愈詩神官張火傘又旱韻增入

二十九

○換 胡玩切易也從手奐聲人从穴从廾今文作換 逭 逃也換也轉也周也 援 詩無然畔援鄭音換

拔扈也又元線二韻增入 ○喚 呼玩切評也 奐 大也禮記美哉奐焉注奐言衆多釋文云奐爛言衆多也又文采粲明貌 渙 流散解釋左傳

序渙然冰釋又卦名易渙離也 煥 火光玉篇明也亦作奐論語煥乎其有文章 漶 漫漶不分別貌又緩韻 ○貫 古玩切條貫貌

繩也累也行也穿也亦作毌又鄉籍也漢書奚必同條而共貫條者綱目分析也貫者聯絡貫穿也又事也詩三歲貫女又繩也以繩穿錢曰貫又歡諫二韻【今圖】

冠 戴冠男子二十而冠又爲衆之首曰冠又歡韻

觀 卦名所觀者又示也易觀卦大觀在上謂大而在上爲人所仰望又曰中正以觀天下國語觀兵漢書觀以珍寶皆謂有以示人使人來觀故曰觀又觀闕樓觀三輔黃圖云登之可以遠觀故謂之觀又壯觀奇觀謂境趣壯麗事端奇偉有可觀者又諦視也列子觀者取足於身亦音去聲又歡韻上从艹从廾誤【今正】

懽 懽懽愮愮憂無告也又歡韻从廾誤【今正】

館 客舍廣韻引周禮五十里有市市有館館有積以待朝聘之客詩適子之館兮又以館館客也後漢馬援傳作舘又綏韻

錧 又綏韻【增入】

悹 憂也亦作悺又綏韻

悺 又綏韻【增入】

痯 病也又綏韻

祼 祭酹鬯以灌地謂之祼亦作果通作盥灌

果 周禮宗伯大賓客則揚而載果注載爲也果讀爲祼又果韻【增入】

盥 同上又澡手又果韻

灌 論語禘自旣灌而往者又溉也莊子時雨降矣而猶灌溉又叢木也詩集于灌木其灌其栵又太雅板篇老夫灌灌毛傳灌灌款款貌箋老夫諫汝款款然从廾誤【今正】

瓘 玉名左傳瓘斝玉瓚杜預曰瓘珪也从廾誤【今正】

鸛 鸛爵亦作雚莊子作觀雀从廾誤【今正】

雚 从艹从吅从隹隹即鳥也後又加鳥字从廾誤【今正】

爟 取火於日又舉火也亦作烜从廾誤【今正】

烜 又元紙阮三韻【今圖】

矔 張目又人名左傳文七年鱗矔爲司徒【重增】

涫 灣也又歡韻

○**惋** 烏貫切 懊歎

腕 手腕亦作捥擘擥

捥 左傳

捘衛侯之手及捥史記封禪書扼捥自言〖增入〗掔儀禮鉤中指纏于掔掌後節中又山僊霰三韻〖增入〗掔漢書搤掔游談〖增入〗○玩

五換切弄也玉篇玩戲也翫習也狃也狎也厭也游觀也亦作忨串忨同上又愞也貪也愛也串爾雅串習也郭璞曰厭串也又諫線

二韻〖增入〗抏訛盡也又挫也耗也史記平準書百姓抏敝以巧法索隱云三蒼音五官反鄒氏音五亂反又歡韻〖重增〗輐圓也刓去圭角也莊

子椎拍輐斷亦作魭又綄韻〖重增〗魭同上又魚名又緩韻〖重增〗○半博漫切物中分又普半切大片曰半〖今增〗絆馬縶縶足

曰絆絡首曰羈靽駕牛具在後曰靽一云縶也○判普半切剖也分也斷也大也又半也周禮媒氏掌萬民之判注判半也得耦爲合主合其半

成夫婦也亦作泮牉泮史記陸賈傳自天地剖泮諸侯學名亦作頖詩箋泮之言半也半水者蓋東西門以南通水北無也又見下〖今圈〗牉儀禮

夫婦牉合〖增入〗頖禮記諸侯曰頖宮鄭康成曰頖班也所以班政教也泮冰釋通作泮[illegible]有圈〖今正〗半李陵傳一半水師古曰半讀曰判大

片也〖重增〗胖半體肉周禮掌共膴胖又脅側薄肉內則鵠鴞胖又切肉也內則麋膚注膚或爲胖又歡韻〖增入〗伴詩伴奐爾游矣毛傳伴奐

廣大有文章也箋云伴奐自縱弛之意陸音判徐音畔又見下〖重增〗○畔薄半切田界亦作坢又與叛同泮詩隰則有泮鄭箋云泮讀曰畔畔厓

也毛傳泮陂也音判〖增入〗叛背叛跋扈也亦作畔書畔官離次伴伴奐又侶也依也陪[illegible]也又旱韻〖重增〗○縵莫半切繒無文漢制

賜衣縵表白裏又莊子縵者音義云寬心小也又曰大恐縵縵音
義云齊死生貌又歎諫二韻上从曰曰音冒从日誤【今正而圖】幔 幕也帷也从日誤【今正】

[車曼] 衣車蓋也从日誤【今正】 謾 欺也且也又歎㥏諫三韻从日誤【今正】 漫 水漫淫敗物又汗漫渺茫貌又且也與謾同亦作曼杜甫
有漫與詩元結自號爲漫郎又汚也亦作僈莊子以辱行汚漫我又
曰澶漫爲樂崔云淫衍也李云縱逸也又瞯爛漫淋漓貌又歎韻【今正】 曼 末也且也又渺
茫貌漢鄒陽傳注長夜曼曼何時
旦音與漫同又虞歎願三韻【重增】 僈 莊子曰丹汚僈突盜楊倞曰僈當爲漫漫亦汚也水冒物謂之漫又諫韻【增入】 墁
杇者塗墍亦作鏝槾
又歎韻从日誤【今正】 鏝 又歎韻从日誤【今正】 槾 又歎韻【增入】 筭 蘇貫切計也數也籌也畫也說文筭長六
寸計歷數者也亦
作算又旱韻 算 論語何足算也又緩韻【增入】 笇 竹器玉篇云與筭同 蒜 葷菜張騫使西域得大蒜胡荽京口有蒜
山圖經云多
生大蒜【增入】 ○竄 取亂切逃也漢書奏頭鼠竄又誅放也書竄三苗于三危又藏匿也从鼠在穴中又獸竄改易也又容著也 攛 擲也
爨 炊爨又姓 ○鑽 祖筭切所以穿物又歎韻 ○鍛 都玩切小冶暮顓篇椎也又冶金曰鍛亦作段俗作煆 段 煬禮
段氏爲鑄器
又見下【增入】 斷 決也又斷斷專壹貌又見下又緩韻 碫 礪石詩作鍛 腶 鍛脯禮記腶脩注謂捶脯加薑桂也 ○彖
吐玩切易彖王弼曰彖者統論一卦之體繫辭彖者材也謂明卦中剛柔之材也陸
德明曰彖者斷也玉篇豕走悅也从彑彑音計彙頭也說文豕頭也象其銳而上見

俗作彖 褖 黑衣后服周禮作緣注作稅禮記作緣俗作褖 ○緣 周禮內司服緣衣禮記士妻緣衣俗作緣又㒩緣二韻〔增入〕 稅 周禮

注稅衣俗作稅又祭秦末三韻〔增入〕 ○段 徒玩切片段又體段馬援傳御款段馬注款猶緩也言形段遲緩也〔今圖〕 椴 檵椵木槿 斷

絕也 毈 卵不孚揚子雌之不才其卵毈矣〔增入〕 ○亂 盧玩切古作𤔔廣韻俗作乱理也治亂謂之亂書亂而敬論語亂臣十人古賦末有亂又橫流

而濟曰亂書亂于河詩涉渭爲亂爾雅正絕流曰亂又煩亂寇亂事物紛亂不理也 乱 佩觿集曰辭亂从舌其俗訛有如此者承用既久不敢去也从舌誤〔今正〕

○愞 奴亂切弱也亦作愞懦需耎又緩獮過線四韻 偄 又四韻〔今圖〕 懦 又四韻又虞韻〔增入〕 需 考工記輈人爲

不契需注需讀爲畏需謂不傷蹄者需道里釋文音須又乃亂反又虞獮二韻〔重增〕 耎 史記天官書太白出三日而復微入入三日乃復盛出是謂耎晉灼

曰耎退之不進索隱音奴亂反又獮韻〔重增〕

〔通用〕與禰通 三十 ○諫 居晏切直言以悟人也詩箋諫之言干也干君子之意而告之也周禮司諫注諫猶正也以道正人行又規諷也詩

主文而譎諫从言从柬从東誤〔今正〕 澗 山夾水 ○晏 於諫切柔也天清又日旰也揚雄賦天清日晏注晏無雲也如淳注漢志曰三輔人以日

出清濟爲晏晏而溫又後漢陳寵疏洪崇晏晏注晏晏溫和也又霰韻〔今圖〕 鴳 鴽也雇也鴳亦作鷃 鷃 莊子斥鷃笑之〔增入〕 ○鴈 魚澗切隨

陽鳥大曰鴻小曰鴈 贗 僞物韓愈詩居然見眞贗 重增 ○ 慣 古患切習也亦作貫串 貫 孟子我不貫與小人乘注貫習也又歡換三韻 分圖 串 詩串夷載路毛傳串習夷常也箋串夷卽混夷西戎國名也釋文串古患反又換線二韻 分圖 丱 丫角貌詩總角丱兮亦作卝又梗韻 卝 增入 ○ 患 胡慣切憂也病也惡也禍也苦也又刪韻 分圖 宦 仕也學也左傳宦三年矣又闔宦 擐 貫也左傳躬擐甲冑俗作擐又刪韻 分圖 轘 車裂人俗作轘又刪韻 豢 圈穀養獸牛馬曰芻犬豕曰豢楊倞曰豢圈也以穀食獸於圈中左傳董父能擾龍氏曰豢龍杜預曰豢養也亦作[牜豢]圂 [牜豢] 莊子[牜豢]三月矣 增入 圂 禮記少儀君子不食圂腴又慁韻 重增 弮 弩弓亦作絭史記長平四十萬衆張虛弮猶可畏也又僊線二韻 重增 絭 又僊願線燭四韻 重增 環 繞也周迴也漢高紀守濮陽環水常山王傳環城過市又刪韻莊子王三環之音還又音豢俗作環 增入 還 繞也圜也通作環莊子至樂篇相與還而觀之又刪僊線三韻 重增 ○ 襻 普患切衣系 扳 引也挽也又刪韻 分圖 ○ 番 甫患切數也遞也更也又元戈二韻 增入 ○ 慢 莫晏切惰也怠也倨也易之也忽也不敬也亦作僈謾上从曰从日誤 分正 僈 荀子寬而不僈又舒緩荀子不由禮則勃亂提僈又換韻 增入 謾 欺也又與慢同董仲舒策桀紂暴謾又歡僊換三韻 重增 嫚 侮易也媟汙也通作慢从日誤 分正 縵 緩也亦作僈又歡換二韻 增入 ○ 訕 所晏切謗也亦作姍又刪韻 姍 同上

又笑也又寒僊二韻俗作姍〔增入〕
汕 魚浮水上詩烝然汕汕爾雅罺謂之汕郭璞曰今之撩罟也又産韻〔今圖〕
潸 涕下又删潸二韻〔今圖〕
○鏟 初諫切平木之器又翦也損削也唐史埋光鏟彩又産韻
剗 剗削韓愈詩活計似鏟剗作去聲𢭃亦作剷又産韻〔重增〕
剷 杜牧原十六衛府兵内剷又産韻〔重增〕
○棧 助諫切棚也又産獮二韻
轏 兵車又臥車亦作輚又産韻〔增入〕
輚 又産韻
虥 虎竊毛曰虥貓又山潸二韻
○綰 烏官切繫也又潸韻
○篡 初患切弋取也揚子鴻飛冥冥弋人何篡焉俗本作慕非又奪也逆也〔重增〕
○骭 下患切骹也又翰韻〔今圖〕
○薍 五患切菼薍玉篇云烏蓲也韓愈詩漁釣老葭薍〔增入〕

三十一

○襇 居莧切帬幅相廁又産韻〔今圖〕
間 廁也隔也隙也迭也代也送也諜也非也論語人不間於其父母昆弟之言禹吾無間然矣左傳又何間焉杜預曰間猶與也爾雅間俔也郭璞曰左傳謂之諜今謂之細作亦曰游偵又致隙曰間左傳間惎王室又以計離間敵人曰反間微行曰間行投間隙私出曰間出又山韻
覵 視也又成覵人名亦作瞯又山韻〔今圖〕
瞯 又山韻孟子王使人瞯夫子吾將瞯良人之所之有平去二音〔增入〕
○莧 狹襇切菜名又霰韻〔今圖〕
○幻 胡辦切虛幻詭誕惑人書譸張爲幻又妖術亦作眩
眩 張騫傳犛靬眩人顔師古曰眩與幻同即今吞刀吐火植瓜種木屠人截馬之術皆是也又霰韻又胡涓切係聖祖嫌名合當迴避其餘照式許用〔重增〕
○辦 皮莧

切瓜中實廣韻瓜瓠瓣蓋瓜之瓠瓣又山韻[今圈] 辦 判也具也漢書韓信多多益辦亦作辨 辦 周禮以辦民器又牀脞足第之閒易剝牀以辨

徐音辦又銑琰霰三韻[今圈] ○盼 匹襉切顧也視也亦作盻 盻 同上又眸子黑白分明皃詩美目盼兮又勤苦不休息皃孟子使民盻盻然又

霽韻[增入] ○綻 丈襉切衣縫解禮記內則衣裳綻裂紉箴請補綴又縫補綻裂衣曰綻亦作袒綻 袒 見廣韻又旱翰二韻[增入] 椗 內則釋文

綻或作椗後漢崔寔政論補椗決壞[重增] 綻 補縫通上

[通用]與線通

三十二 ○霰 先見切說文稷雪也蓋雪初作未成花圓如稷粒撒而下曰霰詩相彼雨雪先集維霰釋名曰霰者星也

水雪相摶如星而散劉向曰盛陰雨雪凝滯而冰寒陽氣薄之不相入則散而爲霰亦作霓 霓 爾雅雨霓爲霄注引詩先集維霓霓霓水雪雜下者故謂之消雪

今詩作霰[增入] 先 先之也詩相導前後曰先後妯娌亦謂之先後又先事而爲曰先易先天先甲先庚月令先立春又當後而前曰先左傳不先父食孟子

疾行先長者光武沈幾先物晉書祖生先吾著鞭凡經史中無音者準此有兩音者兼用之又先銑二韻 ○蒨 倉甸切草盛皃亦作芊又茅蒐也與茜同元有

圈今[正] 芊 又先韻[今圈] 茜 茅蒐可染紅漢書千畝巵茜 綪 赤繒又染草與茜同又耕韻 倩 美笑皃詩巧笑倩兮

謂好口輔也方言東齊之閒謂女壻爲倩郭璞曰言可借倩也又勁韻 輤 載柩車大夫以布士以席殯謂之輤葬謂之柳[增入] ○薦 作甸切藉

也進也又草稠曰薦深曰莽漢景帝紀廣薦大莽唐契苾何力傳逐薦草美水以爲生又甘美草三蒼云六畜所食曰薦又薦席藁曰薦莞曰席又見下又霰線二韻

【今】【圖】○荐 才甸切再也屢也左傳今又荐饑爾雅仍饑爲荐郭璞曰連歲不熟也亦作洊薦

洊 水仍至也易水洊至習坎又洊雷震亦謂雷仍至也玉篇云水至也誤又水洊曰洊又與荐同

薦 詩天方薦瘥饑饉薦臻【增入】

裿 衣小帶爾雅衿謂之裿

裿 襍也左傳定八年裿之以棘社預曰摧也

○殿 丁練切軍前曰啓後曰殿又鎭也詩殿天子之邦漢書音義上功曰最下功曰殿後漢書注殿後也謂課居後也又軍敗後奔曰殿馬融曰殿在軍後前曰奔後曰殿論語奔而殿又見下古作殿

○瑱 他甸切以玉充耳詩玉之瑱也又曰充耳琇瑩毛傳充耳謂之瑱天子玉瑱諸侯以石又眞震二韻

○電 堂練切陰陽激曜也釋名曰電殄也作見則殄滅也易離爲電淮南子雷以電爲鞭俗作電

殿 堂高大者風俗通曰殿堂象東井形刻爲荷蓤藻三者水物所以厭火炎顔師古曰古者屋之高嚴通呼爲殿不必宮中若黃霸令郡國上計吏條對有舉孝子者先上殿注曰殿丞相所坐屋也今唯天子宸居稱殿

奠 定也薦也置祭也頓爵神前也禮記釋奠鄭注謂設薦饌酌奠而已無迎尸以下之事又靑徑二韻

甸 規方千里之外曰甸服甸之爲言治也書五百里甸服周禮載師以公邑之田任甸地注公邑謂六遂餘地縣師掌邦國都鄙稍甸郊里之地域注云自邦國以及四郊之內又大司馬曰方千里曰國畿其外方五百里曰侯畿又其外方五百里曰甸畿又與佃同詩維禹甸之又先韻【今】【圖】

佃 治田亦作甸田畋又先韻

田 詩無田甫

田又先韻〔增入〕

畋　同上書多方畋爾田尚永力畋爾田案書五子之歌畋于有洛之表釋文音田多方無音是如字去聲也廣韻平也謂平其田也又先韻

〔重增〕鈿　以寶貝飾器又先韻　淀　淺泉廣韻陂淀泊屬　涏　光澤貌漢五行志燕燕尾涏涏廣韻美好貌〔重增〕　澱　滓垽又藍澱

闐　于闐西域國名又先韻　塡　塞也又眞先震銑四韻　○練　郎甸切煑漚熟絲也又熟素繒又鍛練與鍊煉同漢路温舒傳鍛練而周内之晉灼曰精孰周悉致之法中也韋彪傳鍛練之吏持心近薄注鍛椎也鍛練猶精熟也言深文之吏入人之罪猶工冶陶鑄鍛練使之成孰也又選也漢郊祀歌練時日亦作揀又木名與楝同莊子非練實不食

鍊　鑠冶五金亦作煉練又金也王襃四子講德論精鍊藏於鑛璞練鍊煉三字義同不得重押義異者非从金从柬與鍊不同鍊音東　煉　揀　選擇見廣韻又產韻〔重增〕　湅　瀟也熟絲也考工記㡛氏湅絲又翰韻〔今增〕　楝　木名亦作欄練

欄　考工記㡛氏以欄爲灰又寒韻〔增入〕　○晛　乃見切日見也又日氣詩見晛曰消又銑韻　○見　形甸切顯也露也亦作現又見下　現〔增入〕　見廣韻

莧　易莧陸夬夬釋文閑下反鄭云莧陸商陸也宋衷云莧莧菜也陸當陸也虞翻云莧莧蕢也陸商也董遇云莧人莧也陸商陸也二草皆柔脆之物程氏易傳陸馬齒莧也如宋程之說則莧當音狹襉反唯孟喜易作莧山羊也音胡官呼官二反又襉韻　○韅　曉見切牛駕馬具在背曰韅又銑韻

顯　明也著也光也覿也禮記檀弓子顯致命於穆公釋文音呼遍反又銑韻〔增入〕　俔　輕甸切譬諭也詩俔天之

五十一

妹又銑韻 牽 挽也引也亦作掔又挽舟索一名百丈又先韻 掔 俗作撁又山僊換三韻【重增】 涀 水出高陵 菣 香蒿亦作

藍又震韻 堅 又震韻【增入】 ○見 經電切目有所覩 ○宴 伊甸切合飲亦作醼燕又喜也息也安也亦作燕晏爾雅宴宴居居

息也郭璞曰盛飾宴宴近處偃閑詩宴宴居息易嚮晦入宴息又宴溫亦作晏曣曣義同者不得重押義異者非 晏 月令以定晏陰之所成注晏安也音

伊見反又諫韻【增入】 曣 史記封禪書至中山曣溫亦作曣【重增】 曣 說文星無雲玉篇日出也【重增】 醼 合飲亦作燕通作燕宴 讌

燕 同上又安也喜也息也鳦鳥也亦作鷰又飛燕燕馬名又先韻 鷰 嚥 呑也亦作咽 咽 又先屑二韻【分圖】 嬿 女稱

○硯 倪甸切墨池亦作研 研 同上又䃺也窮也晉潘岳䆁奠頌精氣旣研作去聲用又先韻俗作研【分圖】 豣 麤絕有力者又先銑

二韻俗作豣 ○縣 熒絹切郡縣古作寰周禮五鄙爲縣二千五百家此六遂之縣也四甸爲縣此州里之縣也周制天子地方千里分爲百縣縣有四

郡上大夫受縣下大夫受郡至秦天下置三十六郡以監天下之縣無蠻夷曰縣有蠻夷曰道胡涓切係　聖祖名同音合當迴避去聲許用 寰 天子畿內

俗作寰又刪韻 眩 目無常主亦作玄又瞑眩憒亂也書若藥弗瞑眩釋文瞑莫遍反眩延遍反孟子若藥不瞑眩音義瞑莫甸反眩音縣並無平聲漢宣帝

曰俗儒不達時宜好是古非今使人眩於名實音胡眄反一本胡盼反則與幻惑同音亦無平聲音諸如此類可用無疑又胡涓切照式合當迴避餘音許用下玄玹同

增 圈 玄 荀子周窮則下疑玄矣音炫又相如封禪書采色玄耀音炫又胡涓切 重增 炫 火先也明也 袨 好衣盛服鄒陽傳袨服叢臺之下

衒 行且賣也禮記內則注衒古縣字 玹 玉名又胡涓切 ○絢 翾縣切文也遠也亦作絃 絃 增 又先韻 洵 遠也詩于嗟洵兮又諄韻 增 敻 營求也說文引書敻求諸野又勁韻 眴 目動又諄稕二韻 騆 青驪馬又先韻詩駜彼乘騆有平去二音俗作駽 增

○睊 扃縣切側目視 罥 罟也亦作羂絹又銑韻俗作罥凡从罥者俗皆作肙 公圈 羂 古作絹周禮翨氏注置其所食之物於絹中鳥來下則絹其脚又銑韻 增

○徧 卑見切周也亦作遍辯 遍 辯 禮記宰辯告諸男名曲禮然後辯殺又獮薛二韻 增

○䭘 縈縣切饜飫

○片 匹見切半也判也析木也瓣也亦作𤗦 辨 爾雅革中辨謂之韗又銑獮三韻 重增

○麪 莫見切麥末 眄 邪視又銑韻 瞑 瞑眩亦作眠泯又先青迴徑四韻 泯 眩泯目不安司馬相如傳視眩泯而亡見又眞軫二韻 重增

三十三

○線 私箭切縷也亦作綫 綫 ○箭 子賤切竹高一丈節高三尺可為矢爾雅東南之美者有會稽之竹箭今人因謂矢為箭 濺 水激灑也又先韻 湔 洗也又先韻 增 煎 熬也與煎也又僊獮二韻 鬋 鬢也宋玉招魂長髮

五十二

曼鬋鬛陸離又二韻[重增] ⊙搢 插也亦作縉又震韻 ⊙薦 又見前[增] ⊙縉 漢志字又震韻[重增] ⊙戩 方言福祿謂之

祓戩又獮韻[增] ○ ⊙羨 似面切欲也貪慕也壁羨也周禮典瑞璧羨以起度鄭司農云羨長也此璧徑長尺以起度量鄭康成曰羨不圓之貌蓋廣徑

八寸袤一尺考工記玉人職曰璧羨度尺好三寸以為度鄭司農曰羨徑也好璧孔也鄭康成曰羨猶延其袤一尺而廣狹焉釋文羨以善反延也又音賤徑也又車道

檀弓注柩羨道為位又見下又脂獮二韻 ○ ⊙賤 才線切卑下輕賤與貴相反 ⊙諓 善言廣韻巧讒又先獮二韻 ⊙餞 送行飲餞酒食

送人又獮韻 ○ ⊙選 須絹切擇也又銓官也又白選貨貝名亦作饌撰又獮韻俗作選 ⊙饌 又見下俗作饌[重增] ⊙撰 又見亦俗

作撰[重增] ⊙⿱罒巽 網也以羂獸足又獮韻俗作⿱罒巽[增] ○ ⊙繏 取絹切一染紅赤黃色也檀弓黃裏繏緣注繏纁之類釋文淺赤色今之紅也與茜

相近又僊韻 ○ ⊙旋 隨戀切遶也又僊韻 ⊙還 遶也圍也通作旋莊子相與還而觀之又刪僊諫三韻[增] ⊙漩 水回亦作淀又

作旋杜甫最能行撇旋捎濆無險阻又僊韻[增] ⊙淀 又僊韻 ○ ⊙扇 式戰切箑也一名㩜㩜側九切又吹揚也劉貢策扇太和於仁壽又與煽

同班固敘傳梁藉扇烈又竹葦門曰扇月令仲春乃脩闔扇注用木曰闔用竹葦曰扇俗作扇 ⊙煽 熾盛詩豔妻煽方處又僊韻 ○ ⊙繟 尺戰

切寬綽又帶緩又獮韻 ○ ⊙戰 之膳切戰鬬左傳皆陳曰戰又懼也恐也亦作單又戰掉亦作顫 ⊙單 列子墨㞃單至張湛曰輕發也殺敫頻曰

戰激之至並音戰又見下重增 (顫)顫不正又四支寒掉又僊韻增入 ○ (繕)時戰切補也編也緝也左傳隱元年繕甲兵具卒乘成十六年補卒乘繕甲兵繕治也詩鄭風叔于田序繕甲治兵注繕之言善也繕蓋整緝補治之也編錄文籍謂之繕寫又勁韻合圖 (膳)具食又美食物廣韻食也文王世子食下問所膳注問所食者周禮膳夫注膳之言善也今時美物曰珍膳掌王之食飲膳羞注膳牲肉也亦作膳善又獮韻俗作膳 (饍)又獮韻俗作饍增入 (善)莊子至樂篇具太牢以為善又取善曰善亦作譱又獮韻俗作善或作善凡从善者皆然重增 (譱)又獮韻重增 擅專也据也又荀子堯舜擅遜注擅與禪同墠義亦同 (禪)封禪築土曰封除地曰禪古者天子巡狩至于四岳則封大山而祭天禪小山而祭山川舜典歲二月東巡守至于岱宗柴望秩于山川是也齊威公欲封太山管仲設辭以拒之謂非有符瑞不可封禪非也至秦始皇惑於神仙之說欲禱祠以求長生遂以封禪為異典失之遠矣亦作⿰礻亶又傳與也亦作儃嬗又僊韻俗作禪凡从示者皆然 ⿰礻亶文穎曰祭也晉灼曰古禪字元鼎二年脩天文⿰礻亶師古曰朝日夕月郎天文禪之謂也 (儃)傳與也與禪同揚子允哲堯儃舜之重又寒僊旱翰四韻增入 (嬗)漢律歷志堯嬗舜以天下又僊韻增入 (墠)除地禮記去壇為墠又獮韻 (壇)又寒獮翰三韻重增 (樿)木名禮記樿杓又曰櫛用樿又獮韻重增 (單)人姓又單父縣名又寒僊旱三韻增入 (鄯)鄯善西域國名又獮韻俗作鄯增入 ○ (剸)之轉切截也斷也又桓僊獮三韻

○竁樞絹切穿土爲壙也又祭韻　釧臂鐶　穿貫也亦作串又僊韻　串又換諫二韻[增入]　○畖儒轉

切城下田亦作堧壖又僊獮過三韻　愞柔怯漢武帝天漢三年鴈門太守坐畏愞棄市又獮緩翰過四韻亦作偄懦　○饌儒戀切饔

具亦作䐣篹籑又潸獮二韻　䐣見儀禮又潸韻[重增]　篹漢元后傳篹食堂名長壽宮又篹述漢書班固撰篹前記又潸韻[增入]　籑

同上又與撰同司馬遷父子繼纂其職又潸韻[增入]　撰撰述亦作篹籑譔四字義同不得重押義異者非又具也亦作僎又緩獮潸三韻[增入]　譔

同上又尊敬也又僊潸獮三韻　僎廣韻具也又譔獮二韻[重增]　僝廣韻具也見也書共工方鳩僝功陸音仕簡反徐音撰又產韻[重增]

襈衣緣又見下　○驏陟扇切馬臥土中　襢丹縠衣亦作襄展襌又獮旱翰三韻　襄又獮韻[今圈]　展

周禮內司服展衣又獮韻[增入]　襌又寒韻[增入]　○纏直碾切約也繳也又獮韻　邅廣韻逐也又獮韻[重增]　○輾

女箭切所以轢物亦作碾又獮韻　碾又獮韻[今圈]　○囀株戀切韻[illegible]鳥吟　轉運也又遷轉又車上衣裝曰轉左傳襄二十四

年踞轉而鼓琴又獮韻　傳驛遽郵馬也古者以車駕馬乘詣京師謂之傳車其後又置單馬乘之謂之驛騎若今之遞馬也凡四馬高足爲置傳中足爲

馳傳下足爲乘傳一馬二馬爲軺傳漢律諸當乘傳及發駕置傳者皆持尺五寸木傳信封以御史大夫印章其乘傳參封之參三也有期會累封兩端端各兩封凡四

封乘置馳傳五封之兩端各二中央一軺傳兩馬再封之一馬一封以馬駕軺車而乘傳曰一封軺傳又爲關傳之傳張晏曰傳信也若今過所也如淳曰兩行書繒帛分持其一出入關合之乃得過謂之傳又見下又僊韻

○傳 柱戀切訓也續也遞也春秋有三傳詩毛氏傳書孔氏傳漢有傳記博士皆謂訓傳也孟子傳食於諸侯謂遞續祿食也又紀載事迹以傳于世亦曰傳諸史列傳是也

瑑 圭璧上起文又獮韻俗作瑑 增入

○戀 龍眷切眷也念也係慕也亦作孿

孿 漢外戚傳孿孿顧念又僊韻 增入

孌 婉孌美好說文慕也又獮韻

○衍 延面切水溢又廣也豐也延袤也寬也盛也饒也盈也又山阪曰衍周禮地官注下平曰衍三輔謂山陵閒曰衍易大衍之數五十鄭康成曰衍演也王弼曰演天地之數所賴者五十也又蕃衍茂盛也詩蕃衍盈升亦有蔓延之義又曼衍獸名因以爲巴俞之戲亦作曼延揚雄賦抑止絲竹宴衍之樂前漢西域贊漫衍魚龍之戲又獮韻 禮部新制 許二韻通押

莚 蔓莚不斷貌亦作延又僊韻 今圖

延 張衡西京賦巨獸百尋是爲曼延又晃前後垂禮記王藻前後邃延亦作綖又僊韻 今圖

綖 又僊彌二韻 增入

埏 八埏地之八際相如封禪書下泝八埏顏師古曰本音延叶韻音弋戰反又先韻 重增

羨 延也西京賦羨公侯卿士又餘也漢書圓靈錫羨謂天錫餘福延及後昆也又墓道史記衛世家共伯入釐侯羨音以戰反又音延罕用故不收入僊韻內 居正謹按 周禮小司徒凡起徒役毋過家一人以其餘爲羨鄭司農云羨饒也又曰大故致餘子鄭司農云餘子謂羨也釋文羨錢面反孟子以羨補不足音似面反又延見反是羨餘之羨有似面延面二

音可以○譴詰戰切問也責也怒也二譴誚也賈誼傳大譴大何　遣將葬而祭曰遣奠既祭乃包牲體載之以車隨柩而行曰遣車檀弓國君七个遣車七乘大夫五个遣車五乘注人臣賜車馬者乃得有遣車个謂所包遣奠牲體之數也廣韻云人臣賜車馬曰遣車誤矣又獮韻○掾俞絹切官屬俗作掾　緣衣純也漢公孫弘緣飾以儒術注譬之於衣加純緣也禮記深衣純袂緣純邊廣各寸半注純謂緣之也緣袂謂其口也緣緆也緣邊衣裳之側釋文緣悅絹反緆以豉反又音錫鄭康成注既夕禮云飾衣須袂口曰純裳邊側曰綼下曰緆又僊換二韻俗作縁○絹吉掾切繒也又與䋦同俗作絹亦作縳　縳周禮內司服注素沙今之白縳也音絹說文鮮色也又獮混二韻增入　鄄衛地　狷論語狷者有所不為亦作獧又銑韻俗作猏　獧孟子必也狂獧乎音去聲俗作獧又胡涓切係聖祖名同音合當迴避其餘照式許用增入　悁躁急亦作懁又先韻俗作悁　懁增入又僊韻○彥魚戰切美士曰彥从文从厂从彡當作彥　唁弔生曰唁詩歸唁衛侯穀梁傳弔失國曰唁亦作喭　喭當作喭又翰韻合圈　諺傳言廣韻俗言孟子夏諺又翰韻當作諺合圈　甗甑也又元阮獮二韻　讞議獄俗作讞又獮薛二韻元新制許三韻通押○援于眷切救助也拔也引也取也畔援跋扈也詩無然畔援又元換二韻　媛嬋媛美女又元韻　院堅也宅也室也廣韻垣院謂庭館有垣牆者曰院又胡官切係廟諱嫌名合當迴避其去聲照式許用合圈○眷古倦切親屬也亦作婘顧念也亦作睠

婘 史記樊噲傳誅諸呂婘屬又倦韻增入 䁴 卷 卷帙可舒卷者曰卷編次者曰帙亦作劵又倦混獼三韻 劵 同上又曲也見廣韻又臂繩也亦作絭又倦諫二韻增入 絭 又二韻及願燭二韻 ○倦 逵眷切罷也猒也懈也亦作勌券惓俗作倦 勌券 考工記輈人左不券後鄭云今倦字下从力重增 惓 列子惓則飲神㦓又倦韻重增 韏 爾雅革中辨謂之韏廣韻緣韏縫又獼韻重增

○便 毗面切宜也順也安也利也又卽也莊子未嘗見舟而便操之也又近便也又緜韻 ○面 彌箭切顏面又向也首也亦作靣如淳曰君臣位南北面賓主位東西面凡物皆有背有面又相背曰面項羽傳馬童面之顏師古曰面謂背之不面向也面縛亦謂反偝而縛之杜預以爲但見其面非也劉攽刊誤曰面謂直向之目後世以相向爲當面相背爲背面杜甫詩當面論心背面笑又方面當四方之一面也 靣 史記田儋傳南靣稱孤增入 偭 鄉也亦作面又背也離騷偭規矩以改錯賈誼賦偭蟂獺以隱處面與偭義異者可分押亦作偭 偭 揚子儗則偭焉文選離騷偭規矩而改錯增入

○變 彼眷切變化改也易也轉也災異也變故也又銑韻合增 ○卞 皮變切地名又姓又手搏爲卞漢甘延壽試卞爲期門又躁疾左傳邾莊公卞急而好絜又寒韻合圖 汴 水名在陳留秦爲三川郡漢爲陳留郡東魏置梁州後周改爲汴州 本朝爲京師 汳 說文與汴同唐史李晟贊李希烈訌鄭汳又願韻重增 弁 冠也又手弁合也皮弁以鹿皮爲之象人之弁合也周禮眡朝則皮弁服荀子士皮弁服楊倞曰皮弁謂以白鹿皮爲冠象上古也又寒韻合

圏 抃 拚手亦作拚古作卞 拚 又元問二韻 今圏 㭓 今圏 又問韻 笲 竹器笥屬又元韻 昪 日光皃

忭 喜樂皃

通用 與笑通

三十四 ○ 嘯 蘇弔切吹聲亦作歗又質韻 今圏 歗 同上詩其歗也歌箋云歗蹙口而出聲一本作嘯

○ 弔 多嘯切問終廣韻弔生曰唁弔死曰弔傷也愍也至也又錫韻弔字去入二音皆訓至左傳帥羣不弔之人杜預曰弔至也釋文無音又 [illegible]

曰天不弔周詩不弔昊天書不弔天降割于我家言不爲天所閔弔又言不至天廣

韻弔字多嘯切又音的孟子誅其君而弔其民明日出弔於東郭氏並無音皆可通

用 釣 鉤魚 ○ 糶 他弔切儥米穀 朓 目不至也又視望也又篠韻 覜 視也通作眺周禮典瑞注大夫衆來曰覜寡來

曰聘說文云諸侯三年大相聘也案周禮宗伯殷覜曰視注殷覜謂一服朝之歲以

朝者少諸侯乃使卿以大禮衆聘焉釋文有平去二音秋官行人殷覜以除邦國之

慝釋文獨音去聲典瑞覜聘亦獨音去 窱 窈窱深也遠也又篠韻 趒 越也亦作跳又篠韻 今圏

聲當依宗伯平去二音通用又蕭韻

跳 又蕭韻 增入 窕 輕窕又與窱同荀卿充盈大宇而不窕又宵篠二韻 頫 廣韻低頭聽又麌韻 增入 ○ 調 徒弔

切選也音調樂律也才調韻 掉 棹歌也搖也又倣覺二韻 銚 燒器又宵韻 蓧 草器論語以杖荷蓧

致也筭度也又蕭尤二韻

藋 草名左傳斬之蓬蒿藜藋而共處 糶 賣穀米又姓左傳成十年晉糴茷使糴茷如楚又錫韻 重增 ○ 料 力弔切計也量也理也祿料也又蕭韻 嘹 鳴也又聞遠聲廣韻病呼又蕭韻 䍡 魚罟 鐐 廣韻美金又蕭韻 重增 鷯 爾雅鷯一名鷦其雌者曰鴟又蕭韻 重增 嫽 廣韻嫽㑦說文女字方言青徐之間謂好爲嫽又蕭篠二韻 重增 璙 玉名又蕭韻 重增 膫 炙也見廣韻又蕭韻 重增 ○ 澆 五弔切寒浞子名又蕭韻 增入 ○ 溺 奴弔切溲便漢高祖溺儒冠韓安國傳卽溺之又錫藥二韻俗作溺 增入 ○ 竅 苦弔切穴也空也 擊 擊也公羊傳宣六年注擊手酒擊也 重增 ○ 叫 古弔切呼也周禮作嘂漢息夫躬傳作嘄元有圈誤 今正 嘂 同上又大塤謂之嘂 嘄 增入 噭 同上莊子噭噭然隨而哭之廣韻深聲又喙也數馬以噭漢書貨殖傳馬蹏噭千[illegible]馬二千噭 重增 徼 循也掠也境也小路也邏卒曰游徼論語惡徼以爲知者孔安國曰徼抄也抄人之意以爲己有朱氏曰徼伺察也雖音古堯反然韻中平去二音皆有此義合從通用又蕭韻 ○ 窔 一叫切深也又隱暗處又室東南隅又複室也宋玉九辯冬有突夏亦作穾突窔又篠韻 窔 爾雅東南隅謂之窔荀子奧窔之間又篠韻 增入 宎 同上又窔也莊子鶉生於宎音義云亦作穾又蕭篠二韻 重增 窔 又篠韻 重增

三十五 ○ 笑 仙妙切喜而解顏啓齒也又嗤也哂也亦作咲𥬇案篆文从竹从夭非从犬也監本从犬誤 今正 㗛 漢書揚雄

傳咲而應之又曰士有不談王道者則𤍠夫咲之【增入】

笑　薛宣傳一笑相樂【增入】

肖　骨肉相似亦作宵俏又宵韻【今圏】

宵　漢刑

法志人宵天地之類應劭曰宵類也頭圜象天足方象地又宵韻【增入】

俏　列子詭詭成者俏成也初非成也詭詭敗者俏敗也初非敗也故迷生於俏張湛曰惑其似成敗而不能辯迷之所由也【重增】

鞘　刀室亦作韒削又爻韻

鞘

削　漢書質氏以洒削而鼎食又效藥二韻【增入】

○

陗　七肖切峻也亦作峭

峭

悄　急也又小韻

哨　口不正又䶜口壺一曰不正貌禮記枉矢哨壺又多言貌揚子禮義哨哨有兩音又宵韻【增入】

簌　竹簫洛陽亭長所吹又宵尤二韻【增入】

○

醮　子肖切冠娶祭名酌而無酬酢曰醮禮記醮於客位冠禮也父親醮子而命之迎㕁禮也字本作醮

釂　飲酒盡爵元本作[illegible]誤【今正】

皭　白色又藥韻

燋　灼龜炬又宵藥二韻

爝　苣火又藥韻

僬　行蹙促貌禮記庶人僬僬又藥韻

潐　考工記軌中有潐【增入】

○

嚼　才笑切咀嚼亦作噍又藥韻

噍　漢書襄城無噍類如淳曰青州俗謂無孑遺爲無噍類言無復有活而噍食者也陳子昂傳彫[illegible]遺噍又宵韻【今圏】

譙　以辭相責亦作誚又宵韻

誚

○

少　失照切老少之少又小韻

燒　爇也又野火曰燒又宵韻

○

照　之笑切明所燭也亦作炤照又夕陽曰晚照

炤　又宵藥二韻【今圏】

昭　明也中庸亦孔之昭有平去二音又宵小二韻【重增】

詔　上命也導也勴也【晁曰】詔者古人上下通用周禮大宰之職以八柄詔王馭羣臣

注詔告也師氏掌以媺詔王注告王以善道也莊子曰子不聽父之詔又曰父詔其子如淳曰詔告也敎也自秦漢而下唯天子獨稱之應劭曰諸以材伎召未有正官故曰待詔自漢至唐遂有待詔之名又指播告之書爲詔文中子續書有詔是也又二韻【今圖】

○邵 實照切邑名又姓亦作召又高也勉也

㊀召 又直笑切呼也【今圖】

劭 勸勉也漢書劭農又宵韻

紹 繼也又介紹亦作佋又小韻書紹復先王之大業左傳序紹開中興無音合通用【增入】

繞 旋而遶之也後漢書繞出延岑軍後又紆回廣韻卷取物貌又小韻【重增】

遶 圍遶之也亦作繞又小韻【重增】

饒 廣韻饒益又豐也賸也又宵韻【重增】

○召 直笑切呼也王逸曰以手曰招以言曰召

○燎 力照切照也又縱火也火熾也又庭燎亦作尞轑周禮司烜氏邦之大事共墳燭庭燎鄭司農曰墳與蕡同麻燭也鄭康成曰墳大也植於門外曰大燭於門內曰庭燎皆所以照衆爲明又蕭篠三韻

尞 漢志省費尞火法尞以爲明火以爲溫爲冬寒也又曰尞⿰木垔有常用【增入】

轑 漢杜欽傳熏轑天下又蕭豪晧三韻【增入】

⿰示尞 ⿰示酉⿰示尞燔柴祭天周禮作燎說文作尞【增入】

療 治病亦作⿸疒樂又作樂

⿸疒樂

樂 詩可以樂飢毛音洛鄭力召反又效覺鐸三韻【增入】

廖 人姓又蕭韻【重增】

繚 繞也繼也非子繚意絕體而爭又蕭篠二韻【重增】

熮 火貌見廣韻又蕭韻【重增】

獠 宵獵相如賦羣相與獠於蕙圃文穎曰宵獵爲獠顏師古音力笑反劉仲馮曰獠雖宵獵之名以訓此則不通直獵耳又宵巧晧三韻【重增】

○燿 弋笑切光照又炫燿漢書燿名譽亦作曜燿又蟲光似螢詩熠燿宵行又

韻四　五十七

鮮明貌詩熠燿其羽 曜 同上又日光又日曰曜靈 燿 同上又光餤左傳光遠而自他有耀者也言光者必燭於遠自他物映之乃有炫耀俗作耀

[白翟] 白色 鷂 鷙鳥又宵韻 姚 嫖姚官名漢霍去病爲嫖姚校尉亦作票姚荀悅漢紀作票鷂嫖姚勁疾貌並音去聲又宵韻 增入

○ 要 一笑切樞要也要會也又要也周禮月有要又契券也約也論語久要不忘平生之言又欲也又宵韻 約 信也周禮司約注約言語

之約束也音於妙反一音如字其職曰掌邦國及萬民之約劑注劑券書也約於妙反依前注釋文合作兩音通用又藥韻 增入 ○ 嶠 渠廟切山銳而

高又陵絕水曰嶠廣韻亦作嶠又宵韻 重增 𡾊 又宵韻 轎 輀車又籃輿漢淮南王安諫擊閩越書輿轎而踰領雖音橋今閩浙語音

實與去聲同合從通用又宵韻 增入 ○ 勡 匹妙切攻劫通作剽又宵韻 剽 賈誼傳剽吏而奪之金音頻妙反誤又音小韻 今圖

僄 輕也亦作嫖又宵韻 嫖 又宵韻 增入 漂 浮也又水中擊絮韓信寄食於漂母又宵韻 摽 擊也廣韻摽落又宵

文小三韻 彯 畫也彌笑切管之小者又宵韻 ○ 驃 毗召切勁疾貌亦作票嫖 票 票姚又宵韻 增入 嫖 嫖姚 重增 ○

妙 彌笑切神化不測也易神也者妙萬物而爲言者也又奇妙巧妙又好也小也微也亦作眇又精盡也荀子議兵妙之以節 眇 漢元帝窮極幼

眇幼音要又揔五經之眇論又小韻 增入 篎 管之小者亦作彯又小韻 今圖 彯 增入 ○ 廟 眉召切爾雅室有東西廂曰廟月令寢廟

畢備注凡廟前曰廟後曰寢亦作庿

庿 饋禮字據……韻同【增入】○

橋 居妙切桔槔也曲禮奉席如橋衡又與撟同又宵韻【增入】

撟 輮也與橋同考工記弓人撟幹欲執於火又小韻【重增】

矯 同上又詐也又強亢貌高舉貌又小韻【重增】○

爂 鋪妙切輕肥周禮草人糞種輕爂用犬又宵韻【增入】○

歊 許照切熱氣揚雄傳散歊烝又宵臺滌鐸酉韻【增入】

膮 豕羹又蕭韻【增入】

【通用】

三十六○效

效 胡孝切具也學也象也倣也法也功也勉也驗也亦作傚効殽爻又授也左傳宣王有志而後效官又致也左傳效節於府人而出又呈見也獻也進也禮記效馬效羊唐書房杜持衆美而效之君

傚 同上法倣也詩君子是則是傚又曰民胥傚矣左傳引詩作效傚與效義異者如功效則倣之類可分押

効 荀子儒効篇漢書君賞傳追思其功効彭越傳仲可効之願効愚忠蘇武傳殺身自効馬援傳願汝曹効之韓信傳諸校効首虜注効首虜謂各致其所獲也然蓺文志已試之效字作效蓋古唯从文無从力者後人傳寫承訛既久相仍用之廣韻云俗作効【增入】

殽 禮記殽以降命與效同又爻韻【增入】

爻 易爻法之謂坤陸音胡孝反蜀才本作效又爻韻【增入】

斆 敎也書惟斆學半陸音戶教反又法效也漢張釋之傳豈斆此嗇夫亦作學

學 禮記學學半釋文上胡孝反下如字又檀弓叔仲皮學子柳文王世子凡學世子小樂正學干籥師學戈大樂正學舞干戚並音效學記學不躐等亦音效皆敎也又問學班固述康衡傳古之文學顏師古曰合韻音去聲又覺韻【增入】

校 學宮又校人馬官之長校尉漢官有七校又闌

校所以遮獸而獵取之謂之校獵 **校** 快也孟子於人心獨 ○**孝** 許敎切爾雅善
又械也易何校又見示又効韻 無恔乎廣韻作恔 父母爲孝
嗃 叫呼聲又鳴也莊子猶有嗃也廣韻大嗥也又爻覺鐸三韻俗作嗃 [重增] ○**敲** 口敎切擊也又爻韻 **磽** 石地墝薄亦作磽墝
又爻韻 **磝** [今圖] 又爻韻 **墝** [增入] 又爻韻 **巧** 技巧又巧韻 [監韻] 許二韻通押 [元] **骹** 脛也考工記參分其股圍
去一以爲骹圍又爻巧二韻 [增入] ○**敎** 居效切又敎迪也訓也授也法也語也又爻韻 **覺** 寤也夢醒曰覺又覺韻 **校** 相角
也報也論語犯而不校又械也易何校有兩音孟子校人烹之音效又音敎又撿也
考也計量也賈捐之傳貫朽而不可校顏師古曰校謂數計也周禮校人釋文校戶
敎反字从木若从手是比挍字今人多亂之佩觿集曰五經字書不分挍校注云挍
居效翻比挍也校戶敎翻校尉也說文及陸氏釋文可考張氏五經文字皆从木非
然相承日久今不敢改 **挍** 角也比也撿也考也 [增入] **窖** 地藏亦作窌 **窌** 禮圂窌倉城逆牆六分當作窌荀子音砲與窖字不同窌从丣
較 角也直也不等也亦作較又覺韻 **較** [增入] 又覺韻 **榷** 杠也又榷酤漢武天漢三年初榷酒酤如淳音較又覺韻 [重增]
○**樂** 魚敎切欲也好也論語知者樂水仁者樂山孟子益者三樂損者三樂大學心有所好樂則不得其正又笑覺鐸三韻 ○**豹** 北敎切獸名
犦 牛名今作犦又覺韻 **犦** [增入] 又覺韻 **爆** 火裂亦作爆又覺韻 **爆** [增入] 又覺韻 **儤** 吏官連直亦作儤

儤[增入]○砲披教切機石亦作礮奅　抛拋車又交韻[增入]○拗於教切玉篇拗捩固相違也亦作怮㑃又巧屋二韻

[重增]○貌眉教切容貌亦作皃𩑈又委貌冠名又覺韻[今圖]　皃又覺韻[今圖]　𩑈荀子疏房檖𩑈漢刑法志人宵天地之𩑈[增入]

○稍所教切稟食曰稍又漸也又巧韻　削家田也周禮天官家削之賦注家削三百里釋文削本亦作稍所教反載師以家邑之田任稍地注家邑大夫之采地稍或作削又笑藥二韻[增入]

○鈔楚教切略取亦作抄鈔又爻韻　抄又爻韻[今圖]　勦又爻篠二韻[今]

[圖]譟代言又爻韻○罩陟教切捕魚器○趠敕教切行也超也又覺韻[今圖]　踔踶也又踸踔不常貌孟子注踸踔詭又覺韻

○櫂直教切所以進船亦作棹濯　棹　濯說文字漢元后傳輯濯越歌輯音楫濯音棹又覺韻[增入]

○橈女教切木曲也枉也攉折也易棟橈月令毋或枉橈又宵巧二韻　撓擾也亂也又爻豪小巧四韻　淖泥也又和也又姓齊有淖齒　鬧不靜也擾也猥也喧囂也从門从市門音鬭俗作閙監本从門誤[今正]

[獨用]

三十七○號胡到切令也召也呼也名稱也諡也亦作号又豪韻俗作號　譹譹哭聲莊子叫者譹者有兩音又豪韻[重增]　号叫呼怒聲莊子作則萬竅怒号又宵豪二韻俗作呺[重增]

○耗虛到切減也敗也虛也荀子多而亂曰耗韓詩惡也董仲

舒策察天下之息耗注息生也耗虛也一二息耗善惡也篆文作耗今文作秏又見下又豪韻[illegible]

秏 董仲舒傳秏矣哀哉注秏虛也虛到反又見下【增入】

好 愛樂又和好又璧孔考工記璧羨度尺好三寸以為度注羨徑也好璧孔也音呼報呼老二反又晧韻

歊 暴起貌考工記轂雖敝而不歊又覺韻

○犒 口到切餉軍俗作犒亦作鎬

鎬 俗作鎬

○誥 居号切告也謹也告上曰告發下曰誥周書五誥古者上下有【重增】誥漢武帝元狩六年初作誥

告 啓也報也命也又姓又休假吉曰告凶曰寧漢律吏二千石有予告有賜告唐授官之符曰告身此謂告命也又沃韻凡告命告假之告止音去聲易初筮告書云告麓沃誕告萬方論語告朔曲禮出必告皆音梏左傳序赴告策書有去入二音其餘經子史中告字並無音合從通用然經子史中獨音梏者其義亦與去聲相通如春秋文六年閏月不告月二傳閏月不告朔並無音曲禮出疆必請反必告亦無音由此推之雖有獨音其義苟同亦可通用又屋韻

郜 國名周文王子封於郜春秋取郜大鼎左傳郜雍曹滕

膏 潤也以脂膏潤物曰膏詩羔裘如膏陰雨膏之膏潤天下又豪韻

高 度高曰高又豪韻

縞 廣韻白縑韓愈薦士詩强弩射魯縞又晧韻【增入】

○奧 於到切深也內也藏也室西南隅也又屋韻从宀从釆从廾今作奥俗作奧

墺 四方土可居亦作隩又屋韻俗作墺

隩 又屋韻俗作隩

澳 深也詩箋水之內曰澳亦作隩奧有去入二音又屋韻奧墺隩澳四字義同者不得重押義異者非

燠 熱也又麌遇屋三韻俗作燠

懊 悔恨也

○慠 魚到切慢

也倨也又樂也中从土从方亦作傲敖驁謸謷傲 敖詩彼交匪敖禮記敖不可長視上於面則敖劉向引書無若丹朱敖又豪韻【增入】 驁

漢竇嬰傳諸公稍自引而怠驁又馬名又樂也莊子惠以歡爲驁亦作敖又豪韻 謸謔也荀子歌謠謸笑詖文悲聲又豪韻【重增】 謷同上

又與傲同唐韋陟傳視僚黨謷然廣韻志遠貌又豪韻【重增】 奡寒浞子名多力能陸地行舟又慢也與傲同 ○報博冒切告也復也荅也酬

也論囚曰報下婬曰報漢律淫季父之妻曰報 褒周禮褒拜注褒讀爲報拜再拜也又豪韻【增入】 ○暴薄報切猛也驟也橫也侵也猝

也急也晞也亦作㬥又屋韻 暴同上又淩也日出而風爲暴詩終風且暴又暴暴卒起貌荀子暴暴如丘山又徒搏曰暴詩禮裼暴虎論語暴虎馮河又

屋覺二韻【今圖】 虣猛也强侵也虐也急也周官有司虣通作暴暴虣義異者分押 瀑疾雨亦作瀑又屋韻 瀑【增入】又屋韻 ⿰酉暴

一宿酒 菢集韻鳥伏卵廣韻同亦作抱韓愈薦士詩鶴翎不天生變化在啄菢【增入】 抱又爻皓二韻【增入】 袌廣韻衣前襟又今朝

服垂衣一曰長襦爾雅襺也亦作袍又褭袌亦作抱又豪韻【重增】 袍【重增】又豪韻 ○帽莫報切頭帽本作冃上从冂監本从曰誤【今正】

冒說文作冃云小兒蠻夷頭衣也又覆也涉也貪也又妬也書冒疾以惡之又冡德二韻俗作冒監本从曰誤【今正】 瑁圭方四寸天子執之

又隊韻俗作瑁監本从曰誤【今正】 耄曲禮八十九十曰耄注耄惛忘也亦作旄眊耄 旄孟子反其旄倪又銜足旄毛也又豪韻【增入】 眊

漢孫寶傳年七十詩眊又目少精又不明孟子胷中不正則眸子眊焉注眊者蒙蒙目不明之貌 芼 擇也詩左右芼之又羹用菜曰芼又菜食也又草覆蔓也又豪韻 耗 耗亂不明亦作秏【重增】 秏【重增】 媢 夫妬也說文夫妬婦亦作冒又至韻【增入】 ○ 譟 先到切羣呼亦作喿譟元有【圈】【今註】 喿 譟 同上又擾聒也 燥 乾也又晧韻 埽 埽除禮記氾埽曰埽亦作掃又騷又隱崖也又晧韻 掃 又晧韻【今圈】 騷 又蕭豪晧韻【增入】 ○ 操 七到切節操所操守也特也持也劉向別錄其道閉塞悲愁而作者名其曲曰操言遇災害不失其操也又風調曰操文中子聲存而操變矣又豪韻 造 至也詣也進也兩造獄之兩爭也書呂刑兩造具備注兩訟囚證造至也造父人名又以舟爲橋曰造詩造舟爲梁毛傳天子造舟方言浮梁也廣雅作艁音同說文艁古造字釋文作䑿又報反又音七早反又晧韻 慥 慥慥言行相顧貌中庸君子胡不慥慥爾 ○ 竈 則到切竈突 躁 動也急也進也疾也亦作趮 趮 周禮矢人爲矢羽殺則趮注趮旁掉也【增入】 懆 愠也愁不申也見說文又晧韻【重增】 ○ 漕 在到切水運又豪韻下从曰音越監本从两誤【今正】 鑿 孔竅考工記輪人量其鑿深以爲幅廣釋文曹報反又如字莊子六鑿相攘宋玉九辯圜鑿方枘亦有兩音又鐸韻【增入】 ○ 到 都導切至也又姓楚令尹屈到之後南史有到溉 倒 傎倒又晧韻 禱 祈請也文字音義求福曰禱又晧韻 ○ 導 徒到切引也啓迪也亦作道 道 周禮注先王所以教道民者音徒報反禮

記主人延客祭鄭康成曰延道也音導同漢文帝紀率其意以道民道民之路在
於務本宣帝使使者道單于感帝紀無繇以率道並音導論語道之以政道之以德又
道千乘之國包咸曰道治也漢志作道守顔師古曰導治也又言也禮記道學也道盛
德至善民之不能忘也左傳道二國之言不私孟子道性善道許行之言韓文道古
今而譽盛德又由也禮記極高明而道中
庸民道之而有功他傚此又晧韻【增入】
○翿 翳也舞者所執亦作纛亦豪晧二韻
纛 同上又黃
屋左纛以犛牛尾爲之大如斗繫於左騑馬軛上亦名羽葆幢漢書有
○纛 同上又左
去入二音亦作纛今䡴中大皁旗名曰皁纛亦有去音又豪晧沃三韻
纛又三韻【增入】
燾 溥覆照也亦作幬敦
○幬 禮記如天之無不覆幬左傳如天之無不幬也又幔轂革考工記欲其幬之廉也又虞尤二韻【今圖】
○敦 周禮司几筵每敦一几鄭康成曰敦讀爲燾覆也又灰徽蕭準混隊恩七韻又都昆切係廟諱合當迴避其餘照式許用【增入】
盜 盜賊左傳竊脯爲盜
悼 方言傷也哀也曲禮七年曰悼注悼憐愛也
蹈 踐也
○陶 驅馳之貌詩駟介陶陶又宵豪二韻【增入】
○䆃 廣韻嘉禾一莖六穗又晧韻封禪書導一莖六穗於庖注導擇也恐當作䆃【重增】
○
○勞 郎到切慰勞杜預曰勞者敘其勤以勞之諸侯相朝逆之以饔餼謂之郊勞又豪韻
○潦 積水又霖雨亦作澇又豪晧二韻
○澇 又豪韻【今增】
○嫪 廣韻恪物聲類云姻嫪戀惜也韓愈薦士詩感物增戀嫪又說文士無行者曰嫪毒又幽尤二韻【重增】
○
○臑 奴報切臂節一曰臂也又虞豪……

通用 箇與過通

三十八○箇 古賀切數也枚也竹筴也荀 个 漢貨殖傳竹竿萬个顏師古曰个讀曰箇箇枚也孟康曰个者一个兩个左傳亦不使一个杜預曰單使也又人曰一个左傳昭元年齊公孫竈卒晏子曰又弱一个焉又明堂四面偏室曰个月令天子居青陽左个右个 個 鄭康成注儀禮俗呼个為個又偏也 增入 ○ 軻 口个切轗軻不得志廣韻孟子居貧轗軻故名軻字子居孟子音義軻字無音又歌哿二韻 坷 坎坷地不平又哿韻 ○ 賀 胡箇切以禮物相慶曰賀又儋也唐郝處俊傳群臣皆賀戢侍亦作荷又勞也加也又姓齊慶封之後漢避安帝諱改慶為賀 荷 負荷亦作何又歌哿三韻 重增 何 [illegible]韻 重增 ○ 餓 五箇切餧也 ○ 邏 郎佐切巡也遮也游偵也又哿韻 ○ 些 蘇箇切語辭也又邏些吐蕃城名又麻哿霽三韻 娑 邏娑吐蕃都城名亦作逤些杜甫詩和親邏些城注些一作逤亦作娑薛仁貴為邏娑道行軍摠管舊唐史云吐蕃都城號邏些城新史云吐蕃號君長曰贊普居跋布川或邏娑川又歌哿二韻 重增 逤 重增 又哿韻 ○ 左 子賀切相助也亮也導也勴也書左右有民左右厥辟宅師周公[illegible]右扶曰右左亦作佐又貳也副也又哿韻 佐 作 為也造也韓愈詩方橋如此作俗作做非做音直信反又御鐸二韻 ○ 馱 唐佐切載可亦作他又歌韻 他 方言凡以驢馬馲駝載物者謂之負他又歌韻 增入 大 巨也又泰過二韻 ○ 奈 乃个切遇也那也能

也又秦代二韻 郍 杜甫詩杖藜不睡誰能郍又語助又歌哿二韻 ○ 癉 丁佐切勞也亦作憚又旱韻 憚 詩憚我不暇哀我憚

人又旱哿翰曷四韻 ○ 呵 呼个切廣韻噓氣韓愈元和聖德詩柴䴵噓呵又歌韻 重增

三十九 ○

過 古臥切超也越也度也過失也罪愆也誤也責也戈韻古禾切經也度也易大過小過徐邈音去聲王肅音平聲

晃曰 超越之過過失之過則去聲禮記時過然後學孟子過孟賁遠矣漢書過秦論伊管未能遠過賈誼論語苟有過可以無大過不貳過書宥過無大易赦過宥罪之類是也經從之過則平聲詩不我過永矢弗過論語過位歌而過孔子孟子三過其門而不入揚子過我門而不入我室之類是也易大過陸德明音相過之過小過音古臥反義與大過同觀兩卦辭義當音去聲王肅音戈非

裹 纏也包也又指所包之苞也杜甫詩藥裹關心又果韻 增入

𥢶 麄糠又泰韻 增入

○ 和 胡臥切應和又調也爾雅徒吹謂之和吹音去聲又戈韻

○ 播 補過切布也揚也適也越也遷也又果韻

磻 以石維𩊚繳又歡戈果三韻 重增

譒 敷也說文引書王譒告之修今書作播

簸 揚米通作播又果韻

○ 破 普過切剖也裂也劈也坼也

○ 磨 莫臥切磑也亦作䃺又戈韻

䃺 又戈韻 今增

塺 塵也韓愈氛霧其如塺又灰韻 增入

○ 剉 寸臥切折也剉斫也

莝 斬芻

摧 與莝同詩摧之秣之又灰韻 重增

○ 挫 祖臥切摧也

夎 詐也又拜失容也挫也禮記介者不

拜爲其拜而荄拜廣韻作㚥又禡韻【今圈】○坐 徂臥切行坐止處也又坐罪又坐獄對理曰坐左傳鍼莊子爲坐有二音又與座同漢梅福傳當戶牖之法坐顏師古曰戶牖之閒謂之扆言負扆也法坐正坐也聽朝之處孔融傳坐上客常滿又果韻 座 牀座通作坐【增入】○磋 千个切磨治又歌韻 蹉 足跌亦作差又歌韻 差 同上又周禮孫氏注九歲有差分重差之法又支皆歌麻卦禡六韻【增入】○臥 吾貨切寢也偃也休也又寢室曰臥三國志延入臥內杜甫詩雲臥衣裳冷說文从人从臣取其伏也監本从卜誤【今正】○涴 烏臥切泥汙物廣韻亦作汚又歡阮二韻【重增】

堁 沙堆風賦動沙堁又見下【重增】○貨 呼臥切鄭康成曰金玉曰貨布帛曰賄財泉穀也廣韻引蔡氏化清經曰貨者化也變化反易之物故字从化 ○課 苦臥切稅也試也第也計也程也 堁 塺堁塵起貌風賦堁堁揚塵方言堁火也說文堁塵塺也又果隊二韻 ○唾 吐臥切口液王篇作涶 涶 又歌韻【重增】 大 猛也甚也禮記童子不衣裘裳鄭康成曰爲大溫也徐邈音唾陸德明音泰又泰箇二韻【增入】

佗 加也詩予之佗矣又支歌二韻【增入】 扡 引也亦作拕論語加朝服扡紳又歌韻【增入】 拕 漢龔勝傳加朝服拕紳又歌韻【增入】 拖 牽車也曳也相如賦拖蜺旌又歌哿二韻【增入】○惰 徒臥切怠也不恭也亦作媠㥨憜又哿韻 媠 谷永傳車馬媠游之具又果韻【重增】 㥨 韋元成詩戒供事靡㥨又果韻【增入】 憜 同上又墮也落也亦作墮又果韻【今圈】 隋 又支果二韻【重增】○

愞 奴臥切弱也亦作渜懦又緩獮換線四韻 懦 又四韻及一虞韻【今圖】 𤳉 城下田亦作堧壖又僊獮線三韻 稬 稻之黏者可爲酒亦作穤下从小大之大監本从犬誤【今正】 穤 从禾从需監本从米誤【今正】 ○縛 符臥切束也繫也一曰所以束也又藥韻【增入】

【獨用】四十 ○禡 莫駕切師旅所止地祭名詩是類是禡禮記禡於所征之地亦作貉 貉 周禮肆師祭表貉則爲位注貉師祭也釋文貉莫駕反鄭音陌又鐸陌二韻【增入】 罵 惡言詈也上从网音罔俗作駡 傌 僇辱賈誼傳髡刖笞傌【重增】 ○帊 普駕切衣襆通俗文帛三幅曰帊亦作帕 帕 二儀實錄曰禹會塗山之夕大風雷震有甲步卒千餘人其不被甲者以紅綃帕抹其額自此遂爲軍容之服韓愈元和聖德詩以紅帕首音怕一本音抹又轄韻【今圖】 怕 畏懼又鐸韻 披 開也又支紙寘三韻【增入】 ○霸 必駕切國語霸把也把持諸侯之權亦作伯又陌韻从日月之月監本从月誤【今正而圖】 伯 莊子五伯注夏昆吾商大彭豕韋周齊威晉文荀子威動天下五伯是也楊倞曰伯讀曰霸又如字孟子作五霸注齊威晉文秦繆宋襄楚莊是也謂之伯蓋以牧伯長諸侯之義後人恐與侯伯字相混故借用霸字以別之漢人遂以霸道與王並失之矣又陌韻【增入】 灞 水名在長安東三十里古曰滋水呂氏春秋太公釣於滋水是也秦穆公更名霸漢書棘門霸上後人加氵从月誤【今正】 壩 障水从月誤【今正】 靶 轡革 弝 弓弝中手執處也考工記作把【增入】 把 又馬韻【增入】 ○嗄 所嫁切聲變又夬韻【今圖】 沙 嘶也聲破

曰嘶禮記內則烏皫色而沙鳴鬱釋文沙如字一音所嫁反周禮內饔同又云或音蘇他反又歌麻二韻增入○詐側駕切僞也詭譎也荀子匿行曰詐

溠荊州之浸周禮職方氏豫州其浸波溠注春秋傳曰楚子除道梁溠營軍臨隨則溠宜屬荊州在此非也據此注則監本韻略注云荊州浸爲是而建本正誤韻略乃改注作豫州浸非也

蓌詐也挫也拜失容節也曲禮爲其拜而蓌拜又過韻重增

汊水名韓愈曹成王碑行蹴川汊又禡汊地名又音詫重增

○乍助駕切初也忽也猝也甫然也

蜡年終臘祭名依字合作䄍二禮假借作蜡蜡卜蟲名見玉篇又御韻合圖

䄍廣雅夏曰清祀商曰嘉平周曰大䄍秦曰臘

○咤陟駕切噴也叱咤也亦作吒書三咤孔安國曰奠爵也許叔重馬融作詫又見下又暮韻合圖

吒曲禮毋吒食俗本作咤

詫又暮韻增入

奼美女又河上奼女水銀也亦作姹又馬暮二韻合圖

姹又二韻增入

哆廣韻哆吳大口皃又紙哿馬三韻重增

奓廣韻張也開也又麻馬二韻重增

○詫丑亞切誇也誑也亦作譇咤

譇

咤趙岐孟子注奓咤增入

差事異又支皆歌麻卦過六韻增入

○暇胡駕切閒暇無事也亦作假嘉

假詩假樂陸音暇是矣詩箋天須假此二國亦音暇本又作暇又見下又麻馬二韻增入

嘉孟子離婁上注詩大雅嘉樂之篇中庸引詩作嘉樂君子陸音戶嫁反皇氏音加又麻韻增入

下降也自上而下也易自上下下詩序君能下下左傳將有所求必先下之又禡馬二韻

夏春夏之夏又馬韻

○罅虛訝

切孔隙也坼罅也亦作墟 墟 ○ 嚇 笑聲又口距人也亦作赫又陌韻 赫 詩反予來赫鄭音虛訝反又音許格反又陌昔錫三韻

○ 髂 枯駕切署骨揚雄解嘲折脅拉髂又陌韻 重增

○ 駕 居訝切唐制天子居曰衙行曰駕又行也車乘也漢制大駕屬車八十一乘說文馬在軛中也又馭也又具車馬曰駕孟子今乘輿已駕矣漢高帝令有明德者郡守必身勸爲之駕曲禮君車將駕又鷹駕揚子仲尼駕說者也又陵駕文選詩高浪駕蓬萊

價 價數物所直本作賈上从襾襾音罅俗作西監本从西誤 今正

賈 論語求善賈而沽諸孟子則賈相若周禮賈人知善惡展成貿賈又姥馬二韻

斝 鬱鬯之尊又玉爵名周禮斝彝注畫爲禾稼之狀蓋斝稼聲相近也又馬韻俗作斚

假 假告休沐又以物貸人也方言假至也邠唐異宄之閒曰假或曰狢郭璞音駕朱博贊假借用權鄧展曰假音休假之假又馬韻 增入 元祐新制 許與馬韻通押又陌韻假至之假當與陌韻通押

嫁 適女歸夫曰嫁嫁者家也女以夫爲家故婦人謂嫁曰歸言若歸其家然方言自家而出謂之嫁爾雅往也又推惡於人曰嫁怨嫁禍

架 屋架衣架亦作枷又起屋也又棚也又以架架物也

枷 禮記不同椸枷又麻韻

稼 種曰稼斂曰穡周禮司稼注種穀曰稼如稼女以有所生又稻也豳詩十月納禾稼

幏 蠻夷賨布

○ 罷 皮駕切休也巳也廢也黜也了也漢高紀酒罷又諸侯罷戲下又支紙蟹三韻 重增

○ 亞 衣駕切次也少也就也醜也姻亞也相依也亦作惡又麻韻 今圖

婭 兩壻相謂爲婭亦作亞

稏 䆉稏禾名亦作罷亞 增入

惡 易繫辭言天下之至賾而

不可惡也陸音於嫁反云亦作亞亞次也又音烏路烏洛二反又模暮鐸三韻【重增】

○**訝** 五駕切嗟訝疑怪也又迎也周禮訝士注訝迎也士官之迎四方賓客掌訝注訝迎也賓客來主迎之亦作迓

迓 迎也亦作御輅

御 詩百兩御之御兩音又以御田祖箋御迎也音迓左傳劉累能擾龍氏曰御龍杜預曰御養也又語御二韻【增入】

輅 左傳狂狡輅鄭人杜預曰輅迎也音迓信五年輅晉侯又暮韻【增入】

衙 同上周禮田僕設驅逆之車注驅禽使前趨獲逆衙還之使不出圍釋文衙本又作御同五嫁反又魚麻馬三韻【重增】

庌 廡也庌舍庌馬又馬韻

砑 碾也

牙 考工記輪人牙也者以爲固抱也注牙讀如訝下文注云輪謂牙也又麻馬二韻【增入】○

華 胡化切華山西嶽亦作崋崋又木名與樺同莊子原憲華冠縰履音義云以華木皮爲冠又佳麻二韻

蕐 漢志太華又二韻【增入】

崋 又麻韻【增入】

摦 寬也大也鍾橫大也左傳大者不摦

擭 柞擭也淺則施之書杜乃擭注捕獸機檻中庸驅而納諸罟擭陷阱之中而莫之知辟也又鐸陌二韻【增入】

獲 得也西都賦觀三軍之殺獲叶韻音摦五臣文選音于怪反誤周禮司常凡射共獲旌注獲旌獲者所執旌陸音如字一音胡霸反又二韻【增入】

吴 譁也詩不吴不傲陸德明云舊如字譁也說文作吴吴大言也何承天云吴字誤當爲吴从口下大魚之大口者曰吴音胡化反陸音話吴字古今相承不敢改姑从釋音用之又模夬二韻【增入】

吴 又夬韻【增入】

槬 木名亦作華俗作樺又魚韻【增入】○

化 呼霸切教化變化造化凡以道業誨人謂之教躬行於上風動

於下謂之化荀子注馴致於善謂之化改其舊質謂之變一曰因形而易謂之變離形而易謂之化又曰天道陰陽運行則爲化春生冬落則爲變又自少而壯壯而老則爲變自無而有自有而無則爲化寒暑相易則爲變萬物生息則爲化又訛言改易亦曰變化易擬議以成其變化韓文悼本志之變化又從化曰化老子我無爲而民自化又以德化移民曰化學記化民成俗又人死曰化莊子其死也物化又從物而移曰化禮記物至而人化物也又貨賄貿易曰化書懋遷有無化居又華物曰化周禮飭化八材化治絲枲又誥諭使人回心曰化書肆予大化誘我友邦君又麻韻今增

○跨 苦化切越也足過也又騎也杜甫詩[illegible]明跨驢也又兩股閒亦作胯袴又麻馬暮三韻

胯 史記韓信傳袴下漢書作跨下徐廣曰字一作胯又三韻

袴 又馬暮二韻增入

○卸 司夜切舍車解馬脫衣解甲皆曰卸今舟人出載亦曰卸

瀉 去水又馬韻增入

○借 子夜切假也又助也漢朱雲少時借客報仇又貸也推獎也亦作藉又借韻

藉 同上又枕也又見下又昔韻增入

唶 歎聲漢蘇伯阿望見春陵郭唶曰氣佳哉鬱鬱葱葱然又陌韻增入

○謝 詞夜切辭也絕也代謝退也衰也彫落也又以辭相告曰謝陳餘傳廝養卒謝其舍又致仕曰謝曲禮若不得謝又拜賜曰謝又國名又姓

榭 臺有屋爾雅有木者謂之榭無室曰榭郭璞曰即今堂堭春秋成周宣榭火杜預曰屋歇前本亦作謝

○藉 慈夜切薦也薦王曰藉藉六采三等以朱白蒼畫之又醖藉謂如醞釀及薦藉道其寬重博也蓋含蓄包容之意亦作籍又借也孟子注藉交報仇音慈夜反

籍 漢義縱少温籍注無所含容也又昔韻增入 ○

舍 式夜切屋也三十五里爲一舍左傳凡師一宿爲舍又釋也置也左傳舍爵策勳又馮昔二韻俗作舍監本作舎誤【今正】 赦 周禮司刺掌三赦之灋注赦舍也又麻韻【今圈】○柘 之夜切木名詩其檿其柘 蔗 諸蔗 炙 炙肉詩楚茨或燔或炙毛傳燔取膟膋炙炙肉也箋燔燔肉也炙肝炙也音之赦反行葦或燔或炙箋燔用肉炙用肝音者夜反烏鳧鷖燔炙芬芬箋小禮之尸卑用美酒有燔炙可用褻味也雖無音亦當去聲唯瓠葉燔之炙之音隻朱氏並音入聲周書黃帝始燔肉爲炙亦作炙又昔韻 炙 韓愈元和聖德詩萬牛臠炙【重增】 䗪 蟲名周禮赤犮氏注貍蟲䗪肌蛷之屬【重增】○射 神夜切射弓周禮五射又見下又昔韻 貰 貸也又祭韻 麝 獸名爾雅麝父麕足○夜 寅謝切晝夜者舍也暮也篆文从亦从夕今作夜 射 僕射官名姑射山名漢官儀曰僕射秦官僕主也古者重武事每官必有主射以督課之

【通】與宕用通

四十一

○漾 餘亮切水名又水貌又蕩漾浮游貌又水搖動貌亦作瀁孔安國曰泉始出爲漾下从永俗从水非 瀁 又養韻【今圈】 羕 水長貌說文引詩江之羕矣从羊从永 恙 憂也病也又噬蟲能食人心 養 供也論語今之孝者是謂能養孟子尊親之至莫大乎以天下養左傳共養三德爲善又養韻 煬 炙也向也暴也燥也又陽韻【今圈】 颺 風飛物又陽韻 樣 廣韻式也法也俗从木誤樣與橡同見玉篇【增入】○訪 敷亮切謀也及也問也○放 甫妄切肆也逸也逐也廢也去也至也置也縱也捨

也曲禮毋放飯謂去手中餘飯於器中人所穢也管仲曰令而不行謂之放陸機文賦禁邪制放又陽養二韻 **舫** 並兩船又方船也亦作枋 **枋** 又陽敬二韻[今增] **妨** 廣韻妨礙韓愈岳陽樓詩宇宙隘而妨又陽韻[重增] ○ **妄** 巫放切誣也誕也罔也 **忘** 遺忘又陽韻

望 瞻望睎也又祭名又聞望名聞曰聞爲人所仰曰望又責望怨望悵望亦作盲又弦望後漢律歷志分天之中相與爲衡謂之望謂月半日月正相對其平如衡也亦作朢又陽韻从日月之月 **盲** 周禮內饔豕盲視而交睫腥注盲當爲望釋文盲亡亮反又亡庚韻[增入] **朢** 日月相朢說文月滿與日相望以朝君也从臣从月从𡈼𡈼音珽經典通作望又陽韻[增入] ○ **防** 符放切隄也又陽韻[元韻新刪]許亡一韻通押 ○ **相** 息亮切視也助也儐也導也爾雅七月爲相漢有魏相字弱翁名字相配當從去聲又陽韻 ○ **將** 子亮切將之也主持也將軍帥帥也又中指曰將指又陽唐二韻 **醬** 醢也肉醬謂之醢內則牛炙醢濡雞醢醬又䜴醬謂之醢檀弓醯醢百甕又菜菹謂之醬內則芥醬漢書南越邛蜀有蒟醬字从爿从夕从酉當作牆今作醬 ○ **蹡** 七亮切廣韻蹡蹡行不正皃又陽韻[重增] **匠** 疾亮切工匠 ○ **餉** 式亮切饋也饁也亦作饟又養韻 **饟** 又陽養二韻[今增] **向** 國名地名又姓又見下又養韻 **傷** 創也悼也痛也感悵也廣韻未成人或作殤又陽韻[增入] ○ **唱** 尺亮切導也引也先也亦作倡又發歌謂之唱 **倡** 左傳外內倡和爲忠又陽韻[今增] **昌** 盛也又陽韻詩克昌厥後陸德明曰昌本如字或云文王名昌

此禘文王之詩也周人以諱事神不應犯諱當音去聲處亮反【增入】○**狂** 渠放切廣韻輒爲也韓子心不能審是非之地則謂之狂又心病又狂猘又陽

韻【重】【增】○**障** 之亮切隔也塞也又屏障晉石崇有錦步障五十里又堡障通鑑尹鐸曰以爲繭絲乎抑爲保障乎亦作墇鄣又陽韻 **墇**

又陽韻【今圈】**鄣** 漢書張湯傳居一鄣間又曰及遣山乘鄣音之向反又陽韻【重增】**嶂** 山峰如屏障者 **瘴** 熱病 ○**尚** 時亮

切上也庶幾也崇也高也貴也飾也曾也加也佐也主也凡主天子之物皆曰尚尚醫尚食尚方是也漢書無音合於平去二聲通用又尊也娶公主謂之尚言帝王之

女尊而尚之不敢言娶也漢王吉傳注娶天子女曰尚公主國人娶諸侯女曰承翁主尚承皆卑下之名司馬相如傳卓王孫自以使女尚司馬長卿晚顏師古曰尚配

也義與尚公主同又猶尚也又陽韻【今圈】**上** 在上之上尊也廣韻君也猶天子也太上極尊之稱蔡邕曰上者尊位所在但言上不敢言尊號耳又崇也又養韻

償 還也左傳西鄰責言不可償也又陽韻 ○**壯** 側亮切彊也盛也碩也太壯卦名爾雅八月爲壯从爿从士 ○**創** 楚亮切傷

也始造也孟子創業垂統又陽韻 **刱** 刱也說文造法刱業也通作創从刅刅楚良切俗作刱 **愴** 悽愴又陽韻【今圈】**滄** 寒也荀子疾養

滄熱漢枚乘傳欲湯之滄 **倉** 喪也詩倉兄塡兮又唐韻【增入】○**狀** 助亮切礼也形象也又形容之也陳也莊子自狀其過以不當亡者衆又牒也

○**帳** 知亮切張也幬也帷也釋名小帳曰斗帳 **張** 周禮以待張事漢高紀張飲三日注張帷帳也成帝紀注共具張設也王尊傳共張如法而辦

龔遂傳水衡共張宮館韓信傳共張職辦又傒也大也張王也又與脹同左傳晉景
公張如廁又張紘曰張嵇康琴賦田連操張張與脹帳義異者分押又陽韻
漲 大水貌又水泛溢杜甫有江漲詩又陽韻[公圖] 脹 廣韻脹滿[增入] 長 增盛也韓愈詩得時方長王亦作張又見下又陽養二韻[增入]
○悵 丑亮切失志望恨貌 暢 長也通也達也又姓孟子草木暢茂亦作鬯漢志條鬯該成安也樂清明鬯矣顏師古曰鬯古暢字說文作暘 鬯
以秬黍釀酒以香草和之曰鬱鬯周禮注鬯釀 圭尺二寸有瓚以肆先王祼
黍為酒芬香條鬯於上下暢與鬯義異者分押 瑒 賓客又梗陽蕩三韻
韔 弓衣亦作韔 韔[增入] ○仗 直亮切兵器一曰憑倚也又養韻 長 多也冗也剩也陸機文賦故無取乎冗長一曰
度長曰長 杖 所以扶行又與仗同漢西域傳烏弋國以金銀飾杖顏師古曰謂所執兵器音直亮反又憑倚也左傳襄八年杖莫如信又曰杖信以待晉漢
李尋傳近臣已不足杖矣書牧誓王左杖黃鉞並音去聲又養韻 ○諒 力仗切信也相也佐也方言衆信曰諒又照察也亦作亮涼 亮 同上又明
也勸也導也俗作亮 涼 詩涼彼武王職涼善背有平去二音又薄也又陽韻 悢 悢悢悲也後漢陳蕃傳天之於漢悢悢不已注悢悢猶眷眷也
又力黨切不得志貌係聖祖名同音合當迴避去聲照式許用[公圖] 掠 笞也奪也掠取也拂過也鞠也左傳襄十一年禁侵掠漢高紀毋得鹵掠陳萬年傳
下獄諒治又藥韻 倞 索也禮記郊特牲祊之為言倞也注字或為諒音同又見下[重增] 量 龠合升斗斛曰五量又度量又陽韻 兩

乘也匹也小爾雅倍丈謂之端倍端謂之兩左傳幣錦二兩杜預曰兩匹也漢書注車一乘曰一兩言其轅輪兩兩而耦也又養韻（緉）屨兩枚通作兩亦作量晉阮孚曰未知能著幾量屐量兩緉義異者分押又養韻

○（釀）女亮切醞酒後人因謂酒爲釀晉劉伶曰見何次道飲令人欲傾家釀

○（向）許亮切北出牖也詩塞向墐戶又面向亦作鄉嚮又見下又養韻晉叔向有上去二音

（鄉）同上又昔來謂之鄉來論語鄉也吾見於夫子而問知通作向亦作嚮鄉又爾雅兩階閒謂之鄉郭璞曰人君南鄉當階閒也向鄉嚮鄉義異者分押又陽養二韻【今圈】

（嚮）又養韻

（曏）不久也少時也又曩也又明也莊子證鄉今故又養韻

（蠁）禹蟲知聲者又養韻【增入】

珦 玉名

○（強）其亮切勉強牽強又自是也倔也木強不柔和貌荀子牽羣臣百吏而相與強白橋君橋音矯此謂君不肯爲而強之也又陽養二韻【增入】

（倞）強也楊倞人名又入見上【今圈】

弶 莊子音義蹄兔弶也

【重增】○（怏）於亮切懟也情不滿足也漢書作鞅又養韻

（鞅）周亞夫傳此鞅鞅非少主臣也又養韻【增入】

○（仰）魚向切資也恃也漢志仰給縣官又唐養二韻中从匕節之匕从卩誤【今正】

（卬）荀子上足卬則下可用也注古仰字下託上曰仰魚向反又養韻【重增】

○（暀）于放切光美也明也亦作旺晃晄爌又養韻

旺

（晃）又蕩韻【增入】

（晄）又蕩韻【增入】

（爌）又蕩韻【增入】

（煌）煌煌烄燿皃詩注皇皇猶煌煌也音皇又音晃又唐蕩二韻【增入】

熿 同上甘泉賦北熿幽都【重增】

（王）興也盛也長也保有天下曰王穀梁傳孔

子素王莊子元聖素王杜預左傳序並素王又曰黜周而王魯又曰仲尼素王並音于況反詩七月序王業下武詩成王之孚皆有平去二音湯王天下孟子王天下並

音去聲朱氏孟子集註曰凡有天下者人稱之曰王則平聲據其身臨天下而言曰王則去聲又陽爛二韻 皇 周禮保氏注祭祀之容濟濟皇皇音去聲

又音往又唐蕩二韻【增入】 迋 往也左傳子旡徵迋勞又見下又養韻又去王切係 廟 諱嫌名當避其餘照式許用 ○況 許放切說文寒水也又倏

況琴名又譬擬也善也矧也亦作况又與貺同漢武帝紀天地況施拜況于郊郊祀歌天地並況又興況況味又臨訪白來況亦作況 況【增入】 況 佩鱐

集曰況者發語之辭从二从兄今經史多混用故兩存之【增入】 貺 賜也與也亦作況貺況義異當分押 兄 滋也詩倉兄塡兮職況斯引又庚韻【重增】

軦 黃軦蟲名莊子黃軦生乎九猷【重增】 ○誑 古況切欺也亦作迋 迋 詩人實迋女【增入】

四十二○宕 徒浪切洞室一曰過也 菪 莨菪草名安祿山誘奚契丹欲以莨菪酒醉而阬之亦作蕩【重增】 踼

跌踼行失正也亦作宕又唐韻【增入】 逿 失據而倒 碭 山名又唐蕩二韻 蕩 大也廣遠之稱又動蕩禮記昏義蕩天下之陰事音徒浪

反又放蕩滌蕩亦作盪經典皆無明音合從通押又見下又蕩韻【重增】 盪 推盪又動盪與蕩同易八卦相盪釋文諸家作蕩唯王肅音唐黨反三輔黃圖

駘蕩宮又作駘盪云春時景色駘蕩注蕩盪字同亦合通押又見下又唐蕩二韻【重增】 湯 蕩也詩子之湯兮宛丘之上兮叶韻當音宕序言游蕩無

度是也又見下又陽唐二韻〔重增〕愓與蕩同荀子加愓悍而不順又蕩韻〔重增〕○儻他浪切倜儻卓异也倖也又或然也又蕩韻

盪滌器又陸地行舟湯熱沃月令如以熱湯〔增入〕蕩廣韻蒗蕩渠名〔重增〕○讜丁浪切善言中理又蕩韻

當主當又底也又抵也又質當又唐韻党大寤說文大盆一曰井甃揚雄酒箴爲党所轤又姓唐有党金毗〔重增〕○浪郎宕

切波浪又唐韻又盧黨切係　聖祖名同音合當迴避其餘照式許用閬埌狼三字同埌莊子以處壙埌之野音義云壙埌猶曠蕩也方言秦晉或謂冢

曰埌又盧黨切〔重增〕狼漢書張良傳秦皇帝東遊至博狼沙中服虔曰河南陽武南地名顏師古音浪又唐韻又盧黨切〔重增〕閬高門又地

名閬中在蜀今爲州又閬風仙苑相如賦登閬風而遙集兮張揖曰在崑崙閶闔之中又唐韻又盧黨切○傍蒲浪切近也倚也亦作傍竝並又唐耕二

韻榜〔增入〕又唐韻竝又綏迴敬三韻俗作竝〔增入〕並又三韻〔今圈〕旁旁午交橫見唐書白居易傳論問旁

午音去聲又唐耕二韻〔重增〕○喪蘇浪切死也又失也易不喪匕鬯孟子夏喪其明又仕失位也論語二三子何患於喪乎禮記喪欲速貧易作喪今本

亦作喪又唐韻○藏才浪切物所蓄曰藏又蓄物也漢志萬室之邑必有萬鍾之藏藏繈千萬千室之邑必有千鍾之藏藏繈百萬又曰山海天地之藏

易慢藏誨盜周禮守藏中庸寶藏皆去聲古作臧又唐韻臧漢志陳臧錢出御府之臧以濟之又唐韻〔增入〕臟五臟經典作藏藏與臟義同者不可

重押義異者非[增入] 奘 駔大見廣韻又蕩韻[重增] 〇 葬 則浪切葬埋禮記葬也者葬藏也亦作塟又唐韻[今圖] 塟 見三輔黃圖[重增]

〇 吭 下浪切咽也又吞也蜀都賦哢吭淸渠亦作肮頏又唐蕩二韻 肮 又二韻[增入] 頏 又二韻[增入] 亢 頡亢上下不定也亦作頏揚雄傳騶衍以頡亢而取世資又見下又二韻[增入] 行 行行剛强皃又輩行漢書且鞮單于曰漢天子我丈人行也又唐庚耿敬四韻 桁 衣架一曰䙝衣竿杜甫詩翡翠鳴衣桁韓愈寄崔立之詩桁掛新衣裳又庚唐二韻[增入] 沆 漢郊祀歌西顥沆碭師古曰沆胡浪反碭音蕩沆碭白氣之貌据此則沆瀣之沆亦當有上去二音又見下又蕩韻

〇 亢 口浪切過高又抵也敵也漢書注上下相當無所卑屈曰亢又慫陽曰亢陽亦作炕又蔽也左傳昭元年大叔曰吉不能亢身焉能亢宗 抗 扞也蔽也又以手抗舉也通作亢 伉 伉儷配偶也又敵也與抗亢同又藏物也 閌 閌閬高門亦作伉大雅緜詩臯門有伉注伉高貌釋文伉本又作亢韓詩作閌云盛貌 沆 水流聲[增入] 忼 竭誠又忼慨感傷之意又豁達亦作慷又唐蕩二韻[增入] 慷 又二韻[增入] 犺 健犬又㹣犺不順皃晉周嵩狠犺[增入] 炕 火炕又炕陽張皇自大貌又慫陽炕旱漢五行志有炕陽之應通作亢[增入]

〇 盎 於浪切盆盎又盎齊酒名周禮酒正注盎猶翁也盛而翁翁然又盛貌孟子盎於背注其背盎盎然盛朱氏曰盎體厚盈溢之意亦作㼜又蕩韻 㼜 莊子甕㼜大癭又蕩韻[增入] 醠 濁酒又蕩韻 坱 塵也又蕩韻

〇 枊

魚浪切繫馬柱一曰堅也中从匕筋之匕从匕誤 今正

○曠 苦謗切明也空也闊遠也虛大也久也谿也鄒陽傳獨覩昭曠之道師古曰昭明也曠廣也康衡傳曠然大變其俗亦作懬壙又去男子壯無室曰曠鰥寡曰曠日

懬 漢元帝紀寮僚久懬又蕩韻 重增

廣 開泰貌荀子人主胡不廣焉無卹親踈無偏貴賤唯誠能之求又見下 增入

纊 小爾雅絮之細者曰纊亦作絖

絖

壙 壙也究也又漢武帝賦託沈陰以壙久注壙與曠同又蕩韻

○謗 補曠切訕也毀也

搒 進船亦作榜又唐庚敬三韻 今圖

榜 同上又船名晉張載傳吳榜越船又船師張協七命榜人奏採菱之歌又唐庚蕩敬四韻 今圖

○廣 古曠切度廣曰廣又廣輪廣袤東西曰廣南北曰輪曰袤檀弓廣輪揜坎注輪從也從音子容反据此則是橫量曰廣從量曰輪又兵車左右廣又副車曰貳廣見左傳襄二十三年又唐蕩二韻

○滂 普浪切滂沛雨盛下貌列子雲雨之滂潤又唐韻

通用 與諍勁通

四十三○敬 居慶切廣韻恭也肅也謹也又姓从苟从攴苟音棘上从艹非从廾也俗作敬

竟 窮也終也已也又靜韻

鏡 鑑也

獍 獸名食父

○映 於命切明相照也廣韻亦作暎

暎 蘭亭詩序暎帶左右 增入

競 渠映切盛也彊也爭也逐也高也遽也篆文从二言二儿今作競俗作竸

檠 榜也又隔子漢地理志朝鮮民飲食以籩豆師古曰以竹曰籩以木曰豆若今之檠也音其敬反又庚梗二韻从廾誤 今正

擎 舉也又庚韻 增入

儆 戒也書君趙憬傳崔儆為部刺史不法音競又梗韻 增入

生

所敬切生死見廣韻又庚勁二韻〔重增〕○慶丘正切說文行賀人也古禮以鹿皮爲贄故从鹿省下比字又福慶易大有慶也又姓又州名又陽庚二韻〔今〕〔圖〕○更居孟切再也又庚韻○行胡孟切言行又巡視也禮記月令巡行縣鄙漢書按行行部又唐庚耿宕四韻○橫戶孟切不以理也又庚韻○榜北孟切進船又笞打也又見前韻○搒說文掩也又笞打又見前韻○孟莫更切長也勉也始也又姓氏○盟盟津水名又庚韻○柄陂病切本也權也柯也亦作棅秉枋○棅○秉漢五行志殺生之秉又梗韻〔增入〕○枋又陽漾二韻〔重增〕○怲怲怲憂也又梗韻○病皮命切疾也瘕也患也憂也苦也又疾甚曰病○評量也訂也又庚韻○平周禮平貨漢書廷尉平蓋平其不平曰平又僊庚二韻〔增入〕○偋說文寷也廣韻隱僻也又靜韻〔重增〕○枰獨坐版牀一曰博局又庚韻〔重增〕○竝偕也與也併也亦作並併又緩迥宕三韻〔重增〕○並又三韻〔重增〕○偂廣韻作蒲迸切誤又迥韻〔重增〕○命眉病切性命出於天爲命賦於人爲性孟子莫之致而至者命也中庸天命之謂性董仲舒曰天令之謂命又命令大曰命小曰令一曰上出爲命下稟爲令又必也射命中謂擬而必中也又使也教也告也戒也計也召也○鳴鳥相呼命也馬融長笛賦求偶鳴子音命又庚韻〔重增〕○迎魚慶切親迎迓也又庚韻从卬誤〔今正〕○詠爲命切詠歌謳吟也古作永亦作咏○永書歌永言聲依永徐音詠又梗韻〔重增〕

咏泳 游泳潛行水底曰泳 禜 禳風雨祭周禮禜門用瓢齎鄭康成曰禜之言營也說文禜設綿蕝爲營以祈水旱又青韻【今圖】 醟

湛酒又庚韻【今圖】

四十四○ 諍 側迸切諫諍救止也亦作爭又耕韻【今圖】 爭 又耕韻【今圖】 倀 廣韻𢒰倀失道又陽韻【重增】

【□】○ 迸 北諍切走逸也涌也又斥逐也禮記迸諸四夷亦作逬又耕青二韻【今圖】 逬 蹦 史記歲星晨出爲蹦踵【增入】○

硬 魚孟切堅也强也廣韻亦作鞕 瞠 敕諍切直視皃莊子瞠若乎其後又庚韻【增入】○ 䛭 許諍切廣韻嗔語唐書陳子昂論詩直【重增】

四十五○ 勁 居正切健也堅也遒也亦作繕 繕 禮記急繕其怒又線韻【增入】○ 輕 牽正切疾也又兵車

名又清韻○ 夐 詡正切營求也冠絕也遠也又霰韻 詗 告言也明悟了知也候伺也刺探也漢書爲中詗又迥韻○ 併 畀正

切並也兼也合也皆也亦作幷又清靜迥三韻 幷 同上又專也又清韻【今圖】 屏 除也又青靜二韻○ 聘 匹正切問也公羊傳大夫

來曰聘穀梁傳聘問也从耳从由从丂俗作聘 娉 娶問通作聘又青韻美好俗作娉○ 性 息正切天理在人曰性董仲舒曰質樸之謂性又曰

性者生之質也又土性亦作生 生 周禮司徒以土會之灋辨五土之物生杜子春讀爲性又二切見敬韻【增入】 姓 說文人所生也左傳因生以賜

姓漢外戚傳不能成子姓師古曰姓生也孝子曰子姓左傳 ○倩 七正切假借
昭四年問其姓對曰余子長矣又孫謂之姓詩振振公姓 使人方言東
齊之閒壻謂之倩郭璞曰言可假借也唐陸贄備邊六 清 寒也冷也亦作清俗作
步疏姑息如倩人又霰韻俗作倩監本从月誤 今正 清从月誤 今正
清 莊子爨無欲清之人陸德明曰字宜从 艶 艶艶精黑色 婧 廣韻婧
冫今从氵者假借也又見下夕清韻 又見下 重增 正皃又
女正潔又 ○淨 疾正切潔淨無垢亦 清 詩采蘋注潔清陸德明曰清如
靜韻 重增 作清又士耕切魯池名 字又音淨周禮庭氏注令國中
絜清如庭 靜 寂也定也和也息也澹也澄也揚雄解謿爰 靖 安也又安之
音淨 增入 清爰靜顏師古曰合韻才性反又靜韻 重增 也又謀也又
靜韻如尚書嘉靖自靖左傳安靖之類當遙押 穽 陷也坑也亦 阱 又靜韻
靖與靜義不同者如清靜安靖亦可重押 重增 作阱又靜韻 增入
請 謁也漢律春曰朝秋曰請如古諸侯朝聘也吳王濞使人爲秋請又朝 靚
請漢官名張禹首爲之又延也又請靜二韻俗作請監本从月誤 今正
粧飾也明也粉白黛黑謂之靚粧又靚古奉朝請亦作 艶 韓愈東都遇春詩
此字義不同者分押又靜韻俗作靚監本从月誤 今正 桃李晨粧艶本亦
作靚 ○聖 式正切睿也通也孟子大而化 ○正 之盛切中正正者無邪也君
重增 之之謂聖从壬壬音珽正也 也長也定也平也是也正直
曰正又當也又歲之首月曰正月四月正陽亦曰正月又清韻歲首正月本去聲秦
始皇名政改從平聲董仲舒策正次王王次春顏師古音去聲凡正朔三正之類平

去二聲皆可通用

政 正也以正理立典常法則也政事所行曰事孟子發於其政害於其事又大曰政小曰事論語其事也如有政雖不吾以吾其與聞之又以法正民曰政以道誨人曰教又清韻【今圈】 証 諫也 ○盛 時正切茂也多也大也長也又姓又受物也東方朔傳壺者所以盛也叶韻去聲又清韻

晟 明也熾也器也唐將李晟本朝樂名曰大晟【增入】 ○遉 丑正切邏候也廉視也探伺也亦作偵又清韻【今圈】

偵 同上又問也游偵謂之細作傳謂之諜爾雅曰閒俔也東觀記使先登偵之又側迸切又清韻又陟盈切係　廟諱嫌名合當迴避其餘照式許用 ○鄭 直正切國名又姓又鄭重頻煩也

呈 自媒衒見廣韻又清韻【重增】 ○精 子姓切廣韻强也又清韻 ○詺 彌正切辨別物名唐于志寧傳昔陶洪景以神農經合雜家別錄注詺目廣韻詺目或單作名【重增】

名 又清韻【增入】 ○令 力正切命令律也法也善也告也長也又偃清青三韻

零 廣韻零落又先青二韻【重增】

【獨用】四十六○徑 吉定切步道周禮遂上有徑又直也亦作逕經俓 逕 同上又至也過也近也又逕庭激過也

經 禮記月令審端經術又織也又經緯韓愈東都遇春詩渚牙相緯經又縊也荀子救經而引其足禮記檀弓注雉經亦有兩音又青韻 俓 直也堅也通作徑

○罄 苦定切器空也 磬 樂之石也亦有用玉者書曰戛擊鳴球漢郊祀歌璆磬金鼓又齊人相紾訐爲詰忤磬北海人以激事爲掉磬

[illegible] 足一

行亦作鑋又清韻 鑋 左傳鑋而乘於他車以歸杜預曰鑋一足也陸音去聲又金聲又清韻 增入 ○ 脛 胡定切腳脛亦作踁又迴韻

踁 又迴韻 今圈 ○ 瑩 烏定切王色一曰石次王一曰潔也逸論語如王之瑩又清迴二韻 濙 汀濙水澄韓愈詩曲江汀濙水平盃又汀

濙不遂志皃廣韻濙小水 鎣 器也磨也飾也亦作㽀又音瑩 今圈 ○ 暝 莫定切夕也晦也亦作冥又青韻 冥 又青迴錫三韻

今圈 瞑 閉目又先青迴霰四韻 ○ 醒 新佞切醉寤又青迴二韻 腥 息肉又青韻 ○ 矴 丁定切碇舟石 釘

以釘釘物又青韻 訂 平議又迴韻 新制 許二韻通用 元祐 定 營室星詩定之方中又額也詩麟之定禮義定詔於堂爾雅䪫斸謂之定徒徑

切安也 顁 題也詩作定定與顁義異者分押 飣 簇肴核唐書飣坐梨 增入 ○ 聽 他定切聆也謀也待也從也又青韻耳下从壬

壬音挺俗从七或作聽非聽音忐聲聽欲臥皃 今正 庭 逕庭隔遠皃莊子大有逕庭陸音勑定反蓋吳人呼勑為剔與他定切同李氏云逕庭謂激過

也又青韻 重增 侹 廣韻侹侹直也代也敬也韓愈荅張籍詩石梁平侹侹又迴韻 重增 汀 汀濙又青韻 重增 ○ 定 徒徑切寔

也靜也止也擬也決也奠也亦作奠 奠 周禮奠繫世又青霰二韻 增入 廷 朝位又青韻 新制 許二韻通用 元祐 霆 疾雷詩如雷如

霆說文靁餘聲又青迴二韻 增入 ○ 甯 乃定切邑名又姓又願詞又青韻下从用俗作甯監本从冉誤 今正 寧 願詞又反詞晉書寧馨皃

謂如何生此兒也又青韻〔增入〕佞巧諂捷給一曰才也故不才曰不佞从仁从女亦作㑋 濘泥淖又迥韻

〔通用〕與嶝通

四十七○證諸應切驗也候也質也監本从登誤〔今正〕 烝鬱熱亦作蒸易小過注烝而爲雨音章勝反晉天文志夏至南天氣至故烝熱也又蒸韻〔增入〕 蒸列子注温蒸同乎炎火音去聲又諸仍切麻幹〔增入〕○勝詩證切勝負之對克也優過之也漢書注幡勝婦人首飾又戴勝鳥名又蒸韻从作勝監本从月誤〔今正〕○稱昌孕切權衡荀子建國家之權稱亦作秤又六單複具曰稱左傳祭服五稱又副也扎光傳無以報稱又名稱凡名號謂之稱孟子題辭子者男子之通稱又愜也是也又度也量物所宜也易稱物平施又適物之宜易巽稱而隱又相等也唐元載傳佗物稱是又蒸韻 秤陸贄論替李楚琳狀衡者秤也權者錘也唐文粹縣令箴如秤之平姚崇有執秤箴又小爾雅斤十謂之衡衡有半謂之秤〔增入〕

○乘石證切車乘又四數曰乘乘馬乘鴈乘矢乘韋又晉之史記曰乘趙岐曰興於田賦乘馬之事因以爲名〔晁曰〕乘者載也取載事爲名也又田制四丘曰乘六十四井也周禮作甸又漢崔乘字叔乘數四叔在伯仲之下數居三名字相配當音去聲又蒸韻古作椉臣案車乘之乘去聲乘駕之乘平聲惟三都賦輕脫躧於千乘音承恨賦喪金輿與玉乘亦作平聲用注乘玉輅也此蓋協韻據此則車乘之乘亦可作平聲用 甸周禮四丘爲甸又先霰二韻詩維禹甸之毛音佃鄭音乘〔增入〕椉漢地理志泰山郡椉丘縣師古曰春秋莊十年公敗宋師于椉丘即此是也今春秋作乘丘〔重增〕剩宂長也益也餘也亦作賸

賸 唐書殘膏賸馥又多也从月音舟俗作賸監本从月誤【今正】
嵊 山名在剡縣江文通詩人行嶀嵊外嶀音呼【增入】
○甑 子孕切甗也考工記甑實二鬴注量六斗四升曰鬴譙周古史考曰黃帝始作甑
○凭 皮孕切依几又蒸韻
○瞪 澄應切直視又庚蒸二韻从登誤【今正】
○孕 以證切懷妊亦作繩
繩 周禮𩋮氏秋繩而芟之注合實曰繩芟其繩則實不成又蒸韻【增入】
鱦 小魚名家語罩父漁者曰魚之小者名鱦吾大夫欲長之【重增】
媵 送也廣韻送女從嫁詩江有汜釋文古者諸侯娶夫人則同姓二國媵之詩序因謂從嫁之女爲媵从月誤【今正】
○興 許應切比興周禮注比者比方於物興者託事於物也又興況意思也又悅也亦作嬹又蒸震二韻
嬹 悅也又蒸韻【增入】
○應 於證切物相應又當也又小鞞曰應鼓天子之門曰應門又蒸韻
譍 以言對也又蒸韻【增入】
○凝 牛孕切水堅又蒸韻
○凌 力證切冰也周禮有凌人豳風三之日納于凌陰有平去二音又蒸韻
○冰 必證切冷凅唐韋思謙傳涕泗冰須謂涕著須而凝也音柄又蒸韻【增入】

四十八

○嶝 丁鄧切小坂又登陟之道亦作磴隥監本从登誤【今正】
磴 同上又巖也从登誤【今正】
隥 同上又梯也从登誤【今正】
墱 氷分派魏都賦墱流十二同源異口注天井偃在鄴城西南分爲十二墱【重增】
鐙 馬鞍踏又豆下跗禮記祭統執鐙又登韻从登誤【今正】
橙 几屬字林作凳又庚韻【增入】
凳【增入】
○鄧 唐亙切國名今爲州又姓从登誤【今正】
蹬 蹭蹬失道从登誤【今正】

縢 橐可帶者又登韻从月誤【今正】○堋 蒲鄧切射埒又䧺江水灌溉曰堋又登韻 塴 葬下棺左傳昭十二年毀之則朝而塴詩傳作傰【增入】○懵 毋亘切不明又悶也亦作懜瞢又東董送三韻上从艹監本从廾誤【今正】 懜 又東送二韻从廾誤【今正】 瞢 同上 又日月瞢瞢無光之兆又悶也左傳不與於會亦無瞢焉又東登送三韻从廾誤【今正】○贈 昨亘切送遺也玩也好也亦作承監本从曾誤【今正】 承 禮記承含又蒸韻【增入】○亙 居鄧切延袤也極也通也遍也亦作栖中从舟今作冋與亘字不同監本作亘誤【今正】 栖 从亘誤【今正】 絚 急張也盡也又登韻从亘誤【今正】 堩 路道从亘誤【今正】 恆 徧也詩恆之秬秠音古鄧反又弦也詩如月之恆猶月上而弦就盈又常也考工記弓人恆由此作㮓去聲又胡登切卦名水名係廟諱合當迴避其餘照式許用【增入】○稜 魯鄧切杜甫詩塹抵公畦稜注京師農人指田遠近多云幾稜又登韻【增入】○增 子鄧切益也廣韻剩也又登韻【增入】

【通用】與候幼通

四十九○宥 爰救切寬也 又 更也佑也古爲右手字 有 同上考工記弓人有三均陸音又苟子夫子有奚對焉亦音又又有韻【重增】 右 左右相助也後加亻爲佑書左右有民左右厥辟宅師左右先王易以左右民詩右序保右右饗之類是也凡言左右之者謂於其左右而扶助之也古亦作又後加口轉爲右又與侑同周禮大祝享右祭祀四字義異音外押又有韻 佑 祐 神助易祐者助也

侑耦也配也勸食也爾雅酬酢有報也廣韻作酭 酭韓愈南山詩惟用賛報酭增入 囿說文苑有垣一曰禽獸有囿又屋韻 ○齅

許救切以鼻擨氣亦作嗅臭 嗅 臭荀子臭之而無嗛於鼻又曰三臭之不食也注謂歆其氣又見下增入 嘼犍也獸可畜者亦作

畜六嘼牛馬羊犬豕雞也養之曰嘼用之曰牲又尺救切上从吅象形俗作嘼 畜周禮六畜禮記四靈以為畜又丑救切申明在屋韻內 ○齅

丘救切熬米麥又有韻 救居又切振也拯也止也護也爾雅絇謂之救郭璞曰救絲以為絇或曰亦胃名亦作捄詸捄 𢼸增入 詸同上文字

音義曰止也禁也助也 捄董仲舒傳捄谿扶衰又虞尤幽三韻今圈 究窮也深也推尋也盡也詩自我人究究郭璞曰相憎惡也 疚久疾

一曰病也 廏馬舍亦作廐 廐論語廐焚增入 灸灼體療病又有韻今圈 ○舊巨救切對新之稱久也昔也老宿也又有

韻从𦫳从隹从𦥑曰之曰俗作舊監本从卄誤今正而圈 匶尸在棺亦作柩从廾誤今正 柩 ○狖余救切獸似猨卬鼻長尾舊云鼠屬誤今

正 貁揚雄反離騷蝯貁擬而不敢下重增 蜼獸似猴鼻句上尾長四五尺有岐雨則自挂於木以尾窒鼻又旨至二韻 褎服飾

盛皃詩褎如充耳漢書褎然為舉首亦作襃又宥韻今圈 襃班固述康衡傳樂安襃襃注襃襃盛皃又宥韻增入 柚似橙而酢亦作櫾說文櫾

也又屋韻 櫾列子吳楚之國有大木焉其名為櫾實丹而味酸食其皮汁已憤厥之疾釋文音柚引山海經荊山多橘柚重增 槱積柴燎以

祭天亦作楢又尤有二韻 楢 又二韻[增] ⿰鼠穴 鼠屬善旋[增] 鼬 野鼠善登木韓愈南山詩鯈閃雜鼯鼬[重增] 猶 獸名
如麂善登木多疑慮又尤韻[增] ○ 副 敷救切貳也佐也稱也后夫人首飾也又屋職二韻 覆 蓋也扶富切伏兵又屋韻 仆
頓也又遇德二韻 ○ 富 方副切備也豐於財也又姓亦作富史漢富於春秋謂年幼齒歷方久 富 荀子字畐錯傳人情莫不欲富[增] 輻
輪輻廣韻輻湊競聚又屋韻考工記輪輻無音合通押[重增] ○ 復 扶富切又也重也詩復會諸侯於東都天下喜於王化復行武王復受天命之類是
也又屋韻 覆 伏兵 伏 禽抱卵又屋德二韻 ○ 秀 息救切出也榮也茂也美也楚辭采三秀於山閒王逸曰芝草也文選煌煌靈
芝一年三秀漢吳公聞賈誼秀才召置門下秀才之名起於此光武名秀改秀才爲茂才又草木之華曰秀詩出其東門箋荼茅秀謂茅花也論語秀而不實謂華而不實
也 琇 石次玉又有韻 繡 五采刺文又畫也考工記五采備謂之繡又宵韻[今圖] 宿 列星又止息也吳都賦窮飛走之棲宿協
韻音秀又屋韻古作𡨦 ○ 僦 即就切賃也漢書注顧也 ○ 岫 似救切山有穴曰岫 袖 衣袂亦作褎褏 褏 又見前[今圖]
褎 說文袂也禮記狐青裘豹褎麑裘青豻褎漢楊惲傳奮褎低卬[增] ○ 就 疾僦切成也從也即也久也終也而也 鷲 鳥黑
色亦作鷲陸機云鵰鳩目上骨露幽州謂之鷲 鷲 ○ 狩 舒救切冬獵杜預曰狩圍守也冬物畢成獲則取之無所擇也又天子適諸侯曰巡狩亦

作守又有韻[今圖]守所守也守之也爲之守也天子巡諸侯所守曰巡守諸侯爲天子守亦曰守今之太守是也又有韻獸飛曰禽走曰獸

首有咎自陳又頭向也禮記北首丘首論語東首莊子南首而臥又有韻收獲多又斂之也易井收勿幕又尤韻○臭尺救切氣之摠名易巽爲臭其臭如蘭禮記臭陰臭陽之類對香而言則爲惡氣海濱逐臭之夫之類是也又見上亦作殠[今圖]○祝職救切說文祭主贊

詞又詞也亦作詶呪又遇屋二韻詶又尤韻當作詶[今圖]呪○授承呪切付也又有韻綬組綬說文綵衣也又有韻

壽老年又有韻[新制]許二韻通押[元祐]售賣物去手也又償也詩箋物貴則其售賈貴亦作讎又尤韻讎漢志收不讎揚子欲讎僞者必假真詩無言不讎有兩音又尤韻[增入]謏口授唐盧從史傳得其密號謏諸軍廣韻作嗖[重增]○輮如又切車輞又有韻

蹂踐也又尤有二韻揉調順詩揉此萬邦又尤韻鞣廣韻熟皮韓愈曹成王碑大鞣長平又尤韻[重增]糅雜也雪賦紛糅又雜飯又女救切又有韻[今圖]○肉而救切肥也禮記寬裕肉好之音又尤屋二韻[增入]○不俯救切不可也弗然也又虞尤有勿四韻[晃謹案]然不字平上去入四音同訓如經史中字無音者合通用[增入]○瘦所救切臞瘠本作瘦詩箋作膄○簉初救切倅也左傳僖子使平薳氏之簉又齊飛順疾也唐書簉羽鵷鷺簉同上又草根也○縐側救切蹙也詩蒙彼縐絺又縮也皺面皺又眉攢[增入]

甃井甓莊子缺甃之涯又結砌易井甃无咎○騶鉏救切馬疾行又奔走亦作騶 騶曲禮車驅而騶荀子騶中韶濩皆有兩音又虞尤二韻【重增】

○晝陟救切日中也 咮鳥喙亦作噣啄喙又虞尤遇三韻【今圖】 噣同上又星名詩小星注三心五噣爾雅噣謂之柳

啄東方朔傳鶴俛啄也又覺韻【增入】 喙易說卦爲黔喙之屬音如字又音晝又祭廢二韻【重增】 注考工記以注鳴者又音鬭

又遇韻【增入】○胄直又切裔也又國名亦作伷 伷 胄兜鍪亦作䩜下从同月音冒與胄子之胄不同經典多混傳寫訛也或作冑恐混也

䩜荀子䩜帶劒【增入】 宙舟輿所極覆也莊子音義云往古來今曰宙 籀篆籀說文讀書也又史籀周宣王太史作大篆本作籒凡从留者皆

然 繇占辭佩觿集曰繇與䌛䌛不同繇从䍃从卜从系顏師古曰古字本作籒籒書也左傳而下作繇元有圈【今正】 紬緒也又綴集也司馬遷傳

紬石室金鐀之書又尤韻 酎三重釀酒杜預曰酒之新熟重者爲酎三輔黃圖云正月旦作八月成○溜力救切水溜亦作霤 霤同上枚乘

傳泰山之霤穿石又屋水流又中霤中宮之神古者室有復穴皆開其上以取明雨則霤之後因名室之中庭爲中霤以其居中故爲土神杜預曰土正曰句龍在家則

主中霤在野則爲社 廇中庭又宗廇梁也 窌地名左傳予之石窌與囷窌字不同俗混作窌【今正】 餾爾雅饙餾飪也孫炎曰蒸之曰饙均

之曰餾郭璞曰饙熟曰餾 留宿留躊躇佇待貌又濡滯也又伺便也莊子執彈而留之又尤韻 遛逗遛不進貌又尤韻【增入】 塯廣韻

瓦飯器堯舜飯土增增入

鷚雉子吳都賦翳薈無鷹鷚重增

飂高風又風聲又國名左傳昔有飂叔安又蕭尤二韻重增

漻清貌又尤韻重增

瀏又尤有二韻重增

翏高飛皃又蕭韻重增

勠廣韻併力也又蕭尤屋三韻重增

戮又三韻重增

○狃女救切習也就也又有韻

五十○候胡茂切斥候也氣候也伺也待也證候也

后君也天子之妃也又與厚同又厚韻元祐新制許二韻通押

詬賈誼傳集詬亡節師古曰无志分也又見下又厚韻又古候切係　廟諱嫌名合當迴避其餘照式許用重增

逅邂逅不期而會也詩邂逅相遇又古候切係　廟諱嫌名合當迴避其餘照式許用今圖

郈魯邑名又厚韻今圖

鍭矢鏃又侯韻

後此後於人不敢先而後之先此而後彼之後也如論語顏淵後老子自後者人先之左傳魯以周班後鄭易後天而奉天時孟子後其君後長者漢董仲舒傳先詐力後仁義晉侯湛傳先後王室之類是也詩予曰有先後注相導前後爲先後又方言娣姒曰先後又厚韻

厚厚薄又重也廣也古作垕又厚韻增入

堠封堠韓愈有路旁堠詩增入

○吼許候切厚怒也又聲也又厚韻

詬恥也又詈也亦作詢又巧言也又古候切係　廟諱嫌名合當迴避其餘照式許用重增

詢左傳襄十七年重丘人閉門而詢之杜預曰詢罵也又恥也昭二十年余不忍其詢崔駰達旨辭數冒詢以干進又古候切係　廟諱嫌名合當迴避其餘照式許用

蔻 豆蔻 鱟 海中介蟲文選注形如惠文冠 增入 怐 廣韻短䫖皃亦作佝又丘候切愚皃又古候切係 廟諱嫌名合當迴避其餘照式許用 增入

○寇 丘候切仇也賊也鈔也暴也又姓方言凡物盛多謂之寇郭璞曰今江東有小凫其多無數俗謂之寇 扣 擊也亦作叩又厚韻

叩 論語以杖叩其脛音口又音扣又問也亦作訽又厚韻 重增 訽 又厚韻 重增 鷇 鳥子欲出者莊子其以爲異於鷇音韋昭注東方朔傳哺而活者爲鷇生自啄曰雛杜甫朝享太廟賦曰聖〻以百年爲鶉鷇字當作鷇亦作鷇鷇 重增

○漚 於候切久漬考工記亦作渥音同又候韻 渥 又覺韻 增入

○戊 莫候切十幹名漢志豐茂於戊爾雅歲在戊曰著雍月在戊曰厲戊在中極鉤陳之位兵衛之象故从戈从左戾戊土寄位於戊故加一則爲戌字

茂 草豐盛皃爾雅勉也左傳茂哉茂哉又厚韻 今圈 楙 木盛又治盛鼂鼂錯傳夏以長楙又木瓜也 懋 美也勉也亦作茂楙義異者可分押

袤 延亘東西曰廣南北曰袤 瞀 目不明又瞀瞀無識也又候韻 霿 區霿無識通作瞀亦作愗又天氣下地不應亦作雺又東送二韻 今圈

愗 雺 天氣下〻地不應〻又東侯宋三韻 增入 貿 市易書作楙又檀弓貿貿然來注貿貿目不明皃與瞀同本从卯監本作貿誤 今正

姆 女師又姥韻 ○漱 先奏切漱滌又盥漱虛口也又候韻王篇亦作涑 涑 又候屋燭三韻 重增

謏 廣韻謏謏怒言又篠屋二韻 重增 嗾 使犬聲左傳嗾夫獒又音湊又厚韻 嗽 欬嗽周禮嗽上氣疾又音朔嗆嗡也 增入

鎪鐵蝕又侯韻增入○湊千候切水會也聚也又趣也漢成帝帥羣臣橫大河湊汾陰亦作奏奏又見下今圈輳輻聚共轂通作湊腠膚理楱相如賦黃甘橙楱張揖曰楱如橘出武陵張景陽七命漢臯之楱增入蔟太蔟律名漢律歷志作族蔟湊也又屋韻族同上又見下又屋韻今圈○奏則候切進上也書敷同日奏罔功注曰進於無功又節奏音樂作止高下緩急之度亦作族族漢嚴安傳調五聲使有節族重增走疾趨之也孟子獸之走壙董仲舒傳如水之走下項籍傳漢軍皆南走山高紀走水上軍又驟而走之也漢書走音奏史走狗走銖之類是也又厚韻○鬭丁候切競也爭也值也又姓亦作鬪說文从門从斲兩士相對兵仗在後象鬭之形經史多訛从門故廣韻注云凡从門者今與門戶字同字法當从門今正鬪鬪同俗作閗今正狵龍尾星又謂之狵張衡東京賦日月會於龍狵从豕从尨監本从豖誤今正○透他候切通也徹也過也跳也○豆大透切菽也祭器又四升曰豆又厚韻今圈脰項也逗止也住也軍法行而逗留畏懦者斬名曰逗橈漢書音義曲行避敵曰逗又物相投合也亦作投杜甫詩遠逗錦江波餖韓愈南山詩肴核分飣餖重增酘重釀酒竇鑿垣為孔亦作窬竇左傳篳門圭竇又屋韻俗作𥨊从穴从賣賣音育監本从賣誤今正今圈窬又虞侯二韻今圈瀆同上左傳襄三十年伯有自墓門之瀆入又地名左傳執公子牙于句瀆之丘又屋韻重增讀句讀凡經書成文語絕處謂之句語未絕而點分之以便

誦詠謂之讀今祕省校書式凡句絶則點於字之旁讀分則點於字中間是也亦作投又屋韻【增入】

投 文選馬融長笛賦察度於句投注說文逗止也與逗同又物相逗合也唐盧潘薺合肥文西投于淮音去聲又侯韻【重增】

○漏 郎豆切滲漏又爾雅西北隅謂之屋漏荀子易忌曰漏說文漏以銅受水刻節晝夜百刻亦取漏下之義又敗也廣韻禹耳三漏亦作屚又侯韻【今圖】

屚 說文屋穿屚下从雨在尸下尸屋也漢地理志益州郡有句屚縣師古曰屚與漏同杜甫詩作句漏【今增】

陋 陿狹又鄙惡也荀子少見曰陋从𨸏从匚从丙匚音傒藏也今作陋監本从㔶誤【今正】

鏤 剛刻又禹貢鏤鏤孔安國曰剛鐵曰鏤又虞韻

僂 僂傴短醜又虞麌遇三韻【重增】

○耨 乃豆切薅器形如鋤柄長三尺刃廣二寸以刺地除草亦作鎒又耘也孟子深耕易耨

鎒 莊子銚鎒於是乎始脩【重增】

○偶 五豆切適然也廣韻不期也又厚韻【增入】

五十一 ○幼 伊謬切小也穉也又音要幼眇精微也【今圖】

○謬 靡幼切詐也誤也差也欺也妄言也

繆 戾也紕繆繒疏又姓又尤幽篠屋四韻

【獨用】五十二 ○沁 七鴆切水名

○浸 子鴆切漬也漸也涵也沈也澤之總名也又漸進也易剛浸而長揚子浸以先大亦作寖寖齋湛

寖 漢書寖明寖昌【增入】

寖 王吉傳恩愛寖薄又水名通作浸

濅 張安世爲大司馬濅恐懼古曰濅益也【增入】

湛 漬也內則湛諸美酒又見下又侵覃鹽陷豏五韻[重增] 祲 精氣感祥又日旁氣顏師古曰祲謂陰陽氣相浸漸以成災祥也李奇曰祲氣也言天人精氣相動也又侵韻 ○ 枕 職任切以首据物語曲肱而枕之又寑韻 針 縫器亦作鍼箴見廣韻又侵韻[重增] 鍼 又侵鹽二韻[重增] 箴 同上又戒也又侵韻[重增] ○ 甚 時鴆切劇過也尤也深也又寑韻[元註新增]許二韻通押 ○ 妊 汝鴆切孕也亦作任又侵韻 任 同上應劭注鄒陽傳紂刳任者觀其胎產又用也又所負者論語任以為己任又侵韻从千誤[今正] 衽 衣襟又寑韻从千誤[今正] 紝 機縷亦作絍[亻壬糸]又侵韻从千誤[今正而圖] 絍 又寑韻[增入] [亻壬糸] 又侵韻[增入] 鵀 戴勝鳥又侵韻从千誤[今正] ○ 滲 所禁切漉也又侵韻[今圖] 罧 積柴水中以取魚亦作槮又侵寑感三韻 槮 又三韻[今圖] ○ 讖 楚禁切符讖 ○ 譖 側禁切譖毀也又[木桼]韻 僭 詩傳數也又儗也差也侵也又侵韻 ○ 揕 知鴆切擬擊也史記匕首揕之 ○ 闖 丑禁切馬出門皃公羊傳開之則闖然何休曰闖出頭皃或作覘韓愈同宿聯句儒門雖大啓奸首不敢闖皆以窺覘為義 深 深淺之度曰深周禮地官以土圭測土深注不知廣深故曰測釋文土深廣深並音又鴆反[重增] ○ 臨 力禁切喪哭論語臨喪不哀禮記臨喪則必有哀色周禮王弔臨注以尊適卑曰臨又偏向也又侵韻[增入] ○ 紟 巨禁切單被禮記絞紟又衣系亦作衿又侵韻[增入] 衿 又侵韻[增入]

襟 衣帶通作紟衿又侵韻 增入 ○鴆 直禁切毒鳥 酖 酒有鴆毒左傳宴安酖毒 增入 湛 投物水中亦作沈沉内則湛諸美酒有兩音雖同韻而義異故雙收之 重增 沈 又持林切溺也寢也又覃寢三韻 重增 沉 又侵韻 重增 ○賃 女禁切借也傭也从千誤 合正 ○禁 居蔭切制也戒也謹也止也天子所居曰禁蔡邕曰漢制天子所居門閤有禁非侍御之臣不得妄入行道豹尾中亦為禁中避元后父名改曰省中又侵韻 僸 北夷樂 ○噤 巨禁切寒厥口閉亦作唫又寑韻 䑤 同上韓愈同宿聯句巧舌千皆䑤又廣韻牛舌下病 重增 澿 廣韻寒禁又寑韻 重增 ○蔭 於禁切庇也亦作廕陰又陰景曰蔭左傳趙孟視蔭唐書桑蔭不徙而大功立說文草陰地也荀子木成蔭而衆鳥息焉木作蔭凡从陰者皆然 廕 左傳木根無所庇廕 陰 詩旣之陰女桑柔箋庇陰禮記陰為野土又侵韻 增入 音 左傳鹿死不擇音杜預曰音所休蔭之處古字借用又侵韻 增入 喑 泣不止又聚氣貌莊子喑醷物也又聲也韓愈同宿聯句白鶴叫相喑謂鳴相應也又侵覃感三韻 重增 飲 以飲飲之也又寑韻 ○深 式禁切度深曰深 諗 謀也告也相思念也又寑韻 ○吟 空禁切廣韻長詠韓愈同宿聯句白鶴相叫吟音去聲又侵寑二韻 重增 [illegible]

與闞通 通用

五十三 ○勘 苦紺切挍也鞠囚也 轗 轗軻坎壈也又感韻 增入 ○紺 古暗切深青赤色

灨 水名在豫章南康章貢二水合流亦作贛贑涂又感送二韻 贛 又二韻 增入 贑 又二韻 增入 涂 又覃韻 今

圈

○憾 胡紺切恨也亦作感又感韻 感 左傳唯蔡於感又感韻 琀 送死含玉本作含 含 周禮典瑞共含玉注含玉柱左右頭及在口中者禮記含者執璧將命則是其制璧形而小耳又曰飯用米貝謂貝形如米者莊子無傷口中珠則亦用珠春秋傳口實曰含晉皇甫謐傳作唅又哺也與唅同莊子含哺而遊又覃韻 今圈 唅 皇甫謐傳殯唅之物又哺也漢書唅菽飲水亦作含 ○暗 烏紺切日無光又默也深也不明也亦作闇晴 闇 同上又閉門又感韻 今圈 晻 又感韻 今圈 菴 文選三都賦茂八區而菴藹焉菴藹猶翳薈也又覃感二韻 重增

○參 七紺切曲名又參鼓亦作摻又侵覃談感四韻 摻 後漢禰衡摻撾又鹽感謙三韻 增入 儳 參雜禮記毋儳言有兩音又咸陷闞三韻 重增 ○探 他紺切嘗也試也取也伺也索也亦作撢又覃韻 元祐新制許二韻通押 撢 又侵覃二韻 今圈 黮 不明皃莊子人固受其黮闇又咸寢二韻 重增

五十四 ○闞 苦濫切闞也又邑名又姓又敢謙鑑二韻 瞰 視也漢書注俯視曰瞰 ○暫 昨濫切不久亦作蹔

蹔 儳 可輕賤皃禮記儳焉如不終日有兩音 重增 ○三 息暫切三之也論語三省三思三復禮記朝於王季日三易再三瀆左傳

三敢皆有平去二音又覃談二韻[增入]○擔都濫切負何也又所負者亦作儋檐又小嬰揚子吾見擔石矣亦作甔又談韻儋漢書絫千

儋注一儋兩嬰又小甖漢書無儋石之儲又談韻[增入]檐史記虞卿傳躡蹻檐簦又小甖後漢明帝紀生者無檐石之儲又談盬二韻[增入]甔

甔石小甖亦作擔儋檐四字義異者合分押又談韻○憺徒濫切安也亦作倓又動也李廣傳威稜憺乎鄰國又敢韻惔莊子恬惔無爲

又談盬敢三韻[今圈]啗食也亦作啖啗又敢韻啖又敢韻[今圈]噉韓愈荅張籍詩初味猶噉蔗又敢韻[重增]淡

薄味又敢琰二韻澹水貌又澹泊恬靜也又凝也安也揚雄傳海內澹然又敢鑑二韻○賧吐濫切蠻夷贖罪貨亦作倓倓

又談感敢三韻[今圈]○濫盧瞰切汎濫水延漫也淫也又蘢漿之屬內則醷濫注云濫以諸和水也紀莒之閒名諸爲濫釋文云乾桃乾梅皆曰諸又浴

器莊子同濫而浴又敢韻[今圈]纜可以維舟俗作纜監本从覽誤[今正]覽視也又敢韻漢韋孟詩會不斯覽師古曰合韻音濫[增入]

[通]與橋[用]釅通

五十五○豔以贍切方言美也宋衛晉鄭之閒曰豔又曰美色爲𧮰豔郭璞曰言光豔也左傳美而豔美謂好也豔謂精

彩動人也又光彩曰豔韓愈詩光豔萬丈長亦作艶又歆羨也亦作𧮰豔艶鹽同上禮記鹽諸利又以鹽淹物又鹽韻[增入]灩瀲灩

水滿皃亦作灩又琰韻灧又琰韻[增入]爓火光亦作焰燄炎焱揆又侵鹽二韻焰燄又琰韻[今圈]炎

漢五行志其氣炎以取之相如傳獲爓日月之末光絕炎又鹽韻 增入 燄 同上見廣韻唐李光弼傳虜兵燄銳與燄字不同又錫韻 重增 掞 漢郊祀歌長麗前掞光耀明晉灼曰掞卽光炎字又見下又琰韻 增入

○厭 於豔切足也數也亦作猒饜詩有厭其傑厭厭其苗毛傳苗厭然特美也箋厭厭衆齊等也又鹽琰葉狎四韻

猒 書萬年猒于乃德荀子好善無厭又鹽葉二韻 今增

饜 叔孫通傳通知上益饜之又飫也左傳厚饜而餧之孟子饜酒肉饜足並去聲唯賈山傳好善無饜漢章帝曰朕甚饜之無音鹽韻於鹽切飽足也孟子不奪不饜左傳貪惏無饜有平去二音 元祐新制 厭猒饜三字訓解不同今許於經傳中字釋文有明音卽依本音押如釋文中無明音者卽許於平側聲通使 晃曰 三字訓解不同謂厭厭數厭禳厭服厭厭之類當隨出處訓解音釋押用若訓飽足者平聲去聲三字並同固當通用其間有字同義同而釋音偶異如孟子不奪不饜有平去二音至饜酒肉饜足亦同此義乃獨音去聲於理未安故凡字同義同者皆合於平去二聲通押

○奄 於驗切精氣閉藏又鹽琰二韻

弇 鍾形中寬又覃琰二韻

○窆 陂驗切下棺禮記作封

封 又鍾用二韻 增入

砭 以石刺病亦作砭又鹽韻

砭 又鹽韻 增入

○塹 七豔切坑塹亦作壍

壍

槧 斲木爲槧削版牘也又鹽敢二韻

○閃 舒贍切闚頭門中又琰韻

掞 舒也選詩摛藻掞天庭 今增

苫 廣韻草覆屋又凶禮寢席草又鹽韻 重增

痁 熱瘧唐姚元崇傳崇病痁移告音式贍反又鹽韻 重增

○襜 昌豔切披衣亦作幨裧檢又韂蔽膝

也亦作韂又鹽韻 幨同上又鹽韻今圏 裧又鹽韻增入 襜又蚩占切蔽膝增入 韂韈也通作襜又鹽韻今圏

韂鞍小障泥亦作韂 ○ 占章豔切擅據也著位也固也又隱度其辭口以授人曰口占漢書隱度占來附本業曰自古帝紀流民自占又鹽韻

○ 贍時豔切賙也給也亦作澹 澹荀子物不能澹則必爭漢志更處幣以澹用又敢闞二韻增入 ○ 染而豔切汙也染之也廣韻作染又琰韻

○ 覘敕豔切闚視亦作沾又鹽韻 沾禮記斯沾謂畫視也又鹽韻增入 ○ 斂力驗切收也聚也又鹽琰二韻

瀲泛瀲水滿貌一曰水波又琰韻 獫長喙犬詩載獫猲驕又鹽琰二韻 蘞草名詩蘞蔓于野又鹽嚴琰三韻增入

五十六○㮇他念切炊竈木廣韻云火杖 忝辱也又忝韻 餂鉤取又添忝二韻增入 ○ 坫都念切屏也墇也所以亢物也反爵之坫也

墊下也又溺也書下民昏墊注昏瞀墊溺亦作阽又帖韻 阽同上又近邊欲墮貌漢文詔或阽於死亡又鹽韻今圏 玷玉病又缺也又忝韻

店崔豹古今注店置也所以置貨鬻物也杜甫詩野店引山泉增入 ○ 念奴玷切常思也从今从心俗作念

○ 歉詰念切食不滿又忝韻 傔傔從使屬唐封常清傳奏傔從三十人增入 ○ 僭子念切假

也儗也差也僭也又僭沁二韻俗作僣非僭音鐵

五十七○釅魚欠切酢漿又醲也驗从證也效也考两視也又馬名噞廣韻噞喁魚口韓愈喜侯喜至詩謳詠口喁噞又魏

都賦抗𦑣則噞秋霜又鹽琰二韻增入○黏尼欠切膠黏又稠也又鹽韻增入○脅虛欠切㤼也又業韻○欲丘驗切匡

下○劍居欠切兵器釋名劍檢也所以防檢非常兼弁也見廣韻又添韻增入○欠去劍切欠伸說文張口气悟也今借爲欠

少字○淹於劍切没也又鹽韻增入

適與鑑通用梵五十八○陷乎韽切地隤亦作錎錎字林猶陷字也莊子錎没而下重增臽小阱又感韻从側人

从杵臼之臼象人在坎中與臽字不同臽音由○韽於陷切下聲又覃韻○蘸莊陷切以物淬水中○湛丈陷切露貌又澄也餘見

沁韻增入○儳仕陷切儳互不齊貌一曰暫也又參雜餘見鬫韻

五十九鑑古陷切鏡所以照也又誡也昭也照也亦作監左傳光可以鑑又見下又銜韻今圈鑒詩我心匪鑒又誡也昭也

照也詩殷鑒不遠又方諸周禮鑒取明水增入監書厥監惟不遠詩監亦有光書人無於水監當於民監又領也視也周禮邦國立其監注監謂公侯伯子

男各監一國書三監王啓監王制天子使其大夫爲三監唐○甇胡監切瓮甄之屬亦作𦉜鑑

官有寺有監又牧苑曰監今鹽鐵官所治亦曰監又銜韻 濫

𦉜左傳襄九年備水器注盆罌之屬〔重增〕 鑑 周禮凌人春治鑑祭祀共冰鑑注鑑如甄大口以盛冰置食物于中以禦溫氣〔今圖〕

浴器莊子同濫而浴餘見闞韻〔重增〕 闞 聲也又敢瞰闞三韻 ○ 讒 士監切譖也又咸韻 鑱 廣韻鑱土具又咸韻〔增入〕 ○

㩜 所鑑切芟也禮記有㩜而播者又咸韻

六十 ○ 梵 扶泛切梵唄羌戎吟聲又東韻〔今圖〕 帆 舟幔通作艋颿韓愈除官赴闕詩無因帆江水洪興祖曰船使風也左傳宣十三年注拔旆投衡上使不帆風差輕謂旆之受風若帆之帆風也陸音凡劒反又凡韻 艋 又凡韻〔增入〕 颿 同上又馬步又凡韻

○ 泛 孚梵切浮也通作汎氾又腫乏二韻 汎 又東韻〔今圖〕 氾 同上陸機賦同朱絃之清氾又氾酒又水名又凡韻从巳誤〔今正〕

盜 柸也又凡韻从巳誤〔今正〕 渢 渢渢中庸之聲又東凡二韻

右去聲六十韻共增六百四十一字

圈四百三十八字正一百五十六字

重增四百四十三字

增修互註禮部韻略去聲第四卷終

增修互註禮部韻略入聲第五

衢州免解進士毛晃增註

男進士居正挍勘重增

一屋獨用　二沃與燭通

三燭　四覺獨用

五質與術櫛通　六術

七櫛　八勿與迄通

九迄　十月與沒通

十一沒　十二曷與末通

十三末　十四黠與鎋通

十五鎋　十六屑與薛通
十七薛　十八藥與鐸通
十九鐸　二十陌與麥昔通
二十一麥　二十二昔
二十三錫獨用　二十四職與德通
二十五德　二十六緝獨用
二十七合與盍通　二十八盍
二十九葉與帖業通　三十帖
三十一業　三十二洽與狎乏通
三十三狎　三十四乏

獨用

一○屋 烏谷切舍也具也止也周禮夫三爲屋又𠪚屋誅刑名亦作剭又黃屋車蓋漢高紀注天子車以黃繒爲蓋裏又夏屋大俎也 剭 刑誅也後鄭注周禮剭誅謂所殺不於市而以適甸師氏又覺韻今圖

○穀 古祿切百穀總名穀者實也善也續也生也左傳晉師三日館穀杜預曰館舍也食楚軍穀三日又祿也詩俾爾戩穀从㲉从禾从木誤今正

榖 楮木皮可爲紙晉書王羲之制窮萬榖之皮又姓榖梁氏从㲉从木又厚沃二韻又古候切係 廟諱嫌名合當迴避其餘照式許用案書桑榖共生陸音工木反論語不至於穀陸音公豆反孔安國注穀善也是與禾穀字同義朱氏曰穀祿也是與穀祿字同義蓋後人傳寫誤从木今既不敢改則當依書論語釋文作兩音准貢舉條從一音押用

轂 車轂輻所湊也漢馮唐傳王者跪而推轂又戎車左傳長轂三百又薦舉人謂之推轂鄭當時傳注薦舉人如車轂之運轉也又左傳宣四年汰輈以貫笠轂杜預曰兵車無蓋尊者則邊人執笠依轂而立以禦寒暑謂之笠轂从⿱𡉉車音同洛陽有轂里

谷 山谷又養也老子谷神不死又窮也詩進退維谷又姓又東風謂之谷風又燭韻古作𠔌俗作谷

○熇 呼木切炎氣熱也亦作歊又宵沃鐸三韻

歊 又宵笑沃鐸四韻增入

𧰲 犬屬似豹而小从㱿从豕監本从㱿誤今正

○縠 胡谷切細縛又縐紗

斛 十斗曰斛

觳 盛觵卮一曰射具考工記注觳受三斗後鄭曰豆實三而成觳則觳受斗二升又觳觫懼貌又覺韻今圖

槲 木名

螜 螻蛄別名

囿 苑有垣又宥韻增入

○卜 博木切灼龜曰卜象其兆形又姓

濮 水名在陳留

轐 車伏兔

樸 樕樸木叢

生皃又覺韻纀裳削幅郭璞曰深衣之裳廣韻亦作襆樸又燭韻增入○扑普卜切擊也亦作攴剝攴又杖也書扑作教刑讀夏
楚也漢志薄刑鞭扑禮記司徒搢扑亦作技抜撲同上書其猶可撲滅荀悅申鑒論桎梏鞭撲以加小人又荀子君馭撲馬注未調習之馬也又覺韻
今圖剝擊也詩八月剝棗又覺韻俗作剥增入墣塊也○僕步木切給事侍從者亦作僕又沃韻僕漢韋元成自稱
爲僕卑辭也又沃韻增入暴日乾又顯示也亦作㬥又號覺二韻瀑飛泉亦作瀑又號韻○木莫卜切五行三日木其性曲直其味
酸其數八說文木冒也冒地而生東方之行也又質也論語剛毅木訥近仁又木强不柔和皃析木次名又姓古作𣎳象形俗作木凡从木者皆然沐濯髮
霂霢霂小雨毣思貌一曰毛濕也漢鮑宣傳毣毣之思師古曰毣毣猶蒙蒙也如淳曰謹愿皃俗作毣鞪車歷録也詩五鞪梁輈又屋架五鞪
也鶩舒鳧俗謂之鴨可畜而不能高飛者曰鴨野生高飛者曰鶩一名鶩滕王閣序落霞與孤鶩齊飛蚞蜓蚞蟬屬○速蘇谷切疾
速又召也戚也趨也亦作遬數遬禮記見所尊者齊遬鄭康成曰謙慤貌遬猶蹙蹙也齊音咨荀子輕利剽遬漢宣紀匈奴呼遬累單于增入數
史記賈誼服賦淹數之度又遲數有命又虞遇燭覺四韻增入餗鼎實蔌菜茹總名詩其蔌維何又陋也詩蔌蔌方有穀又厚韻今圖樕
樸樕小木槲樕木名觫牛懼皃孟子不忍其觳觫涑水名出河東左傳成十三年伐我涑川又侯候燭三韻重增○蔟千木切聚

也攢也又候韻瘯疥瘯○鏃作木切矢鏑○族昨木切宗族聚也百家也周禮四閭爲族又候韻○秃他谷切說

文無髮也禾粟之形文字音義曰蒼頡出穡文作秃上从毛轉爲禾下从儿與人同監本從几誤〔今正〕⿰言禿訑⿰言禿狡也从几誤〔今正〕○牘徒谷

切書板从片从賣俗作牘監本从賣誤〔今正〕讀誦讀又候韻从賣誤〔今正〕〔血圖〕讟痛怨而謗从賣誤〔今正〕黷黑也垢也濁也黑也蒙也

又黝貌吳都賦林木爲之潤黷从賣誤〔今正〕犢牛子从賣誤〔今正〕殰胎敗从賣誤〔今正〕匵匱也亦作櫝从賣誤〔今正〕櫝从賣誤〔今〕

〔正〕瀆溝瀆爾雅水注澮曰瀆江河淮濟爲四瀆亦作竇又恩也易再三瀆又候韻从賣誤〔今正〕〔血圖〕賣周禮宗伯注四賣五嶽之匹又候韻

〔增入〕嬻廣韻媟嫚國語陳侯弃其伉儷妃嬪而淫於夏氏不亦嬻姓矣乎〔重增〕瓄玉器又圭名从賣誤〔今正〕韣弓衣又燭韻獨

單也孤也老而無子曰獨說文犬相得而鬬也羊爲羣犬爲獨○祿盧谷切穀也俸也善也錄也天祿獸名漢有天祿閣因獸立名也回祿火神左傳鄭禳火

于元冥回祿俗作禄漉滲也瀝也浚也淋也水下也亦作淥爾雅作盝相如書滲漉注滲漉謂潤澤下究也又竭也月令毋漉陂池又濾也茜也泲也陶潛

以巾漉酒亦作盝簏又撈也淥俗作淥又燭韻〔今圖〕盝同上又考工記沃而盝之又書匣俗作盝〔增入〕𥂝泲也詩伐木注以筐盝酒俗作

盝〔重增〕簏同上又說文竹高篋晉劉柳書簏〔增入〕琭玉名老子琭琭如玉注琭琭喻少俗作琭籙箭室俗作籙䍡罜䍡小罟

麓山足說文守山林吏穀梁傳林屬於山曰麓史記舜紀納于大麓麓録也使大録萬機之事孔書注同馬融鄭康成以爲主祭於大山之麓　碌多石貌俗作禄　鹿獸名　轆車棨方言維車趙魏之間謂之轣轆亦作歷録〔增入〕　録圖上采録録循常也史記平原君傳録録因人成事俗作録又御燭二韻〔增入〕　睩視皃宋玉九辯蛾眉曼睩目騰光俗作睩〔重增〕　甪獸角漢四皓甪里先生〔今增〕　○福方六切善也休也祐也備也百順之名也祥也从示从畐示音祈畐音服俗作福　腹腹肚說文厚也　複重也上下有道曰複道漢高紀作復道　復復除又反覆也易反復道也詩顧我復我漢書反復誦之並音覆又見下又宥韻　輹車軸縛易輿說輹又見下〔重增〕　副廣韻剖也判也裂也又職宥二韻〔重增〕　葍說文葍也詩言采其葍注葍惡菜也箋葍貫也仲春生可采草木疏幽州人謂之燕葍根正白可食　楅以木有所逼束也詩夏而楅衡注束牛角也又職韻〔今增〕　輻輪轑又宥韻〔今增〕　幅說文布帛廣也馬援傳修飾邊幅注言若布帛修飾其邊幅也又行縢詩邪幅在下又職韻　覆反也又宥韻俗作覆監本从西誤〔今正〕　蝮蟲名爾雅蝝蝮蜪又蝮蛇至毒　鍑說文釜而大口者漢匈奴傳多齎鬴鍑〔重增〕　○伏房六切跧也偃也匿也隱也藏也潛也强也又姓又三伏日釋名伏者金氣伏藏之日也金畏火故三伏皆庚日歷忌曰四氣代謝皆以相生至于立秋以金代火金畏于火故庚日必伏又蒲伏與匐同又宥德二韻从人从犬與伏字不同伏音大八地名在海中　虙虙犧氏以能馴虙犧牲亦作伏又姓虙子不齊亦作宓

又虎貌　宓　同上又人名三國有秦宓又質韻【重增】　服　衣服身所佩服也又事也行也習也用也整也屬也從也降服也絭又姓又冠
曰元服又盛弓弩器亦作箙鞴又鵩屬亦作鵩賈誼傳注楚人命鵩曰服晉灼曰異
物志有山鵩體有文色土俗因形名之曰服弓弩服之服又作菔詩象弭魚服漢志
麋弧箕服師古曰服盛箭者即今之步叉又車中央夾轅者曰兩服又五服蓋言服
天子之事也周分爲九服又扶服與匐同又德韻从舟从𠬝今作服从月誤【今正】
箙　俗作箙監本从月誤　鞴　俗作鞴又寘暮二韻【增入】　菔　周禮素服疏服鄭康成曰服當爲菔刀劍短兵之衣也又蘆菔菜名秦人
呼爲菈遝俗呼蘿蔔又德韻【增入】　匐　匍匐伏地貌詩匍匐救之箋云言盡力也有兩音又德韻【重增】　鞴　服駕牛馬也亦作服易服牛乘
馬史記鄭世家周襄王使伯鞴請滑左傳作伯服通作鞴又寘韻【重增】　鵩　鵩屬古作服从月誤【今正】　復　返也行故道也古作复又荅也反命也書
說復于王朕復子明辟周禮宰夫諸臣之復先鄭曰復請也後鄭曰報也反報於王
謂於朝廷奏事也又報仇曰復又白也孟子有復於王者又始死招魂復魄曰復
[illegible]　車笭飾古使者奉玉以此盛之　輹　車伏兔舊注云車下縛也廣韻一音服云車伏兔亦作
轐一音福云車下縛案易輿說輹陸音服又音福云車
下縛又引釋名云輹似人屐又云伏兔在軸上似之又云輹伏於軸
上尋此義則是音服者是伏兔音福者是車下縛舊注誤【[illegible]】　澓　水洄流亦作洑垘又
姓漢宣帝受詩於東海澓中翁　洑　垘　史記天官書川塞谿垘蘇林曰垘流也【重增】　馥　香氣芬馥　○哭　空谷切哀大聲曰哭細聲

有滿曰泣 ○目 莫六切眼也視也名號也又節目䈥目 苜 苜蓿草名可以爲菜漢志作目宿韓愈城南聯句蓟苜從大漢【增入】 睦 親也和也亦作穆

穆 趙岐注孟子君臣集穆音桑虞傳閨門邕穆方言西甌謂信曰穆又姓又順也美也清也穆穆和敬貌又昭穆又德韻【增入】 牧 守養六畜又使也察也司也食也治也爾雅郊外謂之牧古者州長謂之牧取守養之義 坶 地名武王與紂戰於坶野通作牧 繆 惡謚秦魯皆有繆公 左傳作穆又尤幽䈥幼四韻【增入】

○肅 息六切恭欽也斂也儆也禮記主人肅客而入注云進也 夙 早也古作氛今作夙 宿 止息也左傳一宿爲舍再宿爲信又安也守也左傳官宿其業漢書宿道嚮方又宥韻古作佰佰亦作宿 蓿 苜蓿一名光風宛馬所嗜生罽賓國亦作目宿

○蹙 子六切迫也近也急也縮也顣也亦作蹴蹴蹵又矉蹙愁貌亦作顣 蹙 左傳成十六年南國蹙杜預曰南國勢蹙【增入】 顣 孟子頻顣【增入】 蹴 蹋也踖也又不自安貌亦作蹵 蹵 孟子曾西蹵然不悅【增入】 踧 踧踖行而恭謹不自安貌亦作蹵又錫韻 剹 剹絕也截也亦作勠又小韻【增入】 勦 書天用勦絕其命又小韻【增入】 摵 廣韻到也又陌韻【增入】 縬 廣韻縮也又縬敹又音祝【增入】 蹙 同上唐張建封傳困蹙不支【增入】

○菽 式竹切大豆也亦作尗叔 尗 廣韻豆也又尗季古作尗後人加又及廾【增入】 叔 漢昭紀以叔粟當賦又叔季又拾也詩九月叔苴廣韻亦作𢱢 倏 倏忽犬走疾也亦作儵 儵 同上急疾也又青黑色

○俶 昌六切始也厚也作也動也又錫韻

今圖琡大璋八寸柷所以作樂狀如漆桶中有椎連底動之令左右擊漢志木曰柷○祝之六切祝爲主人饗神之辭禮記祝以孝告又
織也詩素絲祝之又斷也丁寧也又姓又遇宥二韻粥粥亦作鬻从弓象氣之形與弓字不同又見下今圖鬻又見下增入○孰
神六切說文食飪也成也練也禮記飯腥而苴孰三獻孰孰其殽莊子孰知其故矣又稔也相如賦盧橘夏孰又誰也莊子孰肯以物爲事又何也論語孰不可忍也俗
作孰後人於生孰字下加火以別之熟俗作孰孰與熟義異者分押塾門側之堂禮記家有塾古今注曰塾之爲言熟也臣來朝君至門外更詳熟所
應對之事三輔黃圖塾門外舍也俗作塾淑善也又清湛也又和也璹玉器○肉而六切肌肉又邊也爾雅肉好和如一謂之環偏旁作月
又尤宥二韻今圖○縮所六切收也斂也退也蹙也短也亂也不及也蔡澤傳進退盈縮又直也禮記古者冠縮縫孟子自反而縮又嗇也禮記縮酌用茅
左傳包茅不入王祭不供無以縮酒亦作莤又爾雅繩之謂之縮郭璞曰約束也詩縮版以載莤說文禮祭束茅加于祼圭而灌鬯酒是爲莤又榼上塞也又[illegible]
酒謂之莤涕蕭周禮甸師祭祀共蕭茅鄭司農曰蕭字或爲莤莤音所六反凡曰蕭字从肅諧聲自與莤同音本古莤字又蕭韻增入謖起也
禮記尸謖謏小也學記足以謏聞又篠候二韻增入蹜足迫也論語足蹜蹜如有循䎘鳥飛○矗初六切直也齊也聳上貌
相如賦崇山矗矗○竹張六切竹箭又姓竺天竺西域國名又姓本姓竹夷齊之後後加二畫又沃韻今圖筑似箏十三絃說文以

竹曲五弦之樂也爾雅拾也　築擣也　茿萹茿草名　○蓄敕六切積蓄聚也藏也亦作畜稸詩我有旨蓄箋云蓄聚美菜陶隱居云羊蹄菜曰

蓄今人呼為禿菜即是之蓄音之訛也詩作蓫　蓫詩言采其蓫注惡菜蓫蘈也陸音勑六反云本又作蓄又音丑馬尾草【增入】　畜與蓄同又

止也包也易大畜小畜卦名孟子苟為不畜又見下又宥韻【今圖】　慉痛也賈誼傳一二指慉師古曰慉謂動而痛也又見下【增入】　稸積稸通作

蓄史記平準書注計市物賤而豫益稸之也【重增】　滀結聚莊子忿滀之氣瀦也韓愈城南聯句呀靈滀亭陰【重增】　𧝉褫也一曰藏也左傳取我

衣冠而褚之注褚稸也【重增】　○逐直六切追也毆也從也疾也强也走也斥也放也逐逐篤實也一曰馳皃易其欲逐逐　柚機具方言作也

東齊土作謂之杼木作謂之柚又宥韻　軸車持輪者郎轂也又卷軸　舳船後持柂處方言船後曰舳制水者也漢武紀南巡舳艣千里　妯

妯娌又尤韻【增入】　踧跳躍古易羸豕孚蹢躅踧見釋文【重增】　六力竹切三兩六老陰數也又國名春秋文六年楚人滅六杜預曰今廬江六

縣項羽封英布為九江王都六　陸高平曰陸又高也厚也路也天有四陸四時日月所行之道也又姓又陸陸猶常也馮援傳東共陸陸注陸陸猶碌碌也

稑先種後熟曰稑詩作穋　穋詩黍稷重穋俗作穋【增入】　蓼草長大貌詩蓼蓼者莪又篠韻　戮刑也殺也病也辱也亦作僇又

并力也書與之戮力竇融傳同心戮力俗作戮　僇莊子為世大僇單傳僇及先人又癡行也【增入】　勠并力也左傳勠力一心亦作戮三字義異

者自可分押又蕭

尤宥三韻[今圈]

○朒 女六切縮也朒而月見東方曰朒漢五行志縮朒不任事

注縮朒不任事皃从日月之月从肉舊从月从内誤[今正]

衄 鼻出血又敗北也亦作衂

衂 从血从刅刅楚良切傷也[增入]

恧 慙也亦作忸方言山之東西自愧曰恧小爾雅心愧爲恧又職韻[今圈]

忸 又有韻[今圈]

○育 余六切養也亦作毓上从去音㐬骨切與云字不同

毓 同上又稚也从㐬㐬與去同音

昱 日光又日月明出也太元經日昱乎晝月昱乎夜

煜 燿也又火光也盛也又緝韻

粥 薫粥西戎名亦作鬻又鬻賣也

鬻 同上又詩傳稚子曰鬻子與毓同俗作鬻[今圈]

儥 賣買也古作賣周禮司市掌賣儥通作粥鬻从賣誤[今正]

賣 廣韻賣也重也長也動也說文衒也从土从囧从貝今作賣凡讀瀆等字从賣俗皆作賣[增入]

○畜 許六切養也亦作慉書犬馬非其土性不畜孟子俯足以畜妻子論語君賜生必畜之皆音許六反唯孟子畜君何尤音許六反朱氏音蓄訓止也止君之私欲[見監案]監本元祐五年太學博士孫諤等陳乞內七項舊須廟諱外無明文輒回避者畜慉二字易大畜小畜畜衆音敕六反又許六反唯近條有兩音者從一音不合迴避外今看詳禮部韻畜字訓養及詩不我能慉孟子畜妻子畜君並獨音許六反其字義雖不合迴避然釋音與　廟諱吁王切者相近求奏今與不合迴避欲乞明降指揮本部看詳欲乞許隨所出處釋音用之照得當時學官止以出處釋音與吁王切相近爲疑而本部看詳不明言當避與否却令隨出處釋音開落反使士子疑惑至今場屋用畜慉二字不問義訓音切並以蓄字代之殊失文理案許六切與吁王切音韻本自不同許

六切聲重濁發口出聲脣音也音屬羽吁玉切聲輕清虛口出聲舌音也音屬角角與羽相去遠矣如六與綠麴與曲豈可以爲一音乎且向來諱殷不諱因諱敬不諱經今畜慉二字乞許從便押用

慉 同上一曰驕也詩不我能慉又見上【今圈】

○麴 丘六切酒媒又姓亦作𥶄

鞠 周禮注鞠衣如麴塵之色又姓又見下又東韻【增入】

○匊 居六切詩傳兩手曰匊謂以兩手奉物廣韻物在手亦作掬本作𦥑

掬 同上小爾雅掬一升也今俗謂兩手所奉爲一掬則數合耳

鞫 禮記月令鞠有黃華周禮鞠衣謂如麴塵之色亦作菊蘜又鞠窮也與鞫同又鞫鞠與鳲鳩同又稚也養也育也告也盈也窮也曲也

【今圈】菊蘜 周禮蟈氏焚牡蘜灰爾雅蘜治蘠郭璞曰今之秋菊是也

阮 水厓亦作坭鞫鞫从阝从几俗作阮

坭 周禮職方氏注汭坭之即俗作坭

【重增】鞫 同上詩芮鞫之即箋水外曰鞫又窮理罪人亦作鞠告又窮也盡也詩鞫爲茂草四字義異者分押

告 同上禮記纖剸亦告于甸人又號沃二韻【增入】

鵴 桔鵴鳲鳩爾雅作鴶鵴注今之布穀也詩傳作秸鞠漢[illegible]宣傳注作桔鞠

○鞠 渠竹切蹋鞠戲以韋爲之實以柔物今謂之毬子亦作踘

踘 劉向別錄蹴踘黃帝所造本兵勢也或云起於戰國蹴音七六切【增入】

○彧 乙六切文章貌亦作郁

郁 論語郁郁乎文哉朱氏曰郁郁文盛貌又地名又姓又馥郁香醲元有圈【今正】

稶 黍稷盛貌詩亦作彧

澳 隈厓詩箋水之內曰澳亦作奧又號韻俗作澳

奧 同上詩瞻彼淇奧又與燠同詩日月方奧毛傳云煖也又內則鴇奧注脾肶也亦作腴又號韻【增入】

墺 四方土可居亦作隩又號韻俗作墺

隩 書四

隩既宅漢地理志作四奥音同又號韻[今圈]（燠）熱也漢五行志及李尋傳作奥又麌奧遇號三韻（薁）蘡薁相如賦隱夫薁棣師古曰薁即今之郁李

也郁李即唐棣亦作奥見爾雅及詩注俗作薁（拗）抑也班固西都賦乃拗怒而少息又巧效二韻[重增]

[通]與燭[用]通

二○（沃）烏酷切灌也壯佼也又姓又地名俗作沃（鋈）白金○（鵠）胡沃切黃鵠又射鵠周禮司裘大射則張皮侯

而棲鵠注鳱鵠小鳥難中是以中之爲儁一曰鵠直也禮記射義有鵠音又姑沃反[今圈]（翯）鳥羽肥澤俗作翯又覺韻（㱿）連㱿楚地見左傳又

見屋韻[增入]○（熇）呼酷切炎氣熱也亦作㰪又宵屋鐸三韻（㰪）又四切見屋韻[增入]○（酷）苦沃切苛虐也慘刻也說文酒味厚

也又香氣醲烈也蜀都賦芬芳酷烈又深爵晉書何無忌酷似其舅又方言自河以北趙魏之郊謂穀熟爲酷元有圈[今正]（嚳）帝嚳高辛氏（郜）

邑名在常山光武分爲高邑俗作鄗又爻韻[增入]○（告）姑沃切啓告也語也示也又屋號二韻（牿）牛馬牢書牿牛馬一曰楅衡也易童牛之

捁（梏）手械又覺韻（[齒告]）治象牙舊胡沃切字作觷皆誤[今正]○（襮）逋沃切黼領又鐸韻○（僕）蒲沃切給事侍從者亦作

僕又屋韻（㒒）又屋韻[增入]○（篤）都毒切厚也說文馬行頓遲也亦作竺爾雅固也（督）董也率也正之也責也催趣也說文察也一曰

目痛又敕戒也漢車千秋傳宜有以教督莊子緣督以爲經音義督中也（裻）衣聲一曰背縫又偏衣魏都賦襲偏裻以讀列（竺）與篤同又屋韻[增入]

毒 漢張騫傳身毒國在大夏東南李奇曰一名天篤則浮屠胡是也顏師古曰今日天竺蓋身毒聲轉爲天篤篤省文作竺又轉爲竹音又亭毒化育之意

列子亭之毒之又代韻 增入 ○毒 徒沃切害人草又酷也痛也苦也害也又毒冒龜屬亦作瑇蝳 今圖 纛 左纛羽葆幢也漢書亦作纛又

皂纛軍中大旗又豪皓號三韻 纛 又三韻 增入

三○燭 朱欲切燭炬也照也明也亦作爥又遇韻 今圖 爥 文選東都賦散皇明以爥幽又遇韻 重增 矚 照也文粹

沈亞之上冢官書戎鏡包陽當日而矚之則能延燧與火又遇韻 重增 屬 連也著也續也付也託也足也會也又恭貌禮記洞洞屬屬又周禮州長屬其

州之民而讀邦灋注屬猶合也聚也漢書賈誼傳屬文師古曰屬謂綴輯之也羔羊詩箋屬著也又注也史搢紳屬目又甲札之數荀子衣三屬之甲音入聲又遇韻又

殊遇切係與廟諱常恕切音相近合當迴避其餘照式許用下贖字同 矚 視也 ○束 輸玉切縛也左傳襄五年束錦加璧杜預曰五匹爲束又

結約也又姓本踈氏束晳乃去正爲束又遇韻 今圖 ○觸 樞玉切觝也突也犯也汚也 歜 盛氣怒又人名戰國有顏歜又感韻 臅 臆也

內則注狼臅膏爲斷 亍 小步也顏延年赭白馬賦秀騏齊亍行字从彳从亍反亍爲彳反彳爲亍彳音斥左步爲彳右步爲亍合則爲行 增入 ○蜀

殊玉切巴蜀說文葵中蠶淮南子蠶與蜀相類而愛憎異情稚山獨者謂之蜀又雞大者謂之蜀雞 蠋 桑蟲詩蜎蜎者蠋本作蜀中巳从虫又加虫焉 屬

隷也附也親眷也又官僚部曲也又屬王水鳥亦作鸀

鸀 吴都賦鵾雞鸀王〔增入〕

韣 弓衣又屋韻

鐲 温器又覺韻

○贖 石欲切說文貿也貸也貤取也又納金免罪書金作贖刑又殊遇切申明在上俗作贖監本从賣誤〔今正〕

○辱 儒欲切耻也惡也汚也僇也

蓐 草也薦也蔟也陳草復生也

褥 裀褥

縟 繁采文細也

溽 濕熱月令土潤溽暑亦作辱

鄏 郟鄏河南邑周成王定鼎處春秋謂之王城魏晉為河南縣

○粟 須王切穀粟粟為陸種之首篆文作㮚上从鹵鹵音條今作覀與襾西二字不同

涑 水出河東左傳成十三年伐我涑川又侯候屋三韻〔增入〕

○促 趨王切近也速也至也短也蹙也催也又局促小貌亦作趣漢灌夫傳局趣效轅下駒又密也

蹴 驅迫之也荀子蹴之以刑罰〔重增〕

數 密也孟子數罟不入洿池又麌遇屋覺四韻〔增入〕

趣 光武紀趣駕南轅亦作促趨又虞厚遇三韻

趨 同上周禮趨其耕耨禮記趨殺收斂漢曹參趨治行又虞遇二韻〔增入〕

趗 行步局促也東京賦狹三王之趗趗趗音綠〔重增〕

○足 縱王切趾也滿也止也無欠也从口从止今作足偏旁作⻊又遇韻

○續 祥王切繼也連也亦作賡又姓晉有續咸从賣誤〔今正〕

賡 說文續字又庚韻〔今正〕

藚 水草詩言采其藚从賣誤〔今正〕

俗 風俗上所化曰風下所習曰俗說文習也

○幞 防王切帊也亦作襆又襆頭周武帝所制裁幅巾出四脚以幞頭乃名焉亦曰折上巾亦曰頭巾漆紗為之

襆 晉魏舒襆被而出唐蘇瓌單身襆被自將韓文襆被入直又屋韻〔增入〕

入

○瘃 陟玉切寒瘍趙充國傳瘃墮之患師古曰因寒瘃而墮指又覺韻【今圖】

斸 斫也又钃也爾雅斫斸謂之定郭曰鋤屬又曰斫謂之鐯郭曰钃也說文钃大鉏則斸爲小鉏又覺韻【今圖】

○钃 㓷也荀子以狐父之戈钃牛矢又钃鏤劒名亦作钃又藥韻【重增】

欘 枝上曲一曰斤柄

○躅 廚玉切蹢躅行貌韓信傳騏驥之蹢躅不如駑馬之安步亦作蹢古作蹵又迹也三輔謂牛蹄處爲躅班固敘傳伏周孔之軌躅

躅 禮記蹢躅焉莊子蹢躅而屈伸【重增】

○錄 龍玉切金色又采也齒也總也收拾也又檢束也荀子程役而不錄又曰輷錄疾力俗作録又御屋二韻【今圖】

籙 圖書通作錄俗作籙

綠 青黃間色又結綠寶玉名史記范睢傳宋有結綠俗作緑

○淥 水名又水綠色吳都賦亘以淥水俗作淥又屋韻

醁 醽醁美酒俗作醁

騄 騄耳駿馬見列子亦作綠耳俗作騄

○欲 俞玉切情也貪也愛也願也又婬也與慾同又遇韻【今圖】

慾 情也婬也通作欲欲與慾義異者分押

○谷 易井谷射鮒爾雅水注谿曰谷說文泉出通川爲谷又屋韻

浴 澡身

鵒 鴝鵒春秋鴝鵒來巢

鋊 銅屑漢志民盜摩錢質而取鋊薛瓚曰摩錢漫面以取其屑更以鑄錢【增入】

○曲 區玉切不直又鄉里曰鄉曲懷抱曰心曲又葦薄也月令曲植漢周勃以織薄曲爲生又起呂切曲遇地名【今圖】

苖 方言宋魏之間謂箔爲篴苖亦作曲

○拲 拘玉切兩手同械又腫韻

挶 撠持又上輂左傳襄九年陳畚挶

輂 禹所乘直轅車說文大車駕馬史記河渠書注作檋

檋【增入】

梮 漢志禹治水山行則梮如淳曰梮謂以鐵爲錐

頭長半寸施之屐下上山不跌【增入】　屩　莊子音義云屩以藉鞋下也又藥韻　絭　廣韻纏臂繩又曲也又僂願霰諫四韻【增入】　〇局

渠玉切曹也分也拘也又曲也詩予髮曲局不敢不局又匝也唐文粹負局生　跼　蹐跼不伸又曲也通作局　〇玊　魚欲切寶玊陽精之純古作王自秦

更隷始加點以別王字點在下畫之傍者寶玊字也點在中畫之傍者須玊許救息六三切王玊也朽玊也又國名又姓俗書王玊不辨又屬玊水鳥相如賦鴛鴦屬玊

玉　周禮九嬪祭祀贊玉齍故書玉爲王杜子春讀爲玉玉篇序彫金鏤玉亦無點又唐漾二韻【增入】　獄　犴獄所以繫囚廣韻皐陶所造說文确也

【獨用】四〇覺　訖岳切曉也悟也知也又明也左傳文四年以覺報宴又大也詩有覺其楹毛傳有覺言高大也箋覺直也又效韻　角　頭角

又宿名東方七宿之首蒼龍之角也又酒器受四升又芒也又競也校也賈誼傳非親角材而臣之也又觸也掎角紲其後曰掎絓其前曰角亦作觳捔确又東方之音

漢律歷志角觸也物觸地而生戴芒角也爾雅角謂之經亦作觳角與角不同元有圈【今正】　觳　史記李斯傳作觳抵優俳之觀漢書作角抵角者角材也

抵者相抵觸也又克角切无潤又見下又屋韻【增入】　捔　掎捔左傳作角亦作搉　确　漢書李廣數與虜确師古曰競勝負也又見下【增入】　觮

東方之音俗作觮漢志作角、　桷　榱也一曰屋角斜枋一曰樀也　搉　揚搉大舉又掎也舉而引之也又搉酤與榷同揚子爲人父而搉其子上从片

音确非从山也今作搉又見下【今圈】　榷　橫木渡水漢武天漢三年初榷酒酤應劭曰縣官自酤榷賣酒小民不得復酤也韋昭曰以木渡水曰榷謂禁民酤釀獨

官閑置如道路設木爲榷獨取利也師古曰榷者步渡爾雅謂之石杠今之略約是也禁閑其事擅利入官而下無由以得有若渡水之榷因立名焉字本从木或作摧

梏 直也禮記緇衣引詩有梏德行今詩作覺又沃韻

較 說文車上曲銅亦作較周禮輿人注較兩輢上出軾者在車之兩旁賈氏疏云較今之平隔也孔氏疏云式上二尺二寸別橫一木謂之較詩猗重較兮荀子言孫叔敖軒較之下而以楚霸注修文德不勞甲兵遠征戍也又獵較孟子注田獵相較又直也又略也大較猶大略也又著明貌漢書孔光傳較然甚明又效韻

較 【今圈】又效韻

瑴 二王相合亦作珏

珏 ○

㱿 黑角切歐吐左傳君將㱿之

謞 謞謞崇讒慝也又鐸韻

嗃 悅樂又嚴大之聲又嚴酷貌易家人嗃嗃又爻效鐸三韻

歊 暴起貌考工記轂雖敝而不蔽又號鐸二韻【增入】

滈 廣韻泳兒玉篇水激聲又皓韻【重增】

轂 急束唐書索元禮作鐵籠轂囚首加以楔侍御史周矩諫疏曰枷研楔轂亦作鞏【增入】

⿱艹⿰女毛 豕吼聲吳都賦封豨⿱艹⿰女毛【增入】○

搦 女角切按也班固幽通賦搦朽摩鈍鉛刃皆能壹斷又陌韻【增入】

掉 持也又篠嘯二韻【增入】○

殼 克角切皮甲說文從上擊也一曰素也亦作殻

慤 謹也善也愿也誠也荀子有慤士者亦作慤殼

慤 禮記不然則巳慤荀子端慤生通【增入】

殼 同上周禮大司寇注愿殼又皮甲也【重增】

瞉 鳥子欲出者莊子其以爲異於鷇音李氏音殼又候韻申明在其下

【重增】鷇 廣韻鳥卵韓愈城南聯句鶵鷇攢壞橀納涼聯句盤看饋禽鷇【增入】

確 堅也靳固也廣韻亦作碻

埆 地不平又墝埆瘠薄也

硞

石聲搉擊也增入○學轄覺切受教傳業曰學學者效也法也又庠序摠名又效韻鷽山鵲廣韻赤喙長尾知來而不知往莊子

蜩與鷽鳩笑之亦作學鳩音義云小鳩也嶨山多大石韓愈會合聯句吟巴山犖嶨增入确磽确石地說文磐石也韓愈山石詩山石犖确行徑

微重增翯鳥羽肥澤亦作鶴皠又沃韻鶴孟子白鳥鶴鶴趙岐曰鳥肥飽則鶴鶴而澤好音戶角反又鐸韻增入皠文選何晏

景福殿賦皠皠白鳥重增澩夏有水冬無水觳盡也李斯傳堯有天下飯土簋啜土鉶雖監門之養不觳於此矣又无潤也莊子其道大觳又音埆

增入○渥乙角切霑濡霑霈也洽也潤也澤也賈誼傳德至渥也易其形渥亦作剭詩顏如渥丹又候韻合圖剭剭刑不殺於市見廣韻鄭

康成易其形剭又屋韻增入喔雞聲握持也幄小爾雅覆帳謂之幄箹小籥又藥韻合圖葯白芷淮南子秋

葯被風又藥韻合圖○嶽逆角切五嶽衆山之宗亦作岳岳同上又州名又姓鸑鸑鷟鳳子張說握乾符頌序鳴鸑鷟改號重增樂

音樂樂者樂也記曰樂樂其所自生又姓又笑效鐸三韻从絲从木器也从白聲也本是音樂字餘皆假借⊙剝北角切卦名皮剝也落也褫也削也

脫也傷也割也又屋韻俗作剥合圖駮六駮獸名食虎又馬色不純亦作駁今俗謂尾雜爲駁雲開曰解駁駁同上詩皇駁其馬易乾爲駁馬增入

爆爇也亦作爆又效韻爆又效韻增入嚗笑聲莊子嚗然而笑增入○璞匹角切玉未琢樸木素又質也亦

作朴史漢斲彫爲樸黃霸傳澆淳散樸郊祀歌抱素懷樸又屋韻　朴　漢文示朴爲天下先皇后紀斲彫爲朴又木名皮厚可爲藥　鏷　生鐵李善文選
七命鏷越鍛成增入　鞄　柔革工考工記作鮑又巧韻增入　鮑　又巧韻增入　颮　飛相擊聲西都賦颮颮紛紛增入　○雹
弼角切雨冰左傳凡雹皆冬之愆陽夏之伏陰也劉向曰盛陽雨水溫煖而湯熱陰氣脅之不相入則轉而爲雹盛陰雨雪凝滯而冰寒陽氣薄之不相入則散而爲霰
故沸湯之在閉氣而湛於寒泉則爲冰及雪之消亦冰解而散此其驗也故雹者陰脅陽也　彴　奔星又藥韻　犦　牛名亦作犦又效韻
曝　又效韻增入　撲　踣也韓愈納涼聯句杓枕㩧傾撲又屋韻增入　瓝　小瓜一曰瓞也　懪　爾雅懪懪悶也增入　暴
暴起皃考工記注𥻆暴又號屋二韻增入　○邈　墨角切遠也渺也又輕視皃亦作藐邈　藐　同上孟子說大人則藐之又不經意皃詩聽我藐藐又小
韻公圖　貌　描畫人物類其狀曰貌廣韻亦作皃又遠也韓愈月蝕詩貌貌上天東又效韻增入　○朔　色角切月之朔又北方也車輈也始也顏
師古曰朔猶始也漢武改元元朔言更爲初始也　數　疾也頻也屢也又麌遇屋燭四韻　箾　蕭疎皃宋玉九辯箾蕭槮而可哀增入　矟
矛屬通俗文矛丈八者謂之矟亦作槊　槊　同上又捎槊博簺也　箾　以竿擊人又舞竿左傳李札見舞象箾南籥杜預曰象箾舞所執荀子箾箾象
注舞曲名又蕭韻　○娖　測角切小謹皃史記娖娖廉謹　齪　開孔具又齷齪急促局陿皃亦作齺𪘨　齺　鄹食其傳注握齺急促皃增入

躅 司馬相如傳委瑣握躅[增入]
擉 刺取
籍 取魚箔周禮以時籍魚鼈[增入]
捉 側角切搦也搤也捕也
斮 斬也又藥韻

穛 早熟穀又生穫曰穛
䅵 稻田種麥張平子南都賦冬稌夏䅵韓愈納涼聯句汲冷漬香䅵[重增]
○浞 食角切濡濕又寒浞人名
鋜 廣韻鎖足韓愈納涼聯句黃鶴足仍鋜[重增]

灂 瀺灂水小聲
鷟 鸑鷟
籗 取魚罩从竹从霍監本从隺誤[今正]
汋 爾雅井一有水一無水曰瀱汋又藥韻[增入]

齺 齒相近一曰齒相逆又上下相向貌荀子齺然上下相信[增入]
○斲 竹角切斲削从亞从斤亞音徙口切
琢 治玉从王从豕王音玉豖音丑玉切絆足行皃

椓 刑也又與斲同詩椓之丁丁
諑 譖訴也納涼聯句拙謀傷巧諑離騷經謠諑謂余以善淫注謠毀也諑譖也[重增]

卓 特立也高也遠也
踔 同上孔光傳踔絕之能又見下又效韻[增入]
倬 著也大也
啄 鳥啄又宥韻
涿 流下滴周禮有壺涿氏又地名

斸 劚也斫也又[illegible]鉏又燭韻[增入]
瘃 寒瘡趙充國瘃墯之患唐李甘傳凍膚皸瘃又燭韻[增入]
○逴 敕角切遠也驚也亦作趠又藥韻
趠 超又效韻[增入]

踔 跳踔不常貌莊子跉踔而行
○濁 直角切不清
濯 流也大也濯濯光澤貌詩麀鹿濯濯又山秃貌孟子牛山濯濯俗作濯又效韻[今正]
擢 拔也抽也出也聳也
鐲 鉦也周禮鼓人以金鐲節鼓注形如小鐘軍行鳴之以爲鼓節又燭韻
○犖 力角切卓犖超絕又駁犖牛雜色又事之明史記天官書此其犖犖大者

通用 與術櫛通 五 ○ 質 職日切朴也主也信也平也謹也正也考也驗也證也券書也樸也爾雅成也詩質爾人民左傳策名委質後漢書注委質猶屬膝也亦音摯又質當也又至韻 鑕 斧鑕椹也通作櫍質廣韻斧也 櫍 椹也椹也刑用斧櫍亦作質 礩 今圖 柱礎又至韻

桎 足械又與窒同莊子窮桎不行 郅 地名又姓漢書郅都郅惲郅支並音質又至也登也相如封禪書爰周郅隆又極乞切係 廟諱嫌名合當迴避其餘照式許用 今圖 蛭 水蟲 騭 方言魯衛之間謂陞曰騭說文牡馬又騭馬廣韻騭馬也書惟天陰騭下民注云定也馬云升也升猶舉也舉猶生也

只 起語辭又語已辭又專辭又紙韻佩觿集曰樂只之只翻之爾本無質音今讀若質俗所常用 增入

○ 失 式質切錯也縱也逸也遺也過也亡失也又志韻 今圖 室 房也又夫以婦為室孟子丈夫生而願為之有室又營室宿名又刀劍削又志韻 今圖 鞚 刀劍削亦作室室鞚義異者分押

○ 叱 尺栗切呵叱从口从七監本从匕誤 今正 嘯 內則不嘯不指音與叱同又嘯韻 重增

○ 實 食質切虛實之對物成實也誠也是也充也亦作寔又驗也後漢紀各使實二千石以下至黃綬 寔 詩實墉實壑鄭康成曰實當作寔寔實同聲寔是也又職韻 增入

○ 日 人質切說文實也从口从一象形太陽之精不虧也易離為日漢書李尋傳日者衆陽之宗人君之表也左傳文七年日衛不睦杜預曰日往日也史漢往日曰異日亦曰日者又曆官亦曰日者又左傳天有十日謂陽數十幹自甲至癸也凡昏旦明晦朝莫旱暵之類皆从日旨字从甘書者曾習皆智等皆从自偏旁作白

盈字从囚今俗皆作日日與曰不同曰字上畫有缺俗作曰【晃運案】詩豈不日戒
如字又音越孟子放勳曰易曰閑輿衛音越詩曰爲改歲曰殺羔羊音越又而實反
此陸氏之誤自古字書日字無越音曰字亦無日音如豈不日戒當如字放勳曰曰
爲改歲曰殺羔羊皆當音越唯周易曰閑輿衛鄭康成本作日今本作曰乃傳寫之
訛雖經文不可改然當从日字爲是臨文據鄭本 馹 驛傳 衵 日日所著衣也又
用日字亦可不然則闕之若從兩音於理未安 遞馬 女人近身衣【增入】

○ 率 朔律切領也募也遵也循也用也行也皆也略也率先也亦作帥又至術二韻 帥 左傳[illegible]老夫蕭曹以寬厚清靜爲天下帥又佩巾
也又至韻凡稱主兵者爲將帥則去聲言領兵帥師則入聲故經典釋文將帥字皆音去聲帥師字皆不音也 蟀 蟋蟀一名促織一名蛬 ○ 悉 息七
切詳盡也語究也知也从釆从心釆音辨與釆字不同俗作悉監本從釆誤【今注】 膝 脚膝又鶴膝楯名吳都賦家有鶴膝唐王志愔傳鶴膝犀渠說文方言作
厀 厀 方言凡矛骹細如鴈脛者謂之鶴厀 駟 一乘四馬蜀都賦開軒納駟注叶韻音悉又至韻【重增】 ○ 七 戚悉切少陽數
火數也 ⿰木桼 木名可爲杖 漆 膠漆又水名又姓亦作桼又屑韻【今圖】 桼 說文木汁可以髤物下从水象桼如水滴而下也漢書陳夏千
畝桼鄒陽傳堅如膠桼【[illegible]】 ○ 堲 子悉切疾也書朕堲讒說殄行又燒土爲堲所謂堲周是也濁吏爲堲所謂折堲是也又職韻 卽 檀弓
夏后氏卽周管子右手折卽並與堲同又職韻俗作卽【重增】 喞 喞喞衆聲又職韻【今圖】 ○ 疾 昨悉切病也患也惡也急也妬也 嫉

嫉妬楚辭注害賢曰嫉害色曰妬亦作疾○必壁吉切定辭審也然也專也說文分極也又細也考工記天子圭中必亦作縪古作必非从心也縪
考工記注鹿縪增入畢宿名終也竟也盡也又田罔揚雄校獵賦荷垂天之畢又罕畢兔罟又畢狀如叉主人舉肉之時以畢助之喪祭用桑吉用棘又與縪同
荀子共艾畢又簡也學記佃其呫畢又姓又國名罼田獵鳥網又兔罟詩作畢畢與罼義異者分収舊在𦍅字下誤今正觱觱篥或作篳羌人所吹角
屠觱以驚馬也又觱發寒氣說文作畢發滭寒氣亦作觱監本从冫誤今正潷滭沸泉出貌詩作觱彃射也韠韍也禮服蔽膝禮記一命
緼韍再命赤韍鄭注韠太古蔽膝之象冕服謂之芾他服謂之韠禮記韠君朱大夫素士爵韋鄭曰此元端服之韠也韠之言蔽也凡韠必象裳色天子諸侯朱裳大夫
素裳士元黃雜裳皮弁服皆素韠亦作鞸蹕止行人周禮隸僕掌蹕宮中之事先鄭曰止行清道也若今警蹕亦作趩趩漢書出稱警入言趩霍光傳道
上稱趩師古曰趩止行人也增入篳藩落左傳篳門圭竇杜預曰篳門柴門也亦作蓽蓽增入珌佩刀止飾詩鞞琫有珌鉍矛穫
○匹僻吉切偶也配合也兩也又馬四足左傳襄二年賂夙沙衛以索馬牛皆百匹說文四丈也俗作疋與疋字不同疋小爾雅倍兩謂之疋
二丈爲兩倍兩四丈也增入○邲薄必切地名在鄭又美皃佖有威儀泌泌水俠流又泉水貌又至韻飶食香又脣韻今圈
苾香也詩苾苾芬芬又脣韻咇相如賦晻薆咇茀卹師古曰皆芳香意也增入駜馬飽而肥馝香也通作苾又脣韻增入

柲矛戟柄又至韻增入怭媟嫚詩威儀怭怭增入比次也比比猶揔揔也又脂紙至三韻○蜜覓筆切[illegible]又蟲名
密安也靜也祕也稠也廣韻山脊也又地名水名國名埤蒼作宓又姓爾雅山如堂者密尸子松柏之鼠不知堂密之有美樅廣韻亦作峚三字義異者分押
宓同上又止也默也相如賦浬弗宓汨師古曰宓汨去疾也又屋韻增入峚增入謐靜語也安也沕塵濁又潛藏也賈誼
賦沕深潛㠯自珍又勿韻增入○筆逼密切筆翰爾雅不律謂之筆○弼薄密切輔也備也本正弓器也亦作拂佛說文作弻今作弼當作𢐀
拂孟子法家拂士荀子諫爭輔拂又勿韻增入佛詩佛時仔肩又佛肸魯人又勿沒二韻窒陟栗切塞也庢礙止
也秷禾穗書作銍又刈禾聲亦作挃挃爾雅挃挃穫也又撞也銍穫禾短鎌小爾雅禾穗謂之穎截穎謂之銍書二百里納銍厔
盩厔縣在京兆盩張流切水曲曰盩山曲曰厔因以名焉○抶敕栗切擊也打也咥笑聲又至屑二韻眣以自通指曰眣公羊
傳文七年眣晉大夫使與公盟又屑韻增入○秩直質切職也官也積也整也次也常也序也祭也書望秩于山川漢書亦作袟爾雅秩秩智也郭曰智思
深長又秩秩清也郭曰德音清泠詩德音秩秩毛傳秩秩有常也鄭箋教令清明也又秩秩斯干毛傳流行貌箋流出無極已也又左右秩秩毛傳肅敬貌箋智也言不
失禮也从禾形也从失聲也本再生稻也刈而重出先後相繼故借為秩序字後以从禾从夫為再生稻蓋字訛也袟宋平曰望祭也案書稱秩元祀咸秩無文

則郊廟群祀皆秩祭之不特望祭也秩袟義同者不得重押義異者非增入 紩縫也 帙書衣又書卷編衣亦作袠袠袟 袠莊子散其天袠音義

云本亦作袠增入 袠增入 袟同上又與袟同唐書蕭至忠傳官袟益輕杜甫朝享太廟賦六官咸袟重增 柣閾也限門木也 ㊀姪

兄弟之子又姪娣字統曰兄女曰姪謂吾姑者吾謂之姪廣韻亦作妷又屑韻 妷增入 翐翐翐飛皃俗作翐 ㊀栗力質切果名堅也竦

縮也謹敬也郭璞曰栗栗積聚緻也又析也詩烝在栗薪又懼也論語使民戰栗漢元紀夙夜栗栗楊惲傳不寒而栗嚴延年傳戰栗不敢犯禁古作㮚从鹵从木鹵音

條草木實垂鹵鹵然也詩實穎實栗注其實栗栗然栗栗者堅貌㮚㮚之貌又薛韻今圖 㮚班固敘傳郡中震㮚增入 慄懼也竦縮也通作栗漢武帝賦

㦡慄不言師古曰㦡慄哀愴意 溧溧冽寒也詩作栗烈 颲風雨暴疾 鷅鷅鶹黃鸝詩𩿍傳作栗留 篥觱篥亦作栗增入 ○暱

尼質切日近也亦作昵 昵 㥾廣韻愧㥾亦作怩增入 怩忸怩又脂韻增入 尼定也止也近也孟子止或尼之亦作柅又

脂韻 柅止也易繫于金柅釋文讀若昵又旨韻重增 抳王肅易繫于金抳又旨韻重增 ○逸弋質切超也過也縱也奔也隱

也遁也放也駭也說文失也从辵从兔兔謾訑善逃也亦作失迭又與佚同監本从兔誤今正 失莊子自失而走荀子其馬將失又與泆同周禮注及漢書

淫失增入 迭家語東野畢馬將迭又屑韻重增 佚安佚不勞也詩作逸又隱遁也孟子遺佚而不怨顏師古注薛宣傳佚逸同 泆水蕩

泆又淫放也

軼 侵也突也車相過也又屑薛二韻 今圖

佾 舞行列行數人數縱橫皆同故曰佾亦作溢

溢 漢郊祀歌千童羅舞成八溢又滿溢又與鎰同荀子千溢之寶韓非子鑠金百溢漢志黃金以溢爲名又米一升二十四分升之一爲一溢禮記朝一溢米孔叢子兩手曰掬一手曰溢

鎰 國語二十四兩爲鎰趙岐孟康皆曰鎰二十兩鄭康成曰三十兩

○詰 契吉切問也責也誚也治也書詰爾戎兵左傳子盍詰盜又平旦曰詰朝左傳詰朝相見

○吉 激質切吉凶之反得於理不失則吉也易吉凶者失得之象也又休祥也又姓又朔日詩二月初吉周禮正月之吉論語吉月又其吉切係與廟諱音相近合當迴避其餘照式諱用从士从口俗作吉非吉音確 今圖

拮 詩予手拮据注撠挶也廣韻手口共有所作也又屑韻 重增

○一 益悉切數之始也物之極也與壹同也少也初也又太一天之貴神又天一星在紫微垣端門之左位臨星紀歷數之所始七政之所起萬物之所從出也故漢志曰紀於一

壹 專壹又合也誠也輩也醇也又一一也左傳注禦夷狄者不壹而足謂不一一皆足其欲又閉塞也孟子志壹則動氣氣壹則動志也注志氣閉爲壹也志閉塞則氣不行氣閉塞則志不通又與一同周禮公之士壹命書壹戎衣漢書壹適謂之有德[illegible]傳揚雄賦泰壹皆作泰壹壹與一義異者分押

○肸 黑乙切蠁布也盛作也相如賦肸蠁布寫玉篇曰今作肹又迄韻

肹 同上又腓肹大貌腓音弼又佛肹人名又迄韻 增入

○乙 億筆切十幹名甲乙東方木行月令春三月其日甲乙爾雅歲在乙曰旃蒙月在乙曰橘漢志奮軋於乙京房易傳乙屈也又乙鳥燕也亦作鳦又姓又黠韻

鳦 燕也說文

本作乙燕乙元鳥也齊魯謂之乙取鳴自呼也又黠韻○颭越筆切大風汨水流說文治水也又奔汨疾貌漢郊祀歌卉汨臚相如賦滭弗宓汨楚辭曰汨吾南征屈原賦汨徂南土馮衍賦汨吾西征从氵从子曰之曰與汩沒字不同元有圈誤[今註]○茁厥筆切草芽又黠薛二韻○獝休必切狂也又驚懼皃又飛皃又術韻矞禮運鳳以爲畜故鳥不矞矞本又作獝又術屑二韻[重增]狘廣韻飛去皃韓愈送文暢詩恩澤寬狘狘俗作狘[重增]瞲驚視皃荀子瞲然視之[增入]怴狂也王篇怒也公羊傳威五年曷爲以二日卒之怴也[增入]

六○術食律切方術𢇁術技藝也又道業也儒行營道同術莊子人相忘乎道術揚子有學術業說文邑中道也馮衍顯志賦列𣏌衡於外衛又與述同賈山傳術追厥功又至韻述循也修也纘也譔也紀也凡紀人之事纂人之言皆曰述禮記善述人之事論語述而不作俗作述沭水名在琅邪周禮其浸沂沭从术與沐浴字不同舊有圈[今註]潏爾雅小沚曰泜人所爲曰潏又以律切水流皃又屑韻秫稷之黏者糯也从禾从朮俗作秫

○出尺律切出入也進也見也吐也寫也遠也又斥也亦作黜絀又生也左傳康公我之自出杜預曰秦康公晉之甥也又至韻凡物自出則入聲非自出而出之則去聲然亦有叶韻互用者黜貶斥亦作絀出絀禮記君絀以爵簡不肖以絀惡又縫也又勿韻[今圈]怵恐也惕也竦懼也悽愴也又見下俗作怵○恤雪律切憂也愍也賑也亦作卹左傳恤恤乎杜預曰恤恤憂患也卹又沒韻从卩監本从卩誤[今註]訹

謏訹誘也亦作怵俗作訹 **怵** 漢書怵於邪說 增入 **戌** 辰名爾雅歲在戌曰閹茂漢志畢入於戌又向戌宋大夫皂戌鄭大夫从戌从一戌土於四方
無正位寄位於戌故一加戌爲戌象土也於時則物盛於戌至戌成實 **珬** 珂飾 〇 **烕** 促律切火燒亦火滅也又恩韻 〇 **卒** 卽律
切終也盡也旣也禮大夫死曰卒春秋書凡列國君薨亦曰卒又沒韻 **啐** 嚐也又隊韻 增入 〇 **崒** 昨律切山高皃亦作崪又沒韻
踤 蹋也摧也觸也又至韻 今圈 **誶** 說文誚責也列子讙極凌誶張湛音碎殷敬順音崒凌誶謂好陵辱責駡也穿林亦音崒又至隊二韻
重增 〇 **怵** 竹律切憂心也 **窋** 物在穴皃不窋后稷之子 〇 **术** 直律切山薊也从木加點木四及切从木誤 今正 〇 **律** 劣戌切律
呂萬法所出故法令謂之律又律己以禮法自檢也 **繂** 大繩亦作繂 **繂** 爾雅紼繂也 增入 **嵂** 崒嵂山高峻皃亦作𡾰 **𡾰** 相如賦𡾰
𡾰鬱𡾰又堆壟不平皃 **膟** 血祭肉一曰腸間脂 **率** 約數又表的也孟子羿不爲拙射變其彀率注彀率之法音律又藻率以韋爲之所以藉
王也王五采公侯伯三采子男二采左傳藻率鞞鞛又至質二韻 〇 **聿** 以律切循也遂也述也惟也 **遹** 述也自也遵也迴也 **矞** 說文
以錐有所穿也一曰滿也一曰瑞雲西京雜記雲五色爲瑞三色爲矞又詭詐也荀子矞宇嵬瑣又質韻 今圈 **霱** 瑞雲一曰鄉雲亦作矞 **潏** 水流
貌 **繘** 汲井索方言關東謂之綆關西謂之繘又汲水出井易井彖汔至亦未繘井汔已來至而未出井也陸德明音橘又其律反又音述玉篇居律切廣

韻居聿切又餘律切易釋文雖無聿音而義則同他音皆同韻不重出具載可通用之 鴥 鳥飛快也 鷸 有三種一曰大鳥戰國策謂之啄蚌天將兩鷸則知之逸書曰知天文者冠鷸冠蓋以知天時也一曰翠鳥曰鷸一曰赤足黃文曰鷸左傳鄭子臧好聚鷸冠是也又疾飛皃海賦鷸如驚鳧之失侶與鴥同 驈 驪馬白跨詩有驈有皇 ○橘 訣律切果名書厥包橘柚錫貢 ○祋 都律切殳也詩何戈與祋又虞泰二韻 重增 ○獝 撥聿切狂也又獝狂惡鬼名揚雄賦捎夔虛而抶獝狂又質韻 增入

七○櫛 側瑟切梳枇揔名詩其比如櫛莊子亦作楖又縰髮夏禹櫛風沐雨 櫛 考工記刮摩之工玉櫛雕矢磬注櫛讀如巾櫛音側筆反與側瑟切同後有楖人音莊密反亦同又云本或作櫛俗作楖 重增 穊 稠穊禾重生貌俗作穊 瀄 水相楔也相如賦湢側泌瀄俗作瀄 增入 ○瑟 色櫛切樂器世本庖羲作瑟本五十絃後析而用其半 璱 玉鮮潔皃今謂之璱璱者以其色碧也一曰璱璱碧珠也亦作瑟瑟 飋 飋飀風也 蝨 蟣蝨淮南子湯沐具而蚤蝨相弔漢書項籍傳搏牛之蝱不可以破蟣蝨嚴安傳介冑生蟣蝨亦作虱 虱 晉阮籍大人先生論如虱之處褌中韓愈瀧吏詩得無虱其閒 增入

通用 與迄通

八○勿 文拂切禁止之辭毋也莫也說文州里所建旗也象其柄有三斿雜帛幅半異所以趣民故遽稱勿勿周禮作物勿與物

義異者分押又沒韻〔今圈〕物周禮雜帛爲物又萬物也事也說文牛爲大物天地之數起於牽牛故其字从牛从勿又相度也左傳昭三十一年物土方

芴菲也又土瓜又沒韻〔今圈〕岉崛岉高皃昒旦明尚冥也漢郊祀志昒旦冬至昒爽又沒韻沕沕穆微也潛藏也賈

誼賦沕穆無窮又云沕深潛以自珍相如賦軋沕荒忽注不分明皃又質韻〔增入〕○拂敷勿切去也拭也除也擊也矯也逆也又質韻〔今圈〕柫

農器方言自關而西謂之柫楊倞荀子注今農器連枷也一曰擊也〔增入〕刜斷也斫也髴髣髴聞見不審皃亦作彿佛弗又未韻彿彷

彿〔增入〕佛仿佛漢書仿佛一端又質沒三韻〔增入〕弗方弗又除惡祭詩以弗無子亦作祓又不可也不然也亦作不祓除也亦作

茀左傳祓禳於四方又曰祓社相如封禪書祓飾厥文注除去舊事更飾新文又發韻不不可也不然也亦作弗又虞尤有宥四韻〔增入〕韍蔽膝

亦作市芾黻紱韍說文韠也上古衣蔽前而已市以象之天子朱諸侯赤又印組也亦作紱漢陳遵傳差污印韍芾詩三百赤芾朱芾斯皇又未韻〔增入〕

黻左傳袞冕黻珽杜預曰黻韋韠以蔽膝也又裳繡兩己相背形考工記黑與青謂之黻紱漢韋孟詩朱紱注朱裳畫爲亞古弗字故因謂之紱又作

黻書黼黻絺繡是或畫或繡也又印組也亦作韍紼柭方言江淮之閒謂之欇或謂之柭〔重增〕紼繫印組也丙吉傳加紼而封之又繂也詩紼纚維之

又引柩索曲禮助葬必執紼亦作綍茀〔增入〕綍禮記王言如綸其出如綍又車索亂麻與紼茀同茀春秋宣八年始用葛茀杜預曰茀所以引

柩又道多草不可行也又福也詩茀祿爾康矣注小也箋福也又車旁禦風塵者詩翟茀以朝亦作蔽茀又未隊廢沒四韻[分圖] 蔽 周禮巾車有蒲蔽棼蔽藻

蔽藩蔽注蔽車禦風塵者引詩翟蔽以朝有兩音又祭韻[增入] 笰 爾雅輿革後謂之笰郭璞曰以韋鞔後戶也[增入] 茇 草也見史記索隱又廢未

二韻[增入] 叐 說文樂舞執全羽以祀社稷亦作帗俗作叐 帗 周禮舞師教帗舞帥而舞社稷之祭祀 沷 滭沷寒冰兒又月韻[分圖]

沸 滭沸泉出兒又未泰二韻 ○ 佛 符勿切大也又西方神名列子西方有聖人焉其名曰佛文中子問佛曰西方聖人也又戾也與咈同禮

記獻鳥者佛其首又曰其求之也佛揚子佛乎正[分圖] 咈 違也戾也通作佛佛與咈義異者可分押 怫 怫鬱 茀 山兒又山迫道亦作岪

岪 坲 塵起韓愈詩牙蠢前坌坲[增入] ○ 䬘 王勿切大風 ○ 䬍 許勿切疾風 欻 風有所吹起也廣韻暴起又韓愈詩

指畫變倏欻注倏欻花昧兒當作倏揔借用欻字 ○ 屈 曲勿切曲也鬱也軋也亦作詘絀又月韻 詘 荀子詘五指而頓之又曰時詘則詘

又喜失節貌禮記不充詘於富貴又見下[分圖] 絀 荀子緩急嬴絀注嬴絀猶屈伸也又術韻 ○ 屈 九勿切人姓楚公族有屈原

剧 剞剧曲刀亦作劂又祭月二韻 劂 又二韻[增入] 厥 突厥北夷漢書音義夏曰獯鬻商曰鬼方周曰玁狁漢曰匈奴魏曰突厥

[增入]又月韻 ○ 倔 渠勿切倔強梗戾兒史記作倔彊陸賈傳作屈強亦作䩓 䩓 相如賦注䩓彊[增入] 屈 同上又竭也亦作詘淈漢志夭

下大屈賈誼曰用之亡度則物力必屈又晉地名出良馬因呼馬曰屈產之乘〔增入〕 詘 相如賦注詘盡也〔增入〕 淈 荀子其流淈乎不淈盡似
道又沒韻〔重增〕 㭾 方言襜褕短者自關而西謂之梳㭾郭璞云俗名㭾掖一曰襤褸〔見〕〔曰〕梳㭾一名諸于漢書音義曰諸于大掖衣也光武紀作䮼注曰字書
無䮼字司馬彪續漢書作㭾 崛 山短而高又勃起山曰崛起亦作屈起 掘 穿地孟子有爲者辟若掘井詩蜉蝣掘閱說文引詩作堀閱注云突也又
月沒二韻〔增入〕 堀 同上又突也又沒韻〔增入〕 ○鬱 紆勿切香草名氣也長也幽也滯也腐臭也思也木叢生也又抑屈也又水名又鬱烝熱氣鬱
攸火氣周禮注鬱金香草宜以和鬯故曰鬱鬯 蔚 牡蒿又茂也又文深密皃又未韻 罻 網也又未韻 尉 荀子菲帷幬尉注讀
爲罻網也又以火申繒古作㷉俗作熨又未韻〔重增〕 菀 茂皃詩有菀者柳菀彼桑柔菀彼柳斯又阮韻〔增入〕 苑 屈也積也詩我心苑結亦作宛
通作鬱又吻阮二韻〔增入〕 宛 又元阮二韻〔增入〕 貍 周禮鳥皫色而沙鳴貍內則作鬱又支皆二韻〔增入〕
九 ○迄 許訖切至也 肸 響布也亦作肹晉羊舌肸字叔向漢郊祀歌鸞路龍鱗罔不肸飾又質韻 肹 又質韻〔增入〕
釳 乘輿馬頭上插翟尾曰方釳釳鐵也張平子東京賦方釳左纛薛音乞李善云以五寸鐵中高兩頭低如山形翟尾結著鞔兩邊防馬相突 汔 水涸
又幾也詩汔可小康杜預曰汔其也 愾 至也禮記愾乎天下矣又未代二韻〔重增〕 ○乞 欺訖切求也說文作气又未韻〔今增〕 气 又未

韻○訖居乞切止也終也了也吃言蹇○疙魚乞切癡皃仡壯勇皃書仡仡勇夫又極乞切係 廟諱嫌名合當迴避

餘音照式許用公圖屹山貌䖈虎貌疑儀禮鄉射禮篇疑立謂正不動也又之蒸職三韻增入

通用與沒通十○月魚厥切太陰之精其魄象蟾兔海蚌食其光而生珠因名曰明月古作冃象形今作月上有闕中二畫連左不連右與月月丹

三字不同刖絕也斷足也从日月之月沒韻五忽切不可雙押故去之又轄韻从月誤公正軏車轅耑持衡曲木又五忽切論語輗軏有兩音

今圖○越王月切發揚也超也遠也墜也走也踰也又于也於也又發語辭與爰同於越國名百越南蠻總名通作粵又草名蒲蒻文選葛越注草布也

又末韻粵說文于也於也審察之詞也通作曰案史記稱堯舜禹皆云粵若稽古孔氏尚書作曰若稽古說者以曰為史氏之言以史記考之是與越同如書

越若來是也史漢越皆作粵劉安世曰粵皆在帝堯至作堯典孔子序文也堯典二字古篇目也曰若發語辭也曰與粵同曰同上又語也謂也稱也篆文作

凵今作曰上有闕與日字不同熭火乾又曝也藝也見廣韻又霽韻增入鉞大斧又謂之戚又謂之揚說文作戉戉司馬法夏執玄戉商

戉白戚周左杖黃戉說文戉越也从乚乚音厥象形增入絨采章也又紵布一曰車馬飾樾木陰蠘彭蠘似蟹而小颰許月切風聲

狘獸名又驚走皃禮運鱗以為畜故獸不狘○闕丘月切門觀爾雅觀謂之闕郭璞曰宮門雙闕也廣雅象魏者闕也釋名闕在門兩旁中央闕然為

道也三輔黃圖云人臣至此必思其所闕少又游車補闕者曰游闕見左傳又闕翟后服刻繒爲衣不畫也亦作屈狄又失也過也不恭也空也虛也又選闕空官也又

見下〔今增〕屈 王藻君命屈狄又勿韻〔重增〕⿰糹屈〔重增〕見廣韻 ○ 厥 居月切其也短也發石也又勿韻 劂 剞劂曲刀

亦作⿰屈刂又祭勿二韻 ⿰屈刂 又二韻〔增入〕蹶 跌也走也速也嘉也僵也跳也禮記足毋蹶注蹶行遽皃荀子遠者蹶而趨之注蹶顚倒也亦作

蹷又祭韻 蹷 同上又傾竭也賈誼曰何得不蹷又拔也左傳是謂蹷其本賈誼曰日蹷六國又祭韻〔增入〕蕨 菜名草木疏周秦曰蕨齊魯曰虌俗

云以其初生似鼈脚故名 蟨 廣韻獸名走之則顚蛩蛩前足高不得食而善走蟨常爲蛩蛩取食蛩蛩負之而走韓愈送文暢詩無不比鶼蟨注爾雅鶼比翼鳥

蟨比肩獸一名駏驉一曰井中蟲 ○ 橜 其月切門梱也杙也亦作橛又車鉤心也潘岳賦攉衔天木之或緣 橛 韋昭注史記曰門中橛爲闑又

本段莊子若橛株枸〔增入〕鷢 廣韻白鷢一名楊鳥似鷹尾上白善捕鼠韓愈送文暢詩飄然遂鷹鷢〔重增〕撅 穿也亦作扣撅鐝相闕又勿沒二韻

〔今圖〕拙 荀子溝池不拙注拙字又曰无拙墳墓亦掘字本亦作扣俗本譌作拙非又薛韻〔增入〕鈯〔增入〕扣 列子扣其谷而得鈇又胡

沒切〔增入〕撅 揆撅見廣韻杜牧注孫子序撅其城郭與掘同又祭韻 闕 左傳闕地及泉〔增入〕○ 钀 語訐切馬勒旁鐵一曰扇汗又

曰排沫爾雅鑣謂之钀又薛韻俗作钀 ○ 噦 於月切嘔也逆氣也說文气悟也內則不敢噦噫又霽泰廢薛四韻〔增入〕○ 歇 許竭切氣洩又

休息也臭味消息歇也竭也〔猲〕短喙犬又曷韻〔增入〕○〔揭〕魚竭切長皃詩葭菼揭揭又見下又祭薛曷三韻〔增入〕○〔訐〕居謁

切面斥人陰過論語惡訐以爲直者注攻發人陰私也賈誼傳面相斥罪也又薛韻〔羯〕犗羯羊羖也又地名上黨武鄉之羯室是也晉時匈奴別部入居之後因

號胡戎爲羯〔揭〕揭起說文高舉也〔重增〕○〔竭〕其謁切盡也又薛韻〔碣〕碣石近海山名在冀北又碑碣李斯所造後漢書注

方者謂之碑圓者謂之碣亦作嵑又石特立者曰碣又祭薛二韻〔嵑〕又二韻〔增入〕〔堨〕堰也唐張守珪傳渠堨爲虜毀又曷薛二韻〔增入〕

〔楬〕表楬閥閱自序所以書也周禮物楬而書之又薛轄二韻〔揭〕擔也○〔謁〕於歇切請也告也白也訪也請見也漢書謁歸謂請

歸也爰盎傳上謁注若今通名也又泰韻〔今增〕〔暍〕傷暑史記偶扇暍〔閼〕太歲在卯曰單閼又曷韻〔增入〕○〔朅〕去謁切去也健也又

發語辭朅來猶聿來也又薛韻〔增入〕○〔髮〕方伐切頭毛〔發〕起也興也舒也明也舉也闕也揚也寒氣曰觱發曆法春夏曰發秋冬曰斂又十二

矢曰一發韋昭曰射禮三而止每射四矢故以十二爲一發顏師古曰發猶今言箭一放兩放也今軍中弓射一陣齊發曰一放弩射曰一撥取撥機發箭爲名如詩一

發五豝謂三軍同發也發多殺少所以爲仁孟子發乘矢而後反則四矢爲一發也又遣也又啓行也兵法後發先至又末韻从癶从弓从殳癶音撥从癹誤〔今正〕

〔廢〕止也絶也漢郊祀歌續秀不廢師古曰合韻音發又廢韻〔增入〕〔冹〕滭冹寒冰皃又勿韻〔增入〕○〔伐〕房越切征伐左傳有鐘鼓曰伐

無曰侵又斬木也矜伐也自稱其功曰伐又耜廣五寸爲伐又干盾也詩蒙伐有苑
亦作瞂又積功曰伐左傳大夫稱伐漢紀非有功伐車千秋傳無伐閱功勞亦作閥

瞂 張衡賦植鍛垂瞂方言自關而東或謂之瞂或謂之干關西謂之盾 **閥** 說文閥閱自序也史記明其等曰閥積其功曰閱通作伐又門在左曰閥在右曰閱三字義異者分押 **罰** 罪罰後人改刀作寸寸法也 **垡** 耕起土亦作墢伐 **墢** 又末韻【今圈】 **筏** 海中大木又桴也大曰筏小曰桴

○**韈** 勿發切足衣亦作韤 **韤** 漢張釋之爲王生結韈外戚傳傅絝韈【增入】

十一○没

没 莫勃切沈也盡也下盡階曰没階爾雅蠠没勉也郭璞曰蠠没猶黽勉也又終也與歿同从氵从𠬛𠬛音没入水取物也上从冂冂音冪俗作没没監本从几又誤【今正】 **歿** 終也死也經典通作没从殳誤【今正】 **圽** 埋圽史記白起贊偷合取容以至圽身徐廣音没亦作没【重增】 **勿** 𢖍塵禮記卹勿驅塵卹音窣又勿韻【增入】

○、**孛** 蒲没切彗星又怪氣也色惡也亦作茀又與悖同又隊韻 **茀** 李尋傳伏不見而爲彗茀師古曰與孛同又與悖同唐陳子昂傳論茀逆醒正又咇茀香氣相如賦晻薆咇茀又未隊廢勿四韻【重增】 **勃** 排也卒也色變也又隊韻【今圈】 **悖** 逆大也亂也亦作誖又隊韻 **誖** 揚雄明其誖乎又隊韻【增入】 **浡** 興起皃孟子浡然興之矣亦作艴又浡浡氣盛皃亦作勃勃 **佛** 荀子佛然平世之俗起焉又質勿二韻【增入】 **渤** 渤澥海名亦作勃敦 **敦** 漢武帝紀敦海【增入】 **焞** 煙起皃又㷔焞烝熱 **馞** 香也 **艴**

怒色孟子艴然不悅【增入】○窣蘇骨切穴中卒出也又勃窣行緩皃相如賦媻跚勃窣上金隄 卹曲禮以策彗卹勿注搔摩也又術韻【增入】

○猝蒼沒切犬從草中暴出逐人也又倉遽也暴疾也通作卒 卒忽也遽也速也倉遽又見下及術韻 ○卒臧沒切兵卒周禮四兩爲卒卒百人也亦作倅說文隸人給事者衣爲卒卒衣有題識也故从衣从十 倅廣韻百人爲倅又隊韻【增入】 稡秭稡禾秀聚向上見爾雅序會稡舊說又泰韻【增入】

○捽昨沒切說文持頭髮也漢金日磾捽胡 崒山峻皃又術韻 ○咄當沒切呵也咄嗟咨語也 頓冒頓匈奴頭曼子冒音墨又慁韻【增入】 對荅也譍也又隊韻班固幽通賦儀遺讖以應對師古曰合韻音入聲【增入】

○揬陁沒切搪揬觸也亦作唐突 突說文犬從穴中暫出也又竈突囪也又欺也又觸也晉書刻畫無鹽唐突西施又見下 怢文選四子講德論善王蘊於珷玞凡人見之怢焉注不分別皃【增入】 腯肥也左傳博碩肥腯又混慁二韻【今圈】

○訥奴骨切言難也亦作吶 吶荀子其辯不若其吶也又薛韻【增入】 ○硉盧沒切硉矹崖皃亦作硣又磂也枚乘七發上擊下硉【增入】 ○朏普沒切召誥惟丙午朏注朏明也月三日明生之名陸音芳尾反又普沒芳憒二反畢命庚午朏同音又尾隊二韻【重增】

○宊吐訥切方言江湘之閒凡卒相見謂之宊詩宊而弁兮又人名論語仲宊音他沒反【增入】 ○麧下沒切堅麥中不破者又麧䴭也漢書作覈 覈陳平傳食糠覈音灼曰覈音紇京師人謂麤屑爲紇頭亦作籺

又果中實亦作核又麥韻增入籺杜甫詩黎民糠籺窄增入齕齧也史記田儋傳齮齕用事者墳墓如淳曰齮齕猶齚齧也禮記廉人齕之又胡齕齊大夫見孟子紇絲下也孔子父叔梁紇又見下今圖○鶻胡骨切隼也亦作鳸又回鶻北夷種言種鷙如鶻也其先匈奴元魏時號高車部至隋曰韋紇後自稱回鶻唐書亦作回紇紇增入淈濁也亂也楚辭淈泥揚波又見下今圖核果中實又咍麥二韻增入鳸古鶻字漢五行志隼即今之鶻也音胡骨反重增汩莊子與汩偕出注回伏而涌出者汩也又見下又錫韻重增滑滑亂見列子又見下又黠韻增入○忽呼骨切倏忽又滅也輕也忘也又一蠶爲忽十忽爲絲班固敘傳造計秒忽劉德曰忽蜘蛛網者也又荒忽惚怳惚亦作曶曶揚雄傳神心曶怳法言作恍惚賦云鑾曶如神鑾曶神速皃恍惚微妙不測皃又心志倘罔也古字作曶又旦明尚冥也亦作昒相如傳曶爽闇昧得耀乎光明注曶爽未明也增入昒郊祀志昒爽注曰尚冥也蓋未明之時與曶同又勿韻增入芴莊子芒乎芴乎與惚同又勿韻增入笏手版○窟苦骨切孔穴亦作堀螖堀左傳昭二十七年吳公子光伏甲於堀室而享王鄒陽傳伏死堀穴巖藪之中又堀堁塵皃風賦堀堁揚塵又勿韻增入䯛揚雄傳西厭月䯛注月䯛月所生也厭音一涉反增入頜頰旁骨考工記注之而頰頜也增入矻矻矻勞極○骨古忽切肉之覈也汩亂也没也又治也書有汩作篇亦作淈滑愲心亂搰用力皃莊子搰搰然用力甚多而見功寡杜甫詩功夫競

搰搰又音矻【重增】

淈 與汩同揚子書惡淫辭之淈法度也【重增】

滑 莊子置其滑涽又曰故不足以汩和又曰其巧專而外滑消並與汩同又滑稽詼諧【重增】

○兀 五忽切高皃又臬兀不安亦作卼又兀兀不動皃亦作扤又刖足曰兀

掘 莊子掘若槁木又勿月二韻【增入】

崫 山高皃蜀都賦崫巍巍以峩峩音兀【重增】

卼 卼臲危也書作杌隉

杌 同上又木無枝又檮杌四凶之一楚史記曰檮杌趙岐曰檮杌者嚚凶之類興於記惡之戒因以爲名

扤 動搖皃考工記輻廣而鑿淺則是以大扤詩天之扤我又音月【重增】

仡 唐文粹鹿門隱書舟之有仡猶人之有道也仡不安也舟之行匪仡不進是不安而安也人之行也猶舟之有仡匪道不行夫兀秦失仡於項項遺仡於漢注仡動舟皃音五勃反又三切申明在迄韻內【重增】

矹 硉矹石厓

屼 嵺屼禿山皃又山名

○媼 烏骨切媼𡟭肥也又皓韻【增入】

【通用】與末通

十二曷

○曷 何葛切何也盍也亦作害从曰曰上有缺俗作曷

害 詩害澣害否孟子時日害喪又泰韻【增入】

褐 編枲粗短衣說文編枲韈也鄭康成曰毛布也左傳余與褐之父睨之杜預曰褐寒賤之人也

毼 毲毼毛布罽也亦作褐

鞨 靺鞨狄種又轄韻【今圈】

鶡 鳥似雉漢虎賁所著冠顏師古曰出上黨以其鬭死不止故用其尾爲武人首俗謂之鶡雞又夬韻【今圈】

○喝 許葛切訶也又夬韻

猲 短喙犬又月韻【今圈】

○渴 丘葛切說文盡也又飢渴又薛韻

○葛 居曷切葛藟又宛童又野葛毒草又膠葛上清

之氣揚雄賦㩰膠葛 割 斷也截也剝也害也 澫 水名又㵳澫波勢 轕 雜亂驅馳皃揚雄賦相膠轕公文轇轕戟形廣韻作輵 輵

[增入] 匃 廣韻乞也亦作匄丏又泰韻 [增入] 丐 又獮泰二韻 [增入] 匄 陳湯傳匄貸無節又泰韻 [增入] ○遏 阿葛切

也絕也止也爾雅逮也 閼 遮擁亦作揭堨又月韻 揭 同上又薛三韻又祭月 [今圖] 堨 玉篇擁堨與遏同又壅堨以土障水也又

月薛二韻 [增入] 頞 鼻梁 餲 食敗又祭夬二韻 𩅿 雲集皃亦作靄又海泰怪三韻 [增入] 靄 謝惠連雪賦連氛累靄又三韻

又薛韻 [重增] ○ 嶭 牙葛切𡾊嶭山皃又屑韻 𨍺 載高皃又薛韻 枿 伐木餘謂斫髮而復生也亦作櫱 櫱 漢貨殖傳山不茬櫱

[今圖] ○ 躠 桑葛切躠躠行不正亦作䠥殺又屑韻 䠥 又屑韻 [增入] 殺 莊子弊殺爲仁弊音別本亦作蹩躠又谷

永傳末殺災異注掃滅也又志怪黠屑四韻 [增入] 𥝍 流放罪人亦作蔡 蔡 左傳成王殺管叔而蔡蔡叔書百里蔡孔安國曰法也又泰韻 [增入]

摋 抹摋公羊傳宋萬臂摋仇牧碎首何休注側手擊曰摋又揮散也亦作擦俗作撒又鄭也 擦 韓愈月蝕詩星如擦沙出俗本作撒 [增入] 撒 [增入]

○ 巀 才達切巀嶭山皃又屑韻 [今圖] 囋 嘈囋鼓聲陸機賦務嘈囋而妖冶又翰韻 [今圖] ○怛 當割切驚也懼也莊子無怛化又悲憯也

漢文帝詔爲之惻怛不安顏師古曰怛悵也武帝詔支體傷則心憯怛師古曰怛悼也古作𢚩 𢚩 漢王吉傳引詩中心𢚩兮今詩作怛 [增入] 㦎 懼也

與怛同莊子憚赫千里又旱笴翰箇四韻 重增 笪 筶也又竹篋 狚 獟狚似狼而赤又旦下翰二韻 今圖 ○ 闥 他達切說文門也漢號禁

門曰黃闥師古曰宮中小門曰闥 撻 打擊也挾也書撻以記之周禮撻其怠慢从手从達監本从達又有圈皆誤 今正 達 挑達往來相見皃又

行不相遇也詩挑兮達兮古作夲羍又與羍同詩先生如達箋言生易如小羊从幸誤 今正 羍 小羊通作達達字从羍今作幸 獺 水狗食魚又韚

韻 汏 汏瀨淅也廣韻過也亦作汰又泰韻 增入 汰 過也左傳宣五年伯棼射王汰輈注汏過也箭過車轅上陸音他末反又滑也亦作達古

作泰玉篇泰字下注云滑也又泰韻 重增 澾 泥滑韓愈荅張籍詩磴蘚澾拳跼 重增 ○ 達 陁葛切通也決也又生也詩先生如達毛傳如字从

幸誤 今正 ○ 剌 郎葛切僻也戾也漢有燕剌王劉向傳膠戾乖剌顏師古曰言違背也从約束之束从刀與刺字不同 辢 辛也痛也俗作辣誤

糲 麤糲脫粟也九章筭術曰粟五十糲率三十一斛粟得六斗米為糲也又祭泰二韻 ○ 捺 乃曷切手按也

十三 ○ 末 莫葛切木杪也無也弱也遠也端也說文一在木上為末又滅也唐書宋璟傳末有輕繫又錫韻 今圖 沫 水名在蜀

又水沫涎沫又已也離騷身服義而未沫韓愈譴瘧鬼詩未沫於前徽漢郊祀歌霑赤汗沫流赭應劭曰大宛馬汗血霑濡流沫如赭李奇曰沫音靧面之靧晉灼曰沫

古靧字師古曰沫沫兩通沫者言被面如靧也字从水傍午未之未音呼內反沫者言汗流沫出也字从水傍本末之末晉亦如之溝洫志蜀守李冰鑿離堆避沫水之

害音本末之末監本从未未又有圈皆誤【今正】
昧 星也易日中見昧釋文云陸善經字林作昧从日从未斗杓後星也王肅音妹今易作昧从午未之未【增入】
妹 莊子云老子棄妹不仁也音義云妹謂末學不誘納而棄之是不仁也一本作姊妹之妹廣韻妹嬉桀妻亦作末喜【增入】
眛 目不正項羚將鐘離
眛韓信傳从目高紀从日恐紀誤又脣韻【重增】
抹 摩也塗抹也亂曰塗長曰抹
秣 穀粟飤馬一曰以粟著馬由銜之以行曰秣
○活 戶括切生也不死也又見下从氵从舌舌上从千戈之千
括 會也詩德音來括亦作佸又見下【增入】
佸 至也詩曷其有佸又見下【增入】
越 蒲草左傳大路越席文選孫氏檄文葛越布於湖土注葛越草布也葛卽葛藟越蕉芋黃草之屬無音當與月韻通用又瑟下孔禮記清廟之瑟朱絃而疏越
○豁 呼括切通谷又疏通也亦作豁
豁 漢書高祖豁達大度意豁如也【增入】
濊 礙流皃詩施罛濊濊又泰廢韻
○闊 苦活切廣也遠也疏也契闊勤苦也詩死生契闊又久不相見曰闊闊諸葛豐傳闊何闊
○栝 古活切檢也根刷也結也至袍括也書往省括于度則釋又見前从千誤【今正而圈】
筈 箭本受弦處
鬠 束髮禮作括又泰韻【增入】
聒 讙語俗作聒
适 疾也南宮适人名
活 水流聲詩北流活活
檜 木名柏葉松身亦作栝又泰韻从木从會俗作檜監本从會誤【今正】
栝 書杶幹栝柏又槩栝正木器爵在槩字下
萿 菝萿瑞草
鴰 鶬鴰鳥名相如賦雙鶬下師古曰鶬鴰也關西呼為鴰鹿山東通謂之鶬鄙俗名為錯落又謂之鴰捋皆象其鳴聲
佸

會計曰佸【增入】○斡烏括切轉也旋也運也又幹韻　捾取也援也○撥北末切撥開又轉之也理也絕也除也又發揚皃禮衣毋撥又動搖詩本實先撥如字又音蒲撥切【今圈】　鉢食器說文盂屬本作盋　盋漢書東方朔傳注盂若盋而大【增入】○發詩鱣鮪發注盛皃馬融曰魚尾著網發發然又月韻【增入】　鱍魚掉尾皃韓詩鱣鮪鱍鱍【增入】　鮁說文引詩鱣鮪鮁鮁又鯈鮁魚名荀子作鮇【增入】○墢耕起土國語王耕一墢又月韻○跋本也足也禮記燭不見跋又躐也詩狼跋其胡又見下又黠韻【增入】　襏襏襫蓑雨衣劉禹錫高陵令劉君德政碑云烝徒讙呼奪襏而舞【增入】○鏺普活切刈草器又刈也韓愈曹成王碑鏺廣濟　潑澆潑注曰澆散曰潑○跋蒲撥切跋躠行皃又草行為跋水行為涉韓愈詩注不由蹊隧而行曰跋涉从足从犮監本从友誤【今正】○拔迴也抽也擢也攻而舉之也言若拔木然又除黠二韻从友誤【今正】　胈膚毳皮又股上小毛為胈胼胝胈从友誤【今正】　魃鬼婦詩旱魃為虐亦作妭从鬼从犮作魃誤【今正】　妭說文字指歸云女妭禿無髮所居處天不雨說文美婦从犮誤【今正】　犮犬走皃周禮赤犮氏注赤犮猶言捇拔也掌除蟲豸自埋者从犬加丿凡从犮者皆然俗作友【增入】　軷將行祭道神詩取羝以軷又泰韻从友誤【今正】○茇草舍詩召伯所茇又草木根也又廢勿二韻从友誤【今正而圈】○撮倉括切六十四黍為圭四圭為撮又蹷聚而揣取也又見下最上从日俗作撮監本从日誤【今正】　襊緇布冠俗作襊監本从日誤【今正】○繓子括切結也俗作繓从日誤【今正】　撮

挽也 捋 逼捋韓愈辛卯年雪詩崩騰相排捋【增入】○掇 都括切採也拾也 剟 削也擊也割也又薛韻【今圖】 敠 廣韻敁敠稱量

敁音丁廉反莊子謂之玷棰【增入】○侻 他括切狡也輕也可也 脫 骨去肉又輕易也解也亦作說稅又或然之辭又見下又泰韻俗作脫【今圖】

說 易用說桎梏禮記見於天子與射無說笏又祭薛二韻俗作説【增入】 稅 孟子不稅冕而行俗作稅又祭泰換三韻【增入】 梲

大棒禰衡傳手持三尺梲棒廣韻云梲即梁上楹論語藻梲是也當從二音與屑韻通用【增入】○奪 徒活切攘取也亦作敓又泰韻【今圖】 敓

書敓攘矯虔亦作敓俗作敓【增入】 脫 物自解也莊子民死已脫矣又脫重勞勸也見禮記玉藻注廣韻肉去骨也又姓【增入】○捋 盧活切掇

取也摩也本作寽

【通】與轄【用】通

十四 ○黠 胡八切堅黑又黠慧 ○劼 丘八切用力也固也謹也勤也 鬝 廣韻禿鬝韓愈征蜀聯句仇頸

恣髡鬝又山韻【增入】○戛 訖黠切轢之也常也禮也書不率大戛又戛戛齟齬皃 秸 禾稾去其皮祭天以爲席亦作鞂稭 鞂 禮記稾鞂之設

【增入】稭 見廣韻說文征蜀聯句郊告儼匏稭【增入】 頡 轢也通作戛漢高祖封兄子爲羹頡侯又減趌也掠除也唐高仙芝傳盜頡資糧又屑韻

恝 恝恝無憂愁皃孟子公明高以孝子之心爲不若是恝【增入】 介 莊子馬知介倪音義李云介倪猶睥倪也崔云介出俾倪也又怪韻【增入】

九·十七

扴 廣韻揩扴物也征蜀聯句室晏絲曉扴謂機杼揩扴聲也〔增入〕○軋 烏轄切車輾 轕 車聲揚雄賦皇車幽轕又曷韻〔增入〕揠

方言拔也東齊海岱之間曰揠小爾雅拔心曰揠 鳦 燕也亦作乙又質韻 乙 又質韻〔增入〕 乢 山曲又坱乢無垠際皃賈誼賦坱乢

無垠史記作坱軋應劭曰其氣坱軋非有限齊也 猰 廣韻猰貐獸名亦作猰貐山海經猰貐害民黃帝囚之疏屬之山楚辭以比暴虐人〔增入〕 猰 征蜀

聯句山搖瀆猲猰〔增入〕○滑 戶八切利也澾也又地名國名州名又沒韻〔今增〕 猾 亂也狡也左傳無助狡猾 ○八 布拔切兩三一

二為八少陰數也木數也八者別也 捌 無齒杷又分也今文書式借為八字〔增入〕○拔 蒲八切擢也挺也攻而舉之也又隊末二韻从友誤〔今正〕

跋 蹎也詩狼跋其胡又末韻〔增入〕○殺 山戛切生殺又誅戮也又刑不以罪曰殺亦作閷煞又志怪曷屑四韻 煞 又怪韻〔增入〕

閷 考工記弓人秋閷者厚又怪韻〔重增〕 鎩 長矛一曰鈹有鐔又鎩翮摧翼也又怪薛二韻 ○察 初戛切監也諦也知也審也覆也考

也省也廉視也又察察靜絜皃屈原傳誰能以身之察察受物之汶汶又察察過訐皃亦作詧 詧 說文言微親詧也〔增入〕 蔡 草芥征蜀聯句壽蕪養均草

蔡〔增入〕○札 側八切小簡司馬相如傳令尚書給筆札注札木簡之薄小者周禮注大札疫癘也左傳注大死曰札 蚻 似蟬而小 ○茁

側滑切草出地皃又質薛二韻 ○貀 女滑切獸似貍善捕鼠

十五○轄胡瞎切車軸一頭鐵左傳叔孫昭子賦車轄今詩作舝亦作鎋 鎋錧鎋見孟子題辭 舝詩載脂載舝又有車舝篇

增入磍碣磍怒貌揚雄賦建碣磍之虡孟康曰虡刻猛獸爲之故其形碣磍而盛怒也碣音烏轄反又石貌增入○楬丘瞎切木虎止樂器一名

敔又月薛二韻公圖○齾牛轄切器缺齒缺○刮古滑切剔刮周禮作捖劀 捖考工記刮摩之工五注故書刮作捖鄭司農曰捖摩

之工謂玉工也讀爲刮陸音侯管反增入 劀周禮瘍醫劀殺之齊增入○刖五刮切斷足又月韻从日月之月監本从月誤公圖○剎

初轄切柱也又僧寺○刷數刮切刮刷拭也掃也清之也又根刷尋究也具也又薛韻○哳陟轄切嘲哳鳥聲○帓莫轄切幧

頭亦作帕鞨又帶也增入 帕帕額同上又禡韻增入 鞨方言鞨巾俗人帕頭是也帕頭幧頭也又曷韻增入○獺逖轄切水

獺又曷韻○瞎許轄切廣韻一目盲亦作𥇒征蜀聯句解罪吊攣瞎增入

通與薛通 十六○屑先結切動作屑屑又清也潔也恭也碎也顧也勞也方言屑屑不安也秦晉曰屑屑郭璞曰往來皃漢王良傳往來

屑屑不憚煩又輕也苟也孟子不屑就不屑去古作屑 屑後漢崔駰達旨辭吾亦病子屑屑而不已也重增 僁細聲 躠蹩躠旋行貌亦

作蹩殺又曷韻公圖 躠增入又曷韻 殺莊子弊殺爲仁亦作蹩躠餘見前韻增入 楔櫼也爾雅根謂之楔一曰含桃一曰角栖喪事

用之禮記楔齒从刀 楔 廣韻攕揳楔也又塞也又 ○ 切 千結切割也刻也
監本从力誤【今正】 不方正也又見下【illegible】 近也迫也急也刺
又刀批也內則聶而切之又一切謂如刀切物不容伸縮也荀子注強斬之使齊若
漢書之一切者又苟且曰一切猶曰一時權宜也後漢王霸傳以徼一切之勝謂一
時倖勝也又大槩曰一切又切磋治骨角也又深切識切剴切又反切音韻展轉相
協謂之反亦作翻兩字相摩以成聲韻謂之切其實一也又門限曰切漢書昭陽宮
切皆銅沓冒黃 漆 禮記祭義漆漆者容也自反也注漆漆讀如 竊 盜也穴
金塗又霽韻 朋友切切自反猶言自脩整也又質韻【illegible】 也淺也
虎淺毛曰竊毛又私也孟子竊負而逃公孫 ○ 節 子結切竹約又符節所以示
弘傳尚竊遅之从穴从米从卨作竊誤【今正】 信也又操也止也制也檢也
驗也阻也又卦名顏師古曰節以毛爲之上下相重取象竹節因以爲名將命者持
之以爲信又與楶同論語山節又與岊同詩節彼南山又音巀从竹从卽俗作節偏
旁作卩巴巳卩卩與 楶 梁上 岊 山高皃亦作節 ○ 截 昨結切斷也止也廣
卩不同卩音邑【illegible】 欂櫨 又音巀【增入】 雅盛也詩海外有截
古作截 文穎曰整齊也漢宣 巀 巀嶭山皃亦作岊節廣 ○ 鐵 他結切黑金
截 紀海外有截【增入】 韻山名又曷韻【增入】 廣韻上文作
銕 銕 王安石曰金能夷 替 廢也衰也潘岳西征賦人之升 飻 貪 驖 馬黑色
物莫如銕【illegible】 降隨政隆替音鐵又霽韻【重增】 食 廣韻馬
赤黑 ○ 姪 徒結切姪娣妹曰娣兄弟之女曰姪又子姪兄弟 耊 八十曰耊耊
色 之子曰姪公羊傳以爲兄之子義不備又質韻 至也年之至

也禮記注七十日耋釋名耋鐵也皮膚變黑色如鐵也亦作载 **载** 漢孔光傳犬馬齒载 **經** 喪服麻在首要皆曰經首經象緇布冠要經象大帶經之言實

也衰之言擢也明中實擢痛也 **垤** 蟻高封又冢前闕又坳垤亦作凸 **眣** 以目通指曰眣公羊傳文七年眣晉大夫使與公盟又質韻〔重增〕 **柣**

木名又鄭遠郊門名左傳楚子元伐鄭入于桔柣之門桔音纈〔重增〕 **跌** 踢也差也 **迭** 更也互也遞也道也又質韻〔公圖〕 **咥** 笑聲又齧

也又至質二韻 **瓞** 再生小瓜 **軼** 車相過又侵突左傳懼其侵軼我也又質薛二韻 ○**涅** 乃結切水中黑土又染黑也又水名从氵

从日从土俗作涅 **篞** 管之中者 **苶** 疲皃莊子苶然疲役又帖韻俗作茶 ○**纈** 胡結切文繒从結从頁頁音纈頭也與貝字不同貝下从

八頁下从人凡从頁者皆然 **襭** 衣衽扱物 **擷** 捋取 **頡** 直項又飛而上曰頡飛而下曰頏又倉頡古史官又黠韻〔公圖〕 **曳** 拖也

引也亦作拽抴又祭韻〔增入〕 **拽** 又祭韻〔增入〕 **抴** 又祭韻〔增入〕 **緳** 帶也莊子正緳係屨〔重增〕 **絜** 約束莊子絜之百圍

謂圍而量之也亦作挈賈誼過秦論度長絜大注謂圍束之也禮記大學君子有絜矩之道朱氏引莊子過秦論音胡結反又九河其一名絜音纈又見下〔重增〕

揳 荀子不揣長不揳大注與絜同約其大小也音戶結反〔重增〕 **奊** 賈誼傳奊詬亡節師古曰无志分也音纈詬音候廣韻奊頭邪也〔增入〕

○**挈** 詰結切提挈又霽韻从手从刀从手監本从刃誤〔今正兩圖〕 **契** 詩傳契闊勤苦也又憂苦詩契契寤歎又戾契不平正皃戾音列爾

雅契契愈遐急也又缺也漢書契國威靈爾雅契絕也刻也郭璞曰江東呼刻斷物爲契斷亦作鍥契栔又霽薛二韻从刃誤【今正】鍥荀子鍥而不舍左傳

陽虎借邑人之車鍥其軸又霽韻【增入】𠜾晉虞溥傳𠜾而舍之金石不知又霽韻【增入】栔又霽韻【增入】○結古屑切締也又

霽韻【今圈】袺執衽拮詩予手拮据注撠挶也廣韻手口共有所作又質韻【重增】紒采薇詩注象弭所以解紒義與結同音計又音結據此則

結束之結亦可作去聲用又霽韻【重增】髻莊子竈有髻司馬氏云竈神著赤衣狀如美女音結又霽韻若叶韻則髺髻字亦可作入聲用【重增】絜

麻一絺又清也淨也孟子歸絜其身从刃誤【今正】潔清也淨也通作絜从刃誤【今正】鍥方言刈鉤自關而西或謂之鎌或謂之鉤或謂之鍥【增入】

○噎一結切食窒氣不通亦作饐餲咽饐養老之禮祝饐在前又至韻【增入】餲漢賈山傳祝餲在前又至韻【增入】咽

同上又哽咽悲塞也又先霰二韻翳魏都賦桃李蔭翳叶韻音咽又齊霽二韻【重增】○齧倪結切噬也从刃誤【今正】梘木禊又齊

韻臬射的亦作槷㮆又法也書臬司臬事又禮注云門橜也亦作闑爾雅在牆曰楎在地曰臬槷㮆見車攻詩注【增入】闑韋昭

曰門中橛爲闑爾雅橛謂之闑通作臬【增入】摰危摰也考工記大則短而摰从埶从手與摯字不同摯从執持之執【重增】捏捻聚亦作摰俗作揑

【增入】又薺韻隉杌隉危也亦作卼𡰣又作槷臲易于臲卼韓愈贈劉師服作卼𡰣一本作𡰣臲亦作𡰣臬𡰣【增入】【今入】嵲嵽嵲山皃亦作

嵲嶭 嵲杜甫鵰賦置巢嵲嵲亦作嶭重增 ⊚嶭巀嶭山皃又曷韻 ⊚蜺屈虹亦作霓蛪又齊錫二韻 ⊚霓又二韻合圖

蛪史記天官書其蛪者類闕旗重增 ○穴胡決切窟籠又壙也詩臨其穴 ○血呼決切氣血 ⊚泬水從穴出又泬寥空貌又

邪僻也唐裴延齡等贊君臣回泬又古穴切水名合圖 岤文選劉安招隱士虎豹岤注穿穴也增入 ⊚決小飛皃莊子決起而飛又許劣切同又見

下增入 ○闋苦穴切樂終說文事已閉門又隙也牖也莊子瞻彼闋者又門開也 ○玦古穴切珮如環而缺逐臣待命于境賜環則返賜玦則絕義取

訣別左傳金寒玦離又曰金玦不復苟子絕之以玦蓋佩玦取其能斷范增數以手循其珮玦示項羽 觼環有舌者亦作鐍 鐍同上又扃鐍

譎詭詐亦作矞 ⊚矞荀子矞宇嵬瑣又質術二韻重增 ⊚決行流也一曰斷也又絕也與訣同漢李陵與蘇武決去王章與妻決又決

拾射韝縱弦者曰決拾箭者曰拾亦作抉䟀合圖 訣別也絕也辭也通作決亦作觖又方術要法也 ⊚觖同上又觖望怨望也薛瓚曰謂相觖而怨

望如淳曰觖與辭別之決同臣謂觖者缺也觖望謂不滿所望而怨耳又擿觖挑發皃又寘韻 ⊚抉縱弦彄通作決又見下增入 䟀西都賦要䟀追

蹤重增 ⊚鴂鷤鴂鳥名又鶗鴂子規也亦作鴃駃廣韻云春分鳴則衆芳生秋分鳴則衆芳歇又支霽錫三韻 ⊚駃又三韻增入 ⊚鴂

鷤鴂一名子規又霽韻增入 蚗蛥蚗蟬屬蛥音哲 ⊚潏水名相如賦酆鎬潦潏晉灼音決師古曰地理志鄠縣有潏水北過上林苑入渭今鄠縣

無之許叔重云瀟水在京兆杜陵此卽今沈水從皇子陂西北流經昆明入渭蓋字或作沇與沈字相似俗人因名沈水又術韻【重增】○抉一決切挑

也揎也又見上【今圖】○撆匹蔑切小擊也略也引也亦作撇又祭韻　撇韓愈曹成王碑撇蘄春杜甫享太廟賦卷垂狄之彩撇又霽韻【重增】

瞥過目暫見亦作覕　覕莊子譬之猶一覕也又蒲結切割也【增入】　嫳廣韻輕薄皃左傳盧蒲嫳齊大夫【增入】　憋急速皃列子嘽

咺憋懯方言急性也【增入】　潎水汨潎相如賦轉騰潎洌師古曰潎洌相撇也又霽韻【增入】○彆必結切弓戾　閉闔也塞也又霽

韻○蹩蒲結切蹩也跛也又蹩躠旋行皃亦作弊　弊莊子弊殺爲仁又祭韻【增入】　苾菜名又質韻　馝香也又質

韻　飶食香又質韻　㧙擊仆也張衡賦徒搏之所撞㧙　[illegible]反擊亦作批又齊韻【增入】　批相如賦批巖衝擁又脂齊紙三

韻莊子批大郤有二音經史中如批遊鱗之類可通用【增入】○戾練結切曲也罪也戾其頭也又乖也潘岳西征賦庶免於戾音劣亦作盭又霽韻【增】

【入】盭賈誼傳上不使人頸盭而加也又霽韻【增入】　攦折也撕也莊子攦工倕之指又霽韻【重增】　捩紾也捋也通作戾韓愈送窮文

捩手翻羹又拗捩固相違也又霽韻【重增】○蔑莫結切無也說文勞目無精也从首从戍人勞則蔑然也又地名左傳盟于蔑公穀二傳作眜音同又輕易也

亦作薎懱俗作蔑監本从廾从戌誤【今正】　眜同上又地名又末韻【增入】　薎晉王沈釋時論敷薎道素　懱【增入】　衊汚血也从廾从戌誤

今正 繈 𦆞也从廾从戍誤今正 箋 析竹筠从戍誤今正 ◯蠘 蠘蠓細蟲又錫韻从廾从戍誤今正 䁢 目眚宋玉風賦得目爲䁢 重增

十七 ○ 薛 私列切莎也六韜蓑薛簦笠是以莎草爲雨衣也又國名又姓篆文國名字作辥艸名字作薛今文與春秋多用薛字郤以國名辥字爲截辥字史記孟嘗君傳國名作薛

薛 偏旁卩在左者卽𠂤字也阜𠂤卩同 增入 紲 繫也又馬韁又長繩亦作絏緤 絏 論語縲絏之中左傳臣負羈絏 增入 緤 賈誼傳係緤之 增入 褻 私服衷衣也又衣破壞之餘白褻又狎近也又與媟同从衣中埶 媟 嬻也狎也慢也洿也亦作暬泄俗作媟凡从枼者皆然

暬 詩曾我暬御國語居寢有暬御之箴說文曰狎相慢也字當从埶 增入 ◯泄 荀子憍泄者人之殃也又去也亦作渫又漏也亦作洩又祭韻俗作泄 ◯渫 同上又治井也又清也又帖韻俗作渫 今圈 ◯洩 左傳言語漏洩又祭韻 增入 ◯枻 荀子非相篇注檠枻正弓弩之器又祭韻俗作枻 重增

偰 高辛氏子卨之祖也亦作契卨 ◯契 又祭屑二韻 今圈 卨 同上說文蟲名作卨誤今正 ○ 雪 蘇絕切凝雨又拭也除也洗也史記沛公遽雪足家語以黍雪桃又雪涕潔涕涶也又細蕝也杜甫詩佳人雪藕絲古作䨮 ○ ◯蕝 子悅切束茅表位亦作蕞又折絕也又祭泰二韻俗作蕝監本从色誤 今正 兩圈 ◯蕞 增入 又二韻

○ 絕 情雪切斷也奇也冠也超也橫度又直度也息也相去遼遠也止之也熄也峭極也古作𢇍俗作絶監本从色誤 今正 𢇍 反𢆶爲𢇍路溫舒傳𢇍者不可復屬 增入 ○ 設 式列切置也陳

也合也張施也

鎩 鈒有鐔一曰長矛過秦論不敵於句戟長鎩又鎩翮摧翼也又𢙔黠二韻 重增 ○

浙 之列切江名在錢唐浙者折也水勢曲折激起潮頭故曰浙江亦作淛制又淅米也

淛 又祭韻 公圈

制 莊子自制河以東又裁也節也法也崔駰達旨辭天地初制注協韻音哲又祭韻 增入

晣 明也亦作𣈶晢又祭韻

𣈶 又祭韻 增入

晢 易明辨晢也又祭韻 增入

哲 智也書知之曰明哲謂知道也又知人也書知人則哲亦作喆悊晢

喆 班固賓戲聖喆之治

悊 漢刑法志聖人既躬明悊之性 增入

蜇 螫也

折 斷之也屈曲也又方曲也禮折旋中矩又毀旁也史漢折券又封土爲方壇禮記瘞埋於泰折又見下又齊祭二韻 ○

舌 食列切口中舌又音活塞口也从干戈之干監本从千誤 公正

折 斷而猶連也又姓

揲 揲著說文閱持也又帖韻 公圈

㩼 同上揚雄傳㩼之以三策 重增 ○

熱 而列切炎氣 ○

說 輸爇切論說告也解也訓也述也又所論之辭也易故知死生之說書金縢代武王之說揚子仲尼駕說孟經爲衆說郛文中子中說俗作説又見下又祭末二韻 ○

歠 昌悅切大欱亦作啜嚽

啜 同上又茹也嘗也又見祭 公圈

嚽 荀子嚽菽飲水 增入 ○

拙 朱劣切不巧又月韻 公圈

棁 梁上楹又杖也俗作梲亦作𣟴又末韻 公圈

棳 同上又縣名漢地理志益州郡有毋棳縣師古曰棳讀與梲同其字从木毋音無 重增

準 鼻頭又旨準二韻 增入 ○

爇 儒劣切燒也亦作爇焫

爇 左傳且爇之 增入

焫 禮記焫蕭 增入

吶 言緩禮記檀弓其言吶吶然如不出諸其口有兩音廣韻作訥又没韻[公圖] ○刷 所劣切掃也清也拭除也漢武帝紀刷恥改行又轄韻

○茁 側劣切草生皃又質黠二韻 ○徹 敕列切通也又見下 撤 抽也發也剝也又見下[公圖] 聅 司馬法小罪聅謂以箭貫耳又寒韻 哲 挑擿說文上擿山巖空青珊瑚墮之周禮有哲蔟氏又錫韻 ○轍 直列切車輪所輾跡也說文以軌爲轍非也周禮匠人注軌謂轍廣此非以軌爲轍謂軌之廣與兩輪之轍等耳亦作徹轶 軼 莊子猶螳蜋之怒臂以當車軼又質屑二韻[重增] 躈 跡也列子絕塵弭躈[重增] 徹 除去也論語以雍徹周法什一而稅謂之徹徹通也爲天下之通法漢徹侯避武帝名改爲通侯亦作撤又與轍同漢文帝詔結徹於道

撤 論語不撤薑食[增入] 池 同上記主人既祖填池音徹又支歌二韻[增入] 澈 澄清 ○列 良薛切剖也行次也位序也布也陳也分解也又姓又虞韻[公圖] 烈 火猛又光明盛也功之光且盛者曰烈書丕承哉武王烈揚武王之大烈又惡之著者曰烈孟子於今爲烈又威也栵也詩載燔載烈毛傳火曰燔貫之加于火上曰烈鄭箋烈爛也又栗烈寒氣詩冬日烈烈鄭云烈烈猶栗烈也又毒也公孫弘以湯爲桀之餘烈又剛正曰烈正女曰烈女 迣 鮑宣傳男女遮迣晉灼曰古列字[重增] 洌 水清潔也 冽 寒也 裂 擘裂破也又繒餘又擘囊亦作厲又祭韻[公圖] 厲 擘厲又嚴也蜀都賦淳風厲注叶韻音列又祭韻 迾 遮也通作迣又祭韻[增入] 栗 考工記弓人居幹之道菑栗不迆後鄭云栗讀如裂繻陸音

烈又質韻【增入】

蛚 蜻蛚

栵 爾雅栵栭今江東呼為栭栗吴楚呼為茅栗又祭韻【今圈】

茢 芀也可以為帚掃除不祥又謂之茢爾雅謂之王蔧

○綴 陟劣切聯也古作叕又舞列也又祭韻

輟 止也歇也

罬 罬網名

啜 言多不止又泣皃【今圈】

惙 憂也詩憂心惙惙

畷 井田兩陌閒道又祭韻【今圈】

剟 割取賈誼傳剟寢戶之簾又末韻【增入】

錣 列子倒杖策錣上貫頤張湛曰錣杖末鋒淮南子注馬策端有利鐵所以刺不前也【增入】

餟 祭酹酒一曰連祭亦作醊又祭韻【增入】

醊 史記封禪書為醊食羣臣從者又祭韻【增入】

○劣 力輟切優劣弱也鄙也少也

鋝 說文十一銖二十五分之十三周禮重三鋝或曰二十兩為鋝小爾雅倍舉曰鋝鋝謂之鍰宋咸曰舉三兩鋝六兩

埒 說文庳垣也爾雅山上有水埒丘水潦所還曰埒又封道曰埒淮南子道有形埒

○孑 吉列切單也餘也人無右臂也亦戟也左傳授師孑焉亦作釨俗作孑

釨 戟也

訐 面相斥罪又攻發人陰私又月韻【增入】

揭 長皃詩葭菼揭揭又揭起說文高舉也又祭月曷三韻【重增】

偈 用力皃莊子偈偈乎揭仁義又見下又祭韻【重增】

桀 桀桀秀也詩維莠桀桀又見下【增入】

○悅 欲雪切喜也元有圈【今正】

說 同上詩說以使民易民說無疆兌說也又舍息也詩於我歸說古與論說字通用後人作悅以別之俗作説

兌 學記兌命曰與說同又泰隊祭三韻俗作兊凡从兌者皆然【重增】

閱 觀也歷也說文具數於門中也史記明其等曰閥積其功曰閱又有功曰閥有勞曰閱車千秋傳無伐閱功勞師古曰伐

積功也閱經歷也今人以家世門戶爲閥閱誤矣又買賣物賈也荀子良賈不爲折閱不市注折閱謂損其所賣物價也又檢視也俗作閲 ○威 許劣切滅

也詩褒姒威之从戌从火火物也戌諧聲也一曰火墓於戌至戌而滅故从戌也新唐書高宗贊引詩作滅誤漢五行志引詩作威 烕 盡滅也 𣦼 也 媙 莊子

眥媙可以休老【增】 䎐 小飛皃莊子作決 吷 小聲莊子劍首一吷一曰歈也 ○缺 傾雪切虧也說文器破也又靁光照颫謂之列缺亦作鈌

鈌 唐李嗣眞傳太常鈌黃鍾張九齡選舉疏每一官鈌以不次處之此與欠闕空闕虧闕之闕同義又毀也玷也江文通上建平王書坐貽謗鈌【重增】 ○

揭 丘傑切去也健也又月韻【合圖】 揭 高舉 愒 息也又祭泰二韻 偈 疾也詩匪車偈兮廣韻音桀誤【增入】 ○

傑 巨列切才也特立也荀子注倍萬人曰傑白虎通賢萬人曰傑亦作桀 桀 王逸注楚辭一國高爲桀又磔也又雞棲杙也又夏桀又見上【合圖】

榤 雞棲杙詩作桀唐有越榤憲宗時爲振卹使 楬 廣韻有所表識說文楬桀也左傳楬而書之周禮職金注有所表識謂之楬櫫蜡氏埋而置楬又

月轄二韻【重增】 渴 水涸周禮渴澤用鹿亦作竭又曷韻 竭 盡也又涸也又月韻 揭 負也又舉而豎之也漢書揭竿爲旗 碣

山名又石特立又碑碣亦作嵑又祭月二韻 嵑 又二韻【增入】 堨 壅也唐張守珪傳渠堨爲虜毀又月曷二韻【增入】 ○孽

魚列切說文庶子曰孽又盛飾皃詩庶姜孽孽又妖孽變怪也漢志蟲豸之類謂之孽孽則牙矣 蠥 說文禽獸蟲蝗之怪謂之蠥亦作㜸 㜸 婢妾貫謚

傳庶人蘖妾又與蘖同 蘖 妖蘖麴蘖又斫木餘又肄生曰蘖又曷韻 蘖 斫木餘古文作不朩無頭今文作蘖下从不非从朩也从木者傳寫訛出頭耳今不敢去故兩存之【增入】

糵 說文牙米又麴糵 䴷 周禮媒人注齊人名麴䴷曰媒【重增】 讞 議獄又獮線二韻【元祐新制】許三韻通押

⿰車獻 高皃揚雄賦飛櫓⿰車獻⿰車獻又曷韻 钀 馬勒旁鐵又月韻 ○鼈 必列切介蟲又蔽也 鷩 赤雉左傳丹鳥氏司閉也杜預曰鷩雉也又祭韻

○滅 彌列切火熄也盡也絕也沒也 搣 手拔又摩也撚也批也捽也 ○別 筆列切分也異也辨也爾雅小山曰別又大別小別山名周禮入成聽稱責以傅別先鄭曰傅別謂券書也傅傅著約束於文書別別為兩兩家各得一後鄭曰傅別謂為大手書於一札中字別之又見下

辯 周禮士師荒辯之法先鄭讀為風別之別荒政十有二士師別受敎條陸音彼列反又獮線二韻【重增】 ○別 皮列切異也離也解也訣也

○衞 于別切護也從也兵衞也范曄靈帝贊遂棲宮衞協韻于別反又霽韻【增入】 ○噦 乙劣切噦噫又霽泰廢月四韻【增入】

【通用】與鐸通

十八○藥 弋灼切治病艸故字从艸今徐石草木之劑皆曰藥又勺藥香草根可和食子虛賦勺藥之和具而後御之枚乘七發勺藥之醬詩贈之以勺藥韓詩離草也言將離別贈此草也又療也詩不可救藥

躍 跳也止也進也又錫韻俗作躍【合圈】

礿 夏祭禮記王制祭統皆言春曰礿或曰此夏商禮也或曰礿薄也夏物未成其祭尚薄亦作禴

禴 周禮宗伯以禴夏享先王詩禴祠烝嘗說者曰禴以樂為主易東鄰殺牛不如西鄰

之禴祭謂薄祭也 瀹 漬也治也又內肉及菜湯中薄熟出之也又疏瀹開滌也亦作瀹 瀹 莊子疏瀹而心 增入 爚 爇也又煜爚火光明照耀也

龠 量器狀似爵以縻爵祿漢志龠者黃鍾律之實也躍微動氣而生物也龠實八十一黍 籥 郭璞曰似笛三孔而短小廣雅曰七孔 鑰 關牡

鸙 天鸙如鷃 ○ 縛 符約切束也繫也又過韻 今圖 ○ 削 息約切刮削又小小侵也又弱也又奪除也王制君削以地又器名考工

記築氏爲削注即今書刀蓋古用竹簡筆誤則以刀削去之因名其刀曰削春秋筆削是也又笑效二韻 今圖 ○ 踖 七雀切恭也又人名 皵 皮皴

又昔韻 今圖 鵲 鳷鵲亦作䧿舄 䧿 舄 篆文云古鵲字象形借爲履舄字本作舄今省作舄又姓又昔韻 重增 猎 宋猎良犬亦作

𤞞 𤞞 芍 陂名在壽春又見下又篠錫二韻 增入 踖 陵也蹴也又昔韻 增入 ○ 爵 即約切鳥名象其形爲酌器取其能

飛而不溺於酒因以寓儆戒焉大夫以上與燕享然後賜爵以章有德故因謂命秩爲爵又黑多赤少之色曰爵象爵頭色亦作雀 雀 燕雀與酒爵官爵義異可

分押 爝 火炬又笑韻 燋 灼龜炬又火未然也又宵笑二韻 增入 皭 疾雀切白色又皭淨貌屈原傳皭然泥而不滓蜀都

賦皭若君平又笑韻 嚼 咀嚼又笑韻 ○ 鑠 式灼切銷鑠 爍 灼爍光皃 ○ 灼 職略切燒也炙也爇也昭也灼灼紅盛皃

焯 明也亦作灼炤又光氣 炤 詩亦孔之炤又宵笑二韻 增入 勺 挹取又成王樂名漢志周公作勺言能勺先祖之道亦作汋酌又蓮

勺縣名亦作芍 汋 左傳引詩汋曰於鑠王師今詩作酌 酌 酌酒又益也行也
又見下【今圖】 又汋陵宋地又見下又覺韻【增入】 取也霑也說文盛
酒行觴曰酌又取善而行 芍 蓮芍通作 妁 媒妁說文酌 彴 橫木渡水文
曰酌又參酌審擇量度也 勺【重增】 女也斟酌二姓 倚也又覺韻
繁生絲縷 繳 同上弋箭著之以胥會是謂之矰 禚 齊 斫 爾雅斫謂之鐯
亦作繳 繳漢蘇武能網紡繳又篠韻【今圖】 地 說文擊也又斬
也亦 斮 斬也又 鐲 刺也荀子以狐父之戈 ○ 綽 尺約切 婥 婥約好皃
作斮 覺韻 鐲牛矢也又燭韻【重增】 寬也 莊子婥約
若處子音義云柔 䪙 同上又瑩白皃相如 ○ 杓 日灼切杯杓把抒之器說文
弱皃亦作綽䪙 賦便嬛䪙約【重增】 枓柄也亦作勺又宵韻
勺 考工記梓人為飲器勺一升又長 汋 激水聲又汋陵宋 弱 劣也儒也
勺魯地勺藥香草亦作芍【增入】 地又見前【今圖】 曲禮二十
曰弱又水名从弜弜音奇 蒻 蒲也又蒟蒻菜名根 溺 廣韻水出龍道山不勝
又音其兩切強也俗作弱 可食又荷莖入泥處 鴻毛禹貢作弱水又嘯
錫二韻俗作溺凡 若 杜若香草又如也順也汝也語辭然也又預及之辭也爾
从弱者皆然【增入】 雅善也左傳禁禦不若又荀子出若入若注如也又若
木東海木名又東海若海神 鄀 秦晉界上小國在商密後遷南郡鄀 箬 廣韻竹
名又若若盛多皃又馬韻 縣左傳僖二十五年秦晉伐鄀【重增】 箬張志
和漁歌青 芍 芍藥草名根可 嫋 朔嫋長皃又 ○ 著 陟略切置也服衣
箬笠【重增】 為藥一曰香草 篠韻【增入】 也亦作著又見下

又御韻著又見下又魚語御三韻[增]鐯钁也爾雅斫謂之鐯亦作钃[增]○箸直略切附也麗也黏也著

同上安土謂之地著漢志理民之道地著爲本[增]○逴敕略切行皃方言驚也蹇也又覺韻婼魯大夫叔孫婼其義未聞說文不順也又

如攴切婼羌[今圈]躇公羊傳宣六年躇階而走注躇猶超也遽不暇以次又魚御二韻[重增]㲋小兔从㲋音同㲋獸名似兔青色而大兔

頭鹿足字象形○略力灼切簡也封界也左傳侵犯王略王與之武公之略又經略疆理田也大略大要也又忽也廣韻求也取也法也方略計畫也趙充國圖

上方略又巡行曰略左傳略基趾又行取曰略漢書張良略地唐蒙略通夜郎又杜預曰不以道取曰略方言强取曰略漢武帝紀殺略龔遂傳劫略與掠同又利也詩

有略其耜亦作䂮䂮又渠略蜉蝣䂮利也𥐻同上爾雅字[增]掠劫奪又笞也掠取也拂過也亦作剠又漾韻剠蟟

蟲蟟蜉蝣朝生暮死詩傳作渠略字當作蟟傳寫訛作蟟○謔迄却切戲調○却乞約切退也止也不受也亦作卻郄卻此本字也後變

爲却又轉爲郄从谷从卩谷音其虐切非山谷字也卩音節與郤字不同[增]郄史記天官書兌而卑者郄[重增]○脚訖約切足也亦作腳腳

鄒陽傳司馬喜臏腳於宋[增]蹻舉足行高又與屩同王褒頌離疏釋蹻又莊蹻楚之大盜又見下又宵篠二韻屩草履麻曰屩木曰屐又燭

韻[今圈]𡳐同上史記馮驩躡屩見孟嘗君[增]○噱極虐切噱大笑不止也班固敘傳談笑大噱師古曰噱謂脣口之中大笑則見校獵賦注口

中之上下曰噱 臄 口上阿詩嘉肴脾臄亦作噱 醵 合錢飲酒又魚御二韻 蹻 驕甚詩小子蹻蹻爾雅憍也郭璞曰小人得志憍蹇

之皃【增入】○ 約 乙却切約束謂圍繞束縛也又言語要結戒令檢束皆曰約束約信曰誓又儉也少也貧也簡也大約大率也期也隱度也周禮司約注

約言語之約束有兩音又笑韻【今圈】 蒦 漢律歷志尺者蒦也【增入】 葯 白芷又覺韻【今圈】 箹 小籥又覺韻【今圈】○ 虐 魚約

切酷也殘也苛也 瘧 痁病 ○ 矍 厥縛切說文隹欲逸走也从又持之矍矍也又古右手字也一曰視遽皃亦作戄又矍鑠輕健皃馬援傳矍鑠哉是

翁 戄 後漢李固傳奏使戄然通作矍【重增】 攫 持也撲取也又陌韻【今圈】 钁 大鉏 貜 大母猴廣韻大猿亦作玃春秋齊定公名

玃且又昔韻【今圈】○ 彏 彏縛切度也又陌韻【今圈】 嬳 作姿嬳態也 矱 與彠同後漢崔篆文協準矱之正度【重增】 韄 縛也莊子

外內韄者道德不能持又陌韻【重增】 躩 丘縛切盤辟皃論語足躩如也又昔韻【增入】

十九 ○ 鐸 達各切鈴屬金鐸金鈴金舌軍法用之木鐸金鈴木舌文教用之 度 謀也量也計也料也忖也詩周爰咨度左傳咨

禮爲度杜預曰問禮宜也詩帝度其心左傳成鱄說詩心能制義曰度又治木與剫同左傳山有木工則度之又暮韻 剫 治木說文判也爾雅木謂之剫亦作

度如左傳之義則謂度其材之差戀小大長短而用之適宜也 凙 洛澤冰也又陌韻【今圈】 澤 大人賦建格澤之脩竿兮張揖曰格澤之氣如

火狀黃白色起地上至天下大上銳師古曰格胡各反澤大各反又陌昔二韻〔重編〕○託他各切寄也委也信任也亦作侂侂說文引論語侂六尺

之孤〔增入〕槖無底囊又槖槖用力皃詩椓之槖槖柝判也又夜行所擊者亦作欜柝欜周禮野廬氏聚欜之注擊欜以宿衛之也㯤漢書宮中衛城門擊刀斗傳五更衛士周廬擊柝爾雅木謂之柝注今江東斫木為柝〔增入〕⊙拓手承物也推也斥開也又拓落猶蹭蹬也又昔韻〔今增〕

⊙魄落魄不檢應劭曰惡之類也又失業無次皃又見下又昔韻蘀木皮葉落也籜竹皮袥衣衿又開衣領○洛歷各切水名在河南左傳作雒東漢信讖以火德忌水用雒字雒左傳楚子伐陸渾之戎遂至於雒又馬黑身白鬣曰雒亦作駱本鳥名一名烏鶹亦作鵅舊注云鵅鵋誤〔今正〕零雨零通作落酪乳漿落草曰零木曰落皆衰謝也落字从艸則草衰亦曰落離騷夕餐秋菊之落英是也宋玉九辯草木搖落而變衰亦總言之凡物隕墜皆曰落人死亦曰落書殂落又始也聚也散也又拓落不偶皃揚雄傳為官拓落又鑿落飲器桑落水名酒名碧落天也錯落閒廁皃磊落壯碣皃冷落蕭索皃又宮室始成祭之曰落左傳願與諸侯落之又釁鍾曰落左傳饗大夫以落之又籬落又院落庭宇也⊙路揚雄校獵賦虎路三嵏音灼曰路音落師古曰虎落者以竹篾相連遮落之也此古籬落字也鼂錯傳作虎落鄭氏曰外藩也又暮韻〔增入〕絡懸絡揚雄傳伏羲作易綿絡天地謂包括之也又脈絡脈氣也絡筋也五臟六腑有十二經十五絡又籠絡馬羈靮也莊子絡馬首又絡絲也又絡繹連屬不絕也說文絮也方言關東謂汲水綆曰絡路

瓔珞韻

硌 磊硌石皃又硌硌石堅不相入皃亦作落落 **樂** 無憂也天理洞達內心油然易樂天知命故不憂語知者樂孟子樂則生矣又笑貌覺三

剳 剝也 **烙** 燒灼又火鍼曰烙又陌韻[今圏] **轢** 陵轢車踐也又錫韻 **櫟** 木名詩山有苞櫟協韻音洛又捎也相如賦櫟

蜚遽又錫韻[重增] **濼** 水名在濟南又音鹿同又見下[增入] **駱** 馬黑身白鬣詩魯頌駉作雒又姓 ○**諾** 奴各切應聲又以言許人曰諾

○**博** 伯各切廣也普也荀子多聞曰博又貿易也古琴曲有不博金 **簙** 局弈通作博 **襮** 黼領又表也又沃韻 **搏** 索持又手

擘也又暮韻 **薄** 迫也侵也荀子寒暑未薄而疾又迫晚曰薄暮又見下[重增] **鎛** 田器又大鍾國語戚施直鎛 **鑮** 大鍾通作鎛

膊 肩膊亦作拍又見下[增入] **拍** 周禮籩人豚拍魚醢又陌韻[增入] ○**粕** 匹各切糟粕亦作魄 **魄** 莊子古人之糟魄

濼 陂澤[今圏] **薄** 疾驅聲詩載驅薄薄[增入] **膊** 磔也左傳殺而膊諸城上又歐擊聲韓愈鬪雞聯句膃膊戰聲喧[增入] ○**泊**

白各切止息也又飄泊流寓也澹泊恬靜無為皃亦作怕 **怕** 憺怕又禡韻 **薄** 厚薄之對又草叢生曰薄又旁薄廣被也揚雄傳旁薄羣生亦

作魄又回薄旋轉皃賈誼賦萬物回薄又簾薄亦作箔薄又迫也書外薄四海陸音泊徐音搏又見前[今圏] **魄** 旁魄廣被相如封禪書旁魄四塞又落魄失業

無次皃亦作泊[增入] **箔** 簾也通作薄簙 **簿** 同上又蠶簿又姥韻[增入] **亳** 地名湯所居今亳州亦作薄禮記薄社北牖 **礴** 旁礴混同

皃又廣被也又充塞也亦作磅礴亦作旁薄又作旁魄莊子旁礴萬物又旁礴地也
太元經中首昆侖旁礴幽昆侖天之氣也旁礴地之形也幽人之心也人心幽微具
天地欂柱上枅廣韻欂櫨枅也又曰柱
妙用也韓愈進學解欂櫨侏儒重增○莫末各切無也勿也又姓又廣也曠遠也左傳狄之廣莫莊子廣
莫之野又定也詩求民之莫又曰民之莫矣又不可也論語無莫也又薄也小爾雅
大也又病也詩莫此下民亦作瘼又莫府與幕同史記李牧傳輸入莫府漢書李廣
傳莫府省文簿師古曰莫府以軍幕爲義古字單用軍旅無常居止幕在旁曰帷
以帳幕言之又晚也詩歲亦莫止本音暮協韻音慕又暮陌二韻在上曰幕
又平而無文曰幕皮錢背無字曰幕又六合曰六幕又沙幕北狄中地說文作漠漢
武紀衛青將六將軍絕幕李陵歌經萬里兮度沙幕揚雄賦腦沙幕匈奴傳幕以沙
幕西域傳幕南無王庭應劭曰沙幕匈奴南界薛瓚曰沙土曰幕師古曰二說皆是
或云是塞外地名非矣幕者即今突厥中磧耳後漢竇憲傳經磧鹵絕大漠則漠幕
古通漠沙漠又廣也大也施也茂也沖鄚地名唐明皇以膜肉間膜又
用漠澹靜皃莊子合氣於漠字類鄚改作莫模韻合圖摸
模揉捫也手捉
也又模韻合圖瘼病也寞寂寞○索昔各切荒也盡也散也紉也繩也又姓又
蕭索紫紆皃漢志蕭索輪囷是謂慶雲魏
書宋齊謂魏爲索虜謂以索辮髮也非戎索之索左傳昭五年韓宣子如楚送女叔
向爲介鄭子皮子大叔勞諸索氏杜預曰河南成皋縣東有大索城陸音息各反據
此即所謂京索是也漢書音色字從榡樸榡亦作索
通用又摸索又度索山名見隋韻鬼谷史○錯七各切鑪也又
厲石也雜也摩

也外也誤也詩傳東西爲交邪行爲錯說文金涂也又暮韻【今圖】厝廣韻礪石漢地理志五方雜厝晉灼曰古錯字又暮韻【重增】剒治厝○

作即各切造也爲也行也與也起也振也始也生也役也又御暮箇三韻【今圖】鑿鮮明皃詩白石鑿鑿又精也左傳粢食不鑿又見下又號

韻从丵从臼从殳从金糳精細米說文糲米一斛舂爲九斗曰糳左傳作鑿○昨疾各切昔日又與酢同周禮諸臣之所昨也酢

酬酢說文作醋又暮韻醋又暮韻【增入】鏨鏨也又六情曰六鑿莊子六鑿相攘者去又兩音柞木名即皂斗也五柞漢宮

因木以名文選音作誤又陌韻【今圖】筰竹索西南夷尋之以渡水故因號曰邛筰亦作笮又陌韻笮又陌韻【增入】莋縣名在越

嶲【增入】怍慙也亦作怎怎荀子无所儗怎【重增】○鶴曷各切鳥似鵠長喙丹頂亦作鶴又覺韻【今圖】鸖史記衛世家懿公好鶴左

傳作鶴【重增】貉似狐善睡亦作狢又禡陌二韻狢又陌韻【增入】洛洛澤冰也又凍涸皃楚辭冬冰洛澤从氵涸水渴

國語水涸成梁又暮韻格根格卻退皃吳楚俗謂牽引前卻爲根格根音胡恩切見灌夫傳注又格澤氣名又見下又陌麥二韻【增入】𦡆黑各

切肉羹鄗邑名在常山又交皓沃三韻郝地名在扶風又姓蠚毒螫又音綽【今圖】壑溝壑谷也坑也虛也大壑海也

廣韻亦作叡从㕡从谷从土嗃悅樂又嚴酷皃又嚴大之聲易家人嗃嗃又爻效覺三韻謞謞謞崇讒慝也又覺韻熇炎熾

亦作歊又宵屋沃三韻 歊 又三韻 增入 歊 暴起皃考工記㲉雖敝不歊又號覺二韻 ○ 恪 克各切恩也恭也謹也左傳三恪杜

預曰其禮轉降示敬而已故曰三格 ○ 各 葛鶴切異辭 閣 樓閣爾雅閣又食庋曰閣檀弓其餘閣也與又閣閣猶歷歷也詩約之閣閣又迫隘不行曰

坻閣周禮注車有轑轅坻閣坻音紙 格 木枝又止也又沮隔不行並我縱傳廢格沮事唐書其議遂格又留止不下也亦作閣古居史官閣筆不下又角觝也吾

丘壽王善格五韓非子嚴家無格虜又以杙閣獸也吳都賦萬萬笑而被格協韻音閣又杙也吳都賦峭格周施無音合與陌韻通用 增入 ○ 惡 遏各

切不善也醜也仇怨也又糞穢也又𠶷門阻逆曰惡心器物不良曰苦惡俗作悪又模暮禡三韻 堊 涂也本白墡又暮韻 今圖 蝁 虺屬 ○

諤 逆各切謇諤直言俗作諤 噩 嚴皃揚子周書噩噩爾又太歲在酉曰作噩 蘁 逆也莊子使人乃以心服而不敢蘁又暮韻 重增

愕 錯愕驚遽皃又阻礙不條順也俗作愕又暮韻 今圖 鄂 霍光傳驚鄂失色又地名又圻鄂又承華曰鄂與蕚同俗作鄂 堮 圻堮厓岸也亦

作圻鄂又作釿鍔又齗鄂牙牀也俗作堮 鍔 同上又刀劍刃鋒稜亦作咢俗作鍔 咢 同上王褒頌越砥斂其咢又徒擊鼓曰咢詩或歌或咢說文作㖾云

譁訟也凡从咢者俗皆作咢 㟧 廣韻崖㟧俗作㟧亦作噩㟧 增入 崿 韓愈晚秋聯句秦關東巖崿 重增 崿 唐顏真卿傳清河使

李崿乞師 重增 蕚 華下柎詩作鄂 鰐 海中魚名 鶚 孟康曰大鵰也師古曰鷙擊之鳥鷹鸇之屬蓋大而鷙者耳非鵰也鄒陽禰衡傳鷙鳥

累百不如一鶚本亦作鶚 逆 遇也逢也見也又迕也逆也與𨑩同又暮韻[增] ○ 穫 胡郭切刈禾又㿥穫也又暮韻[今圖]

鑊 又釜屬鍋也 濩 雨流霤下皃揚雄賦𨻻娟蠖濩之中張晏曰刻鏤之形師古曰言屋之深𢊍也𨻻音烏郭反濩音胡郭反又暮陌二韻 獲

與穫同荀子一歲再獲又禡麥二韻[增] 擭 又禡陌二韻[增] ○ 霍 忽郭切山名國名又姓又與藿同鮑宣傳漿酒霍肉

注豆葉也 藿 大豆葉又香草亦作藿 見玉篇又紙韻[增] 靃 廣韻地名說文飛聲雨而雙飛者其聲靃然選賦靃靃霏霏亦

作霍又紙韻[重增] 攉 手反覆也 霩 雲消貌又切係其然郭切用下彍彍郭三字同[增] 御名同音合當迴避 彍

張弓弩滿亦作彍又古博切同又苦獲切[今圖] 彍 唐書彍騎又二切[今圖] 郭 古博切城郭內曰城外曰郭又國名又姓俗作郭又陌韻

又苦擭切開也[今圖] 槨 外棺俗作槨亦作椁 椁 禮記殷人棺椁俗作槨[增] ○ 臒 烏郭切丹也从丹从蒦監本作臒誤[今正]

蠖 又蠖蟲名

通與麥用昔通

二十○陌 莫白切田閒道南北爲阡東西爲陌又市中街亦曰陌亦作佰 佰 漢志秦孝公開阡佰古阡陌字也又云有仟佰之得注仟謂千錢佰謂百錢今俗猶謂百錢爲一佰或作陌者非又見下[增] 貊 北方國多種又安靜也定也本作貊亦作貉貉 貉 孟子

大貉小貉又禡鐸二韻增入（貉）史記天官書胡貉月氏又鐸韻增入 貊 詩貊其德音本亦作貉又作莫重增（莫）安靜也定也左傳說

詩德應正和曰莫詩君婦莫莫又暮鐸二韻重增 䮖 百䮖驢父牛母 貘 郭璞曰獸似熊庳脚銳鬐骨無髓食銅鐵白居易貘屛贊序云象鼻犀目

牛尾虎足寢其皮辟溫圖其形辟邪 驀 上馬又越也 （百）勵也左傳距躍三百後漢書注五百字本爲伍陌使之導引當道陌中以驅除

也唐謂行杖人謂五百又謂之問事音陌又見下增入（拍）普伯切拊也又鐸韻合 （魄）左傳人生始化曰魄又曰心之精爽是謂魂魄

禮記魂氣歸于天體魄復于地蓋魂神也陽也氣也魄精也陰也形也又月體黑者謂之魄亦作霸又禡昔二韻 （霸）說文月始生霸然也漢志死霸朔也生霸望也

又禡韻增入 珀 琥珀漢西域王傳作虎魄 釽 破也漢志鉤釽析亂增入 ○（百）博陌切數名說文十十爲百漢志長於百合

（佰）百人爲佰又孟子或相什佰音數相去或彼一此百或此一彼百也增入（伯）長也第三等爵曰伯諸侯之長曰侯伯周禮九命作伯又兄曰

伯氏父之兄曰伯父又禡韻 迫 窘也近也急也附也亦作柏 柏 木名又姓俗作栢又與迫同漢武瓠子歌魚弗鬱兮柏冬日 栢 杜甫古栢

行雙栢詩又寄栢學士增入 甈 甈瓵井甃 ○ 白 簿陌切西方色又潔也素也明也又告也賈山傳精白以承休德荀子仁人之所務白又姓秦帥白

乙丙 帛 繒也 舶 海中大船 ○ 磔 陟格切裂也張也開也剮也漢制諸死刑皆磔於市又爾雅祭風曰磔又擊碎也月令磔土牛 ○

坼 恥格切裂也開也析也易百果草木皆甲坼亦作宅又皴也俗作拆 宅 文選蜀都賦百果甲宅宅音坼又見下【重增】 拆 陸機賦電拆霜開又擊也【增入】 趚 半步又馬韻【增入】 ○ 宅 直格切居也詺也屋也揚雄傳有宅一區孟子夫仁人之安宅也又見上【今圈】 澤 水鍾聚者曰澤九州之浸是也易兌為澤又雨也易澤上於天夬澤滅木大過又潤也波也滑也又悅澤滋潤光彩也又恩澤猶雨露也又褻衣也詩與子同澤又洗濯也曲禮共飯不澤手凡陂湖皆曰澤周禮澤虞注澤水所鍾也水希曰藪亦作睪又鐸昔二韻【今圈】 睪 洛睪東夌見廣韻澤音宅則洛音斁又鐸韻【今圈】 檡 木名檡棘善理堅刃可為射決出儀禮王篇云槫棗也又横韻【增入】 睪 與澤同荀子望其壙睪如也又柔也又豪昔二韻【增入】 擇 揀也選也亦作睪 翟 陽翟地名又姓又錫韻 鸅 鸅鷜廣韻鸅鸆護田也 ○ 擢 晙格切捉也又覺韻【增入】 ○ 赫 呼格切赤也發也明也盛也赫赫高明顯盛皃烜赫明照皃又炙也火炙曰曝皆曰赫[illegible]來赫又禡昔錫三韻【今圈】 嚇 怒也亦作赫又禡韻 ○ 客 乞格切賓客 喀 欬聲列子喀喀然【增入】 ○ 格 各額切至也來也書七旬有苗格格爾衆庶不寶遠物則遠人格月令暴風來格又告至也書歸格于藝祖又感通也書格于皇天又變革也化也論語有恥且格又正也孟子格君書格王爾雅格格舉也弋言梁益謂陞曰格又以杙格獸也吳都賦萬萬笑而被格本如字協韻音閣又杙也吳都賦峭格周旋又庋格凡書架食架肉架皆曰格周禮牛人注掛肉格是也又[illegible]法則也法有律[illegible]格式又窮究也大學致

知在格物又窮之而得亦曰格大學物格而後知至又麥鐸二韻【合圖】佫至也通作格亦作佫假假至也易王假有廟王假之禮記龜龍假莊子登假於道說文非真也又麻馬禡三韻【增入】假又麻韻【增入】𢧵捕也鬭也通作格俗作格挌擊也鬭也又正也亦作格骼舊注云禽獸骨說者謂人曰骨禽獸曰骼案呂月令掩骼埋胔謂人骨也蓋骨骼通稱亦作髂髂同上又罾骨揚雄解謿折脅拉髂又禡韻【增入】觡骨角之名廣韻鹿角也茖爾雅茖山蔥烙荀子紂爲炮烙之刑音格又鐸韻【重增】○額鄂格切題也顙也亦作頟頟同上又頟頟不休息皃一曰推車聲書罔晝夜頟頟【增入】詻訟也鄭康成曰教令嚴也漢天文志歲在酉曰作詻史記作作噩又作作鄂峈山高大皃○砉霍虢切皮骨相離聲又錫韻从丰从石丰音害與丰字不同騞解離聲聲大於砉莊子奏刀騞然又錫韻【重增】湱波相激聲謋破聲莊子謋然已解【增入】漷春秋襄十九年取邾田自漷水杜預曰漷水出東海合鄉縣西南經魯國至高平湖陸縣入泗又苦鑊切係一御名同音合當迴避其霍虢切照式許用下郭字同【重增】○虢古伯切國名亦作郭又姓郭公羊傳虞郭並與虢同又鐸韻【重增】○擭屋虢切握也手取也亦作攫又禡鐸二韻【合圖】攫莊子右手攫之又藥韻【增入】韄縛也莊子內外韄又音獲又藥韻【重增】韄廣韻視遽皃又藥韻【增入】濩漢地理志河東郡濩澤縣應劭曰縣有濩澤又暮鐸二韻【增入】○索色窄切取也求也又法也左傳周索戎索

又擇也左傳襄二年以索牛馬皆百匹杜預曰索簡擇好者又盡也漢孫寶傳氣索又地名漢書京索之間京丘名索水名二者之間也又鐸韻

摵 隕落兒白居易琵琶行楓葉荻花秋摵摵又屋韻 重增

○迮 側格切迫也

窄 狹也迫也通作迮笮

笮 迫也周禮鍾侈聲笮注侈謂中央約也修則聲迫笮又鐸韻 增入

笮 矢服又屋上片又出去疾也迫也壓也又鐸韻

唶 聲也左傳注行唶唶唶又禡韻 今圈

○啞 烏格切笑聲易笑言啞啞又麻馬二韻

二十一○麥 莫獲切來麰也麥者革也受四時之氣故性之温涼隨用而變白虎通云麥金也金王而生火王而死又姓

霢 霢霂小雨亦作霡

霂 詩益之以霢霂 增入

脈 血脈本作脈說文作𧖴籀文作衇釋名脈幕也幕絡一體字从月从𠂢从永者誤也永古詠字也反永爲𠂢𠂢音普拜切水之邪流也脈字从𠂢取脈衍之象一曰𠂢亦古脈字也不當从永然相承既久不敢廢也

脈 周禮以鹹養脈史記不能無絕地脈 增入

覛 相視兒文選作脈脈

○檗 博厄切木黃可爲藥

擘 大指又撝也鈲也又昔韻 今圈

捭 禮記燔黍捭豚通作擘又蟹韻 增入

○愬 色責切驚懼兒又暮韻

⿰氵策 小雨从氵从策从策誤 今正

○策 測革切簡策編簡爲策古者誥命皆有策漢制天子策書長二尺古制未聞命策皆史官作之國史亦用簡策杜預曰大事書之於策小事簡牘而已禮記文武之政布在方策方版也策編簡也漢書音義曰作簡策難問例置

置案上在試者意投射取而荅之謂之射策若錄政化得失顯而問之謂之對策又謀也籌也亦作筴冊唐書聖策先定罰有功謂謀畫也又馬箠亦作筴又策筴落葉聲韓愈秋懷詩策策鳴不已从竹从朿朿音刺又古莿字俗作策

筴 史記不用其筴漢書天投神筴又帖洽二韻【今圖】

冊 說文符命也諸侯進受於王字象其札一長一短中有二編之形又謀也籌也漢辛慶忌傳誠萬世之長冊蕭望之傳非萬世之長冊王吉傳公卿未有建萬世之長冊趙充國傳全師保勝安邊之冊鼂錯董仲舒公孫弘等傳皆作冊或作冊俗作冊冊

栅 寨栅編木為之俗作栅

○**責** 側革切誚也誅責也征求也責望也責任也漢書簿責注書之於簿一一責之曰簿責又負財亦作債又卦韻【今圖】

債 又卦韻【增入】

嘖 大呼聲又嘖嘖鳴也又爭言見管子請置嘖室

咋 大聲又唊也又見下【今圖】

幘 說文髮有巾曰幘方言覆髻謂之幘漢書卑賤執事不冠者所服後世以為燕巾光武岸幘見馬援

簀 牀棧又謂之笫

讀 廣韻讀怒說文與嘖同漢百官表典客更名大鴻臚應劭曰郊廟行禮讀九賓鴻聲臚傳之也【重增】

○**賾** 士革切深也

咋 嚙也東方朔荅客難孤豚之咋虎亦作齰【重增】

齰 風賦啗齰嗽獲【重增】

○**摘** 陟革切手擿又錫韻

謫 責也罰也亦作讁適

讁 【今增】

適 詩室人交徧適我勿予禍適孟子人不足與適又昔錫二韻【今增】

○**覈** 下革切考也實也慘刻也又果中實亦作核又沒韻【今圖】

核 漢書總核名實亦作綜核又果中實又咍沒二韻【今圖】

翮 鳥之勁羽又錫韻俗作翮【今圖】

格 堅不可入也扞格抵捂不相入

也學記發而後禁則扞格而不勝又鐸陌二韻【增入】輅婁敬傳脫輓委輅蘇林曰一木橫遮車前二人挽之三人推之又暮禡二韻【重增】○隔古核切塞也障也亦作鬲俗作隔鬲孟子題辭魯臧倉毀鬲孟子揚王孫傳厚葬以鬲眞薛宣傳西州鬲絕又縣名膠鬲人名又錫韻漢書作鬲俗作鬲凡从鬲者皆然【增入】膈胷膈心脾之閒一曰肓也通作鬲平原有鬲縣故晉人以惡酒爲平原督郵以其只在鬲上又擊也荀子尚拊之膈俗作膈革皮孰曰韋生曰革又更易也變也卦名又職韻【今圈】○厄乙革切隘也災也阻難也亦作戹阨隘阸从厂从巳厂音罕巳音節與巴字不同俗作厄戹史記范雎散家財物以報所嘗困戹者【增入】阨孟子孔子當阨阨窮而不憫周禮囏阨又限也礙也危也迫也塞也陋也亦作隘廣韻亦作阸又卦韻隘又卦韻【增入】阸又卦韻【增入】搤持也握也捉也亦作扼扼又卦韻扼同上又抑也揚子或問持滿曰扼敬【重增】扼同上又與軶同莊子加之以衡扼音義云扼又馬頸者【重增】軶轅耑橫木駕馬領者包咸注論語車中前視不過衡軶亦作軛扼軛考工記注衡任謂兩軛之閒莊子音義云衡軛前橫木縛軛者【重增】○獲胡麥切得也左傳得用曰獲又臧獲奴婢也又禡鐸二韻【今圈】畫指畫分也計策也界也截也止也又卦韻嫿分明好皃嚍言聲揚子通諸人之嚍嚍【增入】嚄嚄嘖大呼韓愈陸渾山火詩攢雜啾嚄沸篪塤【增入】○劃忽麥切錐曰劃又剖也剨破聲○馘古獲切截耳又獲也幗婦人喪冠又隊韻

摑批打 蟈𧕅屬周禮有蟈氏 膕曲脚中荀子詘要撓膕淮去本亦作膒增入

二十二〇昔思積切往昔前代也曩昔嚮日也疇昔昨日也一昔一夕也通昔通宵也莊子通昔不寐又夜也列子昔昔夢為國君釋文夜夜也廣韻始也為也說文乾肉也字作𦠆今作昔當作昔 腊乾肉亦作昔 惜悋也憐也愛也痛也 舄複履又藥韻今圈

磶柱礎 潟鹵地亦作舄漢志終古舄鹵兮生稻粱〇刺七迹切穿也又刃之也孟子刺人而殺之又刲㓨也緝也漢書終日刺繡紋又偵伺也周禮注刺探又黥也五代史軍士刺面去入二聲通用又寘韻从朿从刀俗作剌誤剌音辣監本从束誤今正 捇同上周禮注赤拔猶言捇拔也

重增

皵皮細起又藥韻增入 磧水渚有石者吳楚謂之瀨中國謂之磧又虜中沙漠曰磧〇積資昔切累也聚也堆疊也又素積皮弁服荀子皮弁素積注素積為裳用十五升布為之積猶辟也蹙其腰中故謂之素積亦作績又寘韻 績緝也漢外戚傳皮弁素績顏師古曰素績謂裳也以布為之取紡績之義又錫韻增入 脊背呂又見下今圈 蹐跼蹐詩正月作局蹐注局曲也蹐累足也箋皆畏怖之言也說文小步也潘岳賦豈止跼高天蹐厚地而已哉亦作局迹 迹足迹亦作跡蹟又與蹐同夏侯太初樂毅論豈其局迹當時 跡蹟同上又詩傳云不蹟不循道也 踖踧踖恭而不自安皃又見下又藥韻 借假也又禡韻 鰿小貝又鯽也 鯽魚名俗作

鄉○席 祥亦切槀秸曰薦莞蒻曰席又簟也書篾席又重曰筵單曰席又藉也資也因也又姓其先司周之典籍因氏焉晉有籍談後避項羽名改爲席从广从廿从巾廿象編營之形俗作席

蓆 大也詩緇衣之蓆兮【增入】

夕 暮也字从半月朝見曰朝夕見曰夕詩莫肯朝夕朝音直遙反國語大采朝日少采夕月

穸 墓穴幽堂也左傳窀穸之事杜預曰窀厚也穸夜也言窀中厚暗如長夜也

汐 海濤早曰潮夕曰汐【增入】

耤 耤田說文帝耤千畝經典作藉簿書通作耤又禡韻【今圖】

藉 史漢親耕藉田爲天下先應劭曰藉者帝王典藉之常也韋昭曰藉借也借民力以治之薛瓚曰親耕以躬親爲義不得以假借爲稱藉謂蹈藉也師古曰瓚說是【正】謹案王制古者公田藉而不稅注藉之言借也借民力治公田釋文藉音在亦反借子亦反孟子助者藉也注藉者借也猶人相借力助之也釋文無音左傳宣十五年注藉猶假借也十五年穀出不過藉並無音若以王制爲據則藉當音席借當音迹今學者讀孟子藉字多作去聲緣借字有兩音則藉字亦可作兩音用唯藉田之藉不可作去聲用又狼藉離披雜亂皃漢書名聲藉甚注猶云狼藉甚盛也又禡韻【今圖】

踖 蹈也躐也曲禮毋踖席亦作藉又地名左傳楚子敗黃師于踖陵【重增】

脊 莊子天下脊脊大亂注相踐藉也音在亦反【增入】

瘠 病也瘦也

塉 薄土

○釋 施隻切捨也放也解也消散也清也廢也服也訓釋註解也从釆釆音辨俗作釋

舍 同上周禮禮記舍奠又禡韻二韻【增入】

澤 同上詩其耕澤澤考工記水有時以澤又陌鐸韻

釋 淅米詩釋之叟叟叟旁从米【增入】

適 如也往也

至也安便也適然猶偶然也又肯爾之辭又適來猶爾來也武元衡傳適從何處來又貢得其人曰適適猶當也言其人與所稱適相當也漢書諸侯歲貢士壹適再適三適又女嫁人曰適又自得也又麥錫二韻

赩 盛也又職韻〔合圈〕

襫 襏襫蓑衣雨衣

螫 蟲行毒詩自求辛螫韓信傳猛虎之猶豫不如蜂蠆之致螫

赫 爾雅赫赫迅也又禡陌錫三韻〔增入〕

晹 日無光與暘字不同〔增入〕

睗 睒睗急視也韓愈寄崔立之詩霹電生睒睗吳都賦忘其所以睒睗〔重增〕

○尺 昌石切度名說苑度量衡以粟生之十粟爲分十分爲寸十寸爲尺家語布手知尺今官文書借用赤字

赤 南方色易乾爲大赤至陽也又裸裎曰赤體見肉色也又空盡無物曰赤赤地千里南史其家赤貧又漢書赤族注流血丹其族揚雄解謿客徒欲朱丹吾轂而不知一跌將赤吾之族也

斥 大也開拓也指斥指而言之也黜也棄也屏除也又一曰苦地又斥鹵鹹地禹貢海濵廣斥廣韻作滷

滷 又姓〔增入〕韻

○隻 之石切物單曰隻說文鳥一枚也从又持隹持一隹曰隻二隹曰雙又古右手字也

摭 拾也廣韻亦作拓

拓 〔增入〕又鐸韻

蹠 足履踐也楚人謂跳躍曰蹠又盜蹠又脚掌也亦作跖[illegible]

跖[illegible] 賈誼傳又苦蹠盭〔增入〕

墌 基址又地名唐太宗攻薛仁杲壁高墌〔重增〕

炙 燔炙从肉在火上凡物附火皆曰炙毛詩傳炕火曰炙又禡韻詳在其下篆文作[illegible]今作炙从夕非

○石 常隻切山骨又量名漢志四鈞爲石石重百二十斤又十斗曰石石者大也漢書注凡稱石者言其量也麤布皮革羊裘之數亦稱若干石俗作石凡从石者皆然

祏 廟中

藏木主石室也碩大也充實也鼫五技鼠射食亦切以弓弩矢射物凡指物而取亦曰射又見下又禡韻○擲
直隻切投也搔也振也抛也掉也亦作擿躑擿揚子擿埴索塗謂冥行者㨄土而求路也又與擲同又錫韻[錫]躑住足又躑躅跳見又
花名亦作蹢蹢易羸豕孚蹢躅又與擲同莊子齊人蹢子於宋古作蹢又錫韻[錫]○益伊昔切增也進也卦名伯益人名嗌喉也
齸鹿粻爾雅麋鹿曰齸牛曰齝廣韻云並吞芻而反出嚼之也○繹夷益切理也陳也長也大也終也充也說文抽絲曰繹又紬繹繙
經書尋究之也又與襗同詩絲衣繹賓尸也春秋壬午猶繹夏曰復胙商曰彤周曰繹後鄭曰繹祭於堂其祭禮簡而事尸禮大名曰繹又審度也書庶言同則繹
襗祭之明日又祭之名經典作繹繹與襗義異者分押睪廣韻引繪兒說文伺視也从目从牵輸捕辠人也又豪陌二韻[錫]醳醇酒
懌悅懌譯傳言通夷夏之言轉告之也周禮象胥傳四夷之樂嶧山名在魯驛置騎今之遞馬也又往來不絕曰駱驛亦
作絡繹圛回行也逸書圛圛升雲斁厭也終也又暮韻掖挾扶也說文手持人臂投地一曰肘掖俗作腋又宮旁舍曰掖庭門
旁小門曰掖門殿旁垣曰掖垣皆取如人肘掖又縫掖大衣掖衛親兵古作亦亦又也總也又旁及之辭說文與掖同詩衡門序誘掖其君釋文云石經作
亦蓋古掖字本作亦象人兩掖之形後有掖腋字不復用亦字遂借亦字爲亦又字腋左右肘脅之間曰腋奕大也衍也盛也容也累也奕葉累世

也又圍棋也亦作弈下夲从廾與廾同
奕 同上又美皃爾雅奕奕憂也
济 海賦淢济瀲灩水深廣涌溢皃[重增]
帟 小幕在上曰帟周禮幕人注帟幄中坐上承塵也禮記檀弓注帟幕之小者所以承塵
液 津液
射 無射律名又厭也詩矧可射思無射於人斯又無射亦保音亦又音神夜反
埸 疆埸邊境左傳疆埸之事又田畔詩疆埸有瓜
蜴 蜥蜴在壁曰守宮亦曰蝎虎黑褐色在野曰蝘蜓綠色詩胡為虺蜴陸音昔誤
易 神妙不測大傳易无體又曰生生之謂易又卦象之書所以畫易之象以示人者亦曰易大傳易者象也周禮簭人掌三易之法夏曰連山商曰歸藏周曰周易其經卦皆八其別皆六十四又揲蓍生爻卦象亦曰易大傳四營而成易於文日月為易又始也列子大易未見氣又曰易變而為一又變也更也改也換也轉也奪也辟易驚却皃狂易失志又水名又寘韻
○役 營隻切使也行也徭役工作征戍也古从亻今从彳
疫 札瘥瘟疫
○辟 必益切君也除也屏也又足病與躃同賈誼傳又類辟且病痱音壁又見下又支紙辭寘霽五韻
躃 足不能行亦作躄
躄 禮記瘖聾跛躄[增入]
襞 褰衣揚雄傳注襞疊衣也
璧 圭璧爾雅肉倍好謂之璧外圓象天內方象地从辟从王王與玉同
壁 牆壁又東壁宿名軍壘臨危曰壁又錫韻[增入]
○僻 匹亦切乖僻偏側也邪哆也陋也亦作辟又僻左幽仄非正道也又霽韻[今圖]
辟 禮記志淫好辟非辟之心左傳辟陋孟子放辟邪侈[增入]
癖 瘕癖腹病積聚又偏癖疾
○擗 毗亦切擗心詩寤擗有摽亦作擘又錫韻[今圖]
擘

又麥韻增入 **辟** 法也刑也又與闢同 **闢** 開也啓也亦作辟 **椑** 親身棺又支齊二韻增入 ○ **玃** 俱碧切公孫玃

齊人見鄒陽傳又藥韻增入 ○ **躩** 驅碧切盤辟皃論語足躩如也又藥韻增入 ○ **碧** 彼役切深青色說文石之青美者 ○

虩 迄逆切恐懼皃易震來虩虩一曰蠅虎也常若多懼故取象焉又生責切俗作虩今增 **覤** 同上莊子蔣閭葂覤覤然驚又生責切重增

○ **隙** 乞逆切孔也釁也怨隙也空閑也暇也亦作郄郤从阜从㡿㡿音同从小从白从小今作隙俗作隙 **郄** 史記張釋之傳雖錮南山猶有

郄漢書作隙从卩與郄字不同亦作郤增入 **郤** 莊子批大郤塗郤守神又地名又姓从谷谷音其虐切非山谷字从卩音邑與卻字不同 **綌**

麁葛俗作綌 ○ **戟** 訖逆切戈戟雙枝爲戟單枝爲戈古作㦸又揭也持也漢期門武士執戟以衞階陛之下曰陛戟亦作㦸俗作戟 **㦸**

增入 **撠** 揭也持也詩傳作戟揭揚雄傳撠膠葛亦作撠又作躆 **躆** 同上又以足據持也班固荅賓戲應龍超荒忽而躆顥蒼增入 ○

劇 竭戟切增也甚也艱也戲也又姓 **谻** 相如賦徼谻受詘蘇林音倦谻之谻與劇同增入 **屐** 木履亦作跂 **跂** 莊子

跂蹻爲服又支紙寘三韻增入 ○ **逆** 屰戟切迎也卻也迕也拂也不順也亦作屰方言自關而東曰逆自關而西或曰迎或曰逢周禮宰夫主萬民之逆

後鄭曰自下而上曰逆逆謂上書先鄭曰逆迎度王命者 **縌** 綬維漢書古佩襚也

獨用 二十三 ○錫 先的切青金又賜也又與緆同漢房中歌曳阿錫如淳曰阿細繒錫細布禮錫衰十五升布即緦也 緆

細布又衣緣禮記深衣注緣錫也音錫又音以豉反【今圈】 裼 裘單曰裼重曰襲鄭康成曰袒而有衣曰裼又霽韻 晳 白色亦作晳从析从白監

本从析誤【今正】 晳 同上舊點字晳下本从白語孟史記字訛从日今不敢改故收入以便押用【增入】 析 分也从木从斤破木也爾雅析木謂之津

注云即漢津也又支韻【今圈】 淅 汰米孟子接淅而行又淅瀝雨聲 蜥 蜥蜴【增入】 ○戚 倉歷切斧鉞又親也憂也又姓从戉

从尗俗作戚 鏚 斧鉞也左傳鏚鉞秬鬯本作戚詩干戈戚揚記朱干玉戚俗作鏚 慼 憂也懼也亦作戚俗作慼三字義異者分押

墄 階甃文選西都賦右墄左平音戚又霽韻【重增】 鼜 戒守鼓周禮軍旅夜鼓鼜杜子春讀為憂戚之戚謂擊鼓聲疾數故曰鼜 ○

績 則歷切緝也功也繼也事也成也又績也又素績素布裳也亦作積又昔韻 勣 功也通作績 ○寂 前歷切靜也安也廣

韻亦作宋家 ○壁 必歷切牆壁又東壁宿名說文垣也軍壘臨危謂之壁又昔韻【今圈】 鷿 鷿鷉鳥名爾雅鷿鷉謂之鷵 鼊 鼅鼊龜屬

○霹 匹歷切霹靂 劈 剖也裂也破也 擗 辟開也楚辭擗蕙櫋兮既張又昔韻【增入】 鎃 梁益間裁木為器

澼 漂絮莊子洴澼絖 ○甓 蒲歷切瓴甋詩中唐有甓 ○覓 莫狄切求也尋也索也从爪从見亦作覛 冪 覆食

巾亦作冪冪冪周禮注以巾覆物曰冪古作冂从一下垂象形增入鼏禮記疏布鼏舊注云木貫鼏耳非辦在青韻內今圖幎
幔也又同上冪變為幎冥覆也周禮冥氏掌設弧張為阱擭以攻猛獸音覓又如字又青迥徑三韻重增幦髹布又車覆軨亦作幎篾幭末
幭車覆軨周禮犬幭鹿幎豻幭增入篾禮記素篾注白狗皮覆軨也增入𥷕詩淺幭增入末荀子禮論篇絲
末注與幦同又末韻重增蓂蓂莫大薺又青韻塓塗也左傳圬人以時塓館宮室汨水名在豫章屈原所沈處應劭曰汨水在
羅故曰汨羅今長沙屈潭是也又沒韻增入○的丁歷切端的又射侯之中也指的要處也質也明也實也又蓮實亦作芍菂芍廣韻
蓮中子又篠藥二韻增入菂同上弔至也又嘯韻啇廣韻本也木根果蔕獸蹢皆曰啇與商字不同增入蹢蹢也
詩有豕白蹢古作商又昔韻今圖適親也厚也專也意所必從曰適論語無適也又主也吾誰適從莫適為主是也又見下又麥昔二韻嫡
正室曰嫡隨嫁曰媵嫡出曰嫡子妾出曰庶子通作適靮馬韁𦊐繫也潘岳西征賦貫鰓𦊐尾重增甋瓴甋甎也江東呼瓴
甓詩傳作令適鏑矢鏠鏃亦作鍉鍉賈誼過秦論銷鋒鍉增入滴涓滴水點又瀝下也樀屋梠一名聯櫋○
逖他歷切遠也亦作狄逷狄詩狄彼東南舍爾介狄毛音逖鄭如字又狄成音聲往來疾貌見樂記又見下增入逷爾雅遠也詩周

逷蠻方左傳豈敢離逷增入
趯 跳皃亦作躍
躍 詩躍躍毚兔又𠃵櫟韻增入
剔 解骨周禮作肆
肆 周禮內饔注割者肆解肉也詩楚茨箋有肆其骨者又至韻增入
惕 怵惕憂也懼也愛也亦作悐
悐 漢王商傳無怵悐憂增入
悊 挑擿周禮悊蔟氏又薛韻
摘 發也動也說文拓果木實也一曰指近之也亦作擿又麥韻
擿 同上挑發也漢書自相糾擿趙廣漢發姦擿伏唐高力士擿李白詩以激楊妃又昔韻增入
倜 倜儻不羈皃荀子倜然無所歸宿又高舉皃荀子天下倜然舉去桀紂而犇湯武又高遠皃荀子倜然莫不明通而公也又曰倜倜然其不及遠矣增入
俶 同上相如封禪書俶儻窮變又屋韻增入
○狄 亭歷切北狄又姓簡狄高辛妃金狄秦銅人又與翟同今圖
翟 江淮之閒謂雉青質五色皆備曰翟書羽畎夏翟漢志作夏狄又厭翟翟后車揄狄屈狄后服後鄭曰狄當爲翟說文山雉曰翟禮記翟樂吏之賤者又云狄設階是狄翟古通用字也義不同者分押又姓漢翟方進又陌韻
敵 四也當也拒也輩也抵也亦作適
適 史記適人開戶適不及拒李斯傳沛公至咸陽羣臣百官皆畔不適又往也荀子無適不易之術注讀爲敵增入
踧 行平易也詩踧踧周道又屋韻
迪 進也順也循道也蹈也導也啓迪開發也青齊閒相正謂之迪
覿 見也从賣从見俗作覿監本从賣誤今正
糴 買穀米廣韻俗作籴又嘯韻今圖
滌 洗也除也又淨也詩滌滌山川亦作條脩
條 禮記條蕩其心周禮條狼氏又蕭豪尤三韻增入
脩 周禮司尊彝凡酒脩酌又宵尤有三韻增入

入笛樂管周禮作篴篴增入荻蘆屬易注作藡頔好皃唐有于頔增入○歷郎狄切經也攷也行

也又歷數亦作曆書無疆大歷服漢書律歷亦作厤莊子厤物之意音義云古歷字廣韻治也曆曆數書曆象日月星辰天之曆數在爾躬通作歷歷曆義

異者分押靂霹靂震霆蔡邕傳作辟歷櫪牛馬皁亦作歷又櫪槲木名韓愈山石詩時見松櫪皆十圍又蠶箔䍥羃䍥煙皃

瀝點滴又漉去水也滲也酈地名又姓鬲曲脚鼎考工記鬲實五𣪠𣪠斗二升亦作䰙翮俗作鬲又麥韻䰙

翮史記楚世家吞三翮六翼以高世主索隱曰翮亦作䰙同音歷三翮六翼謂九鼎也空足曰翮俗作䎁又麥韻重增礫小石瓅

玓瓅珠明皪的皪白皃躒動也踐也左傳荀躒晉卿增入轢車踐漢書刻轢輘轢注陵踐也又鐸韻寥寂寥幽闃

又空也又蕭韻增入櫟木名又鐸韻又音藥櫟陽縣名今圈○惄乃歷切飢意又憂也傷也思也溺沈也沒也耽也俗作溺又

嘯藥二韻今圈○檄刑狄切說文以木簡爲書長尺二寸以號召也後漢紀爲封長檄注封謂印封之長檄猶今長牒也魏武帝奏事曰若有急則插雞

羽謂之羽檄言如飛之疾也杸種具薂蓮實覡男巫亦作擊擊荀子傴巫跛擊之事注讀爲覡又見下重增

鬩許激切鬩也訟也戾也怨也詩兄弟鬩于牆从鬥从兒鬥音鬭今註詩傳寫訛作閱亦作赫增入閱赫漢趙后傳赫蹏書鄧展曰

赫音閱甗㔁曰薄小紙也晉灼曰今謂薄小物爲赫蹏又赤也又䃺陌昔三韻【重增】赦笑聲○激古歷切蕩激㊀擊扑也打也

【今圈】㊀轚車轄相擊又霽韻【今圈】○喫苦擊切啗也飲也杜甫詩對酒不能喫又曰春䴔方漫喫亦作毄【增入】毄漢書攻苦

毄淡亦作毄【增入】○鶂倪歷切水鳥亦作鶃鷁鷊鶃同上又䳸鳴聲孟子惡用是鶃鶃者爲哉【增入】鷁同上又與艗同張協

七命乘鷁舟兮爲水嬉鷊同上又與虉同詩卬有旨鷊俗作鷊【增入】虉綬草俗作鷊艗舟也方言船首謂之艗艏郭璞曰鷁

鳥名也今江東貴人船前作青雀是其像也㊀霓雌虹亦作蜺又齊屑二韻㊀蜺又五【增入】○闃苦狊切寂靜也闃其無人从門

从狊俗本作闃誤○狊古闃切犬視鼳獸名爾雅鼠馬長須秦人謂之小驢郭璞云似鼠而馬蹄一歲千斤爲物殘賊鶪

伯勞左傳謂之伯趙以夏至鳴冬至止詩七月鳴鶪亦作鴃鶪㊀鴃孟子南蠻鴃舌之人趙岐曰博勞也引詩七月鳴鴃應陰而殺物者也音古役切又霽屑

二韻【增入】㊀鴂離騷恐鵜鴂之先鳴兮使夫百草爲之不芳服虔陸佃以爲鶪一名伯勞七月鳴則陰氣至而衆芳歇與趙岐之說合當與霽屑二韻通用又

支韻【增入】湨水出河內軹縣東南至溫入河春秋襄十六年會于湨梁【增入】○殈呼狊切卵破㊀焱【增入】火焰又豔韻

㊀砉皮骨相離聲又陌韻㊀騞破聲列子騞然而過張湛音休壁反殷敬順音霍麥反莊子奏刀騞然又陌韻【重增】瞁驚視

與德通【通用】

二十四○職

職 質力切執掌也主也常也等也

織 組織說文作布帛總名爾雅治絲曰織織紝也以緯緯經曰織又促織蟋蟀又志韻

膱 儀禮注脯長尺有二寸曰膱亦作䐈

樴 杙也

○識 設職切知也能別識也見識也又志韻

飾 脩飾整飭也緣也攡也

式 法式則也度也撿也樣也制也敬也又取法也詩式儀式刑文王之典崔寔傳式三王又爲法也詩式是南邦又乘而俛首致恭曰式義取憑軾也論語式負版者記式視馬尾又用也成康不式式和民則

軾 車前軾謂車中面前橫木可憑者史記酈生伏軾韋昭曰軾令小車中隆起者卽兵車也漢書酈生傳作憑軾亦作式

拭 拭拭揩也潔也

○寔 丞職切是也春秋亘六年正月寔來杜預曰寔實也音時力反公羊傳寔來者何是來也又質韻寔詩箋寔實同義當通用漢崔寔字子眞義與實同又陳寔皆無音亦當通用【今圈】

湜 水清見底又持正皃詩湜湜其沚

殖 蕃殖滋生也詩序庶類蕃殖又財衍也漢書衣食滋殖又滋貨曰殖又培壅也左傳敢不封殖又平正皃詩殖殖其庭又種蒔也左傳夫學殖也杜預曰殖生長也字亦作殖

植 同上又立也置也栽也周禮植物先鄭曰根生之屬又志韻亦作植

埴 黏土又志韻亦作埴

○食 實職切穀饌又茹也啗也又吐而復吞曰食左傳食言是也顏師古注敘傳食猶饗也故祭曰血食漢外戚傳甚相妒忌曰對食言有相噬之意又消也左傳伍員曰後雖悔之不可食已又與蝕同春秋日有食之言有物侵噬之也又飲盡曰食漢書食酒一斗又志韻

蝕 日月虧曰蝕釋名曰稍小侵虧

如蟲食草木之葉說文敗瘡也凡物侵蠹皆曰蝕 ○ 側 阻力切旁也傾也不正也偏敧也詩輾轉反側宣王側身謂憂懼不敢正處又側陋卑陋也古作仄

仄 同上又與昃同又仄慝月行遲又陿隘也杜甫詩偪仄何偪仄又仄微卑賤也書作側微

昃 日昳也揚子不及則未過則昃亦作仄薛宣傳引書曰中仄云仄古側字是三字皆通用義異者自可分押又不正也亦作昃𠩺从夨音同頭傾也

昃 董仲舒傳文王日昃不暇食 增入

𠩺 周禮曰𠩺而市 增入

汄 湢汄水狹流

稄 穡稄禾密穡音嗇 ○

色 所力切顏色又色怒論語戒之在色从人从巴卩音節與巴字不同今作色本作色又采色也

嗇 愛也貪也慳也積也本與穡同說文作嗇从來从㐭來麥也㐭古廩字來者㐭而藏之故田夫謂之嗇夫禮記主先嗇而祭司嗇漢成帝詔服田力嗇

穡 種曰稼斂曰穡又愛也左傳昭元年大國省穡而用之嗇穡義異者分押

薔 廣韻薔虞蓼也又陽韻 增入 ○

測 初力切測度

惻 愴也痛也

畟 畟畟陳器狀說文治稼畟畟進也詩畟畟良耜又節力切 ○

崱 士力切崱崱山皃季崱虞夏諸侯亦作萴

萴 左傳季萴因之 增入 ○

息 悉即切呼吸氣也又止也絕也蠅也生長也大聲歎曰大息又消息音耗也又子息又利息又國名又姓

熄 蓄火又滅也 ○

即 節力切就也當也即日當日也又只也即此只此也又火熟曰即檀弓夏后氏即周又燭頭燼管子左手執燭右手折即亦作即又說文从皀从卩卩音節皀音偪皀粒也又音急又音及並穀香也與鄉字中皀字同俗作即凡从即者皆然 今圈

堲

火熟陶器又燭燼又見下又質韻〔增〕 唧 唧聲又蟲鳴文選促織詩唧唧復唧唧又質韻〔重增〕 稷 五穀之長詩彼黍離離彼稷之苗是稷晚

於黍也說文齋也一曰稷百穀總名周禮注社稷土穀之神有德者配食焉左傳稷田正也烈山氏之子曰柱為稷自夏以上祀之周棄亦為稷自商以來祀之自漢以

下夏禹配食官社后稷配食官稷 ○ 堲 疾力切疾也書朕堲讒說殄行俗作堲 ○ 陟 竹力切升也進也爾雅山三襲曰陟下从步音

闢从少誤〔今正〕 稙 早種禾也 ○ 敕 恥力切誡敕天子制書曰敕亦作勑又誡也正也固也理也亦作勑又與飭同 勑 書勑天之

命又與飭同馬援傳謹勑之士又代韻〔重增〕 飭 致堅又整緒也亦作敕漢安世樂敕身齊戒師古曰謹恭皃又今與敕同武帝紀飭躬齊戒師古曰讀與敕

同整也又與勑同張敞傳明飭長吏守丞師古曰讀與勑同又脩治也易雜卦蠱則飭也 鶒 鸂鶒杜甫詩一雙鸂鶒對沈浮又有鸂鶒詩亦作鸂鶒又作

鶒〔增〕〔入〕 鷘〔重增〕〔入〕 鳶 廣韻鸂鶒亦作鷘唐倪若水傳元宗遣中人採鵁鶄鸂鶒南方〔增入〕 ○ 直 逐力切正直不曲也左傳正曲

為直荀子是謂是非謂非曰直又反地伸也當也又志韻亦作貞〔今圈〕 犆 犢犆牛又緣也禮記君羔幦虎犆又德韻〔增入〕 ○ 力 林直切筋

力氣所任也凡精神所及處皆曰力心力目力相勸提也凡物所勝亦曰力風力火力酒力弓力是也又勤也書力穡史力學漢紀不如仲力又病甚曰力汲黯曰今病

力又用力曰力申公目顧力行如何耳 屴 山皃杜甫封西岳賦超崱屴 ○ 匿 女力切藏也微也亡也隱也漢律凡為謀首而藏匿罪人

曰首匿 慝 內愧也亦作恧 恧 【增】又屋韻 弋 與職切繳射曰弋又橜也與杙同又黑也漢文帝衣弋綈與黓同又婦官

與妋同又取也書非我有周敢弋殷命 杙 橜也一爾雅樴謂之杙所以格獸 黓 黑也 妋 婦官漢書亦作弋 鉽 鼎附

耳在外曰鉽 翼 宿名羽翼也扶也助也恭也敬也美也衛也俗作翼 翊 同上又飛皃又緝韻【今圈】 翌 明日曰翌白書作翼

爾雅翌明也郭璞引書翌日乃瘳○魏都賦顯仁翌明言彰明其明德也从羽从立俗作翌翊 廙 羊屋又恭也又至韻 ○ 殛 訖力切斥死曰殛

亟 疾也急也促迫也亦作棘革極又志韻 棘 同上詩玁狁孔棘匪棘其欲本木名小棗也一曰棗也以其有刺故从兩朿凡有刺者皆曰棘

所謂荊棘是也又與戟同禮記越棘大弓又垂棘地名天棘蘴冬又德韻从朿誤【今正】 革 禮記夫子之病革矣言急也變也又夏革人名又麥韻【增入】

極 荀子箴賦反覆甚極與亟同又見下【重增】 㥛 急性說文疾也一曰謹重皃列子謹㥛淩誶釋文㥛吃也【增入】 襋 衣領詩要之襋

之从朿誤【今正】 ○ 赩 許極切大赤亦作奭 奭 詩韎韐有奭又昔韻【今圈】 衋 傷痛也書民罔不衋傷心 ○ 億 乙力

切十萬曰億大也安也料度也唐書將兆傳供億音訓曰億安也供其匱乏使之安【居正】業張說傳供儗大厚儗有儲偫之意供億猶供儗也億度也料度其所須之

多少而供之以待其乏也 臆 胷臆亦作意 意 去意易明夷六四獲心意也叶韻音臆又與臆同賈誼鵩賦請對以意師古曰叶韻音億史記

作臆又曰好惡積意亦音臆又志韻【增入】㊀薏 廣韻蓮□一又薏苡又志韻【增入】繶 條繩又屨縫中紃周禮屨人赤繶黃繶【增入】𩏩 同上廣韻云𩏩頭誤屨頭名絇非繶也【增入】憶 念也記也一古作意 抑 按也密也治也塞也遏也冤屈也遏也止也又亦然之辭詩威儀抑抑注謹密也 ㊀醷 漿也內則水醷注梅漿又止感怪三韻【今圈】㊀極 竭憶切屋極中棟也中也至也要會也皇極皇建有極惟皇作極時人斯其惟皇之極皆謂君建中道民歸之也易有太極易无體故强名曰太極以明之又太極竹名北極天極亦曰宸極南極天之南軸對北極者也又六極天地四方也八極四極方隅之極三極天地人洪範六極六禍也又宸極天子正寢木園也寶位亦曰宸極又終也窮也又見上【今圈】

○㊀嶷 魚力切山皃亦作嶷又小兒有知識皃詩克岐克嶷亦作㘈又之韻 㘈 ㊀薿 茂也又止韻 ㊀疑 定也詩靡所止疑又之蒸迄三韻【增入】㊀觺 觺觺角皃又之韻【今圈】

○域 越逼切區域也界局也又居也又宇內曰域中老子域中有四大 ㊀淢 疾流又見下【今圈】罭 緵罟 棫 木名詩柞棫拔矣芃芃棫樸注棫白桵也又木叢生 ㊀蜮 短弧惡蟲狀似鼈含沙射人影中之者死亦作𧊇又獲北切 ㊀𧊇 春秋莊十八年秋有𧊇杜預曰𧊇短弧也釋文短弧一作斷弧本草謂之射工又獲北切【增入】㊀緎 羔羊縫孫炎云緎縫之界域陸德明云一訓縫緎之縫或曰絲數又音洫【今圈】閾 門限

○洫 忽域切韓詩洫深也周禮百夫有洫洫上有涂注百夫一鄰之田洫廣深各八尺亦作淢又消也莊子以言其老洫也

㵄 詩築城伊淢注成溝也箋云成方十里淢其溝也釋文況域反字又作洫 增入 侐 靜也寂也又至韻 今圖 ○ 堛 拍逼切土

凷 副 剖也判也裂也亦作疈又宥屋二韻 疈 周官宗伯以疈辜祭四時百物注疈牲胷也疈而磔之 增入 愊 悃愊至誠 ○

逼 筆力切迫也驅也亦作偪 偪 楅 以木有所逼束也詩閟宫夏而楅衡箋養牲楅衡其牛角爲其觸觝人也釋文音逼周禮封人 幅 行縢詩邪幅在下左傳帶裳幅舄又

飾其牛牲設其楅衡注楅衡所以持牛令不得觝觸人楅設於角衡設於鼻陸音福同字同義合當通用又屋韻

屋韻 ○ 愎 弼力切很愎剛愎自用也咈也左傳愎諫違卜 煏 火乾舊作檑誤 今正

二十五 ○ 德 多則切道德周禮六德知仁聖義中和洪範三德正直剛克柔克皐陶謨九德自寬而栗至彊而義易四德元亨利

正天地之大德曰生日新之謂盛德禮記動容周旋中禮者盛德之至也論語中庸之爲至德凡言德者善美正大光明純懿之稱也又得於道之謂德又恩也惠澤也

又四時旺氣也月令立春盛德在木又凶行曰凶德惡行曰惡德古作惪說文作悳 惪 同上又漢志轢惪縣在張掖 增入 悳 賈誼傳悳至隆

也 增入 得 獲也凡求之而獲皆曰得賦受亦曰得又合也夏數得天謂夏之曆合天時也人相契合曰相得春秋書法獲器用曰得得寶玉大弓是也篆

文作得作㝵今作得廣韻亦作㝵 ○ 忒 惕德切差也亦作貸 貸 月令毋或差貸一曰從人求物廣韻亦作貣又志代二韻 增入 貣

又見下[增入]

慝 惡也書旌別淑慝一曰惪惡也周官司寇詰姦慝

○特 敵德切一牲曰特又豕生一曰特周禮注豕三歲爲特又但也獨也賈誼傳大臣特以簿書不報期會爲故又挺立曰特儒行特立獨行又孤高也詩序武公寡特又匹也詩實維我特是婦謂夫爲特也又曰求爾新特是夫謂婦爲特也又專也勤渠也故也

犆 禮記大夫犆牛輿特同又職韻[增入]

貸 假貸借物又曰求物也亦作貣

蟘 食苗葉蟲亦作螣

螣 同上又螣蛇又登寢二韻[今圖]

○勒 歷德切馬鑣銜又抑也刻也

肋 脅幹釋名肋勒也所以檢肋五藏

扐 指閒繫辭歸奇於扐以象閏太元經作艻

艻 同上又蘿艻香草[增入]

仂 數之餘也禮祭用數之仂注什一也

阞 考工記以其圍之阞捎其藪注阞三分之一也[增入]

泐 水石之理又磷泐考工記石有時以泐又凝合也

玏 瑊玏石次玉

○北 必勒切朔方漢志太陰者北方北伏也陽氣伏於下於時爲冬又奔北楊倞曰北者乖背之名故以敗走爲北臣謂人道面南背北北者背也故古以堂北爲背背亦借也以敗走爲北者取借之而走目又分異也書分北三苗有兩音又隊韻从兩人相背象形亦會意也[今圖]

○匐 蒲墨切匍匐伏地亦作伏服詩匍匐救之箋言盡力也謂奔趨而往也又海魚名又屋韻[今圖]

伏 史記范雎傳膝行蒲伏韓信俛於袴下蒲伏又宥屋二韻[增入]

服 揚雄解謿范雎扶服入橐禮記扶服救之又屋韻[增入]

菔 蘆菔菜名後漢更始傳洛陽宮女掘蘆菔根食之廣韻秦人呼爲菈遝今俗呼蘿蔔又屋韻[增入]

蔔

同上又薝蔔梔花薝音膽俗音占誤[增入] 踣 僵仆亦作仆趹又遇韻[今增] 仆 又遇宥二韻[增入] 趹 吴都賦魂褫氣懾而自踼

趹者應弦而飲羽古作伏[增入] 僰 僰爲蠻夷王制屏之遠方西曰僰注僰之言偪使之偪寄於夷戎从東誤[今正] 棘 禮記王制西方曰棘注作

僰又職韻[增入] ○ 墨 密北切黑也膠煤爲之又刑名五刑墨劓剕宮大辟墨黥額也又左傳貪以敗官爲墨注貪則汙暗不潔白也又小爾雅五尺謂之纆

莊子繩墨殺焉繩墨本匠人所用以彈畫者此以諭章程法度斷而殺之也又與默同屈原賦幽墨王逸曰墨無聲也賈誼賦𡏖墨不得志以黑从土 默 說文

犬暫逐人又不語也靜也幽也亦作嚜嘿穆从黑从犬 嘿 漢書成帝臨朝淵嘿[增入] 嚜 賈誼賦于嗟嚜嚜[增入] 穆 漢東方朔

傳吳王穆然音默又屋韻[重增] 纆 索也三股曰徽兩股曰纆易繫用徽纆賈誼賦何異糾纆 冒 干也貪也左傳貪冒之民冒謂蒙犯禮法而[illegible]

貨也王吉傳朝則冒霧露謂蒙犯霧露也又毒冒龜屬亦作蝳蝐又號隊二韻[今增] 媢 妬嫉亦作冒又至號二韻 ○ 塞 悉則切隔也窒

也滿也充也𡍩也又與㥶同書溫恭允塞剛而塞詩秉心塞淵又代韻 㥶 實也安也 寨 安也又央韻[增入] ○ 則 子德切法

則凡制度品式皆曰則書明哲實作則左傳唯則定國毀則爲賊又天理不差者曰則易乃見天則又夷則律名又地未成國曰則周禮天宗伯五命賜則又大宰以八

則治都鄙又即也易見善則遷有過則改是也又且然之辭求則得之是也又然後之辭行有餘力則以學文是也又若然之辭過則勿憚改仁則吾不知是也又撙節

也刋劇也㩀也○賊疾則切書寇賊姦宄注攻劫曰寇殺人曰賊左傳殺人不忌爲賊孟子賊仁者謂之賊荀子害良曰賊周禮夏官賊賢害民則伐之

賊殺其親則正之今俗呼偷盜劫剽皆曰賊蠈食苗節蟲詩作蟘又○烏蠈魚類亦作鰂劾胡得切推窮罪人也按劾彈治也又海代

二韻○黑迄得切黙色物之黑者莫如煙煤故字从㘧从土从火㘧與囪同竈突也今作黑俗作黒凡从黑者皆然○克苦得切能也勝

也左傳得儁曰克又釋鄭伯克段曰如二君故曰克又攻去己私曰克己左傳克己復禮仁也論語克己復禮爲仁揚子勝己之私之謂克說文肩也如佛時仔肩之肩

謂能任也又殺也公羊傳克之者何殺之也又忌克勝心也詩不忌不克又聚斂侵害曰掊克亦作剋•剋殺也損削也急也剋期約定期日也又涓

選曰剋擇刻鍥也鍥漏箭以候日晷曰刻數因謂晷度曰刻時分八刻晝夜共百刻又雕鏤也剝也侵也慘覈也○或穫北切迷也疑也易

或之者疑之也史記賈誼賦衆人或或漢書作惑劉向傳營惑耳目康衡傳或之甚者也又未定之辭書其或不恭論語其或繼周者之類是也又不定之辭易或出或

處孟子或去或不去之類是也又疑辭或曰或謂或然之類是也亦作惑掝惑迷也疑也眩亂也古作或後加心以別之又熒惑火星掝

荀子以己之憔憔受人之掝掝注掝昏也增入○國古或切邦國小曰邦大曰國四海之內曰天下五服之內曰中國亦曰中邦天下摠曰萬國又曰萬

邦是邦國通稱也若別言之則邦者封也國者域也周禮大宰治邦國釋文國天子諸侯所理也邦疆國之境曲禮入境而問禁入國而問俗又曰國中不馳皆以都城

爲國也俗作国

獨用 二十六○緝 七入切績也繼也續也 葺 修補也左傳一日以葺說文茨也 咠 咠咠譖言巷伯詩作緝緝說文聶語也 ○霫 息入切雨皃 ○潗 卽入切水皃又泉出也相如賦湁潗鼎沸注微轉細涌皃湁尺立反 湒 雨下皃又見下 今圈 揖 會聚皃詩螽斯羽揖揖兮又音側立反又見下 增入 𦐇 戢𦐇衆皃杜甫太清宮賦羅詭異以戢𦐇 增入 ○習 席入切鳥數飛也月令鷹乃學習借爲學習字習者服行所傳之業爲之熟複不已也又串習慣熟也狎也因也又重也易習坎重險也又曰水洊至習坎言水流相仍而來不已也俗作習凡从習者皆然 褶 袴也廣韻音習是舊音拾誤 今正 襲 重衣也因也及也入也合也嗣爵曰襲爵又掩其不備曰襲又纂緒曰襲又受也左傳故襲天祿又重也文選應門八襲又十襲珍藏又衣單複具曰襲又姓 隰 爾雅下溼曰隰公羊傳下平曰隰又姓 ○集 秦入切鳥止木上故从隹从木論語翔而後集又聚也會也就也成也安也同也衆也又文集文所聚也唐有經史子集四庫 輯 斂也書輯五瑞又和也睦也聚也說文車和也又見下 今圈 楫 兒寬傳統楫群元師古曰楫輯與集三字並同虞書楫五瑞是也此謂斂聚之楫與三字同不可重押義異者非又短櫂書用汝作舟楫徐音集亦作檝又葉韻 重增 檝 重增 又葉韻 ○濕 失入切霑潤也不乾也本作溼又牛耳動皃詩其耳濕濕又音

尺入反此本合韻託合切水名俗誤以爲乾濕字因而不改　溼　爾雅陂下者曰溼方言憂也 增入　○執　質入切持也操也守也捕也囚也孟子執之而已矣檀弓肆諸市朝而妻妾執又畜也亦作瓡　瓡　漢地理志北海郡瓡縣師古曰瓡即執字 增入　慹　怖也又葉韻 增入

汁　湆也液也又帖韻 今圈　○十　寔執切數名易天一至地十天數五地數五也土生數五成於十五與五合也漢志協於十亦作什孟子公羊傳漢書什一皆用什字　什　同上又十人爲什後漢書注古者師行二五爲什食器之類必共之故曰什物什具今人通謂生生之具爲什物又詩十篇爲什過十篇亦稱什舉成數也俗以詩章爲什誤矣　拾　掇也收也斂也一曰射韝所以拾矢也又掐拾摭人之過而督責之也今官文書借爲十字又葉業二韻

○入　日執切出入又納也没也　廿　說文二十并也今直以爲二十字凡蒴莫董革席庶之類皆从廿顏之推稽聖賦中山何夥有子百廿 增入　○澀　色入切不滑也从氵从兩倒止从兩止亦作澁澁从刃誤 今正　鈒　鋌也戟也又音鈒鈒鏤 今圈　○蟄　尺入切和集也詩宜爾子孫蟄蟄今又見下 增入

○戢　側入切止也斂也藏也亦作輯　輯　斂也檀弓蒙袂輯屨音側立反 增入　濈　和也　⿰角咠　角多皃無羊詩作濈本亦作戢湒　湒 增入　○縶　陟立切絆馬一曰兩足不能相過也亦作馽　○蟄　直立切蟲藏又見上 今圈　○立　力入切堅也成也置也建也又與粒同詩立我烝民莫匪爾極鄭箋立當作粒不知古粒字無米後人加米以別之耳以

詩之義只作建立之立亦通 粒米顆 笠蓑笠無柄曰笠有柄曰簦 苙方言圈也孟子既入其苙注苙蘭也又白苙藥名又音及
本草作白及[增入] 颯人名前漢有劉颯後漢有衛颯其義未聞又合韻[增入] ○揖一入切拱揖又進也說文手著胷曰揖又見前[合圈]
挹酌也抒也又與揖同荀子拱挹指麾 俋字林勇壯皃莊子俋俋乎耕而不顧音義云耕皃一云耕人行皃[重增] 邑都邑周禮
四井爲邑四邑爲丘邑方二里丘方四里甸師以公邑之田任甸地以家邑之田任稍地注公邑謂六遂餘地家邑大夫之采地此又與四丘之邑不同又都國都邑縣
也左傳凡邑有宗廟先君之主曰都無曰邑邑曰築都曰城此謂大縣邑也杜預引周禮四縣爲都四井爲邑恐誤四井之邑方二里豈能容宗廟城郭耶如西都賦都
都相望邑邑相屬論語十室之邑則是四縣四井之都邑也若千室之邑則非井邑矣又國亦稱邑書大邑周天邑商是也又王都亦稱邑詩商邑翼翼是也又於邑短
氣漢武帝賦悲愁於邑成帝贊言之可爲於邑又合韻[合圈] 浥漬也濕也潤也又業韻[合圈] 悒不安又憂也 裛書囊又裛
香又業韻 ○熠弋入切盛光也又閃爍皃 熻火皃又屋韻[增入] 翊飛皃漢郊祀歌注翊翊音熠又職韻[增入] 曄
廣韻曄曄亦作曅又葉韻[增入] 曅又葉韻[增入] ○吸許及切入息 歙縮鼻又斂也老子將欲歙之必固張之又合也與翕
同韓延壽傳郡中歙然又呷也亦作吸又人名漢有來歙又葉韻 翕火炙一曰起也斂也合也動也聚也盛也 潝水流疾聲爾雅潝潝訿訿

莫供職也韓詩不善皃 闟 廣韻戟名曰闟又闟也韓愈南山詩闟闟屋摧霤【重增】 扱 收也禮記以箕自鄉而扱之又洽韻【增入】○

泣 乞及切淚也一曰無聲出涕又沸聲 湆 羹汁說文幽溼也从泣从月作湆誤【今正】○ 急 居立切疾也緊也窘也褊也迫也

伋 衛宣公庶子名急詩作伋是義古與急同又孔伋字子思 給 贍也漢書家給人足又相足也又口捷論語禦人以口給又出給付與也

級 說文絲次弟也又等也秦法斬首多者進爵一級因謂之首級又階次禮記拾級聚足 汲 引水於井又汲汲不休息皃又勤皃急皃揚子

堯舜禹湯文武汲汲穀梁傳及猶汲汲也又地名又姓 ○ 及 其立切至也逮也連累也又兼與之辭左傳與謀曰及公羊傳及我欲之暨不得已也穀

梁傳及猶汲汲也又旁及覃被也又白及藥名本作苙从人从又今作及 笈 書箱又葉洽二韻 ○ 岌 魚及切高皃又危也亦作圾爾雅小

山曰岌又洽韻【今刪】 圾 莊子殆哉圾乎【增入】

【通用】與盍通 二十七 ○ 合 曷閤切同也會也相偶也翕也六合天地四方也又荅也左傳宣二年既合而後來又合子盛物器

見東方朔傳又見下 郃 地名又人名後漢有李郃 ⿺辶合 遝也行相及也 洽 水名詩在洽之陽有兩音又該也周浹也和也又洽韻【增入】

【入】○ 欱 呼合切大歠廣韻作欱 ○ 溘 渇合切奄忽也 ○ 閤 古沓切內中小門漢文翁傳出入閨閤【增注】唐制天子日

御前朝見羣臣曰常參朔望薦食陵寢有思慕之感不能臨前殿則御便殿[illegible]曰謂之入閤前殿即宣政殿便殿即紫宸殿立仗必於前殿仗則自東西閤而入云入閤門下省以黃塗門謂之黃闥長官曰閤老今俗通呼小室曰閤子

合 漢志十龠爲合漢書注輕車齊則爲合多少等亦爲合合者相配耦之言也又併集也和也

敆 會也併也亦作合

頜 頤旁公羊傳絕其頜

鴿 鳩屬

蛤 蚌屬月令雀入大水爲蛤又蝦蟆大者曰蛤又石蛤似蝦蟆而大又蛤蚧似蝦蟆而長

韐 韎韐士服又洽韻〔合圈〕

○

姶 過合切女字又美好皃衛靈公母嬶姶

嗑 嗚嗑短氣亦作溘邑

邑 同上詳見前韻內又阿邑諂諛迎合皃漢張湯以知阿邑人主與俱上下亦作匼又緝韻〔增入〕

匼 唐書蕭復傳諂諛阿匼楊再思阿匼取容又感韻〔增入〕

罨 網也又罨畫又琰韻〔合圈〕

○

趿 悉合切足擷取又進足也

颯 翔風又風聲宋玉風賦有風颯然而至又緝韻〔合圈〕

卅 說文三十也今直爲三十字韓愈爲孔戣墓誌云孔世卅八讀蘇颯切三十八世孫也廣韻作卅〔增入〕

靸 輕舉皃相如賦泊㳚靸以輕逝又草履〔增入〕

馺 馬行疾又馺娑漢殿名〔增入〕

霅 廣韻雨霅霅又開皃甘泉賦霅然陽開又葉洽二韻〔增入〕

○

帀 作荅切周也徧也亦作迊

迊 俗訛作匝

噆 齧也亦作唼

唼 左傳僖二十八年注盬唼也〔增入〕

○

雜 昨荅切參錯也說文五綵相合也从衣从木从隹本當作襍轉作雜又見下

○

答 得合切竹箘又當也報也合也亦作荅

荅 同上

又小豆又鐵蒺藜也蠹鎧傳布渠沓又疊布一日都布史記沓布千匹

〇雜 七合切列子湯問篇雜然相許注猶僉也音七合反公羊傳定四年注語侯雜然侵之音七合反又如字[增入]

〇鍩 託合切以金有所冒也

騇 猥茸皃晉書兗州八伯太山羊曼爲騇伯[增入]

沓 冒也貪也唐王綝傳酉領沓墨又見下[增入]

嚃 大歠曲禮毋嚃羹

漯 水名在平原廣韻亦作濕

濕 本古漯字省文爲漯遂以濕爲乾溼之溼又緝韻[增入]

䑙 廣韻犬食韓愈曹成王碑䑙隨光化[增入]

〇沓 達合切重也又猥賤也孟子事君無義進退無禮言則非先王之道者猶沓沓也又與遝同[今圖]

遝 雜遝迨也亦作沓

誻 言相惡也亦作沓沓

踏 踐踏亦作蹹蹋

蹹 左傳宣十二年注斥候蹹伏謂蹤跡隱伏

蹋 同上又蹋鞠蹋毬也

涾 沸溢

騇 駁騇馬行疾

䶀 䶀䶀無賢不肖之辨唐人謂常裒爲䶀伯又積厚也[增入]

〇拉 落合切折也摧也亦作搚又招也

搚 揚雄傳范睢以折搚而危穰侯又葉韻[今圖]

擖 同上公羊莊元年搚幹而殺之本又作拹[增入]

拹 又業韻[增入]

〇納 奴荅切受也入也古作內又補綴也俗作衲又與軜同荀子三公奉軛持納又納納廣大包容皃杜甫詩納納乾坤大

內 孟子若己推而內之溝中又曰非所以內交於孺子之父母也又祭隊二韻[增入]

軜 驂馬內轡繫軾前者

二十八○盍 胡臘切覆也合也一曰何不也亦作盍 ㊀蓋 詩蓋云歸處又孟子則蓋反其本矣又邑名陳仲子兄戴食采
於蓋孟子兄戴蓋祿萬鍾音盍又苫也左傳襄十四
年被苫蓋杜預曰蓋苫之別名又見下又泰韻 增入 闔 開也易一闔一闢謂之變又閶闔天門爾雅謂
之扉又門戶也月令乃脩闔扇注治門戶也用木曰闔用竹葦曰扇或謂簑曰闔闔
門也單曰扇扇戶也左傳以枚數闔公羊傳齒著于門闔荀子外闔不閉又總合也
漢武紀闔郡不薦一人 嗑 噬嗑卦名其象頤中有物噬而後合也雜卦噬嗑食也序卦嗑者合也又多言 ○榼 克盍切酒器 ㊀磕
石相築聲亦作礚又泰韻 今圖 ㊀礚 又泰韻 增入 ○榻 託合切牀狹而長者从木从㬰㬰音同从冃从羽俗从日凡从㬰者皆然監本从日
誤 今正 塌 地低下从日誤 今正 ⿰糹㬰 以索買物唐書契丹將李楷固善用⿰糹㬰索飛索⿰糹㬰唐將張元遇麻仁節生獲之俗作⿰糹塌 增入 搭
摸也搨也附也掛也 鞳 鏜鞳鍾鼓聲亦作闒鞈 闒 晉潘尼釋奠頌鏜鞳闒闒 增入 ㊀鞈 相如賦鏗鎗闛鞈又洽韻 增入 塔
物聲又浮圖也唐長安有慈恩寺塔名鴈塔進士題名廿六下杜甫有登慈恩寺塔詩 增入 嗒 嗒然忘懷皃莊子嗒然似喪其偶 增入 ㊀鰈 比目
魚又帖韻 ○⿰㬰羽 徒盍切飛也 ○㊀蓋 古盍切人姓漢有蓋公蓋寬饒又齊邑名孟子蓋大夫王驩 增入 ○臘 力盍切歲
終祭衆神之名左傳虞不臘矣莊子猶臘者之有膍胲夏有三伏冬有臘故稱歲時
伏臘也曆家以運墓日爲臘如漢火運火墓於戌大寒後戌日是从肉从巤今作臘

俗作臘〔今正〕鑞錫也蠟蜂脾融者爲蜜凝者爲蠟

〔通用〕與帖業通二十九○葉弋涉切枝葉又姓又書冊歐陽脩曰唐人藏書皆作卷軸後有葉子似今策子又見下枼艸从枼枼

音葉俗作業凡从枼者皆然擖箕舌禮記少儀執箕膺擖〔增入〕厭益涉切伏也合也襵也當也塞也按也斆也又順從皃荀子天下厭

然猶一也後漢紀吏士皆作厭服佞霸傳衆多不厭帝紀作猒又杜鄴傳折衝厭難厭者壓也鎮壓寇難使之銷靡也又左傳文二年書曰及晉處父盟以厭之也杜預

曰厭猶損也廣韻惡夢也亦作魘又琰豔狎三韻義同者當通用又鹽韻猒又鹽豔二韻〔增入〕靨頰輔擪持也按也又見下〔今〕

〔圖〕○曄域輒切光曜亦作曅又緝韻〔今圖〕曅宋范曄作後漢書又緝韻〔增入〕燁燁燁明盛也亦作爗爗〔增入〕

饁饋餉○笈極曄切書箱又緝韻○妾七接切女婢从辛从女辛音愆唼揚雄反離騷靈脩既信椒蘭之唼佞

兮師古曰唼佞譖言也又狎韻〔增入〕緁緶衣○接即涉切相續也交也受也承也持也連也又見平及洽韻楫短櫂亦名

橈亦作檝又緝韻〔今圖〕檝又緝韻〔增入〕椄續木菨菨菨水草亦作荇菨一名菨余詩傳作接余睫目睫說文

作䀹䀹目童子又䀹韻〔增入〕婕女字又婕妤婦官亦作倢倢〔增入〕又見下○捷疾葉切勝也亦作接又獲也欽

也成也敏疾也急報也報勝曰捷亦作疌小爾雅二十四銖曰兩兩有半曰捷又洽韻[今圈]　**接**　內則國君世子生接以大牢注接讀爲捷捷勝也謂食其母使補虛强氣也左傳子同生接以大牢荀子先事慮事謂之接[增入]

諜　口諜多言亦作捷　**倢**　斜出又利也便也俗作捷[增入]　**寁**　廣韻速也亟也又感韻[增入]

○**攝**　失涉切摠持也攸也兼也錄也佐也捕也權攝也左傳攝官承乏又假借也檀弓攝束帛乘馬而將之又飭整也左傳襄十四年書於伐秦攝也杜預曰能自攝整又怗韻[今圈]

葉　縣名在南陽　**韘**　射決詩箋韘之言沓所以彄沓手指亦作弽　**歙**　丹陽縣名今新安郡歙縣又緝韻[增入]

○**讋**　質涉切失氣而言又懼也亦作慹慴　**慹**　漢朱博傳豪强慹服又不動皃又見下入緝韻[今圈]　**懾**　怖也心伏也喪氣也怯也亦作慴　**慴**

摺　敗也廣韻摺疊又合韻[今圈]　**霅**　說文霅霅震電皃又合狎二韻[增入]

○**涉**　實攝切徒行厲水也爾雅由膝以上曰涉从步誤[今正]　**拾**　曲禮拾級聚足與涉同謂前足躡一級後足從之也又緝葉二韻[今圈][入]

○**讘**　日涉切多言又詀讘細語或作囁　**囁**　韓文口將言而囁嚅唐竇鞏言若不出口世號囁嚅翁

○**輒**　陟涉切忽然也專也又每事即然也又車相倚也从耴音同又音聶俗从取非　**𧝐**　領耑

○**䐑**　直涉切縷切也亦作聶　**聶**　內則皆聶而切之又見下[增入]

○**獵**　力涉切田狩摠名又軩獵小車　**鬣**　馬領毛魚龍頷旁小鬐皆曰鬣說文髮鬣鬣也　**儠**　儠儠長皃說文

引春秋傳長儠者相今傳作鬣 躐 踐也又踰跨也記學不躐等也 擸 廣韻擇持也崔駰達旨辭無事財擸纓整襟注字安從手引廣雅云擸持

也【重增】 ○聶 尼輒切附耳小語又姓【今圖】 鑷 鑷子亦作籋廣韻作鑈 籋 同上廣韻箝也又與躡同漢郊祀歌籋浮雲詩天

馬籋浮雲 躡 登也蹈也著履屐也 驫 馬疾步通作籋 踂 足不相過一云聚合不解 ○慹 怖也又不動皃莊子慮嘆變慹

又曰慹然似非人【增入】 嵒 多言也說文引書顧畏于民嵒蓋古文尚書字孔氏書作嵒音嚴【增入】 ○䕯 山輒切䕯蕭瑞草又洽韻【增入】

箑 扇也又洽韻【增入】 霎 小雨又洽韻【增入】 歃 歃也又洽韻【增入】

三十○帖 他協切帛書題又牀前帷也又妥帖定也 怗 安也服也靜也定也亦作帖又鹽韻【今圖】 貼 以物爲質又稗

也依附也又粘置也亦作帖 ⿱鼓占 鼓無聲 呫 小皃唐書王叔文呫呫小人又嘗也【增入】 ○喋 丁協切如淳漢書注曰殺人流血滂

沱也字誤當作渫又見下及狎韻 跕 墮皃馬援傳飛鳶跕跕墮水中 ○牒 徒協切書版小簡亦作諜又訟牒今狀子又官府移文謂之牒

諜 漢郊祀歌披圖案諜蘇林曰諜弟也又閒諜亦作諜又多言便語亦作喋 諜 郭璞注爾雅左傳謂之諜今之細作又曰游偵【增入】 喋

多言便語亦作諜史記張釋之傳嗇夫諜諜漢書作喋喋 渫 波皃江賦長波浹渫又薛韻【重增】 堞 雉堞城上垣以白堊之故曰粉堞

褶 玉藻帛爲褶注有表裏而無著今裌衣也 重增 蹀 履也蹈也 蝶 蛺蝶亦曰蝴蝶一名胥 鰈 比目魚又盍韻

疊 重也墮也明也積也又震懼也亦作慄說文云揚雄以爲古理官決罪三日得其宜乃行之故字从宜新室以爲三日太盛改爲三田俗作疊

惵 漢書惵息 增入 㲲 細毛布杜甫詩光明白㲲巾亦作氎毼作㲲 增入 揲 廣韻摺揲又薛韻 增入 褋 楚辭遺余褋兮澧浦注褋襜褕事神所用 重增 艓 小舟杜甫最能行貧窮取給行艓子會箋云宜從徒協切或謂音葉不言輕如葉也 增入

○捻 奴協切指捻亦作攝 攝 同上又靜謐也漢書攝然天下安又葉韻 增入 敜 塞也書敜乃穽 埝 益也培也 苶 疲皃又屑韻

○協 胡頰切同衆之和也亦作恊古作叶从十諧聲也亦作叶汁俗从劦非劦音棃人姓又音戾 叶 汁 張平子西京賦五緯相汁以旅于東井又緝韻 重增 勰 說文同思之和南史有劉勰撰文心雕龍 增 挾 懷也持也藏也帶也掖也亦作夾又見下又洽韻 今圈

夾 書夾右碣石莊子劍七夾門又見下又洽韻 增入 俠 任俠如淳曰相與信爲任同是非爲俠所謂權行州里力折公侯者也或曰俠之言挾也以權力俠輔人者也又洽韻 今圈

○頰 古協切面頰 筴 箸也亦作梜又筴舉也韓愈書成王碑筴漢陽又麥洽二韻 梜 曲禮羹之有菜者用梜又洽韻 增入 鋏 劒鋏莊子說劒韓魏爲鋏音義曰把也一云鐔從棱向背鋏從棱向刃亦作𠖥又劒也史記馮煖傳長鋏歸來乎

夾 同上又姓漢藝文志春秋郟氏夾氏有錄無書音頰〔增入〕 莢 蓂莢榆莢 ○ 篋 詰叶切箱屬藏也 愜 快也適意也亦作懕慊㥦 懕 漢文紀未有懕志〔增入〕 慊 莊子天運篇盡去而後慊音愜又添忝二韻〔重增〕 㥦 廣韻與愜同

○ 偞 呼協切卑也一曰美也 ○ 燮 悉協切和也熟也說文从言从炎从又䇂本下从火誤〔今正〕 躞 蹀躞行皃从火誤〔今正〕

〔正〕屧 屐也又屧中薦 ○ 浹 即協切浹洽潤也周徧也又通徹也又十日幹一周曰浹日十二日辰一周曰浹辰亦作挾 挾 周禮挾日而斂之又達也詩使不挾四方又周洽也荀子盡善挾治謂之神〔增入〕

三十一業

業 魚怯切基業事業功業學業藝業凡所攻治者皆曰業產業生理也又始也業業危皃又事物已為而未成曰業孟子有業屨於牖上又已然曰業史業已為之又簨虡上版詩虡業維樅又築牆版也爾雅大版謂之業又大造曰大業易富有之謂大業建業金陵 𤗉 簨虡大版又築牆版說文作業 鄴 地名 𢞗 懼也危也書作業業 嶪 岌嶪山皃亦作嶫 嶫 子虛賦嵯巀嶕嶫嶕音捷〔重增〕

○ 脅 虛業切腋下亦作脇又迫脅以威力相恐也亦作愶又醲韻 脇 同上又恐迫也晉江續曰大夫何至以死相脇〔增入〕 愶 恐迫又怯也 搚 說文摺也又拉也又合韻〔增入〕 嗋 嗋嚇以口恐迫人呵欠也口莊子余口張而不能嗋〔增入〕 ○ 怯 乞業切畏懦也

懾也○劫訖業切強取又奪也勢脅也說文人欲去以力脅止曰劫又浩劫宮[illegible]大階級也一曰塔也見杜甫詩又兵火曰劫燒見西京雜記又劫劫猶汲汲也亦作刧　刧荀子齊威公刧於魯莊【增入】　刦奪去也禁持也荀子刦之以師友又剽也掠也吳都賦刦剞熊羆之室又與劫同【重增】

袷交領又洽韻　极梠也○跲巨業切躓也又洽韻　拾更也儀禮大射儀拾發以將乘矢孔叢子百夫決拾並音跲又葉緝二韻○浥乙業切潤也又緝韻　裛書囊又纏也衣帊也衣香也又緝韻【今圈】

【通用】與狎之通

三十二○洽胡夾切浹洽霑被周徧也和也合也又水名詩在洽之陽又洽韻【今圈】　祫大合祭公羊傳大祫者何合祭也其合祭奈何毀廟之主陳于太祖未毀廟之主皆升合食于太祖司馬彪續漢書曰五年再殷祭三年一祫五年一禘禘以夏四月祫以冬十月禘之爲言諦也諦審昭穆尊卑之義祫者合也冬十月五穀成故骨肉合飲食於太祖謂之殷祭　陜隘也亦作狹陿峽从𨸏从夾與關陝字不同元有圈誤【今】

【正】狹同上本與狎同犬馴也　陿詩魏地陿隘又趙充國傳注山陗而夾水曰陿　峽同上又山陗夾水曰峽蜀楚之交山有三峽又州名　硤硤石地名在夷陵宇文周以其居三峽之口改爲峽州○恰苦洽切用心恰恰又適當之辭　帢帽也亦作帢士服狀如弁缺四角魏志注云太祖擬古皮弁裁縑角以爲帢以色別其貴賤本施軍飾非爲國容　帢同上从巾从臽與豪韻內幍字不同　掐

爪刺

胠 開也發也一曰從旁發也莊子胠篋探囊又魚語御三韻 增入

○夾 古洽切左右持也左傳夾輔成王又兼也相雜也交竝也又帖韻 今圈

俠 竝也公羊哀四年注滕薛俠轂音古洽反周輿嗣千文路俠槐卿又帖韻 增入

郟 郟鄏地名在河南郟城在汝州郟縣在襄城漢屬潁川郡又姓

袷 衣無絮亦作裌又業韻

裌 杜甫詩御裌侵寒氣又曰地偏初衣裌 增入

韐 韎韐士服又合韻

鞈 堅皃荀子犀兕以爲甲鞈如金石又盍韻 增入

跲 躓也又業韻

筴 箸也亦作梜又麥帖二韻

梜 曲禮羹之有菜者用梜又帖韻 增入

挾 夾持詩既挾我矢荀子盡善挾治之謂神本音浹揚子音義云與夾同左傳宣十二年軍行右轅注在車之右者挾轅爲戰備有三音又帖韻 增入

○歃 色洽切歃也盟者以血塗口旁曰歃又葉韻从千誤 今正而圈

箑 扇也亦作䈉方言自關而東謂之箑西謂之扇

䈉 韓愈納涼聯句長䈉倦還捉 增入

萐 萐莆瑞草又葉韻 今圈

霎 小雨又葉韻 今圈

○臿 測洽切舂也亦作揷从干犯之干杵臼之臼凡从臿者皆然俗作臿監本从千誤 今正

接 周禮虞人大祭祀共其接盛注接讀爲扱扱以授舂人舂之音所洽反誤當作測洽反又葉韻 增入

扱 同上又收也取也獲也引也舉也又與插同詩芣苢注扱衽曰襭又緝韻 今圈

插 刺入亦作揷古作臿漢溝洫志注臿石立之从千誤 今正

捷 考工記廬人矜所捷也文選曹子建七啓捷忘歸之矢又葉韻 增入

笈 書箱又葉緝二韻 增入

鍤 鍬也又鍫也亦作臿鍤爾

雅斷謂之䗖从千誤[今正]○劄 竹洽切刺箸唐人奏事非表非狀者謂之牓子亦謂之錄子今謂之劄子俗作剳○⿸广囟 昵洽切庯⿸广囟隘

也 ⿱竹囟 竹維

三十三○狎 胡甲切親近也玩熟也說文犬可習也亦作㹶 匣 匱屬 柙 藏獸檻也論語虎兕出於柙

㊀霅 煜霅光皃班固賓戲煜霅其閒又見下及葉合二韻[增入]○甲 古狎切十幹之首數居天一方居東音屬角爾雅歲在甲曰閼逢月在甲曰畢

漢志出甲於甲又甲冑亦曰介冑一名鎧又甲帳內殿也又蟲介也又牙甲草木初

生其仁爲甲又狎也涯也又蟬蛻曰蜩甲又令甲法令首章也科甲貢舉名第也保

甲編籍部伍也 ㊀押 撿押撿束也輔也揚子蠢迪撿押注撿押猶隱括也仲長統曰言論拱押天人又見下俗作檢柙非[增入]○㊀押 乙甲切簽

書文字也歐陽脩曰俗以草書名爲押字又管押

押拘率也又用韻曰押韻說者曰押者壓也[今圈] 壓 鎮也降也笮也覆壞也亦作猒 ㊀厭 禮死

而不弔者三畏厭溺又荀子厭旦於牧之野厭猶臨也謂陳於將旦之先

也又堆積相枕壓也揚子原野厭人之肉通作壓又鹽琰豔葉四韻[增入] 鴨 水禽

一名鶩一名舒鳧亦作鴨○呷 呼甲切喤呷衆聲說文吸呷也與欱同義但聲微異耳○翣 色甲切形如扇以木爲表小爾雅大扇謂

之翣 ㊀唼 唼喋鳧鴈聚食皃相如賦唼喋菁藻亦作啑又葉韻[增入]○㊀霅 直甲切霅霅震電皃一曰衆言又水名在吳興 ⿰氵霅 水名

通作雲 ㊣喋 啑喋又帖韻

三十四〇乏 扶法切匱乏左傳攝官承乏注攝承空乏也又曰於文反正爲乏蓋反止爲之故反正爲乏也 泛 水聲又賵梵二韻〔增入〕〇法 方乏切法則憲度也又數也常也又刑法漢紀法三章耳又方法凡技術可則效者皆曰法又則效也易里法地荀子仁人法舜禹之制史湯法三聖又姓亦作灋 灋 周禮大宰以八灋治官府釋文云古法字〔增入〕

右入聲三十四韻共增六百二字圈二百三十九字正九十七字重增百七十三字

增修互註禮部韻略入聲第五卷終